LES LOUVES

DE

MACHECOUL

PAR

ALEXANDRE DUMAS

PARIS

DUFOUR, MULAT ET BOULANGER, ÉDITEURS

(Se réservent le droit de reproduction et de traduction à l'Étranger)

6, rue de Beaune, près le Pont-Royal

(ANCIEN HÔTEL DE NESLE)

1860

LES

LOUVES DE MACHECOUL

LAGNY. — TYPOGRAPHIE DE A. VARIGAULT ET Cie

BERTHA ET MARY DE SOUDAY.

LES LOUVES DE MACHECOUL.

TYP. J. CLAYE.

LES
LOUVES

DE

MACHECOUL

PAR

ALEXANDRE DUMAS

PARIS

DUFOUR, MULAT ET BOULANGER, ÉDITEURS

6, RUE DE BEAUNE, PRÈS LE PONT-ROYAL

(Ancien hôtel de Nesle)

1860

LES
LOUVES DE MACHECOUL

I

L'AIDE DE CAMP DE CHARRETTE.

S'il vous est arrivé par hasard, cher lecteur, d'aller de Nantes à Bourgneuf, vous avez, en arrivant à Saint-Philibert, écorné pour ainsi dire l'angle méridional du lac de Grandlieu, et, continuant votre chemin, vous êtes arrivé, au bout d'une ou deux heures de marche, selon que vous étiez à pied ou en voiture, aux premiers arbres de la forêt de Machecoul.

Là, à gauche du chemin, dans un grand bouquet d'arbres qui semble appartenir à la forêt, dont il n'est séparé que par la grande route, vous avez dû apercevoir les pointes aiguës de deux minces tourelles, et le toit grisâtre d'un petit castel perdu au milieu des feuilles.

Les murs lézardés de cette gentilhommière, ses fenêtres ébréchées, sa couverture rongée par les iris sauvages et les mousses parasites, lui donnent, malgré ses prétentions féodales et les deux tours qui la flanquent, une si pauvre apparence, qu'elle n'exciterait certainement la convoitise d'aucun de ceux qui la regardent en cheminant, sans sa délicieuse position en face des futaies séculaires de la forêt de Machecoul, dont les vagues verdoyantes montent à l'horizon, aussi loin que la vue peut s'étendre.

En 1831, ce petit castel était la propriété d'un vieux gentilhomme nommé le marquis de Souday, et s'appelait le château de Souday, du nom de son propriétaire.

Faisons connaître le propriétaire après avoir fait connaître le château.

Le marquis de Souday était l'unique représentant et le dernier héritier d'une vieille et illustre maison de Bretagne, car le lac de Grandlieu, la forêt de Machecoul, la ville de Bourgneuf, situés dans cette partie de la France circonscrite aujourd'hui dans le département de la Loire-Inférieure, faisaient autrefois partie de la province de Bretagne avant que la France fût divisée par départements. Sa famille avait été jadis un de ces arbres féodaux aux rameaux immenses dont l'ombrage s'étendait sur toute une province. Mais les ancêtres du marquis, à force de se mettre en frais pour monter dignement dans les carrosses du roi, avaient si bien réussi à l'ébrancher peu à peu, que 89 était venu fort à propos pour empêcher le tronc vermoulu d'être jeté bas par la main d'un huissier, en lui réservant une fin plus digne de son illustration.

Lorsque sonna l'heure de la Bastille, lorsque croula la vieille prison des rois, présageant l'écroulement de la royauté, le marquis de Souday, déjà héritier, sinon des biens, il n'en restait d'autres que la petite gentilhommière que nous avons dit, mais du nom de son père, était premier page de Son Altesse Royale M. le comte de Provence.

A seize ans, c'était l'âge qu'avait alors le marquis, les événements ne sont guère que des accidents : il était au reste difficile de ne pas devenir profondément insoucieux à la cour épicurienne, voltairienne et constitutionnelle du Luxembourg, où l'égoïsme avait ses coudées franches.

C'était le jeune marquis qui avait été envoyé sur la place de Grève, pour guetter le moment où le bourreau serrerait la corde autour du cou de Favras, et où celui-ci, en rendant le dernier soupir, rendrait à Son Altesse Royale sa tranquillité un instant troublée.

Il était revenu à grande course dire au Luxembourg :

— Monseigneur, c'est fait !

Et Monseigneur, de sa voix claire et fluette, avait dit :

— A table, Messieurs ! à table !

Et l'on avait soupé comme si un brave gentilhomme, qui donnait gratuitement sa vie à Son Altesse, ne venait pas d'être pendu comme un meurtrier et comme un vagabond.

Puis étaient venus les premiers jours sombres de la révolution, la publication du livre rouge, la retraite de Necker, la mort de Mirabeau.

Un jour, le 22 février 1791, une grande foule était accourue et avait enveloppé le Luxembourg.

Il s'agissait de bruits répandus ; Monsieur, disait-on, voulait fuir et rejoindre les émigrés qui se rassemblaient sur le Rhin.

Mais Monsieur se montra au balcon, et fit le serment solennel de ne point quitter le roi.

Et en effet, le 21 juin il partit avec le roi, sans doute pour ne point manquer à sa parole de ne pas le quitter.

Il le quitta cependant, et pour son bonheur, car il arriva tranquillement à la frontière de Belgique avec son compagnon de voyage, le marquis d'Avaray, tandis que Louis XVI était arrêté à Varennes.

Notre page tenait trop à sa réputation de jeune homme à la mode pour demeurer en France, où cependant la monarchie allait avoir besoin de ses plus zélés défenseurs. Il émigra donc à son tour, et, comme personne ne fit attention à un page de dix-huit ans, il arriva sans accident à Coblentz, et aida à compléter le cadre des mousquetaires qui se reformaient outre-Rhin, sous les ordres du marquis de Montmorin. Pendant les premières rencontres, il fit bravement campagne avec les trois Condé, fut blessé devant Thionville ; puis, après bien des déceptions, éprouva la plus forte de toutes par le licenciement des corps d'émigrés, mesure qui, avec leurs espérances, enlevait à tant de pauvres diables le pain du soldat, leur dernière ressource. Il est vrai que ces soldats servaient contre la France, et que ce pain était pétri par la main de l'étranger.

De marquis de Souday tourna alors les yeux vers la Bretagne et la Vendée, où depuis deux ans on combattait.

Voici où en était la Vendée : tous les premiers chefs de l'insurrection étaient morts ou tués.

Cathelineau avait été tué à Vannes. Lescure avait été tué à La Tremblaye. Bonchamps avait été tué à Cholet. D'Elbée avait été ou allait être fusillé à Noirmoutiers.

Enfin, ce que l'on appelait la Grande-Armée avait été anéanti au Mans.

Elle avait vaincu à Fontenay, à Saumur, à Torfou, à Laval et à Dol. Elle avait eu l'avantage dans soixante combats ; elle avait tenu tête à toutes les forces de la République, confiées successivement à Biron, à Kléber, à Westermann, à Marceau. Elle avait, en repoussant l'appui de l'Angleterre, vu incendier ses chaumières, massacrer ses enfants, égorger ses pères ; elle avait eu pour chefs Cathelineau, Henri de La Rochejaquelein, Stofflet, Bonchamps, Forestier, d'Elbée, Lescure, Marigny et Talmont ; elle était restée fidèle à son roi quand le reste de la France l'abandonnait ; elle avait adoré son Dieu quand Paris avait proclamé qu'il n'y avait plus de Dieu.

Elle avait mérité enfin qu'un jour Napoléon appelât la Vendée *la Terre des Géants*.

Charrette et La Rochejaquelein étaient restés à peu près seuls ; seulement Charrette avait une armée, La Rochejaquelein n'en avait plus.

C'est que, pendant que la Grande-Armée se faisait détruire au Mans, Charrette, nommé général en chef du Bas-Poitou et secondé par le chevalier de Couëtus et Jolly, avait rassemblé une armée.

Charrette, à la tête de cette armée, et La Rochejaquelein, suivi d'une dizaine d'hommes seulement, se rencontrèrent près de Maulevrier.

Charrette, en voyant arriver La Rochejaquelein, comprit que c'était un général qui lui arrivait, et non un soldat. Il avait la conscience de lui-même, et ne voulait point partager son commandement ; il resta froid et hautain.

Il allait déjeuner ; il n'invita pas même La Rochejaquelein à déjeuner avec lui.

Le même jour, huit cents hommes se détachaient de l'armée de Charrette et passaient à La Rochejaquelein.

Le lendemain Charrette dit à La Rochejaquelein :

— Je pars pour Mortagne, vous allez me suivre. — Je n'ai pas, jusqu'ici, été habitué à suivre, dit La Rochejaquelein, mais à être suivi.

Et La Rochejaquelein partit de son côté, laissant Charrette opérer du sien comme il l'entendrait.

C'est celui-ci que nous suivrons, comme le seul dont les derniers combats et l'exécution se rattachent à notre histoire.

Louis XVII était mort, et, le 26 juin 1795, Louis XVIII avait été proclamé roi de France au quartier général de Belleville.

Le 15 août 1795, c'est-à-dire moins de deux mois après cette proclamation, un jeune homme apportait à Charrette une lettre du nouveau roi.

Cette lettre, écrite de Vérone, et en date du 8 juillet 1795, conférait à Charrette le commandement légitime de l'armée royaliste.

Charrette voulait répondre au roi par le même messager, et le remercier de la faveur qu'il lui faisait ; mais le jeune homme répondit qu'il était rentré en France pour y rester et combattre, demandant que la dépêche apportée par lui lui servît de recommandation près du général en chef.

Charrette, à l'instant même, l'attacha à sa personne.

Le jeune homme qui avait apporté cette lettre n'était autre que l'ancien page de Monsieur, le marquis de Souday.

En se retirant pour se reposer des vingt dernières lieues qu'il venait de faire à cheval, le marquis trouva sur son chemin un jeune gars de trois ou quatre ans plus âgé que lui, et qui, le chapeau à la main, le regardait avec un affectueux respect.

Il reconnut le fils d'un des métayers de son père avec lequel il avait chassé étant plus jeune, et avec lequel il aimait fort à chasser, nul ne détournant mieux un sanglier, et n'appuyant mieux les chiens quand l'animal était détourné.

— Eh! Jean Oullier, s'écria-t-il, est-ce toi? — Moi-même en personne, pour vous servir, monsieur le marquis, répondit le jeune paysan. — Ma foi, mon ami, ce n'est pas de refus. Et es-tu toujours bon chasseur? — Oh! oui, monsieur le marquis; seulement, pour l'heure, nous chassons un autre gibier. — N'importe, si tu veux, nous chasserons celui-ci ensemble comme nous chassions l'autre. — Ça n'est pas de refus, au contraire, monsieur le marquis, répondit Jean Oullier.

Et, à partir de ce moment, Jean Oullier fut attaché au marquis de Souday, comme le marquis de Souday était attaché à Charrette; c'est-à-dire que Jean Oullier était l'aide de camp de l'aide de camp du général en chef.

Outre ses talents de chasse, Jean Oullier était un homme précieux dans les campements et était bon à tout, et le marquis de Souday n'avait à s'occuper de rien : dans les plus mauvais jours, le marquis ne manqua jamais d'un morceau de pain, d'un verre d'eau et d'une botte de paille; ce qui, en Vendée, était un luxe dont ne jouissait pas toujours le général en chef.

Nous serions fort tenté de suivre Charrette, et, par conséquent, notre jeune héros, dans quelques-unes de ces expéditions aventureuses tentées par le commandant général, et qui lui méritèrent la réputation du premier partisan du monde; mais l'histoire est une sirène des plus décevantes, et lorsqu'on a l'imprudence d'obéir au signe qu'elle vous fait de la suivre, on ne sait plus où elle vous mène.

Nous simplifierons donc notre récit autant que possible, laissant à un autre le soin de raconter l'expédition de M. le comte d'Artois à Noirmoutiers et à l'Ile-Dieu, et d'expliquer comment le prince resta trois semaines en vue des côtes de France sans y aborder, ainsi que le découragement de l'armée royaliste en se voyant abandonnée par ceux-là pour lesquels elle combattait depuis plus de deux ans.

Charrette n'en remporta pas moins, quelque temps après, la terrible victoire des Quatre-Chemins; ce fut la dernière.

C'est que la trahison venait de s'en mêler. Victime d'un guet-apens, du Couëtus, le bras droit de Charrette, son autre lui-même depuis la mort de Jolly, fut fusillé.

Dans les derniers temps de sa vie, Charrette ne peut plus faire un pas que son adversaire, quel qu'il soit, Hoche ou Travot, n'en soit averti.

Environné de troupes républicaines, cerné de tous côtés, poursuivi jour et nuit, traqué de buissons en buissons, rampant de fossé en fossé, sachant qu'un peu plus tôt ou un peu plus tard il doit être tué dans quelque rencontre, ou, s'il est pris vivant, fusillé impitoyablement; sans asile, brûlé de la fièvre, mourant de soif et de faim, n'osant demander aux fermes qu'il rencontre ni un peu de pain, ni un peu d'eau, ni un peu de paille, il n'a plus autour de lui que trente-deux hommes, dont font partie le marquis de Souday et Jean Oullier, quand, le 25 mars 1795, on lui annonce que quatre colonnes républicaines marchent contre lui.

— Bien, dit-il; en ce cas, c'est ici qu'il faut se battre jusqu'à la mort, et vendre chèrement sa vie.

C'était à la Prelinière, dans la paroisse de Saint-Sulpice.

Mais avec ses trente-deux hommes, Charrette ne se contente pas d'attendre les républicains, il marche au-devant d'eux; à la Guyonnière, il rencontre le général Valentin à la tête de deux cents grenadiers et chasseurs.

Charrette trouve une bonne position et s'y retranche.

Là, pendant trois heures, il soutint les charges et le feu des deux cents républicains.

Douze de ses hommes tombent autour de lui. L'armée, qui se composait de vingt-quatre mille hommes lorsque M. le comte d'Artois était à l'Ile-Dieu, est aujourd'hui de vingt hommes.

Ces vingt hommes tiennent autour de leur général, et pas un ne songe à fuir.

Enfin, pour en finir, le général Valentin prend un fusil, et, à la tête de cent quatre-vingts hommes qui lui restent, charge à la baïonnette.

Dans cette charge, Charrette est blessé d'une balle à la tête, et a trois doigts de la main gauche coupés d'un coup de sabre.

Il va être pris, quand un Alsacien, nommé Peffer, qui a pour Charrette plus que du dévouement, une religion, prend son chapeau empanaché, lui donne le sien, et, s'élançant à gauche, lui crie :

— Sauvez-vous à droite, c'est moi qu'ils vont poursuivre.

Et en effet, c'est sur lui que s'acharnent les républicains, tandis que Charrette s'élance du côté opposé avec les quinze derniers hommes qui lui restent.

Charrette touchait au bois de la Chabotterie, lorsque la colonne du général Travot paraît.

Une nouvelle, une suprême lutte s'engage, dans laquelle Charrette n'a d'autre but que de se faire tuer.

Mais, perdant son sang par trois blessures, il chancelle et va tomber.

Un Vendéen, nommé Rossard, le charge sur ses épaules et l'emporte vers le bois.

Avant d'arriver au bois, il tombe, percé d'une balle.

Un autre, nommé Laroche Davo, lui succède, fait cinquante pas, et tombe à son tour dans le fossé qui sépare le bois de la plaine.

Le marquis de Souday le prend à son tour entre ses bras, et tandis que Jean Oullier tue de ses deux coups de fusil les deux soldats républicains qui le pressent de plus près, il se jette, avec le général et sept hommes qui lui restent, dans le bois.

A cinquante pas de la lisière, Charrette semble reprendre sa force.

— Souday, dit-il, écoute mon dernier ordre.

Le jeune homme s'arrête.

— Dépose-moi au pied de ce chêne.

Il hésitait à obéir.

— Je suis toujours général, dit Charrette d'une voix impérieuse, obéis-moi donc !

Le jeune homme, vaincu, obéit, et dépose son général au pied du chêne.

— Là ! Maintenant, dit Charrette, écoute-moi bien. Il faut que le roi, qui m'a fait son général en chef, sache comment son général en chef est mort; retourne auprès de Sa Majesté Louis XVIII, et raconte-lui ce que tu as vu. Je le veux !

Charrette parlait avec une telle solennité, que le marquis de Souday, que Charrette tutoyait pour la première fois, n'eut pas même l'idée de désobéir.

Il déposa son général au pied d'un chêne et l'adossa au tronc.

— Maintenant, lui dit Charrette, tu n'as pas une minute à perdre ; fuis, voilà les bleus.

En effet, les républicains paraissent à la lisière du bois.

Souday prit la main que lui tendait Charrette.

— Embrasse-moi, lui dit celui-ci.

Il l'embrassa.

— Assez, dit le général; pars.

Souday jeta un regard à Jean Oüllier.

— Viens-tu ? lui dit-il.

Mais celui-ci secoua la tête d'un air sombre.

— Que voulez-vous que j'aille faire là-bas, monsieur le marquis ? dit-il ; tandis qu'ici...

— Ici, que feras-tu ? — Je vous dirai cela si un jour nous nous revoyons, monsieur le marquis.

Et il envoya ses deux balles aux deux républicains les plus proches.

Les deux républicains tombèrent.

L'un des deux était un officier supérieur, les républicains s'empressèrent autour de lui.

Jean Oullier et le marquis de Souday profitèrent de cette espèce de sursis pour s'enfoncer dans la profondeur du bois.

Seulement, au bout de cinquante pas, Jean Oullier, trouvant un épais buisson, s'y glissa comme un serpent, en faisant un signe d'adieu au marquis de Souday.

Le marquis de Souday continua son chemin.

II

LA RECONNAISSANCE DES ROIS.

Le marquis de Souday gagna les bords de la Loire, et trouva un pêcheur qui le conduisit à la pointe de Saint-Gildas.

Une frégate croisait en vue : c'était une frégate anglaise.

Pour quelques louis de plus, le pêcheur conduisit le marquis jusqu'à la frégate.

Arrivé là, il était sauvé.

Quelques jours après, la frégate héla un trois-mâts du commerce, qui gouvernait pour entrer dans la Manche.

C'était un bâtiment hollandais.

Le marquis de Souday demanda à passer à son bord ; le capitaine anglais l'y fit conduire.

Le trois-mâts hollandais le déposa à Rotterdam.

De Rotterdam, le marquis gagna Blackenbourg, petite ville du duché de Brunswick, que Louis XVIII avait choisie pour sa résidence.

Il avait à s'acquitter des dernières recommandations de Charrette.

Louis XVIII était à table, l'heure du repas était une heure solennelle pour lui. L'ex-page dut attendre que Sa Majesté eût dîné.

Après le dîner il fut introduit.

Il raconta les événements qu'il avait vus se dérouler sous ses yeux, et surtout la dernière catastrophe, avec une telle éloquence, que Sa Majesté, qui, cependant, était assez peu impressionnable, fut impressionnée au point de lui dire :

— Assez, assez, marquis ; oui, le chevalier de Charrette était un brave serviteur, nous le reconnaissons.

Et il lui fit signe de se retirer.

Le messager obéit ; mais en se retirant, il entendit le roi qui disait d'un ton maussade :

— Cet imbécile de Souday qui vient me raconter ces choses-là après dîner ; c'est capable de troubler ma digestion.

Le marquis était susceptible ; il trouva qu'être appelé imbécile, après avoir exposé pendant six mois sa vie, par celui-là même pour qui il l'avait exposée, était une médiocre récompense.

Il lui restait une centaine de louis dans sa poche ; il quitta le même soir Blackenbourg, en disant :

— Si j'avais su être reçu de cette façon-là, je ne me serais pas donné tant de peine pour venir.

Il regagna la Hollande, et de la Hollande passa en Angleterre

Là commença une nouvelle phase de l'existence du marquis de Souday ; il était de ces hommes que les circonstances façonnent selon leurs besoins, qui sont forts ou faibles, valeureux ou pusillanimes, selon le milieu où le hasard les jette. Pendant six mois, il s'était mis au niveau de cette terrible épopée que Napoléon appelait la Guerre des Géants ; il avait teint de son sang les buissons et les landes du Haut et du Bas-Poitou ; il avait supporté avec une constance stoïque non-seulement la mauvaise chance des combats sans merci, mais encore les privations sans nombre qui résultaient de cette lutte de guérillas, bivouaquant dans les neiges, errant sans pain, sans vêtements, sans asile dans les forêts de la Vendée, et cela sans avoir une pensée pour les regrets, une parole pour la plainte.

Eh bien ! avec tous ces antécédents, isolé, sans soutien dans cette grande ville de Londres, où il errait tristement les jours de lutte, il se trouva sans énergie au jour du désœuvrement, sans constance en face de l'ennui, sans énergie en face de la misère, qui l'attendaient dans l'exil.

Cet homme, qui avait bravé les poursuites des colonnes infernales, ne sut pas résister aux méchantes suggestions de l'oisiveté ; il chercha le plaisir partout et à tout prix, pour combler le vide qui s'était fait dans son existence depuis qu'il n'avait plus pour l'occuper les péripéties d'une lutte exterminatrice.

Or, ces plaisirs que demandait l'exilé, il était trop pauvre pour les choisir d'un ordre bien relevé ; aussi peu à peu perdit-il de cette élégance de gentilhomme que l'habit de paysan, porté pendant plus de six mois, n'avait pas pu amoindrir, et avec cette élégance la distinction de ses goûts ; il compara l'ale et le porter au champagne, et fit cas de ces filles enrubannées de Grosvenor et de Haymarket, lui qui avait eu à choisir pour ses premières amours parmi les duchesses.

Bientôt la facilité de ses principes et les besoins sans cesse renaissants de la vie, l'amenèrent à des compositions dont sa réputation se trouva mal. Il accepta ce qu'il ne pouvait plus payer, il fit ses amis de compagnons de débauche d'une classe inférieure à lui ; il en résulta que ses camarades d'émigration se détournèrent de lui ; et par la pente toute naturelle des choses, plus l'isolement se faisait autour de sa personne, plus le marquis de Souday s'enfonçait dans la mauvaise voie où il était entré.

Il y avait deux ans qu'il menait cette existence, lorsque le hasard lui fit rencontrer dans un tripot de la Cité, dont il était un des hôtes les plus assidus, une jeune ouvrière, qu'une de ces hideuses créatures qui pullulent à Londres arrachait de sa mansarde et produisait pour la première fois.

Au milieu des changements que la mauvaise fortune avait apportés en lui, la pauvre jeune fille reconnut cependant un reste de seigneurie ; elle se jeta à ses pieds en pleurant et en le suppliant de la sauver de la vie infâme à laquelle on voulait la consacrer, et pour laquelle elle n'était point faite, ayant été sage jusque-là.

La jeune fille était belle, le marquis lui offrit de le suivre.

La jeune fille se jeta à son cou, et promit de lui donner tout son amour, de lui consacrer tout son dévouement.

Sans avoir le moins du monde l'intention d'accomplir une bonne action, le marquis fit donc échouer la spéculation échafaudée sur la beauté d'Éva.

La malheureuse enfant s'appelait Éva.

Elle tint parole, la pauvre et honnête fille qu'elle était.

Le marquis fut son premier et son dernier amour.

Au reste, le moment était heureux pour tous deux : le marquis commençait à se fatiguer des combats de coqs, des aigres vapeurs de la bière, des démêlés avec les constables, et des bonnes fortunes de carrefours ; la tendresse de cette jeune fille le reposa, la possession de cette enfant, blanche comme les cygnes qui ont été l'emblème de la Grande-Bretagne, sa patrie, satisfit son amour-propre : peu à peu il changea d'existence, et, sans arriver aux habitudes d'un homme de son rang, au moins la vie qu'il adopta fut-elle la vie d'un honnête homme.

Il se réfugia avec Éva dans une mansarde de Piccadilly ; la jeune fille savait très-bien coudre, elle trouva du travail chez une lingère ; le marquis donna des leçons d'escrime.

A partir de ce moment, ils vécurent un peu du modique produit des leçons du marquis et des travaux d'Éva, beaucoup du bonheur qu'ils trouvaient dans un amour devenu assez puissant pour dorer leur indigence.

Et cependant cet amour, comme toutes les choses mortelles, s'usa, mais à la longue.

Heureusement pour Éva que les émotions de la guerre vendéenne et les joies effrénées des enfers de Londres avaient absorbé la séve surabondante que pouvait avoir son amant; il avait vieilli avant l'âge.

Effectivement, le jour où le marquis de Souday s'aperçut que son amour pour Éva n'était plus, sinon qu'un feu éteint, mais un feu près de s'éteindre ; le jour où les baisers de la jeune femme se trouvèrent impuissants, non pas à le rassasier, mais à le réveiller, l'habitude avait pris sur son esprit un tel ascendant que, quand bien même il eût cédé au besoin de chercher des distractions au dehors, il n'eût plus trouvé en lui ni la force ni le courage de rompre une liaison dans laquelle son égoïsme rencontrait les monotones satisfactions du jour le jour.

Ce ci-devant viveur, dont les ancêtres avaient eu pendant trois siècles droit de haute et basse justice dans leur comté, cet *ex-brigand*, aide de camp et compagnon du *brigand* Charrette, mena ainsi pendant douze ans l'existence triste, souffreteuse, parcimonieuse d'un modeste employé ou d'un artisan plus modeste encore.

Le ciel avait été longtemps sans se décider à bénir cette union illégitime; mais enfin les vœux que formait depuis douze ans Éva furent exaucés : la pauvre femme devint enceinte et donna le jour à deux jumelles.

Mais Éva ne jouit que pendant quelques heures du bonheur qu'elle avait tant souhaité ; la fièvre de lait l'emporta.

Sa tendresse pour le marquis de Souday était aussi vive et aussi profonde après les douze années qu'aux premiers jours de leur liaison; cependant son amour, si grand qu'il fût, n'avait pu l'empêcher de reconnaître que la frivolité et l'égoïsme faisaient le fond du caractère de son amant. Aussi mourut-elle partagée entre la douleur de dire un éternel adieu à cet homme tant aimé, et la terreur de voir entre ses mains frivoles l'avenir de ses deux enfants.

Cette perte produisit sur le marquis de Souday des impressions que nous reproduisons minutieusement, parce qu'elles nous semblent donner la mesure de ce personnage, destiné à jouer un rôle important dans le récit que nous entreprenons.

Il commença par pleurer sérieusement et sincèrement sa compagne, parce qu'il ne pouvait s'empêcher de rendre hommage à ses qualités, et de reconnaître le bonheur qu'il avait dû à son affection, parce que, enfin, il se fait toujours une petite plaie au cœur, si dur et si cuirassé d'égoïsme qu'il soit, quand il voit l'éternité se mettre entre lui et le cœur qui, pendant longtemps, battit des pulsations de son propre cœur.

Puis cette première douleur apaisée, il éprouva un peu de la joie de l'écolier qui se sent débarrassé de ses entraves. Un jour ou l'autre son nom, son rang, sa naissance, pouvaient rendre nécessaire la rupture de ce lien. Le marquis n'en voulait donc pas trop à la Providence de se charger de ce soin, qui lui eût été cruel.

Mais cette satisfaction fut courte : la tendresse d'Éva, la continuité de petits soins dont il était l'objet avait gâté le marquis, et ces petits soins, lui manquant tout à coup, lui parurent plus nécessaires qu'autrefois ils ne lui avaient paru doux. La mansarde, du moment où la voix pure et fraîche de l'Anglaise ne fut plus là pour l'animer, redevint ce qu'elle était en réalité, un affreux taudis; de même que, du moment où il chercha en vain sur son oreiller la chevelure soyeuse de son amie, épanchée en flots blonds et abondants, son lit ne fut plus qu'un galetas.

Où trouverait-il maintenant les douces câlineries, les tendres prévenances dont, pendant douze ans, Éva l'avait entouré ?

Arrivé à cette période de son isolement, le marquis comprit qu'il les chercherait en vain; il se remit en conséquence à pleurer sa maîtresse mieux que de plus belle, et, lorsqu'il lui fallut se séparer des deux petites filles qu'il mettait en nourrice dans le Yorkshire, il trouva dans sa douleur des élans de tendresse qui touchèrent bien vivement la paysanne qui les emmenait.

Lorsqu'il se fut ainsi séparé de tout ce qui le rattachait au passé, le marquis de Souday succomba sous le poids de son isolement; il devint sombre et taciturne, le dégoût de la vie s'empara de lui, et, comme sa foi religieuse n'était pas des plus solides, il eût fini, selon toute probabilité, par faire un saut dans la Tamise, si la catastrophe de 1814 n'était point arrivée fort à propos pour le distraire de ses idées lugubres.

Rentré dans sa patrie qu'il n'espérait plus revoir, le marquis de Souday vint tout naturellement demander à Louis XVIII, à qui il n'avait rien demandé tout le temps qu'avait duré son exil, le prix du sang qu'il avait répandu pour lui; mais les princes ne cherchent souvent qu'un prétexte pour se montrer ingrats, et Louis XVIII en avait trois :

Le premier, la façon intempestive dont son ancien page était venu lui annoncer la mort de Charrette, annonce qui avait, en effet, troublé sa digestion.

Le second, son départ inconvenant de Blackenbourg, départ qui avait été accompagné de paroles plus inconvenantes encore que le départ lui-même.

Enfin le troisième, l'irrégularité de sa vie pendant l'émigration.

On donna de grands éloges à la bravoure et au dévouement du marquis, mais on lui fit comprendre tout doucement qu'avec de pareils scandales à se reprocher, il ne pouvait avoir la prétention de remplir un emploi public.

Le roi n'était plus le maître absolu, lui dit-on; il avait à compter avec l'opinion publique; il succédait à un règne d'immoralité, et devait donner l'exemple d'une ère nouvelle et sévère.

On lui représenta combien il serait beau de sa part de couronner une vie d'abnégation et de dévouement en faisant, aux nécessités de la situation, le sacrifice de ses velléités ambitieuses.

Enfin, on l'amena tout doucement à se contenter de la croix de Saint-Louis, du grade et de la retraite de chef d'escadron, et à s'en aller manger le pain du roi dans sa terre de Souday, seule épave que le pauvre émigré eût recueillie de l'immense fortune de ses ancêtres.

Ce qu'il y eut de beau, c'est que ces déceptions n'empêchèrent point le marquis de Souday de faire, en 1815, son devoir, en quittant une seconde fois son pauvre castel, lorsque Napoléon opéra son merveilleux retour de l'île d'Elbe.

Napoléon tombé une seconde fois, une seconde fois le marquis de Souday rentra à la suite de ses princes légitimes.

Mais cette fois, plus avisé que la première, il se contenta de demander, à la seconde restauration, la place de lieutenant de louveterie de l'arrondissement de Machecoul, qui, étant gratuite, lui fut accordée avec empressement.

Sevré pendant toute sa jeunesse d'un plaisir qu'on avait toujours aimé dans sa famille avec une passion héréditaire, le marquis de Souday commença de s'adonner à la chasse avec fureur ; toujours triste de la vie solitaire pour laquelle il n'était pas fait, devenu encore plus misanthrope à la suite de ses récentes déconvenues politiques, il trouvait dans cet exercice l'oubli momentané de ses souvenirs amers ; aussi la possession d'une louveterie qui lui donnait le droit de parcourir gratuitement les forêts de l'État lui causa-t-elle plus de satisfaction, si mince qu'eût paru au premier abord la faveur à ceux-là même qui l'avaient octroyée, qu'il n'en avait éprouvé en recevant du ministre sa croix de Saint-Louis et son brevet de chef d'escadron.

Or, le marquis de Souday vivait depuis deux ans déjà dans son petit castel, battant les bois nuit et jour avec ses six chiens, seul équipage que lui permît son mince revenu, voyant ses voisins tout juste autant qu'il fallait pour ne point passer pour un ours, et songeant le moins possible aux tristesses comme aux gloires du passé, lorsqu'un matin qu'il partait pour aller explorer la partie nord de la forêt de Machecoul, il se croisa sur la route avec une paysanne qui portait un enfant de trois à quatre ans sur chacun de ses bras.

Le marquis de Souday reconnut cette paysanne et rougit en la reconnaissant.

C'était la nourrice du Yorkshire, à laquelle, depuis trente-six à trente-huit mois, il oubliait régulièrement de payer la pension de ses deux nourrissons.

La brave femme était venue à Londres, et avait été fort intelligemment demander des renseignements à l'ambassade. Elle lui arrivait, par conséquent, par l'intermédiaire de M. le ministre, qui ne doutait point que le marquis de Souday ne fût on ne peut plus heureux de retrouver ses enfants.

Ce qu'il y a d'extraordinaire, c'est qu'il ne s'était pas tout à fait trompé.

Les petites filles rappelaient si parfaitement la pauvre Éva, que le marquis eut un moment d'émotion ; il les embrassa avec une tendresse qui n'était pas feinte, donna son fusil à porter à l'Anglaise, prit les deux enfants dans ses bras, et rapporta ce butin inattendu à son castel, à la grande stupéfaction de la cuisinière nantaise, qui composait son domestique, et qui l'accabla de questions sur la singulière trouvaille qu'il venait de faire.

Cet interrogatoire épouvanta le marquis.

Il n'avait que trente-neuf ans, et songeait vaguement à se marier, regardant comme un devoir de ne pas laisser finir dans sa personne une maison aussi illustre que l'était la sienne. Il n'eût point été fâché de se décharger sur une femme des soins du ménage, qui lui étaient odieux.

Or, la réalisation de ce projet devenait difficile, si les deux petites filles restaient sous son toit.

Il le comprit, paya largement l'Anglaise, et la fit partir le lendemain.

Pendant la nuit, il avait pris une résolution qui lui avait paru tout concilier.

Quelle était cette résolution ?

C'est ce que nous verrons dans le chapitre suivant.

III

LES DEUX JUMELLES.

Le marquis de Souday s'était mis au lit en se disant à lui-même ce vieil axiome :

La nuit porte conseil.

Puis, dans cette espérance, il s'était endormi.

En dormant, il avait rêvé.

A quoi ?

A ses vieilles guerres de Vendée avec Charrette, dont il avait été l'aide de camp; et surtout il avait rêvé à ce brave fils d'un métayer de son père, qui avait été son aide de camp à lui.

Il avait rêvé à Jean Oullier, auquel il n'avait jamais songé, qu'il n'avait jamais revu depuis le jour où, Charrette mourant, ils s'étaient séparés dans le bois de la Chabotterie.

Autant qu'il pouvait se le rappeler, Jean Oullier habitait, avant de se joindre à l'armée de Charrette, le village de la Chevrollière, près du lac de Grand-Lieu.

Le marquis de Souday fit monter à cheval un homme de Machecoul, qui lui faisait d'habitude ses commissions, écrivit une lettre, le chargea d'aller à la Chevrollière, de s'informer si un nommé Jean Oullier vivait encore et habitait encore le pays.

S'il vivait encore et habitait encore le pays, l'homme de Marchecoul aurait à lui remettre la lettre dont il était porteur, et à le ramener, s'il était possible, avec lui.

S'il demeurait aux environs, il avait à le joindre où il était.

S'il était trop loin pour le suivre, il avait à s'informer de la localité qu'il habitait.

S'il était mort, il avait à revenir dire qu'il était mort.

Jean Oullier n'était pas mort, Jean Oullier n'était pas dans un pays lointain, Jean Oullier n'était pas même aux environs de la Chevrollière.

Jean Oullier était à la Chevrollière même.

Voici ce qui s'était passé après sa séparation d'avec le marquis de Souday.

Il était resté caché dans le buisson d'où, sans être vu, il pouvait voir.

Il avait vu le général Travot faisant Charrette prisonnier, et le traitant avec tous les égards qu'un homme comme le général Travot pouvait avoir pour Charrette.

Mais il paraît que ce n'était point là tout ce qu'il voulait voir, puisque, Charrette placé sur un brancard et emporté, il resta encore.

Il est vrai qu'un officier et un poste de douze hommes étaient restés dans le bois.

Une heure après que ce poste fut installé, un paysan vendéen avait passé à dix pas de Jean Oullier, et avait répondu au qui-vive de la sentinelle bleue par le mot : « AMI, » réponse bizarre dans la bouche d'un paysan royaliste parlant à des soldats républicains.

Puis il avait échangé un mot d'ordre avec la sentinelle qui l'avait laissé passer.

Puis, enfin, il s'était approché de l'officier qui, avec une expression de dégoût impossible à décrire, lui avait remis une bourse pleine d'or.

Après quoi le paysan avait disparu.

Selon toute probabilité, l'officier et les douze hommes n'avaient été envoyés là que pour attendre ce paysan ; car, à peine avait-il disparu, qu'eux-mêmes s'étaient ralliés et avaient disparu à leur tour.

Selon toute probabilité encore, Jean Oullier avait vu tout ce qu'il voulait voir; car il sortit de son buisson comme il y était entré, c'est-à-dire en rampant, se remit sur ses pieds, arracha la cocarde blanche de son chapeau, et avec l'insouciance d'un homme qui, depuis trois ans, joue sa vie chaque jour sur un coup de dé, s'enfonça dans la forêt.

La même nuit il arriva à la Chevrollière.

Il alla droit à la place où il croyait trouver sa maison.

A la place de sa maison était une ruine noircie par la fumée.

Il s'assit sur une pierre et pleura.

C'est que, dans cette maison, il avait laissé une femme et deux enfants.

Jean Oullier entendit un bruit de pas ; il releva la tête.

Un paysan passait; Jean Oullier le reconnut dans l'obscurité.

Il appela :

— Tinguy !

Le paysan s'approcha.

— Qui es-tu? demanda-t-il, toi qui m'appelles. — Je suis Jean Oullier, répondit le chouan. — Dieu te garde ! répondit Tinguy. Et il voulut continuer son chemin.

Jean Oullier l'arrêta.

— Il faut que tu me répondes, lui dit-il. — Es-tu un homme? — Oui. — Alors, interroge, je répondrai.— Mon père? — Mort. — Ma femme? — Morte. — Mes deux enfants? — Morts. — Merci !

Jean Oullier se rassit ; il ne pleurait plus.

Un instant après il se laissa tomber à genoux et pria.

Il était temps, il allait blasphémer.

Il pria pour ceux qui étaient morts.

Puis, retrempé par cette foi profonde de les retrouver dans un monde meilleur, il bivouaqua sur ces tristes ruines.

Le lendemain, au point du jour, il était à la besogne, aussi calme, aussi résolu que si son père eût été à la charrue, sa femme devant la cheminée, et ses enfants devant la porte.

Seul, et sans demander aide à personne, il rebâtit sa chaumière.

Il y vécut de son humble travail de journalier; et, qui eût conseillé à Jean Oullier de demander aux Bourbons le prix de ce qu'à tort ou à raison il regardait comme son devoir, celui-là eût fort risqué de révolter la simplicité pleine de grandeur du pauvre paysan.

On comprend qu'avec ce caractère, Jean Oullier recevant une lettre du marquis de Souday, qui l'appelait son vieux camarade et le priait de se rendre à l'instant même au château, on comprend que Jean Oullier ne se fit pas attendre.

Il ferma la porte de sa maison, en mit la clef dans sa poche, et comme il vivait seul, n'ayant personne à prévenir, il partit à l'instant même.

Le messager voulut lui céder le cheval, ou du moins le faire monter en croupe.

Mais Jean Oullier secoua la tête.

— Grâce à Dieu, dit-il, les jambes sont bonnes.

Et, appuyant sa main sur le cou du cheval, il indiqua lui-même, par une espèce de pas gymnastique, l'allure que l'animal pouvait prendre.

C'était un petit trot de deux lieues à l'heure.

Le soir, Jean Oullier était au château de Souday.

Le marquis le reçut avec une joie visible ; toute la journée il avait été tourmenté de l'idée que Jean Oullier était absent ou mort.

Il va sans dire que cette absence ou cette mort ne le tourmentait pas pour Jean Oullier, mais pour lui-même.

Nous avons prévenu nos lecteurs que le marquis de Souday était légèrement égoïste.

La première chose que fit le marquis, ce fut de prendre Jean Oullier à part, et de lui confier sa position et les embarras qui en résultaient pour lui.

Jean Oullier, qui avait eu ses deux enfants massacrés, ne comprenait pas très-bien qu'un père se séparât volontiers de ses deux enfants.

Il accepta cependant la proposition que lui fit le marquis de Souday, de lui faire élever ses deux enfants jusqu'au moment où elles auraient atteint l'âge d'aller en pension.

Il chercherait à la Chevrollière, ou aux environs, quelque brave femme qui leur tînt lieu de mère, si toutefois quelque chose tient lieu de mère à des orphelins.

Quand bien même les deux jumelles eussent été laides et désagréables, Jean Oullier eût accepté; mais elles étaient si gentilles, si avenantes, si gracieuses, leur sourire était si engageant, que le bon homme les avait tout de suite aimées comme ces gens-là savent aimer.

Il prétendait qu'avec leurs petites figures blanches et roses et leurs longs cheveux bouclés, elles lui rappelaient si bien les anges qui, avant qu'on les eût brisés, entouraient la madone du maître-autel de Grandlieu, qu'en les apercevant il avait eu l'idée de s'agenouiller.

Il fut donc décidé que le lendemain Jean Oullier emmènerait les deux enfants.

Malheureusement, pendant tout le temps qui s'était écoulé entre le départ de la nourrice et l'arrivée de Jean Oullier, il avait plu.

Le marquis, confiné dans son castel, avait senti qu'il commençait de s'ennuyer.

S'ennuyant, il avait appelé auprès de lui ses deux filles, et s'était mis à jouer avec elles.

Plaçant l'une à califourchon sur son cou, asseyant l'autre sur ses reins, il s'était, comme le Béarnais, promené à quatre pattes tout autour de l'appartement.

Seulement il avait raffiné sur les amusements que Henri IV donnait à sa progéniture : avec sa bouche, le marquis de Souday imitait tour à tour le son du cor et l'aboi de toute une meute.

Cette chasse à l'intérieur avait énormément amusé le marquis de Souday.

Il va sans dire que les enfants, eux, n'avaient jamais tant ri.

En outre, ils avaient pris goût à la tendresse accompagnée de toutes sortes de chatteries que leur père leur avait prodiguées pendant ces quelques heures, afin d'atténuer, selon toute probabilité, les reproches que lui faisait sa conscience à propos de cette séparation si prompte après une si longue absence.

Les deux petites filles témoignaient donc au marquis un attachement féroce et une reconnaissance dangereuse pour ses projets.

Aussi, à huit heures du matin, lorsque la carriole fut amenée devant le perron du château, lorsque les deux petites filles eurent compris qu'on allait les amener, commencèrent-elles à pousser des cris de désespoir.

Bertha se rua sur son père, embrassa une de ses jambes, et, se cramponnant aux jarretières du monsieur qui lui donnait tant de bonbons et qui faisait si bien le cheval, elle y enchevêtra ses petites mains avec tant de force, que le pauvre marquis craignit de lui briser les poignets en essayant de les détacher.

Quant à Mary, elle s'était assise sur une marche et se contentait de pleurer, mais de pleurer avec une telle expression de douleur que Jean Oullier se sentit encore plus remué de ce chagrin muet que du désespoir bruyant de l'autre petite fille.

Le marquis de Souday employa toute son éloquence à persuader aux deux petites filles qu'en montant dans la voiture elles auraient bien plus de friandises et de plaisir qu'en restant auprès de lui : mais, plus il parlait, plus Mary sanglotait, plus Bertha trépignait et l'étreignait avec rage.

L'impatience commençait à gagner le marquis, et voyant que la persuasion ne pouvait rien, il allait employer la force, lorsqu'en levant les yeux son regard se fixa sur Jean Oullier.

Deux grosses larmes roulaient le long des joues bronzées du paysan et allaient se perdre dans l'épais collier de favoris roux qui lui encadrait le visage.

Ces larmes étaient à la fois une prière pour le marquis, et un reproche pour le père.

Il fit signe à Jean Oullier de dételer le cheval, et tandis que Bertha, qui avait compris ce signe, dansait de joie sur le perron, il dit à l'oreille du métayer :

— Tu partiras demain.

Ce jour-là, comme il faisait très-beau, le marquis voulut utiliser le séjour de Jean Oullier en allant à la chasse et en se faisant accompagner par lui : il le conduisit en conséquence dans sa chambre, pour qu'il l'aidât à revêtir son costume d'expédition.

Le paysan fut frappé de l'affreux désordre qui régnait dans la petite chambre de son maître, et ce fut une occasion pour le marquis d'achever ses confidences intimes en se plaignant de son maître-jacques femelle, qui, convenable devant ses fourneaux, était d'une incurie odieuse dans tous les autres soins du ménage, et particulièrement dans ceux qui regardaient la toilette du marquis.

Ce dernier fut plus de dix minutes avant d'avoir trouvé une veste qui ne fût pas veuve de tous ses boutons, ou une culotte qui ne fût pas affligée d'une solution de continuité par trop indécente.

Enfin, on y arriva.

Le marquis, tout louvetier qu'il était, était trop pauvre pour se donner le luxe d'un valet de chiens; en conséquence, il conduisait lui-même son petit équipage. Ainsi forcé de se partager entre le soin du défaut et les préoccupations du tir, il était rare qu'il ne rentrât point bredouille.

Avec Jean Oullier, ce fut tout autre chose.

Le vigoureux paysan, dans toute la force de l'âge, gravissait les rampes les plus escarpées de la forêt avec la vigueur et la légèreté d'un chevreuil; il bondissait au-dessus des halliers quand il lui semblait trop long de les tourner, et, grâce à ses jarrets d'acier, il ne quitta pas ses chiens d'une semelle. Enfin, dans deux ou trois occasions, il les appuya avec tant de bonheur que le sanglier qu'ils chassaient, comprenant que ce n'était pas en fuyant qu'il se débarrasserait d'eux, finit cette fois par les attendre et faire tête dans un fourré, où le marquis eut la joie de le tuer au ferme, ce qui ne lui était pas encore arrivé.

Le marquis rentra chez lui transporté d'allégresse, et remerciant Jean Oullier de la charmante journée qu'il lui devait.

Pendant le dîner, il fut d'une humeur charmante, et inventa de nouveaux jeux pour mettre les petites filles à l'unisson de son humeur.

Le soir, lorsqu'il rentra dans sa chambre, le marquis de Souday trouva Jean Oullier assis, les jambes croisées, dans un coin, à la manière des Turcs ou des tailleurs. Il avait en face de lui une montagne de vêtements, et tenait à la main une vieille culotte de velours dans laquelle il promenait l'aiguille avec fureur.

— Que diable fais-tu là? lui demanda le marquis. — L'hiver est froid dans ce pays de plaine, surtout quand le vent vient de la mer, et, rentré chez moi, j'aurai froid aux jambes rien qu'en pensant que la bise peut arriver aux vôtres par de telles ouvertures, répondit Jean Oullier, en montrant à son maître une fente qui allait du genou à la ceinture dans la culotte qu'il réparait. — Ah çà! tu es donc tailleur? lui demanda le marquis. — Hélas! répondit Jean Oullier, est-ce qu'on ne sait pas un peu de tout, quand, depuis plus de vingt ans, on vit seul? D'ailleurs, on n'est jamais embarrassé quand on a été soldat. — Ah çà! est-ce que je ne l'ai pas été aussi, moi? demanda le marquis. — Non; vous, vous avez été officier, et ce n'est pas la même chose.

Le marquis de Souday regarda Jean Oullier avec admiration et se coucha, s'endormit et ronfla, sans que cela interrompît le moins du monde la besogne de l'ancien chouan.

Au milieu de la nuit, le marquis se réveilla.

Jean Oullier travaillait toujours.

La montagne de vêtements n'avait pas sensiblement diminué.

— Mais tu n'auras jamais fini, même en travaillant jusqu'au jour, mon pauvre Jean! lui dit le marquis. — Hélas! j'en ai grand'peur. — Alors, va te coucher, mon vieux camarade; tu ne partiras que lorsqu'il y aura un peu d'ordre dans toute cette défroque, et nous chasserons encore demain.

JEAN OULLIER.

LES LOUVES DE MACHECOUL.

TYP. J. CLAYE.

IV.

COMMENT, EN VENANT POUR UNE HEURE CHEZ LE MARQUIS, JEAN OULLIER Y SERAIT ENCORE SI LE MARQUIS ET LUI N'ÉTAIENT PAS MORTS DEPUIS DIX ANS.

Le matin, avant de partir pour la chasse, le marquis eut l'idée d'aller embrasser ses enfants.

Il monta, en conséquence, à leur chambre, et fut fort étonné de trouver l'universel Jean Oullier qui l'avait devancé, et qui débarbouillait les deux petites filles avec la conscience et l'obstination de la meilleure gouvernante.

Et le pauvre homme, à qui cette occupation rappelait les enfants qu'il avait perdus, semblait y trouver une satisfaction complète.

L'admiration du marquis se changea en respect.

Pendant huit jours, les chasses se succédèrent sans interruption, toutes plus belles et plus fructueuses les unes que les autres.

Pendant ces huit jours, tour à tour piqueur et économe, Jean Oullier, en cette dernière qualité, une fois rentré à la maison, travailla sans relâche à rajeunir la toilette de son maître, et il trouva encore le temps de ranger la maison du haut en bas.

Le marquis de Souday, loin d'avoir maintenant l'idée de presser son départ, songeait avec horreur qu'il allait lui falloir se séparer d'un serviteur si précieux.

Du matin jusqu'au soir, et quelquefois du soir jusqu'au matin, il repassait dans son cerveau quelle était celle des qualités du Vendéen qui le touchait le plus sensiblement.

Jean Oullier avait le flair d'un limier pour découvrir une rentrée, au bris des ronces ou sur l'herbe mouillée de rosée.

Dans les chemins secs et pierreux de Machecoul, de Bourgneuf et d'Aigrefeuille, il déterminait sans hésitation l'âge et le sexe du sanglier dont la trace semblait imperceptible.

Jamais piqueur à cheval n'avait appuyé des chiens comme Jean Oullier le savait faire, monté sur ses deux longues jambes.

Enfin, les jours où la fatigue forçait de donner relâche à la petite meute, il était sans pareil pour deviner les enceintes fertiles en bécasses, et y conduire son maître.

— Ah! par ma foi, au diable le mariage! s'écriait parfois tout haut le marquis, lorsqu'on le croyait occupé de songer à tout autre chose; qu'irais-je faire dans cette galère où j'ai vu si tristement ramer les plus honnêtes gens? Par la mort Dieu! je ne suis pas un tout jeune homme; voilà que je prends mes quarante ans; je ne me fais aucune illusion; je ne compte séduire personne par mes agréments personnels; je ne puis donc espérer autre chose que de tenter une vieille douairière avec mes trois mille livres de rentes, dont la moitié mourra avec moi; j'aurai une marquise de Souday grondeuse, quinteuse, hargneuse, qui m'interdira peut-être la chasse que ce brave Jean sert si bien, et qui, à coup sûr, ne tiendra pas le ménage plus décemment qu'il ne le fait. Et cependant, reprenait-il en se redressant et en balançant le haut du corps, sommes-nous dans une époque où il soit permis de laisser finir ces grandes races, soutiens naturels de la monarchie? Ne me serait-il pas bien doux de voir mon fils relever l'honneur de la maison? tandis qu'au contraire, moi, à qui l'on n'a jamais connu de femme, légitime du moins, que diront mes voisins de la présence de ces deux petites filles à la maison?

Ces réflexions, lorsqu'elles lui venaient, et c'était d'ordinaire les jours de pluie, lorsque le mauvais temps l'empêchait de se livrer à son plaisir favori, ces réflexions jetaient parfois le marquis de Souday dans de cruelles perplexités.

Il en sortit, comme sortent de pareille situation tous les tempéraments indécis, tous les caractères faibles, tous les hommes qui ne savent pas prendre un parti.

En restant dans le provisoire.

Bertha et Mary, en 1831, avaient atteint leurs dix-sept ans que ce provisoire durait toujours.

Et cependant, quoi qu'on en pût croire, le marquis de Souday ne s'était point décidé encore positivement à garder ses filles près de lui.

Jean Oullier, qui avait accroché à un clou la clef de sa maison de la Chevrollière, n'avait pas eu, depuis quatorze ans, l'idée de la décrocher de son clou.

Il avait patiemment attendu que son maître lui donnât l'ordre de retourner chez lui, et comme, depuis son arrivée au château, le château était propre et net; comme le marquis n'avait pas eu une seule fois à se lamenter sur l'inconvénient de se passer de boutons; comme les bottes de chasse avaient toujours été convenablement graissées; comme les fusils étaient tenus ni plus ni moins que dans la première armurerie de Nantes; comme Jean Oullier, à l'aide de certains procédés coercitifs, dont il tenait la tradition d'un de ses camarades à l'armée *brigande*, avait peu à peu fait perdre à la cuisinière l'habitude de faire supporter à son maître sa mauvaise humeur; comme les chiens étaient constamment en bon état, ni trop gras, ni trop maigres, capables de soutenir quatre fois par semaine une bonne course de huit à dix lieues, et de la terminer autant de fois par un hallali; comme aussi le babil et la gentillesse des enfants, leur tendresse expansive, rompaient la monotonie de son existence; comme ses causeries et ses entretiens avec Jean Oullier sur l'ancienne guerre, passée aujourd'hui à l'état de tradition (elle remonte à trente-cinq ou trente-six ans), rompaient la monotonie de son existence et allégeaient la longueur des soirées et des jours de pluie, le marquis, retrouvant les bons soins, la douce quiétude, le bonheur tranquille dont il avait joui près de la pauvre Éva, avec l'enivrant plaisir de la chasse en plus, le marquis avait remis de jour en jour, de mois en mois, d'année en année, à fixer le moment de la séparation.

Quant à Jean Oullier, il avait de son côté des motifs de ne point provoquer de décision; ce n'était pas seulement un homme brave que celui-là, c'était encore un brave homme.

Ainsi que nous l'avons raconté, il s'était pris tout de suite d'affection pour Bertha et Mary; cette affection, dans ce pauvre cœur veuf de ses propres enfants, s'était promptement changée en tendresse, et, avec le temps, cette tendresse était devenue du fanatisme; il ne s'était point, tout d'abord, rendu un compte bien exact de la distinction que le marquis voulait établir entre leur situation et celle des enfants légitimes que celui-ci espérait obtenir d'une union quelconque pour perpétuer son nom dans le Bas-Poitou ; quand on a fait deuil à une brave fille, on ne connaît qu'un seul moyen de réparation, le mariage. Jean Oullier trouvait logique, puisque son maître ne pouvait légitimer sa liaison, de ne pas désavouer au moins la paternité qu'elle lui avait léguée en mourant ; aussi, après deux mois de séjour au château, ces réflexions faites, pesées par son esprit, ratifiées par son cœur, le Vendéen eût reçu de fort mauvaise grâce un ordre de départ, et le respect qu'il portait à M. de Souday ne l'eût point empêché d'exposer vertement, dans ce cas extrême, ses sentiments à l'endroit de ce chapitre.

Heureusement, ce dernier n'initia point son serviteur aux tergiversations de son esprit ; de sorte que Jean Oullier put prendre le provisoire pour un définitif, et croire que le marquis regardait la présence des petites filles au château comme un droit pour elles en même temps que comme un devoir pour lui.

Au moment où nous sortons de ces préliminaires, peut-être un peu longs, Bertha et Mary ont donc entre dix-sept et dix-huit ans.

La pureté de race des marquis de Souday a fait merveille en se retrempant dans le sang de la plébéienne saxonne : les enfants d'Éva sont deux splendides jeunes filles aux traits fins et délicats, à la taille svelte et élancée, à la tournure pleine de noblesse et de distinction.

Elles se ressemblent comme tous les jumeaux se ressemblent ; seulement Bertha était brune comme son père, Mary était blonde comme sa mère.

Malheureusement, l'éducation que ces deux belles personnes ont reçue, en développant autant que possible leurs avantages physiques, ne s'est pas suffisamment préoccupée des besoins de leur sexe.

Vivant au jour le jour auprès de leur père, avec le laisser-aller de ce dernier, et son parti pris de jouir du jour sans s'inquiéter du lendemain, il était impossible qu'il en fût autrement.

Jean Oullier avait été le seul instituteur des enfants d'Éva, comme il avait été leur seul gouvernante.

Le digne Vendéen leur avait appris tout ce qu'il savait, à lire, à écrire, à compter, à prier avec une tendre et profonde ferveur Dieu et la Vierge, puis à courir les bois, à escalader les rochers, à traverser les halliers de houx, de ronces et d'épines, le tout sans fatigue, sans peur et sans faiblesse ; à arrêter d'une balle un oiseau dans son vol, un chevreuil dans sa course ; enfin à monter à poil ces indomptables chevaux des Mellerault aussi sauvages dans leurs prairies et dans leurs landes que les chevaux des Gauchos dans leurs pampas.

Le marquis de Souday avait vu tout cela sans être aucunement tenté d'imprimer une autre direction à l'éducation de ses filles, et sans avoir même l'idée de contrarier les goûts qu'elles puisaient dans ces exercices virils : le digne gentilhomme était trop heureux de trouver en elles de vaillants camarades de chasse, réunissant à une tendresse respectueuse pour leur père, une gaieté, un entrain et une ardeur cynégétique qui, depuis qu'elles les partageaient, doublaient le charme de toutes ses parties.

Cependant, pour être juste, nous devons dire que le marquis avait ajouté quelque chose de son cru aux leçons de Jean Oullier. Lorsque Bertha et Mary eurent atteint leur quatorzième année, lorsqu'elles commencèrent à accompagner leur père dans ses expéditions en forêt, les jeux enfantins qui remplissaient autrefois les soirées au château perdirent tout leur attrait.

Alors, pour combler le vide qui en résultait, le marquis de Souday apprit le whist à Bertha et à Mary.

De leur côté, les deux enfants avaient complété, aussi bien qu'elles avaient pu, leur éducation morale, si bien développée par Jean Oullier sous le rapport physique; elles avaient, en jouant à cache-cache dans le château, découvert une chambre qui, selon toute probabilité, n'avait pas été ouverte depuis trente ans.

C'était la bibliothèque.

Là, elles avaient trouvé un millier de volumes à peu près.

Chacune, dans ces volumes, avait choisi selon son goût.

La sentimentale et douce Mary avait donné la préférence aux romans; la turbulente et positive Bertha, à l'histoire.

Puis elles avaient fondu le tout ensemble : Mary, en racontant Amadis et Paul et Virginie à Bertha;

Bertha, en racontant Mézeray et Vély à Mary.

Il était résulté, pour les deux jeunes filles, de ces lectures tronquées, des notions assez fausses sur la vie réelle et sur les habitudes et les exigences d'un monde qu'elles n'avaient jamais vu, dont elles avaient à peine entendu parler.

Lors de la première communion des deux petites filles, le curé de Machecoul, qui les aimait pour leur piété et la bonté de leur cœur, avait hasardé quelques observations sur la singulière existence qu'on leur préparait en les élevant de la sorte; mais ces amicales remontrances étaient venues se briser contre l'indifférence égoïste du marquis de Souday.

Et l'éducation que nous avons décrite avait continué, et, de cette éducation, il était résulté des habitudes qui avaient fait, grâce à leur position déjà si fausse, une fort méchante réputation à Bertha et à sa sœur dans tout le pays.

Et en effet, le marquis de Souday était entouré de gentils qui lui enviaient fort l'illustration de son nom, et qui ne demandaient qu'une occasion de lui rendre le dédain que les ancêtres du marquis avaient probablement témoigné aux leurs; aussi, lorsqu'on le vit conserver dans sa demeure et appeler ses filles les fruits d'une liaison illégitime, se mit-on à publier à son de trompe ce qu'avait été sa vie à Londres; on exagéra ses fautes; on fit de la pauvre Éva, qu'un miracle de la Providence avait conservée si pure, une fille des rues; et bientôt les hobereaux de Beauvoir, de Saint-Léger, de Bourgneuf, de Saint-Philibert et de Grandlieu se détournèrent du marquis, sous prétexte qu'il avilissait la noblesse, dont, vu la roture de la plupart d'entre eux, ils étaient bien bons de prendre tant de souci.

Bientôt ce ne furent pas seulement les hommes qui désapprouvèrent la conduite actuelle du marquis de Souday, et calomnièrent sa conduite passée; la beauté des deux sœurs ameuta contre elles toutes les mères et toutes les filles à dix lieues à la ronde, et cela, dès lors, devint infiniment plus grave.

Si Bertha et Mary eussent été laides, le cœur de ces charitables dames et de ces pieuses demoiselles, naturellement porté à l'indulgence chrétienne, eût peut-être pardonné la paternité inconvenante au pauvre diable de châtelain; mais il n'y avait pas moyen de ne point être révolté en voyant ces deux pécores écraser de leur distinction, de leur noblesse et des charmes de leur extérieur, les jeunes personnes les mieux nées des environs.

Ces insolentes supériorités ne méritaient donc ni merci ni miséricorde.

L'indignation contre les deux pauvres enfants était si générale, que, n'eussent-elles donné en rien matière à la médisance ou à la calomnie, la médisance et la calomnie les eussent encore touchées du bout de l'aile ; qu'on juge de ce qui dut arriver et qui arriva avec les habitudes masculines et excentriques des deux sœurs.

Ce fut donc bientôt un *tolle* universel et réprobateur qui, du département de la Loire-Inférieure, gagna les départements de la Vendée et de Maine-et-Loire.

Sans la mer, qui borne les côtes de la Loire-Inférieure, bien certainement cette réprobation eût fait autant de chemin vers l'occident qu'elle en faisait au sud et à l'est.

Bourgeois et gentilshommes, citadins et campagnards, tout le monde s'en mêla.

Les jeunes gens, qui avaient à peine rencontré Mary et Bertha, qui les avaient à peine vues, parlaient des filles du marquis de Souday avec un sourire avantageux, gros d'espérances lorsqu'il n'était pas gros de souvenirs.

Les douairières se signaient lorsqu'on prononçait leur nom ; les gouvernantes menaçaient d'elles les petits enfants lorsqu'ils n'étaient pas sages.

Les plus indulgents se bornaient à prêter aux deux jumelles les trois vertus d'*Arlequin*, dont on fait généralement le lot des disciples de saint Hubert, dont elles affichaient les goûts, c'est-à-dire l'amour, le jeu et le vin ; mais d'autres assuraient gravement que le petit castel de Souday était chaque soir le théâtre d'orgies dont la tradition se retrouvait dans les mémoires de la Régence ; quelques romantiques, brochant sur le tout, voulaient absolument voir, dans une des petites tourelles abandonnée aux amours innocents d'une vingtaine de pigeons, une réminiscence de la fameuse tour de Nesle, de luxurieuse et homicide mémoire.

Enfin, on en dit tant sur Bertha et sur Mary, que, quelles qu'eussent été jusque-là et quelles que fussent encore en réalité la pureté de leur vie et l'innocence de leurs actions, elles devinrent un objet d'horreur pour tout le pays.

Par les valets des châteaux, par les ouvriers qui approchaient des bourgeois, par les gens même qu'elles employaient, ou à qui elles rendaient service, cette haine s'infiltra dans la populace ; de sorte que, à l'exception de quelques pauvres aveugles ou de quelques bonnes vieilles femmes impotentes que les orphelines secouraient directement, toute la population en blouse et en sabots servait d'écho aux contes absurdes inventés par les gros bonnets des environs, et il n'était pas un bûcheron, pas un sabotier de Machecoul, pas un cultivateur de Saint-Philibert ou d'Aigrefeuille, qui ne se fût cru déshonoré de leur ôter son chapeau.

Enfin, les paysans avaient donné à Bertha et à Mary un sobriquet, et ce sobriquet, parti d'en bas, avait été acclamé dans les régions supérieures comme caractérisant parfaitement les appétits et les déréglements que l'on prêtait aux jeunes filles.

Ils les appelaient : LES LOUVES DE MACHECOUL.

V

UNE PORTÉE DE LOUVARDS.

Le marquis de Souday resta complétement indifférent à ces manifestations de l'animadversion publique; bien plus, il ne sembla même point se douter qu'elle existât, lorsqu'il s'aperçut qu'on ne lui rendait plus les rares visites que, de loin en loin, il se croyait obligé de faire à ses voisins; il se frotta joyeusement les mains, se tenant pour débarrassé des corvées qui lui étaient odieuses, et qu'il n'accomplissait jamais que contraint et forcé, soit par ses filles, soit par Jean Oullier.

Il lui revint bien par-ci par-là quelques-unes des calomnies qui circulaient sur le compte de Bertha et de Mary; mais il était si heureux, entre son factotum, ses filles et ses chiens, qu'il jugea que ce serait compromettre la félicité dont il jouissait, que d'accorder quelque attention à ces absurdes propos, de sorte qu'il continua de forcer ses lièvres chaque jour, de forcer ses sangliers dans les grandes occasions, et de faire son whist chaque soir en compagnie des deux pauvres calomniées.

Jean Oullier fut loin d'être aussi philosophe que son maître; il faut dire aussi que sa condition en imposant beaucoup moins, il en apprit davantage.

Sa tendresse pour les deux jeunes filles était devenue du fanatisme. Il passait sa vie à les regarder : soit que, doucement souriantes, elles fussent assises dans le salon du château, soit que penchées sur l'encolure de leurs chevaux, les yeux étincelants, la figure animée, leurs beaux cheveux dénoués au vent, sous leurs feutres aux larges bords et à la plume onduleuse, elles galopassent à ses côtés; en les voyant si fièrement accomplies et en même temps si bonnes et si tendres pour leur père et pour lui, son cœur tressaillait d'orgueil, de fierté et de bonheur; il se regardait comme ayant été pour quelque chose dans le développement de ces deux admirables créatures, et il se demandait comment l'univers pouvait ne pas s'agenouiller devant elles.

Aussi, les premiers qui se hasardèrent à l'entretenir des rumeurs qui couraient le pays, furent-ils si vertement redressés que cela en dégoûta les autres; mais, véritable père de Bertha et de Mary, Jean Oullier n'avait point besoin qu'on lui en parlât, pour savoir ce qui se pensait des deux objets de sa tendresse.

Dans un sourire, dans un regard, dans un geste, dans un signe, il devinait les méchantes idées de chacun, et cela avec une sagacité qui le rendait vraiment misérable.

Le mépris, que les pauvres comme les riches ne prenaient point la peine de déguiser pour les orphelines, l'affectaient profondément; s'il se fût laissé aller aux mouvements de son sang, il eût cherché querelle à toute physionomie qui lui eût semblé irrespectueuse, et il eût corrigé ceux-là à coups de poings, et il eût proposé aux autres le champ clos. Mais son bon sens lui faisait comprendre que Bertha et Mary avaient besoin d'une autre réhabilitation, et que des coups donnés ou reçus ne prouveraient absolument rien pour leur justification; il redoutait, en outre, et c'était là sa plus grande crainte, qu'à la suite d'une de ces scènes qu'il eût si volontiers provoquées, les jeunes filles fussent instruites du sentiment public à leur égard.

Le pauvre Jean Oullier courbait donc la tête sous cette injuste réprobation, et de grosses larmes, de ferventes prières à Dieu, ce suprême redresseur des torts et des injustices des hommes, témoignaient seules de son chagrin. Il y gagna une misanthropie profonde; ne voyant autour de lui que des ennemis de ses chères enfants, il ne pouvait faire autrement que de haïr les hommes, et il se préparait, tout en rêvant aux futures révolutions, à leur rendre le mal pour le mal.

La révolution de 1830 était arrivée sans donner l'occasion à Jean Oullier, qui comptait un peu là-dessus, de mettre ses mauvais désirs à exécution.

Mais comme l'émeute, qui tous les jours grondait dans les rues de Paris, pouvait bien, dans un temps donné, déborder en province, il attendait.

Or, par une belle matinée de septembre, le marquis de Souday, ses filles, Jean Oullier et la meute, qui, pour avoir été plusieurs fois renouvelée depuis que nous avons fait sa connaissance, n'avait point augmenté en nombre, chassaient dans la forêt de Machecoul.

C'était une journée impatiemment attendue par le marquis, et dont depuis trois mois il se promettait grande liesse. Il s'agissait tout simplement de prendre une portée de louvards dont Jean Oullier avait découvert le liteau, alors qu'ils n'avaient point encore les yeux ouverts, et que depuis lors il avait choyés, soignés, ménagés en digne piqueur de louvetier qu'il était.

Cette dernière phrase, pour ceux de nos lecteurs qui ne sont point familiers avec le noble art de la chasse, demande peut-être quelques explications.

Tout enfant, le duc de Biron, décapité en 1602 par ordre de Henri IV, disait à son père :

— Donne-moi cinquante hommes de cavalerie, et voilà deux cents hommes qui vont au fourrage que je vais détruire depuis le premier jusqu'au dernier; ces deux cents hommes pris, la ville sera forcée de se rendre. — Et puis après ? — Eh bien, après, la ville sera rendue. — Et le roi n'aura plus besoin de nous; il faut rester *néce aires*, niais.

Les deux cents fourrageurs ne furent pas tués, la ville ne fut pas prise, et Biron et son fils restèrent *nécessaires*.

C'est-à-dire qu'étant nécessaires, ils restèrent dans la faveur et aux gages du roi.

Eh bien, il en est des loups comme de ces fourrageurs que ménageait le père de Biron.

S'il n'y avait plus de loups, il n'y aurait plus de lieutenant de louveterie; on doit donc pardonner à Jean Oullier, caporal de louveterie, d'avoir montré quelque velléité de tendresse à ces jeunes nourrissons de la louve, et de ne pas les avoir occis eux et leur mère, avec toute la rigueur qu'il eût montrée pour un vieux loup du sexe masculin.

Ce n'est pas tout.

Autant la chasse d'un vieux loup est impraticable en laisser-courre, autant elle est ennuyeuse et monotone en battue, autant celle d'un louvard de cinq à six mois est facile, agréable et amusante.

Aussi, pour ménager ces charmants loisirs à son maître, Jean Oullier, lorsqu'il avait découvert la portée, s'était bien gardé de troubler et d'effrayer la louve; il n'avait point regardé aux quelques moutons du prochain, que la mère devait inévitablement partager avec ses petits durant leur croissance; il les avait visités avec un touchant intérêt pour s'assurer que personne ne portait sur eux une main irrespectueuse, et avait été, ma foi, fort joyeux le jour où il avait trouvé ce liteau vide, et où il avait compris que la sage mère les avait emmenés dans ses excursions.

Enfin, un jour, jugeant qu'ils devaient être mûrs pour ce qu'il voulait en faire, il les avait rembûchés dans une vente de quelques centaines d'hectares d'étendue, et avait découplé les six chiens du marquis de Souday sur l'un d'eux.

Le pauvre diable de louvard, qui ne savait pas ce que signifiaient ces abois et ces éclats de trompe, perdit la tête et quitta immédiatement l'enceinte où il laissait sa mère et ses frères, et où il avait encore, pour sauver sa peau, les chances d'un change; il gagna un autre triage, dans lequel il se fit battre pendant une demi-heure en randonnant comme un lièvre; puis, fatigué par cette course forcenée dont il n'avait pas l'habitude, sentant ses grosses pattes tout engourdies, il s'assit naïvement sur sa queue et attendit.

Il n'attendit pas longtemps pour savoir ce qu'on lui voulait, car Domino, le chien de tête du marquis, un vendéen au poil dur et grisâtre, arrivant presque immédiatement, d'un coup de gueule lui brisa les reins.

Jean Oullier reprit ses chiens, les ramena à sa brisée, et, dix minutes après, le père du défunt était sur pied et la meute lui soufflait au poil.

Celui-ci, plus avisé, ne quitta point les environs; aussi des changes fréquents, donnés tantôt par les louvards survivants, tantôt par la louve, qui se donnait volontairement aux chiens, retardèrent-ils l'instant de son trépas. Mais Jean Oullier connaissait trop bien son métier pour laisser compromettre le succès par de semblables erreurs. Aussitôt que la chasse prenait les allures vives et directes qui caractérisent les allures d'un vieux loup, il rompait ses chiens, les ramenait à l'endroit où avait eu lieu le défaut et les remettait sur la bonne voie.

Enfin, serré de trop près par ses persécuteurs, le pauvre louveteau essaya d'un lourvari: il revint sur ses pas, et sortit si naïvement du bois qu'il donna dans le marquis et dans ses filles. Surpris, perdant la tête, il essaya de se couler entre les jambes des chevaux; mais M. de Souday, se penchant sur l'encolure de son cheval, le saisit vivement par la queue, et le lança aux chiens qui l'avaient suivi dans son retour.

Ces deux hallalis successifs avaient prodigieusement diverti le châtelain de Souday, et il ne voulait point s'en tenir là: il discutait avec Jean Oullier pour savoir si on retournerait attaquer aux brises, ou si on laisserait aller les chiens sous le vent, à la bilbaude, ce qui restait de louvards devant être sur pied.

Mais la louve, qui se doutait probablement qu'on en voulait encore à ce qui lui restait de sa progéniture, traversa la route à dix pas des chiens, au plus fort de la discussion entre Jean Oullier et le marquis. A la vue de l'animal, la petite meute, que l'on avait négligée de recoupler, ne poussa qu'un aboi, et, ivre d'ardeur, se précipita sur sa trace.

Appel, cris désespérés, coups de fouet, rien ne put la retenir, rien ne put parvenir à l'arrêter.

Jean Oullier joua des jambes pour la rejoindre, le marquis et ses filles mirent leurs chevaux au galop pour l'arrêter.

Mais ce n'était plus un louvard timide et hésitant que les chiens avaient devant eux, c'était un animal hardi, vigoureux, entreprenant, qui marchait d'assurance comme s'il regagnait son fort; perçant droit sans se soucier des vallons, des rochers, des montagnes, des torrents qu'il trouvait sur sa route, et cela sans frayeur, sans précipitation, enveloppé de temps en temps par le petit équipage qui le poursuivait, trottant au milieu des chiens, et les dominant de la puissance de son regard oblique, et surtout par les craquements de sa formidable mâchoire.

La louve, traversant les trois quarts de la forêt, prit son débouché en plaine, comme si elle se dirigeait sur la forêt de la grande lande.

Jean Oullier maintenait sa distance, et, grâce à l'élasticité de ses jambes, restait à trois ou quatre cents pas de ses chiens, forcé, par les escarpements, de suivre les lignes et les routes; le marquis et ses filles étaient restés en arrière.

Lorsque ces derniers furent arrivés à leur tour sur la lisière de la forêt, et qu'ils eurent gravi le coteau qui domine le petit village de la Marne, ils aperçurent à une demi-lieue devant eux, entre Machecoul et la Baillardière, au milieu des ajoncs semés entre ce village et la jachère, Jean Oullier, ses chiens et sa louve toujours dans la même allure, et suivant la ligne droite dans la même position. La scène des deux premières chasses, la rapidité de la course avaient fort échauffé le sang du marquis de Souday.

— Mordieu! dit-il, je donnerais dix jours de ma vie pour être en ce moment entre Saint-Étienne-de-mes-Morts et la Guimarière, pour envoyer une balle à cette coquine de louve. — Elle se rend bien sûr à la forêt des grandes landes, répondit Mary. — Oui, dit Bertha; mais à coup sûr elle reviendra à son lancer, du moment où les petits ne l'ont pas quittée. Elle ne peut continuer à se forlonger ainsi. — Il vaudrait mieux, en effet, revenir au lancer que la courre plus loin, dit Mary. Rappelez-vous, mon père, que, l'an dernier, nous avons poursuivi un grand loup qui nous a promenés pendant dix heures et quinze lieues, et cela pour rien; de sorte que nous sommes rentrés à la maison avec nos chevaux fourbus, nos chiens écloppés et la honte d'un buisson creux. — Ta, ta, ta, fit le marquis, ton loup n'était pas notre louve. Retournez si vous voulez au lancer, Mesdemoiselles; moi j'appuie les chiens, par-là corbleu! et il ne sera pas dit que j'aurai fait défaut à un hallali! — Nous irons où vous irez, père, dirent ensemble les deux jeunes filles. — Eh bien! en avant, alors, s'écria le marquis en appuyant ces paroles de deux vigoureux coups d'éperon, et en lançant son cheval sur la pente.

Le chemin dans lequel venait de s'élancer le marquis était pierreux, et coupé de ces ornières impraticables dont le Bas-Poitou conserve religieusement la tradition. A chaque instant les chevaux buttaient; à chaque pas, s'ils n'eussent été si vigoureusement retenus, ils se fussent abattus, et il était impossible, quelque traverse qu'on prît, d'arriver à la forêt des grandes landes avant la chasse.

M. de Souday, mieux monté que ses filles, pouvait, plus vivement qu'elles, actionner sa bête, et avait pris sur elles un avantage de quelques centaines de pas. Rebuté par les difficultés de la route, apercevant un champ ouvert, il y lança son cheval, et, sans avertir ses enfants, il coupa à travers la plaine.

Bertha et Mary, croyant toujours suivre leur père, continuèrent leur course périlleuse le long du chemin.

Il y avait un quart d'heure à peu près qu'elles couraient séparées de leur père, lorsqu'elles se trouvèrent dans un endroit où la route était profondément encaissée entre deux talus bordés de haies dont les branches se croisaient au-dessus de leurs têtes. Là, elles s'arrêtèrent tout à coup, croyant entendre l'aboi bien connu de leurs chiens à peu de distance.

Presque au même instant, un coup de fusil retentit à quelques pas d'elles, et un gros lièvre, les oreilles ensanglantées et pendantes, sortit de la haie et déboula dans le chemin, tandis que des cris furieux de : « Après ! après ! chiens, taïaut ! taïaut ! » partirent du champ qui dominait l'étroit sentier.

Les deux sœurs croyaient être tombées dans la chasse d'un de leurs voisins, et elles allaient discrètement s'éloigner, lorsque, à l'endroit où le lièvre avait fait sa trouée, elles virent apparaître, hurlant à pleine gorge, Rustaud, un des chiens de leur père ; puis après Rustaud, Faraud, puis Bettau, puis Domino, puis Fanfare, tous se succédant sans intervalle, tous chassant ce malheureux lièvre, comme si de la journée ils n'eussent eu connaissance de plus noble gibier.

Mais à peine la queue du sixième chien venait-elle de se dégager de l'étroite ouverture, qu'elle y fut remplacée par une tête humaine.

Cette tête était la figure d'un jeune homme pâle, effaré, aux cheveux ébouriffés, aux yeux hagards, faisant des efforts surhumains pour que le corps suivit la tête à travers l'étroite coulée, et poussant, tout en luttant contre les ronces et les épines, les *taïaut!* que Bertha et Mary avaient entendus après le coup de fusil tiré cinq minutes auparavant.

VI

UN LIÈVRE BLESSÉ.

Mais, dans les haies du Bas-Poitou, façonnées un peu comme les haies bretonnes, au moyen de baliveaux courbés et entrelacés, ce n'est point une raison parce qu'un lièvre a passé, parce que six chiens courants ont passé après un lièvre, ce n'est pas une raison, dirons-nous, pour que la trouée qui leur a donné passage devienne une porte cochère. Aussi le malheureux jeune homme, serré comme à la lucarne d'une guillotine, eut-il beau pousser, s'arc-bouter, se démener, s'ensanglanter les mains et le visage, il lui fut impossible d'avancer d'un pouce.

Cependant le jeune chasseur ne perdait point courage. Il continuait la lutte en désespéré, lorsque tout à coup de bruyants éclats de rire l'arrachèrent à sa préoccupation.

Il tourna la tête, et aperçut les deux amazones penchées sur l'encolure de leurs chevaux, et ne dissimulant aucunement ni leur gaieté, ni ce qui la causait.

LES LOUVES DE MACHECOUL.

UN LIÈVRE BLESSÉ.

TYP. J. CLAYE.

Tout honteux d'avoir si fort prêté à rire à deux jolies personnes, comprenant tout ce que sa situation devait avoir de grotesque, l'adolescent (le jeune homme avait vingt ans à peine) voulut se rejeter en arrière : mais il était dit que cette haie malencontreuse lui serait fatale jusque dans sa retraite ; les épines s'étaient si bien enchevêtrées à ses vêtements et les branches à sa carnassière, qu'il lui fut impossible de reculer, et il demeura pris dans la haie comme dans un traquenard, et cette seconde mésaventure rendit convulsive l'hilarité des deux spectatrices.

Alors ce ne fut plus avec la vigoureuse énergie que nous lui avons vue, ce fut avec fureur, ce fut avec la rage que le pauvre garçon essaya de nouveau de se dépêtrer ; et, dans ce nouvel et suprême effort qu'il fit, sa physionomie prit une telle expression de désespoir que Mary, la première, s'en sentit touchée.

— Taisons-nous, Bertha, dit-elle à sa sœur ; tu vois bien que nous lui faisons de la peine. — Vraiment oui, répondit Bertha ; mais, que veux-tu ? c'est plus fort que moi.

Et, tout en continuant de rire, elle sauta en bas de son cheval, et courut au pauvre garçon pour lui porter secours.

— Monsieur, dit Bertha au jeune homme, je crois qu'un peu d'aide ne vous serait point inutile pour sortir d'ici. Voulez-vous accepter le secours que ma sœur et moi sommes prêtes à vous offrir ?

Mais les rires des deux jeunes filles avaient aiguillonné l'amour-propre de celui auquel elles s'adressaient, plus encore que les ronces n'avaient déchiré son épiderme ; si bien que, quelle que fût la courtoisie des paroles de Bertha, elles ne firent point oublier au malheureux captif les moqueries dont il avait été l'objet.

Aussi continua-t-il de garder le silence, et, en homme bien décidé à se tirer d'affaire sans avoir recours à l'aide de personne, tenta-t-il un dernier effort.

Il se dressa donc sur ses poignets, et chercha à se mouvoir en avant, donnant à la partie antérieure de son corps la force diagonale qui fait marcher les animaux de l'ordre des serpents ; par malheur, dans ce mouvement, son front porta avec force contre le tronçon d'une branche de pommier sauvage que la serpe du cultivateur qui avait façonné cette haie avait taillée en biseau aigu et tranchant ; la branche coupa la peau comme eût fait le rasoir le mieux affilé. Le jeune homme, se sentant grièvement blessé, poussa un cri, et le sang, jaillissant aussitôt en abondance, lui couvrit tout le visage.

A la vue de l'accident dont, bien involontairement, elles étaient devenues les causes, les deux sœurs s'élancèrent vers le jeune homme, le saisirent par les épaules, et réunissant leurs efforts avec une vigueur que l'on n'eût point rencontré dans des femmes ordinaires, elles parvinrent à l'attirer en dehors de la haie, et à l'asseoir sur le talus.

Ne pouvant se rendre compte du peu de gravité réelle de la blessure, et la jugeant sur l'apparence, Mary devint pâle et tremblante ; quant à Bertha, moins impressionnable que sa sœur, elle ne perdit point la tête un seul instant.

— Cours à ce ruisseau, dit-elle à sa sœur, et trempes-y ton mouchoir, afin que nous débarrassions ce malheureux du sang qui l'aveugle.

Puis, tandis que Mary obéissait, se retournant vers le jeune homme :

— Souffrez-vous beaucoup, Monsieur ? demanda-t-elle. — Pardon, Mademoiselle, répondit le jeune homme ; mais tant de choses me préoccupent en ce moment, que je ne sais trop si c'est le dedans ou le dehors de la tête qui me fait mal.

Puis, éclatant en des sanglots jusque-là à grand'peine retenus par lui :

— Ah ! s'écria-t-il, le bon Dieu me punit d'avoir désobéi à maman.

Bien que celui qui parlait ainsi fût fort jeune, puisque nous avons dit qu'il atteignait à peine sa vingtième année, il y avait, dans les étranges paroles qu'il venait de prononcer, un accent enfantin qui jurait si plaisamment avec sa taille, avec son harnachement de chasseur, que, malgré la commisération que sa blessure avait excitée en elles, les jeunes filles ne purent retenir un nouvel éclat de rire.

Le pauvre garçon lança aux deux sœurs un regard de reproche et de prière, tandis que deux grosses larmes perlèrent à ses paupières.

Et en même temps, avec un mouvement d'impatience, il arracha le mouchoir trempé d'eau fraîche que Mary avait appliqué à son front.

— Eh bien ! demanda Bertha, que faites-vous donc ? — Laissez-moi ! s'écria le jeune homme ; je ne suis nullement disposé à recevoir des soins que l'on me fait payer par des moqueries. Oh ! je me repens bien maintenant de ne pas avoir obéi à ma première idée, qui était de m'enfuir, au risque de me blesser cent fois plus gravement ! — Oui, mais puisque vous avez été assez raisonnable pour ne pas l'avoir fait, répondit Mary, soyez assez raisonnable encore pour me laisser remettre ce bandeau sur votre front.

Et, ramassant le mouchoir, elle s'approcha du blessé avec une telle expression d'intérêt, que le jeune homme, secouant la tête, non pas en signe de refus, mais d'abattement, répondit :

— Faites comme vous voudrez, Mademoiselle. — Oh ! oh ! fit Bertha, qui n'avait rien perdu des mouvements de physionomie du jeune homme, pour un chasseur, vous êtes bien susceptible, mon cher Monsieur. — D'abord, Mademoiselle, je ne suis point un chasseur ; et, moins que jamais, après ce qui vient de m'arriver, je suis disposé à le devenir. — A mon tour, pardon, reprit Bertha, avec le même accent de raillerie qui avait déjà révolté le jeune homme, pardon ; mais à en juger par l'acharnement avec lequel vous vous escrimiez contre les ronces et les épines, et surtout par l'ardeur avec laquelle vous excitiez nos chiens, il m'était permis de supposer que vous aspiriez au moins à ce titre. — Oh ! non, Mademoiselle : j'ai cédé à un entraînement que je ne comprends plus à présent que je suis de sang-froid, et que je sais combien ma mère avait raison d'appeler ridicule et barbare tel délassement qui consiste à tirer plaisir et vanité de l'agonie et de la mort d'un pauvre animal sans défense. — Prenez garde, mon cher Monsieur, dit Bertha ; pour nous, qui avons le ridicule et la barbarie de nous complaire à ce délassement, vous allez ressembler au renard de la fable.

En ce moment, Mary, qui avait été de nouveau tremper son mouchoir dans le ruisseau, s'apprêtait à le nouer pour la seconde fois autour du front du jeune homme.

Mais celui-ci la repoussant :

— Au nom du ciel, Mademoiselle, lui dit-il, faites-moi grâce de vos soins ; ne voyez-vous pas que votre sœur continue à se moquer de moi. — Voyons, je vous en prie, dit Mary de sa voix la plus douce.

Mais lui, sans se laisser prendre à la douceur de cette voix, se leva sur son genou dans le but bien visible de s'éloigner.

Cette obstination, qui était bien plus celle d'un enfant que celle d'un homme, exaspéra l'irascible Bertha; et son impatience, pour être inspirée par un sentiment d'humanité très-respectable, ne s'en traduisit pas moins par des expressions un peu trop énergiques pour son sexe.

— Morbleu! s'écria-t-elle, comme se fût écrié son père en pareille circonstance, ce méchant petit bonhomme n'entendra donc pas raison; occupe-toi de le panser, Mary; je vais lui tenir les mains, moi, et du diable s'il bouge.

Et, en effet, Bertha, saisissant les poignets du blessé avec une puissance musculaire qui paralysa tous les efforts qu'il fit pour se dégager, parvint à faciliter la tâche dévolue à Mary, qui, dès lors, assura solidement le mouchoir sur la blessure.

Lorsque cette dernière, avec une adresse qui eût fait honneur à un élève de Dupuytren ou de Jobert, eut suffisamment consolidé les ligatures :

— Maintenant, Monsieur, dit Bertha, vous voilà à peu près en état de regagner votre demeure, vous pouvez donc en revenir à votre idée première, et nous tourner les talons sans même nous dire merci; vous êtes libre.

Mais, malgré cette permission donnée, malgré cette liberté rendue, le jeune homme resta immobile.

Le pauvre garçon semblait à la fois prodigieusement surpris et profondément humilié d'être tombé, lui si faible, aux mains de deux femmes si fortes; ses regards allaient de Bertha à Mary et de Mary à Bertha, sans qu'il pût trouver une parole pour leur répondre.

Enfin, il ne trouva d'autre moyen d'échapper à son embarras qu'en se cachant le visage entre les deux mains.

— Mon Dieu! dit Mary, inquiète, vous trouveriez-vous mal?

Le jeune homme ne répondit pas.

Bertha écarta doucement les mains dont il se couvrait le visage, et, s'apercevant qu'il pleurait, devint à l'instant même aussi douce et aussi compatissante que sa sœur.

— Vous êtes donc blessé plus que vous ne paraissiez l'être, et vos douleurs sont donc bien vives, que vous pleurez ainsi? demanda Bertha; en ce cas, montez soit sur mon cheval, soit sur celui de ma sœur, et nous allons, Mary et moi, vous reconduire jusque chez vous.

Mais le jeune homme fit de la tête un signe vivement négatif.

— Voyons, dit Bertha, insistant, c'est assez d'enfantillage : nous vous avons offensé, mais pouvions-nous supposer que nous trouverions sous votre veste de chasse l'épiderme d'une jeune fille? Quoi qu'il en soit, nous avons eu tort, nous le reconnaissons, et nous vous présentons nos excuses. Peut-être n'y trouverez-vous pas toutes les formes requises, mais il faut vous en prendre à la singularité de la situation, et vous dire que la sincérité est tout ce qu'on peut attendre de deux jeunes filles assez disgraciées du ciel pour donner tout leur temps à cette distraction ridicule qui a le malheur de déplaire à madame votre mère. Voyons, nous gardez-vous rancune? — Non, Mademoiselle, répondit le jeune homme; et c'est contre moi seulement que je suis de si méchante humeur. — Pourquoi cela? — Je ne sais que vous dire; peut-être ai-je honte d'avoir été plus faible que vous, moi qui suis un homme; peut-être encore suis-je tout simplement tourmenté par cette idée de rentrer à la maison. Que vais-je dire à ma mère pour expliquer cette blessure?

Les deux jeunes filles se regardèrent; elles, qui étaient des femmes, n'eussent point été embarrassées pour si peu; mais, cette fois, elles se privèrent de rire, quelle que fût l'envie qu'elles en eussent, en voyant de quelle susceptibilité nerveuse était doué celui à qui elles avaient affaire.

— Eh bien alors, dit Bertha, si vous ne nous gardez pas rancune, donnez-moi une poignée de main, et quittons-nous comme de nouveaux, mais comme de bons amis.

Et elle tendit la main au blessé, comme un homme eût fait à un homme.

Celui-ci, de son côté, allait sans doute lui répondre par le même geste, lorsque Mary fit le signe de quelqu'un qui demande l'attention en levant un doigt en l'air.

— Chut! fit à son tour Bertha.

Et elle écouta comme sa sœur, sa main restant à moitié chemin de celle du jeune homme.

On entendait au lointain, mais se rapprochant avec rapidité, des abois vifs, tumultueux, prolongés.

Ceux de chiens qui sentent que la curée va venir.

C'était la meute du marquis de Souday, qui, n'ayant pas pour rester dans le chemin creux les mêmes raisons que les deux jeunes filles, s'était lancée à la poursuite du lièvre blessé, et qui le ramenait en lui soufflant au poil.

Bertha sauta sur le fusil du jeune homme, dont le côté droit était désarmé et déchargé.

Celui-ci fit un geste, comme s'il eût voulu prévenir une imprudence; le sourire de la jeune fille le rassura.

Elle passa rapidement la baguette dans le canon chargé, comme fait tout chasseur prudent lorsqu'il est sur le point de se servir d'un fusil qu'il n'a pas chargé lui-même, et reconnaissant que l'arme était préparée dans de bonnes conditions, elle fit quelques pas en avant, en maniant le fusil avec une aisance qui prouvait l'habitude qu'elle en avait.

Presque au même instant, le lièvre sortit de la haie, revenant par le côté opposé, avec l'intention probable de suivre le chemin; mais en apercevant nos trois personnages, il fit une volte rapide pour retourner sur ses pas.

Si prompt qu'eût été son mouvement, Bertha avait eu le temps de l'ajuster; elle fit feu, et l'animal, foudroyé, roula le long du talus et resta mort au milieu du chemin.

Pendant ce temps, Mary avait pris la place de sa sœur et tendu la main au jeune homme.

Pendant quelques secondes, attendant ce qui allait se passer, les deux jeunes gens restèrent les mains entrelacées.

Bertha alla ramasser le lièvre, et revenant à l'inconnu, qui tenait toujours la main de Mary :

— Tenez, Monsieur, voilà votre excuse, dit-elle. — Comment cela? demanda-t-il. — Vous raconterez que le lièvre s'est levé dans vos jambes, vous direz que votre fusil est parti malgré vous, par entraînement, et vous ferez amende honorable à madame votre mère, en jurant, comme vous nous l'avez juré tout à l'heure, que cela ne vous arrivera plus. Le lièvre plaidera les circonstances atténuantes.

Le jeune homme secoua la tête avec découragement.

— Non, dit-il; je n'oserai jamais avouer à ma mère que je lui ai désobéi. — Elle vous a donc positivement défendu de chasser? — Je le crois bien! — Et vous braconnez? dit Bertha; vous commencez juste par où on finit; avouez au moins que vous avez la vocation. — Ne plaisantez pas, Mademoiselle; vous avez été si bonne pour moi que je ne saurais plus vous bouder, il en résulterait que le chagrin que vous me feriez serait double. — Alors, vous n'avez qu'une alternative, Monsieur, dit Mary, mentir, et c'est ce que vous ne voulez point faire, et surtout ce que nous ne voulons point vous conseiller, ou bien avouer tout franchement la vérité. Croyez-moi, quelle que soit l'opinion de madame votre mère sur la distraction que vous aurez prise sans son aveu, votre franchise la désarmera. Après tout, ce n'est point un si grand crime que la mort d'un lièvre. — Oh! mais elle est donc bien terrible, madame votre mère? ajouta Bertha. — Non, Mademoiselle, elle est bien bonne, bien tendre, elle va au-devant de tous mes désirs, elle prévient tous mes caprices; mais, sur ce qui est de me laisser toucher à un fusil, elle est intraitable, et cela se conçoit, dit le jeune homme avec un soupir, mon père a été tué à la chasse!

Les deux jeunes filles tressaillirent.

— Alors, Monsieur, dit Bertha, devenue aussi grave que celui auquel elle s'adressait, nos plaisanteries n'en ont été que plus déplacées, et nos regrets n'en sont que plus vifs; j'espère donc que vous oublierez les plaisanteries, et ne vous souviendrez que des regrets? — Je ne me souviendrai, Mademoiselle, que des bons soins que vous avez bien voulu me donner, et c'est moi qui espère que vous voudrez bien oublier mes craintes puériles et ma niaise susceptibilité. — Si fait, nous nous en souviendrons, Monsieur, dit Mary, pour ne plus jamais nous donner vis-à-vis d'un autre les torts que nous avons eus vis-à-vis de vous, et dont les conséquences ont été si fâcheuses.

Pendant que Mary parlait, Bertha était remontée à cheval.

Le jeune homme, une seconde fois, tendit timidement la main à Mary.

Mary la lui toucha du bout des doigts et s'élança à son tour légèrement en selle.

Alors, rappelant leurs chiens, qui, à leurs voix, vinrent se rallier autour d'elles, les deux sœurs donnèrent de l'éperon à leurs chevaux, qui s'éloignèrent rapidement.

Le blessé resta quelque temps à les regarder, demeurant muet et immobile, jusqu'à ce qu'un angle du sentier les eut fait disparaître à ses regards.

Après quoi, il laissa tomber sa tête sur sa poitrine et demeura pensif.

Restons près de ce nouveau personnage, avec lequel nous avons besoin de faire plus ample connaissance.

VII

MONSIEUR MICHEL.

Ce qui venait de se passer avait produit sur le jeune homme une impression si vive, qu'il lui sembla, lorsque les deux jeunes filles eurent disparu, qu'il sortait d'un rêve.

En effet, il était à cette époque de la vie où ceux-là même qui sont destinés à devenir plus tard des hommes positifs payent leur tribut au romanesque, et cette rencontre avec deux jeunes filles si différentes de celles qu'il avait l'habitude de voir le transporta dans le monde fantastique des premières rêveries, où son imagination put s'égarer à loisir, et chercher ces châteaux bâtis par la main des fées, et qui s'écroulent aux deux côtés du chemin au fur et à mesure que nous avançons dans la vie.

Nous ne voulons pas dire cependant qu'il en fût le moins du monde arrivé à éprouver de l'amour pour l'une ou pour l'autre des deux amazones, mais il se sentait aiguillonné d'une curiosité suprême, tant ce mélange de distinction, de beauté, de manières élégantes et d'habitudes cavalières et viriles lui semblaient extraordinaires.

Il se promettait donc bien de chercher à les revoir, ou tout au moins de s'informer qui elles étaient.

Le ciel sembla un instant vouloir satisfaire immédiatement sa curiosité, car s'étant mis en route pour regagner sa demeure, à cinq cents pas à peu près de l'endroit où la scène entre lui et les deux jeunes filles s'était passée, il se croisa avec un individu chaussé de grandes guêtres de cuir, portant par-dessus sa blouse une trompe de chasse et une carabine en sautoir, tenant un fouet à la main. Il marchait vite et semblait de fort méchante humeur.

C'était évidemment quelque piqueur de la chasse qui suivait les deux jeunes filles.

Aussi le jeune homme, appelant à son aide sa mine la plus gracieuse et son sourire le plus engageant pour l'aborder :

— Mon ami, lui dit-il, vous cherchez deux demoiselles, n'est-ce pas ? l'une montée sur un cheval bai-brun, l'autre sur une jument rouan. — D'abord, je ne suis pas votre ami, Monsieur, attendu que je ne vous connais pas ; ensuite, je ne cherche pas deux demoiselles ; je cherche mes chiens, répondit brutalement l'homme à la blouse, mes chiens qu'un imbécile a tout à l'heure détournés de la voie d'un loup qu'ils conduisaient, pour les mettre sur la trace d'un lièvre qu'il venait de manquer comme une mazette qu'il est.

Le jeune homme se mordit les lèvres.

L'homme à la blouse, que nos lecteurs ont sans doute reconnu pour Jean Oullier, continua :

— Oui, je voyais tout cela des hauteurs de le Benate, que je descendais après le hourvari de notre animal, et j'eusse volontiers cédé mes droits à la prime que M. le marquis m'abandonne, pour n'être en ce moment qu'à deux ou trois longueurs de fouet de l'échine de ce mal-appris.

Celui auquel il parlait ne jugea pas à propos de revendiquer en aucune façon au dénoûment de cette scène, le rôle qu'il lui avait ébauché au commencement, et de toute l'apostrophe de Jean Oullier, qu'il laissait passer comme s'il n'avait absolument rien à y répondre, il ne releva qu'un mot :

— Ah ! dit-il, vous appartenez à M. le marquis de Souday ?

Jean Oullier regarda de travers le malencontreux interrogateur.

— Je m'appartiens à moi-même, répondit le vieux Vendéen ; je mène les chiens de M. le marquis de Souday, mais voilà tout, et c'est autant pour mon plaisir que pour le sien. — Tiens, dit le jeune homme comme se parlant à lui-même, depuis six mois que je suis revenu chez maman, je n'avais jamais entendu dire que M. le marquis de Souday fût marié! — Eh bien! moi, interrompit Oullier, je vous l'apprends, mon cher Monsieur, et si vous avez à répondre à cela, je vous apprendrai bien autre chose encore, entendez-vous ?

Et après avoir prononcé ces mots avec un ton de menace auquel son interlocuteur sembla ne rien comprendre, Jean Oullier, sans se préoccuper davantage de la disposition d'esprit où il le laissait, tourna les talons, et rompit la conférence en reprenant avec rapidité le chemin de Machecoul.

Resté seul, le jeune homme fit encore quelques pas dans la ligne suivie par lui depuis qu'il avait quitté les deux jeunes filles; puis, prenant à gauche, il entra dans un champ.

Dans ce champ, un paysan conduisait sa charrue.

Ce paysan était un homme d'une quarantaine d'années, qui se distinguait des Poitevins, ses compatriotes, par cette physionomie fine et rusée qui est tout particulièrement l'apanage du Normand ; il était haut en couleur, avait l'œil vif et perçant, et sa préoccupation constante semblait être d'en diminuer ou plutôt d'en dissimuler l'audace par un clignotement perpétuel ; il espérait sans doute arriver, par ce procédé, à l'expression de bêtise, ou du moins de bonhomie, qui paralyse la méfiance chez l'interlocuteur ; mais sa bouche narquoise, aux coins vivement accusés et retroussés à la façon du Pan antique, révélait, malgré ses soins, un des plus merveilleux produits du croisement manceau et normand.

Bien que le jeune homme se dirigeât visiblement vers lui, le laboureur ne suspendit en aucune façon son travail ; il savait trop le prix du coup de collier qui serait nécessaire à ses chevaux pour reprendre leur travail interrompu dans cette terre forte et argileuse. Il continua donc de maintenir son soc comme s'il eût été seul, et ce ne fut qu'à l'extrémité du sillon, lorsqu'il eut fait faire volte-face à son attelage et ajusté son instrument pour recommencer la besogne, ce ne fut, disons-nous, qu'en ce moment, qu'il se montra disposé à entrer en conversation, tandis que ses bêtes soufflaient.

— Eh bien ! dit-il alors d'un ton presque familier au nouveau venu, avons-nous fait chasse, monsieur Michel?

Le jeune homme, sans répondre, dégagea sa gibecière de son épaule, et la laissa tomber aux pieds du paysan.

Celui-ci, à travers l'épais tissu du filet, aperçut le poil jaunâtre et soyeux du lièvre.

— Oh ! oh ! fit-il, un capucin ! vous n'y allez pas de main morte, monsieur Michel.

Sur quoi il tira l'animal du sac, le prit, l'examina en connaisseur, et lui pressa légèrement l'abdomen, comme si, à l'endroit de la conservation du gibier, il ne se fût fié que médiocrement aux précautions qu'avait dû prendre un chasseur aussi jeune et aussi inexpérimenté que paraissait l'être M. Michel.

— Ah ! sapredienne ! s'écria-t-il, après avoir examiné l'animal en connaisseur, voilà qui vaut trois francs dix sous comme un liard ; c'est un beau coup de fusil que vous avez fait là, savez-vous, monsieur Michel, et vous avez dû trouver que c'était plus divertissant de rouler les bouquins que de les lire, comme vous le faisiez il y a une heure quand je vous ai rencontré ? — Ma foi ! non, père Courtin, répondit le jeune homme ; j'aime encore mieux mes livres que votre fusil. — Vous avez peut-être raison, monsieur Michel, répondit Courtin, sur le visage duquel passa un nuage de mécontentement ; si votre défunt père eût pensé comme vous, mieux lui en eût pris peut-être ; mais c'est égal, moi, si j'avais eu le moyen, si je n'étais pas un pauvre diable obligé de travailler douze heures sur vingt-quatre, je passerais mieux que mes nuits à la chasse. — Vous allez donc toujours à l'affût, Courtin ? demanda le jeune homme. — De temps à autre, monsieur Michel, oui, pour me distraire. — Vous vous ferez faire une affaire avec les gendarmes. — Bah ! ce sont des fainéants, vos gendarmes, et ils ne se lèvent pas encore assez matin pour me prendre.

Puis, laissant à son visage toute cette expression de finesse qu'il essayait de lui enlever d'habitude :

— J'en sais plus long qu'eux, allez, monsieur Michel, dit-il ; il n'y a pas deux Courtin dans le pays, et le seul moyen de m'empêcher d'affûter, ce serait de me faire garde comme Jean Oullier.

Mais M. Michel ne répondit point à cette proposition indirecte ; et comme le jeune homme ignorait ce que c'était que Jean Oullier, il ne releva pas plus la seconde partie de la phrase que la première.

— Voici votre fusil, Courtin, dit-il en tendant l'arme au paysan, je vous remercie d'avoir eu l'idée de me le proposer ; votre intention était bonne, et ce n'est pas votre faute si je ne sais pas me distraire à la chasse comme tout le monde. — Faut essayer encore, monsieur Michel, faut en goûter ; les meilleurs chiens sont ceux qui se déclarent le plus tard : j'ai entendu dire à des amateurs qui mangent trente douzaines d'huîtres à leur déjeuner, qu'ils ont été jusqu'à l'âge de vingt ans sans pouvoir seulement les regarder. Sortez du château comme vous avez fait ce matin, avec un livre, madame la baronne ne se méfiera de rien ; venez trouver le père Courtin dans ses pièces, son flocard sera toujours à votre disposition, et si l'ouvrage ne presse pas trop, je vous battrai les buissons ; en attendant, je vais remettre l'outil au râtelier.

Le râtelier du père Courtin, c'était tout simplement la haie qui séparait son champ de celui de son voisin.

Il y glissa le fusil, le cacha dans les herbes, et redressa les ronces et les épines de façon à le masquer aux regards des passants, en même temps qu'il le sauvegardait de la pluie et de l'humidité, deux choses dont, au reste, un véritable braconnier ne s'embarrassera guère tant qu'il restera des bouts de chandelle et des morceaux de linge.

— Courtin, dit M. Michel en affectant le ton de la plus profonde indifférence, saviez-vous que M. le marquis de Souday fût marié ? — Non, par ma foi ! dit le paysan, je ne le savais pas.

M. Michel fut la dupe de son apparence de bonhomie.

— Et qu'il eût deux filles ? continua-t-il.

Courtin, qui donnait le dernier coup de main à son opération, entrelaçant quelques ronces rebelles, releva vivement la tête, et regarda le jeune homme avec une fixité tellement interrogatrice, que, bien qu'une vague curiosité eût seule dicté cette question, celui-ci rougit jusqu'au blanc des yeux.

— Auriez-vous rencontré les Louves ? demanda Courtin; en effet, j'ai entendu le cor du vieux chouan. — Qu'appelez-vous les Louves ? demanda M. Michel. — J'appelle les Louves les bâtardes du marquis, donc. — Ces deux jeunes filles vous les appelez les Louves ? — Dame ! c'est ainsi qu'on les nomme au pays; mais vous arrivez de Paris, vous ne pouvez point savoir cela.

La grossièreté avec laquelle maître Courtin s'exprimait en parlant des deux jeunes filles, embarrassa si bien le timide jeune homme, que, sans savoir pourquoi, il répondit par un mensonge.

— Non, dit-il, je ne les ai point rencontrées.

A la façon dont M. Michel répondit, Courtin douta.

— Tant pis pour vous, répliqua-t-il; car ce sont deux jolis brins de filles bons à voir et plaisants à crocher.

Puis, regardant M. Michel avec son clignotement habituel :

— On dit, continua-t-il, qu'elles aiment un peu trop à rire; mais il en faut comme cela pour les bons enfants, n'est-il pas vrai, monsieur Michel ?

Sans qu'il se rendît compte du motif réel de cette sensation, le jeune homme sentit son cœur se serrer de plus en plus, en entendant ce grossier paysan traiter avec cette indulgence insultante les deux charmantes amazones qu'il avait quittées sous l'impression d'un sentiment d'admiration et de reconnaissance assez vif.

Sa mauvaise humeur se refléta sur sa physionomie.

Courtin ne douta plus que M. Michel n'eût rencontré les Louves, comme il les appelait, et sa négation de cette rencontre le fit aller, dans les résultats qu'elle avait pu avoir, bien au delà de la réalité.

Il était certain que le marquis de Souday était, il y avait peu d'heures, dans les environs de la Logerie; dès lors il lui semblait plus que probable que M. Michel avait dû apercevoir Mary et Bertha, qui, lorsqu'il s'agissait de chasse, quittaient rarement leur père. Peut-être même le jeune homme avait-il fait plus que les voir : peut-être avait-il causé avec elles, et, grâce à l'opinion que l'on avait des deux sœurs dans le pays, une conversation avec mesdemoiselles de Souday ne pouvait être que l'ébauche d'une intrigue.

De déduction en déduction, maître Courtin, qui était un homme logique, en conclut que son jeune maître en était là.

Nous disons son jeune maître, parce que Courtin exploitait un bordage qui appartenait à M. Michel.

Mais ce n'était point là besogne de laboureur qui convenait à Courtin ; c'était le métier de garde particulier de la mère et du fils qu'il ambitionnait.

Or, le rusé paysan tenait par tous les moyens possibles à établir une solidarité quelconque entre son jeune maître et lui.

Il venait d'échouer en cherchant à stimuler sa désobéissance aux prescriptions maternelles touchant la chasse ; partager le secret de ses amours lui sembla un rôle tout à fait propre à servir ses intérêts et sa petite ambition ; aussi comprit-il, au nuage de mécontentement qui s'était répandu sur le visage de

M. Michel, qu'il avait fait fausse route en se faisant l'écho de la malveillance générale à l'endroit des deux jeunes amazones, et chercha-t-il à regagner le terrain qu'il avait perdu.

Nous l'avons vu déjà faire retour sur la mauvaise opinion exprimée par lui d'abord.

Il continua de marcher dans la même voie.

— Au reste, reprit-il avec toute la bonhomie dont il était capable, on en dit toujours, et sur les jeunes filles surtout, bien plus long qu'il n'y en a : mademoiselle Bertha et mademoiselle Mary... — Elles s'appellent Mary et Bertha ? demanda vivement le jeune homme. — Mary et Bertha, oui ; mademoiselle Bertha est la brune, et mademoiselle Mary la blonde.

Et, comme il regardait M. Michel avec toute l'acuité dont son regard était capable, il lui sembla qu'au nom de Mary le jeune homme avait légèrement rougi.

— Je disais donc, reprit l'obstiné paysan, que mademoiselle Mary et mademoiselle Bertha aiment la chasse, les chiens, les chevaux ; mais cela n'empêche pas d'être honnête, et défunt M. le curé de la Benate, qui était un fin braconnier, n'a pas dit les plus méchantes messes parce que son chien était dans la sacristie et son fusil le long de l'autel.— Le fait est, répliqua M. Michel, oubliant qu'il contredisait sa première assertion, le fait est qu'elles ont l'air doux et bon, mademoiselle Mary surtout. — Et elles sont douces et bonnes, monsieur Michel, elles le sont : l'année passée, pendant les chaleurs humides, quand cette espèce de fièvre de marécages, dont tant de pauvres diables sont morts, a couru dans le pays, qui a soigné les malades, et sans bouder encore, alors que les médecins, les pharmaciens, et tout le tremblement, jusqu'aux vétérinaires, avaient déserté? Les Louves, comme ils disent tous. Ah ! elles ne font point la charité au prône, celles-là, mais elles visitent en cachette les maisons des malheureux, elles sèment des aumônes, et elles récoltent des bénédictions ; aussi, si les riches les haïssent et si les nobles les jalousent, ah ! l'on peut dire hardiment que les pauvres gens sont pour elles. — Et d'où vient donc alors qu'elles sont si mal vues ? demanda M. Michel. — Bon ! est-ce que l'on sait cela ; est-ce qu'on se le demande ; est-ce que l'on s'en rend compte ? Les hommes, voyez-vous, monsieur Michel, c'est sans comparaison comme les oiseaux ; quand il y en a un de malade, et qui fait le houssu, tous viennent lui arracher des plumes ; ce qu'il y a de sûr, au fin fond de tout cela, c'est que ceux de leur rang leur tournent le dos, et leur jettent des pierres. Tenez, par exemple, votre maman est bien bonne, n'est-ce pas, monsieur Michel ? eh bien, je suis sûr que vous lui en parleriez, qu'elle répondrait comme tout le monde : « Ce sont des gueuses. »

Mais, malgré le changement de front de Courtin, M. Michel ne paraissait pas disposé à entrer dans une causerie plus intime ; quant à maître Courtin, il jugea de son côté que, pour une séance, il avait suffisamment préparé la voie à la confidence qu'il espérait.

Puis, comme M. Michel paraissait disposé à se retirer, il le reconduisit jusqu'à l'extrémité de son champ.

Seulement, en le reconduisant, il remarqua que les regards du jeune homme se dirigeaient bien souvent du côté des masses sombres de la forêt de Machecoul.

VIII

LA BARONNE DE LA LOGERIE

Maître Courtin abaissait respectueusement devant son jeune maître la barrière mobile qui fermait son champ, lorsqu'une voix de femme, appelant Michel, se fit entendre derrière la haie.

À cette voix, le jeune homme tressaillit et s'arrêta.

Au même instant, la personne qui avait appelé parut en face de l'échalier qui servait au champ de maître Courtin de communication avec le champ voisin.

Cette personne, cette *dame*, pouvait avoir de quarante à quarante-cinq ans. Essayons de l'expliquer à nos lecteurs.

Sa figure était insignifiante, et sans autre caractère qu'un air de hauteur apprêtée qui contrastait avec sa tournure vulgaire : elle était petite et replète; elle portait une robe de soie trop riche pour quelqu'un qui court les champs, et sans son chapeau, dont la batiste écrue et flottante retombait sur son visage et sur son col, on eût pu croire, tant le reste de sa toilette était recherché, qu'elle venait de faire quelque visite à la Chaussée-d'Antin ou au faubourg Saint-Honoré.

C'était la personne dont les futurs reproches avaient paru inspirer d'avance une si grande appréhension au pauvre jeune homme.

— Eh quoi! s'écria-t-elle, vous êtes ici, Michel? Vraiment, mon ami, vous êtes bien peu raisonnable, et vous avez bien peu d'égards pour votre mère; il y a plus d'une heure que la cloche du château vous a appelé pour le dîner, vous savez combien je déteste attendre, combien je tiens à des repas bien réglés, et je vous trouve causant tranquillement avec ce paysan!

Michel commença de balbutier une excuse, mais presque au même instant l'œil de sa mère aperçut ce qui avait échappé à Courtin, ou ce sur quoi Courtin n'avait pas voulu demander d'explication, c'est-à-dire que la tête du jeune homme était entourée d'un mouchoir, et que ce mouchoir était maculé de taches sanglantes que son chapeau de paille, si larges qu'en fussent les bords, ne dissimulait qu'imparfaitement.

— Ah! mon Dieu! s'écria-t-elle en élevant une voix qui, dans son diapason ordinaire, était déjà trop élevée, vous êtes blessé! Que vous est-il donc arrivé? Parlez, malheureux! Vous voyez bien que je meurs d'inquiétude!

Et alors, enjambant l'échalier avec une impatience et surtout une légèreté que l'on n'eût point osé attendre de son âge et de sa corpulence, la mère du jeune homme arriva près de lui, et, avant qu'il eût pu s'y opposer, enleva le chapeau et le mouchoir.

La plaie, ravivée par l'arrachement de l'appareil, recommença de saigner.

M. Michel, comme l'appelait Courtin, était si peu préparé à voir le dénoûment qu'il redoutait se brusquer si promptement, qu'il demeura tout interdit et ne sut que répondre.

Maître Courtin vint à son aide.

Le madré paysan avait compris, à l'embarras de son jeune maître, que celui-ci, ne voulant pas lui avouer qu'il lui avait désobéi en chassant, hésitait cependant à se disculper par un mensonge; il n'avait pas les mêmes scrupules que le jeune homme, et il chargea résolûment sa conscience du péché que, dans sa naïveté, M. Michel n'osait commettre :

— Oh ! que madame la baronne ne soit aucunement inquiète ; ce n'est rien, dit-il, absolument rien. — Mais, enfin, comment cela lui est-il arrivé? Répondez pour lui, Courtin, puisque Monsieur s'obstine à ne pas répondre.

Et, en effet, le jeune homme demeurait toujours muet.

— Vous allez le savoir, madame la baronne, répondit Courtin : il faut vous dire que j'avais ici un fagot des émondes de l'automne ; il était bien trop lourd pour que je le misse tout seul sur mes épaules, M. Michel a eu la bonté de m'aider, et une branche du maudit fagot lui a fait au front une égratignure, comme vous voyez. — Mais, c'est plus qu'une égratignure ; mais vous auriez pu l'éborgner ! Une autre fois, maître Courtin, cherchez vos pareils pour charger vos fagots, entendez-vous? Outre que vous eussiez pu estropier cet enfant, c'est très-inconvenant ce que vous avez fait là.

Maître Courtin baissa humblement la tête comme s'il eût apprécié toute l'étendue de son méfait; mais cela ne l'empêcha point, apercevant la gibecière qui était restée sur le gazon, d'envoyer, d'un coup de pied habilement calculé, le lièvre rejoindre le fusil dans la haie.

— Allons, venez, monsieur Michel, dit la baronne, dont la soumission du paysan ne semblait point calmer la mauvaise humeur ; venez, nous ferons examiner votre blessure par le médecin.

Puis se retournant après avoir fait quelques pas :

— A propos, maître Courtin, dit-elle, vous n'avez point encore soldé votre terme de la Saint-Jean, et cependant votre bail expire à Pâques ; pensez-y, car je suis bien résolue de ne point garder des fermiers inexacts dans leurs engagements.

La physionomie de maître Courtin devint plus piteuse encore qu'elle ne l'était quelques minutes auparavant ; cependant elle se dérida lorsque, pendant que sa mère franchissait la palissade avec incomparablement plus de difficulté que la première fois, le jeune homme lui dit tout bas ces deux mots :

— A demain !

Aussi, malgré la menace qu'il venait d'entendre, ce fut très-allégrement qu'il reprit le manche de sa charrue, et qu'il se remit à la pousser dans le sillon tandis que ses maîtres regagnaient le château, et, tout le reste de la soirée, il anima ses chevaux en leur chantant *la Parisienne*, hymne patriotique très en vogue à cette époque.

Pendant que maître Courtin chante l'hymne susdit, à la grande satisfaction de son attelage, disons quelques mots de la famille Michel.

Vous avez vu le fils, chers lecteurs, vous avez vu la mère.

La mère était la veuve d'un de ces fournisseurs qui avaient su faire, aux dépens de l'État, une fortune rapide et considérable à la suite des armées impériales, et que les soldats caractérisaient du sobriquet parlant et caractéristique de *Riz-pain-sel*.

Ce fournisseur s'appelait Michel de son nom de famille ; il était originaire du département de la Mayenne, fils d'un simple paysan, neveu d'un magister de village qui, en ajoutant quelques notions d'arithmétique aux leçons de lecture et d'écriture qu'il lui donnait ainsi gratuitement, décida de l'avenir de son neveu.

Enlevé par la première réquisition de 1791, Michel, le paysan, arriva à la 22e demi-brigade avec fort peu d'enthousiasme ; cet homme qui devait devenir plus tard un comptable si distingué, avait déjà supputé les chances qui s'offraient à lui d'être tué ou de passer général. Or, le résultat de ce calcul ne l'ayant satisfait que médiocrement, il fit, avec beaucoup d'adresse, valoir la beauté de son écriture pour être attaché aux bureaux du quartier-maître ; il reçut cette faveur, et en témoigna autant de satisfaction qu'un autre eût fait en obtenant de l'avancement.

Ce fut donc au dépôt que Michel fit les campagnes de 1792 et 1793.

Vers le milieu de cette année, le général Rossignol, qui était envoyé pour pacifier ou exterminer la Vendée, s'étant par hasard trouvé en contact dans les bureaux avec le commis Michel, et ayant appris de lui qu'il était du pays insurgé et avait tous ses amis dans les rangs des Vendéens, songea à utiliser cette circonstance providentielle. Il fit délivrer à Michel un congé définitif, et le renvoya chez lui sans autre condition que de prendre du service dans les rangs des chouans, et, de temps en temps, de faire pour lui ce que M. de Maurepas faisait pour Sa Majesté Louis XVI, c'est-à-dire de lui donner les nouvelles du jour. Or, Michel, qui avait trouvé de grands avantages pécuniaires à cet engagement, l'avait tenu avec une scrupuleuse fidélité, non-seulement à l'endroit du général Rossignol, mais même à l'endroit de ses successeurs.

Michel était au plus fort de cette correspondance anecdotique avec les généraux républicains, lorsque le général Travot avait à son tour été envoyé dans la Vendée.

On connaît les résultats des opérations du général Travot ; elles ont fait l'objet d'un des premiers chapitres de ce livre ; d'ailleurs, en voici le résumé :

L'armée vendéenne battue, Jolly tué ; du Couëtus pris dans un guet-apens dressé par un traître demeuré inconnu ; enfin, Charrette fait prisonnier dans le bois de la Chabotterie, et fusillé sur la place de Viarme, à Nantes.

Quel rôle joua Michel dans les péripéties successives de ce terrible drame ? c'est ce que nous apprendrons peut-être plus tard ; toujours est-il que, quelque temps après ce sanglant épisode, Michel, toujours recommandé par sa belle écriture et son infaillible arithmétique, entrait en qualité de commis dans les bureaux d'un munitionnaire fameux.

Il y fit un chemin rapide ; car, en 1805, nous le trouvons soumissionnant pour son propre compte une partie des fournitures de l'armée d'Allemagne.

En 1806, ses souliers et ses guêtres prirent une part active à l'héroïque campagne de Prusse.

En 1809, il obtint l'entière alimentation de l'armée qui entrait en Espagne.

En 1810, il épousait la fille unique d'un de ses confrères, et doublait ainsi sa fortune.

En outre, il allongeait son nom, ce qui était, pour tous les gens ayant un nom un peu court, la plus grande ambition de cette époque.

Voici de quelle façon cette adjonction tant ambitionnée s'opérait.

Le père de la femme de M. Michel s'appelait Baptiste Dulaud ; il était du petit village de la Logerie, et pour se distinguer d'un autre Dulaud qu'il avait plusieurs fois rencontré sur son chemin, il se faisait appeler : Dulaud de La Logerie.

C'était, du moins, le prétexte qu'il donnait.

Il avait fait élever sa fille dans un des meilleurs pensionnats de Paris, où elle avait été inscrite, lors de son entrée, sous le nom de : Stéphanie Dulaud de La Logerie.

Une fois marié à la fille de son confrère, M. le munitionnaire Michel trouva que le nom de sa femme ferait bien au bout du sien, et se fit appeler : Michel de La Logerie.

Enfin, à la Restauration, un titre du Saint-Empire, acheté à beaux deniers comptants, lui permit de s'appeler : le baron Michel de La Logerie, et de marquer ainsi à la fois sa place dans l'aristocratie financière et territoriale du moment.

Quelques années après le retour des Bourbons, c'est-à-dire vers 1819 et 1820, le baron Michel de La Logerie perdit son beau-père, messire Baptiste Dulaud de La Logerie.

Il laissait à sa fille, et par conséquent à son beau-fils, sa terre de La Logerie, située, comme on a pu le comprendre par les détails donnés dans les chapitres précédents, à cinq ou six lieues de la forêt de Machecoul.

Le baron Michel de La Logerie décida, en bon seigneur qu'il était, d'aller prendre possession de sa terre, et se montrer à ses vassaux.

Le baron Michel était homme d'esprit : il désirait arriver à la chambre ; il n'y pouvait arriver que par l'élection, et l'élection du baron Michel dépendait de la popularité dont il jouirait dans le département de la Loire-Inférieure.

Il était né paysan, il avait vécu jusqu'à vingt-cinq ans avec des paysans, sauf les deux ou trois années passées dans les bureaux ; il savait donc comment prendre les paysans.

Il avait, d'ailleurs, à se faire pardonner son bonheur.

Il fut ce que l'on appelle bon prince : il retrouva là quelques camarades des vieilles guerres de la Vendée ; leur toucha la main ; parla les larmes aux yeux de ce pauvre M. Jolly, de ce cher M. du Couëtus et de ce digne M. Charrette ; s'enquit des besoins de la commune qu'il ne connaissait pas ; fit faire un pont qui établit les communications les plus importantes entre le département de la Loire-Inférieure et celui de la Vendée ; fit réparer trois chemins vicinaux et rebâtir une église ; dota un hospice d'orphelins et un hôpital de vieillards ; recueillit force bénédictions ; et se complut si bien dans le rôle patriarcal qu'il venait d'entreprendre, qu'il annonça qu'il passerait désormais six mois seulement dans la capitale, et les six autres mois en son château de La Logerie.

Enfin, cédant aux sollicitations de sa femme, qui, de Paris où elle était restée, ne comprenant rien à ce féroce amour des champs qui s'était emparé de lui, écrivait lettre sur lettre pour presser son retour, le baron Michel décida que ce retour aurait lieu le lundi suivant, la journée du dimanche devant être consacrée à une grande battue aux loups que l'on faisait dans les bois de la Pauvraire, et dans la forêt des grandes landes, infestés par ces animaux.

C'était encore une œuvre philanthropique qu'accomplissait le baron Michel de La Logerie.

A cette battue, au reste, le baron Michel continua son rôle de riche : bon enfant, il se chargea des rafraîchissements, fit suivre la traque par deux barriques de vin portées sur des charrettes, et auxquelles buvait qui voulait ; il commanda, pour le retour, un véritable repas de Gamache, auquel deux ou trois villages étaient conviés; refusa le poste d'honneur qu'on lui avait offert dans la battue; voulut que le sort décidât de lui comme du plus humble tireur; et, le hasard l'ayant envoyé à l'extrémité de la ligne, il prit cette mauvaise fortune avec une bonne humeur qui enchanta tout le monde.

La battue fut splendide; de chaque enceinte il sortait des animaux; de chaque ligne il partait une fusillade si nourrie que l'on eût cru à une petite guerre: les loups et les sangliers commencèrent à s'amonceler dans la charrette à côté des barriques du baron, sans compter le gibier de contrebande: comme lièvres et chevreuils, que l'on tuait dans cette battue comme on les tue dans toutes les battues, sous prétexte d'animaux nuisibles, et que l'on cachait discrètement avec l'intention de les venir prendre à la nuit tombée.

Les enivrements du succès furent tels qu'ils firent oublier le héros de la journée. Ce ne fut donc qu'après les dernières traques que l'on s'aperçut que le baron Michel n'avait pas reparu depuis le matin; on s'enquit de lui; personne, depuis cette traque où le hasard du numéro l'avait envoyé si loin, ne l'avait revu: on supposa que, ennuyé de ce divertissement, ou, poussant trop loin sa sollicitude pour ses hôtes, il était revenu à la petite ville de Legé, où le repas avait été préparé par ses ordres.

Mais, en arrivant à Legé, les chasseurs ne le trouvèrent point; quelques-uns, plus insoucieux que les autres, s'attablèrent sans lui; mais cinq ou six, atteints de pressentiments funestes, retournèrent aux bois de la Pauvraire, et, munis de torches et de lanternes, se mirent à le chercher.

Au bout de deux heures d'investigations infructueuses, on le trouva dans le fossé de la seconde enceinte où l'on avait traqué.

Il était roide mort; une balle lui avait traversé le cœur.

Cette mort fit grand bruit; le parquet de Nantes évoqua l'affaire; le chasseur placé immédiatement au-dessous du baron fut arrêté; il déclara que, éloigné de cent cinquante pas du baron, dont un angle de bois le séparait, il n'avait rien vu ni rien entendu; il fut prouvé, en outre, que le fusil du paysan mis en cause n'avait pas été déchargé de la journée; d'ailleurs, de l'endroit où il était placé, le chasseur ne pouvait frapper la victime qu'au côté droit, et c'était au côté gauche que le baron Michel était atteint.

L'instruction en resta donc là. On fut réduit à attribuer au hasard la mort du baron Michel, et l'on supposa qu'une balle égarée, comme cela arrive si souvent dans les traques, était venue l'atteindre sans mauvaise intention de la part de celui au fusil duquel elle avait échappé.

Cependant, il resta dans le pays une rumeur confuse de vengeance accomplie. On disait, mais on disait bien bas, comme si chaque touffe de genêt eût encore pu recéler le fusil d'un chouan, on disait que quelqu'un des vieux soldats de Jolly, de du Couëtus et de Charrette, avait fait expier au malheureux fournisseur sa trahison et la mort de ces trois illustres chefs; mais il y avait trop de gens intéressés au secret pour qu'une accusation directe pût jamais être formulée.

La baronne Michel de La Logerie demeura donc veuve avec un fils unique.

La baronne Michel était une de ces femmes aux vertus négatives comme on en rencontre tant dans le monde : de vices, madame la baronne Michel n'en possédait pas l'ombre; de passions, elle en avait jusque-là ignoré le nom. Attelée, à dix-sept ans, à la charrue du mariage, elle avait marché dans le sillon conjugal sans jamais dévier ni à droite ni à gauche, et ne se demandant même point s'il n'y avait pas une autre route ; jamais l'idée n'était venue à son cerveau qu'une femme pût regimber contre l'aiguillon. Débarrassée du joug, elle eut peur de sa liberté, et instinctivement elle chercha de nouvelles chaînes. Ces nouvelles chaînes, ce fut une dévotion exagérée qui les lui donna, et, comme tous les esprits étroits, elle commença de végéter dans une dévotion fausse, exagérée, et cependant consciencieuse.

Madame la baronne Michel se croyait tout simplement une sainte. Elle était régulière aux offices, soumise aux jeûnes, fidèle aux prescriptions de l'Église, et, qui lui eût dit qu'elle péchait sept fois par jour, l'eût fort étonnée. Cependant, rien n'était plus vrai ; il était certain que, rien qu'en n'incriminant que l'humilité de madame la baronne de La Logerie, on pouvait à chaque instant de la journée la prendre en flagrant délit de désobéissance aux préceptes du Sauveur des hommes ; car si mal ou si peu justifié qu'il fût, elle poussait l'orgueil nobiliaire jusqu'à la folie.

Aussi, avons-nous vu que notre rusé paysan, maître Courtin, qui avait sans façon appelé le fils : M. Michel, n'avait pas une seule fois manqué de donner de la baronne à la mère.

Naturellement, madame de La Logerie avait le monde et le siècle en horreur ; elle ne lisait point un compte rendu de police correctionnelle dans son journal, sans les accuser l'un et l'autre, monde et siècle, de l'immoralité la plus noire. A l'entendre, l'âge de feu datait de 1800 ; aussi, son plus grand soin avait-il été de préserver son fils de la contagion des idées du jour, en l'élevant loin du monde et de ses dangers. Jamais elle ne voulut entendre parler pour lui d'éducation publique : les établissements des jésuites eux-mêmes lui furent suspects, par la facilité avec laquelle les bons Pères composaient avec les obligations sociales des jeunes gens qu'on leur confiait ; et si le jeune Michel reçut quelques leçons d'étrangers auxquels, pour les sciences et les arts indispensables à l'éducation d'un jeune homme, on fut forcé d'avoir recours, ce ne fut jamais qu'en présence de sa mère et sur un programme approuvé par elle, qui, seule, se chargeait d'imprimer la direction à donner à ses idées, à ses travaux, et surtout à la partie morale de cette éducation.

Il fallut l'assez forte dose d'intelligence que le bon Dieu avait placée dans cette jeune cervelle, pour qu'elle sortît saine et sauve de la torture à laquelle elle avait été soumise depuis dix ans.

Elle en sortit ; mais, comme on l'a vu, faible et indécise, et n'ayant rien de cette force et de cette résolution qui caractérisent l'homme, c'est-à-dire le représentant de la vigueur, de la décision et de l'intelligence.

IX

GALON D'OR ET ALLEGRO.

Comme Michel s'en était douté, et surtout l'avait craint, il avait été vigoureusement grondé par sa mère.

Elle n'avait pas été la dupe du récit de maître Courtin ; la blessure que son fils avait à la tête n'était pas une égratignure faite par une épine. Aussi, ignorant quel intérêt son fils pouvait avoir à cacher la cause de cette blessure, convaincue que, même en l'interrogeant, elle n'arriverait pas à la vérité, elle se contentait de temps en temps de fixer les yeux sur cette place mystérieuse en secouant la tête, en poussant un soupir, et en ridant son front maternel.

Le jeune homme, pendant tout le dîner, se sentit mal à son aise, baissant les yeux et mangeant à peine; mais, il faut le dire, l'incessant examen de sa mère n'était point la seule chose qui le troublât.

Entre ses paupières baissées et le regard de sa mère, il voyait continuellement flotter comme deux ombres.

Ces deux ombres, c'était le souvenir de Bertha et de Mary.

Il pensait à Bertha avec une certaine impatience, c'est vrai. Qu'est-ce que c'était donc que cette amazone qui maniait un fusil comme un chasseur de profession, qui bandait les blessures comme un chirurgien, et qui, lorsqu'elle trouvait de la résistance dans le patient, lui tordait les mains avec ses mains blanches et féminines, comme eût pu le faire Jean Oullier avec ses mains viriles et calleuses.

Mais aussi, comme Mary était charmante avec ses longs cheveux blonds et ses grands yeux bleus! comme sa voix était douce et son accent persuasif! avec quelle légèreté elle avait touché à la plaie, avait lavé le sang, serré le bandeau!

En vérité, Michel ne regrettait pas sa blessure, lorsqu'il calculait que, sans cette blessure, il n'avait aucune raison pour que les deux jeunes filles lui adressassent la parole et s'occupassent de lui.

Il est vrai qu'il y avait une chose bien autrement grave que la blessure, c'était la mauvaise humeur qu'elle avait causé à sa mère, et les doutes qu'elle pouvait lui laisser; mais la colère de sa mère passerait, et, ce qui ne passerait pas, c'est l'impression qu'avaient laissée dans son cœur ces quelques secondes pendant lesquelles il avait tenu dans sa main la main de Mary.

Aussi, comme tout cœur qui commence à aimer, mais qui doute encore de son amour, le plus grand besoin qu'éprouvait le jeune homme était celui de la solitude.

Il en résulta que, aussitôt le dîner, profitant du moment où sa mère causait avec un domestique, il s'éloigna sans entendre ce que lui disait sa mère, ou plutôt sans se rendre compte des paroles qu'elle lui adressait.

Ces paroles avaient cependant leur importance.

Madame la baronne de La Logerie défendait à son fils de diriger ses courses vers Saint-Christophe du Ligneron, où, d'après le dire de son domestique, régnait une mauvaise fièvre.

Puis elle recommandait qu'un cordon sanitaire s'organisât autour de La Logerie, afin qu'aucun habitant du village infesté ne fût reçu au château.

L'ordre devait s'exécuter à l'instant même à l'endroit d'une jeune fille qui venait demander, pour son père atteint d'une première attaque de fièvre, du secours à la baronne de La Logerie.

Sans doute, si Michel n'eût pas été si préoccupé, eût-il fait quelque attention aux paroles de sa mère; car le malade, c'était son père nourricier, le métayer Tinguy, et la ménagère qui venait réclamer secours, sa sœur de lait. Rosine, pour laquelle il avait conservé une grande affection.

Mais, en ce moment, c'était du côté de Souday que ses yeux étaient tournés, et celle à laquelle il pensait, c'était cette charmante *Louve* ayant nom Mary.

Aussi fut-il bientôt perdu dans la partie la plus profonde et la plus épaisse du parc.

Il avait pris un livre en manière de contenance; mais, quoiqu'il eût eu l'air de lire jusqu'à ce qu'il eût gagné la lisière des grands arbres, celui qui lui eût demandé le titre de son livre l'eût bien embarrassé.

Il s'assit sur un banc et se mit à réfléchir.

A quoi réfléchissait Michel?

La réponse est facile à faire.

Comment reverrait-il Mary et sa sœur?

Le hasard l'avait servi en les lui faisant rencontrer une première fois, mais six mois seulement après son retour dans le pays.

Le hasard y avait donc mis le temps.

S'il allait plaire au hasard d'être six autres mois sans ménager au jeune baron une seconde rencontre avec ses voisines, ce serait un peu bien long pour l'état où était son cœur.

D'un autre côté, ouvrir des communications avec le château de Souday n'était pas chose facile.

Il n'y avait pas une grande sympathie entre le marquis de Souday, émigré de 1790, et le baron Michel de La Logerie, noble de l'empire.

D'un autre côté, Jean Oullier, dans le peu de mots qu'il avait dits au jeune homme, ne lui avait pas laissé entrevoir un bien grand désir de faire sa connaissance.

Restaient les deux jeunes filles qui lui avaient marqué cet d'intérêt : brusque chez Bertha, doux chez Mary; mais comment arriver aux jeunes filles qui chassaient deux ou trois fois par semaine, mais qui ne chassaient jamais qu'en la compagnie de leur père et de Jean Oullier.

Michel se promettait de lire l'un après l'autre tous les romans qu'il trouverait dans la bibliothèque du château, espérant découvrir dans l'un d'eux quelque ingénieux moyen qu'il commençait à craindre que son esprit, réduit à ses propres inspirations, ne lui fournît pas.

En ce moment il sentit qu'on lui touchait doucement à l'épaule; il se retourna en tressaillant.

C'était maître Courtin.

La figure du digne métayer exprimait une satisfaction qu'il ne se donnait pas la peine de dissimuler.

— Pardon, excuse, monsieur Michel, dit le métayer; mais, en ne vous voyant pas plus bouger qu'une souche, j'ai cru que c'était votre statue et non pas vous. — Et tu vois que c'est moi, Courtin. — J'en suis bien aise, monsieur Michel; j'étais inquiet de savoir comment cela s'était passé entre vous et madame la baronne. — Elle a un peu grondé. — Oh! je m'en doute bien; est-ce que vous lui avez parlé du lièvre? — Oh! je m'en suis bien gardé. — Et des Louves? — Quelles Louves? demanda le jeune homme, qui n'était pas fâché de ramener la conversation sur ce point. — Des Louves de Machecoul; je croyais vous avoir dit que c'était ainsi que l'on nommait les demoiselles de Souday. — Encore moins; tu comprends bien, Courtin : je crois que les chiens des Souday et des La Logerie, comme on dit, ne chassent pas ensemble. — Dans tous les cas, dit Courtin avec cet air narquois que, malgré ses efforts, il n'était pas toujours maître de dissimuler, si vos chiens ne chassent pas ensemble, vous pourrez chasser, vous, avec leurs chiens. — Que veux-tu dire? — Regardez, fit Courtin en tirant à lui et en faisant en quelque sorte entrer en scène deux chiens courants couplés et qu'il tenait en laisse. — Qu'est-ce que cela? demanda le jeune baron. — Qu'est-ce que cela? Galon d'or et Allégro, donc. — Mais je ne sais pas ce que c'est que Galon d'or et Allégro. — Ce sont les chiens de ce bandit de Jean Oullier. — Pourquoi lui avez-vous pris ses chiens? — Je ne les ai pas pris; je les lui ai mis tout simplement en fourrière. — Et de quel droit? — De deux: d'abord, comme propriétaire; et, ensuite, comme maire.

Courtin était maire du village de la Logerie, qui se composait d'une vingtaine de maisons, et était très-fier de ce titre.

— Veux-tu m'expliquer tes droits, Courtin? — Et d'abord, monsieur Michel, comme maire, je les confisque parce qu'ils chassent en temps prohibé. — Je ne croyais pas qu'il y eût un temps prohibé pour chasser le loup; et comme M. de Souday est louvetier... — Très-bien. S'il est louvetier, qu'il chasse ses loups dans la forêt de Machecoul, et non dans la plaine; d'ailleurs, vous avez bien vu, ajouta avec son sourire matois maître Courtin, vous avez bien vu que ce n'était pas un loup qu'ils chassaient, puisque c'était un lièvre, et que même, ce lièvre, c'est une des Louves qui l'a tué.

Le jeune homme fut sur le point de dire à Courtin que ce nom de *Louves*, appliqué aux demoiselles de Souday, lui était désagréable, et qu'il le priait de ne plus s'en servir désormais; mais il n'osa formuler sa pensée d'une façon aussi nette.

— C'est mademoiselle Bertha qui l'a tué, Courtin, dit-il, mais c'est moi qui l'avais tiré et blessé; c'est donc moi le coupable. — Bon! bon! bon! Comment entendez-vous cela? L'eussiez-vous tiré si les chiens ne l'eussent pas chassé? non; c'est donc la faute des chiens si vous l'avez tiré et si mademoiselle Bertha l'a tué; c'est donc les chiens que je punis, comme maire, d'avoir, sous prétexte de courre le loup, chassé un lièvre en temps prohibé; mais ce n'est pas le tout : après les avoir punis comme maire, je les repunis comme propriétaire; est-ce que je leur ai donné permis de chasse sur mes terres, aux chiens de M. le marquis? — Sur tes terres, Courtin? dit en riant Michel; il me semble que tu te trompes et que c'était sur les miennes, ou plutôt sur celles de ma mère qu'ils chassaient. — C'est tout un, monsieur le baron, puisque vos terres je les afferme; or, monsieur le baron, nous ne sommes plus avant 1789, où les seigneurs avaient droit de passer avec leurs meutes à travers les moissons des paysans, et de tout coucher à terre sans rien payer. Non, non, aujourd'hui nous sommes en 1832, monsieur Michel, chacun est maître chez soi et le gibier est à celui qui le nourrit; donc le lièvre chassé par les chiens de M. le marquis est à moi, puisqu'il mange le blé que j'ai semé sur les terres de madame Michel, et c'est moi qui dois manger le lièvre blessé par vous et tué par la Louve.

Michel fit un mouvement que Courtin surprit du coin de l'œil; cependant il n'osa point manifester son mécontentement.

— Il y a une chose qui m'étonne, dit le jeune homme, c'est que ces chiens, qui tirent si fort sur leur corde et qui paraissent te suivre avec tant de répugnance, se soient laissé rejoindre par toi. — Oh! dit Courtin, je n'ai pas eu de peine à cela; quand je suis revenu de vous lever l'échalier, à vous et à madame la baronne, j'ai trouvé ces messieurs à table. — A table? — Oui, à table dans la haie où j'avais caché le lièvre; ils l'avaient trouvé et ils dînaient : il paraît qu'ils ne sont pas chèrement nourris au château de Souday, et qu'ils chassent pour leur compte ; tenez, voyez l'état dans lequel ils l'ont mis, *mon* lièvre.

Et en disant ces mots, Courtin tira de la vaste poche de sa veste le train de derrière de l'animal faisant la pièce principale du délit.

La tête et le train de devant avaient complétement disparu.

— Et quand on pense, dit Courtin, qu'ils ont fait ce beau coup-là le temps d'aller vous reconduire. Ah ! il faudra que vous *nous* en fassiez tuer quelques-uns, mes drôles, pour me faire oublier celui-là. — Courtin, laisse-moi te dire une chose, fit le jeune baron. — Oh ! dites, ne vous gênez pas, monsieur Michel. — C'est que, comme maire, tu dois doublement respecter la légalité. — La légalité, je la porte dans mon cœur : liberté, ordre public, est-ce que vous n'avez pas vu que ces trois mots sont écrits sur la mairie, monsieur Michel ? — Eh bien, raison de plus pour que je te dise que ce que tu fais là n'est pas légal, et porte atteinte à la liberté et à l'ordre public. — Comment ! dit Courtin, les chiens *des Louves* ne troublent pas l'ordre public en chassant sur mes terres en temps prohibé, et je ne suis pas libre de les mettre en fourrière ? — Ils ne troublent pas l'ordre public, Courtin, ils blessent des intérêts privés, et tu as le droit non pas de les mettre en fourrière, mais de leur faire un procès-verbal. — Ah ! c'est bien long tout cela, et s'il faut laisser chasser les chiens et se contenter de leur faire des procès-verbaux, alors ce ne sont plus les hommes qui sont libres, ce sont les chiens. — Courtin, dit le jeune homme avec cette petite pointe de morgue dont est toujours plus ou moins atteint l'homme qui a feuilleté un Code, tu commets l'erreur que commettent beaucoup de gens, tu confonds la liberté avec l'indépendance ; l'indépendance, c'est la liberté des hommes qui ne sont pas libres, mon ami. — Mais qu'est-ce que c'est donc que la liberté, monsieur Michel ? — La liberté, mon cher Courtin, c'est l'abandon que chacun fait au profit de tous de son indépendance personnelle ; c'est dans ce fonds général d'indépendance qu'un peuple entier ou chaque citoyen puise sa liberté ; nous sommes libres et non indépendants, Courtin. — Oh ! moi, dit Courtin, je ne connais pas tout cela ; je suis maire et propriétaire, je tiens les deux meilleurs chiens de la meute du marquis, Galon d'or et Allégro, je ne les lâche pas ; qu'il vienne les chercher, et je lui demanderai, moi, ce qu'il va faire aux réunions de Torfou et de Montaigu. — Que veux-tu dire ? — Oh ! je m'entends. — Oui, mais moi je ne t'entends pas. — Il n'y a pas besoin que vous m'entendiez, vous, vous n'êtes pas maire. — Oui, mais je suis habitant du pays et j'ai intérêt à savoir ce qui s'y passe. — Oh ! ce qui s'y passe, ça n'est pas difficile à voir : il s'y passe que les messieurs se remettent à conspirer. — Les messieurs ? — Eh ! oui, les nobles... ces... Je me tais, quoique vous ne soyez pas de cette noblesse-là, vous.

Michel rougit jusqu'au blanc des yeux.

— Tu dis que les nobles conspirent, Courtin ? — Et pourquoi donc qu'ils feraient comme cela des assemblées la nuit ? Qu'ils se réunissent le jour pour boire et manger, les fainéants, très-bien, c'est permis, et l'autorité n'a rien à y voir ; mais quand on se réunit la nuit, ce n'est pas dans de bonnes intentions ; mais qu'ils se tiennent bien, j'ai l'œil sur eux, moi ; je suis maire, et si je n'ai pas le droit de tenir les chiens en fourrière, j'ai celui d'envoyer les hommes en prison ; je connais le Code à cet endroit-là. — Et tu dis que M. de Souday fréquente ces assemblées ? — Ah ! bien, ce serait bon qu'il ne les fréquentât point.

un vieux chouan, un aide de camp de Charrette ; qu'il vienne réclamer ses chiens ; non, qu'il y vienne, et je l'envoie à Nantes, lui et ses Louves ; elles expliqueront ce qu'elles font à courir les bois, comme la chose leur arrive la nuit. — Mais, dit Michel avec une vivacité à laquelle il n'y avait point à se tromper, tu m'as dit toi-même, Courtin, que si elles couraient les bois la nuit, c'était pour porter des secours aux pauvres malades ?

Courtin recula d'un pas, et, montrant avec son rire habituel son jeune maître du doigt :

— Ah ! je vous y prends, vous ! dit-il. — Moi ? fit le jeune homme rougissant, et à quoi me prends-tu ? — Elles vous tiennent au cœur ! — A moi ? — Oui, oui, oui. Ah ! je ne vous donne pas tort ; au contraire, quoique ce soient *des demoiselles*, ce n'est pas moi qui dirai qu'elles ne sont pas jolies. Allons, ne rougissez pas comme vous faites, vous ne sortez pas du séminaire, vous n'êtes ni prêtre, ni diacre, ni vicaire, vous êtes un beau garçon de vingt ans. Allez de l'avant, monsieur Michel ; elles seraient bien dégoûtées si elles ne vous trouvaient pas de leur goût, quand vous les trouvez du vôtre... — Mais, mon cher Courtin, dit Michel, lorsque cela serait mon intention, ce qui n'est pas, est-ce que je les connais ? Est-ce que je connais le marquis ? Est-ce qu'il suffit d'avoir rencontré deux jeunes filles à cheval pour se présenter à elles ? — Ah ! oui, je comprends, fit Courtin d'un air railleur ; ça n'a pas le sou, mais ça a des grandes manières : il faudrait une occasion, un motif, un prétexte. Cherchez, monsieur Michel, cherchez ; vous êtes un savant, vous parlez le latin et le grec, vous avez étudié le Code, vous devez trouver cela.

Michel secoua la tête.

— Ah ! dit Courtin, vous avez cherché et vous n'avez pas trouvé ? — Je ne dis pas cela, fit vivement le jeune baron. — Ah ! oui, mais je le dis, moi ; on n'est pas encore si vieux à quarante ans, qu'on ne se souvienne du temps où on en avait vingt.

Michel se tut et resta la tête baissée ; il sentait l'œil du paysan qui pesait sur lui.

— Ah ! vous n'avez pas trouvé le moyen ? Eh bien ! je l'ai trouvé, moi ! — Toi ? s'écria vivement le jeune homme en relevant la tête.

Puis, comprenant qu'il venait de laisser échapper sa plus secrète pensée :

— Mais, où diable as-tu vu que je voulais aller au château ? dit-il en haussant les épaules. — Et le moyen, continua Courtin, comme si son maître n'avait pas essayé de nier, le moyen, le voilà.

Michel affectait la distraction de l'indifférence, mais écoutait de toutes ses oreilles.

— Vous dites au père Courtin : « Père Courtin, vous vous trompez sur vos droits ; ni comme maire, ni comme propriétaire, vous n'avez droit de mettre les chiens du marquis de Souday en fourrière ; vous avez droit à une indemnité, mais cette indemnité nous la réglerons de gré à gré. » Ce à quoi le père Courtin répond : « Oh ! avec vous, monsieur Michel, je ne compte pas, nous connaissons votre générosité. » Sur quoi vous ajoutez : « Courtin, tu vas donc me remettre les chiens, le reste me regarde. » Je vous dis : « Voilà les chiens, monsieur Michel ; quant à l'indemnité, dame ! avec un ou deux jaunets, on en verra le jeu : on ne veut pas la mort du pécheur. » Alors, vous comprenez, vous écrivez un petit billet au marquis : vous avez rallié ses chiens, et vous les lui renvoyez, de peur qu'il n'en soit inquiet, par Rousseau ou par la Belette. Alors, il ne peut pas se dispenser de vous remercier et de vous inviter à l'aller voir, à moins que, pour plus sûr encore, vous ne les lui reconduisiez vous-même. — C'est bien, c'est bien ! Courtin, dit le jeune baron, laissez-moi les chiens, je les renverrai au marquis, non point pour qu'il m'invite à aller au château, car il n'y a pas un mot de vrai dans tout ce que vous supposez, mais parce que, entre voisins, on se doit de bons procédés. — Alors, prenons que je n'ai rien dit. Mais, c'est égal, cela fait deux jolis brins de fille, que les demoiselles de Souday ; et quant à l'indemnité... — Tiens, dit le jeune baron en souriant, c'est trop juste, voilà pour le tort que les chiens t'ont fait en passant sur mes terres et en mangeant la moitié du lièvre que Bertha avait tué.

Et il donna au métayer ce qu'il avait sur lui, c'est-à-dire trois ou quatre louis.

Et c'était bien heureux qu'il n'eût pas davantage, car le jeune homme était si content que Courtin eût trouvé le moyen qu'il cherchait inutilement, qu'il lui eût donné dix fois la somme, si cette somme décuplée se fût trouvée dans sa poche.

Courtin jeta un coup d'œil appréciateur sur les quelques louis qu'il venait de recevoir à titre d'*indemnité*, et, mettant la laisse aux mains du jeune baron, il s'éloigna.

Mais, au bout de quelques pas, se retournant et revenant à son maître :

— N'importe, monsieur Michel, dit-il, ne vous liez pas trop à tous ces gens-là ; vous savez ce que je vous ai raconté des assemblées *des messieurs* à Torfou et à Montaigu ; c'est moi qui vous le dis, monsieur Michel, avant quinze jours, il y aura du grabuge.

Et cette fois il s'éloigna sincèrement, chantonnant *la Parisienne*, pour les paroles et l'air de laquelle il avait une véritable prédilection.

Le jeune homme resta seul avec les deux chiens.

X

OU LES CHOSES NE SE PASSENT PAS TOUT A FAIT COMME LES AVAIT RÊVÉES LE BARON MICHEL.

Le jeune homme avait d'abord songé à suivre le conseil de Courtin, c'est-à-dire à renvoyer les chiens au château de Souday par Rousseau ou par la Belette, deux serviteurs attachés moitié à la ferme et moitié au château, et qui devaient les sobriquets sous lesquels Courtin vient de les présenter à nos lecteurs : le premier, à la couleur un peu hasardée de sa chevelure ; le second, à la ressemblance de son visage avec le museau de l'animal dont Lafontaine a illustré l'obésité dans une de ses plus jolies fables.

Mais, en y réfléchissant bien, il avait songé que le marquis de Souday pouvait se contenter d'une simple lettre de remerciement, sans invitation aucune.

Si par malheur le marquis agissait ainsi, l'occasion était manquée ; il faudrait en attendre une autre, et il ne s'en présenterait pas tous les jours de pareille.

Si, au contraire, il reconduisait les chiens lui-même, il était infailliblement reçu : on ne laisse pas faire six ou sept kilomètres à un voisin qui a l'obligeance de vous ramener en personne des chiens que l'on croit perdus et auxquels on tient, sans l'inviter à entrer, à se reposer un instant, et même, s'il est tard, à passer la nuit au château.

Michel tira sa montre; elle marquait six heures et quelques minutes.

Nous croyons avoir dit que madame la baronne Michel avait conservé l'habitude de dîner à quatre heures; nous devrions dire : l'avait prise.

Chez le père de madame la baronne Michel on dînait à midi.

Le jeune baron avait donc tout le temps d'aller au château s'il se décidait à y aller.

Mais c'était une grande résolution à prendre que d'aller au château. Or, la décision n'était pas la qualité dominante chez M. Michel; nous en avons déjà prévenu le lecteur.

Il perdit donc un quart d'heure à hésiter; mais, dans les premiers jours de mai, le soleil ne se couche qu'à huit heures, il avait donc encore une heure et demie de soleil.

D'ailleurs, jusqu'à neuf heures, il pouvait, sans indiscrétion, se présenter.

Mais par un jour de chasse, les jeunes filles fatiguées ne seraient-elles pas couchées de bonne heure ?

Or, ce n'était pas le marquis de Souday que le jeune baron désirait voir; pour lui personnellement il n'eût pas fait six kilomètres.

Tandis que, pour revoir Mary, il lui semblait qu'il ferait cent lieues.

Il se décida donc à partir sans retard.

Seulement, alors, le jeune homme s'aperçut qu'il n'avait pas de chapeau.

Mais, pour aller prendre son chapeau, il fallait rentrer au château, risquer de rencontrer sa mère; de là les interrogations : où allait-il ? à qui ces chiens ?

Il n'avait pas besoin de chapeau; le chapeau, ou plutôt l'absence du chapeau, serait mise sur le compte de l'empressement, le vent l'aurait emporté, une branche l'aurait fait rouler dans un ravin, les chiens n'auraient pas permis qu'il courût après.

L'inconvénient était bien plus grave à affronter la baronne.

Le jeune homme partit donc sans chapeau, tenant les deux chiens en laisse.

A peine eut-il fait quelques pas, qu'il comprit qu'il ne lui faudrait pas, pour aller à Souday, les soixante-quinze minutes sur lesquelles il avait compté.

Du moment où les chiens avaient reconnu la direction adoptée par le conducteur, il n'y avait plus eu à les tirer, mais à les retenir.

Ils flairaient le chenil et tiraient la corde de toute leur force; attelés à une voiture légère, ils eussent fait faire le chemin au baron Michel en une demi-heure.

A pied, et avec leur aide, le jeune homme, rien qu'en se mettant au petit trot, devait le faire en trois quarts d'heure.

Or, l'impatience des deux chiens étant d'accord avec la sienne, le petit trot fut l'allure adoptée.

Après vingt minutes de petit trot, on était dans la forêt de Machecoul, que, pour raccourcir le chemin, on devait écorner dans le tiers de sa largeur.

En entrant dans la forêt, il fallait débuter par une côte un peu raide.

Le jeune baron monta la côte au pas gymnastique, mais, arrivé au sommet, il éprouva le besoin de souffler.

Il n'en était pas ainsi des chiens, qui soufflaient tout en marchant.

LES LOUVES.   4

Les chiens manifestèrent le désir de continuer leur chemin.

Leur conducteur s'opposa à ce désir en s'arc-boutant de son mieux, et en tirant en arrière tandis qu'ils tiraient en avant.

Deux forces égales se neutralisent, établissent les premiers principes de mathématiques.

Le jeune baron avait une force supérieure, il fit donc mieux que de neutraliser la force des deux chiens.

Le groupe une fois au repos, il profita de cette halte pour tirer son mouchoir de sa poche et s'essuyer le front.

Tandis qu'il s'essuyait le front, tout en jouissant de cette douce fraîcheur que soufflait sur son visage la bouche invisible du soir, il lui sembla qu'un cri d'appel venait jusqu'à lui, porté par le vent.

Les chiens entendirent ce cri comme lui; seulement, eux, y répondirent par ce triste et long hurlement que jettent les chiens perdus.

Puis ils se mirent à tirer la corde avec une recrudescence de force.

Leur conducteur s'était reposé, il s'était essuyé le front, il n'avait plus aucun motif de s'opposer au désir que manifestaient Galon d'or et Allégro de se remettre en chemin; au lieu de se pencher en arrière, il se pencha en avant, et reprit son petit trot interrompu.

Il n'avait pas fait trois cents pas qu'un second cri d'appel se fit entendre plus rapproché, et, par conséquent, plus distinct que le premier.

Les chiens y répondirent par un hurlement plus prolongé et par un coup de collier plus solide.

Le jeune homme comprit qu'on était à la recherche des chiens, et les *haulait*.

Nous demandons pardon à nos lecteurs d'introduire dans le langage écrit un mot si peu académique, mais c'est celui dont se servent nos paysans pour rendre le cri particulier par lequel le chasseur appelle ses chiens : il a l'avantage d'être assez expressif; puis, dernière et suprême raison, je n'en connais pas d'autre.

Au bout d'un demi-kilomètre, les mêmes cris se firent entendre pour la troisième fois de la part de l'homme en quête des animaux quêtés.

Cette fois, Galon d'or et Allégro tirèrent avec une telle énergie, que leur conducteur fut forcé, une fois emporté par eux, de passer du petit trot au grand trot et du grand trot au galop.

Il suivait cette allure depuis cinq minutes à peine, quand un homme parut à la lisière du bois, bondit par-dessus le fossé, et se trouva de ce seul bond au milieu de la route, barrant le chemin au jeune homme.

Cet homme, c'était Jean Oullier.

— Ah! ah! dit-il, c'est donc vous, monsieur Jolicœur, qui non-seulement détournez mes chiens du loup que je chasse pour les mettre sur le lièvre que vous chassez, mais qui, encore, vous donnez la peine de les coupler et de les mener en laisse? — Monsieur, dit le jeune homme tout essoufflé, si j'ai couplé et enlaissé les chiens, c'était pour avoir l'honneur de les reconduire moi-même à M. le marquis de Souday. — Ah! oui, comme cela, sans chapeau et sans façon; ne vous donnez pas la peine, mon cher Monsieur, maintenant que vous m'avez rencontré, je les reconduirai bien moi-même.

Et, avant que le jeune baron ait pu s'y opposer, ou même deviner son intention, il lui avait arraché la laisse des mains, et l'avait jetée sur le cou des chiens comme on jette la bride sur le cou d'un cheval.

En se sentant libres, les chiens partirent à fond de train dans la direction du château, suivis par Jean Oullier qui ne courait guère moins vite qu'eux, tout en faisant claquer son fouet et en criant :

— Au chenil ! au chenil !

Cette scène avait été si rapide, que les chiens et Jean Oullier étaient déjà à un kilomètre du jeune baron, avant que celui-ci fût revenu de sa surprise.

Il resta anéanti sur le chemin.

Il y était depuis dix minutes à peu près, la bouche ouverte et les yeux fixés dans la direction où avaient disparu Jean Oullier et les chiens, lorsqu'une voix de jeune fille caressante et douce fit entendre ces quelques mots à deux pas de lui :

— Jésus, Dieu ! monsieur le baron, que faites-vous donc à cette heure-ci, nu-tête et sur le grand chemin ?

Ce qu'il y faisait ? le jeune homme eût été bien embarrassé pour le dire ; il suivait ses espérances qui s'envolaient du côté du château, et à la poursuite desquelles il n'osait se mettre.

Il se retourna pour voir qui lui adressait la parole.

Il reconnut sa sœur de lait, la fille du métayer Tinguy.

— Ah ! c'est toi, Rosine, dit-il, et d'où viens-tu toi-même ? — Ah ! monsieur le baron, dit l'enfant avec des larmes plein la voix, je viens du château de La Logerie, où j'ai été bien mal reçue par la baronne. — Comment cela, Rosine ? Tu sais bien que ma mère t'aime et te protége. — Oui, dans les temps ordinaires ; mais pas aujourd'hui. — Comment, pas aujourd'hui ? — Oui, et il y a une heure, pas plus tard que cela, elle m'a fait mettre à la porte. — Pourquoi ne m'as-tu pas demandé ? — Je vous ai demandé, monsieur le baron ; mais il m'a été répondu que vous n'y étiez pas. — Comment, je n'étais point au château, et j'en sors ? Or, si leste que tu aies été, tu n'as pas été si vite que moi, j'en réponds. — Ah ! dame ! c'est possible, monsieur le baron, parce que, voyez-vous, repoussée comme je l'ai été par madame votre mère, l'idée m'est bien venue d'aller trouver *les Louves*; mais je ne m'y suis pas décidée tout de suite. — Et qu'as-tu donc à leur demander *aux Louves* ?

Michel se força pour prononcer ces deux mots.

— Ce que je venais demander à madame la baronne, du secours pour mon pauvre père qui est bien malade. — Malade de quoi ? — D'une mauvaise fièvre qu'il a prise dans les marais. — D'une mauvaise fièvre ? répéta Michel. Est-ce une fièvre maligne, intermittente ou typhoïde ? — Je ne sais pas, monsieur le baron. — Qu'a dit le médecin ? — Dame ! monsieur le baron, le médecin loge à Legé, et ne se dérange pas à moins de cent sous, et nous ne sommes pas assez riches pour payer cent sous une visite de médecin. — Et ma mère ne t'a pas donné d'argent ? — Mais quand je vous dis qu'elle n'a pas voulu me voir. « Une mauvaise fièvre ! s'est-elle écriée ; elle ose venir au château quand son père est malade d'une mauvaise fièvre ! Qu'on la chasse ! » — C'est impossible ! — Je l'ai entendue, monsieur le baron, tant elle criait haut. D'ailleurs, la la preuve est que l'on m'a chassée. — Attends, attends, dit vivement le jeune homme, je vais t'en donner, moi, de l'argent.

Et il fouilla dans ses poches.

Mais, on se le rappelle, il avait donné à Courtin tout ce qu'il avait sur lui.
— Ah! mon Dieu! dit-il, je n'ai pas un sou sur moi, ma pauvre enfant; reviens avec moi au château, Rosine, et je te donnerai ce dont tu auras besoin.
— Oh! non, dit la jeune fille, pour tout l'or du monde, je n'y retournerais pas au château; non, puisque ma résolution est prise, tant pis! je m'adresserai *aux Louves;* elles sont charitables et ne mettront pas à la porte une pauvre enfant qui vient leur demander secours pour son père qui se meurt. — Mais, mais, répliqua le jeune homme en hésitant, on dit qu'elles ne sont pas riches.
— Qui cela? — Mesdemoiselles de Souday. — Oh! ce n'est pas de l'argent qu'on va leur demander à elles; ce n'est pas l'aumône qu'elles font; elles font mieux que cela, le bon Dieu le sait. — Que font-elles donc? — Elles vont elles-mêmes où est la maladie, et quand elles ne peuvent pas guérir le malade, elles soutiennent le mourant et pleurent avec ceux qui survivent. — Oui, dit le jeune homme, quand c'est une maladie ordinaire; mais quand c'est une fièvre pernicieuse? — Est-ce qu'elles regardent à cela, elles? Est-ce qu'il y a des fièvres pernicieuses pour les bons cœurs? Vous voyez bien. J'y vais, n'est-ce pas? — Oui. — Eh bien! dans vingt minutes, si vous restez là, vous me verrez repasser avec l'une ou l'autre des deux sœurs, qui reviendra avec moi pour soigner mon pauvre père. Au revoir, monsieur Michel. Oh! je n'aurais jamais cru cela de la part de madame la baronne. Faire chasser comme une voleuse la fille de celle qui vous a nourri!

Et la jeune fille s'éloigna sans que le jeune homme trouvât un mot à lui répondre.

Mais Rosine avait dit une parole qui lui était demeurée au cœur.

Elle avait dit:

— Dans vingt minutes, si vous restez là, vous me verrez repasser avec l'une ou l'autre des deux sœurs.

Il était bien décidé à rester là; l'occasion, manquée d'une façon, pouvait se rattraper de l'autre.

Si le hasard faisait que ce fût Mary qui sortît avec Rosine?

Mais le moyen de supposer qu'une jeune fille de dix-huit ans, la fille du marquis de Souday, sortirait à huit heures du soir pour aller porter secours à une lieue et demie de chez elle, à un pauvre paysan atteint d'une fièvre pernicieuse!

Ce n'était pas probable, même pas possible.

Rosine faisait les deux sœurs meilleures qu'elles n'étaient, comme les autres les faisaient pires.

D'ailleurs, comment se pouvait-il faire que sa mère, une âme dévote ayant prétention à toutes les vertus, se fût conduite, dans cette circonstance, tout au contraire de deux jeunes filles, dont on disait tant de mal dans tout le canton.

Si cela se passait ainsi que l'avait prédit Rosine, ne seraient-ce pas les jeunes filles qui seraient les vraies âmes selon le cœur de Dieu?

Mais, bien certainement, ni l'une ni l'autre ne viendrait.

Il se répétait cela pour la dixième fois depuis un quart d'heure, lorsqu'il vit, à l'angle de la route où avait disparu Rosine, reparaître deux ombres de jeunes filles.

Malgré l'obscurité, il reconnut Rosine; mais, quant à l'autre, c'était impossible; elle était enveloppée d'une mante.

Son esprit était tellement perplexe, et surtout son cœur tellement ému, que les jambes lui manquèrent pour aller jusqu'aux deux jeunes filles, et qu'il attendit qu'elles vinssent à lui.

— Eh bien ! monsieur le baron, fit Rosine, toute fière, que vous avais-je dit ?
— Que lui avais-tu donc dit ? demanda la jeune personne à la mante.

Michel poussa un soupir ; à son accent ferme et décidé, il avait reconnu Bertha.

— Je lui avais dit, répliqua Rosine, qu'on ne me ferait pas chez vous ce qu'on m'avait fait au château de La Logerie ; qu'on ne me chasserait pas. — Mais, dit Michel, tu n'as peut-être pas dit à mademoiselle de Souday quelle sorte de maladie a ton père ? — D'après les symptômes, répondit Bertha, cela me fait tout l'effet d'être une fièvre typhoïde ; voilà pourquoi il serait bon de ne pas perdre une minute. C'est une maladie qui demande à être prise à temps. Venez-vous avec nous, monsieur Michel ? — Mais, Mademoiselle, dit le jeune homme, la fièvre typhoïde est contagieuse ! — Les uns disent que oui, les autres disent que non, répondit indifféremment Bertha. — Mais, insista Michel, la fièvre typhoïde est mortelle ! — Dans beaucoup de cas ; mais cependant il y a quelques exemples de guérison.

Le jeune homme tira Bertha à lui :

— Et vous allez vous exposer à un pareil danger ? demanda-t-il. — Sans doute. — Pour un inconnu, un étranger ? — Celui qui est un étranger pour nous, répondit Bertha avec une suprême douceur, est, pour d'autres créatures humaines, un père, un frère, un mari. Il n'y a pas d'étranger dans ce monde, monsieur Michel, et à vous-même, ce malheureux ne vous est-il pas quelque chose ? — C'est le mari de ma nourrice, balbutia Michel. — Vous voyez bien, répliqua Bertha. — Aussi j'avais offert à Rosine de revenir au château avec moi, je lui eusse donné de l'argent pour aller chercher un médecin. — Et tu as refusé, préférant t'adresser à nous ? dit Bertha. Merci, Rosine.

Le jeune homme était confondu ; il avait beaucoup entendu parler de la charité, mais il ne l'avait jamais vue ; et voilà qu'elle lui apparaissait tout à coup sous les traits de Bertha.

Il suivait les deux jeunes filles, pensif et la tête inclinée.

— Si vous venez avec nous, dit Bertha, ayez la bonté, monsieur Michel, de nous aider en portant cette petite boîte, qui contient des médicaments. — Oui, dit Rosine ; mais monsieur le baron ne vient pas avec nous ; il sait la peur qu'a madame de La Logerie des mauvaises fièvres. — Tu te trompes, Rosine, dit le jeune homme. J'y vais.

Et il prit des mains de Bertha la boîte que celle-ci lui présentait.

Une heure après, tous trois arrivaient à la chaumière du père de Rosine.

Elle n'était pas située dans le village même, mais en dehors, à une portée de fusil à peu près ; elle attenait à un petit bois avec lequel elle communiquait par une porte de derrière.

Le bonhomme Tinguy, c'était ainsi que d'habitude on nommait le père de Rosine, était un chouan d'ancienne roche : tout enfant, il avait fait la première guerre de la Vendée avec les Jolly, les de Couëtus, les Charrette et les La Rochejaquelein.

Il s'était marié et avait eu deux enfants : le premier était un fils qu'il avait perdu ; l'autre était Rosine.

A chacun d'eux, sa femme, comme font d'habitude les paysans pauvres, avait pris un nourrisson.

Le premier était le dernier rejeton d'une famille noble de l'Anjou; il se nommait Henri de Bonneville ; il apparaîtra bientôt dans cette histoire.

Le second était Michel de La Logerie, qui en est un des acteurs principaux.

Henri de Bonneville avait deux ans de plus que Michel; les deux enfants avaient bien souvent joué ensemble au seuil de cette porte que Michel allait franchir à la suite de Rosine et de Bertha.

Plus tard ils s'étaient revus à Paris; madame de La Logerie avait fort encouragé cette amitié de son fils avec un jeune homme ayant dans les provinces de l'ouest une grande position de fortune et d'aristocratie.

Ces deux nourrissons avaient amené un peu d'aisance dans la maison; mais le paysan vendéen est ainsi fait, qu'il n'avoue jamais son aisance. Tinguy se faisait donc pauvre aux dépens de sa propre vie, et, si malade qu'il fût, il se serait bien gardé d'envoyer chercher à Legé un médecin dont la visite lui eût coûté trois francs.

D'ailleurs, les paysans, et les paysans vendéens moins encore que les autres, ne croient à la médecine ni aux médecins; voilà comment Rosine s'était d'abord adressée au château de La Logerie, où elle avait son entrée toute faite comme sœur de lait de Michel, et, ensuite expulsée du château, avait eu recours aux demoiselles de Souday.

Au bruit que les trois jeunes gens firent en entrant, le malade se souleva avec peine; mais aussitôt il retomba sur son lit en poussant une plainte douloureuse.

Une bougie de cire jaune brûlait, éclairant ce lit, la seule partie de la chambre qui fût dans la lumière, tandis que tout le reste demeurait dans les ténèbres; cette lumière montrait sur une espèce de grabat un homme d'une quarantaine d'années, en lutte avec le terrible démon de la fièvre. Il était pâle jusqu'à la lividité, l'œil était vitreux et abattu, et, de temps en temps, il était secoué des pieds à la tête comme si on l'eût mis en contact avec la pile galvanique.

Le jeune homme frissonna à cette vue, et comprit qu'ayant eu l'intuition de l'état dans lequel se trouvait le malade, sa mère ait hésité à laisser entrer Rosine, sachant que la jeune fille entrait tout imprégnée de ces miasmes fébriles qui flottaient, atomes visibles en quelque sorte, autour du lit du moribond et dans ce cercle de lumière qui l'entourait.

Il songea au camphre, au chlore, au vinaigre des quatre voleurs, à tous ces préservatifs, enfin, qui peuvent isoler du malade l'homme qui se porte bien; et n'ayant ni vinaigre, ni chlore, ni camphre, il resta du moins près de la porte pour se mettre en communication avec l'air extérieur.

Quant à Bertha, elle ne songeait à rien de tout cela, elle alla droit au lit du malade et prit sa main brûlante de fièvre.

Le jeune homme fit un mouvement pour l'arrêter, ouvrit la bouche pour pousser un cri; mais il demeura en quelque sorte pétrifié de cette audacieuse charité, et il resta sous le poids d'une terreur admirative.

Bertha interrogea le malade ; voici ce qu'il avait éprouvé :

La veille au matin, au moment de se lever, il s'était senti si fatigué que, en descendant du lit, les jambes lui avaient manqué ; c'était un avertissement que lui donnait la nature, mais les paysans suivent rarement les conseils de la nature.

Au lieu de se remettre au lit et d'envoyer chercher un médecin, Tinguy avait continué de s'habiller, et, faisant effort pour vaincre le mal, était descendu à la cave et était remonté avec un pot de cidre ; puis il avait coupé un morceau de pain : à son avis, il s'agissait de *se donner des forces*.

Il avait bu son pot de cidre avec délice, mais n'avait pas pu avaler la première bouchée de son morceau de pain.

Après quoi, il était parti pour son travail des champs.

Pendant la route, il avait été pris d'un violent mal de tête, la lassitude était dégénérée en courbature, deux ou trois fois il avait été obligé de s'asseoir; il avait rencontré deux sources, et y avait bu avidement ; mais, au lieu de se calmer, la soif était devenue si grande, que la troisième fois il avait bu à une ornière.

Enfin, il était arrivé jusqu'à son champ ; mais, là, il n'avait pas eu la force de donner son premier coup de bêche dans le sillon commencé la veille ; il s'était pendant quelques instants tenu debout, appuyé sur son instrument, puis la tête lui avait tourné, et il s'était couché, ou plutôt était tombé à terre dans une prostration complète.

Il était resté là jusqu'à sept heures du soir, et il y serait resté toute la nuit si le hasard n'eût pas fait passer à quelques pas de lui un paysan du village de Legé. Ce paysan vit un homme couché, il appela; l'homme ne répondit point, mais fit un mouvement : le paysan s'approcha et reconnut Tinguy.

A grand'peine il était parvenu à ramener le malade chez lui ; celui-ci était si faible, qu'il avait mis plus d'une grande heure à faire un quart de lieue.

Rosine attendait, inquiète ; effrayée à la vue de son père, elle voulait courir au bourg chercher un médecin, mais celui-ci le lui défendit positivement, se coucha en disant que ce ne serait rien, et que le lendemain il serait guéri; seulement, comme sa soif au lieu de s'apaiser allait toujours s'augmentant, il recommanda à Rosine de mettre une cruche d'eau sur une chaise auprès de son lit.

Il avait passé la nuit ainsi dévoré par la fièvre, buvant sans cesse sans pouvoir éteindre le feu qui le brûlait ; le matin, il avait essayé de se lever, mais à peine avait-il pu se mettre sur son séant ; la tête, dans laquelle il sentait d'horribles élancements, lui avait tourné, et il s'était plaint d'une violente douleur au côté droit.

Rosine avait insisté de nouveau pour aller chercher M. Roger, c'était le nom du médecin de Legé, mais de nouveau son père le lui avait positivement défendu.

L'enfant était restée alors près du lit, prête à obéir à ses désirs et à l'aider dans ses besoins.

Son besoin le plus intense était de boire ; de dix minutes en dix minutes son malade demandait de l'eau.

Elle demeura ainsi jusqu'à quatre heures du soir.

A quatre heures du soir, le malade dit en secouant la tête :

— Allons, je vois bien que je suis pris par une mauvaise fièvre, il faut aller demander un remède aux bonnes dames des châteaux.

Nous avons vu le résultat de cette détermination.

Après avoir tâté le pouls du malade, et écouté ce récit qu'il fit à grand'peine, et d'une voix entrecoupée, Bertha, en comptant jusqu'à cent pulsations à la minute, comprit que le bonhomme Tinguy était aux prises avec une fièvre violente.

Seulement, de quelle nature était cette fièvre? voilà ce qu'elle était trop ignorante en médecine pour décider.

Mais comme le malade n'avait qu'un cri : « A boire ! à boire ! » elle coupa un citron par tranche, le fit bouillir dans une grande cafetière d'eau, sucra légèrement cette limonade et la donna au malade au lieu d'eau pure.

Mais, au moment de sucrer l'eau, elle avait reçu de Rosine cette réponse: Qu'il n'y avait pas de sucre à la maison.

Le sucre, pour le paysan vendéen, c'est le suprême du luxe.

Bertha s'en était doutée ; elle en avait mis une certaine quantité dans la boîte qui contenait sa petite pharmacie ; elle jeta les yeux autour d'elle pour chercher la boîte.

Elle la vit sous le bras du jeune homme, qui se tenait toujours près de la porte.

Elle lui fit signe de venir à elle ; mais, avant qu'il eût bougé de sa place, elle lui fit un second signe qui voulait, au contraire, lui dire de rester.

Ce fut elle, en conséquence, qui vint à lui en mettant un doigt sur sa bouche.

Et tout bas, pour que le malade ne l'entendît point :

— L'état de cet homme, dit-elle, est fort grave, et je n'ose rien prendre sur moi ; un médecin est de toute nécessité, et encore j'ai bien peur qu'il n'arrive trop tard ; pendant que je vais donner au malade quelques calmants, courez jusqu'à Legé, cher monsieur Michel, et ramenez le docteur Roger. — Mais, vous, vous ? demanda le jeune homme avec anxiété. — Moi, je reste ici, vous m'y retrouverez ; j'ai à causer de choses importantes avec le malade. — De choses importantes ? demanda Michel étonné. — Oui, répondit Bertha. — Cependant... insista le jeune homme. — Je vous dis, interrompit la jeune fille, que tout retard peut avoir des circonstances graves ; prises à temps, ces sortes de fièvres sont souvent mortelles ; prises ou en est celle-ci, elles le sont presque toujours ; partez donc sans perdre une minute, et, sans perdre une minute, ramenez le docteur. — Mais, demanda le jeune homme, mais, si la fièvre est contagieuse ? — Eh bien ! répliqua Bertha. — Ne courez-vous donc pas risque de la gagner ? — Mais, cher Monsieur, répondit Bertha, si l'on songeait à ces sortes de choses-là, la moitié de nos paysans mourrait sans secours ; allez, et rapportez-vous à Dieu du soin de veiller sur moi.

Et elle tendit la main au messager.

Le jeune homme prit cette main que Bertha lui tendait, et, emporté par l'admiration que lui causait, chez une femme, ce courage à la fois si simple et si grand, que lui homme se sentait incapable d'avoir, il appuya avec une espèce de passion cette main sur ses lèvres.

Ce mouvement fut si prompt et si inattendu que Bertha tressaillit, devint très-pâle et poussa un soupir en disant :

— Allez, ami, allez !

Elle n'eut point besoin, cette fois, de retirer l'ordre donné. Michel s'élança hors de la chaumière. Une flamme inconnue circulait par tout son corps, et en doublait la puissance vitale ; il se sentait une force étrange, il était capable d'accomplir des choses impossibles.

Il lui semblait que, comme au Mercure antique, il venait de lui pousser des ailes à la tête et aux talons. Un mur lui eût barré le passage qu'il l'eût escaladé ; une rivière se fût trouvée sur son chemin, sans pont ni gué, que, ne songeant pas même à se débarrasser de ses vêtements, il se fût jeté à la nage et l'eût traversée sans hésitation.

Il regrettait que ce fût une chose si facile que lui eût demandée Bertha ; il eût voulu des obstacles, une chose difficile, impossible même.

Quel gré Bertha pouvait-elle lui savoir de faire cinq quarts de lieue à pied pour aller chercher un médecin ?

Ce n'était pas deux lieues et demie qu'il eût voulu faire ; c'était au bout du monde qu'il eût voulu aller.

Il eût voulu se donner à lui-même quelque preuve d'héroïsme qui lui permît de mesurer son courage à celui de Bertha.

On comprend que, dans l'état d'exaltation où en était le jeune baron, il ne songeait point à la fatigue. Les cinq quarts de lieue qui séparaient de Legé furent donc faits en moins d'une demi-heure.

Le docteur Roger était un des familiers du château de La Logerie, dont Legé n'est distant que d'une lieue à peine. Le jeune baron n'eut donc qu'à se nommer pour que le docteur, ignorant encore que le malade fût un simple paysan, sautât à bas du lit et criât à travers la porte de sa chambre à coucher que dans cinq minutes il serait prêt.

En cinq minutes, en effet, il fut sur pied, demandant au jeune baron la cause de cette visite nocturne et inattendue.

En deux mots Michel mit le docteur au courant de la situation ; et comme il s'étonnait de voir le jeune baron prendre un si vif intérêt à un paysan, qu'il vînt à pied, la nuit, la voix émue, le front en sueur, le chercher pour aller porter secours à ce paysan, il rejeta tout sur l'intérêt qu'il portait au malade à titre de son père nourricier.

Puis, interrogé par le docteur sur les symptômes du mal, il lui répéta fidèlement tout ce qu'il avait entendu, priant le docteur de prendre avec lui les médicaments nécessaires, le village qu'habitait Tinguy n'étant point encore entré dans le cercle de la civilisation, au point de posséder un pharmacien.

En voyant le jeune baron ruisselant de sueur, et en apprenant qu'il était venu à pied, le docteur, qui avait déjà donné l'ordre de seller son cheval, changea cet ordre en celui de le mettre à la carriole.

Michel ne voulait pas à toute force admettre ce changement, et soutenait qu'il irait à pied plus vite que le docteur n'irait à cheval ; il se sentait fort de cette vigueur vaillante de la jeunesse et du cœur, et, comme il le disait, il eût marché aussi vite à pied que le docteur à cheval, s'il n'eût pas marché plus vite.

Le docteur insistait, Michel refusait ; le jeune homme termina la discussion en s'élançant dehors, et en criant au docteur :

— Venez le plus vite que vous pourrez, je vais devant, et je vous annonce.

Le docteur crut que le fils de madame la baronne Michel était devenu fou.

Il se dit qu'il le rejoindrait bien vite, et maintint son ordre de mettre le cheval à la carriole.

C'était l'idée de reparaître aux yeux de la jeune fille dans une carriole qui exaspérait notre amoureux.

Il lui semblait que Bertha lui saurait bien autrement gré de sa promptitude

en le voyant revenir tout courant, et ouvrir la porte de la cabane en criant :
« Me voilà, le docteur me suit, » que de le voir arriver en carriole avec le docteur.

Il comprenait encore cette course à cheval sur un beau coursier, la crinière et la queue au vent, soufflant le feu par les naseaux et annonçant son arrivée par des hennissements.

Mais en carriole !

Mieux cent fois valait à pied.

C'est une chose si poétique qu'un premier amour, qu'il a haine profonde de tout ce qui est prose.

Or, que dirait Mary quand sa sœur Bertha lui raconterait qu'elle avait envoyé le jeune baron chercher le docteur Roger à Legé, et que le jeune baron était revenu en carriole avec le docteur.

Nous l'avons dit, mieux valait dix fois, vingt fois, cent fois revenir à pied.

Le jeune homme comprenait que, dans cette mise en scène instinctive d'un premier amour, la sueur au front, les yeux ardents, la poitrine haletante, la poussière sur les vêtements, les cheveux rejetés en arrière par le vent, tout cela est bon, tout cela fait bien.

Quant au malade, eh ! mon Dieu ! il était à peu près oublié. Avouons-le, au milieu de cette excitation fébrile, ce n'était pas à lui que pensait Michel, c'était aux deux sœurs; ce n'était pas pour lui qu'il courait d'une course à faire trois lieues à l'heure, c'était pour Bertha et pour Mary.

La cause principale de ce grand cataclysme physiologique qui s'opérait dans notre héros était devenue un accessoire. Ce n'était plus un but, c'était un prétexte.

Michel s'appelant Hippomène, et disputant le prix de la course à Atalante, n'eût pas eu besoin, pour remporter le prix, de laisser tomber les pommes d'or sur sa route.

Il riait de dédain à l'idée que le docteur poussait son cheval avec l'espoir de le rejoindre, il éprouvait une sensation d'une volupté infinie à sentir le vent froid de la nuit glacer la sueur de son front.

Rejoint par le docteur ! il serait plutôt mort que de se laisser rejoindre.

Il avait fait en allant la course en une demi-heure; il la fit en vingt-cinq minutes au retour.

Comme si elle eût pu deviner cette célérité impossible, Bertha était venue attendre son messager sur le seuil de la porte ; elle savait bien que logiquement il ne pouvait être de retour que dans une demi-heure au plus tôt, et cependant elle écoutait.

Il lui sembla entendre des bruits de pas, mais imperceptibles dans le lointain.

Il était impossible que ce fût déjà le jeune homme, et cependant elle ne douta point une seconde que ce fût lui.

Et en effet, au bout d'un instant, elle le vit poindre, apparaître, se dessiner dans les ténèbres, en même temps que lui-même, l'œil fixé sur la porte, mais doutant de ses yeux, la découvrait de son côté immobile et la main appuyée sur son cœur, que, pour la première fois, elle sentait battre avec une violence inaccoutumée.

En arrivant à Bertha, le jeune homme, comme le Grec de Marathon, était sans voix, sans souffle, sans haleine, et peu s'en fallut que comme lui il ne tombât, sinon mort, du moins évanoui.

Il n'eut que la force de prononcer ces paroles :

— Le docteur me suit.

Puis, pour ne pas tomber, il s'appuya de la main à la muraille. S'il eût pu parler, il se fût écrié :

— Vous direz à mademoiselle Mary, n'est-ce pas, que, pour l'amour d'elle et de vous, j'ai fait deux lieues et demie en cinquante minutes?

Mais il ne pouvait parler, de sorte que Bertha dut croire et crut que c'était pour l'amour d'elle seule que son envoyé avait accompli son tour de force.

Elle sourit de joie en tirant son mouchoir de sa poche.

— O mon Dieu, dit-elle en lui essuyant doucement le visage et ayant bien soin de ne pas toucher à la blessure du front, que je suis fâchée que vous ayez pris ma recommandation de faire diligence si fort à cœur : vous voilà dans un bel état !

Puis, comme une mère qui gronde, elle ajouta avec un accent d'une douceur infinie et tout en haussant les épaules :

— Enfant que vous êtes !

Ce mot, enfant ! avait été prononcé d'un ton de si indicible tendresse qu'il fit tressaillir Michel.

Il saisit la main de Bertha. Elle était moite et tremblante.

En ce moment, on entendit le bruit des roues de la carriole sur la grande route.

— Ah ! voilà le docteur, dit Bertha en repoussant la main de Michel.

Lui, la regarda avec étonnement : pourquoi repoussait-elle sa main?

Il lui était impossible de se rendre compte de ce qui se passait dans le cœur de la jeune fille, mais il sentait instinctivement que, si la jeune fille avait repoussé sa main, ce n'était ni par haine, ni par dégoût, ni par colère.

Bertha rentra sans doute pour annoncer au malade l'arrivée du docteur.

Michel resta à la porte pour l'attendre.

En le voyant venir dans cette carriole d'osier qui le secouait si grotesquement, Michel se félicita plus que jamais de la détermination qu'il avait prise de revenir à pied.

Il est vrai que si Bertha fût rentrée au bruit des roues, comme elle venait de le faire, elle n'eût pas vu le jeune homme dans le vulgaire véhicule.

Mais si elle n'eût pas vu Michel, n'aurait-elle pas attendu jusqu'à ce qu'elle le vît.

Michel se dit à lui-même que c'était plus que probable, et il sentit dans son cœur, sinon l'ardente satisfaction de l'amour, du moins le chatouillement de l'orgueil.

XI

NOBLESSE OBLIGE.

Lorsque le docteur Roger entra dans la chambre du malade, Bertha avait repris sa place au chevet du lit.

La première chose qui le frappa fut cette forme gracieuse, pareille à ces anges des légendes allemandes, qui s'inclinent pour recevoir les âmes des mourants. Mais en même temps il reconnut la jeune fille; il était rare qu'il eût visité la chaumière d'un pauvre paysan sans l'avoir trouvée, elle ou sa sœur, entre le mourant et la mort.

— Oh! docteur, dit-elle, venez, venez vite, voilà le pauvre Tinguy qui a le délire.

Et, en effet, le malade manifestait la plus vive agitation.

Le docteur s'approcha de lui.

— Voyons, mon ami, lui dit-il, calmez-vous. — Laissez-moi, disait le malade, laissez-moi; il faut que je me lève, on m'attend à Montaigu. — Non, mon cher Tinguy, lui dit Bertha; non, on ne vous attend pas... encore... — Si fait, Mademoiselle, si fait, c'était pour cette nuit; qui ira de châteaux en châteaux annoncer la nouvelle si je ne suis pas là? — Taisez-vous, Tinguy, taisez-vous, dit Bertha; songez que vous êtes malade, et que vous avez près de votre lit le docteur Roger. — Le docteur Roger est des nôtres, Mademoiselle, nous pouvons donc tout dire devant lui; il sait qu'on m'attend, il sait qu'il faut que je me lève sans retard, il sait qu'il faut que j'aille à Montaigu.

Le docteur Roger et la jeune fille échangèrent un regard rapide.

— Massa, dit le docteur. — Marseille, répondit Bertha.

Et tous deux, d'un mouvement spontané, se tendirent et se serrèrent la main.

Bertha revint au malade.

— Oui, c'est vrai, lui dit-elle en se penchant à son oreille; oui, le docteur Roger est des nôtres, mais il y a là quelqu'un qui n'en est pas; elle baissa encore la voix pour que Tinguy seul pût l'entendre; et ce quelqu'un, ajouta-t-elle, c'est le jeune baron de La Logerie. — Ah! c'est vrai, dit-il, il n'en est pas, lui: ne lui dites rien; Courtin est un traître; mais si je ne vais pas à Montaigu, qui ira? — Jean Oullier, Tinguy; soyez tranquille. — Oh! si Jean Oullier y va, dit le malade, si Jean Oullier y va je n'ai pas besoin d'y aller; il a bonnes jambes, bon œil, et il tire bien un coup de fusil, lui. Et il éclata de rire.

Mais, dans cet éclat de rire, il sembla avoir épuisé toute sa force et retomba sur son lit.

Le jeune homme avait écouté tout ce dialogue dont, au reste, il n'avait surpris que quelques parties sans y rien comprendre.

Il avait seulement entendu: « Courtin est un traître; » et, à la direction de l'œil de la jeune fille parlant au malade, il avait deviné qu'il était question de lui.

Il approcha le cœur serré; il y avait là quelque secret dont il n'était point,

— Mademoiselle, dit-il à Bertha, si maintenant je vous gêne, ou si seulement vous n'avez pas besoin de moi, dites un mot, et je me retire.

Il y avait un tel accent de tristesse dans ces quelques paroles, que Bertha en fut touchée.

— Non, dit-elle, non, restez; nous avons encore besoin de vous, au contraire; vous allez aider Rosine à préparer les prescriptions du docteur, tandis que je causerai avec lui du traitement qu'il faudra lui faire suivre.

Puis, au docteur :

— Docteur, dit-elle tout bas, occupez-les, vous me direz ce que vous savez, et je vous dirai ce que je sais.

Puis se retournant vers Michel :

— N'est-ce pas, mon ami, dit-elle de la voix la plus douce, n'est-ce pas que vous voudrez bien aider Rosine ? — Tout ce qu'il vous plaira, Mademoiselle, dit le jeune homme; ordonnez et vous serez obéi. — Docteur, vous voyez, dit Bertha, vous aurez là deux aides pleins de bonne volonté.

Le docteur courut à sa voiture, en tira une bouteille d'eau de sedlitz et un sac de farine de moutarde.

— Tenez, vous, dit-il au jeune homme en lui présentant la bouteille, débouchez cela et faites-en boire au malade un demi-verre de dix minutes en dix minutes.

Puis, à Rosine, en lui présentant le sac de moutarde, délaye-moi cela dans de l'eau bouillante, lui dit-il, c'est pour mettre aux pieds de ton père.

Le malade était retombé dans l'atonie qui avait précédé le moment d'exaltation que Bertha n'avait calmée qu'en lui promettant que Jean Oullier prendrait sa place.

Le docteur jeta un regard sur lui, et voyant que, momentanément, on pouvait, grâce à la prostration dans laquelle il était tombé, le laisser aux soins du jeune baron, il s'avança vivement vers Bertha.

— Voyons, mademoiselle de Souday, lui dit-il, puisque nous nous sommes reconnus pour gens de même opinion, que savez-vous ? — Mais que Madame est partie de Massa le 24 avril dernier, et qu'elle a dû aborder à Marseille le 29 ou le 30 ; or, nous sommes aujourd'hui le 6 mai, Madame doit être débarquée, et le Midi doit être en pleine révolte. — Voilà tout ce que vous savez ? demanda le docteur. — Oui, tout, répondit Bertha. — Vous n'avez pas lu les journaux du 3 au soir ?

Bertha sourit.

— Nous ne recevons pas de journaux au château de Souday, dit-elle. — Eh bien ! fit le docteur, tout est manqué. — Comment ! tout est manqué ? — Madame a complétement échoué. — Impossible !... Ah ! mon Dieu, que me dites-vous là ? — La vérité tout entière. Madame, après une heureuse traversée sur *le Carlo Alberto*, a débarqué sur la côte, à quelques lieues de Marseille; un guide l'attendait qui l'a conduite dans une maison isolée, entourée de bois et de rochers ; Madame avait six personnes seulement avec elle. — J'écoute, j'écoute. — Elle expédia aussitôt une personne à Marseille pour dire au chef du complot qu'elle était débarquée, et qu'elle attendait le résultat des promesses qui l'avaient attirée en France. — Après ? — Le soir, le messager revint avec un billet qui félicitait la princesse de son heureuse arrivée, et qui lui annonçait que Marseille ferait son mouvement le lendemain. — Eh bien ? — Eh bien ! le lendemain, le mouvement se fit; mais Marseille n'y prit aucune part, de sorte qu'il a complétement échoué. — Et Madame? — On ignore où elle est; on espère qu'elle s'est rembarquée sur *le Carlo Alberto*. — Les lâches ! murmura Bertha. Oh ! je ne suis qu'une femme, mais si Madame était venue dans la Vendée, je jure Dieu que j'eusse donné l'exemple à certains hommes. Adieu, docteur, et merci ! — Vous nous quittez ? — Il est important que mon père sache ces détails ; il y avait ce soir réunion au château de Montaigu. Je retourne à Souday : je vous recommande mon pauvre malade, n'est-ce pas ? Laissez une ordonnance en règle, moi ou ma sœur, à moins de nouveaux événements, viendrons passer la nuit prochaine près de lui. — Voulez-vous prendre ma voiture ? je m'en irai à pied, et demain vous me la renverrez par Jean Oullier ou tout autre. — Merci, je ne sais où Jean Oullier sera demain ; d'ailleurs, j'aime mieux marcher ; j'étouffe un peu, la marche me fera du bien.

Bertha tendit la main au docteur, serra la sienne avec une force toute masculine, jeta sa mante sur ses épaules et sortit.

Mais à la porte elle trouva Michel qui, sans entendre la conversation, n'avait pas perdu un instant la jeune fille de vue, et qui, ayant deviné qu'elle allait sortir, avait avant elle gagné la porte.

— Ah ! Mademoiselle, dit Michel, que se passe-t-il donc, et qu'avez-vous appris ? — Rien, dit Bertha. — Oh ! rien ; si vous n'eussiez rien appris, vous ne fussiez point partie ainsi sans vous occuper de moi, sans me dire adieu, sans me faire un signe. — Pourquoi vous dirais-je adieu, puisque vous me reconduisez? A la porte du château de Souday, il sera temps de vous dire adieu. — Comment! vous permettez ? — Quoi ! que vous m'accompagniez ?... Mais après tout ce que je vous ai fait faire cette nuit c'est votre droit, mon cher Monsieur, à moins toutefois que vous ne soyez trop fatigué. — Moi, Mademoiselle, fatigué, quand il s'agit de vous suivre ! mais avec vous ou avec mademoiselle Mary j'irais au bout du monde !... Fatigué ! Oh ! jamais !

Bertha sourit, puis regardant de côté le jeune baron :

— Quel malheur, murmura-t-elle, qu'il ne soit pas des nôtres !

Mais bientôt, avec un sourire :

— Bah ! dit-elle, avec ce caractère-là, il sera ce que l'on voudra qu'il soit. — Il me semble que vous me parlez, dit Michel, et cependant je n'entends pas ce que vous me dites. — Cela tient à ce que je vous parle bas. — Pourquoi me parlez-vous tout bas ? — Parce que ce que je vous dis ne peut se dire tout haut, en ce moment du moins. — Mais plus tard ? demanda le jeune homme. — Ah ! plus tard, peut-être.

A son tour le jeune homme remua les lèvres, mais sans que sa bouche proférât aucun son.

— Eh bien ! demanda Bertha, que signifie cette pantomime ? — Que je vous parle à mon tour, avec cette différence que ce que je dis tout bas, je vous le redirais tout haut et à l'instant même, si j'osais. — Je ne suis pas une femme comme les autres, dit Bertha avec un sourire presque dédaigneux, et ce que l'on me dit tout bas, on peut me le dire tout haut. — Eh bien ! ce que je vous disais tout bas, c'est que je vous voyais avec un profond regret vous jeter dans un danger certain, aussi certain qu'inutile. — De quel danger parlez-vous, cher voisin ? demanda la jeune fille d'un ton légèrement railleur. — Mais de celui dont vous entretenait tout à l'heure le docteur Roger ; il va y avoir un soulèvement en Vendée ! — Vraiment ! — Vous ne le nierez pas, j'espère. — Moi ! et pourquoi le nierai-je ? — Votre père et vous y prendrez part ? — Vous oubliez ma sœur, dit en riant Bertha. — Oh ! non, je n'oublie personne, répliqua Michel avec un soupir. — Eh bien ? — Eh bien ! laissez-moi vous dire en ami tendre, en ami dévoué, que vous avez tort. — Et pourquoi ai-je tort, ami tendre, ami dévoué ? demanda Bertha avec une nuance de raillerie qu'elle ne pouvait entièrement chasser de son caractère. — Parce que la Vendée n'est plus, en 1832, ce qu'elle était en 1793, ou plutôt parce qu'il n'y a plus de Vendée. — Tant pis pour la Vendée ! mais par bonheur il y a toujours une noblesse, Monsieur ; et il y a une chose que vous ne savez peut-être pas encore, Monsieur, mais que vos descendants sauront dans cinq ou six générations, c'est que noblesse oblige.

Le jeune homme fit un mouvement.

— Maintenant, dit Bertha, parlons d'autre chose, s'il vous plaît, car, sur ce point, je ne vous répondrais plus ; puisque, comme me disait le pauvre Tinguy, vous n'êtes pas de notre parti, monsieur Michel. — Mais, dit le jeune homme désespéré de la dureté de Bertha à son égard, de quoi voulez-vous que je vous parle ? — De quoi je veux que vous me parliez ? mais de tout au monde : la nuit est magnifique, parlez-moi de la nuit ; la lune est brillante, parlez-moi de la lune ; les étoiles sont de flamme, parlez-moi des étoiles ; le ciel est pur, parlez-moi du ciel.

Et la jeune fille resta la tête levée et les yeux fixés sur le transparent azur du firmament.

Michel poussa un soupir, et, sans parler, marcha près d'elle. Que lui eût-il dit, lui, homme des cités et des livres, en face de cette belle nature qui semblait son royaume à elle ? Avait-il été, comme Bertha, en contact depuis son enfance avec tous les miracles de la création ? Avait-il vu, comme elle, toutes les gradations par lesquelles passe l'aurore qui naît et le soleil qui se couche ? Connaissait-il, comme elle, tous les bruits mystérieux de la nuit ? Quand l'alouette sonnait le réveil de la nature, savait-il ce que disait l'alouette ? Quand le rossignol emplissait les ténèbres d'harmonie, savait-il ce que disait le rossignol ? Non ; il savait toutes les sciences qu'ignorait Bertha, mais Bertha savait toutes les choses de la nature qu'ignorait Michel.

Oh ! si la jeune fille eût voulu parler, comme il eût écouté religieusement !

Mais Bertha se tut : elle avait le cœur plein de ces pensées qui s'échappent du cœur, non pas en bruit et en paroles, mais en regards et en soupirs.

Lui de son côté rêvait.

Il se voyait cheminant auprès de la douce Mary, au lieu de marcher près de la rude et sévère Bertha : au lieu de cet isolement que Bertha puisait dans sa force, il sentait Mary s'alanguissant peu à peu, et s'appuyant sur son bras. Oh ! c'est alors que la parole lui semblait facile, c'est alors qu'il eût eu mille choses à lui dire, de la nuit, de la lune, des étoiles et du ciel.

Avec Mary, il eût été l'instituteur et le maître.

Avec Bertha, il était l'écolier et l'esclave.

Les deux jeunes gens marchaient ainsi l'un près de l'autre depuis un quart d'heure à peu près, et gardant tous les deux le silence, quand tout à coup Bertha s'arrêta en faisant signe à Michel de s'arrêter.

Le jeune homme obéit ; avec Bertha c'était son rôle d'obéir.

— Entendez-vous ? demanda Bertha. — Non, dit Michel en secouant la tête. — J'entends, moi, fit la jeune fille, l'œil brillant, l'oreille tendue.

Et elle écouta avec une nouvelle attention.

— Mais qu'entendez-vous ? — Le pas de mon cheval et de celui de Mary ; on est en quête de moi, il y a quelque chose de nouveau.

Elle écouta encore.

— C'est Mary qui me cherche, dit-elle. — Mais à quoi reconnaissez-vous cela ? demanda le jeune homme. — A la manière dont les chevaux galopent ; doublons le pas, s'il vous plaît.

Le bruit se rapprochait rapidement, et, au bout de cinq minutes, on vit un groupe se désunir dans l'obscurité. Il se composait de deux chevaux et d'une femme montant un de ces deux chevaux, et conduisant l'autre en main.

— Je vous disais bien que c'était ma sœur, fit Bertha.

En effet, le jeune homme avait reconnu Mary, moins encore à la forme de la jeune fille devenue visible dans les ténèbres, qu'aux battements précipités de son cœur.

Mary, elle aussi, l'avait reconnu, et ce fut facile à voir au geste d'étonnement qui lui échappa.

Il était évident qu'elle s'attendait à retrouver sa sœur seule, ou avec Rosine, mais aucunement avec le jeune baron.

Michel vit l'impression produite par sa présence, et s'avança.

— Mademoiselle, dit-il à Mary, j'ai rencontré votre sœur qui allait porter des secours à Tinguy, et pour qu'elle ne fût pas seule, je l'ai accompagnée. — Et vous avez parfaitement fait, Monsieur, dit Mary. — Tu ne comprends pas, répondit Bertha en riant : il croit qu'il a besoin de m'excuser, ou peut-être même de s'excuser ; il faut lui pardonner quelque chose, pauvre garçon, il va être joliment grondé par sa maman !

Puis, s'appuyant à l'arçon de la selle de Mary.

— Qu'y a-t-il donc, Blondine ? lui demanda-t-elle. — Il y a que la tentative de Marseille a échoué. — Je sais cela ; Madame est rembarquée. — Voilà où est l'erreur. — Comment ! voilà où est l'erreur ? — Oui, Madame a déclaré que, puisqu'elle était en France, elle n'en sortirait plus. — Vraiment ! — De sorte qu'à cette heure elle est en route pour la Vendée, si elle n'y est pas déjà arrivée. — Et par qui savez-vous cela ? — Par un messager arrivé ce soir au château de Montaigu pendant la réunion, et au moment où tout le monde désespérait. — Ame vaillante ! s'écria Bertha dans son enthousiasme. — De sorte que mon père est revenu au grand galop, et quand il a appris où tu étais, il m'a ordonné de prendre les chevaux et de te venir chercher. — Oh ! me voilà, dit Bertha. Et elle mit le pied à l'étrier.

— Eh bien ! lui demanda Mary, tu ne dis pas adieu à ton pauvre chevalier ? — Si fait.

Elle tendit la main au jeune homme, qui s'avança lentement et tristement.

— Ah ! mademoiselle Bertha, murmura-t-il en lui prenant la main, je suis bien malheureux ! — Et de quoi ? lui demanda Bertha. — De ne pas être un des vôtres, comme vous disiez tout à l'heure. — Et qui vous empêche de le devenir ? lui demanda Mary en lui tendant la main à son tour.

Le jeune homme se précipita sur cette main qu'on lui tendait, et la baisa avec la double passion de l'amour et de la reconnaissance.

— Oh! oui, oui, murmura-t-il assez bas pour que Mary seule l'entendît : pour vous et avec vous.

Mais la main de Mary fut en quelque sorte arrachée des mains du jeune homme par le brusque mouvement que fit le cheval de Mary. Bertha, en aiguillonnant le sien du talon, avait sanglé un coup de baguette sur la croupe de celui de sa sœur. Chevaux et cavaliers partirent au galop et s'enfoncèrent dans l'obscurité comme des ombres.

Le jeune homme resta seul et immobile au milieu du chemin.

— Adieu! lui cria Bertha. — Au revoir! lui cria Mary. — Ah! oui, oui, dit-il en tendant les bras vers les deux fugitives; oui, au revoir! au revoir!

Les deux jeunes filles continuèrent leur chemin sans échanger une seule parole; seulement, en arrivant à la porte du château :

— Mary, dit Bertha, tu vas bien te moquer de moi. — Pourquoi cela? demanda Mary en tressaillant malgré elle. — Je l'aime, dit Bertha.

Un cri de douleur fut près de s'échapper de la poitrine de Mary. Elle eut la force de l'étouffer.

— Et moi qui lui ai crié au revoir! dit-elle; Dieu veuille que je ne le revoie pas!

XII

LA COUSINE DE CINQUANTE LIEUES.

Le lendemain du jour où s'étaient passés les événements que nous venons de raconter, c'est-à-dire le 7 mai 1832, il y avait grande réunion au château de Vouillé. On célébrait l'anniversaire de la naissance de madame la comtesse de Vouillé, qui venait d'accomplir sa vingt-quatrième année.

On venait de se mettre à table, et à cette table, de vingt-cinq ou vingt-six couverts, étaient assis le préfet de Poitiers, le maire de Châtellerault, parents à des degrés plus ou moins éloignés de madame de Vouillé.

On achevait de manger le potage, lorsqu'un domestique, se penchant à l'oreille de M. de Vouillé, lui dit quelques mots tout bas.

M. de Vouillé se fit répéter deux fois les mêmes paroles par le domestique. Puis s'adressant à ses convives :

— Veuillez m'excuser un instant, dit-il; mais il y a à la grille une dame qui arrive en poste, et qui ne veut, à ce qu'il paraît, parler qu'à moi seul. Ai-je congé d'aller voir ce que me veut cette dame?

La permission fut accordée d'une voix unanime au comte; seulement madame de Vouillé suivit son mari des yeux jusqu'à la porte avec une certaine inquiétude.

M. de Vouillé courut à la grille; une voiture, en effet, stationnait à la porte.

Elle contenait deux personnes : une femme et un homme. Un domestique en livrée bleu de ciel, à galons d'argent, était près du postillon. En apercevant M. de Vouillé, qu'il paraissait attendre avec impatience, le domestique sauta lestement du siége à terre.

— Mais arrive donc, lambin, lui cria-t-il dès qu'il crut qu'il pouvait l'entendre.

M. de Vouillé s'arrêta étonné, plus qu'étonné, stupéfait. Quel était donc le domestique qui se permettait de l'apostropher de pareille façon? Il s'approcha pour laver la tête du drôle, mais tout à coup, éclatant de rire :

— Comment! c'est toi, de Lussac? lui demanda-t-il. — Certainement, c'est moi. — Que signifie cette mascarade?

Le faux domestique ouvrit la voiture, et présenta son bras à la dame pour l'aider à descendre de voiture.

— Mon cher comte, lui dit-il, j'ai l'honneur de te présenter madame la duchesse de Berri.

Puis s'adressant à la duchesse :

— Madame la duchesse, monsieur le comte de Vouillé, l'un de mes meilleurs amis, et l'un de vos plus fidèles serviteurs.

Le comte recula de deux pas.

— Madame la duchesse de Berri! s'écria-t-il stupéfait, Son Altesse Royale! — Elle-même, Monsieur, dit la duchesse. — N'es-tu pas heureux et fier de la recevoir? demanda de Lussac. — Aussi fier et aussi heureux que puisse l'être un ardent royaliste. Mais... — Comment! il y a un mais? demanda la duchesse. — Mais c'est aujourd'hui l'anniversaire de la naissance de ma femme, et j'ai vingt-cinq personnes à table. — Eh bien, Monsieur, puisqu'il y a un proverbe français qui dit que quand il y en a pour deux, il y en a pour trois, vous donnerez bien cette extension au proverbe de dire que quand il y en a pour vingt-cinq, il y en a pour vingt-huit; car je vous préviens que monsieur le baron de Lussac, tout mon domestique qu'il est pour le moment, compte bien dîner à table. — Oh! mais, sois tranquille, j'ôterai ma livrée, dit le baron.

M. de Vouillé se prit les cheveux à pleines mains, tout prêt à se les arracher.

— Mais comment faire? comment faire? — Voyons, dit la duchesse, parlons raison. — Oh! oui, parlons raison, dit le comte, le moment est bien choisi; je suis à moitié fou. — Ce n'est pas de joie, il me semble? dit la duchesse. — C'est de terreur, Madame. — Oh! vous exagérez la situation. — Mais comprenez donc, Madame, que j'ai le préfet de Poitiers et le maire de Châtellerault à ma table. — Eh bien! vous me présenterez à eux. — A quel titre, bon Dieu? — Au titre de votre cousine; vous avez bien une cousine qui demeure à quelque cinquante lieues d'ici? — Oh! quelle idée! Madame. — Allons donc! — Oui, j'ai à Toulouse une cousine à moi, madame de La Myre. — Voilà justement l'affaire; je suis madame de La Myre.

Puis, se retournant vers la voiture et tendant le bras à un vieillard de soixante à soixante-cinq ans, qui attendait pour se montrer que la discussion fût finie :

— Allons, venez, monsieur de La Myre, dit-elle; c'est une surprise que nous faisons à notre cousin d'arriver juste pour l'anniversaire de sa femme; allons, mon cousin, dit la duchesse.

Et elle passa gaiement son bras sous celui du comte de Vouillé.

— Allons! dit M. de Vouillé, décidé à risquer l'aventure que la duchesse entamait si gaiement, allons! — Et moi donc? cria le baron de Lussac, lequel, monté dans la voiture, qu'il transformait en cabinet de toilette, changeait sa redingote de livrée bleu de ciel contre une redingote noire, est-ce qu'on m'oublie ici, par hasard! — Mais qui diable seras-tu, toi? demanda M. de Vouillé. — Pardieu! je serai le baron de Lussac, et, si Madame le permet, le cousin de ta cousine. — Holà! holà! monsieur le baron, dit le vieillard qui accompagnait la duchesse, il me semble que vous prenez bien des libertés. — Bah! à la campagne, dit la duchesse. — En campagne, vous voulez dire? fit Lussac. Et comme il avait achevé sa transformation : allons! dit-il à son tour.

Et M. de Vouillé, qui faisait tête de colonne, prit bravement le chemin de la salle à manger.

La curiosité des convives et l'inquiétude de la maîtresse de la maison avaient été d'autant plus excitées, que l'absence s'était prolongée outre mesure; aussi, quand la porte se rouvrit, tous les regards se tournèrent-ils vers les nouveaux arrivants. Mais quelle que fût la difficulté du rôle qu'ils avaient à jouer, les acteurs ne se déconcertèrent point.

— Chère amie, dit le comte à sa femme, je t'ai souvent parlé d'une cousine à moi qui habite les environs de Toulouse? — Madame de La Myre? interrompit vivement la comtesse. — Madame de La Myre, c'est cela. Eh bien, elle va à Nantes, et n'a pas voulu passer devant le château sans faire connaissance avec toi. Le hasard fait qu'elle arrive un jour de fête, j'espère que cela lui portera bonheur. — Chère cousine! dit la duchesse en ouvrant ses bras à madame de Vouillé.

Les deux femmes s'embrassèrent. Quant aux deux hommes, M. de Vouillé se contenta de dire à haute voix :

— Monsieur de La Myre, monsieur de Lussac.

On s'inclina.

— Maintenant, dit M. de Vouillé, il s'agit de trouver des places aux nouveaux venus, qui ne m'ont point caché qu'ils mouraient de faim.

Il se fit un mouvement; la table était grande, les convives à l'aise, il n'était point difficile de trouver trois places.

— Ne m'avez-vous pas dit que vous aviez à dîner M. le préfet de Poitiers, cher cousin? demanda la duchesse. — Mais oui, Madame; c'est cet honnête citoyen que vous voyez à la droite de la comtesse, avec des lunettes, une cravate blanche, et la rosette d'officier de la Légion d'honneur à sa boutonnière. — Oh! présentez-moi donc à lui.

M. de Vouillé était hardiment entré dans la comédie, il pensa qu'il fallait la pousser jusqu'au bout. Il s'avança vers le préfet, qui se tenait majestueusement appuyé sur sa chaise.

— Monsieur le préfet, dit-il, voici ma cousine, qui, dans son respect traditionnel pour l'autorité, pense qu'une présentation générale est insuffisante vis-à-vis de vous, et qui veut vous être présentée particulièrement. — Et même officiellement, mon cousin, dit la comtesse. — Généralement, particulièrement et officiellement, répondit le galant fonctionnaire, Madame sera toujours la bienvenue. — J'en accepte l'augure, Monsieur, dit la duchesse. — Et Madame va à Nantes? dit le préfet, pour dire quelque chose. — Oui, Monsieur, et de là à Paris; je l'espère du moins. — Ce n'est point la première fois que Madame va dans la capitale? — Non, Monsieur; je l'ai habitée douze ans. — Et Madame l'a quittée? — Oh! bien malgré moi, je vous jure. — Depuis longtemps? — Il y aura deux ans au mois de juillet. — Je comprends que, lorsqu'on a habité Paris... — On désire y revenir; je suis bien aise que vous compreniez cela. — Oh! Paris! Paris! fit le fonctionnaire. — Vous avez raison, c'est le paradis du monde, répondit la duchesse.

Et elle se retourna vivement, car elle sentait qu'une larme mouillait sa paupière.

— Allons, allons! à table, dit M. de Vouillé. — Oh! mon cher cousin, dit la duchesse en jetant un regard vers la place qui lui était destinée, laissez-moi près de M. le préfet, je vous prie; il vient de faire des vœux si bien sentis pour la chose que je désire le plus au monde, qu'il s'est du premier coup inscrit au nombre de mes amis.

Le préfet, enchanté du compliment, recula vivement sa chaise, et Madame fut installée à sa gauche, au détriment de la personne à laquelle cette place d'honneur était échue. Les deux hommes se placèrent, sans objection aucune, aux postes qui leur étaient destinés, et s'occupèrent bientôt, M. de Lussac surtout, à faire, comme ils s'y étaient engagés, honneur au repas. Chacun suivait l'exemple donné par M. de Lussac : il se fit un de ces moments de silence solennel qui ne se retrouvent qu'au commencement des dîners impatiemment attendus.

Madame fut la première qui rompit le silence. Son esprit aventureux était comme l'oiseau de mer, surtout à l'aise dans la tempête.

— Eh bien, dit-elle, il me semble que notre arrivée a interrompu la conversation ; rien n'est triste comme un dîner muet ; je déteste ces dîners-là ; je vous en préviens, mon cher comte, ils ressemblent à des dîners d'étiquette, à ces repas des Tuileries où l'on ne parlait, disait-on, que quand le roi avait parlé : on causait avant notre arrivée, de quoi causait-on ? — Chère cousine, dit M. de Vouillé, M. le préfet avait la bonté de nous donner des détails officiels sur l'*échauffourée* de Marseille. — Échauffourée ! dit la duchesse. — C'est le mot dont il s'est servi. — Et c'est bien véritablement celui qui convient à la chose : comprenez-vous une expédition de ce genre-là, dont les dispositions sont si légèrement prises, qu'il suffit d'un sous-lieutenant du 13e de ligne, qui arrête un chef de rassemblement, pour que tout le coup de main tombe à l'eau ? — Eh! mon Dieu, monsieur le préfet, dit la duchesse avec mélancolie, il y a toujours dans les grands événements un moment suprême où la destinée des princes et des empires vacille comme la feuille au vent. Si à Lamure, par exemple, lorsque Napoléon s'est avancé au-devant des soldats envoyés contre lui, un sous-lieutenant quelconque l'eût pris au collet, le retour de l'île d'Elbe n'était plus, lui aussi, qu'une échauffourée.

Il se fit un silence, tant Madame avait prononcé ces mots d'un ton pénétré. Ce fut elle qui reprit la parole :

— Et la duchesse de Berri, demanda-t-elle, sait-on, au milieu de tout cela, ce qu'elle est devenue ? — Elle a regagné *le Carlo Alberto*, et s'est rembarquée. — Ah ! — C'était la seule chose raisonnable qu'elle eût à faire, ce me semble, ajouta le préfet. — C'était mon avis, dit le vieillard qui accompagnait Madame, et parlait pour la première fois ; et si j'avais eu l'honneur d'être près de Son Altesse, et qu'elle m'eût accordé quelque autorité, je lui eusse donné bien sincèrement ce conseil. — On ne vous parle pas, à vous, monsieur mon mari, dit la duchesse ; je parle à M. le préfet, et je lui demande s'il est bien sûr que Son Altesse Royale soit rembarquée. — Madame, dit le préfet avec un de ces gestes admiratifs qui n'admettent pas la dénégation, le gouvernement en a la nouvelle officielle. — Ah ! fit la duchesse ; si le gouvernement en a la nouvelle officielle, il n'y a rien à objecter à cela ; mais, ajouta-t-elle, se hasardant sur un terrain plus glissant encore que celui qu'elle avait parcouru jusque-là, j'avais, moi, entendu dire autre chose. — Madame ! dit le vieillard avec un léger accent de reproche. — Qu'aviez-vous entendu dire, ma cousine ? dit M. de Vouillé, qui, lui aussi, commençait à prendre à la situation un intérêt de joueur. — Oui, qu'avez-vous entendu dire, Madame ? insista le préfet. — Oh ! vous comprenez, monsieur le fonctionnaire, dit la duchesse, je ne vous donne rien d'officiel, moi ; je vous parle de bruits qui n'ont peut-être pas de sens commun. — Madame de La Myre ! dit le vieillard. — Ah ! monsieur de La Myre, dit la duchesse. — Savez-vous, Madame, insista le préfet, que monsieur votre mari me paraît fort contrariant; je gage que c'est lui qui ne veut pas vous laisser retourner à Paris? — Justement ; mais j'espère bien y aller malgré lui : ce que femme veut... — Oh ! les femmes ! les femmes ! s'écria le fonctionnaire public. — Quoi? demanda la duchesse. — Rien, dit le préfet ; j'attends que vous vouliez bien nous faire part de ces bruits dont vous parliez tout à l'heure. — Oh! mon Dieu, c'est bien simple : j'avais entendu dire, mais remarquez bien que je ne vous donne la chose que comme un bruit, j'avais entendu dire, au contraire, que la duchesse de Berri s'était refusée à toutes les instances, et avait obstinément refusé de regagner le *Carlo Alberto*. — Eh bien! mais, où serait-elle donc, alors ? demanda le préfet. — En France. — En France! mais pourquoi faire en France? — Mais vous savez bien, monsieur le préfet, dit la duchesse, que le but principal de Son Altesse Royale était la Vendée? — Sans doute ; mais du moment qu'elle avait échoué dans le Midi... — Raison de plus pour tenter de réussir dans la Vendée.

Le préfet sourit dédaigneusement.

— Alors, vous croyez au rembarquement de Madame? — Je puis vous affirmer, dit le préfet, qu'elle est en ce moment dans les États du roi de Sardaigne, auquel la France va demander des explications. — Pauvre roi de Sardaigne ! il en donnera une bien simple. — Laquelle? — Je savais bien que ma cousine fût une folle, mais je ne savais point qu'elle le fût assez pour faire ce qu'elle a fait. — Madame! Madame! fit le vieillard. — Ah çà! dit la duchesse, j'espère bien, monsieur de La Myre, que si vous gênez mes volontés, vous me ferez la grâce de respecter mes opinions, qui, d'ailleurs, j'en suis sûre, sont celles de monsieur le préfet. N'est-ce pas, monsieur le préfet? — Le fait est, répondit en riant le fonctionnaire, que Son Altesse Royale, à mon avis, a agi, dans toute cette affaire, avec une grande légèreté. — La! voyez-vous, dit la duchesse ; que sera-ce donc si les bruits se réalisent, et si Madame se rend en Vendée? — Mais par où s'y rendrait-elle ? demanda le préfet. — Dame ! par la préfecture de votre voisin, par la vôtre : on dit qu'elle a été vue et reconnue à Toulouse, au moment où elle changeait de chevaux à la porte de la poste, dans une voiture découverte. — Ah! par exemple, dit le préfet, ce serait trop fort ! — Trop fort? non, dit la duchesse, mais bien fort ! — Si fort, dit le comte, que le préfet n'en croit rien. — Pas un mot, dit le fonctionnaire en appuyant sur chacun des trois monosyllabes qu'il venait de prononcer.

En ce moment la porte s'ouvrit, et un des domestiques du comte annonça qu'un huissier de la préfecture demandait à remettre au premier fonctionnaire du département une dépêche télégraphique arrivée de Paris à l'instant même.

— Vous permettez qu'il entre ? demanda le préfet au comte de Vouillé. — Je crois bien, répondit celui-ci.

L'huissier entra et remit une dépêche cachetée au préfet, qui s'inclina en offrant ses excuses aux convives comme il l'avait fait au maître de la maison.

Le silence était profond, et tous les yeux étaient fixés sur le fonctionnaire. Madame échangeait des signes avec M. de Vouillé, qui riait tout bas, avec M. de Lussac, qui riait tout haut, et avec son faux mari, qui gardait un imperturbable sérieux.

— Ouais! s'écria tout à coup le fonctionnaire public, tandis que ses traits avaient l'indiscrétion d'exprimer la plus profonde surprise. — Qu'y a-t-il donc? demanda M. de Vouillé. — Il y a, exclama le fonctionnaire, que Madame nous disait la vérité à l'endroit de Son Altesse Royale; que Son Altesse Royale n'a pas quitté la France, et que Son Altesse Royale se dirige sur la Vendée par Toulouse, Libourne et Poitiers.

Et, sur ces paroles, le préfet se leva.

— Mais où allez-vous donc, monsieur le préfet? demanda la duchesse. — Faire mon devoir, Madame, si pénible qu'il soit, et donner des ordres pour que Son Altesse Royale soit arrêtée si, comme me le dit la dépêche de Paris, elle a l'imprudence de passer par mon département. — Faites, monsieur le préfet, faites, dit madame de La Myre : je ne puis qu'applaudir à votre zèle et vous promettre de m'en souvenir dans l'occasion.

Et elle tendit sa main au préfet, qui la lui baisa galamment après avoir, d'un regard, demandé à M. de La Myre une permission que celui-ci lui accorda du regard.

XIII

PETIT-PIERRE.

Le lendemain du jour où s'étaient passés, au château de Vouillé, les événements que nous venons de raconter, nous retrouvons Bertha et Michel au chevet du pauvre Tinguy. Bien que les visites que le docteur Roger avait promis de faire au malade rendissent la présence de la jeune fille tout à fait inutile dans ce foyer pestilentiel, Bertha, malgré les observations de Mary, avait voulu continuer de donner ses soins au Vendéen. La charité chrétienne n'était peut-être plus le seul mobile qui l'attirât dans la cabane du métayer. Quoi qu'il en fût, et par une coïncidence assez naturelle, Michel, abjurant ses terreurs, avait devancé mademoiselle de Souday, et se trouvait déjà installé dans la chaumière lorsque Bertha s'y présenta. Était-ce bien Bertha sur laquelle Michel avait compté? Nous n'oserions en répondre. Peut-être avait-il pensé que Mary avait son jour dans ces fonctions de sœur de charité; peut-être aussi espérait-il vaguement que cette dernière ne laisserait pas échapper cette occasion de se rapprocher de lui, et son cœur battait violemment lorsqu'il vit se dessiner sur le volet de la porte de la chaumière une silhouette que l'ombre rendait encore indécise, mais qui, par son élégance, ne pouvait appartenir qu'à l'une des filles du marquis de Souday.

En reconnaissant Bertha, Michel éprouva un léger désappointement; mais Michel, qui par la vertu de son amour se sentait plein de tendresse pour M. le marquis de Souday, de sympathie pour le rébarbatif Jean Oullier, et de bienveillance pour leurs chiens, pouvait-il ne pas aimer la sœur de Mary? L'affection de celle-là ne devait-elle pas le rapprocher de celle-ci? Ne serait-ce pas un bonheur pour lui d'entendre parler de celle qui était absente? Il fut donc plein de prévenances et d'attentions pour Bertha, et la jeune fille lui répondit avec une satisfaction qu'elle ne prit pas la peine de déguiser.

Malheureusement pour Michel, il était difficile de s'occuper d'autre chose que du malade. La situation de Tinguy empirait d'heure en heure. Il était tombé dans cet état de torpeur et d'insensibilité que les médecins appellent le coma, et qui, dans les maladies enflammatoires, caractérise la période qui va précéder la mort. Il ne voyait plus ce qui se passait autour de lui; il ne répondait plus lorsqu'on lui adressait la parole; sa pupille, effroyablement dilatée, restait fixe, il était presque constamment immobile. Seulement, de temps en temps, ses mains essayaient de ramener la couverture sur son visage, ou d'attirer à lui des objets imaginaires qu'il croyait apercevoir sur son lit.

Bertha, qui, malgré sa jeunesse, avait plus d'une fois assisté à ces tristes scènes, ne pouvait conserver d'illusions sur l'état du pauvre paysan; elle voulut éviter à Rosine les angoisses de l'agonie de son père, agonie qu'elle s'attendait à voir commencer d'un instant à l'autre, et lui ordonna d'aller chercher le docteur Roger.

— Mais si vous vouliez, Mademoiselle, dit Michel, je pourrais faire cette course; j'ai de meilleures jambes que cette enfant, et d'ailleurs il n'est pas très-prudent de l'exposer, la nuit, sur les chemins? — Non, monsieur Michel; Rosine ne court aucun danger, et j'ai des raisons pour tenir à vous conserver auprès de moi. Cela vous est-il donc désagréable? — Oh! Mademoiselle, vous ne le pensez pas! Mais je suis si heureux de pouvoir vous être utile, que je tiens à n'en jamais laisser échapper l'occasion. — Soyez tranquille, il est probable que d'ici à un peu de temps j'aurai plus d'une fois besoin de mettre votre dévouement à l'épreuve.

Rosine était sortie depuis dix minutes à peine, lorsque le malade sembla tout à coup éprouver un mieux sensible et tout à fait extraordinaire : ses yeux perdirent leur fixité, la respiration lui devint plus facile, ses doigts crispés se détendirent, il les passa à plusieurs reprises sur son front pour en essuyer la sueur qui le baignait.

— Comment vous trouvez-vous, mon père Tinguy? dit la jeune fille au paysan.
— Mieux, répondit-il d'une voix faible. Le bon Dieu voudrait-il que je ne déserte pas avant la bataille? ajouta-t-il en essayant de sourire. — Peut-être, puisque c'est pour lui aussi que vous allez combattre.

Le paysan hocha tristement la tête en poussant un profond soupir.

— Monsieur Michel, dit Bertha au jeune homme en l'attirant dans un angle de la chambre, de façon que sa voix n'arrivât pas jusqu'au malade, monsieur Michel, courez chez M. le curé, qu'il vienne, et réveillez ses voisins. — Ne va-t-il donc pas mieux, Mademoiselle? Il vous le disait tout à l'heure. — Enfant que vous êtes, n'avez-vous donc jamais vu s'éteindre une lampe? Sa dernière flamme est toujours la plus vive ; il en est ainsi de notre misérable corps. Courez vite, nous n'aurons pas d'agonie ; la fièvre a épuisé les forces de ce malheureux, l'âme s'envolera sans lutte, sans efforts et sans secousse. — Et vous allez rester seule auprès de lui? — Allez vite, et ne vous inquiétez pas de moi.

Michel sortit et Bertha se rapprocha du lit de Tinguy, qui lui tendit la main.

— Merci, ma brave demoiselle, dit le paysan. — Merci de quoi, mon Tinguy? — Merci de vos soins d'abord, ensuite de votre idée d'envoyer chercher M. le curé. — Vous avez entendu?

Tinguy, cette fois, sourit tout à fait.

— Oui, répondit-il, quoique vous ayez parlé bien bas. — Mais il ne faut pas que la présence du prêtre vous fasse supposer que vous allez mourir, mon bon Tinguy, n'allez pas prendre peur. — Prendre peur! s'écria le paysan en essayant de se dresser sur son séant, prendre peur! et pourquoi? J'ai respecté les vieux et chéri les petiots ; j'ai souffert sans murmure, j'ai travaillé sans me plaindre, louant Dieu quand la grêle ravageait mon petit champ, le bénissant quand la moisson était drue. Jamais je n'ai chassé le mendiant que sainte Anne envoyait à mon pauvre foyer. J'ai pratiqué les commandements de Dieu et ceux de l'Église. Oh! non, Mademoiselle, c'est notre beau jour, à nous autres pauvres chrétiens, que celui de notre mort; tout ignorant que je suis, je comprends que c'est lui qui nous fait les égaux de tous les grands, de tous les heureux de la terre. S'il est venu pour moi, ce jour, si Dieu m'appelle à lui, je suis prêt, et je paraîtrai à son tribunal plein d'espérance en sa miséricorde.

La figure de Tinguy s'était illuminée en prononçant ces paroles; mais le dernier enthousiasme religieux du pauvre paysan acheva d'épuiser ses forces. Il retomba lourdement sur son lit, et ne balbutia plus que quelques paroles inintelligibles, parmi lesquelles on distinguait encore les mots de bleus, de paroisse, le nom de Dieu et de la Vierge. Le curé entra en ce moment, Bertha lui montra le malade, et le prêtre, comprenant sur-le-champ ce qu'elle attendait de lui, commença les prières des agonisants. Michel supplia Bertha de se retirer, et la jeune fille y ayant consenti, ils sortirent tous deux après avoir fait une dernière prière au chevet du pauvre Tinguy.

Les voisins arrivaient les uns après les autres; chacun s'agenouillait et répétait, après le prêtre, les litanies de la mort.

Deux minces chandelles de cire jaune, placées autour d'un crucifix de cuivre, éclairaient cette scène lugubre. Tout à coup, et dans un moment où le prêtre et les assistants récitaient mentalement l'*Ave Maria*, un cri de chat-huant, parti à peu de distance de la chaumière, domina leur bourdonnement monotone. Tous les paysans tressaillirent.

A ce cri, le moribond, dont depuis quelques instants les yeux étaient voilés, dont la respiration était devenue sifflante, releva la tête.

— Me voilà! s'écria-t-il, me voilà!... C'est moi qui suis le guide!

Puis il essaya de contrefaire le houlement de la chouette, en réponse au cri qu'il avait entendu. Il ne put y parvenir : son souffle éteint ne donna qu'une sorte de sanglot, sa tête fléchit en arrière, ses yeux s'ouvrirent largement; il était mort!

Alors un jeune homme étranger entra dans la chaumière. C'était un jeune paysan breton, vêtu d'un chapeau à larges bords, d'un gilet rouge à boutons argentés, d'une veste bleue brodée de rouge, et de hautes guêtres de cuir; il tenait à la main un de ces bâtons ferrés dont les hommes de la campagne se servent lorsqu'ils vont en voyage. Il parut surpris du spectacle qu'il avait devant les yeux; mais cependant il n'adressa de questions à personne. Il s'agenouilla et se mit en prière; ensuite il s'approcha du lit, considéra attentivement la figure pâle et décolorée du pauvre Tinguy; deux grosses larmes roulèrent sur ses joues, il les essuya et sortit aussi silencieusement qu'il était entré. Les paysans, accoutumés à cette pratique religieuse, qui veut qu'on ne passe pas devant le logis d'un mort sans donner une prière à son âme et une bénédiction à son corps, ne s'étonnèrent point de la présence de l'étranger, et ne firent aucune attention à son départ. Celui-ci retrouva, à quelques pas de là, un autre paysan plus petit et plus jeune que lui, et qui paraissait être son frère. Ce dernier était monté sur un cheval harnaché à la mode du pays.

— Eh bien! Rameau-d'Or, dit le petit paysan, qu'y a-t-il donc? — Il y a qu'il n'y a point de place pour nous dans la maison; un hôte y est entré qui l'occupe tout entier. — Lequel? — La mort. — Qui est mort? — Celui-là même à qui nous venions demander l'hospitalité. Je vous dirais bien : faisons-nous une égide de cette mort, cachons-nous sous un coin du linceul que nul ne viendra lever; mais j'ai entendu dire que Tinguy est mort d'une fièvre typhoïde, et quoique les médecins nient la contagion, je ne vous exposerai pas à un pareil danger. — Vous ne craignez pas d'avoir été vu et reconnu? — Impossible :

PETIT PIERRE ET RAMEAU D'OR.

LES LOUVES DE MACHECOUL.

TYP. J. CLAYE.

Il y avait huit ou dix personnes, hommes et femmes, priant autour du lit ; je suis entré, je me suis agenouillé, j'ai prié comme les autres : c'est ce que fait, dans ce cas, tout paysan breton ou vendéen. — Et maintenant, qu'allons-nous faire? demanda le plus jeune des deux paysans. — Je vous l'avais dit : nous avions à nous décider entre le château de mon camarade et la cabane du pauvre paysan qui devait être notre guide ; entre les douceurs du luxe et d'une demeure princière, avec une sécurité médiocre, et la chaumière étroite, le mauvais lit, le pain de sarrasin, avec une sécurité entière. Le bon Dieu a tranché la question, nous n'avons plus de choix à faire, il faut donc nous contenter du confortable. — Mais le château n'est pas sûr, m'avez-vous dit? — Le château appartient à un de mes amis d'enfance, dont le père a été fait baron par la Restauration. Le père est mort ; il est habité, à cette heure, par sa veuve et son fils. Si le fils était seul, je serais tranquille. Quoique faible, c'est un cœur honnête ; mais je crois sa mère égoïste et ambitieuse, ce qui ne laisse pas de m'inquiéter. — Bast! pour une nuit ; vous n'êtes pas aventureux, Rameau-d'Or. — Si fait, pour mon propre compte ; mais je réponds à la France, ou tout au moins à mon parti, des jours de... — Petit-Pierre, voulez-vous dire ? Ah! Rameau-d'Or, depuis deux heures que nous marchons, voilà le dixième gage que vous me devez. — Ce sera le dernier, Mad... Petit-Pierre, voulais-je dire ; désormais, je ne vous connais plus d'autre nom que celui-là ; je ne vous sais pas d'autre condition que celle d'être mon frère. — Allons! allons au château : je me sens si fatiguée que j'irais demander un gîte à celui de l'ogresse du conte bleu. — Nous allons prendre un chemin de traverse à l'aide duquel nous y serons dans dix minutes, dit le jeune homme ; mettez-vous le plus commodément que vous pourrez en selle, je marcherai à pied et vous n'aurez qu'à me suivre, sans quoi nous pourrions perdre un chemin à peine tracé. — Attendez, dit Petit-Pierre.

Et à son tour il se laissa glisser à bas du cheval.

— Où allez-vous? dit Rameau-d'Or avec inquiétude. — Vous avez fait votre prière au lit de cet humble paysan, dit-il, à moi de faire la mienne. — Y pensez-vous ? — C'était un brave et honnête cœur, insista Petit-Pierre ; s'il eût vécu, il eût risqué sa vie pour nous, je dois bien une pauvre prière à son cadavre.

Rameau-d'Or ôta son chapeau, et s'écarta pour laisser passer son jeune compagnon. Comme l'avait fait Rameau-d'Or, le petit paysan entra dans la chaumière, prit la branche de buis, la trempa dans l'eau bénite et la secoua sur le corps, s'agenouilla, fit sa prière au pied du lit, et sortit sans que sa présence fût plus remarquée que celle de son compagnon. A son tour il vint rejoindre Rameau-d'Or, comme cinq minutes auparavant Rameau-d'Or était venu le rejoindre. Le jeune homme l'aida à remonter à cheval, puis tous deux, le plus jeune en selle, l'autre à pied, prirent silencieusement, à travers champs, le sentier presque invisible qui conduisait, comme nous l'avons dit, par une ligne plus courte, au château de La Logerie.

A peine avaient-ils fait cinq cents pas dans les terres que Rameau-d'Or s'arrêta et arrêta le cheval de Petit-Pierre.

— Qu'y a-t-il encore ? demanda celui-ci. — J'entends un bruit de pas, dit le jeune homme ; rangez-vous contre ce buisson, moi je reste derrière cet arbre ; celui qui va nous croiser passera sans doute sans nous voir.

L'évolution eut la rapidité d'une manœuvre stratégique ; bien en prit aux deux voyageurs, car celui qui venait s'avançait si rapidement qu'il fut en vue, malgré l'obscurité, au moment même où chacun venait de prendre son poste, Petit-Pierre contre la haie, Rameau-d'Or derrière son arbre. Celui à qui ils venaient de céder la place se trouva bientôt en vue de Rameau-d'Or, dont les yeux, déjà habitués à l'obscurité, commencèrent à distinguer un jeune homme de vingt ans, courant plutôt qu'il ne marchait dans la même direction qu'eux. Il avait son chapeau à la main, et, ce qui devait servir encore à le faire reconnaître, c'est que ses cheveux, rejetés en arrière par le vent, laissaient le visage complétement découvert.

Rameau-d'Or laissa échapper une exclamation de surprise; mais comme si, demeurant encore dans le doute, il hésitait dans son désir, il laissa passer le jeune homme à trois pas de lui, et ce ne fut que lorsque celui-ci lui eut complétement tourné le dos, qu'il cria :

— Michel !

Le jeune homme, qui ne s'attendait pas à entendre retentir son nom au milieu des ténèbres, et dans cet endroit désert, poussa un cri de surprise, fit un bond de côté, et d'une voix toute frissonnante d'émotion :

— Qui m'appelle? demanda-t-il. — Moi, dit Rameau-d'Or en enlevant son chapeau et une perruque qu'il jeta au pied de l'arbre, et en s'avançant vers son ami sans autre déguisement que le complément du costume breton, qui, au reste, ne devait rien changer à sa physionomie. — Henri de Bonneville ! s'écria le baron Michel au comble de l'étonnement. — Moi-même; mais ne prononce pas mon nom si haut; nous sommes dans un pays et dans un moment où les buissons, les fossés et les arbres partagent avec les murs le privilége d'avoir des oreilles. — Ah ! oui, dit Michel effrayé; et puis... — Oui... Et puis? fit le comte. — Alors, tu viens peut-être pour le soulèvement dont on parle? — Justement. Voyons, maintenant, en deux mots, qu'es-tu? — Moi? — Oui, toi? — Mon ami, répondit le jeune baron, je n'ai pas d'opinion bien arrêtée encore, mais je t'avouerai tout bas... — Aussi bas que tu voudras, mais dépêche-toi d'avouer. — Eh bien ! je t'avouerai tout bas que je penche pour Henri V. — Eh bien ! mon cher Michel, dit gaiement le comte, si tu penches pour Henri V, c'est tout ce qu'il me faut. — Permets, c'est que je ne suis pas complétement décidé encore. — Tant mieux, j'aurai le plaisir d'achever ta conversion; et, pour que je l'entreprenne avec plus de chance de succès, tu vas t'empresser d'offrir un gîte dans ton château à moi et à un de mes amis qui m'accompagne. — Où est-il ton ami? — Le voici, dit Petit-Pierre en s'avançant et en saluant le jeune homme avec une aisance et une grâce qui contrastaient singulièrement avec le costume qu'il portait.

Michel considéra quelques instants le petit paysan, et, se rapprochant de Rameau-d'Or, ou plutôt du comte de Bonneville :

— Henri, lui dit-il, comment s'appelle ton ami? — Michel, tu manques aux traditions de l'hospitalité antique. Tu as oublié l'*Odyssée*, mon cher, et cela m'afflige. Que t'importe le nom de mon ami? ne te suffit-il pas de savoir que c'est un homme parfaitement bien né? — Es-tu bien sûr que ce soit un homme?

Le comte et Petit-Pierre se mirent à rire aux éclats.

— Décidément, mon pauvre Michel, tu tiens à savoir qui tu recevras chez toi ? — Non, pas pour moi, mon bon Henri, pas pour moi, mais c'est qu'au château de La Logerie... — Eh bien ! au château de La Logerie ?... — Ce n'est pas moi qui suis le maître. — Oui, c'est la baronne, Michel, qui est la maîtresse : j'en avais prévenu mon ami Petit-Pierre; mais, au lieu d'y séjourner, nous n'y resterons qu'une nuit. Tu nous conduiras à ton appartement, je ferai une visite à la cave, au garde-manger, tout cela est encore à la même place ; mon jeune compagnon se jettera sur ton lit, où il dormira tant bien que mal, et demain, au point du jour, je me mettrai en quête d'un gîte, et ce gîte trouvé, ce qui ne sera pas difficile, j'espère, nous te débarrasserons de notre présence. — C'est impossible, Henri ; ne crois pas que ce soit pour moi que je redoute ma mère, mais ce serait compromettre ta sûreté, que de te laisser pénétrer dans le château. — Comment cela ? — Elle veille encore, j'en suis sûr, elle attend mon retour, elle nous verra entrer ; ton déguisement, nous le motiverons, je le crois, mais celui de ton compagnon, qui ne m'a pas échappé, comment le lui expliquerons-nous ? — Il a raison, dit Petit-Pierre. — Mais que faire, alors ? — Et, dit Michel, il ne s'agit pas seulement de ma mère. — De quoi s'agit-il donc ? — Attends, dit le jeune homme en jetant un regard d'inquiétude autour de lui, éloignons-nous encore de cette haie et de ce buisson. — Diable ! — Il s'agit de Courtin. — De Courtin ! qu'est-ce que cela ? — Tu ne te souviens pas de Courtin le métayer ? — Ah ! si fait, un bon diable, qui était toujours de ton avis contre tout le monde et même contre ta mère ? — Justement ! Eh bien, Courtin est maire, philippiste enragé ; s'il te voyait courant les champs, la nuit, dans ce costume, sans autre forme de procès, il te ferait arrêter. — Voilà qui mérite considération, dit Henri, devenu plus grave ; qu'en pense Petit-Pierre ? — Je ne pense rien, mon cher Rameau-d'Or, je vous laisse penser pour moi. — Et le résultat de tout cela, c'est que tu nous fermes ta porte, dit Bonneville. — Que vous importe, dit le baron Michel, dont les yeux venaient de s'allumer, brillants d'espérance, que vous importe, si je vous en ouvre une autre, et plus sûre que celle du château de La Logerie ? — Comment, que nous importe ! Il nous importe fort, au contraire. Qu'en dit mon jeune compagnon ? — Je dis que, pourvu qu'une porte s'ouvre, c'est tout ce qu'il me faut ; je tombe de fatigue, je dois l'avouer. — Alors suivez-moi, dit le baron. — Attends, est-ce bien loin ? — Une heure, cinq quarts de lieue à peine. — Petit-Pierre s'en sent-il la force ? demanda Henri. — Petit-Pierre la trouvera, répondit le petit paysan en riant. Suivons donc le baron Michel. — Suivons le baron Michel, répéta Bonneville ; en route, baron !

Et le petit groupe, immobile depuis dix minutes, sortit de son immobilité, et, conduit par le jeune homme, se remit en chemin. Mais à peine avait-il fait cinquante pas, que son ami lui mit la main sur l'épaule.

— Où nous mènes-tu ? lui dit-il. — Sois tranquille. — Je te suis, pourvu que tu me promettes que Petit-Pierre, qui est, comme tu le vois, passablement délicat, trouvera un bon souper et un bon lit. — Il aura tout ce que je voudrais pouvoir lui offrir moi-même : le meilleur plat du garde-manger, le meilleur vin de la cave, le meilleur lit du château.

On se remit en chemin.

— Je cours devant pour que vous n'attendiez pas, se mit à dire le baron Michel. — Un instant, demanda Henri, où cours-tu ? — Au château de Souday. — Comment, au château de Souday ? — Oui ; tu connais bien le château de Souday avec ses tourelles pointues et couvertes d'ardoises, à gauche de la route, en face de la forêt de Machecoul ? — Le château des Louves ? — Des Louves, si tu veux. — Et c'est là que tu nous conduis ? — C'est là que je te conduis. — Tu as bien réfléchi à ce que tu fais, Michel ? — Je réponds de tout.

Et certain que son ami était suffisamment renseigné, le jeune baron s'élança dans la direction du château de Souday avec cette vélocité dont il avait donné une si irrécusable preuve le jour ou plutôt la nuit où il avait été chercher, pour le moribond Tinguy, le médecin de Palluau.

— Eh bien ! demanda Petit-Pierre, que faisons-nous ? — Eh bien, comme nous n'avons pas le choix, il faut le suivre. — Au château des Louves ? — Au château des Louves. — Alors, pour me faire paraître le chemin moins long, mon cher Rameau-d'Or, dit le jeune paysan, vous allez me dire ce que c'est que les Louves. — Je vous dirai ce que j'en sais, du moins. — C'est tout ce que je puis exiger de vous.

Alors, la main appuyée à l'arçon de la selle, le comte de Bonneville raconta à Petit-Pierre l'espèce de légende qui avait cours dans le département de la Loire-Inférieure et dans les départements environnants, sur les deux sauvages héritières du marquis de Souday, sur leurs chasses de jour, sur leurs courses de nuit et sur les meutes aux aboiements fantastiques, avec lesquelles elles forçaient à grandes courses de chevaux les loups et les sangliers. Le comte en était au plus dramatique de la légende, lorsque tout à coup il aperçut les tourelles du château de Souday, et, s'arrêtant court dans son récit, annonça à son compagnon qu'ils étaient parvenus au terme de leur course. Petit-Pierre, convaincu qu'il allait voir quelque chose de pareil aux sorcières de Macbeth, appelait à lui tout son courage pour aborder le château terrible, lorsqu'au détour de la route, il se trouva devant la porte ouverte et, devant cette porte, aperçut deux ombres blanches qui semblaient attendre, éclairées par une torche que portait, derrière elles, un homme au rude visage et au costume rustique. Petit-Pierre jeta un regard craintif sur Bertha et sur Mary, car c'étaient elles qui, prévenues par le jeune baron, étaient venues au-devant des deux voyageurs.

Elle vit deux adorables jeunes filles, l'une blonde aux yeux bleus et à la figure angélique, l'autre aux yeux et aux cheveux noirs, à la physionomie fière et résolue, au visage loyal et souriant toutes deux. Le jeune compagnon de Rameau-d'Or descendit de cheval, et tous deux s'avancèrent vers les jeunes filles.

— Mon ami M. le baron Michel m'a fait espérer, Mesdemoiselles, que M. le marquis de Souday, votre père, voudrait bien nous accorder l'hospitalité ? — Mon père est absent, Monsieur, répondit Bertha, il regrettera d'avoir perdu cette occasion d'exercer une vertu que l'on trouve peu à pratiquer de nos jours. — Mais je ne sais si Michel vous aura dit, Mesdemoiselles, que cette hospitalité pourrait bien n'être pas sans danger : mon jeune compagnon et moi, nous sommes presque des proscrits ; la persécution peut être le prix de l'asile que vous nous offrez. — Vous venez au nom d'une cause qui est la nôtre, Monsieur ; étrangers, nous vous eussions accueillis ; proscrits, royalistes, vous êtes les bienvenus, quand bien même la mort et la ruine de notre pauvre demeure devraient y entrer avec vous. Mon père serait là qu'il vous parlerait comme je vous parle. — M. le baron Michel vous a sans doute appris mon nom, il me reste à vous dire celui de mon jeune compagnon. — Nous ne vous le demandons pas, Monsieur ; votre qualité vaut mieux pour nous que votre nom, quel qu'il soit ; vous êtes royalistes et proscrits pour une cause pour laquelle, toutes femmes que nous sommes, nous voudrions donner notre sang. Entrez dans cette maison ; si elle n'est ni riche, ni somptueuse, au moins la trouverez-vous discrète et fidèle.

Et d'un geste de suprême noblesse, Bertha indiqua la porte aux jeunes gens, en les invitant à en passer le seuil.

— Que saint Julien soit béni, dit Petit-Pierre à l'oreille du comte de Bonneville, voilà le château et la chaumière, entre lesquels vous vouliez que je choisisse, résumés en un même gîte. Elles me plaisent tout plein, vos Louves.

Et il franchit la poterne en faisant une légère et gracieuse inclination de tête aux deux jeunes filles. Le comte de Bonneville le suivit. Mary et Bertha firent un amical signe d'adieu à Michel, et cette dernière lui tendit la main. Mais Jean Oullier poussa si rudement la porte que le pauvre jeune homme n'eut pas le temps de la saisir. Il regarda pendant quelques instants les tourelles du château qui se dessinaient tout en noir sur le fond brun du ciel, les fenêtres qui s'illuminaient les unes après les autres, et il s'éloigna.

Lorsqu'il eut disparu, les buissons s'écartèrent et donnèrent passage à un personnage qui, dans un intérêt bien différent de celui des autres acteurs, avait assisté à cette scène. Ce personnage était Courtin, qui, après s'être assuré que personne n'était dans les environs, reprit le chemin par lequel avait disparu son jeune maître pour retourner à La Logerie.

Il était deux heures du matin à peu près, lorsque le jeune baron Michel se retrouva au bout de l'avenue par laquelle on arrivait au château de La Logerie. L'air était calme ; le silence majestueux de la nuit, que troublait seul le bruissement des feuilles des trembles, l'avait plongé dans une profonde rêverie. Il va sans dire que les deux sœurs étaient l'objet de cette rêverie, mais que celle des deux que suivait le baron avec autant de respect et d'amour que dans la Bible le jeune Tobie suit l'ange, c'était Mary.

Mais lorsqu'il aperçut à cinq cents pas de lui, à l'extrémité de la sombre ligne d'arbres sous la voûte de verdure desquels il marchait, les fenêtres du château qui scintillaient aux rayons de la lune, les charmants songes qu'il faisait s'évanouirent, et ses idées prirent immédiatement une direction plus positive. Au lieu de deux charmantes figures de jeunes filles qui avaient jusque-là cheminé à ses côtés, son imagination lui montra le profil sévère et menaçant de sa mère. On sait quelle crainte profonde la baronne Michel inspirait à son fils. Le jeune homme s'arrêta.

Si dans les environs, fût-ce à une lieue, il eût connu une maison ou une auberge où il eût pu trouver un gîte, ses appréhensions étaient si vives qu'il ne fût rentré au château que le lendemain. C'était la première fois, non pas qu'il découchait, mais qu'il se mettait aussi en retard, et il sentait instinctivement que son absence était connue et que sa mère veillait. Or, qu'allait-il répondre à cette terrible interrogation : « D'où venez-vous ? »

Courtin seul pouvait lui donner un asile, mais en demandant un asile à Courtin, il fallait lui tout dire, et le jeune homme savait tout le danger qu'il y avait à prendre un homme comme Courtin pour confident. Il se décida donc à braver le courroux maternel, mais comme le condamné se décide à braver l'échafaud, c'est-à-dire parce qu'il ne peut faire autrement, et continua sa route. Mais plus il approchait du château, plus il sentait vaciller sa résolution.

Lorsqu'il se trouva à l'extrémité de l'avenue, lorsqu'il lui fallut marcher à découvert le long des pelouses, lorsqu'il aperçut la fenêtre de la chambre de sa mère qui se détachait sombre sur la façade, cette fenêtre étant la seule ouverte, le cœur lui faillit tout à fait. Ses pressentiments ne l'avaient donc pas trompé ; la baronne guettait le retour de son fils !

La détermination du jeune homme, comme nous l'avons dit, s'évanouit alors tout à fait, et la peur, développant les ressources de son imagination, lui donna l'idée d'essayer d'une ruse qui pouvait, sinon conjurer la colère de sa mère, du moins en retarder l'explosion. Il se jeta sur la gauche, suivit une charmille perdue dans son ombre, gagna le mur du potager qu'il escalada, le traversa dans toute sa longueur, et passa par la porte de communication du potager dans le parc. Une fois là, grâce aux massifs, il pouvait se glisser jusqu'aux fenêtres du château ; jusque-là l'opération lui avait réussi à merveille, mais le plus difficile, ou plutôt le plus chanceux, restait à accomplir. Il s'agissait de trouver une fenêtre que la négligence de quelques domestiques eût laissée ouverte, et par laquelle il pût pénétrer dans le logis et regagner son appartement.

Le château de La Logerie consistait en un grand corps de logis carré, flanqué de quatre tourelles de même forme. La cuisine et les offices étaient sous terre, les appartements de réception au rez-de-chaussée, ceux de la baronne au premier étage, ceux de son fils au second.

Michel fit le tour des trois faces du château, branlant doucement toutes les portes et toutes les fenêtres, se collant le long des murs, marchant sur la pointe des pieds, retenant son haleine. Ni portes ni fenêtres ne bougèrent. Restait la façade à explorer. C'était la partie dangereuse à aborder. Les fenêtres de la baronne étaient, comme nous l'avons dit, percées sur cette façade dégarnie des arbustes qui entouraient le reste du château, et l'une de ces fenêtres, celle de la chambre à coucher, était ouverte. Cependant Michel, qui pensait que, grondé pour grondé, autant valait l'être dehors que dedans, se décida à tenter l'aventure. Il avançait, en conséquence, la tête le long de la tourelle, et s'apprêtait à la contourner, lorsqu'il aperçut une ombre qui glissait le long des pelouses. Cette ombre supposait un corps. Michel s'arrêta, et porta toute son attention sur le nouvel arrivant. Il reconnut que c'était un homme, et que cet homme suivait le chemin que lui-même eût dû suivre s'il se fût décidé à rentrer directement au château. Le jeune homme se renfonça dans son obscurité, et se tapit dans l'ombre portée par la saillie de la tourelle. Cependant l'homme approchait. Lorsqu'il ne fut plus qu'à une cinquantaine de pas du château, Michel entendit retentir à la fenêtre la voix sèche de sa mère. Il s'applaudit de ne pas avoir passé sur les pelouses par lesquelles cet homme arrivait.

— Est-ce vous enfin, Michel ? demanda la baronne. — Non, Madame, non, répondit une voix que le jeune homme reconnut, avec un étonnement mêlé de crainte, pour celle du métayer, et c'est beaucoup trop d'honneur que vous faites au pauvre Courtin de le prendre pour M. le baron. — Grand Dieu ! s'écria la baronne, qui vous amène à cette heure ? — Ah ! vous vous doutez bien que c'est quelque chose d'important, n'est-ce pas, madame la baronne ? — Serait-il arrivé malheur à mon fils ?

L'accent de profonde angoisse avec lequel sa mère avait prononcé ces paroles toucha si vivement le jeune homme, qu'il allait s'élancer pour la rassurer. Mais la réponse de Courtin, qu'il entendit presque immédiatement, paralysa cette bonne disposition.

Michel rentra dans l'ombre qui lui servait de cachette.

— Oh ! que nenni, Madame, répondait le métayer ; le jeune gars, si j'ose m'exprimer ainsi en parlant de M. le baron, est sain comme l'œil, jusqu'ici du moins. — Jusqu'ici ! interrompit la baronne. Est-il donc sur le point de courir quelque danger ? — Eh ! eh ! fit Courtin, oui bien ; il pourrait lui arriver quelque dommage s'il continuait à se laisser affrioler par ces espèces que l'enfer confonde, et c'est pour prévenir ce malheur que j'ai pris la liberté de venir vous trouver ainsi au milieu de la nuit, me doutant bien, du reste, que vous étant aperçue de l'absence de M. le baron, vous ne vous seriez pas couchée. — Et vous avez bien fait, Courtin ; mais enfin, où est-il ce malheureux enfant, le savez-vous ?

Courtin regarda autour de lui.

— Je suis étonné, par ma foi, qu'il ne soit pas encore rentré, dit-il ; j'ai pris tout exprès le chemin vicinal pour lui laisser le sentier libre, et le sentier est d'un bon quart de lieue plus court que le chemin vicinal. — Mais enfin, d'où vient-il ? où était-il ? pourquoi court-il les champs la nuit, à deux heures du matin, sans souci de mes inquiétudes, sans réfléchir qu'il compromet sa santé, et la mienne ? — Madame la baronne, dit Courtin, ne trouvez-vous pas vous-même que voilà bien des questions pour que j'y réponde en plein air ?

Puis baissant la voix :

— Ce que j'ai à raconter à madame la baronne, ajouta-t-il, est si grave, qu'elle ne sera pas trop en sûreté dans sa chambre pour m'écouter ; sans compter que si le jeune maître n'est point au château, il ne peut tarder à y arriver, ajouta le métayer en regardant de nouveau avec inquiétude autour de lui, et je ne me soucierais pas le moins du monde qu'il sût que je l'espionne, quoique ce soit pour son bien-être, et surtout pour vous rendre service. — Entrez alors, s'écria la baronne, vous avez raison, entrez vite. — Faites excuse, madame la baronne, mais par où, s'il vous plaît ? — En effet, dit la baronne, la porte est fermée. — Si madame la baronne voulait me jeter la clef. — Elle est en dedans et à la porte. — Ah ! dame ! — Voulant cacher à mes gens la conduite de mon fils, je les ai envoyés se coucher ; mais attendez, je vais sonner la femme de chambre. — Eh ! que Madame n'en fasse rien, dit Courtin ; il est inutile de mettre personne dans nos secrets. D'ailleurs, m'est avis que les circonstances sont trop graves pour que Madame se soucie de l'étiquette. On sait bien que madame la baronne n'est pas faite pour venir ouvrir la porte à un pauvre métayer comme moi, mais une fois n'est pas coutume. Si tout le monde dort dans le château, tant mieux, nous serons du moins à l'abri des curieux.

— Vraiment, vous m'effrayez, Courtin, dit la baronne, retenue, en effet, par le sentiment de puéril orgueil qui n'avait point échappé au métayer, je n'hésite plus.

La baronne se retira de la fenêtre, et quelques instants après Michel entendit grincer la clef et les verrous de la porte d'entrée. Il écouta d'abord avec angoisse, mais bientôt il reconnut que cette porte, qui venait de s'ouvrir avec tant de difficulté, sa mère et Courtin, dans leur préoccupation, oubliaient de la refermer.

Le jeune homme attendit quelques secondes pour leur laisser le temps de gagner les étages supérieurs, puis, se glissant le long du mur, il gravit le perron, poussa la porte, qui tourna sans bruit sur ses gonds, et se trouva dans le vestibule. Son projet primitif avait été de rentrer dans sa chambre à coucher, et d'y attendre les événements en faisant semblant de dormir ; en ce cas, l'heure de sa rentrée ne pouvait être précisée ; il avait encore la chance de se tirer de ce mauvais pas par un audacieux mensonge. Mais les choses étaient bien changées depuis qu'il avait pris cette première détermination : Courtin l'avait suivi, Courtin l'avait vu, Courtin connaissait sans doute la retraite du comte de Bonneville et de son compagnon.

Michel s'oublia un instant lui-même pour ne songer qu'à la sûreté de son ami, que le métayer, avec les opinions que lui connaissait Michel, pouvait singulièrement compromettre. Au lieu de monter au second étage, le jeune homme s'arrêta au premier ; au lieu de monter à sa chambre, il se glissa à pas de loup dans le corridor ; puis, s'arrêtant à la porte de la chambre de sa mère, il écouta.

— Ainsi, vous croyez, Courtin, demandait la baronne, vous croyez sérieusement que mon fils s'est laissé prendre aux gluaux d'une de ces malheureuses? — Ah! oui, Madame, quant à cela, j'en suis sûr; et si bien pris, même, que vous aurez grand'peine, j'en ai peur, à lui délier les ailerons. — Des filles sans le sou! — Dame! elles viennent du plus vieux sang du pays, madame la baronne, dit Courtin, qui voulait sonder le terrain; et, pour vous autres nobles, ça fait quelque chose, à ce qu'il paraît. Sauf le respect que je vous dois, madame la baronne, mon avis est que M. Michel n'a pas encore réfléchi à tout cela, et ne se rend pas compte lui-même du sentiment qu'il éprouve pour les donzelles; mais ce dont je suis certain, c'est que d'une autre façon, d'une façon plus grave, là, il est rudement en train de se compromettre. — Que voulez-vous dire, Courtin? — Dame! fit Courtin, savez-vous, madame la baronne, qu'il serait bien dur pour moi, qui vous aime et qui vous respecte, de faire arrêter mon jeune maître.

Michel tressaillit dans le corridor; mais cependant ce fut la baronne qui reçut la plus violente commotion.

— Arrêter Michel! fit-elle en se redressant; mais il me semble que vous vous oubliez, maître Courtin. — Non, madame la baronne, je ne m'oublie pas. — Cependant! — Je suis votre métayer, cela est vrai, continua Courtin en faisant de la main un signe par lequel il invitait la fière dame à se calmer; je suis tenu de vous donner un compte exact des récoltes dont vous avez moitié, et de vous payer au jour et à l'heure mes redevances, ce que je fais de mon mieux, malgré la dureté des temps; mais avant d'être votre métayer, je suis citoyen, et, de plus, maire; et de ce côté-là aussi j'ai des devoirs que je dois remplir, madame la baronne, si marri qu'en soit mon pauvre cœur. — Quel galimatias me faites-vous là, maître Courtin, et quel rapprochement peut-il y avoir entre mon fils, votre qualité de citoyen et votre titre de maire? — Le rapprochement, le voilà, madame la baronne : c'est que M. votre fils a des accointances avec les ennemis de l'État. — Je sais bien, dit la baronne, que M. le marquis de Souday a des opinions très-exagérées, mais les amourettes de Michel avec l'une ou l'autre de ses filles ne sauraient, il me semble, constituer un délit pour lui. — Ces amourettes le mèneront plus loin que vous ne le croyez, madame la baronne, c'est moi qui vous le dis; je sais bien qu'il ne trempe encore que le bout du bec dans l'eau trouble que l'on fait autour de lui, mais cela lui suffit pour lui obscurcir la vue. — Voyons, assez de métaphore comme cela; expliquez-vous, Courtin. — Eh bien! madame la baronne, voilà l'explication tout entière. Ce soir, après avoir assisté à la mort de ce vieux chouan de Tinguy, au risque de rapporter la fièvre pernicieuse au château; après avoir reconduit la plus grande des deux Louves jusque chez elle; M. le baron a servi de guide à deux paysans qui n'étaient pas plus des paysans que je ne suis un monsieur, et il les a conduits au château de Souday. — Qui vous a dit cela, Courtin? — Mes deux yeux, madame la baronne; ils sont bons et j'y crois. — Mais, à votre avis, quels étaient ces deux paysans? — Ces deux paysans? — Oui. — L'un, j'en mettrais ma main au feu, était le comte de Bonneville, un chouan fini, celui-là; il n'y a pas à me dire non, il a été assez longtemps dans le pays et je l'ai reconnu; quant à l'autre... — Eh bien! achevez. — Quant à l'autre, si je ne me trompe, c'est encore mieux que cela. — Mais encore, nommez-le, Courtin. — Suffit, madame la baronne, s'il le faut, et il le faudra probablement, je le nommerai à qui de droit. — A qui de droit; mais vous allez donc dénoncer mon fils? s'écria la baronne, stupéfaite du ton de son métayer, ordinairement si humble

avec elle. — Assurément, madame la baronne, répondit Courtin avec aplomb.
— Mais vous n'y pensez pas, Courtin.— J'y pense si bien, madame la baronne, que je serais déjà en route pour Montaigu, ou même pour Nantes, si je n'avais tenu à vous prévenir auparavant, afin que vous avisiez à mettre M. Michel en sûreté. — Mais, en supposant même que Michel ne soit pas enveloppé dans cette affaire, dit vivement la baronne, vous allez me compromettre vis-à-vis de mes voisins, et, qui sait, peut-être attirer sur La Logerie d'affreuses représailles. — Eh bien, nous défendrons La Logerie, madame la baronne. — Courtin...
— J'ai vu la grande guerre, madame la baronne ; j'étais tout petiot, mais je m'en souviens, et, foi d'homme, là ! je ne me soucie point de la revoir ; je ne me soucie pas de voir mes vingt arpents servir de champ de bataille aux deux partis, mes moissons mangées par les uns et brûlées par les autres ; je me soucie encore moins de voir remettre la main sur les biens nationaux, ce qui ne manquera pas d'arriver si les blancs ont le dessus. Sur mes vingt arpents, j'en ai cinq d'émigrés, bien achetés, bien payés : c'est le quart de mon bien ; enfin ! enfin ! le gouvernement compte sur moi, et je veux justifier la confiance du gouvernement. — Mais, Courtin, fit la baronne prête à descendre à la prière, ce n'est pas si grave que vous le supposez, j'en suis sûre. — Eh ! parbleu si, madame la baronne, c'est très-grave ; je ne suis qu'un paysan, mais cela n'empêche point que je n'en sache aussi long qu'un autre, attendu que j'écoute beaucoup et que j'ai l'oreille fine : le pays de Netz est en ébullition, encore un coup de feu et le bouillon passera par-dessus la marmite. — Courtin, vous vous trompez. — Mais non, madame la baronne, mais non ; je sais ce que je sais, mon Dieu ; les nobles se sont réunis trois fois, quoi : une fois chez le marquis de Souday, une fois chez celui qu'ils appellent Louis Renaud, et une fois chez le comte de Saint-Arnaud ; toutes ces réunions-là sentent la poudre, madame la baronne ; et, à propos de poudre, il y en a deux quintaux, et pas mal de sacs de balles chez le curé de Montbers ; enfin, et ceci est le plus grave... eh bien, puisqu'il faut le dire, on attend dans le pays la duchesse de Berri ; et m'est avis, d'après ce que je viens de voir, qu'il pourrait bien se faire qu'on ne l'attendît pas longtemps. — Pourquoi cela ? — Parce que je crois qu'elle y est.
— Où cela, grand Dieu ? — Eh bien, au château de Souday, donc. — Au château de Souday ? — Oui, où M. Michel l'aurait conduite ce soir. — Michel !... Ah ! le malheureux enfant ; mais vous vous tairez, n'est-ce pas, Courtin ? Je le veux, je vous l'ordonne. Mais non, le gouvernement a pris des mesures, et si elle tentait de venir en Vendée, elle serait prise avant d'y arriver. — Avec tout cela... si ; elle y est pourtant, madame la baronne. — Raison de plus pour que vous vous taisiez. — Oui-da ; et la gloire et les profits d'une prise comme celle-là m'échapperont, sans compter que d'ici à ce que la capture soit faite par un autre, si je ne la fais pas moi-même, le pays sera à feu et à sang ; non, madame la baronne, non, cela ne se peut pas. — Mais que faire, grand Dieu ! que faire ?
— Écoutez, madame la baronne, dit Courtin, ce qu'il faut faire, le voici. — Parlez, Courtin, parlez ! — Comme, tout en étant bon citoyen, je veux rester votre serviteur fidèle et zélé, comme j'espère qu'en reconnaissance de ce que j'aurai fait pour vous, on me laissera ma métairie à des conditions que je pourrai accepter, je ne prononcerai pas le nom de M. Michel ; vous tâcherez seulement qu'il ne se fourre plus à l'avenir dans un semblable guêpier ; il y est, c'est vrai, mais pour cette fois-ci il est encore temps de l'en tirer. — Soyez tranquille, Courtin. — Mais... voyez-vous, madame la baronne, fit le métayer. — Eh bien ! quoi ? — Dame ! c'est que je n'ose donner un conseil à madame la baronne ;

ce n'est pas de ma compétence. — Dites, Courtin, dites. — Eh bien, le meilleur moyen pour y parvenir serait, selon moi, par un moyen quelconque, prière ou menace, de le décider à quitter La Logerie et à partir pour Paris. — Oui, Courtin, oui. — Oui ; mais c'est qu'il ne voudra pas. — Quand j'aurai décidé, Courtin, il faudra bien qu'il veuille. — Il aura vingt et un ans dans douze mois, il est bien près d'être majeur. — Et moi, je vous dis qu'il partira, Courtin ; mais qu'avez-vous ?

En effet, Courtin tendait l'oreille du côté de la porte.

— Il me semble que l'on a marché dans le corridor, dit Courtin. — Voyez.

Courtin prit la lumière et se précipita vers le corridor.

— Il n'y a personne, dit-il en rentrant, et cependant il me semblait avoir entendu des pas. — Mais où pensez-vous donc qu'il soit à cette heure, le malheureux enfant ? — Dame ! fit Courtin, peut-être chez moi à m'attendre ; le jeune baron a confiance en moi, et ce ne serait pas la première fois qu'il serait venu me conter ses petits chagrins. — Vous avez raison, Courtin, c'est possible. Retirez-vous chez vous, et surtout n'oubliez pas votre promesse. — Ni la vôtre, madame la baronne ; s'il rentre, séquestrez-le ; ne le laissez point communiquer avec les Louves, car, s'il les revoit... — Eh bien, Courtin ? — Eh bien, je ne serais point étonné d'apprendre qu'un de ces jours il fait le coup de fusil dans les genêts. — Oh ! il me fera mourir de chagrin ; quelle malencontreuse idée mon mari a-t-il eue de revenir dans ce maudit pays ! — Malencontreuse idée, oui, madame la baronne, pour lui surtout.

La baronne pencha tristement la tête sous le souvenir que venait d'évoquer Courtin, lequel se retira après avoir exploré les environs, et s'être assuré que personne ne pouvait le voir sortir du château de La Logerie.

XIV

LA DIPLOMATIE DE COURTIN.

Courtin avait à peine fait deux cents pas sur le chemin qui conduisait à sa métairie, qu'il entendit un froissement dans les buissons près desquels il passait.

— Qui va là ? demanda-t-il en prenant le large et en se mettant en garde avec le bâton qu'il tenait à la main. — Ami, répondit une voix juvénile. Et celui à qui appartenait cette voix apparut sur le bord du sentier. — Mais c'est monsieur le baron ! s'écria le métayer. — Lui-même, Courtin. — Mais où allez-vous à cette heure, grand Dieu ! Si madame la baronne vous savait dans les champs en pleine nuit, que dirait-elle ? fit le métayer en jouant la surprise. — C'est comme cela, Courtin. — Dame ! fit le métayer d'un air narquois, il est présumable que monsieur le baron a ses raisons. — Oui, et tu les sauras, dit Michel, lorsque nous serons chez toi. — Chez moi ! vous venez chez moi ! s'écria Courtin étonné. — Refuses-tu de me recevoir ? demanda le jeune homme. — Juste Dieu ! moi refuser de vous recevoir dans une maison qui, à tout prendre, est à vous ! — Alors, comme il est tard, ne perdons pas de temps, marche devant, je te suis.

Courtin, assez inquiet du ton impératif de son jeune maître, obéit ; puis, après une centaine de pas, franchit un escalier, traversa le verger, et se trouva à la porte de sa métairie. Une fois entré dans la salle d'en bas, qui servait en même temps de salle commune et de cuisine, il rassembla quelques tisons épars au foyer, souffla sur l'un d'eux qui s'était conservé embrasé, et alluma une chandelle de cire jaune, qu'il accrocha dans la cheminée. Alors seulement, et à la lueur de cette bougie, il vit ce qu'il n'avait pu voir à la lumière de la lune, c'est que Michel était pâle comme la mort.

— Ah! monsieur le baron, fit Courtin, Jésus Dieu! qu'avez-vous donc? — Courtin, fit le jeune homme en fronçant le sourcil, j'ai entendu ta conversation avec ma mère. — Oui-da! fit le métayer un peu surpris.

Mais se remettant aussitôt :

— Eh bien ! après? demanda-t-il. — Tu désires beaucoup voir renouveler ton bail l'année prochaine? — Moi, monsieur le baron ? — Toi, Courtin, et beaucoup plus que tu ne le dis. — Dame ! je n'en serais pas fâché, monsieur le baron, et cependant, s'il y avait empêchement, on n'en mourrait pas. — Courtin, c'est moi qui renouvellerai ton bail, dit le jeune homme; car, au moment de la signature, je serai majeur. — Oui, comme vous dites, monsieur le baron. — Mais tu comprends bien, Courtin, dit le jeune homme, auquel son désir de sauver le comte de Bonneville et de rester près de Mary donnait une résolution tout à fait en dehors de son caractère, tu comprends bien, n'est-ce pas, que si tu dénonces mes amis, ce n'est point moi qui renouvellerai le bail d'un dénonciateur. — Oh ! oh ! fit Courtin. — C'est comme cela; une fois sorti de la métairie, Courtin, il faut lui dire adieu, tu n'y rentreras plus. — Mais le gouvernement? mais madame la baronne ? — Tout cela ne me regarde pas, Courtin; je m'appelle le baron Michel de La Logerie; la terre et le château de La Logerie m'appartiennent par abandon de ma mère, aussitôt ma majorité; je suis majeur dans onze mois, et ton bail échoit dans treize. — Mais si je renonce à mon projet, monsieur le baron? dit le métayer d'un air câlin. — Si tu renonces à ton projet, Courtin, tu auras ton bail. — Aux mêmes conditions que par le passé ? — Aux mêmes conditions que par le passé. — Ah ! monsieur le baron, si ce n'était pas la peur de vous compromettre, dit Courtin, en allant chercher dans le tiroir du bahut une petite bouteille remplie d'encre, une feuille de papier et une plume qu'il mit sur la table. — Qu'est-ce que cela ? demanda le jeune homme. — Dame ! si monsieur le baron voulait avoir la complaisance d'écrire ce qu'il vient de dire; on ne sait qui meurt ni qui vit, et moi, de mon côté, voilà le Christ; eh bien, sur le Christ, je lui ferai serment. — Je n'ai point besoin de tes serments Courtin, car, en sortant d'ici, je retourne à Souday, j'avertis Jean Oullier de se tenir sur ses gardes, et Bonneville de chercher un autre gîte. — Eh bien, alors, raison de plus, dit Courtin, présentant la plume à son jeune maître.

Michel prit la plume des mains du métayer, et écrivit sur le papier :

« Moi, soussigné, Auguste-François Michel, baron de La Logerie, m'engage à renouveler le bail de Courtin, aux mêmes conditions que celui qu'il tient en ce moment. »

Et comme il allait mettre la date :

— Non, dit le métayer, ne datez point, s'il vous plaît, mon jeune maître; nous daterons cela le lendemain de votre majorité. — Soit, dit Michel.

Et il se contenta de signer, en laissant entre l'engagement et la signature la place de mettre une date.

— Si monsieur le baron voulait reposer plus à l'aise que sur cette escabelle, et ne tenait pas à rentrer au château avant le jour, dit Courtin, je dirais à monsieur le baron : J'ai là-haut, et à son service, un lit qui n'est pas trop méchant? — Non, dit Michel, n'as-tu pas entendu que j'ai dit que j'allais retourner à Souday? — Pourquoi faire? puisque monsieur le baron a la promesse, foi de Courtin, de ne rien dire, il a bien le temps. — Ce que tu as vu, Courtin, un autre a pu le voir ; et si tu te tais parce que tu as promis, un autre, qui n'aura pas promis, peut parler. Au revoir, Courtin ! — Monsieur le baron fera ce qu'il voudra, dit Courtin; mais il a tort, là, vraiment tort, de retourner dans cette souricière. — C'est bien, Courtin, je te remercie de tes conseils ; mais je suis bien aise que tu saches que je suis d'âge à faire ce que je veux.

Et, se levant à ces mots, prononcés avec une fermeté dont le métayer l'eût cru incapable, il s'avança vers la porte et sortit. Courtin le suivit des yeux jusqu'à ce que la porte fût refermée, puis, portant vivement la main sur la promesse de bail, il la relut, la plia soigneusement en quatre, et l'enferma dans son portefeuille. Puis, comme il lui semblait entendre parler aux environs de la métairie, il alla à la fenêtre en entr'ouvrant le rideau, et vit le jeune baron face à face avec sa mère.

— Ah ! ah ! mon jeune coq, dit-il, avec moi vous chantiez bien haut, mais voilà une maîtresse poule qui va rabattre votre caquet.

En effet, la baronne, ne voyant pas revenir son fils, avait pensé que ce que lui avait dit Courtin pourrait bien être vrai, et qu'il n'y aurait rien d'étonnant à ce que son fils fût chez le métayer. Elle avait balancé un instant, moitié fierté, moitié crainte de sortir la nuit, mais enfin les inquiétudes maternelles l'avaient emporté, et s'enveloppant d'un grand châle, elle avait pris le chemin de la métairie. En arrivant à la porte, elle avait vu sortir son fils. Alors, toute crainte cessant en revoyant le jeune homme sain et sauf, son caractère impérieux avait repris le dessus. Lui, de son côté, en apercevant sa mère, avait reculé d'un pas, tout atterré.

— Suivez-moi, Monsieur, lui dit-elle, ce n'est point trop tôt il me semble, pour rentrer au château.

Michel n'eut ni l'idée de discuter ni celle de fuir, il suivit sa mère, obéissant et passif comme un enfant. Pas une parole ne fut échangée entre la baronne et son fils pendant tout le chemin. En somme, Michel aimait encore mieux ce silence qu'une discussion dans laquelle son obéissance filiale, où plutôt sa faiblesse de caractère, lui eût nécessairement donné le dessous.

Lorsque tous deux rentrèrent au château, le jour commençait à poindre. La baronne, toujours muette, conduisit le jeune homme à sa chambre. Il y trouva une table servie.

— Vous devez avoir faim et être fatigué? lui dit la baronne.

Et lui montrant successivement la table et le lit :

— Voici pour la faim, et voici pour le sommeil, dit-elle.

Et elle se retira fermant la porte derrière elle.

Le jeune homme entendit en frissonnant tourner deux fois la clef dans la serrure. Il était prisonnier. Il tomba anéanti sur un fauteuil.

Les événements se précipitaient comme une avalanche, et eussent fait plier une organisation plus vigoureuse que celle du baron Michel. D'ailleurs, il n'avait qu'une certaine somme d'énergie, et il venait de l'épuiser avec Courtin. Peut-être avait-il trop présumé de ses forces, lorsqu'il avait dit à Courtin qu'il allait retourner au château de Souday. Comme l'avait dit sa mère, il était fatigué et il avait faim. A l'âge du jeune homme, la nature est une mère impérieuse et qui réclame aussi ses droits. Et puis une certaine tranquillité se faisait dans l'esprit du jeune homme. Ces mots de sa mère, en lui montrant la table et le lit : « Voici pour la faim, et voici pour le sommeil, » indiquaient qu'elle ne comptait pas rentrer dans la chambre de son fils avant qu'il n'eût mangé et dormi. C'était toujours quelques heures de calme avant l'explication.

Michel mangea à la hâte et, après avoir été à la porte et s'être assuré qu'il était bien réellement prisonnier, se coucha et s'endormit. Il se réveilla vers les dix heures du matin. Les rayons d'un splendide soleil de mai entrèrent joyeusement dans sa chambre à travers les vitres. Il ouvrit les fenêtres, et ce ne fut plus seulement les rayons du soleil, mais sa douce chaleur qui parvint jusqu'à lui. Les oiseaux chantaient dans les branches couvertes de leurs jeunes feuilles vertes et tendres, les premières roses s'ouvraient, les premiers papillons voletaient dans l'air. Il semblait que, par un si beau jour, le malheur était prisonnier et ne pouvait atteindre personne. Le jeune homme puisa une certaine force dans cette recrudescence de la nature, et attendit plus tranquillement sa mère. Mais les heures s'écoulèrent, midi sonna, la baronne ne parut point.

Michel s'aperçut avec une certaine inquiétude que la table était assez copieusement servie pour faire face non-seulement au dîner la veille, mais encore au déjeuner et même au dîner du jour. Il commença dès lors à craindre que sa captivité ne durât plus longtemps qu'il ne l'avait cru. Cette crainte se confirma quand le jeune homme vit venir successivement deux et trois heures.

En ce moment, et comme il prêtait avec attention l'oreille au moindre bruit, il lui sembla entendre des détonations du côté de Montaigu. Ces détonations avaient la régularité de feux de peloton ; mais, cependant, il était impossible d'arrêter si bien réellement ces détonations venaient d'une fusillade.

Montaigu était éloigné de deux lieues à peu près de la Logerie ; un orage lointain pouvait produire un bruit à peu près pareil. Cependant le ciel était pur. Ces détonations durèrent une heure à peu près, puis tout rentra dans le silence.

Les inquiétudes du baron étaient si grandes qu'il avait, à part le déjeuner pris le matin, oublié complétement de manger. Au reste, il avait pris une résolution : c'était, la nuit venue, et quand tout le monde serait couché au château, de dévisser la serrure de sa chambre avec son couteau, et de sortir, non point par la porte, qui serait probablement fermée, elle aussi, mais par une fenêtre quelconque. Cette possibilité de fuir rendit l'appétit au prisonnier. Il dîna en homme qui pense avoir à traverser une nuit orageuse, et qui prend des forces pour faire face à tous les accidents de cette nuit.

Michel avait fini de dîner à sept heures à peu près ; la nuit devait venir dans une demi-heure. Il se jeta sur son lit pour attendre. Il eût fort désiré dormir ; le sommeil lui eût fait paraître l'attente moins longue, mais il était trop inquiet ; il avait beau fermer les yeux, son oreille, constamment au guet, percevait les moindres bruits.

Une chose aussi l'étonnait fort : il n'avait pas revu sa mère depuis le matin ; elle devait, de son côté, supposer que, la nuit venue, le prisonnier ferait tout ce qu'il pourrait pour s'échapper. Sans doute méditait-elle quelque chose ; mais que pouvait-elle méditer ?

Tout à coup, il sembla au jeune baron qu'il entendait le bruit des grelots que l'on attache au collier des chevaux de poste. Il courut à la fenêtre. Il lui sembla voir sur la route de Montaigu une espèce de groupe se mouvant assez rapidement dans l'ombre, et se dirigeant vers le château de La Logerie. Au bruit des sonnettes se mêlait celui du trot de deux chevaux. En ce moment, le postillon qui montait l'un des deux chevaux fit claquer son fouet pour annoncer selon toute probabilité son arrivée. Il n'y avait aucun doute à conserver, c'était un postillon qui venait avec des chevaux de poste. En même temps, et par un mouvement instinctif, le jeune baron jeta les yeux sur les communs. Il vit les domestiques qui tiraient de dessous la remise la calèche de voyage de sa mère. Une lueur illumina son cerveau.

Ces chevaux de poste qui venaient de Montaigu, ce postillon qui faisait claquer son fouet, cette calèche de voyage que l'on tirait de dessous la remise : plus de doute, sa mère partait et l'emmenait avec elle. Voilà pourquoi elle l'avait enfermé, pourquoi elle le retenait prisonnier ; elle viendrait le chercher au moment, le ferait monter en voiture avec elle, et fouette postillon. Elle connaissait assez son ascendant sur le jeune homme pour être sûre qu'il n'oserait lui résister.

Cette idée de dépendance, dont sa mère avait une conviction si positive, exaspéra d'autant plus le jeune homme qu'il en sentit toute la réalité. Il était évident pour lui-même qu'une fois en face de la baronne, il n'oserait lui rompre en visière. Mais quitter Mary, renoncer à cette vie d'émotion à laquelle les deux sœurs l'avaient initié, ne point prendre sa part au drame que venaient de jouer en Vendée le comte de Bonneville et son compagnon inconnu, lui semblait une chose impossible et surtout déshonorante. Que penseraient de lui les deux jeunes filles ? Le jeune homme résolut de tout risquer plutôt que de subir une pareille humiliation. Il s'approcha de la fenêtre et mesura la hauteur. Elle était de trente pieds à peu près. Le jeune baron demeura un instant pensif ; il était évident qu'il y avait en lui une violente lutte. Enfin, il parut prendre son parti, alla à son secrétaire, en tira une somme assez considérable en or, et en garnit ses poches. En ce moment, il lui sembla entendre des pas dans le corridor. Il referma vivement le secrétaire, alla se jeter sur son lit et attendit. Seulement, à la fermeté peu habituelle des muscles de son visage, il était évident que sa résolution était prise. Quelle était cette résolution ? C'est ce que, selon toute probabilité, nous verrons plus tard.

XV

LE CABARET D'ALAIN COURTEJOIE.

Il était évident qu'un soulèvement se préparait dans la Bretagne et la Vendée.

Malgré la fermentation générale, peut-être même à cause de cette fermentation, la foire de Montaigu promettait d'être brillante. Bien que cette foire ne soit ordinairement que d'une importance médiocre, l'affluence des paysans y était considérable ; les hommes des pays de Mangis et de Retz y coudoyaient les habitants du Bocage et de la Plaine, et, ce qui était déjà un indice des dispositions belliqueuses de ces populations, c'est qu'au milieu de cette forêt de chapeaux aux larges bords, et de têtes aux longs cheveux, on apercevait peu de coiffes.

En effet, les femmes qui, d'ordinaire, forment la majorité de ces assemblées commerciales, n'étaient point venues ce jour-là à la foire de Montaigu.

En effet, et cela eût suffi pour indiquer aux moins clairvoyants cette espèce de comice de la révolte, si les chalands étaient nombreux à la foire de Montaigu, les chevaux, les vaches, les moutons, le beurre et les graines dont on y trafique d'ordinaire, manquaient complétement.

Qu'ils fussent venus de Beaupréau, de Mortagne, de Bressuire, de Saint-Fulgens ou de Machecoul, les paysans, au lieu des denrées habituelles qu'ils charriaient au marché, n'avaient apporté que leurs bâtons de cornouiller garnis de cuir, et, à la façon dont ils les serraient dans leurs mains, il semblait peu probable qu'ils eussent l'intention d'en faire le commerce.

La place et la grande et unique rue de Montaigu, qui servaient de champ à la foire, avaient une physionomie grave, presque menaçante ; mais à coup sûr solennelle, et qui n'est aucunement celle de ces sortes de réunions. Quelques bateleurs, quelques débitants de drogues malsaines, quelques arracheurs de dents, avaient beau frapper sur leurs grosses caisses, souffler dans leurs instruments de cuivre, faire vibrer leurs cymbales, débiter leurs boniments les plus facétieux, ils ne parvenaient point à dérider les figures soucieuses qui passaient près d'eux sans daigner s'arrêter à écouter leur musique ou leur bavardage.

Comme les Bretons, leurs voisins du nord, les Vendéens parlent peu d'ordinaire ; mais ce jour-là ils parlaient moins encore. La plupart d'entre eux se tenaient le dos appuyé contre les maisons, contre les murs des jardins, ou contre les traverses de bois qui encadraient la place, et demeuraient là, immobiles, jambes croisées, la tête inclinée sous leurs larges chapeaux, et leurs mains appuyées sur leurs bâtons comme autant de statues. D'autres étaient réunis par petits groupes, et ces petits groupes, qui semblaient attendre, chose étrange, n'étaient pas moins silencieux que les individus isolés.

Dans les cabarets, l'affluence était grande ; le cidre, l'eau-de-vie et le café s'y débitaient par quantités prodigieuses ; mais le tempérament du paysan vendéen est si robuste, que les quantités énormes de liquide absorbé n'exerçaient, ni sur les visages ni sur les caractères, une influence sensible. Le teint des buveurs était plus animé, les yeux étaient un peu plus brillants, mais les hommes restaient d'autant plus maîtres d'eux-mêmes, qu'en général ils se méfiaient, et de ceux qui tenaient les cabarets, et des citadins qu'ils pouvaient y rencontrer.

En venant à la foire de Montaigu, centre de population occupé en ce moment par une colonne mobile d'une centaine d'hommes, les habitants des campagnes avaient pénétré au milieu de leurs adversaires ; ils le comprenaient parfaitement ; aussi conservaient-ils, sous leurs attitudes pacifiques, la réserve et la vigilance qu'un soldat conserve sous les armes.

Un seul des nombreux cabarets de Montaigu était tenu par un homme sur lequel les Vendéens pouvaient compter, et envers lequel, en conséquence, ils se dispensaient de toute contrainte. Ce cabaret était situé au centre de la ville, sur le champ même de la foire, à l'angle de la place, et côtoyant une ruelle qui aboutissait, non pas à une autre rue, non pas aux champs, mais à la rivière la Maine qui contourne la ville au sud-ouest. Ce cabaret n'avait point d'enseigne. Une branche de houx desséchée, fichée horizontalement dans une fissure de la muraille, quelques pommes que l'on apercevait à travers un vitrage tellement surchargé de poussière qu'il pouvait se passer de rideaux, indiquaient au consommateur la nature de l'établissement. Quant aux habitués, ils n'avaient pas besoin d'indication. Le propriétaire de ce cabaret se nommait Alain Courtejoie. Alain était son nom de famille ; Courtejoie était un sobriquet qu'il devait à la railleuse prodigalité de ses amis. Voici à quelle occasion ceux-ci le lui avaient donné.

Le rôle, si infime qu'il soit, qu'Alain Courtejoie remplit dans cette histoire, nous impose l'obligation de dire un mot de ses antécédents. A vingt ans, Alain était si frêle, si débile, si souffreteux, que la conscription de 1812 l'avait rejeté comme indigne. Mais en 1814 cette même conscription, en vieillissant de deux ans, était devenue moins pudibonde. En conséquence, la conscription requit Alain. Mais Alain, que le dédain primitif manifesté pour sa personne avait indisposé contre le service militaire, résolut de bouder le gouvernement, et, en vertu de cette résolution, prit la fuite et alla se réfugier au milieu d'une des bandes de réfractaires qui tenaient campagne dans le pays.

Plus les hommes devenaient rares, plus les agents de l'autorité se montraient impitoyables envers les insoumis. Alain, que la nature n'avait pas doué d'une fatuité bien grande, ne se serait jamais cru si nécessaire au gouvernement, s'il n'avait vu de ses yeux la peine que le gouvernement se donnait pour le venir chercher jusqu'au milieu des forêts de Bretagne et des marais de la Vendée. Les gendarmes poursuivaient activement les réfractaires.

Dans une de ces rencontres qui résultaient de ces poursuites, Alain avait fait le coup de fusil avec une bravoure et une ténacité qui prouvaient que la conscription de 1814 n'avait pas eu tout à fait tort de vouloir le compter parmi ses élus ; dans une de ces rencontres, disons-nous, Alain avait été atteint d'une balle et laissé pour mort au milieu de la route. Ce jour-là, une bourgeoise d'Ancenis suivait la route qui longe la rivière, et qui va d'Ancenis à Nantes. Cette bourgeoise était dans sa carriole, et il pouvait être de huit à neuf heures du soir, c'est-à-dire qu'il faisait nuit close. Arrivée devant le cadavre, son cheval frémit et refusa positivement d'avancer. La bourgeoise fouetta son cheval, la bête se cabra ; elle insista, l'animal fit tête à la queue, et voulut à toute force reprendre la route d'Ancenis. La bourgeoise, qui n'avait pas l'habitude de voir son cheval faire de pareilles farces, descendit de sa carriole. Tout lui fut expliqué ; c'était le corps d'Alain qui barrait la route. La bourgeoise ne s'en effraya que médiocrement ; elle attacha son cheval à un arbre, et se disposa à traîner le corps d'Alain dans un fossé pour faire le passage, non-seulement à sa carriole, mais aux autres carrioles qui pourraient suivre la sienne ; mais, en touchant le corps, elle s'aperçut que le corps était encore chaud. Le mouvement qu'elle lui imprimait, peut-être la douleur que lui occasionnait ce mouvement, tira Alain de son évanouissement ; il poussa un soupir et remua les bras. Il en résulta, qu'au lieu de le mettre dans le fossé, la bourgeoise le mit dans sa carriole, et, qu'au lieu de continuer son chemin vers Nantes, elle revint vers Ancenis.

La dame était royaliste et dévote ; la cause pour laquelle Alain avait été blessé, le scapulaire qu'elle trouva sur sa poitrine, l'intéressèrent tout à fait. Elle fit venir un chirurgien. Le malheureux avait eu les deux jambes brisées par une balle ; il fallut les lui amputer toutes les deux. La dame soigna Alain, le veilla avec le dévouement d'une sœur de charité ; sa bonne œuvre, comme cela arrive presque toujours, l'attacha à celui qui en avait été l'objet, et, lorsque Alain fut rétabli, ce ne fut pas sans un profond étonnement que le pauvre invalide vit la bourgeoise lui offrir son cœur et sa main. Il va sans dire qu'Alain accepta.

Dès lors Alain devint, à l'ébahissement de tout le pays, un des petits propriétaires du canton. Mais, hélas ! le bonheur d'Alain ne fut pas de longue durée : sa femme mourut au bout d'un an ; un testament, qu'elle avait eu la précaution de faire, lui laissait bien toute la fortune, mais les héritiers légitimes de madame Alain attaquèrent ce testament pour vice de forme, et le tribunal de Nantes leur ayant donné gain de cause, le pauvre réfractaire se trouva Gros-Jean comme devant. Nous nous trompons : Gros-Jean avait deux jambes de moins.

C'est en raison du peu de temps qu'avait duré l'opulence d'Alain que les habitants de Montaigu, qui n'avaient point été, comme on le présume bien, sans lui porter envie et sans se réjouir de l'infortune qui avait si promptement succédé à son incroyable bonheur, avaient spirituellement ajouté à son nom d'Alain le sobriquet de Courtejoie.

Or, les héritiers qui avaient poursuivi l'annulation du testament, appartenaient à l'opinion libérale; Alain ne pouvait faire moins que de rapporter à tout le parti la colère qu'excitait en lui la perte de son procès : ce fut en effet ce qu'il fit, et consciencieusement. Aigri par son infirmité, ulcéré par ce qui lui semblait une effroyable injustice, Alain Courtejoie portait à tous ceux qu'il accusait de son malheur, adversaires, juges et patriotes, une haine farouche que les événements avaient entretenue, et qui n'attendait qu'un moment favorable pour se traduire en acte que son caractère sombre et vindicatif promettait de rendre terrible. Avec sa double infirmité, il était impossible qu'Alain songeât à reprendre ses anciens travaux de la campagne et à se faire métayer comme l'avaient été son père et son grand-père. Avec les débris de sa passagère opulence, Alain vint donc habiter au milieu de ceux qu'il haïssait, à Montaigu même, et dans le cabaret où nous le retrouvons dix-huit ans après les événements que nous venons de raconter. L'opinion royaliste n'avait pas, en 1832, un séide plus enthousiaste qu'Alain Courtejoie : en servant cette opinion, n'était-ce pas en somme une vengeance personnelle qu'il accomplissait.

Malgré ses deux jambes de bois, Alain Courtejoie était donc devenu l'agent le plus actif et le plus intelligent du mouvement qui se préparait. Sentinelle avancée au milieu du camp ennemi, Alain Courtejoie renseignait les chefs vendéens sur tout ce que le gouvernement préparait pour sa défense, non-seulement dans le canton de Montaigu, mais encore dans tous ceux des environs. Les mendiants nomades, ces hôtes d'un jour auxquels personne ne suppose une valeur, dont jamais on ne se défie, étaient dans ses mains des auxiliaires merveilleux qu'il faisait rayonner à dix lieues à la ronde; ils lui servaient à la fois d'espions et d'intermédiaires avec les habitants des campagnes. Son cabaret était donc le rendez-vous naturel de ceux que l'on appelait les chouans, c'était le seul dans lequel ils ne se crussent pas contraints de comprimer les élans de leur royalisme.

Le jour de la foire de Montaigu, le cabaret d'Alain Courtejoie ne paraissait pas tout d'abord aussi peuplé de consommateurs que l'on eût pu le supposer, en raison de l'affluence considérable des gens de la campagne. Dans la première des deux pièces qui le composaient, pièce sombre et noire, meublée d'un comptoir en bois à peine poli, de quelques bancs et de quelques escabelles, une dizaine de paysans tout au plus étaient attablés. A la propreté, nous dirons presque à l'élégance de leur costume, il était facile de voir que ces paysans appartenaient à la classe aisée des métayers.

Cette première pièce était séparée de la seconde par un large vitrage garni de rideaux en coton à grands carreaux rouges et blancs. Cette seconde pièce servait à la fois de cuisine, de salle à manger, de chambre à coucher, de cabinet à Alain Courtejoie, et devenait encore dans les grandes occasions une annexe à la salle commune; on y recevait les amis. L'ameublement de cette chambre se ressentait de sa quintuple destination. Au fond, il y avait un lit très-bas avec baldaquin et rideaux en serge verte ; c'était évidemment celui du propriétaire. Ce lit était flanqué de deux énormes tonneaux où l'on venait puiser pour les besoins du consommateur le cidre et l'eau-de-vie. A droite en entrant, se trouvait la cheminée, large et haute, comme le sont les cheminées de chaumière. Au milieu de la chambre, une table en chêne, entourée d'un double banc de bois ; en face de la cheminée, un bahut à dressoir avec ses assiettes et ses brocs d'étain. Un crucifix surmonté d'une branche de buis bénit, quelques figurines de dévotion en cire, des images grossièrement enluminées, formaient toute la décoration de l'appartement.

Le jour de la foire de Montaigu, Alain Courtejoie avait ouvert ce qui pouvait passer pour son sanctuaire à de nombreux amis. Si dans la salle commune il ne se trouvait pas plus de dix à douze consommateurs, on pouvait compter plus de vingt personnes dans son arrière-boutique. De ces hommes, la plus grande partie était assise autour de la table, et buvait en causant avec animation. Trois ou quatre vidaient de grands sacs amoncelés dans un angle de l'appartement, en tiraient des galettes de forme ronde, les comptaient, les plaçaient dans des paniers, et remettaient ces paniers tantôt à des mendiants, tantôt à des femmes qui se présentaient à une porte située à un angle de la chambre, à côté des tonneaux. Cette porte donnait sur une petite cour, qui ouvrait elle-même sur la ruelle dont nous avons parlé.

Alain Courtejoie était assis sur une espèce de fauteuil de bois dans le manteau de la cheminée. A ses côtés était un homme revêtu d'un sayon en peau de bique, coiffé d'un bonnet de laine noire, dans lequel nous retrouvons notre ancienne connaissance Jean Oullier, avec son chien assis entre ses jambes. Derrière eux, la nièce de Courtejoie, jeune et belle paysanne qu'il avait prise avec lui pour s'occuper des soins actifs du ménage, activait le feu et veillait sur une douzaine de tasses brunes dans lesquelles mijotait doucement, à la chaleur du foyer, ce que les paysans appellent la rôtie au cidre. Alain Courtejoie parlait très-vivement, quoique à voix basse, à Jean Oullier, lorsqu'un petit sifflement, qui imitait le cri d'alarme ou de ralliement de la perdrix, partit de la salle du cabaret.

— Qui nous vient là? s'écria Courtejoie, en se penchant pour regarder à travers une meurtrière qu'il s'était ménagée dans les rideaux. L'homme de la Logerie, attention !

Avant que cette recommandation fût arrivée à ceux qu'elle concernait, tout était rentré en ordre dans la chambre de Courtejoie. La petite porte s'était doucement close ; les femmes, les mendiants avaient disparu. Les hommes qui comptaient les galettes avaient fermé et renversé leurs sacs, s'étaient assis dessus et fumaient leurs pipes dans une attitude nonchalante. Des buveurs, tous s'étaient tus, et trois à quatre s'étaient endormis sur la table comme par enchantement. Jean Oullier s'était lui-même tourné du côté du foyer, de façon à dérober ses traits à la première inspection de ceux qui entreraient.

XVI

L'HOMME DE LA LOGERIE.

Courtin, car c'était lui que Courtejoie avait désigné sous le nom de l'homme de la Logerie, Courtin était effectivement entré dans la première pièce du cabaret. Sauf le cri d'alarme, si bien imité qu'on eût pu le prendre pour le cri d'une perdrix privée, qui avait servi d'avertissement à son arrivée, sa présence ne semblait avoir fait aucune sensation dans la salle commune; les buveurs continuaient de causer; seulement, de sérieuse qu'elle était d'abord, leur conversation, depuis l'apparition de Courtin, était devenue très-gaie et très-bruyante. Il regarda autour de lui, sembla ne pas trouver dans la pièce d'entrée la figure qu'il cherchait, puis ouvrit résolûment le vitrage, et montra sa figure de fouine sur le seuil de la seconde pièce. Ici encore, personne n'eut l'air de faire attention à lui. Seule, Marie-Jeanne, la nièce d'Alain Courtejoie, occupée à servir les pratiques, fit trêve à la sollicitude avec laquelle elle surveillait les tasses de cidre, se redressa et demanda à Courtin, comme elle eût fait à l'un des habitués de l'établissement de son oncle :

— Quoi qu'il faut vous servir, monsieur Courtin? — Un café, répondit Courtin en inspectant tour à tour les physionomies qui garnissaient les bancs et tous les coins de la salle. — C'est bon, allez vous asseoir, répondit Marie-Jeanne, je vas, moi, vous le porter tout à l'heure à votre place. — Oh! ce n'est point la peine, répondit Courtin avec bonhomie; baillez-le-moi tout de suite, je le boirai au coin du feu avec les amis.

Personne ne parut s'offenser de la qualification que se donnait Courtin, ou plutôt de celle qu'il donnait aux assistants, mais aussi personne ne se dérangea pour lui faire place. Courtin fut donc obligé de faire un nouveau pas en avant.

— Vous allez bien, gars Allain? demanda-t-il en s'adressant au cabaretier. — Comme vous voyez, répondit celui-ci, sans même retourner la tête de son côté.

Il était facile à Courtin de s'apercevoir qu'il n'était pas reçu par la société avec une extrême bienveillance; mais il n'était pas homme à se démonter pour si peu.

— Allons, la Marie-Jeanne, dit-il, donne-moi une escabelle, que je me sise à côté de ton oncle. — Il n'y en a pas, maître Courtin, répondit la jeune fille; vous avez, Dieu merci! d'assez bons yeux pour le voir. — Alors ton oncle va me donner la sienne, continua Courtin avec une audacieuse familiarité, quoique au fond il se sentît peu encouragé par l'attitude du cabaretier et de ses hôtes. — S'il le faut absolument, grommela Alain Courtejoie, on te la donnera, attendu qu'on est le maître de la maison, et qu'il ne sera pas dit qu'à la Branche-de-Houx il a été refusé un siége à qui a voulu s'asseoir. — Alors, donne-le-moi donc, ton siège, comme tu dis, beau parleur; car j'aperçois là celui que je cherche. — Qui cherches-tu donc? demanda Alain en se levant, et auquel à l'instant même vingt escabelles furent offertes. — Je cherche Jean Oullier, donc, dit Courtin, et m'est avis que le voilà.

En entendant prononcer son nom, Jean Oullier se leva, et d'un ton presque menaçant :

— Voyons, que me voulez-vous? demanda-t-il à Courtin. — Eh bien! eh bien! il ne faut pas me dévorer pour cela, répondit le maire de la Logerie; ce que j'ai à vous dire vous intéresse plus encore que moi. — Maître Courtin, répondit Jean Oullier d'une voix grave, quoi que vous en ayez dit tout à l'heure, nous ne sommes pas des amis; il s'en faut même, et du tout au tout, vous le savez trop, pour être venu au milieu de nous avec de bonnes intentions. — Eh bien! c'est ce qui vous trompe, gars Oullier. — Maître Courtin, répondit Jean Oullier, sans s'arrêter aux signes que lui adressait Alain Courtejoie pour l'engager à la prudence, maître Courtin, depuis que nous nous connaissons, vous avez été bleu, vous avez acheté du mauvais bien. — Du mauvais bien? interrompit le métayer avec son sourire narquois. — Oh! je m'entends, et vous m'entendez bien aussi; je veux dire du bien venant de mauvaise source. Vous avez fait alliance avec les patauds des villes; vous avez persécuté les gens des bourgs et des villages, ceux qui avaient conservé leur foi à Dieu et au roi. Que peut-il donc y avoir de commun aujourd'hui entre vous qui avez fait cela, et moi qui ai fait tout le contraire? — Non, répliqua Courtin; non, gars Oullier, je n'ai pas navigué dans vos eaux, c'est vrai; mais, quoique d'un autre parti que vous, entre voisins, on ne doit pas vouloir la mort l'un de l'autre. Je vous ai donc cherché et je suis venu à vous pour vous rendre service, je le jure. — Je n'ai que faire de votre service, maître Courtin, répondit dédaigneusement Jean Oullier. — Et pourquoi cela? demanda le métayer. — Parce que je suis sûr que vos services cacheraient une trahison. — Ainsi vous refusez de m'entendre? — Je refuse, répliqua brutalement le garde-chasse. — Et tu as tort, dit à demi voix le cabaretier, auquel la rudesse franche et loyale de son compagnon semblait une fausse manœuvre. — Eh bien! alors, répéta lentement Courtin, si malheur arrive aux habitants du château de Souday, n'en accusez que vous, gars Oullier.

Il y avait évidemment une intention extensive dans la façon dont Courtin avait prononcé le mot « habitants. » Au nombre des habitants, les hôtes étaient certainement compris. Jean Oullier ne put se méprendre à cette intention, et, malgré sa force d'âme habituelle, il devint fort pâle. Il regretta de s'être si fort avancé, mais il était dangereux de revenir sur sa détermination première. Si Courtin avait des soupçons, cette reculade ne faisait que les confirmer. Oullier s'appliqua donc à maîtriser son émotion, et se rassit en tournant le dos à Courtin de l'air le plus indifférent du monde. Son attitude était si dégagée que, malgré sa finesse, Courtin s'y laissa prendre. Il ne sortit donc pas avec la précipitation qui eût dû naturellement suivre sa réplique: il fouilla longtemps dans sa bourse de cuir pour y chercher la menue monnaie qui devait payer son café. Alain Courtejoie comprit le retard, et profita de ce moment pour prendre la parole.

— Mon Jean, dit-il en s'adressant à Oullier avec une bonhomie parfaite; mon Jean, il y a longtemps que nous sommes des amis et qui suivons la même route, j'espère, et voilà deux jambes de bois qui le prouvent; eh bien! je ne crains pas de te le dire devant M. Courtin, que tu as tort, moi. Entends-tu, tant qu'une main est fermée, il n'y a qu'un fou qui puisse dire: Je sais ce qu'elle contient. Certes, monsieur Courtin, continua Alain Courtejoie en insistant sur le titre qu'il donnait au maire de la Logerie; certes, M. Courtin n'a pas été des nôtres; mais il n'a pas été contre nous non plus: il a été pour lui, voilà tout ce que l'on peut lui reprocher. Mais aujourd'hui que les querelles sont mortes, aujourd'hui qu'il n'y a plus ni bleus ni chouans, aujourd'hui que nous sommes sous la paix, Dieu merci! que t'importe la couleur de sa cocarde; et, par ma

LES LOUVES DE MACHECOUL.   L'HOMME DE LA LOGERIE.

foi! si M. Courtin a, comme il le dit, de bonnes choses à te communiquer, pourquoi ne pas les entendre, ces bonnes choses?

Jean Oullier haussa les épaules d'un air d'impatience.

— Vieux renard! pensa Courtin trop bien renseigné sur ce qui se passait pour se laisser abuser par les fleurs de rhétorique pacifiques dont Alain Courtejoie jugeait à propos d'émailler son discours. Mais, tout haut : D'autant mieux, ajouta-t-il, que la politique n'est pour rien dans ce dont je voulais l'entretenir. — La! tu le vois bien, dit Courtejoie; rien n'empêche que tu ne devises avec M. le maire. Allons, allons, fais-lui place à côté de toi, et vous jaserez à votre aise.

Tout cela ne détermina point Jean Oullier à faire meilleure mine à Courtin, ni même à se tourner de son côté; seulement, il ne se leva point, ce qui était à craindre en sentant le métayer prendre place près de lui.

— Gars Oullier, dit Courtin en manière de préambule, m'est avis qui si nous buvions une bouteille, peut-être cela ferait-il germer mes paroles. — Comme il vous plaira, répondit Jean Oullier qui, tout en éprouvant une profonde répugnance à trinquer avec Courtin, n'en regardait pas moins le sacrifice qu'il faisait comme nécessaire à la cause à laquelle il s'était dévoué. — Avez-vous du vin? demanda Courtin à Marie-Jeanne. — Ah! par exemple, répondit celle-ci, si nous avons du vin? en voilà une belle demande! — Mais, du bon; je veux dire du vin cacheté. — Du vin cacheté? on en a, fit Marie-Jeanne avec un mouvement d'orgueil; seulement il vaut quarante sous la bouteille. — Bah! reprit Alain qui s'était assis de l'autre côté de la cheminée pour saisir au passage, s'il était possible, quelques mots des confidences que Courtin allait faire au garde, M. le maire est un homme qui a de quoi, petiote, et quarante sous ne l'empêcheront point de payer sa redevance à madame la baronne Michel.

Courtin regretta de s'être tant avancé. Si des temps comme ceux de la grande guerre allaient revenir, par malheur! il était peut-être dangereux de passer pour être trop riche.

— De quoi, reprit-il, de quoi! Comme vous y allez, gars Allain. Oui, certes, j'ai de quoi payer mon fermage; mais mon fermage payé, croyez que je me tiens pour bien heureux quand j'ai joint les deux bouts. La v'là, ma richesse.

— Que vous soyez riche ou pauvre, ce ne sont point nos affaires, répondit Jean Oullier. Voyons, qu'avez-vous à me dire, et dépêchons.

Courtin prit la bouteille que lui présentait Marie-Jeanne, essuya soigneusement le goulot avec sa manche, versa quelques gouttes de vin dans son verre, emplit celui de Jean Oullier, puis le sien, trinqua, et dégustant lentement sa boisson :

— Ils ne sont pas à plaindre, dit-il en faisant claquer sa langue contre son palais, ceux qui tous les jours en boivent de semblable. — Surtout s'ils le boivent avec une conscience calme et tranquille, répondit Jean Oullier; car, à mon avis, c'est ce qui fait le vin bon. — Jean Oullier, reprit Courtin sans s'arrêter à la réflexion philosophique de son interlocuteur, et en se penchant sur le foyer de façon à n'être entendu que de celui auquel il s'adressait, Jean Oullier, vous me gardez rancune, et vous avez tort, la! parole d'honneur! c'est moi qui vous le dis. — Prouvez-le et je vous croirai; voilà la confiance que j'ai en vous. — Je vous dirai donc, mon gars Oullier, que M. le marquis est un homme que je vénère, et que cela me fait deuil, grand deuil, de le voir écrasé par un tas d'enrichis, lui qui jadis marchait le premier de la province. — S'il est content de son sort, que vous importe? répondit Jean Oullier; vous ne l'avez pas entendu se plaindre, et il ne vous a pas demandé d'argent à emprunter? — Que diriez-vous d'un homme qui vous proposerait de rendre au château de Souday toute la fortune, toute la richesse qui en sont sorties? Voyons, dit Courtin sans s'arrêter aux duretés de son interlocuteur, pensez-vous que cet homme serait votre ennemi, et ne vous semble-t-il pas que M. le marquis lui devrait une fière reconnaissance? Là! répondez carrément, comme on vous parle? — Assurément, si c'était par des moyens honnêtes qu'il veuille faire tout cela, l'homme dont vous parlez; mais j'en doute. — Des moyens honnêtes! est-ce qu'on oserait vous en proposer d'autres, Jean Oullier? Tenez, mon gars, je suis franc comme jonc et je n'y vais pas par quatre chemins; je peux faire, moi qui vous parle, que les mille et les cent deviennent plus communs au château de Souday que les écus de cinq livres ne le sont aujourd'hui. Seulement... — Seulement... quoi? voyons? Ah! voilà où le bât vous blesse, n'est-ce pas? — Seulement, damé! il faudrait que j'y trouvasse mon profit, moi. — Si l'affaire est bonne, ça serait juste, et l'on vous y ferait votre part. — N'est-ce pas donc? et ce que je demande pour pousser à la roue, c'est bien peu de chose. — Mais encore, qu'est-ce que vous demandez? répliqua Jean Oullier, qui devenait à son tour très-curieux de connaître la pensée de Courtin. — Ah! mon Dieu! c'est simple comme bonjour: je voudrais d'abord qu'on s'arrangerait de façon à ce que je n'aie plus à renouveler le bail, ni à payer de fermage pour la métairie que j'occupe pour douze années encore. — C'est-à-dire qu'on vous en ferait cadeau? — Si M. le marquis le voulait, je ne le refuserais pas, vous comprenez. Non, je ne suis pas si fort ennemi de moi-même. — Mais comment cela s'arrangerait-il? Votre métairie appartient au fils Michel ou à sa mère, je n'ai point entendu dire qu'ils voulussent la vendre. Comment pourrait-on vous donner ce qui ne nous appartient pas. — Bon! continua Courtin; mais si je me mêlais de l'affaire que je vous propose, peut-être que cette métairie ne tarderait pas à vous appartenir, ou à peu près, et alors l'affaire serait facile; qu'en dites-vous? — Je dis que je ne vous comprends pas, maître Courtin. — Farceur! Ah! dame! c'est que c'est un bon parti que notre jeune homme. Savez-vous qu'outre la Logerie, il a encore la Coudraie, et avec cela les moulins de la Ferronnerie, les bois de Gervaise, et que tout cela, bon an, mal an, donne bien huit mille pistoles; savez-vous que la vieille baronne lui en réserve encore autant, après sa mort, bien entendu? — Qu'est-ce que le fils Michel, dit Oullier, a de commun avec M. le marquis de Souday; et en quoi la fortune de votre maître peut-elle intéresser le mien? — Allons, voyons, jouons franc jeu, mon gars Oullier. Pardieu! vous n'avez pas été sans vous apercevoir que notre monsieur est amoureux d'une de vos demoiselles, et fièrement amoureux, encore; laquelle? je n'en sais rien; mais que M. le marquis dise un mot, qu'il me baille un bout d'écrit par rapport à la métairie: une fois mariés, la jeune fille, elles sont fines comme des mouches, maniera son mari à sa guise, et aura de lui tout ce qu'elle voudra; celui-ci n'aura garde de lui refuser quelques méchants arpents, surtout lorsqu'il s'agira de les donner à un homme envers lequel, de son côté, il sera reconnaissant tout plein; alors je fais mon affaire et la vôtre. Nous n'avons qu'un obstacle, voyez-vous, c'est la mère; eh bien! je me charge, moi, de lever cet obstacle, ajouta Courtin en se penchant sur Jean Oullier.

Celui-ci ne répondit pas; mais il regarda fixement son interlocuteur.

— Oui, continua le maire de la Logerie; lorsque nous le voudrons tous, madame la baronne n'aura rien à nous refuser. Vois-tu, mon Oullier, ajouta Courtin en frappant amicalement sur la jambe de son interlocuteur, j'en sais long sur le compte de défunt M. Michel. — Eh bien ! alors, qu'avez-vous besoin de nous ? Qui vous empêche d'exiger d'elle, et tout de suite, ce dont vous avez ambition ? — Ce qui m'en empêche ? c'est qu'il faudrait qu'au dire d'un enfant qui, tout en gardant ses brebis, a entendu conclure le marché, je puisse ajouter le témoignage de celui qui, dans le bois de la Chabottière, a vu recevoir le prix du sang ; et, ce témoignage, tu sais bien qui peut me le donner, toi, gars Oullier ? Le jour où nous ferons cause commune, la baronne deviendra souple comme une poignée de lin ; elle est avare, mais elle est encore plus fière ; la crainte d'un déshonneur public, des jaseries du pays, la rendront tout plein accommodante. Elle trouvera, qu'après tout, mademoiselle de Souday, si pauvre qu'elle soit, vaut bien le fils d'un baron Michel, dont le grand-père était un paysan, et dont le père était... suffit : votre demoiselle sera riche, votre jeune homme sera heureux, moi je serai bien aise. Qu'est-ce qu'il y a à opposer à tout cela ? Sans compter que nous serons amis, mon gars Oullier ; et sans que je me vante, tout en ambitionnant votre amitié, la mienne a bien son prix. — Votre amitié !... répondit Jean Oullier, qui avait peine à réprimer l'indignation qu'excitait en lui la singulière proposition que venait de lui faire Courtin. — Oui, mon amitié, dit celui-ci : tu as beau hocher la tête, c'est comme cela. Je t'ai dit que j'en savais autant que pas un sur la vie de défunt M. Michel ; j'aurais pu ajouter que j'en sais plus que personne sur sa mort ; j'étais un des rabatteurs de la traque où il fut tué, et ma place dans le rang m'amenait juste en face de son poste... J'étais bien jeune, et déjà j'avais l'habitude, que Dieu me la conserve ! de ne jaser que quand mon intérêt voulait que je le fisse. Maintenant, comptes-tu pour rien les services que ton parti pourrait attendre de moi lorsque mon intérêt me rangerait de votre bord ? — Maître Courtin, répondit Jean Oullier en fronçant le sourcil, je n'ai aucune influence sur les déterminations de M. le marquis de Souday ; mais si j'en avais une, si petite qu'elle fût, jamais cette métairie n'entrerait dans la famille, et, y entrât-elle, jamais elle ne servirait à payer la trahison. — Des grands mots que tout cela ! fit Courtin. — Non, si pauvres que soient mesdemoiselles de Souday, jamais je ne voudrais pour elles du jeune homme dont vous me parlez ; si riche que soit ce jeune homme, et portât-il un autre nom que le sien, jamais mademoiselle de Souday ne voudrait acheter son alliance par une bassesse. — Tu appelles cela une bassesse, toi ? moi, je n'y vois qu'une bonne affaire. — Pour vous, c'est possible ; mais pour ceux dont je suis le serviteur, acheter l'alliance de M. Michel par un accord avec vous, ce serait pis qu'une bassesse, ce serait une infamie. — Jean Oullier, prends garde ; je veux rester bon enfant sans trop m'inquiéter de l'étiquette que tu mets sur mes sacs ; je suis venu à toi dans de bonnes intentions, tâche qu'il ne m'en soit pas venu de mauvaises, lorsque je sortirai d'ici. — Je ne me soucie pas plus de vos menaces que de vos avances, maître Courtin, tenez-vous-le pour dit ; et s'il faut absolument vous le répéter, eh bien, on vous le répétera. — Encore une fois, Jean Oullier, écoute-moi ; je te l'ai avancé, je veux être riche, c'est ma marotte, comme c'est la tienne d'être fidèle comme un chien à des gens qui s'inquiètent moins de toi que toi de ton basset : j'avais imaginé que je pourrais être utile à ton maître ; j'avais espéré qu'il ne laisserait pas un tel service sans récompense ; c'est impossible, me dis-tu ? n'en parlons plus ; mais si les nobles que tu sers voulaient, eux, se montrer reconnaissants à ma guise, j'aimerais à les obliger plutôt que les autres ; je tenais à te le dire encore. — Parce que vous espériez que les nobles vous payeraient plus cher que les autres, n'est-ce pas? — Sans doute, mon pauvre Oullier; je ne fais pas le fier avec toi : c'est cela même, tu l'as dit; et, comme tu le disais tout à l'heure, s'il faut te le répéter, on te le répétera. — Je ne sers point d'intermédiaire à de tels marchés, Courtin; et, d'ailleurs, la récompense que j'aurais à vous proposer, si elle était proportionnée à ce qu'ils pourraient attendre de vous, serait si peu de chose, que ce n'est pas la peine d'en parler. — Oh! oh! qui sait? fit Courtin. Tu ne te doutais guère, garçon, que je connaissais l'affaire de la Chabottière! Peut-être je t'étonnerais bien si je te disais tout ce que je sais.

Jean Oullier eut peur de paraître effrayé.

— Tenez, dit-il à Courtin, en voilà assez; si vous voulez vous vendre, adressez-vous à d'autres; de semblables marchés me répugneraient, quand bien même je serais en mesure de les faire : ils ne me regardent pas, Dieu merci! — C'est ton dernier mot, Jean Oullier? — Mon premier et mon dernier; suivez votre chemin, maître Courtin, et laissez-nous dans le nôtre. — Eh bien, tant pis! dit Courtin en se levant; car, foi d'homme! j'aurais été bien aise de marcher avec vous autres.

En achevant ces paroles, Courtin se leva, fit un signe de tête à Jean Oullier, et sortit. A peine avait-il passé le seuil de la porte, qu'Alain Courtejoie, trottant sur ses deux jambes de bois, se rapprocha de Jean Oullier :

— Tu as fait une sottise, dit-il à voix basse. — Comment cela? — Cet homme te peut du mal, sans cela il ne serait pas venu à toi avec cette assurance. — Que fallait-il faire? — Le conduire à Louis Renaud ou à Gaspard, ils l'eussent acheté. — Le mal est fait; que me conseilles-tu à présent? — De le suivre et de veiller sur lui.

Jean Oullier réfléchit un instant; puis se levant à son tour :

— Je crois, par ma foi! dit-il, que tu pourrais bien avoir raison. Et il sortit tout soucieux.

XVII

LA FOIRE DE MONTAIGU.

L'état d'effervescence des esprits dans l'ouest de la France ne prenait pas le gouvernement au dépourvu. La foi politique était devenue trop tiède pour qu'une insurrection qui embrassait une si vaste étendue de territoire, pour qu'un complot qui supposait tant de conjurés, demeurât longtemps secret. Bien avant l'apparition de Madame sur la côte de Marseille, on était renseigné à Paris sur le mouvement qui se préparait; des mesures de répression promptes et vigoureuses avaient été concertées : du moment où il devint évident que la princesse s'était dirigée vers les provinces de l'ouest, il ne s'agissait plus que de les mettre à exécution, que d'en confier la direction à des hommes sûrs et habiles.

Les départements dont on craignait le soulèvement avaient été divisés en autant d'arrondissements militaires qu'ils comptaient de sous-préfectures. Chacun de ces arrondissements, commandé par un chef de bataillon, était le centre de plusieurs cantonnements secondaires commandés par des capitaines, autour desquels des détachements plus faibles encore, commandés par des lieutenants ou sous-lieutenants, servaient de grand'garde, et s'avançaient dans l'intérieur des terres aussi loin que la facilité des communications pouvait le permettre. Montaigu, placé dans l'arrondissement de Clisson, avait sa garnison, qui consistait en une compagnie du 32ᵉ de ligne.

Le jour où s'étaient passés les événements que nous venons de raconter, cette garnison avait été renforcée de deux brigades de gendarmerie, arrivées de Nantes le matin même, et d'une vingtaine de chasseurs à cheval. Les chasseurs à cheval avaient servi d'escorte à un officier général de la garnison de Nantes, qui était en tournée pour inspecter les détachements. Cet officier général était le général Dermoncourt.

L'inspection de la garnison de Montaigu étant terminée, Dermoncourt, vieux soldat, aussi intelligent qu'énergique, pensa qu'il ne serait pas hors de propos de passer aussi l'inspection de ceux qu'il appelait ses vieux amis les Vendéens, et qu'il avait aperçus en rangs si pressés sur la place et dans les rues de Montaigu. Il se dépouilla de son uniforme, revêtit des habits bourgeois, et descendit au milieu de la foule, accompagné d'un membre de l'administration civile, qui se trouvait à Montaigu en même temps que lui.

Quoique toujours sombre, l'attitude de la population restait calme. La foule s'ouvrait sur le passage des deux messieurs ; et bien que la tournure martiale du général, son épaisse moustache noire, malgré ses soixante-quinze ans, sa figure balafrée, le désignassent à la curiosité pénétrante de la multitude et rendissent son déguisement à peu près inutile, pas un cri, pas une manifestation hostile ne signala leur promenade.

— Allons, allons, dit le général, mes vieux amis les Vendéens ne sont pas trop changés, et je les retrouve aussi peu communicatifs que je les ai laissés il y a tantôt trente-huit ans. — Ils me semblent, à moi, d'une indifférence de bon augure, repartit l'administrateur d'un ton important. Les deux mois que je viens de passer à Paris, et pendant lesquels chaque jour avait son émeute, m'ont donné quelque expérience en semblable matière, et je crois pouvoir affirmer que ce ne sont point là les allures d'un peuple qui se prépare à l'insurrection. Voyez donc, mon cher général, peu ou point de groupes, pas un seul orateur en plein vent ; nulle animation, nulle rumeur ; un calme parfait. Allons donc ! ces gens-là songent à leur petit commerce, et pas à autre chose ; c'est moi qui vous en réponds. — Vous avez raison, mon cher Monsieur, et je suis parfaitement de votre avis : ces braves gens, comme vous les appelez, ne songent absolument qu'à leur petit commerce ; mais ce commerce, c'est la façon la plus avantageuse de détailler les balles de plomb et les lames de sabre qui forment leur fonds de boutique pour le quart d'heure, et qu'ils comptent nous repasser le plus tôt possible. — Croyez-vous ? — Je ne le crois pas, j'en suis sûr. Si l'élément religieux ne manquait pas, très-heureusement pour nous, à cette nouvelle levée de boucliers, et ne me faisait penser qu'elle ne peut pas être générale, je vous répondrais hardiment qu'il n'est pas un des gaillards que vous voyez là, en veste de bure, en culotte de toile et en sabots, qui n'ait son poste, son rang, son numéro, dans un des bataillons de l'insurrection. — Quoi ! ces mendiants aussi ? — Oui, ces mendiants surtout. Ce qui caractérise cette guerre, mon cher Monsieur, c'est que nous avons affaire à un ennemi qui est partout et qui n'est nulle part. Vous le cherchez, et vous n'apercevez qu'un paysan, comme ceux-ci, qui vous salue, qu'un mendiant qui vous tend la main, qu'un colporteur qui vous offre sa marchandise, qu'un musicien qui vous écorche les oreilles avec sa trompette, qu'un charlatan qui débite sa drogue, qu'un petit pâtre qui vous sourit, qu'une femme qui allaite son enfant sur le seuil de sa chaumière, qu'un buisson parfaitement honnête et parfaitement inoffensif qui se penche sur le chemin. Vous passez sans méfiance, eh bien! paysan, pâtre, mendiant, musicien, charlatan, colporteur, sont autant d'adversaires; ce buisson lui-même en est un. Les uns, campant dans les genêts, vous suivront comme votre ombre, rempliront leur métier d'espions infatigables, et, à la moindre manœuvre suspecte, avertiront ceux que vous poursuivez longtemps avant que vous puissiez les surprendre; les autres auront ramassé dans un fossé, sous les ronces, dans un sillon, sous les herbes de la friche, un long fusil rouillé, et, si vous en valez la peine, vous suivront, comme les premiers, jusqu'à ce qu'ils trouvent l'occasion bonne et la partie favorable. Ils sont fort avares de leur poudre. Le buisson vous enverra un coup de fusil, et si vous avez la chance que le buisson manque son coup, lorsque vous en sonderez les profondeurs, vous ne trouverez qu'un buisson, c'est-à-dire des branches. des épines et des feuilles. Voilà comme ils sont inoffensifs dans ce pays, mon cher Monsieur. — N'exagérez-vous pas un peu, mon bon général? dit l'officier civil avec un sourire de doute. — Pardieu! nous pouvons en tenter l'expérience, monsieur le sous-préfet. Nous voici au milieu d'une foule parfaitement pacifique; nous n'avons autour de nous que des amis, des Français, des compatriotes; eh bien! faites seulement arrêter l'un de ces hommes. — Qu'arriverait-il donc si je l'arrêtais? — Il arriverait que l'un d'eux, que nous ne connaissons pas, peut-être ce jeune gars en veste blanche, peut-être ce mendiant qui mange de si bon appétit sur le seuil de cette porte, et qui se trouverait être, droit, Jambes-d'Argent, Bras-de-Fer, ou tout autre chef de bande, se lèverait et ferait un signe; qu'à ce signe, les douze ou quinze cents bâtons qui se promènent se lèveraient sur notre tête, et qu'avant que mon escorte ait pu venir à notre aide, nous serions moulus comme deux gerbes de blé sous le fléau. Vous ne me semblez pas convaincu! Allons, décidément, venez en faire l'expérience. — Si fait! si, je vous crois, général, s'écria le sous-préfet avec vivacité; pas de mauvaise plaisanterie, diable! Depuis que vous m'avez éclairé sur leurs intentions, toutes ces figures me semblent rembrunies de moitié; je leur trouve l'air de vrais coquins. — Allons donc! ce sont de braves gens, de très-braves gens; seulement, il faut savoir les prendre, et malheureusement cela n'est pas donné à tous ceux qu'on leur envoie, dit le général avec un sourire narquois. Voulez-vous maintenant avoir un échantillon de leur conversation? Vous êtes, vous avez été ou vous avez dû être avocat. Je gage que jamais vous n'avez rencontré parmi vos confrères un gaillard aussi habile à parler sans rien dire que le sont ces gens-là. Hé! gars! continua le général en s'adressant à un paysan de trente-cinq à quarante ans qui se trouvait autour d'eux, examinant avec curiosité une galette qu'il tenait à la main; hé! gars, indiquez-moi donc où l'on vend ces beaux gâteaux que vous avez là, et dont la mine seule m'affriande? — On ne les vend pas, Monsieur, on les donne. — Peuh! mais voilà qui me décide, j'en veux un. — C'est bien curieux, dit le paysan; c'est bien curieux tout de même, qu'on donne ainsi de bons gâteaux de blé blanc, que l'on pourrait si bien vendre. — Oui, c'est assez singulier; mais ce qui ne l'est pas moins, c'est que le premier individu sur lequel nous tombons, non-seulement répond à nos questions, mais encore va au-devant de celles que nous pourrions lui adresser. Montrez-moi donc votre galette, mon brave homme.

Le général examina à son tour l'objet que lui remit le paysan. C'était un simple gâteau de farine et de lait; seulement, avant la cuisson, on avait, avec un couteau, dessiné une croix et quatre barres parallèles sur la croûte.

— Diable! mais c'est d'autant plus agréable de recevoir un semblable cadeau, qu'il réunit l'utile à l'agréable. Cela doit être un rébus, ce joli petit dessin. Dites-moi donc, mon brave homme, qui vous a donné ce gâteau? — On ne me l'a pas donné ; on se méfie de moi. — Ah! vous êtes patriote? — Je suis maire de ma commune; je tiens pour le gouvernement. J'ai vu une femme en remettre de semblables à des gens de Machecoul, et cela sans qu'ils les lui demandassent, sans qu'ils lui offrissent rien en échange; alors je l'ai priée de m'en vendre; elle n'a pas osé me refuser. J'en ai pris deux; j'en ai mangé un devant elle, et j'ai mis l'autre que voilà dans ma poche. — Et voulez-vous me le céder, mon brave homme? Je fais collection de rébus, et celui-là m'intéresse. — Je puis le donner ou le vendre, comme vous voudrez. — Ah! ah! fit le général en regardant son interlocuteur avec plus d'attention qu'il n'avait fait jusqu'alors, je crois le comprendre, tu peux donc expliquer ces hiéroglyphes? — Peut-être, et à coup sûr vous fournir d'autres renseignements qui ne sont pas à dédaigner. — Mais tu veux qu'on te les paye? — Sans doute, répondit effrontément le paysan. — C'est ainsi que tu sers le gouvernement qui t'a nommé maire? — Parbleu! le gouvernement n'a pas mis un toit de tuiles à ma métairie, il n'a pas changé ses murs de torchis en murs de pierres. Elle est couverte en paille, bâtie de bois et de terre. Cela s'enflamme tout de suite, brûle vite, et il ne reste rien que des cendres. Qui risque gros doit gagner gros; car tout cela, vous entendez bien cela, peut être brûlé en une nuit. — Tu as raison. Allons, monsieur l'administrateur, voici qui rentre dans vos attributions. Dieu merci! je ne suis qu'un soldat, et la marchandise doit être payée quand on me la livre. Payez donc et livrez-la-moi. — Faites vite, dit le métayer; car de tous côtés on nous observe.

En effet, les paysans s'étaient rapprochés peu à peu du groupe formé par les deux messieurs et par leur compatriote, sans autre motif apparent que la curiosité qu'excitent toujours les étrangers. Ils avaient fini par former un cercle assez compacte autour des trois personnages. Le général s'en aperçut.

— Mon cher, dit-il tout haut en s'adressant au sous-préfet, je ne vous engage point à vous fier à la parole de cet homme : il vous vend deux cents sacs d'avoine à dix-neuf francs le sac, reste à savoir s'il vous les livrera. Donnez-lui des arrhes, et qu'il vous signe une promesse. — Mais je n'ai ni papier ni crayon, dit le sous-préfet, qui comprenait l'intention du général. — Allez à l'hôtel, morbleu! Voyons, continua le général, y en a-t-il d'autres ici qui aient de l'avoine à vendre? Nous avons des chevaux à nourrir.

Un paysan répondit affirmativement, et pendant que le général discutait du prix avec lui, le sous-préfet et l'homme à la galette purent s'éloigner sans trop exciter l'attention. Cet homme, nos lecteurs ont dû s'en douter, n'était autre que Courtin.

Tâchons d'expliquer les manœuvres que Courtin avait exécutées depuis le matin. Après l'entretien qu'il avait eu avec son jeune maître, Courtin avait longuement réfléchi. Il lui avait semblé qu'une dénonciation pure et simple n'était pas ce qui pouvait être le plus profitable à ses intérêts : il pouvait se faire que le gouvernement laissât sans récompense ce service d'un de ses agents subalternes. L'acte restait dangereux, sans profit, car Courtin attirait sur lui l'inimitié des royalistes, si nombreux dans ce canton. C'est alors qu'il avait imaginé le petit plan que nous avons vu communiquer à Jean Oullier. Il espérait, en servant les amours du jeune baron, en en tirant un lucre raisonnable, se concilier la bienveillance du marquis de Souday, dont il pensait qu'un semblable mariage devait être toute l'ambition, et arriver, au moyen de cette bienveillance, à se faire payer bien cher un silence qui sauvegarderait la tête qui, s'il ne s'était pas trompé, devait être si précieuse au parti royaliste.

Nous avons vu comment Jean Oullier avait reçu les avances de Courtin. Et alors celui-ci, manquant ce qui lui semblait une excellente affaire, s'était décidé à se contenter d'une médiocre, et s'était retourné du côté du gouvernement.

XVIII

L'ÉMEUTE.

Une demi-heure après la conférence du sous-préfet et de Courtin, un gendarme parcourut les groupes, cherchant le général, qu'il trouva causant très-intimement avec un respectable mendiant couvert de haillons; le gendarme dit quelques mots à l'oreille du général, et celui-ci revint précipitamment à l'hôtel du *Cheval-Blanc*. Le sous-préfet l'attendait à la porte.
— Eh bien? demanda le général en voyant l'air satisfait du fonctionnaire public. — Ah! général, grande nouvelle et bonne nouvelle, répondit celui-ci. — Voyons un peu cela. — L'homme à qui j'ai eu affaire est véritablement très-fort. — La belle nouvelle! ils le sont tous très-forts; le plus niais d'entre eux en remontrerait à M. de Talleyrand; que vous a-t-il dit, l'homme très-fort? — Il a vu arriver avant-hier soir au château de Souday le comte de Bonneville déguisé en paysan, et, avec lui, un autre petit paysan qui lui a paru être une femme. — Eh bien, après? — Eh bien, général, il n'y a pas de doute... — Achevez, monsieur le sous-préfet; vous voyez mon impatience, dit le général du ton le plus calme. — Eh bien! à mon avis, il n'y a point de doute que cette femme ne soit celle qui nous est signalée, c'est-à-dire la princesse. — Qu'il n'y ait pas doute pour vous, soit; mais il y a doute pour moi. — Pourquoi cela, général? — Parce que, moi aussi, j'ai reçu des confidences. — Volontaires ou involontaires? — Est-ce qu'on en sait quelque chose avec ces gens-là? — Bah! — Mais, enfin, que vous a-t-on dit? — On ne m'a rien dit. — Eh bien, alors...
— Eh bien, alors, quand je vous ai quitté j'ai continué mon marché d'avoine. — Oui; après? — Après? Le paysan auquel je me suis adressé m'a demandé des arrhes: c'était trop juste; moi, de mon côté, je lui ai demandé un reçu: c'était plus juste encore. Il a voulu l'aller écrire chez un marchand quelconque: « Bon! lui ai-je dit, voilà un crayon, vous avez bien un bout de papier sur vous; mon chapeau vous servira de table. » Il a déchiré une lettre, m'a donné son reçu, et le voilà. Lisez.

Le sous-préfet prit le reçu et lut:

« Reçu, de M. Jean-Louis Robier, la somme de cinquante francs à compte sur trente sacs d'avoine que je m'engage à lui livrer le 28 courant.
« Ce 14 mai 1832.   F. TERRIEN. »

— Eh bien? demanda le sous-préfet, je ne vois là aucun renseignement, moi. — Tournez le papier, s'il vous plaît. — Ah! ah! fit le sous-préfet.
Le papier que tenait le fonctionnaire public était la moitié d'une lettre déchirée par le milieu; au verso il lut les lignes suivantes:

. . . . .arquis,
. . . . .à l'instant la nouvelle
. . . . .celle que nous attendons
. . . . .à Beaupays le 26 au soir.
. . . . .officiers de votre division
. . . . .présentés à Madame
. . . . .votre monde sous la main
. . . . .respectueux.
. . . . .oux. »

— Ah diable ! fit le sous-préfet, c'est tout simplement l'annonce d'une prise d'armes que vous me communiquez là ; car il est facile de reconstruire ce qui manque. — On ne peut plus facile, dit le général. — Peut-être trop facile, même. Mais, que me disiez-vous donc, fit le fonctionnaire public, de la finesse de ces gens-là ; mais, au contraire, ils me semblent d'une innocence qui me confond. — Attendez donc, dit le général, ce n'est pas tout. — Ah! ah ! — Après avoir quitté mon marchand d'avoine, j'ai abordé un mendiant, une espèce d'idiot ; je lui ai parlé du bon Dieu, de ses saints, de la Vierge, du sarrasin, de la récolte des pommes, remarquez que les pommes sont en fleur, et j'ai fini par lui demander s'il voulait nous servir de guide pour nous conduire au Lorveux, où nous devions, vous vous le rappelez, aller faire un tour. « Je ne peux pas, m'a répondu mon idiot d'un air malin. — Pourquoi cela? lui ai-je demandé de l'air le plus bête que j'ai pu. — Parce que je suis commandé, m'a-t-il répondu, pour conduire une belle dame et deux messieurs comme vous du Puy-Laurent à la Flocetière. » — Ah diable ! cela se complique, il me semble. — Au contraire, cela s'éclaircit. — Expliquez-vous. — Les confidences qui viennent sans qu'on les appelle, dans ce pays où il est si difficile de les obtenir quand on les cherche, me paraissent des piéges assez grossiers pour qu'un vieux renard comme moi ne donne pas dedans. La duchesse de Berri, si duchesse de Berri il y a, ne peut être à la fois à Souday, à Beaupays et à Puy-Laurent ; voyons, que vous en semble, mon cher sous-préfet ? — Dame ! répondit le fonctionnaire public en se grattant l'oreille, je crois qu'elle a pu être ou pourra être tour à tour dans les trois endroits ; et, ma foi, sans aller courir au gîte où elle était, ou au gîte où elle sera, j'irais tout droit à la Flocetière, c'est-à-dire à l'endroit où votre idiot la signale aujourd'hui. — Vous êtes un mauvais limier, mon cher, dit le général ; le seul renseignement exact que nous ayons reçu est celui de ce drôle qui nous a donné de la galette, et que vous avez amené ici. — Mais les autres ? — Je parierais mes épaulettes de général contre des épaulettes de sous-lieutenant, que les autres nous sont envoyés par quelques madrés compères qui avaient vu M. le maire causer avec nous, et qui avaient intérêt à nous faire prendre le change. En chasse, donc, mon cher sous-préfet, et occupons-nous de Souday si nous ne voulons pas faire buisson creux. — Bravo ! s'écria le sous-préfet ; je craignais d'avoir fait un pas de clerc, mais ce que vous me dites me rassure. — Qu'avez-vous fait ? — Eh bien, ce maire, j'ai là son nom ; il s'appelle Courtin, et est maire d'un petit village qu'on appelle la Logerie. — Je connais cela ; nous avons failli y pendre Charrette il y a tantôt trente-sept ans. — Eh bien ! cet homme m'a désigné un individu qui pouvait nous servir de guide, et que, en tout cas, il était prudent d'arrêter, afin qu'il ne retournât point au château pour donner l'alarme. — Et cet homme?... — C'est l'intendant du marquis, son garde ; voici son signalement.

Le général prit un papier et lut :

« Cheveux grisonnants et courts ; front bas ; yeux noirs et vifs ; sourcils hérissés ; nez orné d'une verrue, avec du poil dans les narines ; favoris encadrant le visage ; chapeau rond ; veste de velours ; gilet et culotte pareils ; guêtres et ceinture en cuir. Signes particuliers : un chien d'arrêt braque de poil marron, répondant au nom de Pataud ; parmi les vêtements, une carnassière au dos ; la seconde incisive de gauche cassée. »

— Bon ! s'écria le général, mon marchand d'avoine trait pour trait, maître Terrien, qui ne s'appelle pas plus Terrien, j'en répondrais, que je ne m'appelle Barrabas. — Eh bien ! général, vous pourrez vous en assurer tout à l'heure. — Comment cela ? — Dans un instant, il sera ici. — Ici ? — Sans doute. — Il va venir ici ? — Il va y venir. — De bonne volonté ? — De bonne volonté ou de force. — De force ? — Oui ; j'ai donné l'ordre de l'arrêter, et ce doit être fait au moment où je parle. — Mille tonnerres ! Et, laissant tomber sur la table un si violent coup de poing que le magistrat en rebondit sur son fauteuil, mille tonnerres ! qu'avez-vous fait là ! — Il me semble, général, que si c'était un homme aussi dangereux qu'on me le disait, il n'y avait qu'un parti à prendre, c'était de l'arrêter. — Dangereux ! dangereux ! Il est bien plus dangereux maintenant qu'il ne l'était il y a un quart d'heure. — Mais, s'il est arrêté ? — Il ne l'aura pas été si vite, croyez-moi, qu'il n'ait eu le temps de donner l'éveil ; la princesse sera avertie avant que nous soyons à une lieue d'ici ; bien heureux encore si vous ne nous avez pas mis toute cette gredine de population sur les bras ; de telle sorte que nous ne pourrons distraire un homme de la garnison. — Mais peut-être est-il arrêté à temps, dit le sous-préfet en se précipitant vers la porte. — Oui, courez... Ah ! mille tonnerres ! il n'est plus temps.

En effet, une rumeur sourde venait du dehors, grossissant de seconde en seconde, jusqu'à ce qu'elle eût atteint le diapason de ce concert terrible que font les multitudes qui préludent à la bataille. Le général ouvrit la fenêtre. Il aperçut, à cent pas de l'auberge, les gendarmes qui emmenaient Jean Oullier garrotté au milieu d'eux. La foule les entourait, hurlante et menaçante ; les gendarmes n'avançaient que lentement et avec peine. Cependant, ils n'avaient point encore fait usage de leurs armes, mais il n'y avait pas une minute à perdre.

— Allons, le vin est tiré, il faut le boire, dit le général en se dépouillant de sa redingote, et en revêtant à la hâte son uniforme.

Puis, appelant son secrétaire :

— Rusconi, mon cheval, mon cheval ! cria-t-il ; vous, sous-préfet, tâchez de rassembler les gardes nationaux s'il y en a ; mais que pas un fusil ne s'abaisse sans mon ordre.

Un capitaine envoyé par le secrétaire entra.

— Vous, capitaine, continua le général, réunissez vos hommes dans la cour ; que mes vingt chasseurs montent à cheval ; deux jours de vivres et vingt-cinq cartouches par homme, et tenez-vous prêt à sortir au premier signal que je donnerai.

Le vieux général, qui avait retrouvé tout le feu de la jeunesse, descendit dans la cour, et, tout en envoyant les pékins au diable, ordonna que l'on ouvrît la porte cochère qui donnait sur la rue.

— Comment ! s'écria le sous-préfet, vous allez vous présenter seul à ces furieux ? vous n'y songez pas, général. — Au contraire, je ne songe qu'à cela, morbleu ! Ne faut-il pas que je dégage mes hommes ? Allons ! place, place ! ce n'est pas le moment de faire du sentiment.

Et, en effet, aussitôt que les deux battants furent ouverts, et que la porte, en roulant sur ses gonds, lui eut donné passage, le général, enlevant vigoureusement son cheval de deux coups d'éperons, se trouva du premier bond de l'animal au milieu de la rue, et au plus fort de la mêlée. Cette soudaine apparition d'un vieux soldat à la figure énergique, à la haute stature, à l'uniforme brodé et constellé de décorations, l'audace merveilleuse dont il faisait preuve, produisirent sur la foule l'effet d'une commotion électrique. Les clameurs cessèrent comme par enchantement, les bâtons levés s'abaissèrent, les paysans les plus voisins du général portèrent la main à leurs chapeaux, les rangs compactes s'ouvrirent, et le soldat de Rivoli et des Pyrénées put avancer d'une vingtaine de pas dans la direction des gendarmes.

— Eh bien! qu'avez-vous donc, mes gars? s'écria-t-il d'une voix si retentissante qu'on l'entendit jusque dans les rues attenantes à la place. — Nous avons que l'on vient d'arrêter Jean Oullier, dit une voix. — Et que Jean Oullier est un brave homme, dit une autre voix. — Ce sont les malfaiteurs qu'on arrête, et non pas les honnêtes gens, dit un troisième. — Ce qui fait que nous ne laisserons pas prendre Jean Oullier, dit un quatrième. — Silence! dit le général d'un ton de commandement si impérieux que toutes les voix se turent.

Puis alors:

— Si Jean Oullier est un brave homme, un honnête homme, dit-il, ce dont je ne doute pas, Jean Oullier sera relâché. S'il est un de ceux qui cherchent à vous tromper, à abuser de vos bons et loyaux sentiments, Jean Oullier sera puni. Croyez-vous donc qu'il soit injuste de punir ceux qui cherchent à replonger le pays dans les effroyables désastres dont les vieux ne parlent aux jeunes qu'en pleurant? — Jean Oullier est un homme paisible et qui ne veut de mal à personne, dit une voix. — Que vous manque-t-il donc? dit le général sans s'arrêter à l'interruption. Vos prêtres, on les respecte; votre religion, c'est la nôtre. Avons-nous tué le roi comme en 1793, aboli Dieu comme en 1794? En veut-on à vos biens? non; ils sont sous la sauvegarde de la loi commune. Jamais votre commune n'a été si florissante. — Ça, c'est vrai, dit un jeune paysan. — N'écoutez donc pas les mauvais Français qui, pour satisfaire leurs passions égoïstes, ne craignent pas d'appeler sur le pays toutes les horreurs de la guerre civile. Ne vous souvient-il plus de ce qu'elles sont, et faut-il vous les rappeler? Faut-il que je vous rappelle vos vieillards, vos femmes, vos enfants massacrés, vos maisons foulées aux pieds, vos chaumières en feu, la mort et la ruine à chacun de vos foyers? — Ce sont les bleus qui ont fait tout cela! — Non, ce ne sont pas les bleus, poursuivit le général, ce sont ceux qui vous ont poussés à cette lutte insensée, insensée alors, et qui serait impie aujourd'hui, lutte qui avait au moins son prétexte dans ce temps-là, mais qui n'en a plus aujourd'hui.

Et, tout en parlant, le général poussait son cheval dans la direction des gendarmes, qui, de leur côté, faisaient tous leurs efforts pour arriver au général. Cela leur devenait d'autant plus facile que son discours, tout soldatesque, faisait une évidente impression sur quelques paysans. Les uns baissaient la tête et demeuraient muets, les autres communiquaient à leurs voisins des réflexions qui, à l'air dont elles étaient faites, devaient être approbatives. Mais, à mesure que le général avançait dans le cercle qui entourait les gendarmes et leurs prisonniers, il trouvait des physionomies moins favorablement disposées d'attitude. Les plus rapprochés étaient tout à fait menaçants. Les porteurs de ces sortes de physionomies étaient évidemment les meneurs, les chefs de la bande, les capitaines de paroisses. Pour eux, il était inutile de se mettre en frais d'éloquence; il y avait parti pris chez eux de ne point écouter et d'empêcher les autres d'écouter; ils ne criaient pas, ils hurlaient.

Le général comprit la situation, et résolut d'imposer à ces hommes par un de ces actes de vigueur corporelle qui ont tant de pouvoir sur les multitudes.

Alain Courtejoie était au premier rang des mutins. Avec l'infirmité que nous lui connaissons, cela paraîtra d'abord étrange. Mais Alain Courtejoie, à ses deux mauvaises jambes de bois, avait pour le moment substitué deux bonnes jambes de chair et d'os; Alain Courtejoie s'était fait une monture d'un mendiant à taille colossale. Il était assis à califourchon sur les épaules de ce mendiant, qui, au moyen des courroies qui attachaient les jambes postiches du cabaretier, le maintenait dans cette posture aussi solidement que le général se maintenait sur sa selle. Ainsi juché, Alain Courtejoie arrivait à la hauteur de l'épaulette du général, et le poursuivait de ses vociférations frénétiques et de ses gestes menaçants. Le général allongea la main de son côté, le saisit par le collet de sa veste, l'enleva à la force du poignet et le tint quelque temps suspendu au-dessus de la foule, et le jetant enfin à un gendarme :

— Serrez-moi ce polichinelle, dit-il; il finirait par me donner la migraine.

Le mendiant, débarrassé de son cavalier, avait relevé la tête, et le général reconnut l'idiot avec lequel il s'était entretenu dans la matinée; seulement, à cette heure, il paraissait aussi spirituel que pas un. L'action du général avait soulevé l'hilarité de la foule, mais cette hilarité ne dura pas longtemps. En effet, Alain Courtejoie se trouvait entre les bras d'un gendarme, à la gauche duquel était Jean Oullier. Il tira doucement son couteau tout ouvert de sa poche et le plongea jusqu'au manche dans la poitrine du gendarme en criant:

— Vive Henri V ! Sauve-toi, mon gars Oullier!

En même temps le mendiant, qui, par un légitime sentiment d'émulation, voulait sans doute répondre dignement à l'acte athlétique du général, se glissait sous son cheval, et, par un brusque et vigoureux mouvement, saisissant le général par sa botte, le jetait de l'autre côté. Le général et le gendarme tombèrent en même temps. On eût pu les croire tués tous les deux, mais le général se releva immédiatement, et se remit en selle avec autant de force que d'adresse. En se remettant en selle, il donna un si vigoureux coup de poing sur la tête du mendiant, que celui-ci, sans pousser un cri, tomba à la renverse comme s'il eût eu le crâne brisé. Ni le gendarme ni le mendiant ne se relevèrent : le mendiant était évanoui, le gendarme était mort. De son côté, Jean Oullier, quoiqu'il eût les mains liées, donna un si brusque coup d'épaule au second gendarme, que celui-ci chancela. Jean Oullier franchit le corps du soldat mort et se jeta dans la foule. Mais le général avait l'œil partout, même sur ce qui se passait derrière lui. Il fit faire une volte à son cheval, qui bondit au milieu de cette houle vivante, empoigna Jean Oullier comme il avait empoigné Alain Courtejoie, et le plaça en travers sur son cheval. Alors les pierres commencèrent à pleuvoir, et les paysans à reprendre leurs positions offensives. Les gendarmes tinrent bon ; ils enveloppèrent le général et firent autour de lui une ceinture, présentant leurs baïonnettes à la foule, qui, n'osant plus les attaquer corps à corps, se contenta de les attaquer de projectiles. Ils avancèrent ainsi jusqu'à vingt pas de l'auberge. Arrivés là, la situation du général et de ses hommes devenait critique. Les paysans, qui semblaient décidés à ne pas laisser Jean Oullier au pouvoir de ses ennemis, se montraient de plus en plus audacieux dans leur agression. Déjà quelques baïonnettes s'étaient teintes de sang, et cependant l'ardeur des mutins ne faisait que s'accroître. Heureusement qu'à la distance où étaient placés les soldats, la voix du général pouvait arriver jusqu'à eux.

— A moi les grenadiers du 32e ! s'écria-t-il.

Au même instant les portes de l'auberge s'ouvrirent, les soldats se précipitèrent la baïonnette en avant, et refoulèrent les paysans. Le général et son escorte purent pénétrer dans la cour. Le général y trouva le sous-préfet qui l'attendait.

— Voilà votre homme, lui dit-il en lui jetant Jean Oullier comme un paquet ; il nous a coûté cher ; Dieu veuille qu'il rapporte son prix !

En ce moment, on entendit une fusillade bien nourrie qui partait de l'extrémité de la place.

— Qu'est-ce que cela ? dit le général, dressant les oreilles et ouvrant les narines. — La garde nationale, sans doute, répondit le sous-préfet, à qui j'ai donné l'ordre de se réunir, et qui, selon mes instructions, a dû tourner les mutins. — Et qui lui a donné celui de faire feu ? — Moi, général ; il fallait bien vous dégager. — Eh ! mille tonnerres ! vous voyez bien que je me suis dégagé tout seul, dit le vieux soldat ; puis, secouant la tête : Monsieur, dit-il, retenez bien cela : en guerre civile, tout sang inutilement versé est plus qu'un crime, c'est une faute.

Une ordonnance entra au galop dans la cour.

— Mon général, dit l'officier, les insurgés fuient dans toutes les directions, les chasseurs arrivent ; faut-il les faire poursuivre ? — Que pas un homme ne bouge, dit le général ; laissez faire la garde nationale, ce sont des amis ; ils s'arrangeront entre eux.

En effet, une seconde fusillade annonça que paysans et gardes nationaux s'arrangeaient. C'étaient ces deux détonations qu'avait entendues de la Logerie le baron Michel.

— Ah ! dit le général, maintenant il s'agit tout simplement de profiter de cette triste journée. Puis, montrant Jean Oullier : Nous n'avons qu'une chance pour nous, dit-il, c'est que cet homme ait été seul dans le secret : a-t-il communiqué avec quelqu'un depuis que vous l'avez arrêté, gendarme ? — Non, mon général, même par signe, attendu qu'il a les mains liées. — Lui avez-vous vu faire un geste de la tête, dire un mot ? Vous le savez, avec ces gaillards-là, un geste suffit, un mot dit tout. — Non, mon général. — Eh bien, alors, courons-en la chance ; faites manger vos hommes, capitaine ; dans un quart d'heure nous nous mettrons en route : les gendarmes et la garde nationale suffiront pour maintenir la ville. J'emmène mes vingt chasseurs pour éclairer la route.

Le général rentra dans l'intérieur de l'auberge. Les soldats firent leurs préparatifs de départ.

Pendant ce temps, Jean Oullier restait assis sur une pierre au milieu de la cour, gardé à vue par deux gendarmes. Sa figure conservait son impassibilité habituelle ; il caressait de ses mains liées son chien, qui l'avait suivi, et qui appuyait sa tête sur les genoux de son maître en léchant de temps en temps les mains par lesquelles il était caressé, comme pour rappeler au prisonnier que dans son infortune il avait conservé un ami. Jean Oullier le caressait doucement avec une plume de canard sauvage qu'il avait ramassée dans la cour ; puis, profitant d'un moment où les deux gardiens avaient cessé de regarder de son côté, il glissa cette plume entre les dents de l'animal, lui fit un signe d'intelligence et se leva en disant tout bas :

— Va, Pataud.

Le chien s'éloigna doucement en regardant de temps en temps son maître; puis, arrivé à la porte, il la franchit sans être remarqué de personne, et disparut.

— Bon! dit Jean Oullier, voilà qui arrivera avant nous.

Malheureusement, les gendarmes n'étaient pas seuls à surveiller le prisonnier !

XIX

LES RESSOURCES DE JEAN OULLIER.

Il n'y a encore aujourd'hui, dans toute la Vendée, que fort peu de grandes et belles routes, et le peu qu'il y en a ont été faites depuis 1832, c'est-à-dire depuis l'époque où se sont passés les événements que nous avons entrepris de raconter.

C'est principalement l'absence des grandes voies de communication qui avait fait la force des insurgés de la grande guerre.

Disons un mot de celles qui existaient alors, en nous occupant seulement de celles de la rive gauche. Elles sont au nombre de deux. La première va de Nantes à La Rochelle, par Montaigu ; la seconde, de Nantes à Paimbœuf, par le Pèlerin, en côtoyant presque toujours les bords de la Loire. Il existe, outre ces routes de premier ordre, quelques mauvaises routes secondaires ou transversales ; elles se dirigent de Nantes sur Beaupréau, par Vallet ; de Nantes sur Mortagne, Cholet et Bressuire, par Clisson; de Nantes sur les Sables-d'Olonne, par Legé; de Nantes sur Challans, par Machecoul.

Pour arriver de Montaigu à Machecoul en suivant ces routes, il était absolument nécessaire de faire un détour considérable. En effet, il fallait aller jusqu'à Legé, déboucher de là sur la route de Nantes aux Sables-d'Olonne, la suivre jusqu'au point où elle coupe celle de Challans, et remonter ensuite jusqu'à Machecoul. Le général comprenait trop bien que tout le succès de son expédition dépendait de la rapidité avec laquelle elle serait conduite, pour se résigner à une marche si longue. D'ailleurs, ces routes n'étaient pas plus favorables aux opérations militaires que les chemins de traverse. Bordées de fossés larges et profonds, de buissons et d'arbres, encaissées la plupart du temps, enfoncées entre deux talus couronnés de haies, elles sont, dans presque toute leur longueur, très-favorables aux embuscades. Le peu d'avantages qu'elles offraient ne compensait aucunement leurs inconvénients ; le général se décida donc à suivre le chemin de traverse qui conduisait à Machecoul par Vieillevique et qui raccourcissait le chemin de près d'une lieue et demie.

Le système de cantonnement adopté par le général avait eu pour conséquence de familiariser les soldats avec le pays et de leur donner une connaissance exacte des mauvais sentiers. Jusqu'à la rivière de la Boulogne, le capitaine qui commandait le détachement d'infanterie connaissait la route pour l'avoir explorée de jour. Lorsque l'on serait arrivé là, comme il était évident que Jean Oullier se refuserait à montrer la route, on trouverait un guide envoyé par Courtin, lequel n'avait point osé prêter ostensiblement son concours à l'expédition.

Tout en se résignant à prendre le chemin de traverse, le général avait pris ses précautions pour n'être pas surpris. Deux chasseurs, le pistolet au poing, marchaient en avant et éclairaient la colonne, qu'une douzaine d'hommes flanquaient des deux côtés de la route, de manière à fouiller les buissons et les genêts qui l'entouraient toujours et la dominaient quelquefois. Le général marchait en tête de sa petite troupe, au milieu de laquelle il avait placé Jean Oullier. Le vieux Vendéen, les poignets attachés, avait été mis en croupe d'un chasseur; une sangle qui le serrait par le milieu du corps avait été, pour plus de sûreté, bouclée sur la poitrine du cavalier, de façon que Jean Oullier, quand bien même il fût parvenu à se débarrasser des entraves qui lui liaient les mains, ne pût échapper au soldat. Deux autres chasseurs marchaient à droite et à gauche du premier, et avaient été spécialement chargés de veiller sur le prisonnier.

Il était un peu plus de six heures du soir lorsque l'on sortit de Montaigu; on avait cinq lieues à faire, et, en supposant que ces cinq lieues prissent cinq heures, on devait se trouver vers onze heures au château de Souday. Cette heure semblait très-favorable au général pour exécuter son coup de main. Si le rapport de Courtin était exact, si ses présomptions ne l'avaient pas trompé, les chefs du mouvement vendéen devaient être réunis à Souday pour conférer avec la princesse, et il était possible qu'ils ne fussent pas encore retirés lorsqu'on arriverait devant le château. Si cela était ainsi, rien n'empêchait qu'on les prît tous du même coup de filet.

Après une demi-heure de marche, c'est-à-dire à une demi-lieue de Montaigu, et comme la petite colonne traversait le carrefour de Saint-Corentin, une vieille femme en haillons priait agenouillée devant un calvaire. Au bruit que faisait la troupe, elle détourna la tête, et, comme entraînée par la curiosité, elle se leva et se plaça sur le bord de la route pour la voir défiler; puis, comme si la vue de l'habit brodé du général lui en eût donné l'idée, elle marmotta une de ces prières à l'aide desquelles les mendiants demandent l'aumône. Officiers et soldats, absorbés dans d'autres préoccupations et s'assombrissant au fur et à mesure que le jour s'assombrissait lui-même, passèrent sans prendre garde à la vieille femme.

— Votre général ne l'a donc pas vue, cette chercheuse de pain? demanda Jean Oullier au chasseur qui était à sa droite. — Pourquoi dites-vous cela? — Parce qu'il ne lui a pas ouvert sa bourse; qu'il y prenne garde : qui repousse la main ouverte doit craindre la main fermée. Il vous arrivera malheur! — Si tu veux prendre la prédiction pour toi, mon bonhomme, je crois que tu peux dire cela sans crainte de te tromper, attendu que de nous tous, il me semble que c'est toi qui cours le plus gros risque. — Oui, aussi voudrais-je le conjurer. — Comment cela? — Fouillez dans ma poche et prenez-y une pièce de monnaie. — Pourquoi faire? — Pour la donner à cette femme, et elle partagera ses prières entre moi qui lui aurai fait l'aumône, et vous qui m'aurez aidé à la lui faire.

Le chasseur haussa les épaules; mais la superstition est singulièrement contagieuse, et celle qui se rattache aux idées de charité l'est plus encore que les autres. Le soldat ne crut donc pas, tout en se prétendant au-dessus de pareilles puérilités, devoir refuser à Jean Oullier le service qu'il réclamait, et qui devait attirer sur eux deux la bénédiction du ciel.

La troupe faisait en ce moment un à droite pour s'engager dans le chemin creux qui conduisait à Vieillevique. Le général avait arrêté son cheval, et regardait défiler ses soldats, pour s'assurer de ses yeux que toutes les dispositions qu'il avait ordonnées étaient bien suivies. Il s'aperçut que Jean Oullier causait avec son voisin, et il vit le geste du soldat.

— Pourquoi laisses-tu communiquer le prisonnier avec les passants? demanda-t-il au chasseur.

Le chasseur raconta au général ce qui s'était passé.

— Halte! cria le général; arrêtez cette femme et fouillez-la.

On lui obéit à l'instant même, mais on ne trouva sur la mendiante que quelques pièces de monnaie, que le général examina avec le plus grand soin. Mais il eut beau les tourner et les retourner, il n'y put rien découvrir de suspect. Il n'en mit pas moins la monnaie dans sa poche, en donnant en échange à la vieille une pièce de cinq francs. Jean Oullier regardait faire le général avec un sourire narquois.

— Eh bien! vous le voyez, dit-il à demi voix, mais cependant de façon que la mendiante ne perdît pas une de ses paroles, la pauvre aumône du prisonnier (il appuya sur le mot) vous aura porté bonheur, la mère, et c'est une raison de plus pour que vous ne m'oubliiez pas dans vos prières. Une douzaine d'*Ave Maria* qui intercèdent pour lui peuvent singulièrement faciliter le salut d'un pauvre diable.

Jean Oullier avait élevé la voix en prononçant cette dernière phrase.

— Mon bonhomme, dit le général, s'adressant à Jean Oullier, lorsque la colonne eut repris sa marche, désormais c'est à moi qu'il faudra vous adresser lorsque vous aurez quelque charité à faire; c'est moi qui vous recommanderai aux prières de ceux que vous voudrez secourir; mon intermédiaire ne saurait vous faire de tort là-haut, et il peut vous épargner une foule de désagréments ici-bas... Et vous autres, continua d'une voix rude le général, s'adressant aux cavaliers, n'oubliez plus mes ordres à l'avenir, car c'est à vous, je vous le dis, qu'il arriverait malheur.

A Vieillevique, on fit halte pour donner un quart d'heure de repos aux fantassins. Le Vendéen fut placé au milieu du carré, de manière à l'isoler de la population qui était accourue, et qui se pressait curieuse autour des soldats. Le cheval qui portait Jean Oullier était déferré, et fatiguait beaucoup sous son double poids; le général désigna pour le remplacer celui de l'escorte qui semblait le plus vigoureux. Ce cheval appartenait à un des cavaliers de l'avant-garde, qui, malgré les dangers qu'il courait en espèce de sentinelle perdue, ne sembla prendre le poste de son camarade qu'avec beaucoup de mauvaise grâce. Ce cavalier était un homme petit, trapu, vigoureux, à la figure douce et intelligente, et qui n'avait pas dans la tournure l'air de crânerie qui distinguait ses compagnons. Pendant les préparatifs de cette substitution à la lueur de la lanterne que l'on avait approchée (la nuit était tout à fait venue), que l'on avait approchée, disons-nous, pour examiner si les sangles et les liens étaient en bon état, Jean Oullier put apercevoir les traits de celui avec lequel il allait faire route; ses yeux rencontrèrent les yeux du soldat, et il remarqua que celui-ci rougit en le regardant.

On se remit en marche en redoublant de précautions, car plus on avançait, plus le pays devenait couvert et par conséquent favorable à une attaque. La perspective du danger qu'ils pouvaient courir, la fatigue qu'ils avaient à supporter dans des chemins qui ne sont pour la plupart du temps que des ravins jonchés de pierres énormes, n'altérèrent en rien la gaieté des soldats, qui commencèrent à se faire un amusement du danger, et qui, après avoir gardé un instant de silence à la tombée de la nuit, la nuit venue, s'étaient remis à causer entre eux avec cette insouciance qui, chez les Français, peut s'altérer un instant, mais qui revient toujours. Seul, le chasseur dont Jean Oullier partageait la monture restait singulièrement morne et soucieux.

— Sacredié! Thomas, dit le cavalier de droite en s'adressant à celui-ci, tu n'es jamais bien gai d'habitude, mais aujourd'hui, parole d'honneur! tu as l'air de porter le diable en terre. — Dame! dit le chasseur de gauche, s'il ne porte pas le diable en terre, il m'a bien l'air de le porter en croupe. — Mais figure-toi, Thomas, que c'est une payse que tu as en croupe au lieu d'un pays. — C'est vrai, dit le second; sais-tu que tu es à moitié chouan, Thomas. — Dis donc qu'il est chouan tout à fait; ne va-t-il pas à la messe tous les dimanches!

Le chasseur auquel s'adressaient ces brocards n'eut pas le temps de répondre; la voix du général ordonnait de rompre les rangs et de marcher par file : le sentier était devenu si étroit, les talus si rapprochés les uns des autres, qu'il était impossible à deux cavaliers d'y cheminer de front.

Pendant le moment de confusion que nécessita cette manœuvre, Jean Oullier se mit à siffler tout bas l'air breton dont les paroles commençaient ainsi :

« Les chouans sont des hommes de bien... »

A la première note de l'air, le cavalier ne put s'empêcher de tressaillir. Alors, comme des deux chasseurs, l'un était devant, l'autre derrière, Jean Oullier, débarrassé de leur surveillance, approcha ses lèvres de l'oreille du cavalier silencieux :

— Ah! tu as beau te taire, dit-il, je t'ai reconnu du premier coup, Thomas Tinguy, comme, du premier coup, tu m'as reconnu moi-même.

Le soldat poussa un soupir, et fit un mouvement d'épaule qui semblait dire qu'il agissait contre son gré, mais il ne répondit pas encore.

— Thomas Tinguy, continua Jean Oullier, sais-tu où tu vas? sais-tu où tu conduis le vieil ami de ton père? au pillage et à la désolation du château de Souday, dont les maîtres ont été de tous temps les bienfaiteurs de ta famille.

Thomas Tinguy poussa un nouveau soupir.

— Ton père est mort, reprit Jean Oullier.

Thomas ne répondit pas, mais frissonna sur sa selle; seulement ce monosyllabe sortit de sa bouche, entendu de Jean Oullier seul :

— Mort!... — Oui, mort, murmura le garde-chasse; et qui veillait à son chevet avec ta sœur Rosine quand le vieux a rendu le dernier soupir? les deux jeunes demoiselles de Souday que tu connais bien : mademoiselle Bertha et mademoiselle Mary; et cela au risque de leur vie, puisque ton père est mort d'une fièvre pernicieuse; ne pouvant prolonger son existence, comme deux anges qu'elles sont, elles ont adouci son agonie. Où est ta sœur, maintenant, qui n'avait plus d'asile? au château de Souday. Ah! Thomas Tinguy, j'aime mieux être le pauvre Jean Oullier que l'on va fusiller dans un coin, peut-être, que celui qui le mène garrotté au supplice. — Tais-toi, Jean, tais-toi, dit Thomas Tinguy avec une voix sanglotante; nous ne sommes pas encore arrivés... on verra.

Pendant que ceci se passait entre Jean Oullier et le fils de Tinguy, le ravin dans lequel cheminait la petite troupe avait pris une pente rapide. On descendait vers un des gués de la Boulogne. La nuit était venue, nuit sombre, obscure, sans une étoile au ciel; et cette nuit, qui, d'un côté, pouvait favoriser le dénoûment de l'expédition, pouvait aussi, de l'autre, devenir pour sa marche, dans ce pays sauvage et inconnu, une source de graves inconvénients.

En arrivant au bord de la rivière, on y trouva les deux chasseurs d'avant-garde qui attendaient le pistolet au poing. Ils étaient arrêtés et inquiets. En effet, au lieu d'une eau claire et limpide, bondissant sur des cailloux comme on la voit ordinairement aux endroits guéables, ils avaient trouvé devant eux une onde noire et stagnante qui battait mollement les bords des rochers dans lesquels la Boulogne est encaissée. On avait beau regarder de tous côtés, on ne voyait pas le guide que Courtin avait promis d'envoyer. Le général jeta un cri d'appel.

— Qui vive? répondit-on de l'autre côté de la rivière. — Souday, dit le général. — Alors, c'est à vous que j'ai affaire, cria la voix. — Sommes-nous au gué de la Boulogne? demanda le général. — Oui. — Pourquoi les eaux sont-elles si hautes? — Il y a une grande crue à cause des dernières pluies. — Malgré cette crue, le passage est-il possible? — Dame! jamais je n'ai vu la rivière à cette hauteur-là; je crois donc qu'il serait plus prudent...

La voix du guide s'arrêta tout à coup, et parut se perdre dans un sourd gémissement. Puis on entendit le bruit d'une lutte comme serait celle de plusieurs hommes qui font rouler des cailloux sous leurs pieds.

— Mille tonnerres! cria le général, on assassine notre guide.

Un cri d'angoisse et d'agonie répondit à cette exclamation du général, et la confirma.

— Un grenadier à cheval derrière chaque cavalier libre, cria le général; le capitaine derrière moi, les deux lieutenants ici avec le reste de la troupe; le prisonnier et ses trois chasseurs de garde. Allons! et vivement.

En un instant chacun des dix-sept chasseurs eut un grenadier derrière lui. Quatre-vingts grenadiers et les deux lieutenants, le prisonnier et trois chasseurs, y compris Tinguy, restaient sur la rive droite de la Boulogne. L'ordre s'exécuta avec la rapidité de la pensée; et le général, suivi de ses vingt chasseurs ainsi doublés d'autant de grenadiers, entra dans le lit de la rivière. A vingt pas du bord les chevaux perdirent pied, mais ils se mirent à nager pendant quelques instants, et atteignirent sans accident le bord opposé. A peine sur la rive, les fantassins mirent pied à terre.

— Ne voyez-vous rien? dit le général, essayant de sonder l'obscurité qui entourait la petite troupe. — Non, mon général, répondirent les soldats tout d'une voix. — Cependant c'est bien d'ici, répliqua le général comme se parlant à lui-même, que le brave homme nous a répondu; fouillez les buissons, mais sans vous écarter les uns des autres; peut-être retrouverez-vous son cadavre.

Les soldats obéirent, cherchant dans un rayon de cinquante mètres environ autour de leur chef; mais ils revinrent au bout d'un quart d'heure sans avoir rien découvert, et assez décontenancés de cette subite disparition de leur guide.

— Vous n'avez rien trouvé? demanda le général.

Un seul grenadier s'avança tenant un bonnet de coton à la main.

— J'ai trouvé ce bonnet de coton, dit-il. — Où cela? — Accroché aux épines d'un buisson. — C'est le bonnet de coton de notre guide, dit le général. — Comment cela? demanda le capitaine. — Parce que, répondit sans hésitation le général, les hommes qui l'ont attaqué devaient porter des chapeaux.

Le capitaine se tut, n'osant pas interroger davantage; mais il était évident que l'explication du général ne lui avait rien expliqué. Le général comprit son silence.

— C'est bien simple, dit-il: les hommes qui viennent d'assassiner notre guide nous suivent évidemment depuis que nous avons quitté Montaigu, et cela dans la prétention de nous enlever notre prisonnier; il paraît que la prière est plus importante que je ne l'avais pensé d'abord ; ces hommes qui nous suivaient étaient à la foire, et devaient être comme ils le sont quand ils vont à la ville, coiffés de chapeaux ; tandis que, au contraire, le guide pris dans son lit à l'improviste, réveillé par l'homme qui devait nous l'envoyer, a dû mettre la première coiffure qui lui sera tombée sous la main, ou plutôt encore garder celle qu'il avait sur la tête ; de là le bonnet de coton. — Et vous pensez, général, demanda le capitaine, que les chouans ont osé s'aventurer si près de notre colonne ? — Ils marchent de conserve avec nous depuis Montaigu, et ne nous ont pas quittés de vue un seul instant. Mordieu ! on se plaint toujours de l'inhumanité qui dirige cette guerre, et en toute occasion on s'aperçoit à ses dépens qu'on n'est jamais assez inhumain. Niais que je suis ! — Je comprends de moins en moins, général, dit le capitaine en riant. — Vous rappelez-vous cette mendiante qui nous a accostés en sortant de Montaigu ? — Oui, général. — Eh bien ! c'est cette drôlesse qui nous a mis cette bande sur les bras. Je voulais la faire reconduire sous escorte à la ville ; j'ai eu tort de ne pas suivre mon inspiration, j'aurais sauvé la vie à ce pauvre diable. — Ah ! j'y suis maintenant, les *Ave Maria* auxquels votre prisonnier recommandait son salut avant d'être à Souday, nous venons d'en entendre le plain-chant. Croyez-vous donc qu'ils oseront nous attaquer ? — S'ils étaient en force, ce serait déjà fait ; mais ils sont cinq ou six hommes tout au plus. — Voulez-vous que je fasse passer les hommes restés sur l'autre rive, général ? — Attendez ; nos chevaux ont perdu pied, nos fantassins se noieraient. Il doit y avoir un autre gué plus praticable dans les environs. — Le croyez-vous, général ? — Parbleu ! j'en suis sûr. — Vous connaissez donc la rivière ? — Pas le moins du monde. — Eh bien, alors ? — Ah ! capitaine, on voit bien que vous n'avez pas fait, comme moi, la grande guerre, cette guerre de sauvages dans laquelle il fallait sans cesse procéder par induction. Ces gens-là n'étaient point placés en embuscade sur cette partie de la rive au moment où nous nous sommes présentés sur l'autre. C'est clair. — Pour vous, général. — Eh ! mon Dieu ! pour tout le monde. S'ils avaient été placés sur cette rive-ci, ils eussent entendu venir le guide qui marchait sans défiance, et n'eussent point attendu notre arrivée pour s'emparer de sa personne ou le tuer. Donc cette bande marchait sur nos ailes, flanquait nos flanqueurs. — Effectivement, général, c'est probable. — Ils ont dû arriver sur les bords de la Boulogne un instant avant nous ; or, l'intervalle qui a séparé l'instant où nous sommes arrivés et où nous avons fait halte, de celui où notre homme a été assailli, a été trop court pour qu'ils aient fait un long détour afin de chercher un passage. — Pourquoi n'auraient-ils pas pu passer au même endroit que nous ? — Parce que la plupart des paysans ne savent pas nager, surtout dans l'intérieur des terres. C'est donc tout près d'ici que doit exister ce passage. Que quatre hommes remontent la rivière et que quatre hommes la descendent pendant cinq cents pas. Allons, et lestement ! Il s'agit de ne pas mourir ici... Avec cela que nous sommes mouillés !...

Au bout de dix minutes, l'officier était de retour.

— Vous avez parfaitement raison, général, dit-il, à trois cents pas d'ici, il y a un îlot au milieu de la rivière ; un arbre relie cet îlot à la rive gauche, et un autre arbre va de l'îlot au bord opposé. — Bravo ! dit le général ; le reste de notre troupe pourra passer sans mouiller une cartouche. Puis, s'adressant au petit corps resté sur l'autre rive : Ohé ! lieutenant ! cria-t-il, remontez la Boulogne jusqu'à ce que vous trouviez un arbre jeté en travers de la rivière, et veillez sur le prisonnier.

Pendant cinq minutes à peu près, les deux petites troupes remontèrent parallèlement les deux rives de la rivière. Enfin, le général, arrivé devant l'endroit désigné par le capitaine, cria halte !

— Un lieutenant et quarante hommes en avant, dit-il.

Quarante hommes et un lieutenant descendirent à la rivière, et passèrent, ayant de l'eau jusqu'aux épaules, mais pouvant soutenir au-dessus de la rivière leurs fusils et leurs cartouches, qui ne furent point mouillés.

Les quarante soldats abordèrent, et se rangèrent en bataille.

— Maintenant, dit le général, faites passer le prisonnier.

Thomas Tinguy se mit à l'eau, flanqué à droite et à gauche d'un chasseur.

— En vérité, Thomas, lui dit Jean Oullier d'une voix basse et pénétrante, à ta place, je craindrais une chose, c'est que le spectre de mon père ne se dressât devant moi pour avoir mis en balance le sang de son meilleur ami avec une méchante sangle qu'il s'agit de déboucler.

Le chasseur passa la main sur son front baigné de sueur, et fit le signe de la croix. En ce moment, les trois cavaliers étaient arrivés au milieu de la rivière, mais le courant les avait un peu séparés les uns des autres.

Tout à coup un grand bruit, accompagné du rejaillissement de l'eau, prouva que ce n'était point vainement que Jean Oullier avait évoqué devant le pauvre soldat breton l'image vénérée de celui qui lui avait donné la vie. Le général ne se méprit pas un instant sur la cause du bruit qu'il avait entendu.

— Le prisonnier s'évade! cria-t-il d'une voix de tonnerre. Allumez les torches et dispersez-vous sur la rive, et feu sur lui s'il se montre. Quant à toi, ajouta-t-il, s'adressant à Thomas Tinguy qui prenait terre à deux pas de lui sans avoir un seul instant cherché à fuir, quant à toi, tu n'iras pas plus loin. Et tirant un pistolet de ses fontes : Meurent ainsi tous les traîtres ! Et il fit feu.

Thomas Tinguy, atteint en pleine poitrine, tomba roide mort.

XX

APPORTE, PATAUD, APPORTE.

Les soldats, obéissant avec une rapidité qui disait hautement la connaissance qu'ils avaient de la gravité de leur situation, s'étaient en effet élancés le long de la rivière pour en suivre le courant. Une douzaine de torches allumées, tant sur la rive droite que sur la rive gauche de la Boulogne, projetaient leur sanglante clarté sur les eaux.

Jean Oullier, débarrassé de son lien principal du moment où Thomas Tinguy avait consenti à déboucler la sangle qui le retenait, s'était laissé glisser à bas du cheval et avait plongé dans la rivière en passant entre les jambes de la monture du cavalier de droite.

Maintenant, on nous demandera comment Jean Oullier faisait pour nager avec les mains garrottées. Jean Oullier comptait tellement sur le succès que son éloquence devait avoir près du fils de son vieux camarade, que, depuis que la nuit était venue, tout le temps qu'il n'employait pas à convaincre Thomas Tinguy, il le consacrait à ronger avec ses dents la corde qui lui liait les poignets. Jean Oullier avait de bonnes dents; aussi, en arrivant à la Boulogne, la corde ne tenait-elle plus qu'à un fil. Et en effet, une fois à l'eau, le moindre effort

APPORTE, PATAUD.

LES LOUTES DE MACHECOUL.

TYP. J. CLAYE.

lui suffit pour s'en débarrasser complétement. Au bout de quelques secondes, Jean Oullier eut besoin de respirer, force lui fut donc de paraître à la surface de l'eau ; mais au même instant dix coups de feu éclatèrent tant sur une rive que sur l'autre, et autant de balles soulevèrent l'écume autour du nageur. Par un miracle, aucune ne l'atteignit ; mais il avait senti sur son visage le souffle strident des projectiles. Il n'était point prudent de tenter une seconde fois le hasard, car cette fois ce n'était plus tenter le hasard, c'était tenter Dieu. Il replongea ; mais, comme il trouvait du fond, au lieu de descendre la rivière, comme il avait commencé de le faire, il la remonta, essayant de ce que, en terme de vénerie, il appelait un hourvari. Pourquoi ce qui réussissait parfois au lièvre, au renard et au loup qu'il chassait, ne lui réussirait-il pas à lui ? Jean Oullier fit donc un hourvari, remontant la rivière, retenant sa respiration à faire éclater sa poitrine, et ne reparaissant qu'en évitant d'entrer dans les lignes de la lumière que les torches traçaient aux deux côtés de la rive. La manœuvre, en effet, trompa ses ennemis. Ne présumant pas qu'il ajoutât une difficulté nouvelle à celle que présentait déjà sa fuite, les soldats continuèrent de le chercher en descendant la Boulogne, tenant leurs fusils comme des chasseurs qui attendent le gibier, et prêts à faire feu aussitôt qu'il se montrerait. Parce que le gibier était un homme, l'attente n'en était que plus vive et plus ardente.

Une demi-douzaine de grenadiers seulement battirent les bords supérieurs de la Boulogne ; ceux-là n'avaient avec eux qu'une seule torche. Étouffant autant que possible le bruit de sa respiration, Jean Oullier parvint à atteindre un saule dont les branches s'avançaient au-dessus de la rivière, et dont l'extrémité des branches pendait à fleur de l'eau. Le nageur saisit une de ces branches, la mit entre ses dents, et se soutint la tête renversée en arrière, de manière que sa bouche et son nez seuls fussent hors de la Boulogne. Il venait à peine de reprendre sa respiration, lorsqu'il entendit un hurlement plaintif partant de l'endroit où la colonne avait fait halte, et où il était entré dans la rivière. Ce hurlement, il le reconnut.

— Pataud ! murmura-t-il, Pataud ici ! Pataud que j'avais envoyé à Souday ! Il doit lui être arrivé quelque malheur pour qu'il n'y soit point parvenu. Oh ! mon Dieu ! mon Dieu ! ajouta-t-il avec une incroyable ferveur et une foi suprême, c'est maintenant qu'il est nécessaire que ces gens-là ne me reprennent pas !

Les soldats, qui avaient vu le chien de Jean Oullier dans la cour de l'auberge, le reconnurent aussi.

— Voilà son chien ! voilà son chien ! s'écrièrent-ils. — Bravo ! dit un sergent ; le chien nous aidera à retrouver le maître. Et il essaya de mettre la main sur Pataud ; mais bien que la marche du pauvre animal parût alourdie, Pataud lui échappa, et ayant humé l'air dans la direction du courant, il se jeta à la rivière.

— Par ici ! camarades, par ici, cria le sergent aux soldats qui exploraient les bords de la rivière, en étendant le bras dans la direction qu'avait prise le chien ; nous allons trouver le chien en arrêt. Tout beau, Pataud, tout beau !

Jean Oullier, du moment où il avait reconnu le cri de Pataud, avait, au risque de ce qui pouvait lui arriver, sorti la tête de l'eau. Il vit le chien qui coupait diagonalement la rivière, nageant droit de son côté. Il comprit qu'il était perdu s'il ne prenait point un parti suprême ; or, sacrifier son chien, était pour Jean Oullier un parti suprême. S'il ne se fût agi que de sa vie, Jean Oullier se fût perdu ou sauvé avec son chien, ou tout au moins eût hésité à se sauver aux dépens de la vie de Pataud. Il détacha doucement la casaque de poil de chèvre qui recouvrait son gilet, et la laissa aller au fil de l'eau, tout en la poussant vers le milieu du courant. Pataud n'était plus qu'à cinq ou six pas de lui.

— Cherche! apporte! lui dit doucement Jean Oullier en lui indiquant la direction qu'il devait prendre.

Puis, comme le chien, sentant sans doute ses forces diminuer, hésitait à obéir :

— Apporte, Pataud! apporte! dit Jean Oullier d'un ton impératif.

Pataud s'élança dans la direction du rayon de poil qui avait déjà gagné une vingtaine de pas sur lui.

Voyant que sa ruse réussissait, Jean Oullier fit provision d'air et plongea de nouveau, au moment même où les soldats arrivaient au pied du grand saule. L'un d'eux grimpa lestement sur l'arbre, et, allongeant la torche, éclaira tout le lit de la Boulogne. On vit alors la casaque rapidement entraînée par le courant, et Pataud nageant après la casaque en poussant des plaintes et des gémissements, comme s'il eût déploré l'impossibilité où le mettaient ses forces épuisées d'accomplir l'ordre de son maître. Les soldats, qui suivaient la manœuvre de l'animal, redescendirent la rivière, s'éloignant de Jean Oullier, et comme l'un d'eux aperçut la casaque qui flottait à fleur d'eau :

— Ici! cria-t-il; mes amis, ici, ici! le brigand! Et il fit feu sur la casaque.

Grenadiers et chasseurs coururent en tumulte le long des deux rives, s'éloignant de plus en plus de l'endroit où s'était réfugié Jean Oullier, et criblant de leurs balles la peau de bique vers laquelle Pataud, s'épuisant de plus en plus, nageait avec constance. Pendant quelques minutes, le feu fut si vivement soutenu, qu'il n'était plus besoin de torches; les éclairs de soufre enflammé qui jaillissaient des fusils illuminaient le recoin sauvage où coule la Boulogne, et les rochers, répercutant le bruit des détonations, doublaient celui de la fusillade. Le général s'aperçut le premier de l'erreur de ses soldats.

— Faites cesser le feu, dit-il au capitaine qui marchait à ses côtés; ces imbéciles ont lâché la proie pour l'ombre.

En ce moment, un éclair brilla sur la crête d'un rocher avoisinant la rivière, un sifflement aigu se fit entendre au-dessus de la tête des deux officiers, et une balle alla s'enfoncer à deux pas, en avant d'eux, dans le tronc d'un arbre.

— Ah! ah! fit le général avec le plus grand sang-froid, notre drôle n'avait demandé qu'une douzaine d'*Ave Maria*, m'est avis que ses amis vont faire plus largement les choses.

En effet, trois ou quatre nouvelles détonations se firent entendre, et des balles ricochèrent sur le rivage; un homme jeta un cri.

— Clairons! cria-t-il, sonnez le ralliement, et vous autres, éteignez les torches. Puis, tout bas au capitaine : Faites passer au gué les quarante hommes de l'autre rive, nous aurons peut-être tout à l'heure besoin de tout notre monde.

En un instant, les soldats, alarmés par cette attaque nocturne, s'étaient groupés autour de leur chef. Cinq ou six éclairs, venant de points éloignés les uns des autres, brillèrent encore de la crête du ravin, rayant la voûte noire du ciel. Un grenadier tomba mort; le cheval d'un chasseur se cabra et se renversa sur son cavalier : une balle l'avait frappé dans le poitrail.

— En avant, mille tonnerres! cria le général, et voyons si ces oiseaux de nuit oseront nous attendre.

Et se mettant à la tête de ses soldats, il commença de gravir l'escarpement du ravin avec tant d'élan, que, malgré l'obscurité qui rendait l'ascension plus difficile, malgré les balles qui venaient ricocher au milieu des soldats et blessèrent encore deux hommes, en un instant la petite troupe eut couronné la hauteur. Le feu des ennemis s'éteignit alors comme par enchantement, et si quelques buissons de genêts, qui ondulaient encore, n'eussent témoigné de la présence récente des chouans, on eût pu croire que ceux-ci s'étaient abîmés sous terre.

— Triste guerre ! triste guerre ! murmura le général. Et maintenant, notre expédition doit nécessairement avorter. N'importe, tentons-la ; d'ailleurs Souday est sur la route de Machecoul, et c'est à Machecoul seulement que nous pouvons faire reposer nos hommes. — Mais un guide, général? dit le capitaine. — Un guide ? Voyez-vous cette lumière à cinq cents pas d'ici ? — Une lumière ? — Oui, là. — Non, mon général. — Eh bien, je la vois. Cette lumière indique une cabane, une cabane indique un paysan, et homme, femme ou enfant, il faudra bien que l'habitant de cette cabane nous conduise à travers la forêt.

Et d'un ton qui était de mauvais augure pour l'habitant quel qu'il fût de la cabane, le général ordonna de se remettre en marche, après avoir eu soin d'étendre ses lignes d'éclaireurs et de flanqueurs aussi loin que la sûreté individuelle de ses hommes lui permettait de le faire.

Le général, suivi de sa petite troupe, n'avait pas encore quitté la hauteur, qu'un homme, sortant de l'eau, s'arrêtait un instant, pour écouter, derrière le tronc d'un saule, et se glissait le long des buissons dans l'intention évidente de suivre la même route que les soldats avaient prise. Comme il empoignait une touffe de bruyère pour gravir le rocher, un faible gémissement se fit entendre à quelques pas de lui. Jean Oullier, car cet homme n'était autre que notre fugitif, s'avança du côté où il avait entendu gémir. Au fur et à mesure qu'il approchait, les plaintes prenaient un accent plus douloureux. Il se baissa, étendit la main, et sentit qu'une langue douce et chaude se promenait sur cette main.

— Pataud ! mon pauvre Pataud ! murmura le Vendéen.

C'était effectivement Pataud qui, usant ce qui lui restait de forces, avait amené sur la rive la peau de bique de son maître, et s'était couché dessus pour y mourir. Jean Oullier tira son vêtement de dessous le chien et appela Pataud. Pataud poussa un long gémissement, mais ne bougea point. Jean Oullier prit le chien dans ses bras pour l'emporter, mais le chien ne faisait plus aucun mouvement. La main avec laquelle le Vendéen soutenait l'animal se mouillait d'un liquide tiède et visqueux. Le Vendéen porta cette main à sa bouche et reconnut la fade saveur du sang. Il essaya de desserrer les dents de l'animal et ne put y parvenir. Pataud était mort en sauvant son maître, que le hasard avait ramené là pour recevoir sa dernière caresse. Seulement, avait-il été tué par une des balles tirées par les soldats, ou n'était-il point déjà blessé lorsqu'il s'était mis à l'eau pour rejoindre Jean Oullier ? Le Vendéen penchait pour ce dernier avis ; cette halte de Pataud près de la rivière, la faiblesse avec laquelle il nageait, tout portait Jean Oullier à croire à une blessure antérieure.

— C'est bon, dit-il, demain il fera jour, et malheur à celui qui t'aura tué, mon pauvre chien.

Et à ces mots il déposa le corps de Pataud dans une cépée, et s'élançant sur la colline, il s'enfonça dans les genêts.

XXI

A QUI APPARTENAIT LA CHAUMIÈRE.

La chaumière dont le général avait vu étinceler la vitre dans l'obscurité, et qu'il avait signalée au capitaine, était habitée par deux ménages. Ces deux ménages avaient pour chefs les deux frères; ces deux frères se nommaient : l'aîné, Joseph, le cadet, Pascal Picaut.

Le père des deux Picaut avait fait, dès 1792, partie des premiers rassemblements du pays de Retz. Il s'était attaché au sanguinaire Souchet comme le pilote s'attache au requin, comme le chacal s'attache au lion, et il avait pris sa part des affreux massacres qui signalèrent les débuts de l'insurrection sur la rive gauche de la Loire. Lorsque Charrette fit justice de ce Carrier à cocarde blanche, Picaut, dont les appétits sanguinaires s'étaient développés, bouda le nouveau chef, qui, à ses yeux, avait le tort grave de ne vouloir de sang que sur le champ de bataille, quitta sa division, et passa dans celle que commandait le terrible Joly, le vieux chirurgien de Machecoul : celui-là du moins était à la hauteur de l'exaltation de Picaut. Mais Joly, reconnaissant le besoin d'unité, pressentant le génie militaire du chef de la Basse-Vendée, se rangea sous les drapeaux de Charrette, et Picaut, qui n'avait point été consulté, se dispensa de consulter son commandant pour abandonner de nouveau ses camarades. Fatigué, au reste, de ces mutations perpétuelles, profondément convaincu que le temps ne pourrait rien contre la rancune qu'il conservait contre les meurtriers de Souchet, il cherchait un général que les exploits de Charrette ne pussent séduire, et ne trouva rien de mieux que Stofflet, dont l'antagonisme contre le héros du pays de Retz s'était déjà révélé en maintes circonstances.

Le 25 février 1796, Stofflet fut fait prisonnier à la ferme de la Poitevinière, avec deux aides de camp et deux chasseurs qu'il avait avec lui. On fusilla le chef vendéen et les deux officiers; on renvoya les deux paysans à leurs chaumières. Il y avait deux ans que Picaut, qui était un des deux chasseurs de Stofflet, n'avait vu sa maison. En y arrivant, il aperçut sur le seuil deux grands jeunes gens, vigoureux et bien bâtis, qui se jetèrent à son cou et l'embrassèrent. C'étaient ses fils. L'aîné avait dix-sept ans, l'autre seize. Picaut se prêta de bonne grâce à leurs caresses; puis, lorsqu'ils eurent fini, il se mit à contempler leur structure, leur carrure d'athlètes, à tâter leurs membres musculeux avec une satisfaction évidente. Picaut avait laissé chez lui deux enfants, il retrouvait deux soldats. Seulement, comme lui, ces deux soldats étaient absolument désarmés. La république, en effet, avait pris à Picaut la carabine et le sabre qu'il tenait de la munificence anglaise.

Or, non-seulement Picaut comptait bien que la république les lui rendrait, mais encore qu'elle serait assez généreuse pour armer ses deux fils, afin de le dédommager du tort qu'elle lui avait fait. Il est vrai qu'il ne comptait pas la consulter pour cela. En conséquence, dès le lendemain, il ordonnait aux deux jeunes gars de prendre leurs bâtons de pommier sauvage, et il se mettait en route dans la direction de Torfou.

Il y avait à Torfou une demi-brigade d'infanterie. Lorsque Picaut, qui marchait de nuit, et qui, dédaignant les sentiers frayés, cheminait à travers champs, aperçut à une demi-lieue de lui une agglomération de lumière qui lui signalait la ville et lui indiquait qu'il touchait au but de son voyage, il commanda à ses deux fils de continuer à le suivre, mais d'imiter tous ses mouvements, mais de rester immobiles à la place où ils se trouveraient du moment où ils entendraient le gazouillement du merle réveillé en sursaut. Il n'y a point de chasseur qui ne sache que le merle réveillé en sursaut s'échappe en jetant trois ou quatre cris rapides et répétés qui n'appartiennent qu'à lui. Mais alors, au lieu de marcher droit comme on avait fait jusque-là, il se mit à ramper, suivant toujours l'ombre des haies, tournant autour de la ville, et montant de vingt pas en vingt pas avec la plus grande attention. Enfin, le bruit d'une marche lente, mesurée, monotone, arriva jusqu'à lui. Cette marche était celle d'un seul homme. Picaut se mit à plat ventre et continua d'avancer dans la direction du bruit en se soulevant sur ses coudes et sur ses genoux. Ses enfants l'imitèrent. Au bout du champ qu'il suivait, Picaut entr'ouvrit la haie, regarda au travers, et, satisfait de son inspection, se fit une trouée, y passa la tête, et, sans trop s'embarrasser des épines que son corps rencontrait, se glissa comme une couleuvre à travers les branches. Arrivé de l'autre côté, il imita le sifflement du merle effarouché. C'était le signal convenu avec ses deux fils. Ils s'arrêtèrent, suivant la consigne reçue; seulement, se dressant pour regarder au-dessus de la haie, ils suivirent des yeux la manœuvre de leur père.

La pièce qui s'étendait de l'autre côté de la haie, et dans laquelle Picaut avait passé, était un pré dont l'herbe haute et épaisse ondoyait au gré du vent. A l'extrémité du pré, c'est-à-dire à cinquante pas à peu près, on apercevait la route. Sur cette route se promenait une sentinelle placée à cent pas d'une maison qui servait de grand'garde, et à la porte de laquelle était une seconde sentinelle. Lorsque Picaut ne fut plus qu'à deux pas de la route, il s'arrêta derrière un petit buisson. Le soldat se promenait de long en large, et chaque fois que, dans sa promenade, il tournait le dos à la ville, ses vêtements et ses armes effleuraient les branches du buisson; à chaque fois les deux jeunes gens frissonnaient pour leur père. Tout à coup, et au moment où le vent s'élevait avec une certaine force, la brise qui venait dans leur direction leur apporta un cri étouffé; puis, avec cette acuité de regards d'hommes habitués à y voir la nuit, ils aperçurent sur la ligne blanche du chemin comme une masse noirâtre qui se débattait; cette masse se composait de Picaut et de la sentinelle. Picaut, après avoir frappé la sentinelle d'un coup de couteau, l'achevait en l'étranglant.

Un instant après, le Vendéen revenait vers ses deux fils, et comme, après le carnage, la louve partage le butin à ses petits, Picaut partageait aux siens le fusil, le sabre et la giberne du soldat. Avec ce fusil, ce sabre et cette giberne garnie de cartouches, le second équipement fut plus facile à se procurer que le premier, le troisième que le second.

Mais ce n'était point assez pour Picaut que d'avoir des armes, il fallut encore trouver l'occasion de s'en servir; il regarda autour de lui, et, dans MM. d'Autichamps, de Scepeaux, de Puisaye et de Bourmont, qui tenaient encore la campagne, il ne trouva que des royalistes à l'eau de rose qui ne faisaient point la guerre à son gré, et dont aucun ne ressemblait, même de loin, à Souchu, qui était resté le type que Picaut cherchait dans un chef. Il en résulta que, plutôt que d'être mal commandé, Picaut se décida à se faire chef et à commander aux autres. Il recruta quelques mécontents comme lui, et devint chef d'une bande qui, quoique peu nombreuse, ne laissa pas que de témoigner de ses sentiments de haine pour la république.

La tactique de Picaut était des plus simples. Il habitait d'habitude les forêts. Pendant le jour il laissait reposer ses hommes. La nuit venue, il sortait du bois qui lui servait d'asile, embusquait sa petite troupe le long des haies, puis, si un convoi ou une diligence venait à passer, il l'attaquait ou l'enlevait ; quand les convois étaient rares, ou les diligences trop bien escortées, Picaut se dédommageait sur les avant-postes qu'il fusillait, et sur les fermes des patriotes qu'il incendiait. Après une ou deux expéditions, ses compagnons lui avaient donné le nom de Sans-Quartier, et Picaut, qui tenait à mériter consciencieusement ce titre, ne manquait jamais de faire pendre, fusiller ou éventrer tous les républicains mâles ou femelles, bourgeois ou militaires, vieillards ou enfants qui tombaient entre ses mains.

Il continua ses opérations jusqu'en 1800 ; mais à cette époque, l'Europe laissant quelque répit au premier consul, ou le premier consul laissant quelque répit à l'Europe, Bonaparte, qui avait sans doute entendu vanter les exploits de Picaut Sans-Quartier, résolut de lui consacrer ses loisirs, et de dépêcher contre lui, non pas un corps d'armée, mais deux chouans recrutés rue de Jérusalem, et deux brigades de gendarmerie. Picaut, sans défiance, reçut les deux faux frères dans sa bande. Quelques jours après, il tombait dans une souricière. On le prit, lui, et la meilleure partie de sa bande. Picaut paya de sa tête la sanglante renommée qu'il s'était acquise ; comme c'était encore plus un coureur de grandes routes et un arrêteur de diligences qu'un soldat, il fut condamné, non pas à la fusillade, mais à la guillotine. Il monta, au reste, bravement à l'échafaud, ne demandant pas plus de quartier aux autres qu'il n'en avait fait lui-même.

Joseph, son fils aîné, fut envoyé au bagne avec les autres personnes ; quant à Pascal, qui avait échappé à l'embuscade et regagné les forêts, il continua à chouaner avec des restes de bandes. Mais cette vie de sauvage ne tarda point à lui devenir odieuse ; il se rapprocha des villes, et, un beau jour, il entra dans Beaupréau, remit au premier soldat qu'il rencontra son sabre et son fusil, et se fit conduire chez le commandant de la ville, auquel il raconta son histoire. Ce commandant, qui était chef d'une brigade de dragons, s'intéressa au pauvre diable, et, en considération de sa jeunesse et de la simplicité confiante avec laquelle il avait agi à son endroit, il lui offrit d'entrer dans son régiment. En cas de refus, il était forcé de le livrer à l'autorité judiciaire. En face d'une semblable alternative, Pascal Picaut, qui, du reste, ayant appris le sort de son père et de son frère, ne tenait plus à retourner au pays, Pascal Picaut ne pouvait hésiter et n'hésita point, il endossa l'uniforme.

Quatorze ans après, les deux fils de Sans-Quartier se retrouvaient en venant prendre possession du petit héritage que leur avait laissé leur père.

La rentrée des Bourbons avait ouvert à Joseph les portes du bagne, et licencié Pascal, qui, de brigand de la Vendée, était devenu brigand de la Loire. Joseph, sortant du bagne, rentrait dans sa chaumière plus exalté que ne l'avait jamais été son père, brûlant à la fois de venger dans le sang des patriotes, et la mort de son père et les tortures que lui-même avait subies. Pascal, au contraire, y revenait avec des pensées toutes différentes de ses idées primitives, changées par le monde nouveau qu'il avait vu, et surtout par son contact avec des hommes pour lesquels la haine des Bourbons était un devoir, la chute de Napoléon une douleur, l'entrée des alliés une honte, sentiment qu'entretenait dans son cœur la vue de la croix qu'il portait sur sa poitrine.

Cependant, et malgré une dissidence d'opinions qui amenait des dissensions fréquentes, malgré la mésintelligence habituelle qui régnait entre eux, les deux frères ne s'étaient point séparés, et avaient continué d'habiter en commun la maison que leur père leur avait laissée, et de cultiver la moitié des champs qui l'entouraient. Tous deux s'étaient mariés : Joseph avec la fille d'un pauvre paysan; Pascal, auquel sa croix et sa petite pension donnaient une certaine considération dans le pays, avait épousé la fille d'un bourgeois à Saint-Philibert, patriote comme il l'était lui-même.

La présence des deux femmes dans la maison commune, femmes qui, toutes deux, l'une par envie, l'autre par rancune, exagérèrent les sentiments de leurs maris, augmenta ces dispositions à la discorde; cependant, jusqu'en 1830, les deux frères continuèrent à vivre ensemble.

La révolution de juillet, à laquelle Pascal avait applaudi, réveilla toute l'exaltation fanatique de Joseph; d'un autre côté, le beau-père de son frère devint maire de Saint-Philibert, et le Vendéen et sa femme vomirent tant d'injures sur les Patauds, que madame Pascal déclara à son mari qu'elle ne voulait plus vivre avec de pareils forcenés, au milieu desquels elle ne se croyait plus en sûreté. Le vieux soldat n'avait pas d'enfants; il s'était singulièrement attaché à ceux de son frère; il y avait surtout un petit garçon aux cheveux cendrés, aux joues rebondies et rouges comme des pommes de pigeonnet, dont il ne savait pas se passer; sa plus grande, sa seule distraction, était de faire sauter le petit bonhomme sur ses genoux pendant des heures entières. Pascal sentit son cœur se serrer à l'idée de s'éloigner de son fils adoptif; malgré les torts de son aîné, il n'avait pas cessé d'aimer son frère; il voyait celui-ci appauvri par les frais qu'avait nécessités l'entretien de sa nombreuse famille; il craignait que son départ ne le laissât dans la misère; il refusa ce que lui demandait sa femme. Seulement, on cessa de manger en commun; comme la maison se composait de trois pièces, Pascal en laissa deux à son frère, et se retira dans la troisième après avoir fait murer la porte qui communiquait de celle-là aux deux autres.

Le soir du jour où Jean Oullier avait été fait prisonnier, la femme Pascal Picaut était fort inquiète. Son mari avait quitté le logis vers quatre heures, c'est-à-dire au moment même où la colonne du général sortait de Montaigu; Pascal devait aller, disait-il, régler un compte avec Courtin de la Logerie, et quoiqu'il fût près de huit heures, il n'était pas encore rentré. Mais son inquiétude était devenue de l'angoisse quand elle avait, à trois cents pas de sa maison, entendu retentir les différents coups de feu tirés sur les bords de la Boulogne. La femme Pascal l'attendait étant en proie à une vive anxiété; et de temps en temps elle quittait son rouet, installé au coin de la cheminée, pour aller écouter à la porte. Les détonations éteintes, elle n'entendit plus rien que le bruit du vent qui agitait la cime des arbres, ou le cri d'un chien qui, dans le lointain, poussait un hurlement plaintif.

Le petit Pierre, l'enfant que Pascal aimait tant, vint à son tour, au bruit de ces coups de feu, s'informer si son oncle était rentré; mais à peine avait-il montré sa jolie petite tête blonde et rose à la porte, que la voix de sa mère, qui le rappelait sèchement, le fit disparaître.

Depuis quelques jours Joseph était devenu plus hautain, plus menaçant; et le matin même, avant de partir pour la foire de Montaigu, il avait eu avec son frère une scène qui, sans la patience du vieux soldat, fût certainement devenue une rixe. La femme Pascal n'osa donc pas aller communiquer ses inquiétudes à sa belle-sœur. Tout à coup, elle entendit un bruit de voix qui chuchotaient mystérieusement dans le verger qui précédait la chaumière ; elle se leva si précipitamment, qu'elle renversa son rouet. Au même instant la porte s'ouvrit, et Joseph Picaut parut sur le seuil.

XXII

COMMENT MARIANNE PICAUT PLEURA SON MARI.

La présence de son beau-frère, que Marianne Picaut attendait si peu en ce moment, un vague pressentiment de malheur qui vint la saisir à sa vue, produisirent sur la pauvre Marianne une si vive impression, qu'elle retomba sur sa chaise à demi morte de terreur. Cependant, Joseph s'avançait lentement, et sans proférer une parole, vers la femme de son frère, qui le regardait du même œil qu'elle eût regardé une apparition. Arrivé près de la cheminée, Joseph, muet toujours, prit une chaise, s'assit, et se mit à remuer les cendres du foyer avec le bâton qu'il tenait à la main. Comme il était entré dans le cercle de lumière que renvoyait le foyer, Marianne put voir que son beau-frère, lui aussi, était fort pâle.

— Au nom du bon Dieu ! Joseph, lui demanda-t-elle, qu'avez-vous donc ? — Quels sont donc les Patauds qui sont venus chez vous ce soir, Marianne ? demanda le chouan, répondant à une question par une autre question. — Personne n'est venu, dit-elle en secouant la tête pour donner plus de force à sa dénégation.

Puis, à son tour :

— Joseph, dit-elle, vous n'avez pas rencontré votre frère ? — Qui donc l'avait emmené hors de chez lui ? lui demanda le chouan, qui semblait avoir pris parti d'interroger sans jamais vouloir répondre. — Encore une fois, personne ; je vous dis seulement, vers les quatre heures de l'après-midi, il a quitté la maison pour aller payer au maire de la Logerie le sarrasin que, la semaine dernière, il lui a acheté pour vous. — Le maire de la Logerie ? répliqua Joseph Picaut en fronçant le sourcil. Ah ! oui, maître Courtin ; encore un fier brigand, celui-là ! Il y a cependant longtemps que je dis à Pascal, et ce matin encore, je le lui ai répété : Ne tente pas le Dieu que tu renies, ou il t'arrivera malheur. — Joseph ! Joseph ! s'écria Marianne, osez-vous bien mêler le nom de Dieu à ces paroles de haine contre votre frère qui vous chérit si bien, vous et les vôtres, qu'il s'ôterait le pain de la bouche pour le donner à vos enfants ? Si le malheur veut qu'il y ait des discordes civiles dans notre pauvre pays, est-ce une raison pour que vous les introduisiez jusque dans notre chaumière ? Gardez votre opinion, mon Dieu, et laissez-lui la sienne : la sienne est inoffensive, et la vôtre ne l'est pas ; son fusil reste accroché à la chaumière, ne se mêle à aucune intrigue et ne menace aucun parti, tandis que depuis six mois, il n'est pas de jour où vous ne soyez sorti armé jusqu'aux dents, tandis que depuis six mois, il n'est point de menaces que vous n'ayez proférées contre les gens des villes où j'ai mes parents, ou même contre nous. — Il vaut mieux sortir le fusil au poing, il vaut mieux affronter les Patauds, comme je le fais, que de trahir lâchement ceux au milieu desquels on vit, que d'amener chez nous les nouveaux bleus, que de leur servir de guide quand ils se répandent dans nos campagnes pour aller piller les châteaux de ceux qui ont gardé la foi ! — Qui a servi de guide aux soldats ? — Pascal. — Quand cela ? où cela ? — Ce soir, au gué de Pontfarcy. — Grand Dieu ! c'est du côté du gué que venaient les coups de fusil ! s'écria Marianne.

Tout à coup les yeux de la pauvre femme devinrent fixes et hagards, ils venaient de s'arrêter sur les mains de Joseph.

— Vous avez du sang aux mains ! s'écria-t-elle. A qui ce sang, Joseph, dites-le-moi, à qui ce sang ?

Le premier mouvement du chouan avait été de cacher ses mains, mais il paya d'audace.

— Ce sang, répondit Joseph, dont le visage, de pâle qu'il était, devint pourpre, ce sang, c'est celui d'un traître à son Dieu, à son pays, à son roi ; c'est le sang d'un homme qui a oublié que les bleus avaient envoyé son père à l'échafaud et son frère au bagne, et qui n'a pas craint de servir les bleus. — Vous avez tué mon mari ! vous avez assassiné votre frère ! s'écria Marianne en se dressant en face de Joseph avec une violence sauvage. — Non, pas moi, dit Joseph. — Tu mens ! — Je vous jure que ce n'est pas moi. — Alors, si tu jures que ce n'est pas toi, jure aussi que tu m'aideras à le venger ! — Vous aider à le venger ! moi, moi Joseph Picaut ! non, non, répondit le chouan d'une voix sombre ; car, quoique je n'aie pas porté la main sur lui, j'approuve ceux qui l'ont frappé, et si j'eusse été à leur place, quoiqu'il fût mon frère, je jure Notre-Seigneur que je l'eusse frappé comme eux. — Répète ce que tu viens de dire ! s'écria Marianne, car j'espère avoir mal entendu.

Le chouan répéta mot pour mot les mêmes paroles.

— Sois donc maudit, alors, comme je les maudis ! s'écria Marianne en levant sa main avec un geste terrible au-dessus de la tête de son beau-frère ; et cette vengeance que tu répudies et dans laquelle je t'enveloppe, fratricide d'intention sinon de fait, nous resterons deux pour l'accomplir, Dieu et moi, et si Dieu me manque, eh bien ! seule j'y suffirai.

Puis, avec une énergie qui domina complétement le chouan :

— Et maintenant, où est-il ? reprit Marianne, qu'ont-ils fait de son corps, les assassins ? Parle, mais parle donc ! Tu me rendras bien son cadavre, n'est-ce pas ? — Quand je suis arrivé au bruit des coups de fusil, dit Joseph, il respirait encore ; je l'ai pris dans mes bras pour l'apporter ici, mais il est mort en chemin. — Et alors tu l'as jeté dans un fossé comme un chien, n'est-ce pas, Caïn ? Oh ! moi qui ne voulais pas y croire quand je le lisais dans la Bible. — Non, dit Joseph, je l'ai déposé dans le verger. — Mon Dieu ! mon Dieu ! s'écria la pauvre femme dont tout le corps fut agité d'un tremblement convulsif. Mon Dieu ! peut-être t'es-tu trompé, Joseph, peut-être respire-t-il encore, peut-être avec des soins, des secours, peut-on le sauver. Viens avec moi, Joseph, viens, et si nous le retrouvons vivant, eh bien, je te pardonnerai d'être l'ami des meurtriers de ton frère.

Elle décrocha la lampe et s'élança vers la porte. Mais, au lieu de la suivre, Joseph Picaut, qui depuis quelques instants prêtait l'oreille aux bruits qui venaient du dehors, entendait ces bruits, qui étaient évidemment ceux d'une troupe en marche, se rapprocher, attendit que le reflet de la lampe que portait sa belle-sœur n'éclairât plus la porte de la maison, sortit par cette porte, contourna les bâtiments, et franchissant la haie qui les séparait des champs, s'élança dans la direction de la forêt de Machecoul, dont les masses noires se dessinaient à cinquante pas de là. La pauvre Marianne, de son côté, courait çà et là dans le verger ; éperdue, à moitié folle, elle promenait sa lampe autour d'elle ; oubliant de concentrer ses regards sur le cercle de lumière que celle-ci projetait sur le gazon, il lui semblait que, pour retrouver le cadavre de son mari, ses yeux perceraient les ténèbres. Tout à coup, en passant à un endroit où deux ou trois fois déjà elle avait passé, elle trébucha, faillit tomber, et dans ce mouvement, ses mains, en se portant vers la terre, rencontrèrent un corps humain adossé contre l'échalier. Elle poussa un cri terrible, se précipita sur le cadavre, l'embrassa étroitement ; puis, l'enlevant entre ses bras comme en d'autres circonstances elle eût fait d'un enfant, elle le porta dans l'intérieur de la chaumière et le déposa sur le lit.

Quelle que fût la mésintelligence qui régnât entre les deux frères, la femme de Joseph se leva et accourut chez Pascal. En apercevant le cadavre de son beau-frère, elle tomba à genoux près du lit en sanglotant. Marianne prit la lumière que sa belle-sœur avait apportée, car, pour elle, elle avait laissé la sienne à l'endroit où elle avait retrouvé Pascal, Marianne prit la lumière et la promena sur le visage de son mari. Pascal Picaut avait la bouche et les yeux ouverts comme s'il vivait encore. Marianne mit vivement la main sur son cœur, son cœur ne battait plus. Alors, se tournant vers sa belle-sœur qui pleurait et priait toujours, la veuve de Pascal Picaut, dont les yeux étaient devenus rouges et flamboyants comme les tisons de l'âtre, s'écria :

— Voilà ce que les chouans ont fait de mon mari, voilà ce que Joseph a fait de son frère. Eh bien, sur ce cadavre, je jure de ne me donner ni paix ni trêve jusqu'à ce que les assassins aient payé le prix du sang. — Et vous n'attendrez pas longtemps, pauvre femme ! ou j'y perdrai mon nom, dit une voix d'homme derrière les deux femmes.

Toutes deux se retournèrent et aperçurent un officier enveloppé d'un manteau. Cet officier était entré sans qu'elles l'entendissent. A la porte, on voyait dans l'ombre étinceler les baïonnettes ; on entendait hennir les chevaux, qui respiraient dans la brise l'odeur du sang.

— Qui êtes-vous ? demanda Marianne. — Un vieux soldat comme votre mari, un homme qui a vu assez de champs de bataille pour qu'il ait le droit de vous dire qu'il ne faut pas gémir sur le sort de ceux qui, comme lui, tombent pour la patrie, mais les venger. — Je ne gémis pas, Monsieur, répondit la veuve en redressant sa tête et en secouant ses cheveux épars ; qui vous amène dans notre chaumière en même temps que la mort ? — Votre mari devait nous servir de guide dans une expédition importante pour le salut de votre malheureux pays : cette expédition peut empêcher que des flots de sang ne coulent pour une cause perdue ; ne pourriez-vous me donner quelqu'un pour le remplacer ? — Rencontrerez-vous des chouans dans votre expédition ? demanda Marianne. — C'est probable, répondit l'officier. — Eh bien, alors, c'est moi qui serai votre guide, s'écria la veuve en décrochant le fusil de son mari, suspendu au manteau de la cheminée. Où voulez-vous aller ? Je vous conduis, vous me payerez avec des cartouches. — Nous allons aller au château de Souday.
— Bien ; je vous y conduirai, je sais les chemins.

Et, jetant un dernier regard sur le cadavre de son mari, la veuve de Pascal Picaut sortit la première de sa maison, suivie par le général. La femme de Joseph resta à prier près du corps de son beau-frère.

XXIII

OÙ L'AMOUR PRÊTE DES OPINIONS POLITIQUES A CEUX QUI N'EN ONT PAS.

Nous avons laissé le jeune baron Michel sur le point de prendre un grand parti. Seulement, au moment de prendre ce parti, il avait entendu des pas dans le corridor. Il s'était alors jeté sur son lit, les yeux fermés, mais l'oreille ouverte. Ces pas avaient passé et un instant après repassé devant sa porte sans s'arrêter. Ce n'étaient point les pas de sa mère ; ce n'était point à lui que l'on en voulait. Le jeune baron rouvrit les yeux, et, reprenant une position semi-verticale, se mit à réfléchir assis sur son lit.

Les réflexions étaient graves.

Il fallait ou rompre avec sa mère, dont les moindres volontés étaient des lois pour lui, renoncer aux idées ambitieuses que celle-ci caressait pour son fils, et qui, par instants, n'avaient point été sans séduire la vacillante imagination du jeune baron ; il fallait dire adieu aux honneurs, dont la royauté de juillet avait promis de ne point se montrer avare envers le jeune millionnaire, se lancer dans une équipée qui, à coup sûr, pouvait être sanglante, amener à sa suite l'exil, la confiscation, la mort, mais que Michel, malgré sa jeunesse, jugeait avec beaucoup de bon sens devoir demeurer impuissante. Il fallait tout cela, ou bien se résigner à oublier Mary. Disons-le, Michel réfléchit un instant, mais n'hésita point. L'entêtement est la première conséquence de la faiblesse ; elle le pousse parfois jusqu'à la férocité. Trop de bonnes raisons aiguillonnaient d'ailleurs le désir du jeune baron pour qu'il y résistât ; l'honneur lui faisait un devoir de prévenir le comte de Bonneville des dangers qui pouvaient le menacer, lui et la personne qu'il accompagnait. Et sur ce point, s'il se reprochait une chose, c'était d'avoir trop tardé. Aussi, après quelques secondes de réflexion, prit-il son parti.

Malgré les précautions de sa mère, le jeune baron Michel avait lu assez de romans pour savoir comment, au besoin, une simple paire de draps peut devenir une échelle fort satisfaisante, et c'était ce à quoi tout naturellement il avait songé d'abord ; mais d'abord les fenêtres de sa chambre étaient juste au-dessus de celles de l'office, d'où l'on devait immanquablement le voir suspendu entre le ciel et la terre, lorsqu'il achèverait sa descente, quoique, comme nous l'avons dit, la nuit commençât de tomber. En outre, le jeune baron craignait de faire comme la nuit, et il y avait si loin de la chambre au sol que, malgré sa résolution de conquérir le cœur de celle qu'il aimait au prix de mille dangers, notre jeune homme sentait une sueur froide passer sur tout son corps à l'idée de se trouver suspendu au-dessus d'un pareil abîme par un si fragile lien.

Il y avait en face de ses fenêtres un énorme peuplier du Canada, dont les branches s'avançaient à quatre ou cinq pieds du balcon. Descendre le long de ce peuplier, si inexercé que fût Michel dans les exercices du corps, cela lui semblait facile ; mais il fallait atteindre les branches, et le jeune homme ne comptait point assez sur l'élasticité de ses jarrets pour l'essayer. La nécessité le rendit ingénieux. Il avait trouvé, en furetant dans la chambre, tout un attirail de pêche, qui jadis lui avait servi à s'escrimer contre les carpes et les gardons du lac de Grandlieu, plaisir innocent que la sollicitude maternelle, si exagérée qu'elle soit, avait cru devoir autoriser. Il prit une de ses cannes à pêche qu'il munit d'un hameçon adhérent à la baleine. Il déposa la canne dressée près de la fenêtre. Il alla à son lit et prit un drap. A l'extrémité du drap il noua un chandelier. Il lui fallait un objet d'un certain poids ; un chandelier lui tomba sous la main, il prit un chandelier. Il lança son chandelier de manière à le faire retomber de l'autre côté d'une des plus grandes branches du peuplier ; puis, avec le bout de sa ligne, armé d'un hameçon, il saisit le bout flottant et le ramena à lui, après quoi il lia les deux bouts énergiquement au balcon de sa fenêtre ; une espèce de pont suspendu, d'une solidité à toute épreuve, se trouva ainsi établi entre la fenêtre et le peuplier. Le jeune homme se mit à califourchon sur ce pont, comme un matelot sur sa vergue, puis, en avançant doucement, il eut bientôt atteint la branche, puis l'arbre, puis enfin la terre. Alors, et sans se soucier si on le verrait ou non, il traversa la pelouse en courant, et se dirigea vers Souday, dont à présent il savait le chemin mieux que personne.

Lorsqu'il fut à la hauteur de la Roche-Servière, il entendit une fusillade qui lui parut éclater entre Montaigu et le lac de Grandlieu. Son émotion fut vive et profonde. Chacune des détonations qui lui arrivaient avec la brise produisait une commotion douloureuse qui se répercutait dans son cœur, et en effet indiquait peut-être le danger, peut-être même l'agonie de ceux qu'il aimait, et cette pensée le glaçait d'épouvante ; puis, lorsqu'il songeait que Mary pouvait l'accuser, rejeter sur lui les malheurs qu'il n'aurait pas su écarter de sa tête et de celle de son père, de sa sœur et de leurs amis, ses yeux se remplissaient de larmes. Aussi, loin de ralentir sa marche au bruit de cette fusillade, ne pensa-t-il qu'à redoubler de vitesse ; du pas accéléré il passa au pas de course, et arriva bientôt aux premiers arbres de la forêt de Machecoul. Là, au lieu de suivre la route qui retardait son arrivée de quelques minutes, il se jeta dans un sentier qu'il avait pris plus d'une fois dans ce même but de raccourcir son chemin.

Sous la voûte obscure des arbres, tombant de temps en temps dans un fossé, se heurtant à une pierre, s'accrochant à un buisson, tant l'obscurité était grande, tant le sentier était étroit, il arriva enfin à ce qu'on appelle le Val-du-Diable. Il franchissait le ruisseau qui en suit le fond, lorsqu'un homme, s'élançant brusquement d'une touffe de genêts, se précipita sur lui, et le saisit si brusquement qu'il le renversa en arrière dans le lit fangeux du ruisseau, et, lui faisant sentir contre la tempe le froid du canon d'un pistolet :

— Pas un cri, pas un mot, ou vous êtes mort ! lui dit-il.

Cette position affreuse pour le jeune homme se prolongea pendant une minute qui lui sembla un siècle. L'homme lui avait mis un genou sur la poitrine, le maintenant renversé, et restait lui-même immobile comme s'il attendait quelqu'un. Enfin, voyant que ce quelqu'un ne venait pas, il poussa un cri de chat-huant. Un cri semblable, venu de l'intérieur du bois, lui répondit ; puis le pas rapide d'un homme se fit entendre, et un nouveau personnage arriva sur le lieu de la scène.

— Est-ce toi, Guérin ? dit l'homme qui tenait sous son genou le jeune baron.
— Non, ce n'est pas Guérin, répondit l'homme ; c'est moi. — Qui, toi ? — Moi, Jean Oullier, répondit le nouveau venu. — Jean Oullier ! s'écria le premier avec tant de joie, qu'il se dressa à moitié et soulagea d'autant son prisonnier ; vrai, c'est vous ? vrai, vous avez échappé aux culottes rouges ? — Oui, grâce à

vous autres, mes amis ; mais nous n'avons pas une minute à perdre, si nous voulons éviter de grands malheurs. — Que faut-il faire ? Maintenant que tu es libre, et avec nous, tout ira bien. — Combien as-tu d'hommes avec toi ? — Nous étions huit en sortant de Montaigu, les gars de Vieillevique nous ont ralliés ; nous devons bien être quinze à dix-huit maintenant. — Et des fusils ? — Tous en ont. — Bien ; où les as-tu égaillés ? — Sur la lisière de la forêt. — Il faut rassembler tout ton monde. — Oui. — Tu connais le carrefour aux Raylions ? — Comme ma poche. — Vous y attendrez les soldats, non pas en embuscade, à découvert ; tu ordonneras le feu quand ils seront à vingt pas de tes hommes ; tuez-en le plus que vous pourrez, c'est toujours cela de vermine de moins. — Bien ; et après ? — Aussitôt les fusils déchargés, vous vous séparerez en deux bandes : l'une fuira par le sentier de la Cloutière, l'autre par le chemin de Bourgineux ; vous fuirez en tirailleurs, bien entendu ; faut leur donner du goût à vous suivre. — Pour les détourner de leur route, quoi ? — C'est cela, Guérin ; c'est justement cela. — Oui ; mais, et vous ? — Moi, je cours à Souday ; il faut que j'y sois dans dix minutes. — Oh ! oh ! Jean Oullier, fit le paysan d'un air de doute. — Eh bien, après, Jean Oullier ? Se défie-t-on de moi, par hasard ? — On ne dit pas que l'on se défie de toi, on dit qu'on ne se fie à aucun autre. — Il faut que je sois dans dix minutes à Souday, te dis-je ; et quand Jean Oullier dit : Il faut, c'est qu'il faut ; toi, tu occuperas les soldats pendant une demi-heure, c'est tout ce que je te demande. — Jean Oullier ! Jean Oullier ! — Quoi ? — Eh bien ! si les gars allaient ne pas vouloir attendre les culottes rouges à découvert ? — Tu le leur ordonneras au nom du bon Dieu. — Si c'était toi qui leur ordonne, ils obéiraient ; mais moi... avec ça qu'il y a Joseph Picaut, et tu sais bien que Joseph Picaut ne fait qu'à sa manière. — Mais, si je ne vais pas à Souday, qui ira à ma place ? — Moi, si vous voulez bien, monsieur Jean Oullier, dit une voix qui semblait sortir de terre. — Qui est-ce qui parle ? demanda le garde. — Un prisonnier que je viens de faire, répondit le chouan. — Comment s'appelle-t-il ? — Oh ! je ne lui ai pas demandé son nom. — Votre nom ? demanda durement Jean Oullier. — Je suis le baron de La Logerie, répliqua le jeune homme en parvenant à s'asseoir, car la main de fer du Vendéen, s'étant desserrée, lui avait rendu la liberté, et il en profitait pour respirer. — Ah ! le fils Michel ; encore vous par ici ? murmura Jean Oullier à demi voix et d'un ton farouche. — Oui ; lorsque M. Guérin m'a arrêté, j'allais justement à Souday prévenir mon ami Bonneville et Petit-Pierre que leur retraite était connue. — Et comment saviez-vous cela ? — Je l'ai appris hier soir en écoutant une conversation de ma mère avec Courtin. — Comment, alors, avec de si belles intentions, avez-vous tant tardé à avertir votre ami ? repartit Jean Oullier avec un accent tout à la fois de doute et d'ironie. — Parce que la baronne m'avait enfermé dans ma chambre, qu'elle est située au second, que je n'ai pu en sortir que ce soir, et par la fenêtre, au risque de me tuer.

Jean Oullier réfléchit pendant quelques secondes ; ses préventions contre tout ce qui venait de la Logerie étaient si fortes, sa haine contre tout ce qui portait le nom de Michel était si profonde, qu'il lui répugnait d'accepter le moindre service du jeune homme ; car, malgré son accent de naïve franchise, le méfiant Vendéen se demandait encore si sa bonne volonté ne cachait pas quelque bonne trahison. Cependant, il comprenait que Guérin avait raison ; que, seul dans une circonstance suprême, il saurait donner aux chouans assez de confiance en eux-mêmes pour se laisser aborder par leurs ennemis ; que, seul, il pourrait prendre les mesures nécessaires pour ralentir leur marche.

D'un autre côté, il se disait que Michel, mieux qu'aucun des paysans, saurait expliquer au comte de Bonneville le danger qui le menaçait, et, tout en rechignant encore, il se résigna à avoir une obligation au jeune rejeton de la famille Michel. Mais ce ne fut point sans murmurer.

— Ah! louveteau! il faut bien que je ne puisse faire autrement, va!... Eh bien, soit! dit-il, allez-y donc; mais avez-vous des jambes, au moins? — D'acier. — Hum! fit Jean Oullier. — Si mademoiselle Bertha était là, elle vous le certifierait. — Mademoiselle Bertha? dit Jean Oullier dont les sourcils se froncèrent. — Oui; c'est moi qui ai été chercher le médecin pour le père Tinguy, et je n'ai mis que cinquante minutes pour faire deux lieues et demie, aller et retour.

Jean Oullier secoua la tête en homme qui est loin d'être convaincu.

— Occupez-vous de vos ennemis, dit Michel, et comptez sur moi; il vous fallait dix minutes pour aller à Souday, moi j'y serai dans cinq, je vous en réponds.

Et le jeune homme secoua la fange dont il était couvert, et s'apprêta à partir.

— Connaissez-vous le chemin, au moins? lui demanda Jean Oullier. — Si je le connais? comme les sentiers du parc de la Logerie. Et s'élançant dans la direction du château de Souday : Bonne chance, monsieur Jean Oullier! cria-t-il au Vendéen.

Jean Oullier resta un instant rêveur; les connaissances que le jeune baron avait des environs du château de son maître le contrariaient singulièrement.

— Bon! bon! dit-il enfin en grommelant, nous mettrons ordre à tout cela quand nous en aurons le temps. Puis à Guérin : Voyons, toi, dit-il, appelle tes gars.

Le chouan déchaussa un de ses sabots, et, l'approchant de sa bouche, souffla dedans de façon à imiter le hurlement d'un loup.

— Crois-tu qu'ils t'entendront? demanda Jean Oullier. — A coup sûr; j'ai pris le dessus du vent pour les rallier au besoin. — Alors, inutile de les attendre ici; gagnons le carrefour des Rayhons, tu les houleras tout en marchant, et ce sera autant de temps de gagné. — Combien de temps avez-vous à peu près d'avance sur les soldats? demanda Guérin en se jetant dans le fourré à la suite de Jean Oullier. — Une grande demi-heure; ils se sont arrêtés à la ferme de la Pichardière. — A la Pichardière? fit Guérin devenu rêveur. — Sans doute; le Pascal Picaut qu'ils auront réveillé, lui, aura servi de guide; n'est-il pas homme à cela? — Le Pascal Picaut ne servira plus de guide à personne; le Pascal Picaut ne se réveillera plus, dit Guérin d'une voix sombre. — Ah! ah! dit Jean Oullier; tantôt... c'était donc lui?... — Oui, c'était lui. — Et tu l'as tué? — Il se débattait, il appelait à l'aide, les soldats étaient à demi-portée de fusil de nous; il a bien fallu. — Pauvre Pascal! fit Jean Oullier. — Oui, reprit Guérin; quoique pataud, c'était un brave homme. — Et son frère? demanda Jean Oullier. — Son frère? — Oui, Joseph? — Il regardait, dit Guérin.

Jean Oullier se secoua comme un loup qui reçoit dans le flanc une charge de chevrotines; cette vigoureuse nature avait accepté toutes les conséquences d'une lutte terrible, comme le sont d'ordinaire les luttes des guerres civiles, mais il n'avait pas prévu celle-là, et elle le faisait frissonner d'horreur. Pour dérober son émotion à Guérin, il se mit à hâter le pas et analyser les ténèbres, à franchir les cépées avec la rapidité qu'il y mettait quand il appuyait ses chiens. Guérin qui, du reste, s'arrêtait de temps en temps pour souffler dans son sabot, avait peine à le suivre. Tout à coup, il l'entendit qui sifflait doucement pour l'arrêter.

En ce moment il était arrivé à un endroit de la forêt que l'on appelle le Saut-de-Baugé. Il n'était qu'à peu de distance du carrefour des Rayhons.

XXIV

LE SAUT-DE-BAUGÉ.

Appelé par le coup de sifflet que nous avons indiqué, Guérin arriva près de Jean Oullier et le trouva qui hésitait. Disons la cause de son hésitation.

Le Saut-de-Baugé est un marécage au-dessus duquel le chemin qui conduit à Souday monte presque perpendiculairement. C'est un des escarpements les plus abrupts de cette montueuse forêt. La colonne des culottes rouges, comme Guérin appelait les soldats, devait d'abord traverser ce marécage, puis gravir cette côte rapide. Jean Oullier était arrivé à l'endroit de la route où le chemin s'étend, à l'aide de fascines, à travers le marécage, pour monter ensuite la colline. Nous l'avons dit, arrivé là, il avait sifflé Guérin, qui le trouva réfléchissant.

— Eh bien! demanda Guérin, à quoi penses-tu? — Je pense, répondit Jean Oullier, que ceci vaudrait peut-être mieux que le carrefour des Rayhons. — D'autant plus, fit Guérin, que voici une charrette derrière laquelle on pourrait s'embusquer.

Jean Oullier, qui ne l'avait pas vue ou qui n'y avait pas fait attention, examina l'objet que lui indiquait son compagnon. C'était une lourde voiture chargée de bois, que ses conducteurs avaient abandonnée pour la nuit au bord du marais, sans doute parce que, surpris par l'obscurité, ils n'avaient pas osé se hasarder sur l'étroit chemin qui, pareil à un pont, traversait le marais fangeux.

— J'ai une idée, dit Jean Oullier en regardant alternativement la charrette et la colline, qui se dressait comme un rempart sombre de l'autre côté du marais; seulement il faudrait...

Et Jean Oullier regarda autour de lui.

— Il faudrait quoi? — Que les gars arrivassent. — Les voici, dit Guérin. Tiens, regarde, voici Patry, voici les deux frères Gambier, voilà les gens de Vieillevique, et puis Joseph Picaut.

Jean Oullier se détourna pour ne pas voir celui-ci. Effectivement, les chouans arrivaient de tous les côtés; il en sortait un de derrière chaque haie, il en surgissait un de chaque buisson. Bientôt ils furent tous réunis.

— Mes gars, leur dit Jean Oullier, depuis que la Vendée est Vendée, c'est-à-dire depuis qu'elle se bat, jamais ses enfants ne se sont trouvés plus qu'aujourd'hui dans l'obligation de montrer leur cœur et leur foi; si nous n'arrêtons pas les soldats de Louis-Philippe, je crois qu'un grand malheur arrivera; un malheur tel, mes enfants, que toute la gloire dont notre pays s'est couvert en sera effacée. Quant à moi, je suis bien décidé à laisser mes os dans le Saut-de-Baugé, avant de permettre que cette infernale colonne aille plus loin. — Nous aussi, Jean Oullier! dirent toutes les voix. — Bien! Je n'attendais pas moins des hommes qui m'ont suivi depuis Montaigu pour me délivrer, et qui y ont réussi. Voyons, pour commencer, cela vous effrayerait-il de m'aider à pousser cette charrette jusqu'au haut de la côte? — Essayons, dirent les Vendéens.

Jean Oullier se mit à leur tête, et la lourde voiture, que les uns poussaient par les roues, les autres par derrière, tandis que huit ou dix la tiraient par les brancards, traversa sans encombre le marais, et fut hissée plutôt que traînée sur le sommet de l'escarpement. Lorsque Jean Oullier l'eut calée avec des pierres, de façon à ce qu'elle ne redescendît pas d'elle-même, entraînée par son propre poids, cette rampe qu'elle avait eu tant de peine à gravir :

— Maintenant, dit-il, vous allez vous embusquer de chaque côté du marais, moitié à droite, moitié à gauche ; et quand il sera temps, c'est-à-dire quand je crierai : « Feu ! » vous tirerez ; si les soldats se retournent et vous suivent, comme je l'espère, battez doucement en retraite du côté de Grandlieu, toujours de façon à les entraîner à votre poursuite, à dégager Souday, où ils veulent arriver. Si, au contraire, ils continuent leur chemin à grande course, alors, chacun de notre côté, nous irons les attendre au carrefour des Rayhons ; c'est là qu'il s'agira de tenir ferme et de mourir à son poste.

Les chouans allèrent prendre leur poste aux deux côtés du marécage, Jean Oullier resta seul avec Guérin. Alors il se jeta à plat ventre, collant son oreille contre la terre.

— Ils approchent, dit-il ; ils suivent le chemin de Souday comme s'ils le connaissaient. Qui diable peut donc les conduire, puisque Pascal Picaut est mort. — Ils auront trouvé à la ferme quelque paysan qu'ils auront contraint. — Alors, c'en est encore un qu'il faudra leur enlever en fin fond de forêt de Machecoul. Sans guide, il n'en rentrera pas un dans Montaigu. — Ah çà ! mais, tu n'as pas d'armes, Jean Oullier ? — Moi, répliqua le vieux Vendéen en riant entre ses dents, j'en ai une qui en abattra plus que ta carabine, et dans dix minutes, sois tranquille, si tout va comme je l'espère, les fusils ne seront pas rares le long du Saut-de-Baugé.

En achevant ces mots, Jean Oullier se releva, et, remontant la pente qu'il avait descendue à moitié pour faire prendre à ses hommes leurs dispositions de bataille, il se rapprocha de la charrette. Il était temps ; comme il arrivait sur l'extrême hauteur, il entendit sur la descente opposée le bruit des pierres qui roulaient sous les pieds des chevaux, et il vit deux ou trois étincelles que leurs fers tiraient des cailloux. L'air, en outre, était imprégné de ce frémissement qui, dans la nuit, annonce l'approche d'une troupe armée.

— Allons, va rejoindre les hommes, dit-il à Guérin ; moi, je reste ici. — Pourquoi faire ? — Tu le verras tout à l'heure.

Guérin obéit. Jean Oullier se glissa sous la charrette, et attendit. A peine Guérin avait-il pris son poste près de ses compagnons, que les deux chasseurs d'avant-garde se trouvèrent au bord du marécage. Voyant la difficulté du terrain, ils s'arrêtèrent hésitant.

— Tout droit ! cria une voix fermement accentuée, quoique avec un timbre féminin. Tout droit !

Les deux chasseurs s'engagèrent dans le marécage, et, grâce au chemin tracé par les fascines, ils le traversèrent sans accident ; ils se mirent alors à gravir la hauteur, se rapprochant de plus en plus de la charrette, et par conséquent de Jean Oullier. Lorsqu'ils ne furent plus qu'à vingt pas de lui, Jean Oullier se glissa sous la charrette, et, se suspendant par les mains à l'essieu, par les pieds aux barres de devant, il demeura immobile. Bientôt les deux chasseurs d'avant-garde arrivèrent à la hauteur de la charrette. Ils l'examinèrent attentivement du haut de leur monture ; mais ne voyant rien qui pût exciter leur méfiance, ils continuèrent leur chemin.

Le gros de la colonne était alors au bord du marais; la veuve passa d'abord, puis le général, puis les chasseurs. Derrière les chasseurs vint l'infanterie. On traversa le marécage dans cet ordre. Mais au moment où l'on atteignait le bas de la pente, un bruit semblable au roulement du tonnerre partit du sommet de l'escarpement que les soldats allaient gravir; le sol trembla sous leurs pas, et une sorte d'avalanche descendit du haut de la colline avec la rapidité de la foudre.

— Rangez-vous! cria le général d'une voix qui dominait tout cet horrible fracas.

Et, saisissant la veuve par le bras, il donna un coup d'éperon à son cheval, qui bondit et se jeta dans les buissons. Le général avait surtout pensé à son guide : c'était pour le moment ce qu'il avait de plus précieux. Son guide et lui étaient sauvés. Mais les soldats, pour la plupart, n'eurent pas le temps d'exécuter l'ordre de leur chef : paralysés par le bruit étrange qu'ils entendaient, ne sachant à quel nouvel ennemi ils avaient affaire, aveuglés par les ténèbres, se sentant enveloppés par le danger, ils demeurèrent au milieu du chemin, et la charrette, car c'était elle que Jean Oullier avait lancée sur la déclivité de la route, troua leur masse comme eût pu le faire un énorme boulet, et s'abattit au milieu d'eux, tuant ceux qui se trouvaient sous ses roues, blessant ceux qu'elle couvrait de ses débris.

Un moment de stupeur suivit cette catastrophe, mais elle n'eut point de prise sur le général, qui, d'une voix forte, cria :

— En avant, soldats! en avant! et sortons au plus vite de ce coupe-gorge.

Au même instant une voix, non moins forte que celle du général, cria :

— Feu! les gars. Un éclair sortit de chaque buisson du marais, et une pluie de balles vint crépiter autour de la petite colonne.

La voix qui avait commandé le feu s'était fait entendre en avant de la colonne, les coups de feu pétillaient derrière elle; le général, vieux loup de guerre aussi rusé que Jean Oullier, comprit la manœuvre. On voulait le détourner de son chemin.

— En avant! cria-t-il; ne perdez pas votre temps à riposter. En avant! en avant!

La troupe prit le pas de course, et, malgré la fusillade, elle arriva au sommet de la colline. En même temps que le général et ses soldats accomplissaient leur mouvement ascensionnel, Jean Oullier, se masquant derrière les bruyères, descendait rapidement la colline, et se retrouvait au milieu de ses compagnons.

— Bravo! lui dit Guérin. Ah! si nous avions eu seulement dix bras comme les vôtres et quelques charrettes de bois comme celle-là, nous serions à cette heure délivrés de ces maudits soldats. — Bah! répondit Jean Oullier, je ne suis pas aussi satisfait que toi; j'espérais qu'ils retourneraient en arrière, et il n'en est rien; j'espérais qu'ils rebrousseraient chemin, et ils m'ont tout l'air de continuer leur route. Au carrefour des Rayhons, donc! et aussi vite que nos jambes pourront nous y porter. — Qui donc prétend que les culottes rouges continuent leur route? demanda une voix.

Jean Oullier s'approcha de la clairière marécageuse d'où cette voix était partie, et reconnut Joseph Picaut. Le Vendéen, un genou en terre et son fusil près de lui, vidait consciencieusement les poches de trois soldats que l'énorme projectile de Jean Oullier avait renversés et écrasés. Le vieux garde se retourna avec dégoût.

— Écoute Joseph, dit Guérin, parlant bas à l'oreille de Jean Oullier, écoute-le, car il y voit la nuit comme un chat, et son conseil n'est point à dédaigner.

— Et je prétends, moi, continua Joseph Picaut en enfermant son butin dans un bissac qu'il portait toujours avec lui, je prétends, moi, que depuis qu'ils sont arrivés au faîte de la montagne, les bleus n'ont point bougé de place. Vous n'avez donc pas d'oreilles, vous autres, que vous ne les entendez pas qui trépignent là-haut comme des moutons dans leur parc? Eh bien, si vous ne les entendez pas, je les entends, moi. — Il faudrait s'en assurer, dit Jean Oullier à Guérin, évitant ainsi de répondre à Joseph. — Vous avez raison, Jean Oullier, et j'y vais moi-même, répondit Guérin.

Le Vendéen traversa le marais, se jeta dans les roseaux, gravit la moitié de la rampe, puis, arrivé là, se coucha à plat ventre, rampant comme une couleuvre le long des rochers, et glissant si doucement entre les bruyères que c'était à peine si son passage agitait leur cime. Il arriva ainsi jusqu'aux deux tiers de la colline.

Lorsqu'il ne fut plus qu'à trente pas du point culminant, au lieu de rester dans la situation dans laquelle il avait marché, il se redressa, mit son chapeau au bout d'une branche, et l'agita au-dessus de sa tête. Aussitôt, un coup de feu parti de la hauteur fit voler le chapeau de Guérin à vingt pas de son propriétaire.

— Il a raison, dit Jean Oullier, qui entendit d'en bas la détonation; mais comment se fait-il qu'ils renoncent à leur projet? Leur guide a-t-il été tué? — Leur guide n'a pas été tué, dit Joseph Picaut d'un air sinistre. — L'as-tu donc vu? demanda une voix, car Jean Oullier semblait décidé à ne plus adresser la parole à Picaut. — Oui, répondit le chouan. — Reconnu? — Oui. — Alors, murmura Jean Oullier, se parlant à lui-même, c'est qu'ils n'aiment pas les fondrières, et que l'air des marais leur semble malsain; derrière ces rochers, ils sont à l'abri de nos balles, et ils y vont demeurer sans doute jusqu'au jour.

Effectivement, et comme pour donner raison au Vendéen, on aperçut d'abord de faibles lueurs briller sur la hauteur. Peu à peu les lueurs s'activèrent, grandirent, et quatre ou cinq feux éclairèrent de leurs reflets sanglants les maigres buissons qui poussaient entre les interstices du rocher.

— Voilà qui est bien étrange, si leur guide est encore avec eux, dit Jean Oullier. Enfin, c'est possible, et comme, s'ils changent d'idée, c'est toujours par le carrefour des Rayhons qu'ils doivent passer... Il regarda autour de lui, et voyant Guérin qui était revenu prendre sa place à son côté : Tu vas, continua-t-il, t'y rendre avec les hommes, Guérin. — Bien, fit celui-ci. — S'ils continuent leur route, tu sais ce que tu as à faire. Si, au contraire, ils ont décidément établi leur bivouac au Saut-de-Baugé, dans une heure tu pourras les laisser grelotter à leur aise autour de leur feu; il sera inutile de les attaquer. — Pourquoi cela? dit Joseph Picaut.

Interpellé directement comme chef, et sur un ordre donné par lui, Jean Oullier fut forcé de répondre.

— Parce que, dit-il, c'est un crime d'exposer inutilement la vie des braves gens. — Dites tout simplement, Jean Oullier... — Quoi? demanda le vieux garde interrompant vivement Joseph Picaut. — Dites parce que mes maîtres, les nobles que je sers, n'ont plus besoin de la vie de ces braves gens, et cette fois-là vous direz la vérité, Jean Oullier. — Qui est-ce qui dit que Jean Oullier a jamais menti? demanda le vieux garde en fronçant le sourcil. — Moi, reprit Joseph Picaut.

Jean Oullier serra les dents, mais se contint; il semblait décidé à n'avoir ni amitié ni risque avec le galérien.

— Moi, répéta celui-ci ; moi qui prétends que ce n'est point par souci de nos corps que vous voulez nous empêcher de profiter de notre victoire ; mais parce que vous ne nous avez fait battre que pour empêcher les culottes rouges de piller le château de Souday. — Joseph Picaut, répondit Jean Oullier avec calme, quoique nous portions la même cocarde, nous ne suivons pas les mêmes voies, et ne tendons pas au même but. J'ai toujours pensé que, quelles que fussent les opinions, les hommes étaient frères, et je ne me plais pas à voir répandre inutilement le sang de mon frère, moi. Quant à ce qui est de mes relations avec mes maîtres, j'ai toujours regardé l'humilité comme la première loi d'un chrétien, surtout lorsque ce chrétien est un pauvre paysan comme vous et moi ; enfin, j'ai toujours envisagé l'obéissance comme le premier devoir d'un soldat. Je sais que vous ne pensez pas ainsi ; tant pis pour vous ! En d'autres circonstances, je vous eusse peut-être fait repentir de ce que vous venez de dire, mais en ce moment je ne m'appartiens pas... Rendez grâce à Dieu ! — Eh bien, dit en ricanant Joseph Picaut, quand vous serez redevenu propriétaire de votre individu, vous savez où me trouver, n'est-ce pas, Jean Oullier ? et vous ne me chercherez pas longtemps.

Puis, se retournant vers la petite troupe :

— Maintenant, dit-il, si parmi vous autres il en est qui pensent qu'il est fou d'attendre le lièvre à l'affût quand on peut le prendre au gîte, que ceux-là viennent avec moi. Et il fit un mouvement pour s'éloigner.

Personne ne bougea, personne même ne répondit. Joseph Picaut, voyant le silence général qui accueillait sa proposition, fit un geste de colère, et s'enfonça dans le hallier. Jean Oullier prit ses paroles pour une forfanterie, et se contenta de hausser les épaules.

— Allons ! allons ! vous autres, dit Jean Oullier aux chouans, au carrefour des Rayhons, et vivement. Suivez le lit du ruisseau jusqu'à la taille des Quatre-Vents, et dans un quart d'heure vous y serez. — Et vous, Jean Oullier ? demanda Guérin. — Moi, répondit le vieux garde, je cours à Souday ; je veux m'assurer que ce Michel a rempli sa mission.

La petite troupe s'éloigna obéissante, suivant, comme l'avait dit Jean Oullier, le cours du ruisseau qu'elle descendait. Le vieux garde resta seul. Il écouta pendant quelques instants le bruit de l'eau que les chouans agitaient en marchant ; mais bientôt ce bruit finit par se confondre avec celui des cascatelles, et Jean Oullier tourna la tête du côté des soldats.

Les rochers sur lesquels la colonne avait fait halte formaient une petite chaîne qui allait de l'est à l'ouest, dans la direction de Souday. A l'est, elle se terminait à deux cents pas environ de l'endroit où s'était passée la scène que nous venons de raconter, finissant par une pente douce qui allait aboutir au ruisseau dont les chouans avaient remonté le cours, pour tourner au campement des soldats. Du côté de l'ouest, elle se prolongeait pendant une demi-lieue à peu près, et plus elle avançait du côté de Souday, plus elle devenait escarpée, plus elle s'élevait, plus ses flancs étaient abruptes et dénués de végétation. De ce côté, elle se terminait par un véritable précipice formé d'énormes rochers perpendiculaires qui surplombaient le ruisseau mouillant leur base.

Une ou deux fois peut-être dans sa vie, et pour gagner de vitesse le sanglier que les chiens poursuivaient, Jean Oullier s'était risqué à descendre le précipice. Cette descente s'était opérée par un sentier perdu dans les touffes de genêts large d'un pied à peine, et que l'on appelait la viette des Biques, c'est-à-dire le sentier des chèvres. Ce sentier n'était connu que de quelques chasseurs. Mais Jean Oullier lui-même l'avait descendu avec tant de difficultés et en affrontant de si grands périls, qu'il lui semblait impossible que l'on pût, pendant la nuit, avoir l'idée d'utiliser ce passage. Si le chef de la colonne ennemie voulait continuer son mouvement agressif vers Souday, il devait donc, ou suivre ce chemin, et alors rencontrer les chouans au carrefour des Rayhons, ou prendre par la pente praticable, c'est-à-dire revenir sur ses pas, et prendre et suivre le ruisseau que les Vendéens venaient de remonter. Mais le ruisseau recevait à quelques pas de là un affluent considérable; il devenait torrent, et torrent profond et rapide, ses bords étaient garnis de ronces qui les rendaient impénétrables. Il n'y avait donc encore aucun danger à redouter de ce côté; et cependant, par une espèce de pressentiment, Jean Oullier n'était pas tranquille : il lui semblait tout à fait extraordinaire que la volonté du général ait ainsi cédé à la première attaque, et qu'il eût si subitement renoncé à son dessein de marcher sur Souday.

Au lieu de s'éloigner, comme il avait dit, il regardait donc les hauteurs d'un œil pensif et inquiet, lorsqu'il lui sembla que les feux perdaient de leur vivacité et de leur éclat, et que la lumière qu'ils projetaient sur les rochers qui leur servait d'abri devenait de plus en plus pâle. Jean Oullier eut bien vite pris son parti, s'élança par le même chemin qu'avait pris Guérin, et en employant la même tactique que lui; seulement, comme Guérin, il ne s'arrêta point aux deux tiers de la montée, il continua de ramper jusqu'à ce qu'il fût au pied des blocs de pierre qui entouraient la hauteur comme d'une ceinture, puis il écouta ; mais il n'entendit aucun bruit. Alors il se dressa doucement sur ses pieds, et par l'intervalle que laissaient entre elles deux énormes roches, il regarda et ne vit rien. La place était déserte, les feux étaient solitaires, et les branches de genêts dont on les avait couverts crépitaient seules en s'éteignant dans le silence. Jean Oullier gravit un versant des rochers, se laissa glisser sur l'autre, et tomba à la place où il avait supposé les soldats. Les soldats avaient disparu. Alors il poussa un cri terrible, cri de rage et d'appel à ses compagnons, et avec la légèreté d'un daim poursuivi en appelant à ses muscles d'acier, il s'élança le long de la chaîne de rochers dans la direction de Souday. Il n'y avait plus à en douter, le guide inconnu ou plutôt connu de Joseph Picaut, seul, avait dirigé les soldats du côté de la viette des Biques.

Quelles que fussent les difficultés que la nature du terrain opposait à la marche de Jean Oullier, glissant sur les rochers plats couchés dans la mousse comme autant de pierres funèbres, se heurtant aux rocs de granit qui se dressaient sur la bruyère comme des soldats en sentinelle, s'enchevêtrant les pieds dans les ronces qui lui déchiraient la chair, il ne mit pas plus de dix minutes à parcourir la colline dans toute sa longueur. Arrivé à son extrémité, il escalada un dernier monticule qui dominait le vallon et aperçut les soldats. Ils achevaient de franchir la déclivité de la colline; ils s'étaient hasardés, contre toute attente, dans la viette des Biques, et, à la lueur des torches qu'ils avaient allumées pour éclairer leurs pas, on voyait leur file serpenter le long de l'abîme. Jean Oullier se cramponna à l'énorme pierre sur laquelle il était monté, la secoua, espérant l'ébranler et la faire rouler sur leurs têtes; mais les efforts de cette rage folle furent impuissants, et un ricanement moqueur répondit aux imprécations dont il les accompagnait. Jean Oullier se retourna, pensant que Satan seul pouvait rire ainsi. Le rieur était Joseph Picaut.

— Eh bien! maître Jean, dit celui-ci en sortant d'une touffe de genêts, m'est avis que mon affût valait mieux que le vôtre; seulement vous m'avez fait perdre mon temps, je suis arrivé trop tard, et il en pourra cuire à vos amis. — Mon Dieu! mon Dieu! s'écria Jean Oullier en prenant ses cheveux à pleines mains; qui donc a pu les conduire par la viette des Biques? — En tout cas, dit Joseph Picaut, celle qui les y a conduits ne les ramènera ni par ce chemin, ni par un autre. Regarde-la bien maintenant, Jean Oullier, si tu tiens à la voir vivante.

Jean Oullier se pencha de nouveau. Les soldats avaient traversé le ruisseau, ils se reformaient autour du général : au milieu d'eux, à cent pas à peine, mais séparée des deux hommes par un abîme, on apercevait une femme, les cheveux épars, qui du doigt indiquait au général le chemin qu'il fallait suivre.

— Marianne Picaut! s'écria Jean Oullier.

Le chouan ne répondit rien, mais il mit son fusil à l'épaule et chercha lentement son point de mire. Jean Oullier s'était retourné au bruit qu'avait fait le chien en s'armant. Au moment où le tireur allait appuyer sur la gâchette, il releva brusquement le canon du fusil.

— Malheureux! lui dit-il, laisse-lui au moins le temps d'ensevelir ton frère.

Le coup partit en l'air, la balle alla se perdre dans l'espace.

— Tiens! s'écria Joseph Picaut furieux, en saisissant son fusil par le canon et en en déchargeant un coup terrible par la crosse sur la tête de Jean Oullier qui ne s'attendait point à cette attaque; tiens! les blancs comme toi, je les traite comme des bleus.

Malgré sa force herculéenne, le vieux Vendéen tomba d'abord sur ses genoux; puis, ne pouvant pas même se maintenir dans cette position, roula le long du rocher. Dans cette chute, il voulut se retenir à une touffe de bruyères que sa main avait saisie instinctivement, mais peu à peu il la sentit qui cédait sous le poids de son corps. Tout étourdi qu'il était, Jean Oullier n'avait cependant pas tout à fait perdu connaissance, et s'attendant à chaque instant à sentir se briser dans ses doigts les rameaux fragiles qui le soutenaient au-dessus de l'abîme, il recommandait son âme à Dieu. En ce moment il entendit quelques détonations d'armes à feu retentir dans la bruyère, et, à travers ses paupières à moitié fermées, vit briller comme des étincelles. Espérant que c'étaient les chouans qui arrivaient conduits par Guérin, il essaya de crier; mais il lui sembla que sa voix était emprisonnée dans sa poitrine et ne pouvait soulever cette espèce de main de plomb qui arrêtait le souffle sur ses lèvres. Il était comme un homme en proie à un affreux cauchemar, et la douleur que lui causait l'attente devint si violente, qu'il lui semblait, oubliant le coup qu'il avait reçu, voir ruisseler de son front sur sa poitrine une sueur de sang. Peu à peu ses forces l'abandonnèrent, ses doigts se détendirent, ses muscles se relâchèrent, et l'angoisse qu'il ressentait devint d'autant plus terrible, qu'il lui semblait que c'était volontairement qu'il abandonnait les branches qui le maintenaient au-dessus du vide. Bientôt il lui parut qu'il était attiré vers l'abîme comme par une force irrésistible, ses doigts quittèrent leur dernier appui. Mais, au moment même où il lui semblait qu'il allait entendre l'air tourbillonner et siffler à son passage, qu'il allait sentir la pointe aiguë des rochers déchirer son corps, des bras vigoureux le saisirent et le transportèrent sur une petite plate-forme qui s'étendait à quelques pas du précipice. Il était sauvé! Seulement ces bras le secouaient bien brutalement pour être des bras amis.

XXV

OÙ M. LE MARQUIS DE SOUDAY NE SE DONNE PAS LA PEINE DE DISSIMULER SA COLÈRE.

Le lendemain de l'arrivée du comte de Bonneville et de son compagnon au château de Souday, le marquis était revenu de son expédition, ou plutôt de sa conférence. En descendant de cheval, le digne gentilhomme manifesta une humeur massacrante. Il gourmanda ses filles qui n'étaient pas venues au-devant de lui, au moins jusqu'à la porte; pesta après Jean Oullier qui avait pris la licence d'aller à la foire de Montaigu sans son consentement, et gourmanda sa cuisinière, qui, à défaut de son majordome, était venue lui tenir l'étrier, et qui, au lieu de prendre celui de droite, tirait de toutes ses forces sur l'étrivière de gauche, ce qui força le marquis à descendre du côté opposé au perron.

En entrant au salon, M. de Souday continua d'exhaler sa colère par des monosyllabes qui avaient une si belle énergie, que Mary et Bertha, si accoutumées que fussent leurs oreilles aux licences de langage que se permettait le vieil émigré, ne savaient plus quelle contenance garder. Vainement elles essayèrent leurs plus douces câlineries pour dérider le front soucieux de leur père, rien n'y faisait, et tout en chauffant ses pieds au feu de la cheminée, le marquis continuait de frapper sur ses grandes bottes avec le fouet qu'il tenait à la main, paraissant très-désolé que lesdites bottes ne fussent pas messieurs tels et tels, auxquels il adressait, en même temps qu'il jouait avec le manche de son fouet, les épithètes les plus malsonnantes. Décidément le marquis de Souday était furieux.

En effet, depuis quelque temps il se blasait sur les plaisirs de la chasse; il s'était surpris bâillant en accomplissant le whist qui terminait invariablement toutes ses soirées. Les jouissances du faisant-valoir lui semblaient insipides, et le séjour de Souday nauséabond. En même temps, jamais, depuis dix ans, ses jambes n'avaient eu autant d'élasticité, jamais sa poitrine n'avait respiré si libre, jamais son cerveau n'avait été aussi entreprenant. Il entrait dans cet été de la Saint-Martin des vieillards, époque où leur esprit jette une lueur plus vive avant de pâlir, où leur corps rassemble toutes ses forces comme pour se préparer à la dernière lutte; et le marquis, se trouvant plus gaillard, plus dispos qu'il ne l'était depuis longues années, mal à l'aise dans le petit cercle de ses occupations ordinaires devenues insuffisantes, sentant l'ennui le gagner, avait pensé que les émotions d'une nouvelle Vendée iraient merveilleusement à sa nouvelle jeunesse, et n'avait pas douté un instant qu'il ne retrouvât dans la vie accidentée du partisan ces profondes jouissances dont le souvenir seul charmait ses vieux jours.

Il avait donc accueilli avec enthousiasme l'annonce d'une prise d'armes, et une commotion politique de cette espèce, venue à point, lui prouvait une fois de plus ce que déjà bien souvent il avait supposé dans son placide et naïf égoïsme: que le monde entier avait été créé et manœuvrait pour la plus complète satisfaction d'un aussi digne gentilhomme que l'était M. le marquis de Souday. Mais il avait trouvé chez ses coreligionnaires politiques une tiédeur, un désir d'atermoiement qui l'avaient exaspéré: les uns avaient prétendu que l'esprit public n'était pas mûr; les autres, qu'il était imprudent de rien tenter sans s'être assuré d'une défection dans l'armée ; les autres avaient avancé que l'enthousiasme religieux et politique était si singulièrement refroidi chez les paysans, qu'il serait difficile de les conduire au combat ; et l'héroïque marquis, qui ne pouvait comprendre que la France entière ne fût pas prête, alors qu'une petite campagne lui semblait un passe-temps tout à fait agréable, que Jean Oullier avait fourbi sa meilleure carabine, que ses filles lui avaient brodé une écharpe et un cœur sanglant, avait rompu brusquement avec ses amis, et avait regagné son château sans vouloir en écouter davantage.

Mary, qui savait à quel point son père respectait la tradition de l'hospitalité, profita d'une augmentation de mauvaise humeur chez le digne gentilhomme pour lui annoncer doucement la présence du comte de Bonneville au château de Souday, espérant ainsi opérer une diversion au courroux que manifestait l'irascible vieillard.

— Bonneville ! Bonneville ! Qu'est-ce que cela, Bonneville ? grommela le marquis de Souday ; quelque pancalier ou quelque avocat ; un de ces officiers poussés tout épauletés en une heure, ou un de ces bavards qui n'ont jamais fait feu que de la langue ; un mirliflor qui va nous prouver qu'il faut attendre, laisser Philippe user sa popularité ! Comme si, en supposant que cela soit nécessaire une popularité, il n'était pas bien plus simple et bien plus facile d'en conquérir une à notre roi. — Je vois que monsieur le marquis est pour une prise d'armes immédiate, fit une petite voix douce et flûtée à côté du marquis de Souday.

Celui-ci se retourna, et aperçut un tout jeune homme vêtu en paysan, qui, appuyé comme lui à la cheminée, se chauffait comme lui les pieds au foyer. L'étranger était entré sans bruit par une porte latérale, et le marquis, qui, du reste, lui tournait le dos au moment de son entrée, emporté par la chaleur de ses imprécations, n'avait pas pris garde aux signes par lesquels ses filles l'avertissaient de la présence d'un de leurs hôtes. Petit-Pierre, car c'était lui, paraissait avoir de seize à dix-huit ans ; mais il était bien mince et bien frêle pour son âge. Sa figure était pâle, et de longues boucles de cheveux noirs qui l'encadraient en faisaient encore ressortir la blancheur ; ses grands yeux bleus rayonnaient d'intelligence ; sa bouche, fine et légèrement retroussée dans les coins, s'animait d'un sourire malicieux ; son menton, fortement proéminent, indiquait une force de volonté peu commune. Enfin, un nez légèrement aquilin, complétait une physionomie dont la distinction contrastait étrangement avec son costume.

— Monsieur Petit-Pierre, dit Bertha, en prenant la main du nouveau venu, et en le présentant à son père.

Le marquis fit une profonde inclination, à laquelle le jeune paysan répondit par un salut des plus gracieux. Le vieil émigré n'était que légèrement intrigué par le costume et par le nom de Petit-Pierre ; la grande guerre l'avait habitué à ces sobriquets sous lesquels les gens de la plus haute naissance dissimulaient leur qualité, aux travestissements sous lesquels ils cherchaient à cacher leur distinction native ; mais ce qui le préoccupait singulièrement, c'était l'excessive jeunesse de son hôte.

— Mesdemoiselles de Souday m'ont dit, Monsieur, qu'elles avaient été assez heureuses pour pouvoir être hier soir de quelque utilité à vous et à votre ami, M. le comte de Bonneville ; ce m'est un double regret d'avoir été absent de ma maison : sans la désagréable corvée que ces messieurs m'ont fait faire, j'aurais eu l'honneur de vous ouvrir moi-même mon pauvre château ; enfin, j'espère que ces péronnelles auront compris qu'il était de leur devoir de me remplacer convenablement, et que rien de ce que comporte notre médiocre position n'aura été épargné pour vous rendre ce maussade séjour supportable. — Votre hospitalité, monsieur le marquis, ne pouvait que gagner à être exercée par d'aussi gracieux intermédiaires, répondit galamment Petit-Pierre. — Hum! fit le marquis en allongeant la lèvre supérieure, en d'autres temps que ceux où nous sommes, elles pourraient assez bien s'entendre à chercher quelque divertissement à leurs hôtes : Bertha, que voici, relève fort proprement une brisée et détourne un sanglier comme personne ; Mary, de son côté, n'a point sa pareille pour connaître les gaulées que hantent les bécasses. Mais, à part une certaine force au whist qu'elles tiennent de moi, je les regarde comme tout à fait impropres à faire les honneurs d'un salon, et, pour quelque temps, nous voici confinés en tête-à-tête avec nos tisons, ajouta M. de Souday en rapprochant iceux de son foyer par un coup de pied qui témoignait de la persistance de sa colère. — Je crois que bien peu de femmes de la cour possèdent autant de grâces et de distinction que ces demoiselles, et je vous assure qu'elle n'en a pas qui allient ces qualités à la noblesse de cœur et de sentiments dont vos deux filles, monsieur le marquis, nous ont donné des preuves. — La cour? fit le marquis de Souday avec une surprise interrogative, et en regardant Petit-Pierre.

Petit-Pierre rougit en souriant, comme un acteur qui se fourvoie devant un auditoire bénévole.

— Je parle par présomption, monsieur le marquis, dit-il avec un embarras trop profond pour ne pas être factice ; je dis la cour, parce que c'est là que leur nom a marqué la place de vos deux filles ; parce que c'est là, enfin, que je voudrais les voir.

Le marquis de Souday rougit aussi d'avoir fait rougir son hôte : il venait presque involontairement de toucher à l'incognito dans lequel celui-ci tenait à rester ; et l'exquise urbanité du vieux gentilhomme se reprochait amèrement cette faute.

Petit-Pierre se hâta de reprendre la parole.

— Je vous disais, monsieur le marquis, lorsque ces demoiselles m'ont fait l'honneur de me présenter à vous, que vous me sembliez être de ceux qui désirent une prise d'armes immédiate. — Ventrebleu ! je puis vous l'avouer, à vous, Monsieur, qui semblez être des nôtres.

Petit-Pierre inclina la tête en signe d'affirmation.

— Oui, c'est mon avis, continua le marquis ; mais j'aurai beau dire et beau faire, on ne croira pas le vieux gentilhomme qui a roussi sa peau au terrible feu qui a brûlé ce pays de 93 à 97 ; on écoutera un tas de bavards, d'avocats sans cause, de beaux mignons qui ont peur de coucher en plein air, de gâter leurs habits aux buissons, des poules mouillées, des... ajouta le marquis en recommençant à trépigner avec rage sur les tisons, qui se vengeaient en lançant à ses bottes des milliers d'étincelles. — Mon père, fit doucement Mary, qui avait remarqué un sourire qui était échappé à Petit-Pierre, mon père, calmez-vous. — Non, je ne me calmerai pas, repartit le fougueux vieillard. Tout était prêt ; Jean Oullier m'avait assuré que ma division rugissait d'enthousiasme, et du 14 mai nous voici ajournés aux calendes grecques. — Patience ! monsieur le marquis, dit Petit-Pierre, l'heure sonnera. — Patience ! patience ! cela vous est facile à dire, fit en soupirant le marquis ; vous êtes jeune, vous avez le temps ; mais moi, qui sait si Dieu me donnera encore assez de jours pour voir déployer le bon vieux drapeau pour lequel j'ai si joyeusement combattu ?

La plainte du vieillard toucha Petit-Pierre.

— Mais n'avez-vous pas entendu dire comme moi, monsieur le marquis, demanda-t-il, que la prise d'armes n'était différée qu'à cause de l'incertitude où l'on était de l'arrivée de la princesse ?

Cette phrase sembla redoubler la mauvaise humeur du marquis.

— Laissez-moi donc tranquille, jeune homme, dit-il d'un accent profondément courroucé; est-ce que je ne connais pas cette vieille plaisanterie ? est-ce que pendant cinq ans que j'ai guerroyé en Vendée, on a cessé de nous promettre cette épée royale qui devait rallier autour d'elle toutes les ambitions ? est-ce que je n'étais pas de ceux qui, le 2 octobre, attendaient le comte d'Artois sur la côte, à l'Île-Dieu ? Nous ne verrons pas plus de princesse en 1832 que nous n'avons vu de prince en 1796 ; cela ne m'empêchera pas de me faire tuer pour eux. — Monsieur le marquis de Souday, dit Petit-Pierre avec une voix singulièrement émue, je vous jure, moi, que madame la duchesse de Berri, n'eût-elle eu qu'une coquille de noix à son service, eût traversé la mer pour venir se venger sous le drapeau que Charrette portait d'une main si vaillante et si noble; je vous jure qu'aujourd'hui elle viendra sinon vaincre, au moins mourir avec ceux qui se lèveront pour défendre les droits de son fils.

Il y avait tant d'énergie dans cet accent, et il était si extraordinaire que de semblables paroles sortissent de la bouche d'un petit paysan de seize ans, que le marquis de Souday regarda son interlocuteur avec une surprise profonde.

— Mais qui êtes-vous donc ? lui dit-il en cédant à son étonnement; qui êtes-vous donc pour parler ainsi des résolutions de Son Altesse Royale, et vous engager pour elle, jeune homme, ou plutôt... enfant ? — Il me semble, monsieur le marquis, que mesdemoiselles de Souday, en me présentant à vous, m'avaient fait l'honneur de vous dire mon nom. — C'est juste, monsieur Petit-Pierre, fit le marquis tout confus ; mille pardons, Monsieur. Mais, continua-t-il en s'adressant avec plus d'intérêt à son interlocuteur, qu'il supposait le fils de quelque grand personnage, serait-il indiscret de vous demander votre opinion sur l'opportunité de la prise d'armes ? Quelle que soit votre jeunesse, vous parlez avec tant de raison que je ne vous cacherai pas mon désir de la connaître. — Cette opinion, je vous la communiquerai d'autant plus volontiers, monsieur le marquis, qu'elle se rapproche beaucoup de la vôtre. — Vraiment ! — Mon avis, si je puis me permettre d'en émettre un... — Comment donc ! Mais, auprès des piètres sires que j'ai entendus causer cette nuit, vous me semblez un des sept sages de la Grèce. — Vous êtes trop indulgent. Je suis donc d'avis, monsieur le marquis, qu'il est fort malheureux que nous n'ayons pu sortir de nos bouges, comme il était convenu, dans la nuit du 13 au 14 mai. — Voyez-vous !.. Que leur dirai-je ? Et vos raisons, Monsieur ? — Mes raisons, les voici. Les soldats sont cantonnés dans le village, logés chez les habitants, dispersés, éloignés les uns des autres, sans direction, sans drapeau; rien n'était plus facile que de les surprendre et de les désarmer dans le premier moment de la surprise. — C'est fort juste ; tandis qu'à présent ? — A présent, depuis deux jours, l'ordre est donné d'évacuer les petits cantonnements, de resserrer le réseau militaire qui couvre ce pays, de se grouper, non plus par compagnie, mais par bataillon, par régiment. Aujourd'hui il nous faut une bataille rangée pour obtenir le résultat que nous donnait une nuit de sommeil. — C'est concluant ! s'écria le marquis avec enthousiasme ; ce qui me désole, c'est que dans les trente-six raisons que j'ai données à mes adversaires, je n'ai pas songé à celle-là ! Mais, continua-t-il, cet ordre envoyé aux troupes, êtes-vous bien certain, Monsieur, qu'il ait été donné? — Très-certain, Monsieur, répondit Petit-Pierre avec l'expression la plus modeste qu'il pût donner à sa physionomie.

Le marquis regarda son hôte avec stupéfaction.

— C'est fâcheux, reprit-il, très-fâcheux; enfin, comme vous disiez, mon jeune ami, permettez-moi de vous donner ce titre, le mieux est de prendre patience, et d'attendre que la nouvelle Marie-Thérèse vienne se placer au milieu de ses nouveaux Hongrois, et de boire, en attendant ce jour-là, à la santé de son royal rejeton et du drapeau sans tache. Pour cela, il faudrait que ces demoiselles daignassent s'occuper de notre déjeuner, puisque Jean Oullier est parti; puisque quelqu'un, ajouta-t-il en lançant un regard semi-courroucé à ses filles, s'est permis de l'envoyer à Montaigu sans mon ordre. — Ce quelqu'un, c'est moi, monsieur le marquis, dit Petit-Pierre avec un ton dont la courtoisie n'était pas exempte de fermeté, et je vous demande pardon d'avoir disposé ainsi d'un de vos hommes; mais il était urgent que nous sussions à quoi nous en tenir sur les dispositions des paysans rassemblés à la foire de Montaigu.

Il y avait, dans cette voix douce et suave, un tel accent d'assurance aisée et naturelle, une telle conscience en la supériorité de celui qui parlait, que le marquis demeura tout interdit; et, repassant dans sa cervelle tous les grands personnages qu'il avait connus autrefois pour deviner de qui ce jeune homme pouvait être le rejeton, il ne put que balbutier quelques paroles d'acquiescement. Le comte de Bonneville entra dans le salon en ce moment. En sa qualité de vieille connaissance du marquis, Petit-Pierre réclama l'honneur de présenter lui-même son ami à leur hôte. La physionomie ouverte, franche et joyeuse du comte séduisit immédiatement le marquis de Souday, déjà très enchanté du jeune compagnon; il abjura sa mauvaise humeur, fit serment de ne pas plus penser à ce qu'il appelait la couardise de ses futurs compagnons d'armes, qu'aux buissons creux de l'an passé; seulement, en les invitant à le précéder dans la salle à manger, il se promit d'user de toute son adresse pour obtenir du comte de Bonneville qu'il trahît l'incognito de ce singulier Petit-Pierre. Sur ces entrefaites, Mary rentra et annonça à son père qu'il était servi.

XXVI

OÙ LE MARQUIS DE SOUDAY EST DÉSESPÉRÉ QUE PETIT-PIERRE NE SOIT PAS GENTILHOMME.

Les deux jeunes gens que le marquis de Souday poussait devant lui s'arrêtèrent sur le seuil de la salle à manger. L'aspect de la salle, en effet, était formidable. A son centre se dressait, comme la citadelle antique dominant toute la ville, un majestueux pâté de sanglier et de chevreuil; un brochet d'une quinzaine de livres, trois ou quatre poules en daube, une véritable tour de Babel de côtelettes, une pyramide de lapereaux à la sauce verte, flanquaient cette citadelle au nord, au midi, à l'est et à l'ouest, et, comme pour servir de postes avancés, la cuisinière de M. de Souday les avait entourés d'un épais cordon de plats qui se touchaient les uns les autres, et qui garnissaient les approches d'aliments de toutes sortes: hors-d'œuvre, entrées, entre-mets, légumes, salades, fruits et marmelades, tout cela presque entassé, amassé dans une confusion peu pittoresque, mais pleine de charmes cependant pour des appétits qu'avait aiguisés l'air incisif des forêts du pays de Mauges.

— Tudieu! dit Petit-Pierre en reculant, comme nous l'avons dit, à la vue de toute cette victuaille, vous traitez, en vérité, de pauvres paysans avec trop de cérémonies, monsieur de Souday. — Oh! quant à cela, je n'y suis pour rien, mon jeune ami, je n'y suis pour rien, et il ne faut ni m'en vouloir ni me remercier; c'est l'affaire de ces demoiselles; mais il est inutile de vous dire, n'est-ce pas, que je serai heureux si vous faites honneur à la chère d'un pauvre gentilhomme campagnard.

Et le marquis poussa devant lui Petit-Pierre, afin qu'il allât prendre place à cette table de laquelle il paraissait hésiter à s'approcher. Petit-Pierre céda à la pression, mais en faisant ses réserves.

— Je n'oserais jurer de répondre dignement à ce que vous attendez de moi, monsieur le marquis, dit le jeune homme; car, je vous l'avouerai humblement, je suis un pauvre mangeur. — J'entends, fit le marquis, vous êtes habitué à des plats plus délicats. Quant à moi, je suis un vrai paysan, et, à toutes les friandises des grandes tables, je préfère les aliments substantiels et chargés de sucs qui réparent convenablement les forces débilitées de l'estomac. — J'ai entendu de bien graves dissertations là-dessus, dit Petit-Pierre, entre le roi Louis XVIII et le marquis d'Avaray.

Le comte de Bonneville poussa Petit-Pierre du coude.

— Vous avez connu le roi Louis XVIII et le marquis d'Avaray? dit le vieux gentilhomme au comble de l'étonnement, et en regardant Petit-Pierre comme pour s'assurer que celui-ci ne se moquait pas de lui. — Dans ma jeunesse; oui, beaucoup, répondit simplement Petit-Pierre. — Hum! fit le marquis; à la bonne heure!

On avait pris place autour de la table, et chacun, Bertha et Mary comme les autres, commença d'attaquer le formidable déjeuner. Mais le marquis de Souday eut beau offrir tour à tour à son jeune hôte de tous les plats qui chargeaient la table, Petit-Pierre refusa, et dit qu'il se contenterait, si son hôte le voulait bien, d'une tasse de thé et de deux œufs frais, pondus par les poules qu'il avait si joyeusement entendues coqueter dans la matinée.

— Quant aux œufs frais, dit le marquis, ce sera chose facile, et Mary va se charger de les aller prendre tout chauds au poulailler; mais quant au thé, diable! diable! je doute qu'il y en ait à la maison.

Mary n'avait point attendu d'être chargée de la mission, dont son père se reposait sur elle, pour se lever et se préparer à sortir; mais au doute exprimé par le marquis à l'endroit du thé, elle s'arrêta aussi embarrassée que lui. Évidemment le thé manquait. Petit-Pierre vit l'embarras de ses hôtes.

— Oh! dit-il, ne vous inquiétez pas, M. de Bonneville aura la bonté d'aller prendre dans mon nécessaire quelques pincées de thé. Ayant pris la mauvaise habitude de cette boisson, j'en porte toujours avec moi.

Et il remit au comte de Bonneville une petite clef qu'il tira d'un trousseau pendu à une chaîne d'or. Le comte de Bonneville s'empressa de sortir d'un côté, tandis que Mary sortait de l'autre.

— Par le diable! s'écria le marquis en engloutissant un énorme morceau de venaison, vous êtes une véritable femmelette, mon jeune ami, et sans l'opinion que vous avez émise tout à l'heure, et que je trouve beaucoup trop profonde pour être sortie d'un cerveau féminin, je douterais presque de votre sexe.

Petit-Pierre sourit.

— Bah! dit-il, vous me verrez à l'œuvre, monsieur le marquis, lorsque nous rencontrerons les soldats de Philippe; et vous reviendrez, je l'espère, sur la mauvaise opinion que je vous donne de moi en ce moment. — Comment, vous serez de nos bandes? demanda le marquis de plus en plus étonné. — Je l'espère, répondit le jeune homme. — Et moi, dit Bonneville en rentrant et en remettant à Petit-Pierre la clef qu'il avait reçue de lui, je vous réponds que vous le verrez toujours à mes côtés. — J'en serai ravi, mon jeune ami, dit le marquis; mais cela n'aura rien d'étonnant pour moi. Dieu n'a point mesuré le courage aux corps auxquels il le donne, et j'ai vu, dans la grande guerre, une des dames qui ont suivi M. de Charrette faire très-vaillamment le coup de pistolet.

En ce moment Mary rentra; elle tenait d'une main la théière, et de l'autre les deux œufs à la coque sur une assiette.

— Merci, ma bien belle enfant, dit Petit-Pierre avec un ton de galante protection qui rappela à M. de Souday les seigneurs de la vieille cour, et mille excuses pour la peine que je vous ai donnée. — Vous parliez tout à l'heure de Sa Majesté Louis XVIII, dit le marquis de Souday, et de ses opinions culinaires. J'ai souvent entendu dire, en effet, qu'il avait, à propos de ses repas, des délicatesses suprêmes. — C'est vrai, dit Petit-Pierre; il avait, le bon roi, une façon de manger les ortolans et les côtelettes qui n'appartenait qu'à lui. — Il me semble cependant, dit le marquis de Souday en mordant à belles dents dans une côtelette dont il enleva la noix d'un seul coup, qu'il n'y a pas deux façons de manger les côtelettes et les ortolans. — C'est celle que vous pratiquez, n'est-ce pas, monsieur le marquis? dit en riant Bonneville. — Oui, par ma foi! Quant aux ortolans, quand par hasard Bertha et Mary s'amusent à la petite guerre, et rapportent, non pas des ortolans, mais des mauviettes et des becfigues, je les prends par le bec, je les saupoudre légèrement de poivre et de sel, je les introduis tout entiers dans ma bouche, et leur coupe avec mes dents le bec au ras des yeux. C'est excellent ainsi seulement; il en faut deux ou trois douzaines par personne.

Petit-Pierre se mit à rire. Cela lui rappelait l'histoire du cent-suisse qui avait parié manger un veau de six semaines à son dîner.

— J'ai eu tort de dire que le roi Louis XVIII avait une façon particulière de manger les ortolans et les côtelettes, répondit-il; j'aurais dû dire une façon de les faire cuire; c'eût été plus exact. — Dame! fit le marquis de Souday, il me semble que l'on cuit les ortolans à la broche et les côtelettes sur le gril. — C'est vrai, dit Petit-Pierre, qui s'amusait visiblement à ces souvenirs; mais Sa Majesté Louis XVIII avait raffiné sur leur cuisson. Quant aux côtelettes, le maître d'hôtel des Tuileries avait le soin de faire cuire celles qui devaient avoir l'honneur, comme il le disait, d'être mangées par le roi, entre deux autres côtelettes; de manière à ce que la côtelette du milieu cuisît dans le jus des deux autres. Il en était de même des ortolans. Ceux qui devaient avoir l'honneur d'être mangés par le roi étaient introduits dans une grive, laquelle était de même introduite dans une bécasse. Lorsque l'ortolan était cuit, la bécasse n'était pas mangeable : mais la grive était excellente et l'ortolan superfin. — Mais, en vérité, jeune homme, dit le marquis de Souday en se renversant en arrière et en regardant Petit-Pierre avec un suprême étonnement, on dirait que vous avez vu ce bon roi Louis XVIII accomplir toutes ses prouesses gastronomiques? — Je l'ai vu, en effet, répondit Petit-Pierre. — Vous aviez donc une charge à la cour? demanda en riant le marquis. — J'étais page, répondit Petit-Pierre. — Ah! voilà qui m'explique tout, fit le marquis. Pardieu! vous avez, en vérité, beaucoup vu pour votre âge. — Oui, répondit Petit-Pierre avec un soupir; trop vu même.

Les deux jeunes filles jetèrent un coup d'œil de profonde sympathie sur le jeune homme. En effet, sur cette figure qui paraissait si jeune au premier aspect, on eût dit, après un mûr examen, que déjà un certain nombre d'années avaient passé, et que le malheur avait laissé sa trace à leur suite.

Le marquis fit deux ou trois tentatives pour relever la conversation. Mais Petit-Pierre, plongé dans ses pensées, semblait avoir dit tout ce qu'il avait à dire; et soit qu'il n'entendît point les différentes théories que fit le marquis sur les viandes noires et sur les viandes blanches, sur la différence des sucs que contenaient le gibier des forêts et le gibier de basse-cour, soit qu'il ne jugeât pas à propos de les approuver ou de les réfuter, il garda obstinément le silence. Malgré ce mutisme, lorsqu'on se leva de table, le marquis de Souday, que la satisfaction de son appétit avait rendu fort expansif, était enchanté de son jeune ami. On rentra au salon; mais au lieu de se réunir aux deux jeunes filles, au comte de Bonneville et au marquis de Souday autour de la cheminée, où brûlait un feu qui indiquait que, grâce au voisinage de la forêt, le bois était abondant au château de Souday, Petit-Pierre, toujours soucieux ou rêveur, comme on voudra, alla droit à la fenêtre, et appuya son front contre la vitre. Au bout d'un instant, et comme le marquis de Souday faisait au comte de Bonneville force compliments sur son jeune compagnon, le nom du jeune gentilhomme, prononcé d'une voix brève et avec un accent impérieux, le fit tressaillir, c'était Petit-Pierre qui l'appelait. Il se retourna vivement, et courut plutôt qu'il ne marcha au jeune paysan. Celui-ci lui parla tout bas pendant quelques instants, et comme s'il lui donnait des ordres. Après chaque phrase de Petit-Pierre, Bonneville s'inclinait en forme d'assentiment. Quand Petit-Pierre eut fini, Bonneville prit son chapeau, salua et sortit. Petit-Pierre s'avança alors vers le marquis.

— Monsieur de Souday, dit-il, je viens d'affirmer au comte de Bonneville que vous ne trouveriez pas mauvais qu'il prît un de vos chevaux pour faire une tournée dans tous les châteaux des environs et donner rendez-vous ce soir à Souday à ces mêmes hommes contre lesquels vous êtes entré ce matin en lutte. On les trouvera sans doute encore réunis à Saint-Philibert. Voilà pourquoi je lui ai enjoint de se hâter. — Mais, fit le marquis, quelques-uns de ces messieurs me garderont peut-être rancune de la façon dont je leur ai parlé ce matin, et feront peut-être quelque difficulté pour venir chez moi. — Un ordre décidera ceux-là qu'une invitation trouverait rétifs. — Un ordre de qui? demanda le marquis étonné. — Mais, de madame la duchesse de Berri, dont M. de Bonneville a les pleins pouvoirs. Maintenant, demanda Petit-Pierre avec une certaine hésitation, peut-être craignez-vous qu'une semblable réunion au château de Souday n'ait une funeste conséquence pour vous et votre famille? En ce cas, marquis, dites un mot, le comte de Bonneville n'est pas encore parti. — Corbleu! dit le marquis, qu'il parte, et au galop, dût-il crever mon meilleur cheval!

Le marquis n'avait point achevé ces paroles, que, comme s'il les eût entendues, et profitant de la permission qui lui était donnée, le comte de Bonneville passait à fond de train devant les fenêtres du salon, et, franchissant la grande porte, se lançait sur la route de Saint-Philibert.

Le marquis alla à la fenêtre en face pour le suivre plus longtemps des yeux, et ne se retourna que lorsqu'il l'eut perdu de vue.

Il chercha alors du regard Petit-Pierre, mais Petit-Pierre avait disparu; et quand le marquis s'informa de lui à ses filles, elles lui répondirent qu'il s'était retiré en disant qu'il montait à sa chambre pour faire sa correspondance.

— Drôle de petit bonhomme ! murmura le marquis de Souday.

XXVII

LES VENDÉENS.

Le même jour, à cinq heures de l'après-midi, le comte de Bonneville était de retour. Il avait vu cinq des principaux chefs, et ils devaient être au château de Souday entre huit et neuf heures. Le marquis, toujours hospitalier, ordonna à la cuisinière de s'entendre comme elle le voudrait avec la basse-cour et le garde-manger, mais de tenir prêt le plus copieux souper qu'il lui serait possible. Les cinq chefs rejoints par le comte, et qui devaient se réunir le soir, étaient Louis Renaud, Pascal, Cœur de Lion, Gaspard et Achille.

Ceux de nos lecteurs qui sont quelque peu familiers avec les événements de 1832, reconnaîtront facilement les personnages dont il est question, et qui se déguisaient sous ces différents noms de guerre, destinés à les masquer aux yeux de l'autorité, dans le cas où quelque dépêche serait surprise.

En conséquence, à huit heures du soir, Oullier n'étant pas revenu au château, au grand désespoir du marquis, la porte du château fut confiée à Mary, qui ne devait ouvrir qu'à ceux qui frapperaient d'une certaine façon. Le salon, contrevents fermés, rideaux tirés, fut destiné à la conférence. Dès sept heures du soir, quatre personnages attendaient dans ce salon : c'étaient le marquis de Souday, le comte de Bonneville, Petit-Pierre et Bertha.

Mary, nous l'avons dit, faisait le guet dans une espèce de petite logette percée, sur la grande route, d'une fenêtre à travers les barreaux de laquelle on pouvait voir qui frappait, et n'ouvrir qu'après s'être assuré de l'identité du visiteur.

Des personnages du salon, le plus impatient était Petit-Pierre, dont le calme ne paraissait pas être la vertu dominante. Quoique la pendule eût sonné sept heures et demie à peine, et que le rendez-vous eût été fixé à huit heures, il allait sans cesse écouter à la porte entr'ouverte si quelque bruit n'indiquait pas la présence de quelqu'un des gentilshommes attendus. Enfin, à huit heures précises, on entendit frapper à la porte, et l'on reconnut, aux trois coups espacés d'une certaine façon, que ce devait être un des chefs convoqués.

— Ah ! fit Petit-Pierre en allant vivement à la porte.

Mais le comte de Bonneville l'arrêta d'un geste et d'un sourire respectueux.

— C'est juste, dit le jeune homme.

Et il alla se perdre dans le coin le plus obscur du salon. Presque au même moment, le chef convoqué apparaissait dans l'encadrement de la porte.

— M. Louis Renaud, dit le comte de Bonneville assez haut pour que Petit-Pierre entendît, et pût, d'après le nom de guerre, connaître le nom véritable.

Le marquis de Souday alla au-devant du jeune homme avec d'autant plus d'empressement qu'il avait reconnu en lui un de ceux qui, comme lui, avaient été pour une prise d'armes immédiate.

— Ah ! venez, mon cher comte, lui dit-il ; vous êtes le premier arrivé, c'est de bon augure. — Si j'arrive le premier, mon cher marquis, dit Louis Renaud, ce n'est pas, j'en suis certain, que j'y aie mis plus d'empressement que mes compagnons ; c'est seulement parce que je suis plus rapproché de vous et que j'ai eu moins de chemin à faire.

En achevant ces mots, celui qui s'annonçait sous le nom de Louis Renaud, quoique vêtu d'un simple costume de paysan breton, se présentait avec une grâce juvénile si parfaite et saluait Bertha avec une aisance si aristocratique, que ces deux qualités, devenues des défauts, lui eussent considérablement nui s'il eût été forcé d'emprunter, même momentanément, les manières et le langage de la caste sociale à laquelle il avait emprunté son costume. Ces devoirs de politesse rendus au maître de la maison et à Bertha, le comte de Bonneville eut son tour.

Mais celui-ci, comprenant l'impatience de Petit-Pierre, qui, pour être caché dans son coin, ne rappelait pas moins sa présence par des mouvements dont le comte de Bonneville semblait pouvoir donner seul l'interprétation, aborda nettement la question.

— Mon cher comte, dit-il à Louis Renaud, vous connaissez l'étendue de mes pouvoirs ; vous avez lu la lettre de Son Altesse Royale Madame, et vous savez que, momentanément du moins, je suis son intermédiaire auprès de vous. Quel est votre avis sur la situation ? — Mon avis, mon cher comte, je l'ai dit ce matin, pas tel peut-être que je vais le dire ici. Mais ici, où je sais être avec l'ardent partisan de Madame, je puis risquer la vérité tout entière. — Oui, la vérité tout entière, dit Bonneville, c'est ce qu'il faut surtout que sache Madame ; et ce que vous me direz, mon cher comte, vous n'en avez aucun doute, ce sera comme si elle l'entendait. — Eh bien, mon avis serait de ne rien commencer avant l'arrivée du maréchal. — Le maréchal ! fit Petit-Pierre. N'est-il point à Nantes ?

Louis Renaud, qui n'avait point encore remarqué le jeune homme, tourna les yeux vers lui en entendant cette interpellation, salua et répondit :

— Aujourd'hui seulement, j'ai appris, en rentrant chez moi, qu'à la nouvelle des événements du Midi, le maréchal avait quitté Nantes, et que personne ne savait ni la route qu'il avait prise, ni la résolution qu'il avait arrêtée.

Petit-Pierre frappa du pied avec impatience.

— Mais, s'écria-t-il, le maréchal était l'âme de l'entreprise cependant, son absence va nuire au soulèvement, diminuer la confiance du soldat ; en son absence, tous les droits vont être égaux, et nous allons voir renaître parmi les chefs ces rivalités qui furent si fatales au parti royaliste dans les premières guerres de la Vendée.

Voyant que Petit-Pierre s'était emparé de la conversation, le comte de Bonneville s'effaça, démasquant le jeune homme, qui fit deux pas en avant et entra dans le cercle de lumière projeté par la lampe.

Louis Renaud regarda avec étonnement ce jeune homme, presque enfant, qui venait de parler avec tant d'assurance et de précision.

— C'est un retard, Monsieur, dit-il, et voilà tout ; ne doutez point que, dès que le maréchal se sera assuré de la présence de Madame en Vendée, il ne s'empresse de se rendre à son poste. — M. de Bonneville ne vous a-t-il donc pas dit que Madame était en route et serait incessamment au milieu de ses amis ? — Si fait, Monsieur, et cette nouvelle m'a, pour ma part, causé une vive joie. — Un retard ! un retard ! murmura Petit-Pierre. J'avais toujours entendu dire, il me semble, que tout soulèvement dans votre pays devait avoir lieu dans la première quinzaine de mai, afin de disposer plus facilement des habitants des campagnes, qui, plus tard, seront occupés à leurs travaux. Or, nous sommes au 14, donc nous sommes en retard. Quant aux chefs, ils sont convoqués, n'est-ce pas? — Oui, Monsieur, répondit Louis Renaud avec une certaine gravité triste; je dis plus, c'est que vous ne devez même guère compter que sur des chefs. Puis il ajouta avec un soupir : Et pas sur tous encore, ainsi qu'a pu le voir ce matin M. le marquis de Souday. — Que me dites-vous là, Monsieur? s'écria Petit-Pierre, de la tiédeur en Vendée, quand nos amis de Marseille, et je vous en parle pertinemment, j'en arrive, quand nos amis de Marseille sont furieux contre eux-mêmes et ne demandent qu'à prendre leur revanche!

Un pâle sourire passa sur les lèvres du jeune chef.

— Vous êtes du Midi, Monsieur, dit-il au jeune homme, quoique vous n'en ayez point l'accent? — C'est vrai, fit Petit-Pierre. Eh bien, après? — Il ne faut point confondre le Midi avec l'Ouest, Monsieur, le Marseillais avec le Vendéen. Une proclamation soulève le Midi; un échec l'abat. La Vendée, au contraire, et quand vous y serez resté quelque temps vous apprécierez la vérité de ce que je vous dis, la Vendée, au contraire, est grave, froide, silencieuse; tout projet s'y discute lentement et laborieusement, toutes chances de revers et de succès sont exposées à leur tour; puis, les chances de succès paraissent l'emporter sur les autres, la Vendée tend la main, dit oui, et meurt s'il le faut pour accomplir sa promesse. Mais, comme elle sait que oui et non sont pour elle des paroles de vie et de mort, elle est lente à les prononcer. — Mais l'enthousiasme, Monsieur! s'écria Petit-Pierre.

Le jeune chef sourit.

— Oui, l'enthousiasme, dit-il, j'en ai entendu parler dans ma jeunesse; c'est une divinité de l'autre siècle qui est descendue de son autel depuis que tant de promesses ont été faites à nos pères qui n'ont point été tenues. Savez-vous ce qui s'est passé ce matin à Saint-Philibert? — En partie, oui, le marquis me l'a dit. — Mais après le départ du marquis? — Non. — Eh bien, sur douze chefs qui devaient commander les douze divisions, sept ont protesté au nom de leurs hommes, et doivent, à cette heure, les avoir renvoyés chez eux, et cela tout en déclarant tous sept qu'en toute circonstance et personnellement leur sang était au service de Madame et prêt à couler pour elle, mais qu'ils ne voulaient point prendre devant Dieu la terrible responsabilité d'entraîner leurs paysans dans une entreprise qui semblait ne devoir être qu'une sanglante échauffourée. — Mais alors, dit Petit-Pierre, il faudra donc renoncer à tout espoir, à toute tentative?

Le même sourire triste passa sur les lèvres du jeune homme.

— A tout espoir, oui, peut-être; à toute tentative, NON. Madame nous a fait écrire qu'elle était poussée par le comité directeur de Paris. Madame nous a fait affirmer qu'elle avait des ramifications dans l'armée : essayons; peut-être une émeute à Paris, peut-être une désertion parmi les soldats lui donnera-t-elle raison contre nous. Si nous ne tentions rien pour elle, Madame serait convaincue, en se retirant, que si l'on avait tenté quelque chose on eût pu réussir, et il ne faut pas que Madame ait un doute. — Vous n'êtes point de ceux qui ont renvoyé leurs hommes, vous? demanda Petit-Pierre. — Si fait, Monsieur; mais je suis de ceux qui ont fait le serment de mourir pour Son Altesse Royale. D'ailleurs, continua le jeune homme, peut-être l'affaire est-elle déjà engagée, et n'aurons-nous d'autre mérite que de suivre le mouvement. — Comment cela? demandèrent en même temps Petit-Pierre, Bonneville et le marquis. — Il y a eu des coups de fusil tirés aujourd'hui à la foire de Montaigu.

— Et on en tire en ce moment du côté du gué de la Boulogne, dit une voix inconnue et qui venait du côté de la porte, dans l'encadrement de laquelle apparaissait un nouveau personnage.

XXVIII

L'ALARME.

Celui que nous venons d'introduire, ou plutôt qui s'introduisait lui-même dans le salon du marquis de Souday, était le commissaire général de la future armée vendéenne, qui avait changé son nom fort connu au barreau de Nantes contre le pseudonyme de Pascal. Plusieurs fois il avait été à l'étranger conférer avec Madame, et la connaissait parfaitement. Il y avait deux mois à peine qu'il avait fait un dernier voyage à Gênes, et que, portant à Son Altesse Royale des nouvelles de la France, il avait en échange reçu ses ordres. C'était lui qui était revenu dire à la Vendée de se tenir prête.
— Ah ! ah ! fit le marquis de Souday avec un certain mouvement de lèvres qui annonçait qu'il n'avait pas les avocats dans une inattaquable admiration, M. le commissaire général Pascal. — Qui vous apporte des nouvelles, à ce qu'il paraît, dit Petit-Pierre avec l'intention bien visible d'attirer sur lui toute l'attention du nouveau venu.
En effet, au son de la voix qui venait de prononcer ces paroles, le commissaire civil tressaillit, et se retourna du côté de Petit-Pierre, qui lui fit des yeux et des lèvres un signe imperceptible, mais qui cependant parut suffire à lui indiquer ce qu'il avait à faire.
— Des nouvelles... oui, répondit-il. — Bonnes ou mauvaises ? demanda Louis Renaud. — Mélangées. Mais d'abord commençons par la bonne. — Dites.
— Son Altesse Royale a traversé heureusement le Midi, et est arrivée saine et sauve en Vendée. — Êtes-vous sûr ?... demandèrent en même temps le marquis de Souday et Louis Renaud. — Aussi sûr qu'il est sûr que je vous vois tous cinq dans ce salon et en bonne santé, répondit Pascal. Maintenant, passons aux autres. — Avez-vous appris quelque chose de Montaigu ? demanda Louis Renaud. — On s'y est battu aujourd'hui, dit Pascal ; quelques coups ont été tirés par la garde nationale ; quelques paysans tués et blessés. — Mais à quel propos ? demanda Petit-Pierre. — A propos d'une rixe survenue à la foire, et qui a dégénéré en émeute. — Qui commande à Montaigu ? demanda Petit-Pierre.
— Un simple capitaine, répondit Pascal ; mais aujourd'hui, en considération de la foire, le sous-préfet et le général commandant la subdivision militaire s'y étaient rendus. — Savez-vous le nom de ce général ? demanda Petit-Pierre. — Le général Dermoncourt. — Qu'est-ce que c'est que le général Dermoncourt ?
— C'est un homme de soixante à soixante-deux ans, de cette race de fer qui a fait toutes les guerres de la révolution et de l'empire. Il sera nuit et jour à cheval, et ne nous laissera pas un moment de repos. — C'est bien, répondit en riant Louis Renaud, on tâchera de le fatiguer, et comme nous n'avons en moyenne que la moitié de son âge, nous serons bien malheureux ou bien maladroits si nous n'y réussissons pas. — Et comme caractère ? — Oh ! quant à cela, la loyauté même ; ce n'est ni un Amadis ni un Galaor, mais c'est un Ferragus, et si jamais Madame avait le malheur de tomber entre ses mains... —

Eh! que dites-vous donc là, monsieur Pascal? fit Petit-Pierre. — Je suis avocat, Monsieur, répondit le commissaire civil, et en ma qualité d'avocat, je prévois toutes les chances d'un procès. Je répète donc : si jamais Madame avait le malheur de tomber entre ses mains, elle pourrait juger de sa courtoisie. — Alors, dit Petit-Pierre, voilà un ennemi comme Madame l'eût choisi elle-même, vigoureux, brave et loyal. Messieurs, nous avons de la chance. Mais vous parliez de coups de fusil au gué de la Boulogne. — Je présume, du moins, que ceux que je viens d'entendre sur la route voisine de la... — Peut-être, dit le marquis, serait-il bon que Bertha allât à la découverte et écoutât. Elle nous tiendrait compte de ce qui se passe.

Bertha se leva.

— Comment, dit Petit-Pierre, Mademoiselle? — Pourquoi pas? demanda le marquis. — Parce qu'il me semble que c'est la besogne d'un homme et non d'une femme. — Mon jeune ami, dit le vieux gentilhomme, en pareille matière je ne m'en rapporte qu'à moi, après moi à Jean Oullier, et après Jean Oullier, à Bertha ou à Mary. Je désire avoir l'honneur de vous tenir compagnie ; mon drôle de Jean Oullier court les champs, laissez donc faire Bertha.

Bertha, en conséquence, continua son chemin vers la porte ; mais à la porte elle rencontra sa sœur, qui échangea quelques mots tout bas avec elle.

— Voici Mary, dit Bertha. — Ah! fit le marquis, as-tu entendu ces coups de fusil, petite? — Oui, père, dit Mary, on se bat. — Et où cela? — Au Saut-de-Baugé. — Tu es sûre? — Oui ; seulement, les coups de fusil partent du marais. — Vous voyez, dit le marquis, c'est précis. Qui garde la porte en ton absence? — Rosine Tinguy. — Écoutez, dit Petit-Pierre.

En effet, on frappait à la porte à coups redoublés.

— Diable! fit le marquis, ce n'est pas un des nôtres.

On écouta avec plus d'attention.

— Ouvrez! criait une voix ; ouvrez, il n'y a pas un instant à perdre. — C'est sa voix, dit vivement Mary. — Sa voix? répéta le marquis. — Oui, la voix du jeune baron Michel, dit Bertha, qui, comme sa sœur, l'avait reconnue. — Et que vient faire ici ce pancalier, dit le marquis en faisant un pas vers la porte comme pour s'opposer à son entrée. — Laissez-le venir, marquis, laissez-le venir! s'écria Bonneville. Il n'est point à craindre, et je réponds de lui.

A peine avait-il prononcé ces mots, que l'on entendit le bruit d'un pas rapide qui se précipitait vers le salon, et que l'on vit paraître le jeune baron pâle, haletant, couvert de boue, ruisselant de sueur, n'ayant plus de souffle que pour dire :

— Pas un instant à perdre, fuyez, ils viennent!

Et il tomba sur un genou, appuyant une de ses mains contre la terre. La respiration lui manquait, ses forces étaient épuisées. Comme il l'avait promis à Jean Oullier, il avait fait plus d'une demi-lieue en six minutes. Il y eut dans le salon un moment de trouble et de confusion suprême.

— Aux armes! cria le marquis. Et sautant sur son fusil, il indiqua du doigt un râtelier placé dans le coin du salon, et supportant trois ou quatre carabines et fusils de chasse. Le comte de Bonneville et Pascal, d'un seul et même mouvement, se jetèrent au-devant de Petit-Pierre pour le défendre. Mary s'élança vers le jeune baron pour le relever et lui prêter secours s'il était besoin. Bertha courut à la fenêtre qui donnait sur la forêt, et l'ouvrit. On entendit alors quelques coups de fusil plus rapprochés, mais cependant à une certaine distance.

— Ils sont à la viette des Biques, dit Bertha. — Allons donc! fit le marquis, impossible qu'ils tentent une pareille route. — Ils y sont, père, dit Bertha. — Oui, oui, murmura Michel, je les ai vus, ils avaient des torches; une femme les guidait, marchant la première; le général marchait le second. — Oh! maudit Jean! dit le marquis, pourquoi n'es-tu pas ici? — Il se bat, monsieur le marquis, dit le jeune baron; il m'a envoyé, ne pouvant pas venir. — Lui! fit le marquis. — Mais je venais, Mademoiselle, dit-il, je venais de moi-même. Depuis hier, je sais qu'on doit attaquer le château, mais j'étais prisonnier, je suis descendu par la fenêtre du second. — Grand Dieu! fit Mary en pâlissant. — Bravo! dit Bertha. — Messieurs, dit tranquillement Petit-Pierre, je crois qu'il s'agirait de prendre un parti. Combattons-nous? En ce cas, il faut nous armer, fermer les portes du château et prendre nos postes. Fuyons-nous? Je crois qu'il y a encore moins de temps à perdre. — Défendons-nous! dit le marquis. — Fuyons! dit Bonneville. Quand Petit-Pierre sera en sûreté, nous nous défendrons. — Eh bien! fit Petit-Pierre, que dites-vous là, comte? — Je dis que rien n'est prêt, et que nous ne pourrons pas nous battre, n'est-ce pas, Messieurs? — On peut toujours se battre, dit la voix jeune et nonchalante d'un nouveau venu, en s'adressant moitié à ceux qui étaient dans le salon, moitié à deux autres jeunes gens qui le suivaient, et que sans doute il avait rencontrés à la porte. — Ah! Gaspard! Gaspard! s'écria Bonneville. Et, s'élançant au-devant du nouvel arrivant, il lui dit quelques mots à l'oreille. — Messieurs, dit Gaspard, le comte de Bonneville a parfaitement raison : en retraite! Puis, s'adressant au marquis : Y a-t-il à votre château quelque porte secrète, quelque sortie particulière, marquis? Nous n'avons pas de temps à perdre; les derniers coups de fusil que nous écoutions à la porte, Achille Cœur de Lion et moi, n'étaient point tirés à plus de cinq cents pas d'ici. — Messieurs, dit le marquis de Souday, vous êtes chez moi; c'est à moi de prendre la responsabilité de tout. Silence, que l'on m'écoute et que l'on m'obéisse aujourd'hui; j'obéirai à mon tour demain.

Il se fit un profond silence.

— Mary, dit le marquis, faites fermer la porte du château, mais sans la barricader, afin qu'on puisse l'ouvrir au premier coup qui sera frappé. Bertha, au souterrain sans perdre un instant; moi et mes deux filles nous recevrons le général, et lui ferons les honneurs du château, et demain, partout où vous serez, nous vous rejoindrons; seulement, faites-nous-le savoir.

Mary s'élança hors de la chambre pour exécuter l'ordre de son père, tandis que Bertha, faisant signe à Petit-Pierre de la suivre, sortait par la porte opposée, traversait la cour, entrait dans la chapelle, prenait deux cierges sur l'autel, les allumait à une lampe, les mettait aux mains de Bonneville et de Pascal, et, poussant un ressort qui faisait tourner sur lui-même le devant de l'autel, découvrait un escalier conduisant aux caveaux qui servaient autrefois de sépulture aux seigneurs de Souday.

— Il n'y a point à vous égarer, dit Bertha; vous trouverez la porte à l'autre extrémité, et la clef est en dedans. Cette porte donne sur la campagne.

Petit-Pierre prit la main de Bertha, la serra vivement, et s'élança dans le souterrain derrière Bonneville et Pascal, qui éclairaient le chemin. Louis Renaud, Achille Cœur de Lion et Gaspard suivirent Petit-Pierre. Bertha referma la porte sur eux. Elle avait remarqué que le baron Michel n'était point parmi les fugitifs.

XXIX

MON COMPÈRE LORIOT.

Le marquis de Souday, après avoir suivi des yeux les fugitifs jusqu'à ce qu'ils eussent disparu, jusqu'au dernier, dans la chapelle, poussa une de ces exclamations qui indiquent que la poitrine est dégagée d'un certain poids, et rentra dans le vestibule. Mais, au lieu de passer du vestibule au salon, il passa du vestibule à la cuisine. Contre toutes ses habitudes, au grand étonnement de la cuisinière, il s'approcha des fourneaux, souleva avec sollicitude le couvercle de chaque casserole, s'assura qu'aucun ragoût n'était attaché au fond, fit reculer les broches, afin qu'un coup de feu *in extremis* ne vînt point déshonorer les rôtis, remonta dans le vestibule, passa du vestibule dans la salle à manger, inspecta les bouteilles, fit doubler leurs rangs, regarda si la table était dressée dans les règles, et, satisfait de ce qu'il venait de voir, rentra dans le salon.

Il y retrouva ses deux filles, la porte du château ayant été confiée à Rosine, dont toute la mission se bornait, du reste, à tirer le cordon au premier coup de marteau qui retentirait. Toutes deux étaient assises, chacune à un coin du feu ; Mary était inquiète, Bertha rêveuse. Toutes deux pensaient à Michel : Mary supposait que le jeune baron avait suivi le comte de Bonneville et Petit-Pierre, et se préoccupait grandement des fatigues qu'il allait éprouver, des dangers qu'il allait courir ; Bertha, elle, était tout enivrée par cette poignante jouissance qui suit la révélation de l'amour de l'être qu'on aime. Il lui semblait qu'elle avait acquis dans les regards du jeune baron la certitude que c'était pour elle que le pauvre enfant, si craintif, si timide, si hésitant, avait dompté sa faiblesse et bravé des périls réels ; elle mesurait la grandeur de l'amour qu'elle lui supposait à l'étendue de la révolution que cet amour avait produite dans le caractère du jeune homme. Elle bâtissait mille châteaux en Espagne, et se reprochait amèrement de ne pas l'avoir contraint à rentrer au château lorsqu'elle s'était aperçue qu'il ne suivait pas ceux que son dévouement avait sauvés. Puis elle souriait, car tout à coup une pensée lui traversait l'esprit ; c'est qu'il y était resté, au château, qu'il s'y était caché dans quelque coin pour la voir à la dérobée, et que si elle se hasardait dans les cours ou dans le parc, elle le verrait tout à coup surgir devant elle, et l'entendrait lui dire : « Voyez ce dont je suis capable pour obtenir un regard de vous. »

Le marquis venait à peine de s'asseoir dans son fauteuil et n'avait pas encore eu le temps de remarquer la préoccupation de ses deux filles, qu'il pouvait d'abord attribuer à toute autre cause, lorsqu'un coup de marteau retentit sur la porte.

Le marquis de Souday tressaillit, non pas qu'il n'attendît pas ce coup de marteau ; mais ce coup de marteau n'était point tel qu'il l'attendait. En effet, le coup de marteau était timide, presque obséquieux, et par conséquent n'avait rien de militaire.

— Oh ! oh ! fit le marquis, qu'est-ce que cela ? — On a frappé, je crois, dit Bertha, sortant de sa rêverie. — Oui, un coup, dit Mary.

Le marquis secoua la tête en homme qui se dit : Ce n'est pas cela ; mais qui, néanmoins, pensant qu'en pareille circonstance il faut tout voir par lui-même, ne s'en décide pas moins à voir ce que cela est. En conséquence, il sortit du salon, traversa le vestibule, et s'avança sur la première marche du perron. En effet, au lieu des sabres et des baïonnettes qu'il s'attendait à voir étinceler dans l'ombre, au lieu des figures soldatesques et moustachées avec lesquelles il croyait avoir à faire connaissance, le marquis de Souday ne voyait rien autre chose que la coupole d'un immense parapluie de toile bleue qui s'avançait vers lui la pointe en avant, gravissant le perron marche à marche. Comme ce parapluie qui avançait toujours, pareil à la carapace d'une tortue, menaçait de lui crever l'œil avec la pointe de son centre, comme la pointe d'un bouclier antique, le marquis releva l'orbe de ce bouclier, et se trouva face à face avec un museau de fouine, surmonté de deux petits points brillants comme des escarboucles, et coiffé d'un chapeau très-haut de forme, très-étroit de bords, et si souvent brossé et rebrossé qu'il brillait dans l'ombre comme s'il eût été verni.

— Par les mille diables d'enfer! s'écria le marquis de Souday, c'est mon compère Loriot. — Prêt à vous rendre ses petits services, si vous l'en jugez digne, fit le dernier venu d'une voix de fausset qui devenait caverneuse tant son propriétaire s'efforçait de la rendre pateline. — Vous êtes le très-bienvenu à Souday, maître Loriot, dit le marquis d'une voix joviale, et comme s'il se promettait quelque joie de la présence de celui qu'il accueillait par un cordial salut. J'y attends ce soir nombreuse compagnie, et, en votre qualité de notaire du maître du logis, vous m'aiderez à en faire les honneurs; venez saluer les demoiselles.

Et le vieux gentilhomme, avec une aisance qui prouvait à quel degré il était pénétré de la distance qui existait entre un marquis de Souday et un notaire de village, précéda son hôte dans le salon. Il est vrai que maître Loriot mettait un soin si minutieux à frotter ses pieds sur le paillasson gisant à la porte de ce sanctuaire, que la politesse que le marquis eût jugé à propos de lui faire en restant derrière lui, eût dégénéré en une véritable corvée.

Profitons du moment où, éclairé par l'entre-bâillement de la porte, il referme son parapluie et se frotte les pieds, pour esquisser son portrait, si toutefois l'entreprise ne dépasse pas nos moyens.

Maître Loriot, notaire à Machecoul, était un petit bonhomme maigre et fluet, paraissant encore de moitié plus exigu par suite de l'habitude qu'il avait prise de ne jamais parler que courbé en deux et dans l'attitude du plus profond respect. Un nez long et pointu lui tenait lieu de visage; en développant outre mesure ce trait de sa physionomie, la nature avait voulu se rattraper sur le reste, et, avec une incroyable parcimonie, elle lui avait mesuré tout ce qui n'appartenait point à la partie saillante de la face, si bien qu'il fallait le regarder de bien près et fort longtemps pour s'apercevoir que maître Loriot avait des yeux et une bouche comme le reste des hommes; mais aussi, lorsqu'on en était arrivé là, on remarquait que ces yeux étaient pleins de vivacité, et que cette bouche ne manquait pas de finesse. Et en effet, maître Loriot, ou le compère Loriot, comme l'appelait le marquis de Souday, qui, en sa qualité de grand chasseur, était quelque peu ornithologue, le compère Loriot, disons-nous, tenait toutes les promesses de son prospectus physiognomonique, et était assez habile pour faire suer une trentaine de mille francs à une étude de campagne, où ses prédécesseurs avaient vécu à grand'peine. Pour arriver à ce résultat regardé jusqu'à lui comme impossible, M. Loriot avait étudié, non pas le Code, mais les hommes; il avait conclu de ses études que la vanité et l'orgueil étaient leurs prédispositions dominantes ; il avait, en conséquence, cherché à se rendre agréable à ces deux vices, et n'avait pas tardé à devenir nécessaire à ceux qui les possédaient. Chez maître Loriot, en raison de ce système, la politesse touchait presque à l'obséquiosité ; il ne saluait pas, il se prosternait, et, comme les fakirs de l'Inde, il avait si bien brisé son corps à certaines manœuvres, qu'il s'était habitué littéralement à cette attitude. C'était une parenthèse toujours ouverte, jamais fermée, dans laquelle s'encadraient les titres de ses clients, qui revenaient à chaque phrase avec une intarissable abondance ; pour peu que son interlocuteur fût baron ou même chevalier, ou seulement gentilhomme, jamais le notaire ne lui eût parlé autrement qu'à la troisième personne. Au reste, il se montrait d'une reconnaissance à la fois humble et expansive pour les procédés affables que l'on avait à son égard, et comme en même temps il manifestait un dévouement exagéré aux intérêts qu'on lui confiait, il avait su mériter tant d'éloges, que, peu à peu, il avait conquis une clientèle considérable dans la noblesse des environs.

Ce qui avait surtout contribué au succès de maître Loriot dans le département de la Loire-Inférieure, et même dans les départements voisins, c'était l'exaltation de ses opinions politiques. Maître Loriot était de ceux dont on pouvait dire : Plus royaliste que le roi.

Son petit œil gris étincelait lorsqu'il entendait prononcer le nom d'un jacobin, et pour lui toutes les fractions libérales, depuis M. de Chateaubriand jusqu'à M. de Lafayette, étaient des jacobins. Jamais il n'avait voulu reconnaître la royauté de juillet, et il n'appelait jamais Louis-Philippe autrement que M. le duc d'Orléans, ne lui accordant pas même le titre d'Altesse Royale que lui avait accordé Charles X.

Maître Loriot était un des visiteurs les plus habituels du château de Souday. Il entrait dans sa tactique de faire parade du plus profond respect pour ces illustres débris de l'ancien ordre social, ordre social qui avait tous ses regrets, et il avait poussé la déférence jusqu'à consentir quelques emprunts, dont le marquis de Souday, fort insouciant, comme nous l'avons dit, des choses d'argent, négligeait très-régulièrement de lui payer les intérêts. Le marquis de Souday accueillait volontiers son compère Loriot, d'abord en raison des emprunts ci-dessus ; ensuite, parce que la fibre orgueilleuse du vieux gentilhomme n'était pas plus qu'une autre insensible à la flatterie ; ensuite, parce que la froideur dans laquelle le propriétaire de Souday vivait avec son voisinage le rendait fort isolé, il accueillait avec joie tout ce qui venait rompre la monotonie de sa vie.

Lorsque le petit notaire se crut certain que ses chaussures n'avaient pas conservé un vestige de crotte, il entra dans le salon. Il salua de nouveau le marquis, qui avait déjà repris sa place dans son fauteuil, et commença de complimenter les deux jeunes filles. Mais le marquis ne lui laissa pas le loisir d'achever ses compliments.

— Loriot, lui dit-il, je serai toujours enchanté de vous voir.

Le notaire s'inclina jusqu'à terre.

— Seulement, continua le marquis, vous me permettez de vous demander, n'est-ce pas, ce qui peut vous amener dans notre désert, à neuf heures et demie du soir et par un temps pareil ? Je sais bien que lorsqu'on a un parapluie comme le vôtre, la voûte du ciel est toujours bleue.

Loriot crut convenable de ne pas laisser passer la plaisanterie du marquis sans en rire et sans murmurer : — Ah ! très-bien, très-bien ! Puis, répondant directement : Voilà, dit-il : j'étais au château de la Logerie, dont je suis parti fort tard, ayant, sur un ordre reçu à deux heures seulement, été porter de l'argent à la propriétaire du susdit château ; je revenais à pied, selon ma coutume, lorsque j'ai entendu dans la forêt des bruits de fâcheux augure, ce qui m'a confirmé ce que je savais déjà de l'émeute de Montaigu. J'ai appréhendé, si j'allais plus loin, de rencontrer des soldats du duc d'Orléans sur mon chemin, et j'ai pensé que monsieur le marquis daignerait m'accorder l'hospitalité pour une nuit.

Au nom de la Logerie, Bertha et Mary avaient relevé la tête comme deux chevaux qui entendent au loin et tout à coup le bruit du clairon.

— Vous venez de la Logerie ? fit le marquis. — Comme j'ai eu l'honneur de le dire à monsieur le marquis, répliqua maître Loriot. — Tiens ! tiens ! tiens ! Nous avons déjà eu quelqu'un de la Logerie ce soir. — Le jeune baron, peut-être ? répondit le notaire. — Oui. — C'est justement lui que je cherche. — Loriot, dit le marquis, je m'étonne de vous voir, vous que je considère comme un homme dont les principes sont solides, je m'étonne, dis-je, que vous puissiez prostituer de la sorte, en l'accolant au nom de ces Michel, un titre que d'habitude vous respectez.

En entendant son père prononcer cette phrase avec un suprême dédain, Bertha devint pourpre et Mary pâlit. L'impression que les paroles qu'il avait dites produisaient sur ses filles ne fut pas remarquée du marquis, mais elle n'échappa point au petit œil gris du notaire ; il voulut parler, mais de la main le gentilhomme lui fit signe qu'il n'avait pas tout dit.

— Puis, continua-t-il, pourquoi vous, compère, que nous traitons avec bonté, avec bienveillance, pourquoi croyez-vous nécessaire de vous servir d'un subterfuge pour entrer dans notre maison ? — Monsieur le marquis... balbutia Loriot. — Vous y venez chercher Michel, n'est-ce pas ? rien de mieux, pourquoi mentir ? — Que monsieur le marquis daigne agréer mes très-humbles excuses. La mère de ce jeune homme, que j'ai été forcé d'accepter au nombre de mes clientes, attendu que c'est un legs de mon prédécesseur, est fort inquiète ; au risque de se casser le cou, son fils est descendu d'une fenêtre du deuxième étage, et, au mépris de ses volontés maternelles, il a pris la fuite, de sorte que madame Michel m'avait chargé... — Ah ! ah ! fit le marquis, il a fait tout cela ?... — Littéralement, monsieur le marquis. — Eh bien, voilà qui me raccommode avec lui. Pas tout à fait, entendons-nous bien, mais un peu. — Si monsieur le marquis pouvait m'indiquer où je pourrais mettre la main dessus, dit Loriot, je le ramènerais à la Logerie. — Oh ! quant à cela, du diable si je sais comment ni par où il s'est esquivé. Voyons, le savez-vous, vous autres ? demanda le marquis en s'adressant à ses filles.

Bertha et Mary firent toutes deux un signe négatif.

— Vous le voyez, mon pauvre compère, dit le marquis, nous ne pouvons vous être d'aucune utilité. Mais pourquoi diable la mère Michel avait-elle séquestré son fils ? — Il paraîtrait, répondit le notaire, que le jeune Michel, jusque aujourd'hui si doux, si docile et si obéissant, est tout à coup devenu amoureux. — Ah ! ah ! il a pris le mors aux dents, dit le marquis. Je connais cela. Eh bien, compère Loriot, si vous êtes appelé en conseil, dites à la mère de lui rendre la bride et de lui donner du champ, cela vaut mieux que la martingale. Au fond, pour le peu que j'ai vu, il m'a l'air d'un bon petit diable. — Un cœur excellent, monsieur le marquis, et avec cela fils unique, plus de cent mille livres de rentes, fit le notaire. — Hum ! fit le marquis, s'il n'y a que cela, ce sera bien peu pour racheter les vilenies du nom qu'il porte. — Mon père !

s'écria Bertha, tandis que Mary se contentait de soupirer, vous oubliez le service qu'il nous a rendu ce soir. — Eh! eh! fit Loriot regardant Bertha, la baronne aurait-elle raison? Par ma foi! ce serait un beau contrat à faire.

Et il se mit à supputer ce que pourrait lui rapporter d'honoraires le contrat de mariage du baron de La Logerie avec mademoiselle Bertha de Souday.

— Tu as raison, dit le marquis; aussi, laissons Loriot chercher le chaton de la mère Michel, et ne nous en inquiétons pas autrement. Puis, se retournant vers le notaire: Allez donc vous remettre en quête, monsieur le tabellion. — Monsieur le marquis, si vous daignez me le permettre, je préférerais... — Tout à l'heure, vous me donniez pour prétexte votre crainte de rencontrer les soldats, interrompit le marquis; vous en avez donc bien peur, morbleu! Qu'est-ce que c'est que cela? vous, un des nôtres? — Je n'en ai pas peur, répliqua Loriot, monsieur le marquis peut m'en croire; mais les maudits bleus me causent une si profonde aversion, que quand j'aperçois un de leurs uniformes, mon estomac se resserre, et je suis vingt-quatre heures sans pouvoir manger. — Cela m'explique votre maigreur, compère, mais, ce qui est encore plus triste, c'est que cela m'oblige de vous mettre à la porte. — Monsieur le marquis veut rire aux dépens de son humble serviteur. — Pas le moins du monde; seulement je ne veux pas votre mort, compère. — Comment cela? — Si la vue d'un soldat vous cause vingt-quatre heures d'inanition, vous ne pouvez manquer de mourir de faim tout de suite quand, pendant une nuit entière, vous aurez été sous le même toit qu'un régiment. — Un régiment! — Sans doute; j'ai invité un régiment à souper à Souday, et l'amitié que j'ai pour vous, compère, m'oblige de vous faire déguerpir au plus vite; seulement, mettez-y quelques précautions, car ces drôles, en vous voyant courir les champs ou plutôt les bois à pareille heure, pourraient bien vous prendre pour ce que vous n'êtes pas, ou plutôt pour ce que vous êtes. — Eh bien? — Eh bien, dans ce cas, ils ne manqueraient pas de vous honorer de quelques coups de fusil, et les fusils de M. le duc d'Orléans sont chargés à balles.

Le notaire devint fort pâle, et balbutia quelques paroles inintelligibles.

— Allons! décidez-vous; vous avez le choix, mourir de faim ou d'un coup de fusil; vous n'avez pas de temps à perdre; car, cette fois, j'entends la marche de toute une troupe; et, tenez, voilà, selon toute probabilité, le général qui frappe à la porte.

Et en effet, le marteau retentit, mais vigoureusement cette fois, et ainsi qu'il convenait à l'hôte dont il annonçait l'arrivée.

— En compagnie de monsieur le marquis, fit Loriot, je me sens de force à vaincre mes répugnances, si invincibles qu'elles soient. — Bien; alors, prends ce flambeau et viens au-devant de mes invités. — Vos invités? Mais en vérité, monsieur le marquis, je ne puis croire... — Venez! venez! Thomas Loriot; vous allez voir, et vous croirez après.

Et le marquis de Souday, prenant lui-même un flambeau, s'avança sur le perron. Bertha et Mary le suivirent: Mary pensive, Bertha inquiète, toutes deux regardant au plus profond de l'ombre de la cour, pour voir si elles ne découvriraient point celui auquel elles ne cessaient de songer.

XXX

OU LE GÉNÉRAL MANGE UN DÎNER QUI N'A PAS ÉTÉ PRÉPARÉ POUR LUI.

Selon les instructions du marquis, transmises à Rosine par Mary, la porte avait été ouverte aux soldats dès le premier coup de marteau; la porte ouverte, ils avaient envahi la cour, et se hâtaient de cerner la maison. Au moment où le vieux général descendait de cheval, il aperçut les deux porte-flambeaux, et, à côté d'eux, derrière eux, moitié dans l'ombre, moitié dans la lumière, les deux jeunes filles. Tout cela s'avançait vers lui d'un air moitié empressé, moitié gracieux, qui le surprit.

— Ma foi, général! s'écria le marquis en descendant jusqu'au dernier escalier, pour s'avancer aussi loin que possible à la rencontre du général, je désespérais presque de vous voir, ce soir, du moins. — Vous désespériez, dites-vous, monsieur le marquis? dit le général stupéfait de cet exorde. — Je désespérais de vous voir, je le répète; à quelle heure êtes-vous parti de Montaigu? vers sept heures? — A sept heures précises. — Eh bien, c'est cela; j'avais calculé qu'il fallait un peu plus de deux heures pour venir, je vous attendais donc vers neuf heures un quart, neuf heures et demie, mais voilà qu'il en est plus de dix; j'en étais à me dire : Mon Dieu, serait-il arrivé quelque accident qui me prive de l'honneur de recevoir un si brave et si estimable officier? — Ainsi, vous m'attendiez, Monsieur? — Pardieu! Je présume que c'est ce maudit gué de Pontfarcy qui vous aura retardé; quel abominable pays, général : des ruisseaux qui, à la moindre pluie, deviennent des torrents impraticables; des chemins, ils appellent cela des chemins, moi j'appelle cela des fondrières; au reste, vous en savez bien quelque chose, car je présume que ce n'est pas sans quelque difficulté que vous avez franchi le maudit Saut-de-Baugé, une mer de boue où l'on enfonce jusqu'à la ceinture quand on n'enfonce pas par-dessus la tête; mais avouez que tout cela n'est rien à côté de la viette des Biques, où tout jeune, moi, un chasseur enragé, je n'osais pas me hasarder sans frémir; vraiment, général, en pensant à tout ce que l'honneur que vous me faites vous aura coûté de peine et de fatigue, je ne sais comment vous en témoigner ma reconnaissance.

Le général vit que, pour le moment, il avait affaire à plus fin que lui; il se résolut à manger franchement le plat que le marquis lui servait.

— Croyez bien, monsieur le marquis, répondit-il, que je regrette de m'être autant fait attendre, et qu'il n'y a aucunement de ma faute dans le retard que vous me reprochez; en tout cas, je tâcherai de profiter de la leçon que vous voulez bien me donner, et, une autre fois, en dépit des gués, des sauts et des viettes, j'arriverai selon les règles les plus rigoureuses de la politesse.

En ce moment un officier s'approcha du général pour prendre ses ordres relativement à la perquisition que l'on devait faire dans le château.

— Comment donc! comment donc! dit le marquis; mais, un ordre ou non, mon château est tout à votre disposition, général; usez-en donc comme s'il vous appartenait. — Ceci m'est offert de trop bonne grâce pour que je refuse, dit le général en s'inclinant. — Oh! que vous êtes étourdies, Mesdemoiselles, dit le marquis de Souday en s'adressant à ses filles ; vous ne me faites pas remarquer que je tiens ces Messieurs à la porte, et par le temps qu'il fait ; des gens qui ont traversé le gué de Pontfarcy. Mais entrez donc, général ; entrez donc, Messieurs, j'ai fait préparer un excellent feu au salon, un feu devant lequel vous pourrez sécher vos habits que l'eau de la Boulogne doit rendre inhabitables. — Comment reconnaître jamais la délicatesse de vos procédés ! dit le général en se mordant les moustaches, et un peu les lèvres avec. — Oh ! vous êtes un homme à me revaloir cela, général, répliqua le marquis en précédant les officiers qu'il éclairait dans le salon, tandis que le petit notaire, plus modeste, illuminait les flancs de la colonne ; mais permettez-moi, ajouta-t-il en posant le candélabre sur la cheminée, manœuvre qu'imitait en tout point maître Loriot, permettez-moi d'accomplir une formalité par laquelle j'eusse dû commencer, peut-être, en vous présentant mes deux filles, mesdemoiselles Bertha et Mary de Souday. — Par ma foi, marquis, dit galamment le général, la vue de si gracieux visages valait bien que l'on risquât de s'enrhumer en traversant le gué de Pontfarcy, de s'envaser au Saut-de-Baugé, et de se casser le cou à la viette des Biques. — Eh bien, Mesdemoiselles, dit le marquis, pour utiliser ces beaux yeux, allez vous assurer que le dîner, après avoir attendu ces Messieurs, ne se fera pas attendre à son tour. — En vérité, marquis, dit le général, se tournant vers ses officiers, nous sommes confus de vos bontés, et notre reconnaissance... — S'acquitte par la distraction que votre visite nous cause ; vous comprenez, général, moi qui suis habitué aux deux gracieux visages auxquels vous adressez de si jolis compliments ; moi qui, en outre, suis leur père, je trouve parfois le séjour de mon pauvre petit castel bien insipide et bien monotone ; jugez donc de ce qu'a été ma joie lorsque, tantôt, un lutin de ma connaissance est venu me dire à l'oreille : « Le général Dermoncourt est parti à sept heures du soir de Montaigu pour venir avec son état-major vous rendre visite à Souday. » — Alors, c'est un lutin qui vous a averti ? — Certainement ; est-ce qu'il n'y en a pas dans chaque château, dans chaque chaumière de ce pays ? Enfin, la perspective de l'excellente soirée que j'allais vous devoir, général, m'a rendu une activité que depuis longtemps je ne me connaissais plus ; j'ai pressé tout mon monde ; j'ai mis le poulailler à contribution ; j'ai actionné mesdemoiselles de Souday ; j'ai retenu mon compère Loriot, notaire à Machecoul, pour qu'il ait le plaisir de faire votre connaissance ; enfin, Dieu me damne ! j'ai mis moi-même la main à la pâte, et, tant bien que mal, nous sommes arrivés à préparer le dîner qui vous attend, et celui qui sera servi à vos soldats, que je n'avais garde d'oublier, en ma qualité d'ancien soldat moi-même. — Vous avez servi, monsieur le marquis ? demanda le général. — Peut-être pas dans les mêmes rangs que vous ; aussi, au lieu de dire que j'ai servi, je dirai simplement que je me suis battu. — Dans ce pays ? — Justement ; sous les ordres de Charette. — Ah ! ah ! — J'étais son aide de camp. — Alors ce n'est point la première fois que nous nous rencontrons, marquis. — Vraiment ? — Certes ; j'ai fait les deux campagnes de 1795 et de 1796 en Vendée. — Ah ! bravo ! et voilà qui me transporte, s'écria le marquis. Nous allons parler au dessert des vaillances de notre jeunesse. Ah ! général, fit le marquis avec une certaine mélancolie, dans un camp comme dans l'autre, ils commencent à se faire rares, ceux qui peuvent s'entretenir de ces campagnes. Mais voici ces demoiselles qui viennent nous annoncer que le souper nous réclame. Général, voulez-vous être le cavalier de l'une des deux ? le capitaine sera celui de l'autre.

Puis, s'adressant aux deux officiers :

— Messieurs, dit-il, voulez-vous bien suivre le général et passer dans la salle à manger ?

On se mit à table : le général entre Mary et Bertha, le marquis entre deux officiers.

Maître Loriot se plaça à côté de Bertha. Il ne désespérait pas, pendant le souper, de placer tout bas un mot sur le jeune Michel. Il avait décidé à part lui que le contrat de mariage se ferait dans son étude.

Pendant quelques instants on n'entendit que le bruit des assiettes et des verres; chacun restait silencieux. Les officiers, entraînés par l'exemple de leur général, se prêtaient avec complaisance au dénoûment inattendu de leur expédition. Le marquis, qui dînait ordinairement à cinq heures et qui se trouvait de près de six heures en retard, dédommageait son estomac de cette longue attente.

Mary et Bertha, toutes pensives, n'étaient point fâchées d'avoir, dans la répulsion que leur inspiraient les cocardes tricolores, un prétexte pour se recueillir. Le général réfléchissait évidemment à prendre une revanche. Il comprenait fort bien que M. de Souday avait été averti de son approche. Rompu à cette guerre, il connaissait la facilité et la rapidité avec lesquelles se transmettent les communications entre un village et un autre. Étonné d'abord de la spontanéité de la réception que lui avait faite le marquis de Souday, peu à peu il recouvrait son sang-froid, et, revenu à ses habitudes de minutieuses observations, il trouvait dans tout ce qui se passait autour de lui, dans l'empressement de son hôte, comme dans la profusion de ce repas, bien splendide pour avoir été préparé à l'intention d'ennemis, quelque chose qui confirmait ses soupçons; mais patient comme doit l'être tout bon chasseur d'hommes et de gibier, certain que dans l'obscurité, si l'illustre proie qu'il convoitait avait pris la fuite, comme tout le lui faisait croire, ce serait en vain qu'il se mettrait à sa poursuite, il résolut d'attendre à plus tard pour commencer de sérieuses investigations, et de ne point laisser échapper jusque-là un des indices qu'il pourrait trouver dans ce qui se passait autour de lui. Ce fut lui qui, le premier, rompit le silence.

— Monsieur le marquis, dit-il en élevant son verre, le choix d'un toast serait assez difficile pour vous comme pour nous; mais il en est un qui n'embarrassera personne, et qui doit avoir le pas sur tous les autres. Veuillez me permettre de porter la santé de mesdemoiselles de Souday, en les remerciant d'avoir bien voulu s'associer à la courtoise réception dont vous nous honorez. — Ma sœur et moi, nous vous remercions, monsieur le général, dit Bertha, et nous sommes heureuses d'avoir pu vous être agréables en nous conformant à la volonté de notre père. — Ce qui veut dire, répliqua le général en souriant, que vous ne nous faites bonne mine que par ordre, et que c'est à M. le marquis seul que nous devons en être reconnaissants. A la bonne heure ! j'aime cette franchise toute militaire, qui, du camp de vos admirateurs, me ferait passer dans celui de vos amis, si je croyais que l'on pût y être reçu avec la cocarde que je porte. — Les éloges que vous venez de donner à ma franchise m'encouragent, Monsieur, dit Bertha, et cette même franchise osera vous avouer que vos couleurs ne sont point celles que j'aime à voir à mes amis; mais si vous ambitionnez vraiment ce titre, je vous l'accorderai volontiers, dans l'espoir qu'un jour viendra où vous pourrez porter les miennes. — Général, dit à son tour le marquis en se grattant l'oreille, votre réflexion de tantôt était parfaitement juste. Comment, sans nous compromettre ni l'un ni l'autre, vais-je répondre à votre gracieux toast à mes filles? Avez-vous une femme?

Le général tenait à embarrasser le marquis.

— Non, dit-il. — Une sœur? — Non. — Une mère, peut-être? — Oui, dit le général, qui semblait s'être embusqué et attendre là le marquis; j'ai la France, notre mère commune. — Eh bien! bravo! je bois à la France, et puissent se continuer pour elle les huit siècles de gloire et de grandeur qu'elle doit à ses rois. — Et permettez-moi d'ajouter, dit le général, le demi-siècle de liberté qu'elle doit à ses enfants. — C'est non-seulement une adjonction, dit le marquis, mais une modification. Puis, après un instant de silence : Par ma foi, dit-il, j'accepte ce toast. Blanche ou tricolore, la France est toujours la France!

Tous les convives tendirent leurs verres, et maître Loriot lui-même, entraîné par l'exemple du marquis, fit raison au toast du maître de la maison, modifié par le général, et vida son verre. Une fois lancée sur cette pente et arrosée avec cette abondance, la conversation prit des allures tellement vagabondes, que, comprenant, aux deux tiers du dîner, qu'elles ne pouvaient plus la suivre jusqu'au dessert dans de semblables écarts, Bertha et Mary se levèrent de table et passèrent dans le salon. Maître Loriot, qui semblait être venu pour avoir autant affaire aux jeunes filles qu'au marquis, se leva à son tour et les suivit.

XXXI

QUI NE FINIT POINT COMME MARY ET MICHEL L'AVAIENT PRÉSUMÉ.

Maître Loriot profita immédiatement de l'exemple que lui donnaient mesdemoiselles de Souday, et laissant le marquis et ses hôtes évoquer tout à leur aise les souvenirs de la guerre des géants, il se leva tout doucement de table et suivit les deux jeunes filles dans le salon. Il avança en faisant courbette sur courbette et en se frottant joyeusement les mains.

— Ah! ah! dit Bertha, vous paraissez bien satisfait, monsieur le notaire? — Mesdemoiselles, répondit maître Loriot à demi voix, j'ai fait de mon mieux pour seconder la ruse de guerre de monsieur votre père. J'espère qu'au besoin vous ne vous refuserez point à témoigner de la ruse et du sang-froid dont j'ai fait preuve dans cette circonstance. — De quelle ruse de guerre parlez-vous, cher monsieur Loriot? répondit Mary en riant. Ni Bertha ni moi ne savons ce que vous voulez dire. — Mon Dieu! reprit le notaire, je ne la connais pas plus que vous; mais je pense que M. le marquis doit avoir de puissantes et sérieuses raisons pour traiter comme de vieux amis, et même mieux que l'on ne traite parfois de vieux amis, les affreux soudards qu'il a admis à sa table. Les prévenances dont il accable ces séides de l'usurpateur m'ont semblé si étranges, que je me suis figuré qu'elles avaient un but. — Et lequel? demanda Bertha. — Dame! celui de leur inspirer tant de sécurité qu'ils négligent le soin de leur sûreté, et de profiter de leur insouciance pour leur faire subir le sort... — Le sort? — Le sort de... répéta le notaire. — Le sort de qui?

Le notaire fit le geste de trancher une tête.

— D'Holopherne, peut-être? s'écria Bertha en éclatant de rire. — Justement, dit maître Loriot.

Mary se joignit à sa sœur dans la bruyante explosion où celle-ci l'avait devancée. La supposition du petit notaire avait réjoui les deux jeunes filles au delà de toute expression.

— Ainsi, vous nous destinez au rôle de Judith? demanda Bertha, faisant trêve à son hilarité. — Dame ! Mesdemoiselles. — Monsieur Loriot, si mon père était là, il pourrait se fâcher de ce que vous l'avez supposé capable d'user de ces sortes de procédés, à mon avis un peu trop bibliques ; mais, soyez tranquille, nous ne le lui dirons pas plus qu'au général, qui certainement serait, de son côté, très-peu flatté de l'enthousiasme avec lequel vous acceptiez notre dévouement. — Mademoiselle, répliqua Loriot, pardonnez-moi si ma ferveur politique, si mon horreur pour tous les partisans de ces malheureuses doctrines m'ont entraîné un peu loin. — Je vous pardonne, monsieur Loriot, répondit Bertha, qui, à cause de son caractère franc et décidé ayant été la plus soupçonnée, avait le plus à pardonner, je vous pardonne, et pour que vous ne soyez plus exposé à de semblables méprises, je vais vous mettre au courant de la situation. Sachez donc que le général Dermoncourt, que vous regardez comme l'antechrist, est tout simplement venu pour faire au château une perquisition dans le genre de celles que l'on a faites dans les châteaux environnants. — Mais alors, demanda le petit notaire, qui s'embrouillait de plus en plus dans la situation, pourquoi les traiter avec... par ma foi, je dirai le mot, avec tant de faste ? La loi est formelle. — Comment, la loi ? — Oui : elle interdit aux magistrats, aux officiers civils et militaires chargés de mettre à exécution le mandat de l'autorité judiciaire, de saisir, enlever, s'approprier tous autres objets que ceux désignés audit mandat. Que font ces gens des mets, des viandes, des vins de toutes sortes dont ils ont trouvé la table de M. le marquis de Souday chargée ? Ils se les ap...pro...prient. — Mais il me semble, mon cher monsieur Loriot, dit Mary, que mon père est bien libre d'inviter qui il veut à sa table. — Même les gens qui viennent exercer... représenter chez lui... un pouvoir tyrannique et odieux, certainement, Mademoiselle. Mais vous me permettrez de regarder cela comme chose peu naturelle et d'y supposer une cause ou un but ! — C'est-à-dire, monsieur Loriot, que vous voyez là un secret que vous cherchez tout simplement à pénétrer. — Oh ! Mademoiselle. — Eh bien ! je vous le confierai ou à peu près, cher monsieur Loriot, car je sais que l'on peut compter sur vous, si toutefois, vous, de votre côté, vous voulez m'apprendre comment il se fait qu'ayant à chercher quelque part M. Michel de La Logerie, vous soyez venu tout droit au château de Souday.

Bertha avait prononcé ces paroles d'une voix ferme et accentuée, et le notaire, auquel elles étaient adressées, les écouta avec beaucoup plus d'embarras que n'en éprouvait son interlocutrice. Quant à Mary, elle s'était rapprochée de sa sœur, avait passé son bras sous le sien, avait appuyé sa tête sur son épaule, et attendait avec une curiosité qu'elle ne cherchait pas à dissimuler la réponse de maître Loriot.

— Eh bien ! puisque vous désirez savoir le pourquoi, Mademoiselle...

Le notaire fit une pause comme pour être encouragé. Bertha, en effet, l'encouragea d'un signe de tête.

— Je suis venu, continua maître Loriot, parce que madame la baronne de La Logerie m'avait indiqué le château de Souday comme le lieu où son fils s'était probablement retiré après sa fuite. — Et sur quoi madame de La Logerie appuyait-elle ses suppositions ? demanda Bertha avec le même regard interrogateur, la même voix ferme et accentuée. — Mademoiselle, répliqua le notaire de plus en plus embarrassé, après ce que j'ai dit tantôt à votre père, vraiment je ne sais si, malgré la récompense que vous avez attachée à ma franchise, j'aurai le courage d'aller jusqu'au bout. — Pourquoi pas, monsieur le notaire ? continua Bertha avec le même aplomb. Voulez-vous que je vous aide ?

C'est parce qu'elle croit, avez-vous dit, que l'objet de l'amour de M. son fils est au château de Souday. — C'est justement cela, Mademoiselle. — Bien. Mais ce que je désirerais savoir, c'est l'opinion de madame de La Logerie sur cet amour. — Cette opinion ne lui est point positivement favorable, Mademoiselle, reprit le notaire, cela, je dois l'avouer. — Voilà déjà un point sur lequel mon père et la baronne s'entendent, dit en riant Bertha. — Mais, continua le notaire avec intention, M. Michel sera majeur dans quelques mois, libre par conséquent de ses actions, maître de son immense fortune. — De ses actions, dit Bertha, tant mieux, cela pourra lui servir. — A quoi? Mademoiselle, demanda malignement le notaire. — Mais, à réhabiliter le nom qu'il porte, à faire oublier les tristes souvenirs que son père a laissés dans le pays. Quant à la fortune, si j'étais celle que M. Michel honore de son affection, je lui conseillerais d'en faire un tel usage, que bientôt il n'y aurait pas dans la province un nom plus honorable et plus honoré que le sien. — Que lui conseilleriez-vous donc, Mademoiselle? demanda le notaire étonné. — De rendre cette fortune à ceux à qui l'on prétend que son père l'a prise, de restituer à leurs propriétaires les biens nationaux que M. Michel avait achetés. — Mais en ce cas, Mademoiselle, dit le petit notaire de plus en plus étonné, vous ruineriez celui qui aurait l'honneur de vous aimer? — Qu'importe, s'il lui restait la considération de tous et la tendresse de celle qui lui aurait conseillé ce sacrifice!

En ce moment Rosine parut à la porte, en passant la tête entre les deux battants:

— Mademoiselle, dit-elle sans s'adresser particulièrement ni à Mary ni à Bertha, voulez-vous venir, s'il vous plaît?

Bertha tenait à continuer la conversation avec le notaire; elle était avide de se renseigner sur les sentiments que madame de La Logerie nourrissait contre elle, encore plus, peut-être, que de ceux que son fils nourrissait pour elle; enfin, elle était heureuse de s'entretenir, si vaguement que ce fût, des projets qui formaient depuis quelque temps le thème invariable de ses méditations: aussi dit-elle à Mary d'aller voir ce dont il s'agissait. Mais aussi, de son côté, Mary ne quittait le salon qu'à regret; elle était épouvantée de voir à quel point l'amour de Bertha pour Michel s'était développé depuis quelques jours: chacune des paroles de sa sœur retentissait avec douleur dans son âme; elle croyait être sûre que l'amour de Michel était tout entier à elle, et elle songeait avec terreur à ce que serait le désespoir de Bertha lorsqu'elle s'apercevrait qu'elle s'était si étrangement abusée; puis, comme malgré l'immense affection de Mary pour Bertha, l'amour avait déjà versé dans son cœur une petite dose de l'égoïsme qui accompagne toujours ce sentiment, Mary était tout heureuse, à un autre point de vue, de ce qu'elle entendait: elle se réservait tout bas le rôle que sa sœur traçait pour la femme aimée de Michel. Aussi fallut-il que Bertha lui répétât une seconde fois d'aller voir pour quelle cause Rosine appelait l'une d'elles.

— Allons, va, ma chère, dit Bertha en appuyant ses lèvres sur le front de Mary, va, et en même temps occupe-toi de la chambre de M. Loriot, car je crains que dans tout ce bouleversement on n'ait oublié de lui préparer un gîte.

Mary avait l'habitude d'obéir, elle obéit; des deux elle était la nature douce et flexible. Elle trouva Rosine à la porte.

— Que nous veux-tu? lui demanda-t-elle.

Celle-ci ne lui répondit point, et comme si elle eût craint d'être entendue de la salle à manger, où le marquis racontait en ce moment la dernière journée de Charrette, elle tira Mary par le bras et l'emmena sous l'escalier qui se trouvait à l'autre extrémité du vestibule.

— Mademoiselle, lui dit-elle, il a faim. — Il a faim? répéta Mary. — Oui, il vient de me le dire en ce moment même. — Mais de qui parles-tu, et qui donc a faim? — Lui, le pauvre garçon. — Qui, lui? — M. Michel, donc. — Comment! M. Michel est ici? — Ne le savez-vous pas? — Mais non. — Il y a deux heures, après que mademoiselle votre sœur fut rentrée au salon, un peu avant que les soldats fussent arrivés, eh bien, il est entré à la cuisine. — Il n'est donc point parti avec Petit-Pierre? — Mais non. — Et tu dis qu'il est entré à la cuisine? — Oui; il était si las que cela faisait pitié. « Monsieur Michel, lui ai-je dit comme cela, pourquoi donc que vous n'allez pas au salon? — Dame! ma chère Rosine, a-t-il répondu avec sa voix si douce, c'est qu'on ne m'a pas invité à y rester. » Alors, il voulait s'en aller coucher à Machecoul, car de rentrer à la Logerie, il ne le fera pour rien au monde; il paraît que sa mère veut l'emmener à Paris; je n'ai pas voulu le laisser courir ainsi la nuit. — Tu as bien fait, Rosine. Et où est-il? — Je l'ai mis dans la chambre de la tourelle; mais comme les soldats ont pris le rez-de-chaussée de la tourelle, on n'y peut plus rentrer que par le corridor qui est au bout du grenier, et je viens vous en demander la clef.

Le premier mouvement de Mary fut de prévenir sa sœur : c'était le bon; mais à ce premier mouvement, il ne tarda pas d'en succéder un second, et celui-là, il faut l'avouer, était le moins généreux : c'était de voir Michel seule et la première. Rosine, d'ailleurs, lui fournit un prétexte pour suivre celui-là.

— Voici la clef, lui dit Mary. — Oh! Mademoiselle, répliqua Rosine, venez avec moi, je vous en supplie; il y a tant d'hommes dans le château, que je n'ose m'y hasarder seule, et que je mourrais de peur pour monter là-haut; tandis que vous, la fille de M. le marquis, tout le monde vous respectera. — Mais les provisions? — Les voici, dans ce panier. — Alors, viens.

Et Mary s'élança dans l'escalier avec la légèreté d'un de ces chevreuils qu'elle poursuivait dans les rochers de la forêt de Machecoul.

XXXII

SUITE DU PRÉCÉDENT.

Arrivée au second étage, Mary s'arrêta devant la chambre que Jean Oullier occupait au château; c'était dans cette chambre que se trouvait la clef qui lui était nécessaire. Puis elle ouvrit une porte qui, de cet étage, donnait sur l'escalier en colimaçon par lequel on arrivait à la partie supérieure de la tourelle, et, devançant de quelques marches Rosine, que son panier embarrassait, elle continua rapidement son ascension assez périlleuse, car l'escalier de cette petite tour, à moitié abandonnée, était dans un état de vétusté et de délabrement des plus caractérisés. C'était au sommet de cette tourelle, dans une petite chambre située sous le toit, que Rosine et la cuisinière, réunies en comité délibérateur, avaient placé le jeune baron de La Logerie.

Si l'intention des deux bonnes filles avait été excellente, l'exécution n'avait nullement répondu à leur bon vouloir, car il était impossible d'imaginer un plus pauvre gîte, un lieu enfin où il fût plus difficile de se reposer d'une fatigue, si mince qu'elle fût. Cette chambre, en effet, servait à Jean Oullier pour serrer les menues graines du jardin et les outils de menuiserie nécessaires à ses fonctions de maître Jacques. Les murs étaient littéralement palissadés, de tiges de haricots, de choux, de laitues et d'oignons montés en graines, le tout de diverses variétés, le tout exposé à l'air, afin que leurs semences pussent acquérir le degré de maturité et de sécheresse convenable. Par malheur, tous ces échantillons botaniques avaient, depuis six mois qu'ils attendaient le moment d'être mis en terre, absorbé une telle quantité de poussière, qu'au moindre mouvement que l'on exécutait dans l'étroite chambre, des milliers d'atomes se détachaient de cet amas de légumineuses, et épaississaient désagréablement l'atmosphère. Pour tout meuble, cette petite pièce avait un établi en menuiserie ; ce n'était pas un siége bien commode, on le voit ; aussi Michel, qui s'était résigné à l'accepter en cette qualité, ne tarda-t-il point à l'échanger contre un tas d'avoine d'une espèce nouvelle, et à laquelle sa rareté avait mérité les honneurs du cabinet aux graines précieuses. Il s'assit au centre du monceau, et là, du moins, à part quelque inconvénient (quel siége, si confortable qu'il soit, n'en a point?), il trouva assez d'élasticité pour reposer un peu la fatigue qui courbaturait ses membres. Mais bientôt Michel s'était lassé de s'étendre sur ce sofa mobile et piquant. Lorsque Guérin l'avait renversé dans le ruisseau, une assez notable quantité de boue était restée à la surface de ses habits, et l'humidité avait pénétré à l'intérieur ; il en résultait que le séjour qu'il avait fait devant le foyer de la cuisine lui avait paru bien court, si court que l'humidité, qu'il avait un moment crue partie, était revenue plus pénétrante que jamais. Il s'était mis alors à se promener en long et en large dans sa tourelle, manœuvre qu'il accomplissait tout en maudissant sa sotte timidité qui lui valait ce froid, cette fatigue, et par-dessus tout cela cette faim qu'il commençait à éprouver, et qui, c'était là le plus douloureux, le privait de la présence de Mary. Il se gourmandait de n'avoir pas su profiter de ce qu'il avait si vaillamment entrepris, et de ce que le cœur lui manquait au moment d'achever ce qu'il avait si bien commencé. Hâtons-nous de dire, pour ne point mentir au caractère donné à notre héros, que la conscience de sa faute ne le rendait pas plus brave, et qu'au milieu des reproches qu'il s'adressait à lui-même, l'idée ne lui vint pas un seul instant de descendre et de demander franchement au marquis l'hospitalité, qui n'avait pas été la moindre des perspectives qui l'avaient décidé à la fuite. Les soldats étaient arrivés sur ces entrefaites, et Michel, que le bruit qu'ils avaient fait en entrant avait attiré à l'étroite lucarne qui donnait sur les derrières du château, vit dans les salles du corps de logis principal passer et repasser, à travers les fenêtres brillamment éclairées, mesdemoiselles de Souday, le général, les officiers et le marquis.

C'est alors qu'apercevant Rosine au pied de la petite tourelle, dont il occupait le faîte, il avait jugé à propos de ramener à lui l'intérêt que de nouveaux hôtes avaient singulièrement détaché de sa personne, et, avec toute la modestie de son caractère, il avait demandé à la nouvelle commensale du château de Souday un petit morceau de pain, demande qui n'était nullement en harmonie avec la faim que les aiguillonnements des contrariétés tant morales que physiques qu'il éprouvait, de légère avaient rendue canine. En entendant dans l'escalier un pas léger qui se rapprochait de sa prison, il éprouva une vive reconnaissance. En effet, ce pas lui annonçait deux choses, l'une certaine, l'autre probable : la chose certaine, qu'il allait satisfaire son appétit ; la chose probable, qu'il allait entendre parler de Mary.

— Est-ce toi, Rosine? demanda-t-il, quand il entendit une main qui cherchait à ouvrir la porte. — Non, ce n'est pas Rosine, monsieur Michel, c'est moi. Michel reconnut la voix de Mary, mais il n'en pouvait croire ses oreilles. La voix continua : Oui, moi; moi, qui suis furieuse contre vous.

Mais, comme l'accent jurait avec la voix, Michel ne fut pas trop effrayé de cette fureur.

— Mademoiselle Mary! s'écria-t-il, mademoiselle Mary! Mon Dieu!

Et il s'appuya contre la muraille pour ne pas tomber. Pendant ce temps, la jeune fille ouvrait la porte.

— Vous! s'écria Michel; vous, mademoiselle Mary! Oh! que je suis heureux! — Oh! pas tant que vous le dites. — Comment cela? — Puisque vous avouez au milieu de votre bonheur que vous mourez de faim. — Oh! Mademoiselle, qui vous a dit cela? balbutia Michel en rougissant jusqu'au blanc des yeux. — Rosine. Voyons, arrive, Rosine, continua Mary, commence par poser ta lanterne sur cet établi, et ouvre bien vite ton panier; ne vois-tu pas que monsieur Michel le dévore du regard.

Ces paroles de la railleuse Mary rendirent le jeune baron un peu honteux du besoin vulgaire qu'il avait exprimé à sa sœur de lait. Il pensa bien que, saisir le panier de Rosine, réintégrer dans ses flancs les comestibles qui en étaient déjà sortis, et que la jeune fille avait étalés sur la table; lancer le tout par la fenêtre, au risque d'assommer un soldat; tomber aux genoux de la jeune fille en lui disant, les deux mains sur le cœur et d'une voix pathétique : Puis-je songer à mon estomac lorsque mon cœur est si heureux? serait une déclaration un peu bien galante. Mais c'étaient là de ces idées qui pouvaient venir à Michel pendant plusieurs années consécutives, sans se risquer à pratiquer jamais des façons si cavalières. Il laissa donc Mary le traiter en véritable frère de lait de Rosine. Sur son invitation, il reprit son canapé d'avoine, et trouva fort agréable de manger les morceaux que lui découpait la main blanche de la jeune fille.

— Oh! que vous êtes donc enfant, lui disait Mary; pourquoi, après avoir accompli un acte aussi vaillant, après être venu à nous pour nous rendre un service de cette importance, au risque de vous rompre les os, pourquoi n'avoir pas, comme cela était si naturel de le faire, dit à mon père : « Monsieur, il me serait impossible de rentrer chez ma mère ce soir, veuillez me garder jusqu'à demain matin? » — Oh! mais je n'eusse jamais osé, s'écria Michel en laissant tomber ses bras de chaque côté de son corps, comme un homme auquel on fait une proposition à laquelle il n'eût jamais osé songer. — Pourquoi cela? demanda Mary. — Parce qu'il m'en impose énormément, M. votre père. — Mon père? mais c'est le meilleur homme du monde; et puis, n'êtes-vous pas notre ami, à nous? — Oh! que vous êtes donc bonne, Mademoiselle, de me donner ce titre! Puis, se hasardant à faire un pas en avant : Mais, est-il bien vrai, demanda le jeune baron, que je l'aie déjà gagné?

Mary rougit légèrement. Quelques jours auparavant, elle n'eût point hésité à répondre à Michel qu'il était si bien son ami, qu'il était peu d'instants du jour et même de la nuit où elle ne songeât à lui; mais, depuis ces quelques jours, l'amour avait singulièrement modifié ses sentiments, et, dès ses premiers élans, il lui avait donné une pudeur instinctive que, dans son innocence, elle n'avait point encore soupçonnée. Au fur et à mesure qu'elle s'était sentie femme, par la révélation des sensations qui, jusque-là, lui avaient été inconnues, elle avait compris tout ce que les manières, les habitudes et le langage, qui résultaient de l'éducation étrange qu'elle avait reçue, avaient d'insolite, et, avec cette faculté d'intuition qui caractérise les femmes, elle s'était rendue un compte exact de ce qu'elle avait à acquérir du côté de la réserve pour arriver aux qualités qui lui manquaient, et dont le sentiment qui dominait son âme lui faisait sentir la nécessité. Aussi Mary qui, jusque-là, n'avait jamais eu l'idée de dissimuler une seule de ses pensées, commença-t-elle de comprendre qu'une jeune fille devait quelquefois sinon mentir, du moins éluder, et voilà-t-elle la réponse qu'elle eût voulu faire par une banalité.

— Mais il me semble, répondit-elle au jeune baron, que vous avez assez fait pour cela. Puis, sans lui donner le temps de revenir au sujet qui mettait la conversation sur un terrain qui l'embarrassait fort : Allons, voyons, continua-t-elle, prouvez-nous ce bon appétit dont vous vous vantiez tout à l'heure, en mangeant encore cette aile de volaille. — Mais, Mademoiselle, répondit naïvement Michel, j'étouffe. — Oh ! que vous êtes un pauvre mangeur ; voyons, obéissez, ou sinon, comme je ne suis ici que pour vous servir, je m'en vais. — Oh ! Mademoiselle, dit Michel en tendant vers Mary ses deux mains, dont l'une était armée d'une fourchette et l'autre munie d'un morceau de pain ; Mademoiselle, vous n'auriez pas cette cruauté. Oh ! si vous saviez combien j'ai été triste et malheureux depuis deux heures que je suis dans cette solitude ! — Cela s'explique, dit en riant Mary, vous avez faim. — Oh ! non, non, ce n'était point cela seulement ; imaginez-vous que d'ici je vous voyais passer avec tous ces officiers. — C'est votre faute ; au lieu de vous réfugier dans cette vieille tour comme un hibou, vous pouviez rester au salon, nous suivre dans la salle à manger, et dîner sur une chaise et devant une table comme un crétin ; vous eussiez entendu raconter à mon père et au général Dermoncourt des hauts faits qui vous eussent donné la chair de poule, et vous eussiez vu manger notre compère Loriot, comme l'appelle mon père, ce qui n'est pas moins effrayant. — Ah ! mon Dieu ! s'écria Michel. — Quoi ? demanda Mary surprise par l'exclamation du jeune homme. — Maître Loriot de Machecoul ? — Maître Loriot de Machecoul, répéta Mary. — Le notaire de ma mère ! — Ah ! oui ; tiens, c'est vrai, fit Mary. — Il est ici ? demanda le jeune homme. — Sans doute, il est ici ; et même, à propos, continua Mary en riant, savez-vous ce qu'il vient, ou plutôt ce qu'il venait faire ici ? — Non. — Il venait vous chercher. — Moi ? — Tout simplement ; de la part de la baronne. — Mais, Mademoiselle, fit Michel effrayé, je ne veux pas retourner à la Logerie, moi ! — Pourquoi cela ? — Mais parce qu'on m'y enferme, parce que l'on m'y séquestre, parce que l'on veut m'y retenir loin de... mes amis. — Mais la Logerie n'est pas loin de Souday. — Non ; mais Paris est loin de la Logerie, et la baronne veut m'emmener à Paris ; est-ce que vous lui avez dit que j'étais ici, à ce notaire ? — Je m'en suis bien gardée. — Oh ! Mademoiselle, que je vous remercie ! — Il ne faut pas m'en savoir gré ; je ne savais pas... — Mais maintenant que vous le savez...

Michel hésita.

— Eh bien ? — Il ne faut pas le lui dire, Mademoiselle, répliqua Michel honteux de sa propre faiblesse. — Ah ! ma foi, monsieur Michel, dit Mary, je vous avouerai une chose. — Ah ! avouez, Mademoiselle, avouez. — Eh bien ! c'est qu'il me semble que si j'étais homme, dans aucune circonstance, maître Loriot ne pourrait m'embarrasser beaucoup.

Michel parut rassembler toutes ses forces pour prendre une résolution.

— Eh bien ! vous avez raison, dit-il ; et je vais lui déclarer que je ne rentrerai jamais à la Logerie.

En ce moment les deux enfants tressaillirent. La cuisinière appelait Rosine à grands cris.

— Oh! mon Dieu! firent-ils en même temps, presque aussi tremblants l'un que l'autre. — Entendez-vous, Mademoiselle? dit Rosine. — Oui. — On m'appelle. — Mon Dieu! fit Mary en se relevant et toute prête à fuir, se douterait-on que nous sommes ici? — Eh bien! quand on s'en douterait; quand on le saurait même, répondit Rosine, il n'y aurait pas grand mal à cela. — Sans doute... mais... — Mais, non; tenez, dit Rosine, écoutez.

Il se fit un moment de silence; la voix de la cuisinière s'éloigna.

— Tenez, continua Rosine, la voilà qui appelle dans le jardin.

Et Rosine s'apprêta à descendre.

— Mais tu ne vas pas me quitter, lui dit Mary... tu ne vas pas me laisser seule ici, j'espère? — Mais, dit naïvement Rosine, il me semble que vous n'êtes pas seule, puisque vous êtes avec monsieur Michel? — Non; mais pour retourner à la maison, balbutia Mary. — Ah çà! Mademoiselle, fit Rosine étonnée, est-ce que vous êtes devenue poltronne, par hasard; vous si vaillante d'habitude, vous qui courez les bois la nuit comme le jour? Mais je ne vous reconnais plus! — N'importe! reste, Rosine. — Bon! pour ce à quoi je vous sers depuis une demi-heure que je suis là, je puis bien m'en aller. — Oui, sans doute, Rosine; aussi n'est-ce point cela. — Qu'est-ce donc? — Je voulais te dire... — Quoi? — Mais... mais que ce malheureux enfant ne peut point passer la nuit ici. — Eh bien! demanda Rosine, où la passera-t-il donc? — Je ne sais; mais il faut lui trouver une chambre. — Sans le dire à M. le marquis? — C'est vrai; et mon père qui ignore! Mon Dieu, mon Dieu! que faire? Ah! monsieur Michel, tout cela c'est votre faute. — Mademoiselle, dit Michel, je suis prêt à partir si vous l'exigez. — Qui vous dit cela? fit vivement Mary; non, restez, au contraire. — Une idée, mademoiselle Mary, fit Rosine. — Laquelle? demanda la jeune fille. — Si j'en parlais à mademoiselle Bertha? — Non, répondit Mary avec une vivacité qui l'étonna elle-même; non, inutile; je lui en parlerai moi-même tout à l'heure en descendant, lorsque monsieur Michel aura achevé son malheureux petit souper. — Alors, je m'en vais, dit Rosine.

Mary n'osa la retenir davantage. Rosine partit donc et laissa les deux jeunes gens seuls.

XXXIII

QUI FINIT TOUT AUTREMENT QUE NE S'Y ATTENDAIT MARY.

La petite chambre n'était éclairée que par la réverbération de la lanterne, dont la lumière, comme celle d'un réflecteur, se portait tout entière sur la porte d'entrée, et laissait dans l'obscurité, ou à peu près, le reste de la chambre; si toutefois on peut appeler une chambre l'espèce de pigeonnier où se trouvaient nos deux jeunes gens.

Michel était toujours assis sur le tas d'avoine; Mary était agenouillée devant lui, et cherchait dans tous les coins du panier, avec plus d'embarras peut-être que d'amour du prochain, si elle ne trouverait pas quelque friandise qui pût terminer le repas que Rosine avait improvisé au pauvre reclus. Mais tant de choses s'étaient passées que Michel n'avait plus faim. Sa tête s'était appuyée sur sa main, soutenue elle-même par ses genoux, et il contemplait avec amour la douce et suave figure qui se présentait à lui dans un raccourci qui doublait le charme de ses traits mignons, et il aspirait avec délices les effluves parfumées qui lui venaient des longues boucles blondes que le vent de la fenêtre agitait doucement et soulevait parfois jusqu'à ses lèvres. A ce contact, à ce parfum, à cette vue, son sang circulait rapide dans ses veines; il entendait battre les artères de ses tempes; il éprouvait un frissonnement qui passait par tous ses membres pour se fixer au cerveau. Sous l'empire de ces sensations, si nouvelles pour lui, le jeune homme sentait son cœur animé d'aspirations inconnues; il apprenait à vouloir. Ce qu'il voulait, il le sentait au fond de son cœur : c'était un moyen quelconque de dire à Mary qu'il l'aimait. Il cherchait lequel employer; mais il eut beau chercher, il trouva que le plus simple était de lui prendre la main et de la porter à ses lèvres. Ce fut ce qu'il fit tout à coup, sans même avoir la conscience de ce qu'il faisait.

— Monsieur Michel, monsieur Michel, lui dit Mary plus étonnée que colère, que faites-vous donc ? Et la jeune fille se releva vivement.

Michel comprit qu'il s'était trop avancé, et qu'il lui fallait maintenant tout dire. Ce fut lui, à son tour, qui prit la posture que venait de quitter Mary, c'est-à-dire qui tomba à genoux, et qui, dans ce mouvement, parvint à ressaisir la main qui lui était échappée. Il est vrai que la main ne chercha point à échapper.

— Oh ! vous aurais-je offensée ? s'écria le jeune homme; oh ! si cela était, je serais bien malheureux, et je vous demanderais bien humblement pardon à genoux. — Monsieur Michel !., fit la jeune fille sans savoir ce qu'elle disait.

Mais le baron, de peur que cette petite main ne lui échappât, l'avait enveloppée des deux siennes; et, comme il ne savait pas trop ce qu'il disait non plus de son côté, il continua :

— Oh ! si j'ai abusé des bontés que vous avez eues pour moi, Mademoiselle, dites-moi, je vous en conjure, que vous ne m'en voulez pas. — Je vous le dirai, Monsieur, quand vous serez relevé, dit Mary en faisant un faible effort pour retirer sa main.

Mais l'effort était si faible qu'il n'eut d'autre but que de prouver à Michel que la captivité de cette main n'était pas tout à fait forcée.

— Non, reprit le jeune baron, sous l'empire de cette exaltation croissante que donne l'espérance à peu près changée en certitude ; non, laissez-moi à vos genoux. Oh ! si vous saviez combien de fois, depuis que je vous connais, j'ai rêvé que j'étais ainsi à vos pieds ; si vous saviez ce que ce rêve, tout rêve qu'il était, produisait en moi de douces sensations, de délicieuses angoisses, oh ! vous me laisseriez jouir de ce bonheur, qui, en ce moment, est une réalité. — Mais, monsieur Michel, répondit Mary d'une voix que l'émotion gagnait de plus en plus, car elle sentait qu'elle touchait au moment où il ne resterait plus pour elle de doute sur la nature de l'affection que lui portait le jeune homme; mais, monsieur Michel, on ne s'agenouille ainsi que devant Dieu et devant les saints.

— En vérité, dit le jeune homme, je ne sais ni devant qui on s'agenouille, ni pourquoi je m'agenouille devant vous. Ce que j'éprouve est si loin de ce que j'ai jamais éprouvé, même de la tendresse que je ressens pour ma mère, que je ne sais à quoi rattacher le sentiment qui me fait vous adorer ; c'est quelque chose qui tient, comme vous le disiez tout à l'heure, de la vénération avec laquelle on se prosterne devant Dieu et les saints. Pour moi, vous résumez toute la création, et, en vous adorant, il me semble que je l'adore tout entière. — Oh ! de grâce, Monsieur, cessez donc de me parler ainsi. Michel, mon ami ! —

LA TOURELLE.

LES LOUVES DE MACHECOUL.

TYP. J. CLAYE.

Oh! non, non, laissez-moi comme je suis; laissez-moi vous supplier de permettre que je me consacre à vous avec un dévouement absolu. Hélas! je le sens, et croyez que je ne m'abuse pas, depuis que j'ai entrevu ceux qui sont vraiment des hommes, c'est bien peu de chose que le dévouement d'un pauvre enfant faible et timide comme je le suis, et cependant il me semble qu'il doit y avoir un si grand bonheur à souffrir, à verser son sang, à mourir, s'il le fallait, pour vous, que, pour le conquérir, je trouverais la force et le courage qui me manquent. — Pourquoi parler de souffrance et de mort? répondit Mary de sa voix douce. Croyez-vous que la mort et la souffrance soient absolument nécessaires pour prouver qu'une affection est vraie? — Pourquoi j'en parle, mademoiselle Mary, pourquoi je les appelle à mon secours? Mais parce que je n'ose espérer un autre bonheur, parce que vivre heureux, calme et paisible à vos côtés, avec votre tendresse, vous nommer ma femme, enfin, me semble un rêve au-dessus de toutes les espérances humaines, et que je ne puis me figurer qu'il me soit permis de faire même un semblable rêve. — Pauvre enfant! dit Mary d'une voix dans laquelle il y avait tout au moins autant de compassion que de tendresse, vous m'aimez donc bien? — Oh! mademoiselle Mary, à quoi sert de vous le dire, de vous le répéter, ne le voyez-vous pas avec vos yeux et avec votre cœur? Passez votre main sur mon front, que la sueur inonde, passez-la sur mon cœur tout bouleversé; voyez le tremblement qui agite tout mon corps, et demandez encore si je vous aime!

La fiévreuse exaltation qui avait si subitement transformé le jeune homme s'était communiquée à Mary; elle n'était ni moins émue ni moins tremblante que lui-même; elle avait tout oublié, et la haine de son père pour le nom que portait Michel, et les répulsions de madame de La Logerie pour sa famille, et même les illusions que Bertha s'était faites sur l'amour de Michel, et qu'elle s'était tout à fait promis à elle-même de respecter; les ardeurs passionnées de cette nature vigoureuse et primitive avaient repris le dessus sur la réserve que depuis quelque temps elle avait cru convenable de s'imposer. Elle allait s'abandonner à la tendresse qui débordait de son cœur; elle allait répondre à cet amour passionné par un amour plus passionné encore peut-être, lorsqu'un léger bruit qu'elle entendit du côté de la porte lui fit retourner la tête. Alors elle aperçut Bertha qui se tenait droite et immobile sur le seuil. L'ouverture de la lanterne, comme nous l'avons déjà dit, faisait face à la porte, en sorte que la lumière qui s'en échappait était toute concentrée sur le visage de Bertha. Mary put donc juger combien sa sœur était pâle, combien il y avait de douleur et de colère amassées sur ses sourcils froncés, et dans ses lèvres contractées si violemment. Elle fut si effrayée de cette apparition inattendue et presque menaçante, qu'elle repoussa le jeune homme, dont la main n'avait point quitté la sienne, et s'avança vers sa sœur. Mais celle-ci qui, de son côté, entrait dans la tourelle, ne s'arrêta point à Mary, et l'écartant de la main, comme elle eût fait d'un obstacle inerte, elle marcha droit à Michel.

— Monsieur, lui dit-elle d'une voix vibrante, ma sœur ne vous a-t-elle point dit que M. Loriot, le notaire de madame la baronne, vient de sa part vous chercher, et désire vous parler?

Michel balbutia quelques paroles.

— Vous le trouverez au salon, dit Bertha de la même voix dont elle eût formulé un ordre.

Michel, rendu à toute sa timidité, à toutes ses terreurs, se redressa en vacillant, et si confus qu'il ne put trouver un mot pour répondre. Il gagna la porte comme un enfant pris en faute, qui obéit sans avoir le courage de discuter. Mary prit la lumière pour éclairer le pauvre garçon; mais Bertha la lui arracha des mains, la mit dans celle du jeune homme, en lui faisant signe de sortir.

— Mais vous, Mademoiselle? hasarda Michel. — Nous, nous connaissons la maison, répondit Bertha.

Puis, frappant du pied avec impatience en voyant que Michel regardait Mary :
— Allez, mais allez donc! dit-elle.

Le jeune homme disparut, laissant les deux jeunes filles sans autre lumière que la pâle lueur qui pénétrait dans la tourelle par la petite fenêtre, et qui venait des rayons d'une lune maladive et à chaque instant voilée par les nuages.

Restée seule avec sa sœur, Mary s'attendait à subir ses reproches, reproches basés sur l'inconvenance d'un tête-à-tête, dont elle appréciait en ce moment toute la portée. Mary se trompait. Aussitôt que Michel eut descendu quelques spirales de l'escalier, et que, de son oreille tendue vers la porte, Bertha l'eut senti s'éloigner, elle saisit la main de sa sœur, et la serrant avec une force qui témoignait de la violence de ses sensations :

— Que vous disait-il ainsi à vos genoux? demanda-t-elle d'une voix étranglée.

Mais, pour toute réponse, Mary se jeta au cou de sa sœur, et malgré tous les efforts de celle-ci pour la repousser, elle l'entoura de ses bras, l'embrassant et mouillant le visage de Bertha des pleurs qui lui montèrent aux yeux.

— Pourquoi es-tu fâchée contre moi, chère sœur? lui demanda-t-elle. — Ce n'est point être fâchée contre vous, Mary, que de vous demander ce que vous disait ce jeune homme qui vous parlait à genoux. — Mais est-ce ainsi que tu me parles d'ordinaire? — Qu'importe à ce que je te demande la façon dont je te parle; ce que je veux, ce que j'exige, c'est que tu me répondes. — Bertha! Bertha! — Oh! voyons, parle, que te disait-il? Je te demande ce qu'il te disait? s'écria celle-ci en secouant si violemment le poignet de sa sœur, que Mary poussa un cri et s'affaissa sur elle-même comme si elle allait s'évanouir.

Ce cri rendit à Bertha tout son sang-froid. Cette nature impétueuse et violente, mais souverainement bonne, se fondit à cette expression de la douleur et du désespoir qu'elle causait à sa sœur; elle ne la laissa point tomber jusqu'à terre, elle la reçut dans ses bras, elle l'enleva comme elle eût fait d'un enfant, et la coucha sur l'établi tout en la tenant toujours étroitement embrassée. Enfin elle la couvrit de ses baisers; et quelques larmes jaillirent de ses yeux, comme des étincelles d'un brasier, et vinrent tomber sur les joues de Mary. Bertha pleurait à la façon de Marie-Thérèse, au lieu de couler de ses yeux, ses pleurs en jaillissaient comme des éclairs.

— Pauvre petite! pauvre petite! disait Bertha parlant à sa sœur comme à un enfant que l'on a blessé par mégarde; pardonne-moi, je t'ai fait du mal, je t'ai fait de la peine, ce qui est bien pire! pardonne-moi!

Puis, faisant un retour sur elle-même :

— Pardonne-moi, ajouta-t-elle, c'est ma faute aussi. J'aurais dû complétement t'ouvrir mon cœur avant de te faire voir que l'étrange amour que j'éprouve pour cet homme, pour cet enfant, ajouta-t-elle avec une nuance de dédain, a si bien su me dominer tout entière, qu'il a pu me rendre jalouse de celle que j'aime plus que tout au monde, plus que ma vie, plus que lui; a pu me rendre jalouse de toi. Oh! si tu savais, ma pauvre Mary, combien de douleurs il a déjà menées à sa suite cet amour insensé et que je reconnais inférieur; si tu savais toutes les luttes que j'ai soutenues avant de le subir, combien j'ai amèrement déploré ma faiblesse. Il n'a rien de ce que j'estime ! il n'a rien de ce que j'aime, ni l'illustration de la race, ni la foi, ni l'ardeur, ni la force indomptable, ni le courage indompté ; et malgré tout cela, que veux-tu, je l'aime, je l'ai aimé en le voyant ; je l'aime tant, vois-tu, que quelquefois, baignée de sueur, haletante, éperdue, en proie à une indicible angoisse, je m'écrie comme le ferait une folle : Mon Dieu ! faites-moi mourir, mais laissez-moi son amour. Depuis les quelques semaines que, pour mon malheur, nous l'avons rencontré, son souvenir ne m'a pas quittée un seul instant. J'éprouve pour lui quelque chose d'étrange, qui doit être bien certainement ce que la femme éprouve pour son amant, mais qui ressemble encore bien plus à l'effusion de la mère pour son fils. Chaque jour ma vie se ramasse, se concentre davantage en lui ; j'y mets non-seulement toutes mes pensées, mais tous mes rêves, toutes mes espérances. Ah ! Mary ! Mary ! tout à l'heure, je te demandais de me pardonner, maintenant je te le dis, plains-moi, ma sœur ! ma sœur, aie pitié de moi !

Et, tout éperdue, Bertha étreignit sa sœur entre ses bras.

La pauvre Mary avait écouté toute tremblante l'expression de la passion presque sauvage que devait ressentir une organisation aussi puissante et aussi absolue que l'était celle de Bertha ; chacun de ses cris, chacune de ses paroles, chacune de ses phrases, mettaient en lambeaux les jolis nuages roses que, pendant quelques instants, elle avait entrevus dans son avenir, et la voix impétueuse de sa sœur en balayait les débris comme l'ouragan le fait de quelques flocons de vapeur qui flottent dans l'air après la tempête. A chaque mot ses pleurs coulaient plus amères, plus abondantes ; mais à chaque mot, elle sentait combien son affection pour Bertha rendait impérieux le sacrifice que plus d'une fois déjà elle avait pressenti, sans oser y arrêter sa pensée. Mais sa douleur et son égarement à elle-même étaient tels, pendant les dernières paroles de Bertha, que le silence de celle-ci lui indiqua seul qu'elle avait à lui répondre. Elle fit un premier effort sur elle-même et essaya de dompter ses sanglots.

— Mon Dieu ! dit-elle, chère sœur, j'ai le cœur brisé de te voir ainsi, et ma douleur est d'autant plus vive, que tout ce qui arrive ce soir est un peu de ma faute. — Eh ! non, s'écria Bertha avec sa violence accoutumée, c'est moi qui eusse dû m'inquiéter de ce qu'il était devenu, lorsque je suis sortie de la chapelle. Mais enfin, continua Bertha avec cette fixité d'idée qui caractérise les gens violemment épris, que te disait-il, pourquoi était-il à tes genoux ?

Mary sentit que Bertha frissonnait de tout son corps en prononçant ces dernières paroles ; elle-même était en proie à une angoisse douloureuse ; elle songeait à ce qu'elle allait répondre, et il lui semblait que chacune des paroles par lesquelles elle allait expliquer à Bertha ce qui venait de se passer, lui brûlerait les lèvres en sortant de son cœur.

— Voyons, voyons, reprit Bertha avec des larmes qui touchèrent encore plus Mary que ne l'avait fait la colère de sa sœur, voyons, parle, mon cher enfant, aie pitié de moi ; l'anxiété dans laquelle je suis est cent fois plus cruelle que ne le serait la douleur elle-même. Dis, dis, il ne te parlait pas d'amour ?

Mary ne savait pas mentir, ou du moins le dévouement ne lui avait pas encore appris le mensonge.

— Si, dit-elle. — Oh ! mon Dieu ! mon Dieu ! fit Bertha en s'arrachant de la poitrine de Mary, et en allant se jeter, les bras ouverts et étendus, la face contre la muraille.

Il y avait un tel accent de désespoir dans ces deux exclamations, que Mary en fut épouvantée ; elle oublia Michel, elle oublia son amour, elle oublia tout pour ne plus songer qu'à sa sœur. Ce sacrifice en face duquel son cœur hésitait déjà depuis le moment qu'elle avait appris que Bertha aimait Michel, elle l'accomplit vaillamment et avec une abnégation sublime, en ce qu'elle souriait le cœur brisé.

— Folle que tu es ! s'écria-t-elle en s'élançant au cou de Bertha ; mais laisse-moi donc achever. — Oh ! ne m'as-tu pas dit qu'il te parlait d'amour ? répliqua la louve blessée. — Sans doute ; mais je ne t'ai pas dit qui était l'objet de cet amour. — Oh ! Mary ! Mary ! aie pitié de mon pauvre cœur ! — Bertha ! chère Bertha ! — C'était de moi qu'il te parlait ?

Mary n'eut pas la force de répondre avec la voix, elle fit avec la tête un signe affirmatif. Bertha respira avec bruit, passa plusieurs fois sa main sur son front brûlant. La secousse avait été trop violente pour qu'elle rentrât immédiatement dans son état normal.

— Mary, dit-elle à sa sœur, ce que tu viens de me dire me paraît si fort, si impossible, si insensé, que j'ai besoin que tu me rassures par un serment. Jure-moi.... »

La pauvre fille hésita.

— Tout ce que tu voudras, ma sœur, dit Mary, qui avait hâte elle-même de mettre entre son cœur et son amour un abîme qu'il ne pût franchir. — Jure-moi que tu n'aimes pas Michel, et que Michel ne t'aime....

Elle lui mit la main sur l'épaule.

— Jure-le-moi par la tombe de notre mère. — Par la tombe de notre mère, dit résolûment et solennellement Mary, je ne serai jamais à Michel !

Et elle se jeta dans les bras de sa sœur, cherchant dans les caresses de celle-ci la récompense de son sacrifice. Si l'obscurité de la nuit n'avait pas été si profonde, Bertha eût pu juger, à la décomposition des traits de Mary, tout ce que lui coûtait le serment qu'elle venait de faire.

Ce serment parut rendre complétement le calme à Bertha, et cette fois elle soupira doucement, comme si son cœur eût été débarrassé d'un grand poids.

— Merci, dit-elle, oh ! merci, merci. Maintenant, descendons.

Mais, chemin faisant, Mary trouva un prétexte pour regagner sa chambre. Elle s'enferma pour prier et pleurer.

On n'avait pas encore quitté la table, et, en traversant le vestibule pour passer au salon, Bertha put entendre les éclats de voix des convives. Elle entra au salon. M. Loriot y était en tête-à-tête avec le jeune baron, auquel il essayait de persuader qu'il était de son bien comme de son devoir de revenir à la Logerie ; mais le silence négatif du jeune homme était si éloquent, que M. Loriot se trouvait à bout de ses arguments. Il est vrai qu'il parlait depuis plus d'une demi-heure. Michel n'était probablement pas moins embarrassé que son interlocuteur lui-même, car il accueillit Bertha comme un bataillon carré cerné de tous côtés accueille les auxiliaires qui vont l'aider à se faire une trouée. Il bondit vers la jeune fille avec une vivacité qui tenait aussi à son inquiétude de ce qui avait résulté de son tête-à-tête avec Mary. A sa grande surprise, Bertha, incapable de cacher une seconde ce qu'elle éprouvait, lui tendit la main et serra la sienne avec expression. Elle s'était méprise au mouvement du jeune homme, et, de contente, elle était devenue radieuse. Michel, qui s'attendait à toute autre chose, ne se sentait pas d'aise ; aussi recouvra-t-il immédiatement la parole pour dire à maître Loriot :

— Vous répondrez à ma mère, Monsieur, qu'un homme de cœur trouve dans ses opinions politiques de véritables devoirs, et que je suis disposé à mourir, s'il le faut, pour accomplir les miens.

Pauvre enfant, qui confondait son devoir avec son amour!

XXXIV

LES LUTINS DU GÉNÉRAL.

Il était près de deux heures du matin lorsque le marquis de Souday proposa à ses hôtes de regagner le salon. Les convives étaient sortis de table dans cet état satisfaisant qui suit toujours un repas bien entendu, lorsque le maître de la maison est aimable, lorsque les invités ont bon appétit, lorsque enfin une causerie intéressante a occupé les entr'actes que laissait entre eux l'occupation principale.

En proposant de passer au salon, le marquis n'avait eu probablement d'autre intention que de changer d'atmosphère, car il avait en se levant ordonné à Rosine et à la cuisinière de le suivre avec les bouteilles de liqueur, et de les dresser accompagnées de verres en nombre suffisant sur la table du salon. Puis, tout en chantonnant le grand air de Richard Cœur de Lion, sans prendre garde que le général lui répondait par le refrain de *la Marseillaise*, que les nobles lambris du château de Souday entendaient, selon toute probabilité, pour la première fois, le vieux gentilhomme, après avoir rempli les verres, se disposait à reprendre une intéressante controverse à l'endroit du traité de la Saunais, que le général soutenait n'avoir pas les articles, lorsque celui-ci lui marqua du doigt la pendule. Il lui fit comprendre en riant qu'il soupçonnait le digne gentilhomme de vouloir endormir ses ennemis dans les délices d'une nouvelle Capoue; et celui-ci, prenant la plaisanterie avec infiniment de tact et de bon goût, s'empressa de se rendre au désir de ses hôtes, et de les conduire dans les appartements qu'il leur destinait, après quoi il rentra lui-même chez lui.

Le marquis de Souday, échauffé par les dispositions guerrières de son esprit et par la conversation qui avait défrayé la soirée, ne rêva que combats. Il assistait à une bataille auprès de laquelle celle de Borfou, de Laval et de Saumur n'étaient que des jeux d'enfants. Au milieu d'une grêle de balles et de mitraille, il conduisait sa division à l'assaut d'une redoute, et plantait le drapeau blanc au milieu des retranchements ennemis, lorsque quelques coups heurtés à la porte de sa chambre vinrent le distraire de ses exploits. Pendant le demi-sommeil qui servait de transition à son réveil, le rêve se continuait encore, et le bruit qui se faisait à sa porte ne lui semblait rien moins que la voix du canon; puis peu à peu tout s'effaça dans le brouillard, le digne gentilhomme ouvrit les yeux, et, au lieu du champ de bataille jonché d'affûts brisés, de chevaux pantelants, de cadavres sur lesquels il croyait marcher, il se retrouva sur son étroite couchette de bois peint, entre ses modestes rideaux en percale blanche encadrée de rouge. En ce moment on heurta de nouveau.

— Entrez! s'écria le marquis en se frottant les yeux. Ah! ma foi, général, continua-t-il, vous arrivez bien; deux minutes de plus, vous étiez mort. — Comment cela? — Oui, d'un coup d'estoc je vous pourfendais. — A charge de revanche, mon digne ami, dit le général en lui tendant la main. — C'est bien ainsi que je le comprends. Mais vous regardez ma pauvre chambre d'un œil étonné, sa médiocrité vous surprend? Oui, il y a loin de cette pièce brute et nue, de ces chaises de crin, de ce carreau sans tapis, aux appartements dans lesquels vivent vos grands seigneurs parisiens. Que voulez-vous? j'ai passé un tiers de ma vie dans les camps, un autre tiers dans l'indigence, et cette couchette, avec son mince matelas de crin, me semble un luxe digne de ma vieillesse. Mais, voyons, qui vous amène si matin, mon cher général? Car il ne me semble pas qu'il y ait plus d'une heure que le jour ait paru. — Je viens vous faire mes adieux, mon cher hôte, répondit le général. — Déjà ! Ce que c'est que la vie ; tenez, je vous l'avoue aujourd'hui, j'avais hier toutes sortes de méchantes préventions contre vous lorsque vous êtes arrivé. — Vraiment ! et vous me faisiez si bonne mine ! — Bah ! répondit le marquis en riant; vous avez été en Égypte ; n'avez-vous donc jamais reçu de coups de fusil dans une oasis toute fraîche et toute souriante ? — Vraiment si : les Arabes les tiennent pour les meilleures positions d'embuscades. — Eh bien ! je m'accuse d'avoir été un peu Arabe hier au soir, j'en fais mon *meâ culpâ*, et le regrette d'autant plus que ce matin j'éprouve un vrai chagrin en songeant que vous m'avez quitté aussi vite. — Parce qu'il vous reste le coin le plus mystérieux de votre oasis à me faire connaître ? — Non ; parce que votre franchise, votre loyauté, cette communauté de dangers, courus dans des camps opposés, m'ont inspiré pour vous, je ne sais comment, mais tout de suite, une amitié profonde et sincère ! — Foi de gentilhomme ? — Foi de gentilhomme et de soldat ! — Eh bien, je vous en offre autant, mon cher ennemi, répondit le général. Je m'attendais à trouver un vieil émigré poudré à frimas, sec, plein de morgue et farci de préjugés gothiques. — Et vous avez reconnu qu'on pouvait porter la poudre sans les préjugés ? — J'ai reconnu un cœur franc, loyal, un caractère aimable... Bah ! disons le mot, jovial, avec les manières exquises qui semblent ordinairement exclure tout cela ; et il s'ensuit que vous avez séduit le grognard, et qu'il vous aime tout plein. — Eh bien, cela me fait plaisir ce que vous me dites là. Voyons, sans arrière-pensée, restez avec moi aujourd'hui ? — Impossible ! — Il n'y a rien à objecter à mot-là ; mais au moins donnez-moi votre parole que vous reviendrez me voir après la paix, si tous deux nous sommes encore de ce monde ? — Comment, après la paix ! Nous sommes donc en guerre ? demanda le général en riant. — Nous sommes entre la paix et la guerre. — Oui, dans le juste milieu. — Eh bien, mettons après le juste milieu ? — Je vous en donne ma parole. — Et je la retiens. — Mais, voyons, parlons raison, fit le général en prenant une chaise et en s'asseyant au pied du lit du vieil émigré. — Je ne demande pas mieux, répondit celui-ci ; une fois n'est pas coutume. — Vous aimez la chasse n'est-ce pas? — Passionnément. — Laquelle? — Toutes les chasses. — Mais enfin, il y en a bien une que vous préférez ? — La chasse aux sangliers; cela me rappelle la chasse aux bleus. — Merci. — Sangliers et bleus ont le même coup de boutoir. — Et la chasse au renard, qu'en dites-vous ? — Peuh ! fit le marquis en avançant la lèvre inférieure comme un prince de la maison d'Autriche. — Ah ! c'est une belle chasse, dit le général. — Je laisse cela à Jean Oullier, qui a un tact merveilleux et une patience admirable pour les attendre à l'affût. — Dites donc, marquis, il affûte encore autre chose que des renards, votre Jean Oullier. — Eh ! eh ! il pratique assez agréablement tous les gibiers, en effet. — Marquis, je voudrais vous voir prendre goût à la chasse au renard. — Pourquoi cela ? — Parce qu'elle se brasse surtout en Angleterre, et que, je ne sais pourquoi, j'ai tout lieu de croire que l'air de l'Angleterre serait à cette heure excellent pour vous et vos deux filles. — Bah ! fit le marquis en se tirant à moitié de son lit et en se mettant sur son séant. — C'est comme j'ai l'honneur de vous le dire, mon hôte. — Ce qui signifie que vous me conseillez une seconde émigration? Merci. — Si vous voulez appeler émigration un petit voyage d'agrément, soit. — Mon cher général, ces petits voyages-là, je les connais; c'est pis que le tour du monde : on sait quand ils commencent, on ne sait pas quand ils finiront. Et puis, il y a une chose que vous ne sauriez croire peut-être. — Laquelle? — Vous avez vu hier, et même ce matin, que, malgré mon âge, je jouissais d'un appétit raisonnable, et je puis vous certifier que j'attends encore une première indigestion; je mange de tout sans être incommodé. — Eh bien? — Eh bien, ce diable de brouillard anglais, je n'ai jamais pu le digérer ; est-ce curieux cela? — Alors allez en Suisse, allez en Espagne, allez en Italie, allez où vous voudrez; mais quittez Souday, quittez Machecoul, quittez la Vendée. — Ah! ah! ah ! — Oui. — Nous sommes donc compromis? demanda à demi voix le marquis en se frottant allégrement les mains. — Si vous ne l'êtes pas encore, vous ne tarderez pas à l'être. — Enfin ! s'écria le vieux gentilhomme tout joyeux; car il pensait que l'initiative du gouvernement déciderait sans doute ses coreligionnaires à prendre les armes. — Ne plaisantons pas, dit le général en prenant en effet un air sérieux; si je n'écoutais que mon devoir, mon cher marquis, je ne vous cache pas que vous auriez deux sentinelles à votre porte et un sous-officier assis sur la chaise où je suis moi-même. — Hein? fit le marquis un peu plus sérieux. — Ah ! mon Dieu, oui; c'est comme cela ; mais je comprends tout ce qu'un homme de votre âge, habitué comme vous l'êtes à la vie active, à l'air des forêts, aurait à souffrir dans l'enceinte étroite de la prison où ces messieurs du parquet vous confineraient probablement, et je vous donne une preuve de la sympathique amitié dont je vous parlais tout à l'heure, en transigeant avec la rigueur de mes devoirs. — Mais si l'on vous fait un crime de cette transaction, général ? — Bah ! Croyez-vous donc que les excuses me manquent? Un vieillard cacochyme, usé à moitié, perclus, qui aurait arrêté la colonne dans sa marche. — De qui parlez-vous? et qui nommez-vous un vieillard? demanda le marquis. — Mais vous, donc. — Moi, un vieillard cacochyme, usé à moitié, perclus! s'écria le marquis de Souday en sortant à demi sa jambe osseuse de dessous les couvertures; je ne sais à quoi tient, mon cher général, que je ne vous propose de décrocher une des deux épées appendues à cette muraille, et de jouer notre déjeuner au premier sauté, comme nous faisions il y a quarante-cinq ans, lorsque j'étais dans les pages. — Allons, vieil enfant, vous allez tant et si bien me prouver que je commets une faute, que je serai forcé d'appeler les deux soldats.

Et le général fit mine de se lever.

— Non pas, dit le marquis, non pas, peste ! je suis cacochyme, usé, non pas perclus à moitié, perclus tout à fait; je suis tout ce que vous voudrez, enfin. — A la bonne heure ! — Mais, voyons, voulez-vous m'apprendre comment et par qui je vais me trouver compromis ? — D'abord votre domestique, Jean Oullier. — Oui. — L'homme aux renards. — J'entends bien. — Votre domestique, Jean Oullier, chose que j'ai négligé de vous dire hier soir, attendu que j'ai présumé que vous la saviez aussi bien que moi; votre domestique, Jean Oullier, à la tête d'un rassemblement séditieux, a tenté d'arrêter dans sa marche la colonne qui devait investir le château; dans cette tentative, il a amené diverses collisions dans lesquelles nous avons perdu trois hommes, sans compter celui dont j'ai fait justice, et que je soupçonne fort d'être de vos environs. — Comment se nommait-il ? — François Tinguy. — Chut ! général; ne parlez pas si haut, par pitié, sa sœur est ici ; c'est la jeune fille qui nous a servis à table ; et son père est à peine en terre. — Ah ! les guerres civiles, que le diable les emporte ! dit le général ; n'importe ! je l'avais pris, votre Jean Oullier, et il s'est sauvé. — Comme il a bien fait ! avouez-le. — Oui, mais qu'il ne retombe pas dans mes griffes. — Oh ! il n'y a pas de danger ; maintenant qu'il est prévenu, je vous réponds de lui. — Tant mieux, car, à son endroit, je ne suis pas disposé à l'indulgence ; nous n'avons pas causé tous les deux de la grande guerre comme avec vous. — Il l'a pourtant faite avec moi, et bravement, encore, je vous en réponds, dit le marquis. — Raison de plus, il y a récidivé. — Mais, général, je ne vois pas en quoi la conduite de mon garde m'incrimine jusqu'ici ? — Attendez donc : vous m'avez parlé hier soir des lutins qui vous avaient raconté tout ce que j'avais fait de sept heures à dix heures du soir ? — Oui. — Eh bien, moi aussi, j'ai des lutins ; et même qui valent bien les vôtres. — J'en doute. — Ils m'ont raconté, à moi, ce qui s'était fait dans votre château pendant toute la journée d'hier. — Voyons, dit le marquis d'un air incrédule, j'écoute. — Vous avez reçu, au château de Souday, depuis avant-hier, deux personnes. — Bon, voilà que vous tenez plus que vous n'aviez promis ; vous aviez promis à partir d'hier seulement, et vous commencez à partir d'avant-hier. — Ces deux personnes étaient un homme et une femme.

Le marquis secoua la tête négativement.

— Soit ; mettons deux hommes, quoique l'un des deux n'ait de notre sexe que les habits.

Le marquis se tut ; le général continua :

— De ces deux personnages, l'un, le plus petit, a passé toute la journée au château ; l'autre a couru les environs afin de donner rendez-vous pour le soir à divers gentilshommes dont, si j'étais indiscret, je pourrais vous citer les noms comme je vous cite, par exemple, celui du marquis de Bonneville.

Le marquis se tut, il fallait avouer ou mentir.

— Après ? dit-il. — Ces gentilshommes sont venus les uns après les autres ; on a agité plusieurs questions dont la plus bienveillante n'avait pas pour but la plus grande gloire, la plus grande prospérité, et la plus longue durée du gouvernement de juillet. — Eh bien ! quand j'aurais reçu chez moi quelques voisins ; quand j'aurais accueilli deux étrangers, où est le délit, général ? — Il n'y a pas délit parce que des voisins sont venus chez vous ; il y a délit parce que ces voisins y ont ouvert un conciliabule dans lequel s'est agitée la question de la prise d'armes. — Qui le prouvera ? — La présence des deux étrangers. — Bah ! — Très-certainement ; car, de ces deux étrangers, le plus petit qui, étant blond, ou plutôt blonde, doit nécessairement porter une perruque noire, puisqu'il se déguise, n'est rien moins que la princesse Marie-Caroline que vous appelez la Régente du royaume, ou Son Altesse Royale madame la duchesse de Berri, quand vous ne l'appelez pas Petit-Pierre.

Le marquis fit un bond dans son lit ; le général était mieux renseigné que lui-même, et ce qu'il venait de lui dire était un trait de lumière ; il ne se sentait pas de joie d'avoir eu l'honneur de recevoir madame la duchesse de Berri dans son château ; mais, par malheur, comme aucune joie n'est complète en ce monde, il était forcé de contenir sa satisfaction.

— Après ? dit-il. — Eh bien ! après, tandis que vous étiez au plus intéressant de la conversation, un jeune homme que l'on ne devait pas s'attendre à rencontrer dans votre camp, est venu vous avertir que la troupe se dirigeait sur votre château. Alors vous, monsieur le marquis, vous avez proposé de résister ne le niez pas, j'en suis sûr; mais bientôt l'avis contraire a été adopté; mademoiselle votre fille, celle qui est brune... — Bertha. — Mademoiselle Bertha a pris un flambeau, elle est sortie, et tout le monde, excepté vous, monsieur le marquis, qui avez probablement jugé à propos de vous occuper par avance des nouveaux hôtes que le ciel vous envoyait, tout le monde est sorti avec elle. Elle a traversé la cour et s'est dirigée du côté de la chapelle; elle en a ouvert la porte, elle est passée la première, elle a été droit à l'autel. En poussant un ressort qui est caché dans la patte gauche de l'agneau sculpté sur le devant de l'autel, elle a cherché à faire jouer une trappe; le ressort, qui depuis longtemps n'avait probablement pas fait son office, a résisté; alors elle a pris la sonnette qui sert à dire la messe, sonnette dont le manche est en bois, et l'a appuyée sur le bouton d'acier; le panneau a basculé et a découvert un escalier qui descend dans un souterrain. Mademoiselle Bertha a pris deux cierges à l'autel, les a allumés, et les a remis à deux de ceux qu'elle accompagnait; puis, vos hôtes entrés dans la trappe, elle l'a refermée par-dessus eux, et est revenue, ainsi qu'une autre personne qui, elle, n'est pas rentrée immédiatement, mais, au contraire, a erré dans le parc. Maintenant, passons aux fugitifs. Arrivés à l'extrémité du souterrain dont la sortie donne dans les ruines de ce vieux château que l'on voit d'ici, ils ont eu quelque peine à se frayer un passage à travers les pierres : l'un d'eux est même tombé; enfin, ils sont descendus dans le chemin creux qui contourne les murs du parc, et ont délibéré. Trois ont rejoint la route de Nantes à Machecoul; deux ont pris la traverse qui conduit à Legé, et le sixième et le septième se sont dédoublés, ou plutôt doublés. — Ah çà ! mais, c'est un conte bleu que vous me faites là, général. — Attendez donc; vous m'interrompez précisément à l'endroit le plus intéressant : je vous disais donc que le sixième et le septième s'étaient doublés, c'est-à-dire que le plus grand avait pris le plus petit sur ses épaules, et avait marché ainsi jusqu'à un petit ru qui va se jeter dans le grand ruisseau qui coule au pied de la viette des Biques; et, ma foi, c'est à celui-là que je donnerai la préférence; c'est donc sur lui que je découplerai mes chiens. — Mais encore une fois, général, s'écria le marquis de Souday, je vous le répète, tout cela n'a existé que dans votre imagination. — Laissez donc, mon vieil ennemi; vous êtes capitaine de louveterie, n'est-ce pas? — Oui. — Eh bien ! quand vous voyez dans la terre molle le pied d'un ragot bien net, bien accentué, une voie saignante comme vous appelez cela, êtes-vous disposé à vous laisser persuader que ce ragot n'est qu'un fantôme de sanglier? Eh bien! tout cela, marquis, je l'ai vu, ou plutôt je l'ai lu. — Ah! pardieu! dit le marquis en se retournant dans son lit, et avec la curiosité admiratrice d'un amateur, vous devriez bien m'apprendre comment. — Très volontiers, répondit le général; nous avons encore une demi-heure devant nous; faites-moi monter ici une tranche de pâté, une bouteille de vin, et je vous conterai tout cela entre deux bouchées. — A une condition. — Laquelle ? — C'est que je vous tiendrai compagnie. — De si bonne heure ? — Est-ce que les vrais appétits savent ce que c'est qu'une horloge?

Le marquis sauta en bas de son lit, passa son pantalon de molleton à pied, chaussa ses pantoufles, sonna, fit dresser, couvrir une table, et s'assit d'un air interrogateur devant le général. Le général, mis en demeure de donner ses preuves, commença en ces termes, et, comme il l'avait dit, entre deux bouchées. C'était un beau conteur; mais c'était encore un plus beau mangeur, que le général.

XXXV

QUI PROUVE QUE CE N'EST POINT POUR LES MOUCHES SEULES QUE LES TOILES D'ARAIGNÉES SONT PERFIDES.

— Vous savez, mon cher marquis, dit le général en forme d'exorde, que je ne vous demande aucunement vos secrets, et je suis si parfaitement sûr, si profondément convaincu que tout s'est passé comme je le prétends, que je vous dispense de me dire si je me trompe ou si je ne me trompe pas. Je tiens seulement à vous prouver, par amour-propre, que nous avons le flair aussi subtil dans notre camp que dans vos bandes; petite satisfaction vaniteuse que je veux me donner, et voilà tout. — Allez donc, allez donc, fit le marquis, aussi impatient que quand Jean Oullier venait lui dire, par une belle neige, qu'il avait relevé un loup. — Commençons par le commencement. Je savais que M. le comte de Bonneville était arrivé chez vous, dans la nuit d'avant-hier, accompagné d'un petit paysan qui avait l'air d'une femme déguisée en homme, et que nous soupçonnons être Madame. Ceci est un bénéfice d'espoir que je ne fais point figurer dans mon inventaire, ajouta le général. — Vous avez raison. Pouah! fit le marquis. — Mais en arrivant ici de ma personne, comme nous disons, nous autres militaires, dans notre français de bulletin, sans être le moins du monde distancés par l'assaut de politesses que vous nous faites subir, vous l'avouerez, j'avais déjà remarqué deux choses. — Voyons, lesquelles? — La première, c'est que sur les dix couverts qui étaient dressés, cinq serviettes étaient roulées comme appartenant aux hôtes habituels du château, ce qui, en cas de procès, mon cher marquis, ne l'oubliez pas, serait une circonstance éminemment atténuante. — Comment cela? — Sans doute; si vous aviez su la valeur réelle de vos hôtes, eussiez-vous permis qu'ils roulassent leurs serviettes comme de simples voisins de campagne? Non, n'est-ce pas? Les armoires de noyer du château de Souday ne sont pas tellement à court de linge que madame la duchesse de Berri n'ait sa serviette blanche à chaque repas. Je suis donc tenté de croire que la dame blonde, déguisée sous une perruque noire, n'était qu'un petit jeune homme brun. — Allez toujours, allez toujours, fit le marquis se mordant les lèvres en face d'une perspicacité si supérieure à la sienne. — Mais je ne compte point m'arrêter non plus, reprit le général. Je remarquai donc cinq serviettes roulées, ce qui prouvait que le dîner n'était point autant préparé pour nous que vous vouliez bien nous le faire croire; mais que vous nous donniez tout simplement parmi d'autres les plats de M. de Bonneville et de son compagnon, qui n'avaient pas jugé à propos de nous attendre. — Et maintenant la seconde observation? demanda le marquis. — C'est que mademoiselle Bertha, que je suppose et que je tiens même pour une fille propre et soigneuse, était, lorsque j'ai eu l'honneur de lui être présenté, singulièrement couverte de toiles d'araignées; elle en avait jusque dans sa belle chevelure. — Alors? — Alors, certain que j'étais que ce n'était point une coiffure qu'elle avait adoptée par coquetterie, j'ai tout bonnement cherché ce matin l'endroit du château le plus abondamment fourni des produits du travail de ces intéressants insectes. — Et vous l'avez découvert? — Par ma foi! cela ne fait pas honneur à vos sentiments religieux, dans leur pratique du moins, mon cher marquis; car j'ai découvert que c'était justement la porte de votre chapelle, porte à laquelle j'en ai aperçu une douzaine qui travaillaient avec un zèle inimaginable à réparer le dégât que l'on avait cette nuit occasionné dans leurs filets, zèle qui leur était inspiré par la confiance que l'ouverture de la porte sur laquelle elles avaient fixé leur atelier n'était qu'un accident qui n'avait aucun motif pour se renouveler. — Ce ne sont là, vous en conviendrez, que des indices un peu vagues, mon cher général? — Oui ; mais lorsque votre limier porte le nez au vent en tirant légèrement sur sa botte, ce n'est là qu'un indice encore plus vague, n'est-ce pas? et cependant, sur cet indice, vous faites le bois avec soin, et très-grand soin même. — Certainement, dit le marquis, qui s'intéressait de plus en plus à l'action. — Eh bien! c'est aussi mon système, et dans vos allées, où le sable manque essentiellement, marquis, je découvris des voies fort significatives. — Des pas d'hommes et de femmes? fit le marquis. Bon! il y en a partout. — Non, et il n'y en a point partout des pas agglomérés juste dans la quantité des acteurs que je supposais en scène en ce moment, et des pas de gens qui ne marchent point, mais qui courent, et qui courent simultanément. — Mais à quoi avez-vous reconnu que ces personnes couraient? — Ah! marquis, c'est l'abc du métier. — Enfin, dites toujours. — Parce qu'elles enfonçaient plus de la pince que du talon, et que la terre était refoulée en arrière. Est-ce cela, monsieur le louvetier? — Bien! fit le marquis d'un air de connaisseur. — Ensuite, j'ai examiné ces empreintes; il y avait des pieds d'hommes de toutes les formes : des bottes, des brodequins, des souliers ferrés, puis, au milieu de tous ces pieds d'hommes, un pied de femme mince et délié, un pied de Cendrillon, un pied à faire damner les Andalouses de Cordoue à Cadix, en dépit des souliers ferrés qui le contenaient. — Passez, passez! — Et pourquoi cela? — Parce que, si vous vous y arrêtez un instant, vous allez devenir amoureux de ce soulier ferré. — Le fait est que je voudrais fort le tenir; cela viendra peut-être; mais c'était sur les marches du porche de la chapelle et sur les dalles de l'intérieur que les traces étaient devenues palpables : la boue avait fait des siennes sur ces dalles polies. Je trouvai en outre près de l'autel des gouttelettes de cire en grand nombre, et précisément autour d'une empreinte fine et allongée, que je jurerais être celle du pied de mademoiselle Bertha; et comme d'autres taches de bougies existaient sur la marche extérieure de la porte, juste dans la direction verticale de la serrure, j'en conclus que c'était mademoiselle votre fille qui tenait la lumière et qui s'était servie de la clef, tout en s'inclinant de la main gauche et en inclinant la lumière, tandis qu'elle introduisait de la droite la clef dans la serrure. Au reste, les débris de toiles d'araignées arrachés à la porte, et retrouvés dans ses cheveux, prouvent surabondamment que ce fut elle qui fraya le passage. — Allons, continuez. — Le reste en vaut-il la peine? J'ai vu que tous ces pas s'arrêtaient devant l'autel, la patte de l'agneau pascal était écrasée, et laissait à découvert le petit bouton d'acier qui aboutissait au ressort; de sorte que je n'ai pas eu grand mérite à le découvrir. Il a résisté à mes efforts comme il avait résisté à ceux de mademoiselle Bertha, qui s'y est si bien écorché les doigts qu'elle a laissé une petite ligne de sang sur la brisure toute fraîche du bois sculpté. Comme elle, alors, j'ai cherché un corps dur pour pousser la tige du petit levier, et comme elle j'avais avisé le manche de bois de la sonnette, qui avait conservé la trace de la pression de la veille, plus de son côté une petite tache de sang. — Bravo! fit le marquis, lequel prenait évidemment un double intérêt à la narration. — Alors, comme vous le comprenez bien, continua le général, je suis descendu dans le souterrain; les pieds des fuyards étaient parfaitement empreints dans un sable humide; une fois dehors, un d'eux est tombé en traversant les ruines. Ce fait m'a été démontré, parce que j'ai vu une grosse touffe d'orties froissée et brisée, comme si on l'avait saisie, froissée et brisée avec la main, ce qui certainement n'a pas été fait avec intention, vu la nature peu caressante de la plante. Dans un angle des ruines, en face d'une porte, des pierres avaient été dérangées pour faciliter le passage à une personne plus faible; dans les orties poussant contre la muraille, j'ai retrouvé les deux cierges que l'on avait jetés là avant de passer à l'air libre. Enfin, et pour conclusion, j'ai retrouvé les pas dans le chemin, et comme ils se séparaient, j'ai pu les classer dans l'ordre que je vous ai désigné. — Non, ce n'est pas la conclusion. — Comment, ce n'est pas la conclusion? si fait. — Non. Qui a pu vous apprendre qu'un des voyageurs avait pris l'autre sur son dos ? — Ah ! marquis, vous tenez à me faire faire parade de mon peu d'intelligence. Le fameux petit pied au soulier ferré, ce petit pied que j'affectionne tant, que je ne veux me donner ni trêve ni repos jusqu'à ce que je l'aie retrouvé, ce joli petit pied, pas plus long qu'un petit pied d'enfant, pas plus large que mes deux doigts, je n'ai point fait son hourvari comme celui de mademoiselle Bertha ; je l'ai vu dans le souterrain, puis encore dans le chemin creux qui est derrière les ruines, à l'endroit où l'on s'est arrêté et où l'on a délibéré, chose facile à voir au piétinement de la terre ; il se montre encore une fois dans la direction qui mène au ru, puis tout à coup, près d'une grosse pierre que la pluie aurait dû laver, et que j'ai trouvée, au contraire, maculée de boue, il disparaît. A partir de ce moment, comme les hippogriffes ne sont plus de notre siècle, je présume que M. de Bonneville a pris son jeune compagnon sur ses épaules ; d'ailleurs le pas du susdit M. de Bonneville s'est fort alourdi. Ce n'est plus celui d'un jeune homme frais et gaillard comme nous l'étions à son âge, marquis. Vous rappelez-vous les laies quand elles sont pleines, et que leur poids s'est augmenté de celui qu'elles portent? Eh bien ! leurs pinces, au lieu de piquer la terre, s'y posent à plat, et s'écartent. A partir de la pierre, il en est de même du pied de M. de Bonneville. — Mais vous avez oublié quelque chose, général ? — Je ne crois pas. — Oh! je ne vous tiendrai pas quitte d'une panse d'a. Qui peut vous faire croire que M. de Bonneville ait couru toute la journée pour appeler des voisins au conseil ? — Vous m'avez dit vous-même que vous n'étiez pas sorti. — Eh bien ? — Eh bien ! votre cheval, votre cheval favori, à ce que m'a dit cette gentille fillette qui a ramassé la bride du mien, votre cheval favori, que j'ai vu à l'écurie en allant m'assurer que mon Bucéphale avait sa provende, était couvert de boue jusqu'au garot. Or, vous n'avez pas confié votre cheval à un autre qu'à un homme pour lequel vous aviez toute considération. — Bien; encore une question ! — Oh! faites ; je suis là pour vous répondre. — Qui vous fait présumer que le compagnon de M. de Bonneville soit l'auguste personne que vous désigniez tout à l'heure? — D'abord parce qu'on le fait passer partout et toujours avant les autres, et que l'on dérange les pierres pour qu'il passe. — Reconnaissez-vous donc au pied si celui ou celle qui passe est blond ou brun, brune ou blonde? — Non ; mais je le reconnais à autre chose. — A quoi? Voyons, ce sera ma dernière question ; et si vous y répondez, eh bien... — Eh bien... quoi? — Rien. Continuez. — Eh bien, mon cher marquis, vous m'avez fait l'honneur de me donner précisément la chambre qu'occupait hier le compagnon de M. de Bonneville. — Oui, je vous ai fait cet honneur. Après ?

— Honneur dont je vous suis tout à fait reconnaissant; et voici un joli petit peigne d'écaille que j'ai trouvé au pied du lit. Avouez, cher marquis, que ce peigne est bien coquet pour appartenir à un petit paysan; en outre, il contenait et contient encore, comme vous pouvez le voir, des cheveux d'un blond cendré qui n'est pas le moins du monde le blond doré de votre seconde fille, la seule blonde qu'il y ait dans votre maison. — Général! s'écria le marquis en bondissant de sa chaise et en jetant sa fourchette par la chambre, général! faites-moi arrêter si bon vous semble, mais je vous le dis une fois pour cent, une fois pour mille, je n'irai pas en Angleterre. Non, non, non, je n'irai pas! — Oh! oh! marquis, quelle mouche vous pique? — Non; vous avez stimulé mon émulation, aiguillonné mon amour-propre; que diable! lorsque, après la campagne, vous viendrez à Souday, ainsi que vous me l'avez promis, je n'aurai rien à vous raconter quand je puisse faire le pendant de vos histoires. — Écoutez, mon vieil et bon ennemi, dit le général, je vous ai donné ma parole de ne pas vous prendre, cette fois du moins; cette parole, quoi que vous fassiez ou plutôt quoi que vous ayez fait, je la tiendrai; mais je vous en conjure, au nom de tout l'intérêt que vous m'inspirez, au nom de vos charmantes filles, n'agissez plus à la légère, et si vous ne voulez point sortir de France, au moins tenez-vous tranquille chez vous. — Et pourquoi? — Parce que les souvenirs des temps héroïques qui vous font battre le cœur ne sont plus que des souvenirs; parce que ces émotions de nobles et grandes actions que vous voudriez voir renaître, vous ne les retrouverez pas; parce qu'il est passé le temps des grands coups d'épées, des dévouements sans condition, des morts sublimes. Oh! je l'ai connue et bien connue, cette Vendée si longtemps indomptable, je puis le dire, moi, continua le général en frappant sur son uniforme, moi qu'elle a glorieusement marqué de son fer à la poitrine, et depuis un mois que je suis au milieu d'elle et de vous, eh bien, je la cherche inutilement et je ne la retrouve plus. Comptez-vous, mon pauvre marquis, comptez les quelques jeunes gens au cœur aventureux qui affronteront les périls d'une lutte à main armée; comptez les vieillards héroïques qui, comme vous, trouveront que ce qui était un devoir en 1793, l'est encore en 1832, et voyez si une lutte si inégale n'est pas une lutte insensée. — Elle n'en sera que plus glorieuse pour être folle, mon cher général, s'écria le marquis avec une exaltation qui lui faisait complétement oublier la position politique de son interlocuteur. — Eh! mais non, elle ne sera pas même glorieuse; tout ce qui va se passer, vous le verrez, souvenez-vous de ce que je prédis avant que rien ne soit commencé, tout ce qui va se passer sera pâle, terne, chétif, rabougri, et cela, mon Dieu! chez nous comme chez vous: chez nous, vous trouverez des petitesses, d'ignobles trahisons; à vos côtés, des compositions égoïstes, des lâchetés mesquines qui vous frapperont au cœur, qui vous tueront, vous que les balles des bleus avaient respecté. — Vous voyez les choses en partisan du gouvernement établi, général, dit le marquis; vous oubliez que nous comptons des amis, même dans vos rangs, et que, sur un mot que nous dirons, tout le pays va se lever comme un seul homme.

Le général haussa les épaules.

— De mon temps, mon vieux camarade, dit-il, permettez-moi de vous donner ce titre, tout ce qui était bleu était bleu, tout ce qui était blanc était blanc. Il y avait bien ce qui était rouge, mais c'était le bourreau et la guillotine; n'en parlons pas. Vous n'aviez point d'amis dans nos rangs, nous n'en comptions pas dans les vôtres, et c'est pour cela que nous étions également forts, également grands, également terribles. Sur un mot de vous la Vendée se lèvera, dites-vous? Erreur; la Vendée, qui s'est fait égorger en 1795 dans l'espérance de l'arrivée d'un prince, à la parole duquel elle croyait et qui lui a manqué de parole, ne bougera même pas à la vue de la duchesse de Berri. Vos paysans ont perdu cette foi politique qui soulève les montagnes humaines, les pousse les unes contre les autres, les fait se heurter jusqu'à ce qu'elles s'abîment dans des mers de sang; cette foi religieuse, qui engendre et qui perpétue les martyrs. Nous autres non plus, mon pauvre marquis, il faut bien que nous autres non plus nous ne possédions plus ces ardeurs de liberté, de progrès et de gloire qui ébranlent les vieux mondes et qui enfantent les héros. La guerre civile qui va commencer, si toutefois il y a guerre civile, si toutefois elle commence, sera une guerre dont Barême aura tracé la tactique, une guerre où la victoire se rangera nécessairement du côté des plus gros bataillons et des sacs d'écus les plus rebondis, et voilà pourquoi je vous disais : comptez-vous bien, comptez-vous plutôt deux fois qu'une avant de participer à cette insigne folie. — Vous vous trompez, encore une fois vous vous trompez, général; les soldats ne nous manqueront pas, et, plus heureux qu'autrefois, nous aurons un chef dont le sexe électrisera les plus timides, ralliera tous les dévouements, imposera silence à toutes les ambitions. — Pauvre valeureuse jeune femme, pauvre esprit poétique, dit le vieux soldat avec un accent de pitié profonde, et en laissant tomber sur sa poitrine son front balafré, tout à l'heure, elle ne va pas avoir d'ennemi plus acharné que moi; mais pendant que je suis encore dans cette chambre, sur ce terrain neutre, laissez-moi vous dire combien j'admire sa résolution, son courage, sa persévérance, sa ténacité, mais en même temps combien je déplore qu'elle soit née à une époque qui n'est plus à sa taille. Il est passé, marquis, le temps où Jeanne de Montfort n'avait qu'à frapper de son pied éperonné la vieille terre de Bretagne pour en faire jaillir des combattants tout armés. Marquis, retenez bien, pour le lui redire à la pauvre femme, si vous la voyez, ce que je lui prédis aujourd'hui. Que ce noble cœur, plus vaillant encore que ne l'était celui de la comtesse Jeanne, ne recueillera, pour prix de son abnégation, de son énergie, de son dévouement, de l'élévation sublime de ses sentiments de princesse et de mère, qu'indifférence, ingratitude, lâchetés, dégoûts, perfidies de toutes sortes... Et maintenant, mon cher marquis, votre dernier mot? — Mon dernier mot ressemble au premier, général. — Répétez-le, alors. — Je ne vais pas en Angleterre. — Voyons, continua le général en regardant le marquis dans le blanc des yeux, et en lui posant la main sur l'épaule, vous êtes fier comme un Gascon, tout Vendéen que vous êtes; vos revenus sont médiocres, je le sais. Oh! voyons, ne froncez pas le sourcil et laissez-moi achever ce que j'ai à dire. Que diable! vous savez bien que je ne vous offrirai que des choses que j'accepterais moi-même.

La physionomie du marquis reprit son expression première.

— Je disais donc que vos revenus étaient médiocres, et que, dans ce maudit pays, médiocres ou considérables, ce n'est pas le tout que d'avoir des revenus, il faut les faire rentrer. Eh bien! voyons, si c'est l'argent qui vous manque pour passer la Manche et prendre un joli petit cottage dans un coin de l'Angleterre, je ne suis pas riche non plus, je n'ai que ma solde, mais elle m'a servi à mettre du côté du cœur et de l'épée quelques centaines de louis; d'un camarade, cela s'accepte; les voulez-vous? Après la paix, comme vous dites, vous me les rendrez. — Assez, assez, dit le marquis; vous ne me connaissez que d'hier, général, et vous me traitez comme un ami de vingt ans.

Le vieux Vendéen se gratta l'oreille, et comme se parlant à lui-même :

— Comment diable reconnaîtrai-je jamais ce que vous faites pour moi? demanda-t-il. — Vous acceptez, alors? — Non pas, non pas; je refuse. — Mais vous partez? — Je reste. — Que Dieu vous garde et vous tienne en santé alors, dit le vieux général à bout de patience. Seulement il est probable que le hasard, et que le diable l'emporte! nous mettra encore en face l'un de l'autre comme il nous y a mis jadis; seulement, à présent, je vous connais, et s'il y a une mêlée comme il y en a eu une il y a trente-six ans, à Laval, ah! je vous chercherai, je vous jure. — Et moi donc! s'écria le marquis. Ah! je vous promets que je vous appellerai de tous mes poumons; je serais si aise et si fier à la fois de montrer à tous ces blancs-becs ce que c'étaient que les hommes de la grande guerre! — Allons, voilà le clairon qui m'appelle; adieu donc, marquis, et merci de votre hospitalité. — Au revoir, général; et merci pour une amitié qu'il me reste à vous prouver que je partage.

Les deux vieillards se serrèrent la main; le général sortit.

Le marquis s'habilla et regarda défiler par la fenêtre la petite colonne qui montait l'avenue dans la direction de la forêt; à cent pas du château le général commanda un à-droite; puis, arrêtant son cheval, il jeta un dernier regard sur les petites tourelles pointues de la demeure de son nouvel ami; il aperçut celui-ci, lui envoya de la main un dernier adieu; puis, tournant bride, il rejoignit ses soldats. Au moment où, après avoir suivi le plus longtemps des yeux qu'il lui fut possible le petit détachement et celui qui le commandait, le marquis de Souday se retirait de la fenêtre, il entendit gratter légèrement à une petite porte qui donnait dans son alcôve, et qui, par un cabinet, communiquait avec l'escalier de service.

— Qui diable peut venir par là? se demanda-t-il. Et il alla tirer le verrou.

La porte s'ouvrit immédiatement, et il aperçut Jean Oullier.

— Jean Oullier! s'écria-t-il avec une joie véritable; c'est toi! te voilà, mon brave Jean Oullier! Ah! par ma foi, la journée s'annonce sous d'heureux auspices.

Et il tendit les deux mains au vieux garde qui les serra avec une indicible expression de reconnaissance et de respect. Puis, dégageant sa main, Jean Oullier fouilla à sa poche et lui présenta un papier grossier mais plié en forme de lettre. Le marquis de Souday le prit, l'ouvrit et lut.

Au fur et à mesure qu'il le lisait, son visage s'illuminait d'une joie indicible.

— Jean Oullier, dit-il, appelle ces demoiselles, assemble tout mon monde; non, ne rassemble encore personne, mais fourbis mon épée, mes pistolets, ma carabine, tout mon harnais de guerre; donne l'avoine à Tristan: la campagne s'ouvre, mon cher Jean Oullier, elle s'ouvre! Bertha! Mary! Bertha! — Monsieur le marquis, dit froidement Jean Oullier, elle est ouverte pour moi depuis hier à trois heures.

Aux cris du marquis, les deux jeunes filles étaient accourues. Mary avait les yeux rouges et gonflés; Bertha était rayonnante.

— Mesdemoiselles, Mesdemoiselles, fit le marquis, vous en êtes, vous, venez avec moi; lisez, lisez plutôt.

Et il tendit à Bertha la lettre qu'il venait de recevoir de Jean Oullier. Cette lettre était conçue en ces termes :

« Monsieur le marquis de Souday,

« Il est utile, à la cause du roi Henri V, que vous avanciez de quelques jours le moment où l'on prendra les armes; veuillez donc rassembler le plus d'hommes dévoués qu'il vous sera possible dans la division dont vous avez le commandement, et vous tenir, ainsi qu'eux, mais vous surtout, à ma disposition immédiate.

« Je crois que deux amazones de plus dans notre petite armée pourraient aiguillonner à la fois l'amour et l'amour-propre de nos amis, et je vous demande, monsieur le marquis, de vouloir bien me donner vos deux belles et charmantes chasseresses pour aides de camp.

« Votre affectionné, « PETIT-PIERRE. »

— Ainsi, demanda Bertha, nous partons? — Parbleu! fit le marquis. — Alors, mon père, dit Bertha, permettez-moi de vous présenter une recrue. — Toujours!

Mary resta muette et immobile; Bertha sortit, et, une minute après, rentra tenant Michel par la main.

— Monsieur le baron Michel de La Logerie, dit la jeune fille en accentuant ce titre, lequel demande à vous prouver, mon père, que Sa Majesté Louis XVIII ne s'est point trompé en lui décernant la noblesse.

Le marquis, qui avait froncé le sourcil au nom de Michel, chercha à se dérider.

— Je suivrai avec intérêt les efforts que M. Michel fera pour arriver à ce but, dit-il enfin.

Et il prononça ces sobres paroles du ton que l'empereur Napoléon eût pu prendre la veille de la bataille de Marengo ou d'Austerlitz.

XXXVI

OÙ LE PIED LE PLUS MIGNON DE FRANCE ET DE NAVARRE REGRETTE AMÈREMENT DE NE PAS ÊTRE CHAUSSÉ DE BOTTES DE SEPT LIEUES.

Ici nous sommes obligé de faire un hourvari, comme disait Jean Oullier en terme de chasse, et de demander à nos lecteurs la permission de rétrograder de quelques heures pour suivre dans leur fuite le comte de Bonneville et Petit-Pierre, qui, comme on s'en doute probablement, ne sont point les personnages les moins importants de cette histoire.

Les suppositions du général étaient parfaitement justes. A la sortie du souterrain, les gentilshommes vendéens avaient traversé les ruines, avaient gagné le chemin creux, et là, avaient délibéré pendant quelques instants sur la route qu'il convenait désormais de suivre. Celui qui se cachait sous le nom de Gaspard était d'avis de cheminer de conserve; l'émotion de Bonneville, lorsque Michel avait annoncé l'arrivée de la colonne, ne lui avait point échappé. Il avait entendu ce cri qui était sorti de son cœur: « Avant tout, sauvons Petit-Pierre! » Et, en conséquence, pendant tout le trajet, il n'avait cessé, autant que la faible lueur des flambeaux qui éclairaient leur marche le permettait, d'examiner le visage de Petit-Pierre, et il avait, à la suite de cet examen, pris, vis-à-vis du jeune paysan, des manières dont la réserve n'excluait pas les démonstrations du plus profond respect. Aussi prit-il, au milieu de cette délibération, hautement et chaudement la parole.

— Vous avez dit, Monsieur, fit-il en s'adressant au comte de Bonneville, que le salut de la personne qui vous accompagne passait avant le nôtre, réclamait notre sollicitude, et importait à la cause que nous sommes rassemblés pour soutenir. N'est-il point alors bien naturel que nous lui servions d'escorte, afin, le danger se présentant, et nous pouvons le rencontrer à chaque pas, de lui faire un rempart de notre corps. — Oui, Monsieur, sans doute, répondit le comte de Bonneville, s'il s'agissait de combattre ; mais, pour le moment, il ne s'agit que de fuir, et, pour fuir, moins nous serons nombreux, plus la retraite sera sûre et facile. — Faites attention, comte, dit Gaspard en fronçant le sourcil ; vous aurez, sur une tête de vingt-deux ans, toute la responsabilité d'un dépôt bien précieux. — Mon dévouement en est le seul juge digne, Monsieur, répondit le comte avec hauteur, et je tâcherai de répondre à la confiance dont on m'a honoré.

Petit-Pierre, qui tenait silencieux sa place au milieu du petit groupe, jugea que le moment d'intervenir était arrivé.

— Allons, dit-il, voilà que le soin de la sécurité d'un pauvre petit paysan va devenir un brandon de discorde entre les plus nobles champions de la cause dont vous parliez tout à l'heure. Je vois donc qu'il est nécessaire que je donne mon avis, car nous n'avons pas de temps à perdre en discussion inutile ; mais je veux d'abord, mes amis, continua Petit-Pierre d'une voix pleine d'affection et de reconnaissance, je veux d'abord vous demander pardon de l'incognito que j'ai cru devoir garder avec vous, et qui n'avait qu'un but, celui de connaître vos pensées les plus franches, votre opinion la plus vraie, sans que l'on soit tenté de supposer que vous avez voulu complaire à ce que l'on sait être le plus ardent de mes désirs ; or, maintenant que Petit-Pierre est suffisamment renseigné, la Régente avisera ; mais, en attendant, séparons-nous : le moindre gîte me suffira pour passer ce qui me reste de nuit, et M. le comte de Bonneville, qui connaît parfaitement le pays, saura bien me trouver ce gîte. — Mais quand serons-nous admis à conférer directement avec Son Altesse Royale? demanda Pascal, s'inclinant devant Petit-Pierre. — Aussitôt que Son Altesse Royale aura trouvé un palais pour Sa Majesté errante, Petit-Pierre vous appellera près de lui, ce qui ne tardera pas ; Petit-Pierre est bien décidé à ne pas abandonner ses amis. — Petit-Pierre est un brave garçon, s'écria Gaspard tout joyeux, et ses amis lui prouveront, je l'espère, qu'ils sont dignes de lui. — Adieu donc, mes amis, reprit Petit-Pierre ; et maintenant que l'incognito est levé, je remercie votre cœur de ne pas s'y être trop longtemps laissé prendre, mon brave Gaspard ; et, maintenant, je crois que nous devons nous serrer la main et nous séparer.

Chacun des gentilshommes prit tour à tour la main que Petit-Pierre lui tendait, la baisa respectueusement ; puis chacun prit la direction assignée à leur retraite, et, s'enfonçant dans le chemin creux, les uns à droite, les autres à gauche, tous ne tardèrent point à disparaître. Bonneville et Petit-Pierre restèrent seuls.

— Et nous? demanda celui-ci à son compagnon. — Nous, nous allons suivre une direction diamétralement opposée à celle de ces messieurs. — Alors, en route, et sans perdre un instant, dit Petit-Pierre en courant vers le chemin. — Un instant, un instant! cria Bonneville ; oh! pas comme cela, s'il vous plaît ; il faut que Votre Altesse... — Bonneville! Bonneville! fit Petit-Pierre, vous oubliez nos conventions. — C'est vrai ; que Madame veuille bien m'excuser. — Encore! Ah çà! mais vous êtes donc incorrigible? — Il faut que Petit-Pierre me permette de le prendre sur mes épaules. — Comment donc, mais très-volontiers ; voilà justement une borne qui semble plantée là à cet effet ; approchez, approchez, comte.

Petit-Pierre était déjà monté sur la borne. Le jeune comte s'approcha; Petit-Pierre se plaça à califourchon sur ses épaules.

— Vous vous y prenez ma foi très-bien, dit Bonneville en se mettant en marche. — Parbleu! fit Petit-Pierre; le cheval fondu c'est un jeu fort bien porté, et je m'y suis fort amusé dans ma jeunesse. — Vous voyez, dit Bonneville, qu'une bonne éducation n'est jamais perdue. — Dites donc, comte, demanda Petit-Pierre, il n'est pas défendu de causer, hein? — Au contraire. — Eh bien! alors, comme vous êtes un vieux chouan, tandis que moi j'entre en apprentissage de chouannerie, dites-moi pourquoi je suis sur vos épaules. — Quel curieux que ce Petit-Pierre! dit Bonneville. — Non, car je m'y suis mis sur votre première invitation et sans discuter, quoique la position soit un peu bien risquée, convenez-en, pour une princesse de la maison de Bourbon. — Une princesse de la maison de Bourbon, dit Bonneville, qu'est-ce que cela? et où voyez-vous ici une princesse de la maison de Bourbon? — C'est juste. Eh bien! alors, pourquoi Petit-Pierre, qui pourrait marcher, courir, sauter les fossés, est-il sur les épaules de son ami Bonneville, qui, lui, ne peut plus rien de tout cela depuis qu'il a Petit-Pierre sur les épaules? — Eh bien! je vais vous le dire, c'est parce que Petit-Pierre a le pied trop petit. — Petit, c'est vrai, mais solide, fit Petit-Pierre, comme si son interlocuteur avait offensé sa vanité. — Oui, mais, si solide qu'il soit, il est trop petit pour n'être pas reconnu. — Par qui? — Mais par ceux qui suivront nos traces, donc. — Mon Dieu! fit Madame avec une tristesse comique, qui m'eût jamais dit qu'un jour ou une nuit je regretterais de n'avoir pas le pied de madame la duchesse de ***. — Pauvre marquis de Souday, dit Bonneville, qu'eût-il pensé, lui déjà si ébouriffé de vos connaissances à la cour, s'il vous eût entendu parler avec tant d'aplomb et d'expérience du pied des duchesses? — Bah! ce serait dans mon rôle d'ex-page.

Puis, après un moment de silence :

— Je comprends très-bien, reprit Petit-Pierre, que vous vouliez faire perdre ma trace; mais enfin nous ne pourrons pas toujours voyager comme cela; saint Christophe s'y lasserait, et ce maudit pied rencontrera toujours, tôt ou tard, quelque plaque de boue pour conserver son empreinte. — Nous allons aviser à rompre les chiens, dit Bonneville, pour quelque temps, du moins.

Et le jeune homme appuya vers sa gauche, attiré, eût-on dit, par le murmure d'un ruisseau.

— Eh bien! que faites-vous donc? demanda Petit-Pierre; vous perdez le chemin, vous voilà dans l'eau jusqu'au genou. — Sans doute, dit Bonneville en remontant d'un tour de reins Petit-Pierre sur ses épaules; et maintenant, qu'ils nous cherchent, continua-t-il en marchant rapidement dans le lit du petit ru. — Ah! c'est fort ingénieux, dit Petit-Pierre. Vous avez manqué votre vocation, Bonneville; vous auriez dû naître dans une forêt vierge ou dans les pampas. Le fait est que, si pour nous suivre il faut une trace, celle-ci ne sera point facile à trouver. — Ne riez pas, celui qui nous cherche est fait à toutes les ruses de ce genre. Il a combattu en Vendée à l'époque où Charrette, quoique presque seul, donnait aux bleus une terrible besogne. — Eh bien! tant mieux, dit joyeusement Petit-Pierre; il y aura plaisir à lutter avec des gens qui en vallent la peine.

Malgré l'assurance qu'il témoignait, Petit-Pierre, après avoir prononcé ces paroles, demeura pensif, tandis que Bonneville continua de lutter courageusement contre les cailloux roulants et les branches mortes qui entravaient considérablement sa marche, car il continua de suivre le lit du ruisseau pendant un quart de lieue à peu près. A cette distance de leur point de départ, le ruisseau se déversait dans un autre plus considérable que le premier, lequel n'était autre que celui qui contournait la viette des Biques. Dans celui-là, Bonneville eut bientôt de l'eau jusqu'à la ceinture, et il dut inviter Petit-Pierre à remonter d'un étage, c'est-à-dire à s'asseoir sur sa tête au lieu de s'asseoir sur ses épaules, s'il voulait éviter le désagrément d'un bain de pied ; puis l'eau devint si profonde, que, à son grand regret, Bonneville dut reprendre terre, et se décider à faire route le long des rives du petit torrent. Mais les deux fugitifs étaient tombés de Charybde en Scylla, car les rives du torrent, véritable fort à sangliers, hérissées d'épines, garnies de ronces entrelacées, devinrent presque immédiatement impraticables. Bonneville posa Petit-Pierre à terre ; il n'y avait plus moyen de le porter ni sur la tête ni sur les épaules.

Alors Bonneville entra hardiment dans le taillis, recommandant à Petit-Pierre de le suivre pas à pas, et malgré les broussailles, malgré l'épaisseur des bois, malgré l'obscurité si profonde de la nuit, il avança en ligne exactement droite, comme ceux qui ont une pratique constante de la vie de forêt peuvent seuls y parvenir. Le procédé leur réussit à merveille, car, au bout d'une cinquantaine de pas, ils se trouvèrent dans un de ces sentiers que l'on appelle des lignes, et qui sont tracés parallèlement les uns aux autres dans les forêts autant pour marquer la limite des coupes que pour servir à l'exploitation.

— A la bonne heure, dit Petit-Pierre qui s'accommodait assez mal de cheminer dans les bruyères, quelquefois aussi hautes que lui ; au moins ici nous allons pouvoir jouer des jambes. — Oui, et sans laisser de traces, dit Bonneville en frappant le sol, qui était sec et rocailleux à cet endroit. — Reste à savoir, demanda Petit-Pierre, de quel côté nous allons nous diriger ? — Maintenant que nous avons, je crois, donné du fil à retordre à ceux qui seraient tentés de nous suivre, nous irons du côté où vous voudrez aller. — Vous savez que, demain soir, j'ai donné rendez-vous à la Cloutière à nos amis de Paris. — Nous pourrons nous rendre à la Cloutière sans presque quitter les bois, où nous serons toujours plus en sûreté que dans la plaine. Nous gagnerons, par un sentier que je connais, la forêt de Couvois, et, de là, la grande lande à l'ouest de laquelle est la Cloutière. Seulement, c'est impossible que nous y arrivions aujourd'hui. — Et pourquoi cela ? — Parce que, avec les détours que nous sommes obligés de faire, nous aurons à marcher pendant six heures, ce qui est bien au-dessus de vos forces.

Petit-Pierre frappa du pied avec impatience.

— A une lieue avant la Bénate, dit Bonneville, je connais une métairie où nous serons les bienvenus, et où nous pourrons nous reposer avant d'achever notre étape. — Alors, en route, en route, dit Petit-Pierre ; mais de quel côté ? — Laissez-moi vous précéder, dit Bonneville, et prenons à droite.

Bonneville fit le mouvement indiqué, et marcha devant lui avec la même persévérance qu'il avait eue en quittant le ruisseau. Petit-Pierre le suivit. De temps en temps le comte de Bonneville s'arrêtait pour reconnaître son chemin et pour donner à son jeune compagnon le temps de respirer. Il annonçait d'avance à celui-ci tous les accidents du terrain qu'ils rencontraient sur leur route, et cela avec une précision qui indiquait combien la forêt de Machecoul lui était familière.

— Comme vous le voyez, dit-il dans une de ces haltes, nous évitons les sentiers. — Oui, et pourquoi faisons-nous cela ? — Parce que ce sera certainement dans les sentiers que l'on cherchera nos traces; parce que le terrain en est mou; parce que celui-ci, moins frayé, moins attendri par le passage des voitures et des chevaux, nous trahira moins. — Mais c'est le plus long peut-être? — Oui, mais c'est le plus sûr.

Ils marchaient depuis dix minutes en silence, lorsque Bonneville s'arrêta, et saisit le bras de son compagnon, dont le premier mouvement fut de demander ce qu'il y avait.

— Silence ou parlez très-bas! dit Bonneville. — Pourquoi? — N'entendez-vous rien? — Non. — Moi j'entends des voix. — Où? — Là, à cinq cents pas de nous environ, et il me semble même qu'à travers les branches je distingue une lueur rouge. — En effet, je la vois aussi. — Qu'est-ce que cela? — Je vous le demande. — Diable! — Des charbonniers peut-être? — Non, nous ne sommes point dans le moment où ils exploitent leurs coupes, et nous serions certains que ce sont des charbonniers, que je ne voudrais pas encore me confier à eux. Je n'ai pas le droit, étant votre guide, de donner quelque chose à l'imprévu. — N'avez-vous donc pas un autre chemin? — Si fait. — Eh bien! alors? — Je n'eusse voulu le prendre qu'à la dernière extrémité. — Pourquoi cela? — Parce qu'il faut traverser un marais. — Bon! vous qui marchez sur l'eau comme saint Pierre, ne le connaissez-vous pas, votre marais? — Cent fois j'y ai chassé la bécassine, mais... — Mais?... — Mais c'était le jour. — Et votre marais? — Est une tourbière, où dix fois même dans le jour j'ai failli enfoncer. — Alors risquons-nous auprès du feu de ces braves gens. Je vous avoue que je ne serais point fâché de me réchauffer un peu. — Restez ici, et laissez-moi aller à la découverte. — Cependant.... — Ne craignez rien.

En disant ces mots, Bonneville avait disparu sans bruit dans l'obscurité.

XXXVII

OÙ PETIT-PIERRE FAIT LE MEILLEUR REPAS QU'IL AIT FAIT DE SA VIE.

Petit-Pierre, resté seul, s'appuya contre un arbre, et, muet, immobile, les yeux fixes, l'oreille tendue, il attendit, essayant de saisir au passage le plus petit bruit. Pendant cinq minutes, à part l'espèce de bourdonnement qui semblait venir du même côté que la lueur, il n'entendit rien. Tout à coup le hennissement d'un cheval retentit dans la forêt, et fit tressaillir Petit-Pierre. Presque au même moment, il entendit un léger bruit dans les broussailles, et une ombre se dressa devant lui; c'était Bonneville. Bonneville, qui ne voyait pas Petit-Pierre collé au tronc de l'arbre, l'appela deux fois. Petit-Pierre bondit vers lui.

— Alerte! alerte! dit Bonneville en entraînant Petit-Pierre. — Qu'y a-t-il? — Pas un instant à perdre; venez, venez!

Puis, tout en courant:

— Un bivouac de chasseurs. S'il n'y avait eu que des hommes, j'aurais pu me chauffer au même feu qu'eux; mais un cheval m'a éventé et a henni. — Je l'ai entendu. — Alors vous comprenez; pas un mot; des jambes, voilà tout.

Et en effet, sans prononcer une parole, Bonneville et Petit-Pierre firent à peu près cinq cents pas dans un layon que, par bonheur, ils avaient rencontré sur leur chemin. Puis il tira Petit-Pierre dans la lisière, et, s'arrêtant:

— Maintenant, dit-il, respirez.

Pendant que Petit-Pierre respirait, Bonneville essayait de s'orienter.

— Sommes-nous perdus? demanda Petit-Pierre inquiet. — Oh! il n'y a pas de danger, dit Bonneville; seulement je cherche s'il n'y a pas un moyen d'éviter ce maudit marais. — S'il doit nous mener plus directement à notre but, prenons-le, dit Petit-Pierre. — Il le faudra bien, répondit Bonneville, je ne vois pas d'autre chemin. — Alors en route, dit Petit-Pierre; seulement guidez-moi.

Bonneville ne répondit rien; mais, comme preuve d'urgence, il se mit immédiatement en marche; seulement, au lieu de suivre la ligne dans laquelle ils étaient engagés, il tourna à droite, et se remit à marcher dans le taillis. Au bout de dix minutes, les buissons devinrent plus rares, l'obscurité moins profonde; ils étaient à la lisière de la forêt, et ils entendaient devant eux le murmure des roseaux entre-choqués par le vent.

— Ah! ah! fit Petit-Pierre qui reconnaissait ce bruit, il paraît que nous y sommes? — Oui, répondit Bonneville, et je ne vous cacherai point que voilà le moment le plus critique de notre nuit.

Et à ces mots le jeune homme sortit de sa poche un couteau qui, à la rigueur, pouvait passer pour un poignard, et coupa un petit arbre qu'il ébrancha, et dont il eut soin de cacher les émondes.

— Maintenant, dit-il, mon pauvre Petit-Pierre, il faut vous résigner et reprendre votre siége sur mes épaules.

Petit-Pierre fit à l'instant même ce que lui demandait son guide, et celui-ci s'avança vers le marais. La marche de Bonneville, alourdie par le poids qu'il portait, embarrassée par la longue gaule qu'il tenait à la main, et avec laquelle il sondait le terrain à chaque pas qu'il faisait, était horriblement difficile. A chaque pas il enfonçait dans la vase jusqu'au-dessus du genou, et ce terrain, qui semblait mou et peu compacte lorsqu'il s'agissait d'y entrer, offrait une véritable résistance lorsqu'il s'agissait d'en sortir. Ce n'était alors qu'avec la plus grande peine que Bonneville parvenait à en arracher ses jambes; on eût dit que le gouffre ouvert sous leurs pieds ne pouvait se décider à lâcher sa proie.

— Laissez-moi vous donner un avis, mon cher comte, dit Petit-Pierre.

Bonneville s'arrêta et s'essuya le front.

— Si, au lieu de patauger dans cette vase, vous marchiez sur les touffes de jonc qu'il me semble entrevoir çà et là, je crois que vous y trouveriez un terrain plus solide. — Oui, dit Bonneville, sans doute; mais aussi nous y laisserions une trace plus visible.

Mais, après un instant :

— N'importe! dit-il, vous avez raison; cela vaut encore mieux.

Et, changeant de direction, Bonneville gagna les touffes de jonc. En effet, la racine chevelue des roseaux avait formé çà et là des espèces d'îlots d'un pied de largeur, qui présentaient sur ce terrain bourbeux des surfaces d'une certaine solidité; le jeune homme les reconnaissait à l'aide de sa perche, et s'élançait de l'un sur l'autre. Mais, de temps en temps, alourdi par le poids de Petit-Pierre, il prenait mal sa mesure, glissait, et ne se retenait qu'avec la plus grande peine, et ce manége eût bientôt si complétement épuisé ses forces, qu'il dut prier Petit-Pierre de descendre, et s'asseoir pour reprendre haleine.

— Vous voilà épuisé, mon pauvre Bonneville, dit Petit-Pierre; est-ce encore bien long, votre marais? — Nous avons encore deux ou trois cents pas à parcourir, après lesquels nous rentrerons en force jusqu'à la ligne de la Benate, qui nous conduira directement à notre métairie. — Pourrez-vous aller jusque-là ? — Je l'espère. — Oh! mon Dieu! mon Dieu! que je voudrais donc pouvoir vous porter à mon tour, ou tout au moins marcher près de vous!

Ces mots rendirent au comte toute sa force; mais, renonçant à sa seconde façon d'avancer, il entra résolûment dans la boue. Mais plus il allait, plus le sol devenait mouvant et bourbeux. Tout à coup Bonneville, qui, entraîné par un faux pas, venait de poser son pied sur un endroit qu'il n'avait pas eu le temps de sonder, se sentit enfoncer et prêt à disparaître.

— Si j'enfonce tout à fait, dit-il, jetez-vous à droite ou à gauche; le passage dangereux n'est jamais large.

Petit-Pierre sauta en effet de côté, non pas pour chercher à se sauver, mais pour ne pas alourdir Bonneville d'un poids étranger.

— Oh! mon ami! s'écria-t-il le cœur serré, les yeux mouillés de larmes à ce cri sublime de dévouement et d'abnégation ; songez à vous, je le veux, je l'ordonne.

Le jeune comte était déjà enfoncé jusqu'à la ceinture; par bonheur, il avait eu le temps de mettre sa perche en travers, et comme elle reposait sur deux touffes de jonc qui lui offraient un appui suffisant, il put, grâce à la résistance qu'elle lui opposait et aidé de Petit-Pierre qui le tirait par le collet de son habit, parvenir à se tirer de ce mauvais pas. Bientôt le terrain devint plus solide, la ligne noire des bois qui avait toujours masqué l'horizon se rapprocha et grandit, les deux fugitifs touchaient à l'extrémité du marécage.

— Enfin! dit Bonneville. — Ouf! fit Petit-Pierre en se laissant glisser à terre aussitôt qu'il sentit le sol résister sous les pieds de son compagnon; ouf! vous devez être brisé, mon cher comte? — Non, répondit Bonneville, je suis étouffé, voilà tout. — Oh! mon Dieu! dit Petit-Pierre, et n'avoir rien pour vous rendre vos forces, pas même la gourde du soldat ou du pèlerin, pas même le morceau de pain du mendiant. — Bah! fit le comte, mes forces, ce n'est point de l'estomac que je les tire. — Alors dites-moi d'où vous les tirez, mon cher comte, je tâcherai de faire comme vous. — Auriez-vous faim? — Je mangerais bien quelque chose. — Hélas! dit le comte, voilà que vous me faites regretter, à mon tour, ce dont je me souciais si peu tout à l'heure.

Petit-Pierre se mit à rire, et, plaisantant pour rendre le courage à son compagnon :

— Bonneville, dit-il, appelez l'huissier, faites avertir le chambellan de service, afin qu'il prévienne les officiers de bouche de m'apporter mon en cas; je goûterais volontiers de ces bécassines que j'ai tout à l'heure entendues crier en partant sous nos pieds. — Son Altesse Royale est servie, dit le comte en mettant un genou en terre et en offrant sur la forme de son chapeau un objet que Petit-Pierre saisit avec empressement. — Du pain! s'écria-t-il. — Du pain noir, fit Bonneville. — Bon! la nuit, on ne voit pas de quelle couleur il est. — Du pain sec, deux fois sec! — C'est toujours du pain.

Et Petit-Pierre mordit à belles dents dans le croûton, qui, depuis deux jours, séchait dans la poche du comte.

— Et quand je pense, dit Petit-Pierre, que c'est le général Dermoncourt qui, à cette heure, mange mon souper à Souday, n'est-ce pas enrageant ?

Puis tout à coup :

— Oh! pardon, mon cher guide, continua Petit-Pierre ; mais l'estomac, chez moi, l'a si bien emporté sur le cœur, que j'oubliais de vous offrir la moitié de mon souper. — Merci, répondit Bonneville, mon appétit ne va pas encore jusqu'à broyer des cailloux ; mais, en échange de votre offre si gracieuse, je vais vous montrer comment il faut faire pour rendre votre pauvre souper un peu moins coriace.

Bonneville prit le pain, le rompit en petits morceaux, non sans peine, alla le tremper dans une petite source qui coulait à deux pas de là, appela Petit-Pierre, s'assit d'un côté de la source, Petit-Pierre de l'autre, et retirant une à une les croûtes détrempées et amollies, il les présenta à son compagnon affamé.

— Ma foi, dit celui-ci lorsqu'il fut au dernier lopin, il y a vingt ans que je n'ai si bien soupé. Bonneville, je vous nomme mon majordome. — Et moi, dit le comte, je redeviens votre guide. Assez de délices comme cela ; continuons notre chemin. — Je suis prêt, dit Petit-Pierre, en se dressant gaiement sur ses pieds.

On se remit en marche à travers bois, et une demi-heure après on se trouva au bord d'une rivière qu'il fallait traverser. Bonneville essaya de son procédé ordinaire ; mais au premier pas qu'il fit dans le lit du ruisseau l'eau lui monta jusqu'à la ceinture, au second il en avait jusqu'au cou, et les jambes de Petit-Pierre trempaient dans la rivière. Bonneville, qui se sentait entraîné par le courant, attrapa une branche d'arbre et regagna le bord. Il fallait chercher un passage. Au bout de trois cents pas, Bonneville crut l'avoir trouvé. Ce passage, c'était le tronc d'un arbre renversé par le vent en travers du ruisseau et encore tout garni de ses branches.

— Croyez-vous pouvoir marcher là-dessus ? demanda-t-il à Petit-Pierre. — Si vous y marchez, j'y marcherai, répondit celui-ci. — Tenez-vous aux branches, n'y mettez pas d'amour-propre, ne levez un pied que quand vous serez bien sûr que l'autre est d'aplomb, fit Bonneville en grimpant sur le tronc de l'arbre. — Je vous suis, n'est-ce pas ? — Attendez, je vais vous donner la main. — M'y voilà..... Mon Dieu ! qu'il faut donc savoir de choses pour courir les champs, je n'aurais jamais cru cela. — Ne parlez pas, pour Dieu ! pour Dieu ! faites attention à vos pieds... Un instant, n'avancez pas ; voici une branche qui vous gênerait, je vais la couper.

Au moment où le jeune comte se baissait pour exécuter ce qu'il venait de dire, il entendit derrière lui un cri étouffé et le bruit d'un corps qui tombait à l'eau. Il se retourna. Petit-Pierre avait disparu. Sans perdre une seconde, Bonneville se laissa tomber à la même place, et le hasard le servit si bien qu'en allant au fond de la rivière qui, dans cet endroit, n'avait pas moins de sept ou huit pieds de profondeur, sa main rencontra la jambe de son compagnon. Il la saisit ; et, la tête perdue, tremblant d'émotion, sans se rendre compte de la position tout à fait désagréable dans laquelle il maintenait celui qu'il sauvait, en deux brassées il atteignit la rive du ruisseau, fort heureusement aussi peu large qu'il était profond. Petit-Pierre ne faisait plus le moindre mouvement. Bonneville le prit dans ses bras et le déposa sur les feuilles sèches, lui parlant, l'appelant, le secouant. Mais Petit-Pierre restait muet et immobile. Le comte de Bonneville s'arrachait les cheveux de désespoir.

— Oh ! c'est ma faute, c'est ma faute ! murmura-t-il. Mon Dieu ! vous me punissez de mon orgueil ; j'ai trop présumé de moi-même, j'ai répondu de lui ! Oh ! ma vie, mon Dieu ! pour un soupir, pour un souffle, pour une haleine !

L'air frais de la nuit fit plus pour la résurrection de Petit-Pierre que toutes les lamentations de Bonneville ; au bout de quelques minutes il ouvrit les yeux et éternua. Bonneville, qui en était au paroxysme de la douleur, et qui ne parlait rien moins que de ne pas survivre à celui dont il croyait avoir causé la mort, poussa un cri de joie et tomba devant Petit-Pierre, qui était déjà assez revenu à lui pour comprendre les dernières paroles du jeune homme.

— Bonneville, dit Petit-Pierre, vous ne m'avez pas dit : « Dieu vous bénisse ! » je vais être enrhumé du cerveau. — Vivante ! vivante ! s'écriait Bonneville, aussi expansif dans sa joie qu'il l'avait été dans sa douleur. — Oui, bien vivante, grâce à vous ; si vous étiez un autre, je vous jurerais de ne jamais l'oublier. — Mais vous êtes trempée, mon Dieu ! — Oui ; mes souliers surtout sont trempés ; Bonneville, cela descend, cela descend d'une façon bien désagréable. — Et pas de feu, pas de moyen d'en faire. — Bon, nous nous réchaufferons en marchant ; je parle au pluriel, car vous ne devez pas être moins mouillé que moi, vous qui en êtes à votre troisième bain, dont un debout. — Oh ! ne vous occupez pas de moi ; pouvez-vous marcher ? — Je le crois ; quand j'aurai vidé mes souliers.

Bonneville aida Petit-Pierre à se débarrasser de l'eau qui, effectivement, remplissait sa chaussure ; il lui ôta sa veste de gros drap, qu'il tordit avant de la lui remettre sur les épaules ; puis, cette double opération finie :

— Et maintenant, dit-il, à la Benate et rondement. — Hein ! Bonneville, fit Petit-Pierre, ce que nous avons gagné à vouloir éviter un feu qui nous irait si bien maintenant. — Nous ne pouvions cependant pas aller nous livrer, dit Bonneville d'un air désespéré. — Bon ! n'allez-vous pas prendre ma réflexion pour un reproche ? Oh ! que vous avez le caractère mal fait. Allons, marchons, marchons ! Depuis que je joue des jambes, il me semble que tout cela sèche ; dans dix minutes, je vais transpirer.

Bonneville n'avait pas besoin d'être excité ; il avançait si rapidement que Petit-Pierre avait de la peine à le suivre, et, de temps en temps, était obligé de lui rappeler que leurs jambes étaient de longueur fort inégale. Mais Bonneville était resté sous l'impression de l'émotion profonde que lui avait causée l'accident de son jeune compagnon, et, ce qui achevait de lui faire perdre la tête, c'est que dans les buissons, qui lui étaient si familiers cependant, il ne retrouvait pas son chemin. Dix fois déjà il s'était arrêté en entrant dans une ligne pour regarder autour de lui, et dix fois aussi, après avoir secoué la tête, il avait repris sa marche avec une sorte de frénésie. Enfin, Petit-Pierre, qui avait été forcé de faire quelques pas en courant pour le rejoindre, lui dit à la suite d'une nouvelle hésitation :

— Eh bien ! voyons, qu'y a-t-il, mon cher comte ? — Il y a que je suis un misérable, dit Bonneville ; que j'ai trop présumé de ma connaissance des localités, et que... et que... — Et que nous sommes égarés. — J'en ai peur. — Et moi j'en suis sûr ; voilà une branche que j'ai cassée tout à l'heure ; nous avons déjà passé par ici, et nous tournons sur nous-mêmes : vous voyez que je profite de vos leçons, ajouta Petit-Pierre triomphant. — Ah ! dit Bonneville, je vois ce qui a causé mon erreur. — Qu'est-ce ? — En sortant de l'eau, j'ai repris terre du côté par lequel nous étions venus, et j'étais si bouleversé que je n'y ai point pris garde. — En sorte que notre plongeon a été tout à fait inutile ? dit Petit-Pierre en éclatant de rire. — Ah ! je vous en prie, Madame, ne riez pas comme cela, dit Bonneville, votre gaieté me fend le cœur. — Soit ; mais elle me réchauffe, moi. — Vous avez donc froid ? — Un peu ; mais ce n'est pas le pis. — Qu'y a-t-il ? — Il y a une demi-heure que vous n'osez pas m'avouer que nous sommes perdus, et il y a une demi-heure, moi, que je n'ose vous dire que, décidément, mes jambes semblent vouloir refuser le service. — Qu'allons-nous devenir, alors ? — Eh bien ! vais-je donc être forcé de jouer votre rôle d'homme, et de vous donner de la fermeté ; voyons, le conseil est ouvert, quel est votre avis ? — Qu'il est impossible de gagner la Benate cette nuit. — Mais alors? — Alors il faut tâcher de gagner avant le jour la métairie la plus proche. — Soit; pouvez-vous vous orienter? — Pas d'étoiles au ciel, pas de lune. — Et pas de boussole, dit Petit-Pierre qui essayait, en plaisantant, de rendre le courage à son compagnon. — Attendez. — Bon, voilà une idée qui vous pousse, j'en suis sûr. — A cinq heures du soir, j'ai par hasard examiné les girouettes du château, le vent était de l'est.

Bonneville leva en l'air son index mouillé de salive.

— Que faites-vous? — Une girouette.

Puis après un instant :

— Le nord est là, dit-il sans hésitation en marchant dans le vent; nous déboucherons sur la plaine, du côté de Saint-Philibert. — Oui, en marchant; voilà justement le difficile. — Voulez-vous que j'essaye à vous prendre dans mes bras? — Bon! vous avez bien assez de vous porter, mon pauvre Bonneville.

La duchesse se releva avec effort; car, pendant ces quelques mots, elle s'était assise, ou plutôt s'était laissée tomber au pied d'un arbre.

— Là, dit-elle, maintenant me voilà debout; je veux qu'elles avancent ces jambes rebelles, et je les dompterai comme tous les rebelles; je suis ici pour cela.

Et la vaillante femme fit quatre ou cinq pas : mais sa fatigue était si grande, ses membres si bien roidis par le bain glacial qu'elle avait pris, qu'elle chancela et faillit tomber.

Bonneville s'élança pour la soutenir.

— Cordieu! s'écria Petit-Pierre, laissez-moi, monsieur de Bonneville; je veux qu'il soit au niveau de l'âme qu'il renferme, ce misérable corps que Dieu a fait si frêle et si débile; ne lui donnez point d'aide, comte; ne lui portez pas de secours. Ah! tu chancelles; ah! tu plies? Eh bien! ce n'est plus le pas ordinaire que tu vas prendre, c'est le pas de charge, et, dans quinze jours, je veux que tu te prêtes, avec la soumission de la bête de somme, à toutes les exigences de ma volonté.

Effectivement, joignant l'action aux paroles, Petit-Pierre prit sa course, et avança avec tant de rapidité que son guide eut quelque peine à le retrouver. Mais ce dernier effort l'avait épuisé; et lorsque Bonneville fut parvenu à le rejoindre, il le trouva de nouveau assis et la figure cachée entre ses deux mains. Petit-Pierre pleurait encore plus de rage que de douleur.

— Mon Dieu! mon Dieu! murmurait-il, vous m'avez mesuré la tâche d'un géant, et vous ne m'avez donné que les forces d'une femme!

Bon gré, mal gré, Bonneville prit Petit-Pierre dans ses bras et se mit à courir à son tour. Les paroles que Gaspard lui avait adressées en sortant du souterrain retentissaient encore à son oreille. Il sentait qu'il était impossible qu'un corps si délicat résistât aux violentes secousses qu'il avait éprouvées durant la nuit, et il avait résolu de faire tous ses efforts pour mettre en secret le dépôt qui lui avait été confié; il sentait qu'une minute perdue pouvait compromettre sa vie.

Sa marche se soutint aussi rapide pendant près d'un quart d'heure; son chapeau tomba; ne s'inquiétant plus des traces qu'il laissait, il ne prit point la peine de le ramasser : il sentait le corps de Petit-Pierre frissonner entre ses bras; il entendait ses dents que le froid faisait entre-choquer, et ce bruit l'aiguillonnait comme les clameurs de la foule aiguillonnent un cheval de course et lui prêtent une force surhumaine. Mais, peu à peu, cette vigueur factice s'éteignit; les jambes de Bonneville ne lui obéirent plus que par un mouvement machinal; le sang se fixa à la poitrine et l'étouffa; il sentit son cœur se gonfler; il ne respirait plus, il râlait; une sueur glacée inondait son front; ses artères battaient comme si sa tête eût dû se fendre; de temps en temps, un voile épais passait sur ses yeux tout marbrés de flamme; bientôt il glissa à la moindre pente, chancela à la moindre pierre, trébucha au plus petit obstacle, et ses genoux pliés, impuissants à se redresser, n'avancèrent plus qu'avec effort.

— Arrêtez-vous, arrêtez-vous, monsieur de Bonneville! criait Petit-Pierre; arrêtez-vous, je vous l'ordonne! — Non, non, je ne m'arrêterai pas, répondit Bonneville; j'ai encore des forces, Dieu merci! et je les userai jusqu'au bout. M'arrêter! m'arrêter quand nous touchons au port; quand, au prix de quelques efforts, je vous aurai mis en sûreté! m'arrêter quand nous sommes au bout de notre course! tenez, tenez, regardez plutôt.

Et, en effet, à l'extrémité de la ligne qu'ils suivaient, on apercevait une large bande rougeâtre qui s'élevait doucement à l'horizon, et, sur cette bande, se détachaient en noir des lignes à angles droits, à bords précis qui indiquaient une maison. Le jour commençait à paraître. On arrivait au bord des champs. Mais, au moment où Bonneville poussait ce cri de joie, ses jambes plièrent sous lui; il s'affaissa, tomba sur ses genoux, puis son corps se renversa doucement en arrière, comme si un effort suprême de sa volonté eût voulu, au moment où tout sentiment l'abandonnait, éviter à celui qu'il tenait dans ses bras les dangers d'une chute. Petit-Pierre se dégagea de l'étreinte et se trouva debout sur ses pieds, mais si vaillant qu'il ne valait guère mieux que son compagnon. Il essaya de soulever Bonneville, et ne put y parvenir. Celui-ci tenta de rapprocher les mains de sa bouche, sans doute pour faire entendre le signal d'appel ordinaire des chouans, mais le souffle lui manqua, et à peine eut-il assez de force pour dire à Petit-Pierre :

— N'oubliez pas! Et il s'évanouit.

La maison que l'on avait en vue n'était guère à plus de sept à huit cents pas de l'endroit où se trouvaient Bonneville et Petit-Pierre. Celui-ci se résolut à s'y rendre, et à demander à tout risque des secours pour son ami. Il fit donc un effort suprême, et s'élança dans la direction de cette maison. Au moment où il croisait un carrefour, Petit-Pierre vit dans une des lignes qui aboutissaient à ce carrefour un homme qui marchait dans la direction opposée à la campagne. Il appela cet homme qui ne tourna même pas la tête. Mais alors Petit-Pierre, soit par une inspiration soudaine, soit qu'il se rappelât les dernières paroles de Bonneville, utilisant les leçons que celui-ci lui avait données, rapprocha à son tour les mains de sa bouche, et fit entendre le cri de la chouette. L'homme s'arrêta aussitôt, rebroussa chemin et vint à Petit-Pierre.

— Mon ami, lui cria celui-ci lorsqu'il se vit à portée, si vous voulez de l'or, je vous en donnerai; mais d'abord, au nom de Dieu! venez m'aider à sauver un malheureux qui se meurt.

Puis, autant que ses forces le lui permettaient, et certain que l'homme allait le suivre, Petit-Pierre se retourna du côté de Bonneville, et souleva sa tête avec effort. Il était toujours évanoui. Aussitôt que le nouveau venu eut jeté les yeux sur ce corps étendu dans le chemin :

— Je n'ai pas besoin que l'on me promette de l'or, dit-il, pour que je porte secours à M. le comte de Bonneville.

Petit-Pierre regarda l'homme avec plus d'attention.

— Jean Oullier! s'écria-t-il en reconnaissant le garde du marquis de Souday aux premiers rayons du jour qui commençait à naître; Jean Oullier, pouvez-vous me trouver un asile tout près d'ici pour mon ami et pour moi?

Le garde n'eut pas même besoin de chercher pour répondre :
— Il n'y a que cette maison à une demi-lieue à la ronde.

Et il prononça ces mots avec une répugnance visible ; mais Petit-Pierre ne remarqua point ou ne parut pas remarquer cette répugnance.

— Il faut m'y conduire et l'y porter, dit-il. — Là-bas ? fit Jean Oullier. — Ne sont-ce pas des royalistes, les gens qui l'habitent ? — Je n'en sais rien encore, dit Jean Oullier. — Allez, je vous remets nos existences entre les mains, Jean Oullier, et je sais que vous méritez toute ma confiance.

Jean Oullier chargea Bonneville, toujours évanoui, sur ses épaules, et prit Petit-Pierre par la main ; puis il s'achemina vers la maison, qui n'était autre que celle de Joseph Picaut et de sa belle-sœur. Jean Oullier franchit l'escalier aussi légèrement que si, à la place du comte de Bonneville, il n'eût porté que son carnier ; mais une fois dans le verger, il s'avança avec une certaine prudence. Tout dormait encore chez Joseph Picaut ; mais il n'en était point ainsi chez la veuve : on apercevait une lueur, et l'on voyait une ombre passer et repasser derrière les rideaux. Entre les deux, Jean Oullier prit aussitôt son parti.

— Ma foi, tout bien pesé, j'aime autant cela, se dit-il à lui-même en s'avançant résolûment du côté de la maison de Pascal.

Arrivé à la porte, il l'ouvrit. Le cadavre de Pascal était couché sur le lit. La veuve avait allumé deux chandelles et priait devant le mort. En entendant la porte tourner sur ses gonds, elle se releva.

— Veuve Pascal, lui dit Jean Oullier sans lâcher ni son fardeau ni la main de Petit-Pierre, je vous ai sauvé la vie cette nuit à la viette des Biques.

La veuve regarda avec étonnement et comme rappelant ses souvenirs.

— Vous ne me croyez pas ? — Si, Jean, je vous crois ; je sais que vous n'êtes pas homme à dire un mensonge, fût-ce pour sauver votre vie ; d'ailleurs, j'ai entendu le coup, et j'ai doutance de la main qui l'a lâché. — Veuve Pascal, voulez-vous venger votre mari et faire fortune du même coup, je vous en amène les moyens ? — Comment cela ? demanda la veuve. — Voici, poursuivit Jean Oullier, madame la duchesse de Berri et M. le comte de Bonneville qui allaient mourir tous deux, peut-être de fatigue et de faim, si je n'étais venu vous demander pour eux un asile. Les voici.

La veuve regarda avec étonnement, mais avec un intérêt visible.

— Cette tête que vous voyez, continua Jean Oullier, vaut son pesant d'or. Vous pouvez la livrer si bon vous semble, et, comme je vous le disais, votre mari est vengé et votre fortune est faite. — Jean Oullier, répondit la veuve d'une voix grave, Dieu nous a donné la charité pour tous, grands ou petits. Deux malheureux viennent frapper à ma porte ; je ne les repousserai pas. Deux proscrits viennent me demander asile ; ma maison s'écroulera plutôt que de les livrer.

Puis avec un geste simple, mais auquel l'action prêtait une sublime grandeur :

— Jean Oullier, dit-elle, entrez chez moi, entrez hardiment, vous et ceux qui vous accompagnent.

Ils entrèrent. Seulement, tandis que Petit-Pierre aidait Jean Oullier à déposer Bonneville sur une chaise, le vieux garde lui dit tout bas :

— Madame, rajustez vos cheveux blonds qui sortent de dessous votre perruque ; ce qu'ils m'ont fait deviner et ce que je viens d'apprendre à cette femme, il ne serait pas bon que tout le monde le sût.

XXXVIII

L'ÉGALITÉ DEVANT LES MORTS.

Le même jour, vers deux heures de l'après-midi, maître Courtin avait quitté la Logerie et s'était mis en route, sous prétexte de se rendre à Machecoul pour acheter un bœuf de labour, mais en réalité pour avoir des nouvelles des événements de la nuit, événements auxquels le digne fonctionnaire s'intéressait d'une façon toute spéciale, les lecteurs le comprendront facilement.

Arrivé au gué de Pontfarcy, il trouva les garçons meuniers qui relevaient le corps du fils de Tinguy, et autour d'eux quelques femmes et quelques enfants qui considéraient le cadavre avec la curiosité naturelle à leur sexe et à leur âge. Lorsque le maire de la Logerie, stimulant son bidet d'un coup de bâton à tige de cuir qu'il tenait à la main, l'eut fait entrer dans la rivière, tous les yeux se tournèrent de son côté, et la conversation cessa comme par enchantement, bien que jusque-là elle eût été des plus vives et des plus animées.

— Eh bien ! qu'y a-t-il donc, gars ? demanda Courtin en faisant fendre diagonalement l'eau à son cheval, de façon à prendre terre précisément en face du groupe. — Un mort, répondit un des meuniers avec le laconisme du paysan vendéen.

Courtin arrêta son regard sur le cadavre, et vit qu'il était revêtu d'un uniforme.

— Heureusement encore, dit-il, que ce n'est pas un du pays.

Malgré ses opinions philippistes, le maire de la Logerie ne croyait pas prudent de témoigner de la sympathie à un soldat de Louis-Philippe.

— C'est ce qui vous trompe, monsieur Courtin, répondit laconiquement et d'une voix sombre un homme à veste brune.

Le titre de monsieur qui lui était donné, et même avec une certaine affectation, ne flatta aucunement le métayer de la Logerie. Dans les circonstances où l'on se trouvait, dans la phase où le pays venait d'entrer, il savait que ce titre de monsieur dans la bouche d'un paysan, lorsqu'il n'était pas un témoignage de respect, équivalait à une injure ou à une menace, ce qui inquiétait bien autrement Courtin. En effet, le maire de la Logerie se rendait bien équitablement la justice de ne pas prendre la qualité qu'on venait de lui donner comme une marque de considération. Aussi résolut-il d'être de plus en plus circonspect.

— Mais il me semble cependant, continua-t-il d'un ton doucereux, que l'uniforme qu'il porte est celui des chasseurs ? — Bah ! l'uniforme ! répliqua le même paysan ; comme si vous ne saviez pas que la conscription ne respecte pas plus nos fils et nos frères que les autres. Il me semble pourtant que vous devriez le savoir, vous qui êtes maire.

Il se fit un nouveau silence. Ce silence parut si lourd à porter à Courtin, qu'il l'interrompit.

— Et sait-on le nom du pauvre gars qui a péri si malheureusement? demanda Courtin, qui faisait des efforts inouïs, mais infructueux, pour amener une larme dans son œil.

Personne ne lui répondit. Le silence devenait de plus en plus significatif.

— Et connaît-on d'autres victimes, par exemple, parmi les nôtres, parmi les gars du pays, y en a-t-il eu de tués? J'ai entendu dire que bon nombre de coups de fusil avaient été tirés. — En fait d'autres victimes, répondit le même paysan, je ne connais encore que celle-là, quoique ce soit presque un péché d'en parler auprès du cadavre d'un chrétien.

En disant ces mots, le paysan s'était détourné, et, tout en fixant les yeux sur Courtin, il lui indiquait du doigt le corps du chien de Jean Oullier, resté sur la rive, et caressé par le courant, dans lequel il baignait à moitié. Maître Courtin devint fort pâle; il toussa comme si une main invisible lui eût serré la gorge.

— Qu'est-ce que cela, dit-il, un chien? Ah! si nous n'avions à pleurer que des victimes de cette espèce, nous garderions nos larmes pour une autre occasion. — Eh! eh! fit l'homme à la veste brune, le sang d'un chien, ça se paye comme autre chose, monsieur Courtin, et je suis sûr que le maître du pauvre Pataud n'en tiendra pas quitte pour peu celui qui a tiré sur son chien, à la sortie de Montaigu, avec du plomb à loup, dont trois grains lui sont entrés dans le corps.

En achevant ces mots, l'homme, comme s'il trouvait, ayant échangé, à son avis, assez de paroles avec Courtin, inutile d'attendre sa réponse, tourna les talons, passa un échalier, et disparut derrière une haie. Quant aux meuniers, ils reprirent leur marche avec le cadavre. Les femmes et les enfants suivirent le funèbre cortège en priant tumultueusement et à voix haute. Courtin resta seul.

— Bon! pour que je paye ce que le gars Oullier aura établi à mon compte, dit le maire de la Logerie en éperonnant son bidet, qui avait pris goût à la halte, de son unique éperon, il faut qu'il se tire d'abord des griffes qui le serrent, grâce à moi; ce qui n'est pas commode, quoique, à la rigueur, ce soit possible.

Maître Courtin continua sa route; mais, la curiosité l'aiguillonnant de plus en plus, il trouva que c'était bien longtemps souffrir que d'attendre, pour la satisfaire, que l'amble modeste de son cheval l'ait conduit jusqu'à Machecoul. Or, en ce moment, il passait justement devant la croix de la Berthaudière, où aboutissait le chemin qui menait à la maison des Picaut. Il pensa à Pascal, qui pouvait mieux que personne lui donner des nouvelles, puisque la veille il avait dû servir de guide aux soldats.

— Mais que je suis donc bonasse! s'écria-t-il se parlant à lui-même, sans me rallonger de plus d'une petite demi-heure, je puis savoir tout ce qui s'est passé, et cela d'une bouche qui ne me cachera rien; allons donc chez Pascal: il me dira, lui, ce que le coup a produit.

Maître Courtin tourna donc à droite, et, cinq minutes après, il débouchait du petit verger et faisait son entrée sur le fumier de la cour de la demeure des Picaut. Joseph, assis sur le collier d'un cheval, fumait sa pipe devant la porte de la partie de la maison qu'il habitait. En voyant le maire de la Logerie, il ne jugea point qu'il fût utile qu'il se dérangeât. Maître Courtin, qui avait une admirable perspicacité pour tout voir sans avoir l'air de rien remarquer, attacha son bidet à un des anneaux de fer scellés dans le mur; puis, se tournant vers Joseph:

— Votre frère est-il chez lui? demanda-t-il. — Oui, il y est encore, répondit celui-ci, en appuyant sur le mot « encore » d'un air qui sembla singulier au maire de la Logerie; vous le faut-il aujourd'hui pour conduire les culottes rouges au château de Souday?

LES LOUVES.

Courtin se mordit les lèvres, mais ne répondit rien à Joseph. Seulement à lui-même :

— Comment cet imbécile de Pascal a-t-il été confier à son gredin de frère que c'était moi qui lui avait donné cette commission, se dit-il en heurtant à la porte du second des Picaut; on ne peut, sur ma foi, rien faire depuis vingt-quatre heures sans que tout le monde en jase.

Le monologue de Courtin l'empêcha de remarquer que l'on restait fort longtemps à lui répondre, et que, contre l'habitude pleine de confiance des gens de la campagne, la porte avait été verrouillée en dedans. Enfin la porte s'ouvrit. Lorsque, par cette ouverture, les yeux de Courtin purent plonger dans l'intérieur de la chambre, le spectacle qu'il aperçut, et auquel il s'attendait si peu, le fit reculer sur le seuil.

— Qui donc est mort ici? demanda-t-il. — Regardez, répondit la veuve sans quitter sa place du coin de la cheminée qu'elle était allée reprendre après lui avoir ouvert l'entrée de la maison.

Courtin reporta les yeux sur le lit, et, quoiqu'il ne vît à travers le drap que la forme du cadavre, il devina tout.

— Pascal! s'écria-t-il; Pascal! — Je croyais que vous le saviez? dit la veuve. — Moi? — Oui, vous; vous qui êtes la première cause de sa mort. — Moi, moi? répliqua Courtin qui pensa à l'instant même à ce que venait de lui dire le frère de la victime, et qui sentait combien il était important pour sa sécurité de se disculper; moi? je vous jure, foi d'homme! qu'il y a plus de huit jours que je n'ai vu votre défunt mari. — Ne jurez pas, répondit la veuve; Pascal ne jurait jamais, lui, car jamais il ne mentait. — Mais enfin, qui vous a donc dit que je l'avais vu? demanda Courtin; voilà qui est fort, par exemple! — Ne mentez pas en face d'un mort, monsieur Courtin, dit la veuve, cela vous porterait malheur. — Je ne mens pas, balbutia le métayer. — Il est parti d'ici pour aller chez vous; c'est vous qui l'avez engagé à servir de guide aux soldats.

Courtin fit un nouveau mouvement de dénégation.

— Ah! ce n'est pas que je vous en blâme, continua la veuve en regardant fixement une jeune paysanne de vingt-cinq à trente ans qui filait sa quenouille dans l'autre angle de la cheminée; c'était son devoir de prêter assistance à ceux qui veulent empêcher que le pays ne soit une fois de plus ravagé par la guerre civile. — C'est aussi mon but, à moi, mon unique but, répondit Courtin, mais en baissant si fort la voix que c'était à peine si la jeune paysanne pouvait l'entendre : je voudrais que le gouvernement nous débarrassât, une bonne fois pour tout, de tous ces fauteurs de troubles, de tous ces nobles qui nous écrasent de leurs richesses pendant la paix, et qui nous font massacrer pendant la guerre; j'y travaille, maîtresse Picaut; mais il ne faut pas s'en vanter, voyez-vous; on ne sait que trop ce dont ces gens-là sont capables. — De quoi vous plaindrez-vous s'ils vous frappent par derrière, vous qui vous cachez pour les attaquer? dit la veuve avec l'expression d'un profond mépris. — Dame! on ose ce que l'on peut oser, maîtresse Picaut, répondit Courtin avec embarras; il n'est pas donné à tout le monde d'être brave et hardi comme l'était votre pauvre défunt; mais nous le vengerons, le pauvre Pascal, nous le vengerons, je vous le jure. — Merci; je n'ai pas besoin de vous pour cela, monsieur Courtin, dit la veuve d'un ton presque menaçant, tant il était dur, vous ne vous êtes déjà que trop mêlé des affaires de cette pauvre maison; gardez donc désormais pour d'autres votre bonne volonté. — Comme il vous plaira, la maîtresse Picaut. Hélas! j'aimais tant votre pauvre cher homme que je ferai tout pour vous complaire...

Puis, tout à coup, se tournant du côté de la petite paysanne que déjà depuis un instant, sans paraître la voir, il regardait du coin de l'œil :

— Mais, quelle est donc cette jeunesse ? demanda le métayer. — Une cousine à moi venue ce matin de Port-Saint-Père pour m'aider à rendre les derniers devoirs à mon pauvre Pascal, et pour me tenir compagnie. — De Port-Saint-Père ce matin ? Ah ! ah ! maîtresse Picaut, c'est une bonne marcheuse, et elle a fait promptement la route.

La pauvre veuve, peu habituée au mensonge, et n'ayant jamais eu de motif de mentir, mentait mal ; elle se mordit les lèvres, et lança à Courtin un coup d'œil de colère qui, par bonheur, ne rencontra point les yeux de celui-ci, occupé en ce moment à examiner un habillement complet de paysan qui séchait devant la cheminée. Mais dans tout le costume, ce qui semblait le plus particulièrement intriguer Courtin, c'était une paire de souliers et une chemise. Il est vrai que la paire de souliers était, quoique ferrée, d'un cuir et d'une forme qui ne sont pas très-communs dans les chaumières, et que, de son côté, la chemise était de la plus fine batiste qui se pût voir.

— Joli lin ! joli lin ! marmottait le métayer, froissant entre ses doigts le moelleux tissu ; m'est avis qu'il ne doit pas écorcher le cuir de celui qui le porte.

La jeune paysanne crut qu'il était temps de venir en aide à la veuve, qui semblait sur les épines, et dont le front se chargeait d'une manière visible de nuages de plus en plus menaçants.

— Oui, dit-elle, ce sont des hardes que j'avais achetées à Nantes d'un fripier, pour tailler dedans un déshabillé au petit neveu de feu mon cousin Pascal.

— Et vous les avez lavés avant de les donner à un couseur, et vous avez, par ma foi, bien fait, la jolie fille ; car, enfin, ajouta Courtin en regardant plus fixement encore la jeune paysanne, des défroques de friperie, on ne sait jamais qui les a portées ; ça peut être un prince, et ça peut être un galeux. — Maître Courtin, interrompit la veuve, que cette conversation semblait impatienter de plus en plus, il me semble que voilà votre bidet qui se tourmente à la porte.

Courtin parut écouter.

— Si je n'entendais pas, dit-il, votre beau-frère qui marche dans le grenier au-dessus de nos têtes, je dirais que c'est lui qui le tourmente, le mauvais gars.

A cette nouvelle preuve de l'esprit essentiellement observateur du maire de la Logerie, ce fut au tour de la jeune paysanne à pâlir, et cette pâleur augmenta encore lorsqu'elle entendit Courtin, qui s'était levé pour aller observer son cheval à travers les carreaux, dire, comme se parlant à lui-même :

— Mais, non, il est bien là, le garnement ; c'est bien lui qui asticote ma bête avec la mèche de son fouet.

Puis, revenant à la veuve :

— Mais qui donc, alors, avez-vous dans votre grenier, la maîtresse ?

La fileuse allait répondre que Joseph avait une femme et des enfants, et que le grenier était commun au deux familles ; mais la veuve ne lui donna pas même le temps de commencer sa phrase.

— Maître Courtin, dit-elle en se redressant, toutes vos questions ne vont-elles donc pas bientôt prendre fin ? Je hais les espions, moi, je vous en préviens, qu'ils soient rouges ou blancs. — Mais depuis quand une simple causette entre amis est-elle de l'espionnage, la Picaut ; ouais, vous êtes devenue bien susceptible !

Les yeux de la jeune paysanne suppliaient la veuve d'être plus prudente; mais son impétueuse hôtesse ne savait plus se contenir.

— Entre amis, entre amis, dit-elle ; oh! cherchez vos amis parmi ceux qui vous ressemblent, c'est-à-dire parmi les traîtres et les lâches ; et sachez que la veuve de Pascal Picaut ne sera jamais de ceux-là ; allez, et laissez-nous à notre douleur, que depuis trop longtemps vous troublez. — Oui, oui, dit Courtin avec une bonhomie parfaitement jouée, ma présence vous est odieuse ; j'aurais dû le comprendre plus tôt, et je vous demande excuse de ne l'avoir pas fait. Vous vous obstinez à voir en moi la cause de la mort du pauvre défunt ; ah! cela me fait vraiment deuil, grand deuil, la maîtresse ; car je l'aimais tout plein, et pour beaucoup je ne lui eusse pas causé dommage ; mais, allons, puisque vous le voulez absolument, puisque vous me chassez, je m'en vais ; je m'en vais, ne vous chagrinez point comme cela.

En ce moment la veuve, qui depuis un instant paraissait de plus en plus occupée, indiqua d'un coup d'œil rapide à la jeune paysanne une huche à pain qui se trouvait derrière la porte. Sur cette huche on avait oublié une écritoire qui était restée là tout ouverte : l'écritoire sans doute qui avait servi à donner à Jean Oullier l'ordre qu'il avait apporté le matin même au marquis de Souday. Cette écritoire consistait en une poche de maroquin vert, qui s'enroulait autour d'une espèce de tube en carton, lequel tube contenait tout ce qu'il fallait pour écrire. En allant vers la porte, Courtin ne manquerait pas de voir le portefeuille et les papiers épars qui le recouvraient à moitié. La jeune paysanne comprit le signe, vit le danger, et avant qu'il se fût retourné, leste comme une biche, elle avait passé derrière le maire de la Logerie et s'était assise sur la huche, de façon à masquer complétement le malencontreux portefeuille. Courtin ne parut point prêter la moindre attention à cette manœuvre.

— Allons, allons, adieu, la maîtresse Picaut, dit-il, j'ai perdu dans votre homme un camarade que j'aimais grandement, vous en avez doutance, mais l'avenir vous l'apprendra. Si quelqu'un vous gêne ou vous moleste dans le pays, vous n'avez qu'à me venir trouver, entendez-vous ; on a une écharpe, et vous verrez.

La veuve ne répondit pas ; elle avait dit à Courtin ce qu'elle avait à lui dire, et ne semblait plus prêter la moindre attention au métayer, qui s'acheminait vers la porte ; immobile, les bras croisés, elle regardait le cadavre dont la forme rigide se dessinait sous le drap qui le recouvrait.

— Tiens! vous voilà revenue, la belle enfant? dit Courtin en passant devant la paysanne. — Oui ; j'avais trop chaud là-bas. — Soignez bien votre cousine, ma fille, continua Courtin ; cette mort-là a fait d'elle une bête féroce ; la voilà aussi peu avenante que les Louves de Machecoul, et puis filez, filez, ma fille ; mais vous aurez beau tordre votre fuseau ou faire tourner votre bobine, vous aurez du mal à tirer de votre quenouille un fil aussi fin que celui qui a servi à tisser la chemisette qui est là-bas.

Puis, se décidant enfin à sortir :

— Quel joli lin! quel joli lin! dit Courtin en fermant la porte. — Et vite, vite! cachez tous ces ustensiles, dit la veuve ; il ne sort que pour rentrer.

Prompte comme la pensée, la jeune paysanne avait poussé l'écritoire entre la muraille et la huche ; mais si rapide qu'eût été son mouvement, il était encore trop tard. Le volet qui coupait en deux la porte de la chambre s'était ouvert brusquement, et la tête de Courtin avait paru au-dessus de la partie inférieure.

— Je vous ai fait peur!... Pardon, dit Courtin; mais c'était dans un bon motif. Dites-moi donc à quand les obsèques? — Demain, je crois, répondit celle-ci. — T'en iras-tu, méchant gueux! s'écria la veuve en s'élançant du côté de Courtin, et en levant sur sa tête la pincette massive qui servait à saisir les tisons dans la gigantesque cheminée.

Courtin, épouvanté, se retira. La maîtresse Picaut, comme l'appelait Courtin, ferma le volet avec violence. Le maire de la Logerie détacha son bidet, ramassa une poignée de feuilles et bouchonna la selle, que Joseph avait fait, malicieusement et en raison de la haine qu'il inculquait à ses enfants pour les patauds, souiller par ceux-ci de bouse de vache depuis le pommeau jusqu'au trusquin. Puis, sans se plaindre, sans récriminer, comme si l'accident auquel il venait de porter remède était tout naturel, il enfourcha sa monture de l'air le plus indifférent du monde : il s'arrêta même assez longtemps dans le verger pour examiner, avec la curiosité d'un amateur, si les pommiers avaient convenablement noué ; mais aussitôt qu'il eut gagné la croix de la Berthaudière et mis son cheval dans le chemin de Machecoul, prenant son bâton par le gros bout, il se servit de la lanière de cuir d'un côté, de son unique éperon de l'autre, avec tant de persistance et de peine qu'il parvint à faire prendre à son bidet une allure dont jusque-là personne n'eût pu le supposer susceptible.

— Enfin le voilà parti, dit en le perdant de vue la jeune paysanne, qui, de derrière la fenêtre, avait suivi tous les mouvements du maire de la Logerie. — Oui ; mais peut-être cela n'en vaut-il pas mieux pour cela, Madame. — Comment cela? — Oh! je m'entends. — Croyez-vous qu'il est allé nous dénoncer? — Il passe pour en être capable. Je n'en sais rien personnellement, car je ne me mêle guère aux propos, mais sa méchante mine m'a toujours fait penser qu'on ne le calomniait pas, même parmi les blancs. — En effet, dit la jeune paysanne qui commençait à s'inquiéter, sa physionomie ne me paraît point faite pour inspirer de la confiance. — Ah! Madame, pourquoi donc n'avez-vous pas gardé près de vous Jean Oullier? dit la veuve ; c'était un honnête homme, celui-là, et un sûr. — J'avais des ordres à donner au château de Souday ; puis, il doit nous amener des chevaux ce soir, afin que nous puissions au plus tôt quitter votre maison, où je suis tout à la fois un aliment à votre douleur et un embarras.

La veuve ne répondit rien ; le visage caché entre ses deux mains elle pleurait.

— Pauvre femme! murmura la duchesse, vos larmes tombent goutte à goutte sur mon cœur, et chacune d'elles y laisse un douloureux sillon. Hélas! c'est la conséquence terrible, inévitable, des révolutions ; c'est sur la tête de ceux qui les font que doivent retomber ces larmes et tout ce sang. — Songez, Madame, dit la veuve, songez qu'avant que ce que vous venez tenter soit accompli, bien des pauvres gens, dont le seul crime est de vous aimer, bien des pères, bien des fils, bien des frères seront, comme celui-ci, couchés sur leurs lits funèbres! que bien des mères, bien des veuves, bien des sœurs, bien des orphelins pleureront comme je pleure, celui qui était leur amour et leur appui! — Mon Dieu! mon Dieu! fit la jeune femme en éclatant en sanglots, en tombant à genoux et en levant les deux bras vers le ciel. Si nous nous trompions, s'il fallait vous rendre compte de tous les cœurs que nous allons briser!...

Et sa voix, trempée de larmes, se perdit dans un gémissement.

XXXIX

SUITE DU PRÉCÉDENT.

En ce moment on heurta à une trappe qui communiquait avec le grenier.

— Qu'avez-vous donc? demanda la voix de Bonneville.

Il avait entendu quelques mots de ce que venait de dire la veuve, et s'inquiétait.

— Rien, rien, répliqua la jeune paysanne en serrant la main de la veuve avec une énergie affectueuse, et qui témoignait de l'impression que ses paroles avaient produite sur elle. Puis, donnant un autre accent à sa voix : Et vous? demanda-t-elle en montant, pour converser plus aisément, les premiers degrés d'une échelle qui montait du plancher à la trappe.

La trappe se souleva, et la figure souriante du jeune homme apparut.

— Comment vous trouvez-vous? acheva la paysanne. — Tout prêt à recommencer, si votre service l'exige, répondit-il.

La paysanne lui envoya un remerciement dans un sourire.

— Mais qui donc est venu tout à l'heure? demanda Bonneville. — Un paysan nommé Courtin, que je ne crois pas précisément de nos amis. — Ah! ah! le maire de la Logerie? — C'est cela. — Oui, continua Bonneville, Michel m'en a parlé; c'est un homme dangereux, vous auriez dû le faire suivre. — Par qui? nous n'avons personne. — Mais par le beau-frère de notre hôtesse. — Vous avez vu la répugnance que notre brave Oullier avait contre lui. — Et cependant c'est un blanc, s'écria la veuve, c'est un blanc ce frère qui a laissé égorger son frère.

La paysanne et Bonneville firent tous deux un mouvement d'horreur.

— Alors nous ferons très-bien de ne pas le mêler à nos affaires, dit Bonneville, il y porterait malheur. Mais n'avez-vous personne, ma chère dame, que l'on puisse mettre en sentinelle dans les environs. — Jean Oullier y a pourvu, répondit la veuve, et moi, de mon côté, j'ai envoyé mon neveu sur la lande Saint-Pierre, d'où l'on découvre tous les environs. — C'est un enfant, hasarda la paysanne. — Plus sûr que certains hommes, reprit la veuve. — Du reste, reprit Bonneville, nous n'avons plus bien longtemps à attendre : dans trois heures il fera nuit, dans trois heures nous aurons des chevaux et nos amis seront là. — Trois heures! dit la paysanne, qui depuis les paroles de la veuve semblait en proie à une triste préoccupation ; en trois heures il se peut passer bien des choses, mon pauvre Bonneville. — Qui vient en courant? s'écria la femme Picaut en se précipitant de la fenêtre vers la porte, qu'elle ouvrit. C'est toi, petit? — Oui, tante, oui, répondit l'enfant tout essoufflé. — Qu'y a-t-il donc? — Tante! tante! s'écria l'enfant, les soldats, ils arrivent là-bas; ils ont surpris et tué l'homme qui faisait le guet. — Les soldats, les soldats! dit en entrant dans sa chaumière Joseph Picaut, qui de sa porte avait entendu le cri de son petit garçon. — Qu'allons-nous faire? demanda Bonneville. — Les attendre, dit la jeune paysanne. — Pourquoi ne pas essayer de fuir? — Si c'est l'homme de tout à l'heure qui les amène ou qui les a prévenus, ils doivent avoir cerné la maison. — Qui parle de fuir? demanda la veuve Picaut. N'ai-je

LES LOUVES DE MACHECOUL. — L'ÉGALITÉ DEVANT LES MORTS.

TYP. J. CLAYE.

pas dit que cette maison était sûre, n'ai-je pas juré que tant que vous seriez chez moi il ne m'arriverait point malheur?

Ici la scène se compliqua d'un nouveau personnage; pensant sans doute que c'était pour lui que les soldats venaient, Joseph Picaut, armé de son fusil, parut sur le seuil. La maison de sa sœur, bien connue bleue, lui paraissait sans doute un asile. Mais, en apercevant les deux hôtes de sa belle-sœur, il recula de surprise.

— Ah! vous aviez ici des gentilshommes, dit-il, je ne m'étonne plus si voilà les soldats qui arrivent; vous les avez vendus. — Misérable! répondit sa belle-sœur en saisissant le sabre de son mari accroché à la cheminée et en s'élançant sur Joseph, qui la coucha en joue.

Bonneville se jeta au bas de l'échelle, mais déjà la jeune paysanne s'était jetée entre le frère et la sœur, couvrant la veuve de son corps.

— Abaisse ton arme, cria-t-elle au Vendéen avec un accent qui ne semblait pas sortir de ce corps si frêle et si délicat, tant il était mâle et énergique, abaisse ton arme; au nom du roi, je te l'ordonne. — Mais qui êtes-vous pour me parler ainsi, demanda Joseph Picaut, toujours prêt à se révolter contre toute autorité. — Je suis celle que l'on attendait, je suis celle qui commande.

A ces mots, dits avec une suprême majesté, Joseph Picaut, tout interdit et comme frappé de stupeur, laissa tomber son fusil.

— Maintenant, continua la jeune paysanne, tu vas monter là-haut avec Monsieur. — Et vous? demanda Bonneville avec angoisse. — Moi, je reste ici. — Mais... — Nous n'avons pas le temps de discuter, allez; mais allez donc!

Les deux hommes montèrent et la trappe se referma derrière eux.

— Que faites-vous donc? demanda la paysanne à la veuve Picaut, qu'elle regardait avec surprise déranger le lit sur lequel était couché le cadavre de son mari, et le tirer au milieu de la chambre. — Je vous prépare un asile où personne n'ira vous chercher. — Mais je ne veux pas me cacher, moi; sous ces habits de paysanne, ils ne me reconnaîtront pas; je veux les attendre. — Et moi je ne veux pas que vous les attendiez, dit la femme Picaut avec un accent tellement énergique qu'il domina son interlocutrice; vous avez entendu ce qu'a dit cet homme : si vous étiez découverte chez moi, on penserait que je vous ai vendue, et il ne me plaît pas de courir cette chance qu'on vous découvre. — Vous, mon ennemie! — Oui, votre ennemie; mais qui se coucherait sur ce lit pour mourir près de celui qui y est déjà si elle vous voyait prisonnière.

Il n'y avait pas à répliquer. La veuve de Pascal Picaut souleva le matelas sur lequel le cadavre était étendu, et y cacha d'abord les habits, la chemise et les souliers qui avaient si fort éveillé la curiosité de Courtin; puis entre ce matelas et la paillasse, elle indiqua une place à la jeune paysanne qui s'y glissa sans résistance, tout en se ménageant une ouverture pour qu'elle pût respirer du côté de la ruelle. La maîtresse Picaut achevait à peine d'inspecter du regard tous les coins de la chambre, et de s'assurer que rien n'avait été oublié qui pût compromettre ses hôtes, qu'elle entendit au dehors le cliquetis des armes, et que la silhouette d'un officier se dessina devant les carreaux.

— C'est bien ici? dit l'officier, demandant à un de ses camarades qui marchait derrière lui. — Que voulez-vous? fit la veuve en ouvrant la porte. — Vous avez des étrangers ici; nous voulons les voir, répondit l'officier. — Ah çà! vous ne me reconnaissez donc pas? répondit la Picaut, évitant de répondre directement à la question qui lui était faite. — Si, pardieu! je vous reconnais; vous êtes la femme qui nous avez servi de guide cette nuit. — Eh bien! alors, si cette nuit je vous ai mené à la recherche des ennemis du gouvernement, il n'y pas d'apparence que j'en cache aujourd'hui chez moi. — Dame ! c'est assez logique, capitaine, ce qu'elle dit, fit le second officier. — Bah! est-ce qu'on peut se fier à ces gens-là ; ils sont tous brigands, brigands dès la mamelle, répondit le lieutenant; n'avez-vous pas vu ce petit bonhomme, un mioche de dix ans, qui, malgré nos menaces, est descendu la lande en courant? C'était leur sentinelle, il les a avertis ; par bonheur, comme ils n'ont pas eu le temps de fuir, ils doivent être cachés quelque part. — C'est possible, au fait. — Allons donc ! c'est sûr.

Puis, se tournant vers la veuve :

— Voyons, dit l'officier, il ne vous sera fait aucun mal, mais on va fouiller votre maison. — Faites, répondit-elle avec le plus grand sang-froid en s'appuyant au coin de la cheminée et en prenant là quenouille et le fuseau qu'elle avait laissés sur la chaise et en se mettant à filer.

Le lieutenant fit un signe de la main à cinq ou six soldats qui entrèrent. Il regarda autour de la chambre et alla droit au lit. La veuve devint plus pâle que le lin qui chargeait sa quenouille, ses yeux flamboyèrent, le fuseau s'échappa de ses doigts. L'officier regarda sous le lit, puis dans la ruelle, puis étendit la main comme pour soulever le drap qui recouvrait le cadavre. La veuve n'en put supporter davantage. Elle se leva, bondit vers l'angle de la chambre où était déposé le fusil de son mari, l'arma résolûment, et menaçant l'officier :

— Si vous portez la main sur ce cadavre, dit-elle, aussi vrai que je suis une honnête femme, je vous tue comme un chien.

Le second lieutenant tira son camarade par le bras. La femme Picaut, sans quitter son arme, se rapprocha du lit, et, pour la seconde fois, elle enleva le linceul qui couvrait son corps.

— Et maintenant, voyez, dit-elle, cet homme, qui était mon mari, est mort hier à votre service. — Ah ! notre premier guide, celui du gué de Pontfarcy, fit le lieutenant. — Pauvre femme ! fit son compagnon, laissons-la tranquille; c'est une pitié que de la tourmenter encore dans l'état où elle est. — Cependant, reprit le premier, la déclaration de l'homme que nous avons rencontré était précise et catégorique. — Nous avons eu tort de ne pas le forcer à nous suivre. — Avez-vous d'autres pièces que celle-ci ? — J'ai le grenier au-dessus d'ici et l'étable à côté. — Fouillez le grenier et l'étable, mais auparavant ouvrez les bahuts et visitez le four.

Les soldats se répandirent dans la maison pour exécuter l'ordre du chef.

Du terrible asile dans lequel elle était blottie, la jeune paysanne ne perdait pas un détail de la conversation ; elle entendait le pas des soldats qui gravissaient l'échelle, et frémit plus vivement encore à ce bruit que quand les soldats s'étaient approchés du lit mortuaire qui la recélait, car elle pensait avec terreur que la cachette du Vendéen et de Bonneville était bien loin d'être aussi sûre que la sienne. Aussi, lorsqu'elle entendit redescendre ceux qui avaient été chargés d'explorer le grenier, sans qu'aucun cri, aucun choc, aucune lutte eût indiqué la découverte des deux hommes, son cœur fut soulagé d'un poids énorme.

Le premier lieutenant attendait dans la chambre d'en bas, appuyé à la huche. Le second avait dirigé les recherches de huit ou dix soldats dans l'étable.

— Eh bien ! demanda le premier lieutenant, n'avez-vous rien trouvé ? — Non, répondit un caporal. — Avez-vous remué au moins la paille, le foin et tout le tremblement ? — Nous avons sondé partout avec nos baïonnettes; s'il y avait un homme quelque part, il est impossible qu'il n'en eût pas senti la pointe. — Soit, visitons l'autre maison ; il faut bien qu'il soit quelque part.

Les soldats sortirent de la chambre ; l'officier les suivit. Tandis que les soldats continuaient leur exploration, le lieutenant se tenait appuyé contre la muraille extérieure, et regardait d'un air soupçonneux un petit appentis qu'il se proposait de faire visiter à son tour. En ce moment, un morceau de plâtre, à peine gros comme la moitié du petit doigt, tomba aux pieds du lieutenant. L'officier releva vivement la tête, et il lui sembla avoir vu une main disparaître entre deux chevrons du toit.

— A moi ! s'écria-t-il d'une voix de tonnerre.

Tous les soldats accoururent.

— Vous êtes de jolis... et vous avez bien fait votre métier, leur dit-il. — Que se passe-t-il donc, lieutenant ? demandèrent les soldats. — Il se passe que ces hommes sont là-haut dans le grenier que vous prétendez avoir visité ; qu'on ne laisse pas un fétu de paille sans le retourner ; allons, alerte !

Les soldats rentrèrent chez la veuve. Ils allèrent droit à la trappe, et cherchèrent à la soulever ; mais cette fois elle résista, elle avait été assujettie en dedans.

— A la bonne heure ! voilà que la chose se dessine, cria l'officier en mettant lui-même le pied sur le premier échelon. Allons ! continua-t-il en élevant la voix, sortez de votre tanière, ou nous irons vous y chercher.

On entendit alors un colloque assez vif dans le grenier ; il était évident que les assiégés n'étaient point d'accord sur la marche à suivre.

En effet, voici ce qui s'était passé. Bonneville et son compagnon, au lieu de se cacher dans l'endroit où le foin était le plus épais, et qui devait tout d'abord attirer l'attention des soldats, s'étaient glissés sous une couche qui n'avait pas plus de deux pieds de hauteur, et qui se trouvait tout près de la trappe. Ce qu'ils avaient espéré était arrivé ; les soldats leur marchèrent presque sur le dos, sondèrent les tas de foin les plus élevés, remuèrent les bottes de paille à l'endroit où elles avaient été amoncelées en plus grand nombre ; mais ils négligèrent de regarder sous ce qui, comparativement au reste du grenier, ne leur paraissait pas avoir plus d'épaisseur qu'un tapis. Nous avons vu qu'ils s'étaient retirés sans avoir trouvé ceux qu'ils cherchaient.

De leur cachette, l'oreille collée au plancher qui était mince, Bonneville et le Vendéen entendaient tout ce qui se disait à l'étage inférieur. En entendant l'officier qui donnait l'ordre de visiter sa maison, Joseph Picaut conçut une vive inquiétude : il avait chez lui un dépôt de poudre dont la possession lui était fort désagréable en ce moment. Malgré les représentations de son compagnon, il quitta son asile pour aller observer les soldats, qu'il commença de regarder à travers les interstices que les poutres laissaient entre le toit et la muraille. C'est ainsi qu'il avait fait tomber un atome de maçonnerie sur l'officier ; c'est ainsi qu'il avait attiré l'attention de celui-ci ; c'est ainsi que le lieutenant avait vu disparaître la main sur laquelle Joseph Picaut s'appuyait pour regarder dans la cour. Lorsqu'il entendit retentir la voix de l'officier, lorsqu'il comprit que lui et son compagnon étaient découverts, Bonneville sauta sur la trappe et l'assujettit, tout en reprochant amèrement au Vendéen l'imprudence qui les perdait. C'étaient ces reproches dont on avait entendu le murmure de la chambre de la veuve. Mais enfin, puisqu'ils étaient reconnus, les reproches étaient inutiles ; il fallait prendre un parti.

— Vous avez dû les apercevoir, au moins ? demanda Bonneville à Joseph Picaut. — Oui. — Combien sont-ils ? — Une trentaine à ce qu'il me semble.

— Alors toute résistance serait une folie ; d'ailleurs ils n'ont pas découvert

Madame, et notre arrestation, en les entraînant loin d'ici, complétera l'œuvre de salut que votre brave belle-sœur avait si bien commencé. — Alors, votre avis, à vous? demanda Picaut. — Est de nous rendre. — Nous rendre ! s'écria le Vendéen; jamais ! — Comment, jamais ? — Oui, je comprends que vous y pensiez, vous; vous êtes noble, vous êtes riche, on vous mettra dans une bonne prison où vous aurez toutes vos aises; mais, moi, on me renverra au bagne où j'ai déjà passé quatorze ans; non, non, j'aime mieux un lit de terre que le lit du forçat, la fosse que le cabanon. — Si une lutte ne compromettait que nous, s'écria Bonneville, je vous jure que je partagerais votre sort, et que, comme vous, ils ne m'auraient pas vivant; mais c'est la mère de notre roi que nous avons à sauver, et ce n'est le moment de consulter ni nos goûts ni nos intérêts. — Tuons-en, et le plus possible, au contraire, ce sera autant d'ennemis de moins pour Henri V; jamais je ne me rendrai, je vous le répète, continua le Vendéen en mettant son pied sur la trappe que Bonneville avait fait mine d'ouvrir. — Oh ! dit le comte en fronçant le sourcil, vous allez m'obéir et sans répliquer, n'est-ce pas?

Picaut éclata de rire. Mais, au milieu de sa menaçante gaieté, un coup de poing de Bonneville l'envoya rouler au bout du grenier. Il tomba, et, en tombant, laissa échapper son fusil. Mais, en tombant, il s'était trouvé face à face d'une lucarne fermée par un volet plein. Alors une idée subite avait illuminé son esprit. C'était de laisser le jeune comte se rendre, et de profiter de cette diversion pour fuir. En effet, il parut se rendre à son ordre; tandis que Bonneville dégageait la trappe, d'un coup de doigt il fit sauter le crochet qui fermait la lucarne, ramassa son fusil, et au moment où le comte, ayant ouvert la trappe, descendait les premiers échelons en criant : « Ne tirez pas ! nous nous rendons ! » le Vendéen se pencha, fit feu par l'ouverture sur le groupe de soldats, se retourna, s'élança d'un bond prodigieux de la lucarne dans le jardin, d'où, après avoir essuyé le feu de deux ou trois soldats placés en sentinelle, il s'enfuit vers la forêt. Au coup parti du grenier, un soldat était tombé grièvement blessé; mais en même temps dix fusils s'étaient abaissés sur Bonneville, et, avant que la maîtresse du logis, qui s'élançait pour lui faire un rempart de son corps, fût arrivée au niveau de la trappe, le malheureux jeune homme, frappé de sept ou huit balles, roulait des échelons et venait s'abattre aux pieds de la veuve en s'écriant :

— Vive Henri V !

A ce cri suprême de Bonneville, un autre cri de douleur et de désespoir répondit. Le tumulte qui suivit l'explosion empêcha les soldats de remarquer que ce cri venait précisément du lit où Pascal Picaut reposait, et semblait sortir de la poitrine de ce cadavre, seul majestueusement calme et impassible au milieu de cette terrible scène. Les soldats s'étaient élancés dans le grenier afin de s'emparer du meurtrier, ignorant qu'il s'était échappé par la fenêtre. Le lieutenant, au travers de la fumée, aperçut la veuve qui s'était agenouillée et qui pressait contre sa poitrine la tête de Bonneville qu'elle avait soulevée.

— Est-il mort? demanda-t-il. — Oui, répondit la veuve d'une voix étranglée par l'émotion. — Mais, vous-même, vous êtes blessée ?

Et, en effet, de larges gouttes de sang tombaient vives et pressées du front de la veuve Picaut sur la poitrine de Bonneville.

— Moi ? demanda-t-elle. — Oui, votre sang coule. — Qu'importe mon sang, répondit la veuve, quand il n'en reste plus une goutte dans le corps de celui pour lequel je n'ai pas su mourir comme j'avais juré de le faire?

LE MARQUIS DE SOUDAY.

LES LOUVES DE MACHECOUL. TYP. J. CLAYE.

En ce moment un soldat parut à la trappe.

— Lieutenant, dit-il, l'autre s'est enfui par le grenier; on a tiré dessus et on l'a manqué. — C'est l'autre qu'il nous faut ! cria le lieutenant, prenant naturellement celui qui s'était sauvé pour Petit-Pierre; à moins qu'il ne retrouve un autre guide, nous aurons aisément celui-là; allons, sus à sa poursuite.

Puis, réfléchissant :

— Mais auparavant, bonne femme, continua-t-il, dérangez-vous; vous autres, fouillez le mort.

L'ordre fut exécuté; mais on ne trouva rien dans les poches de Bonneville, par la raison qu'il avait les habits de Pascal Picaut, que la veuve lui avait donnés pour laisser sécher les siens.

— Et maintenant, reprit la femme Picaut, lorsque l'ordre du lieutenant fut accompli, est-il bien à moi ?

Et elle étendit la main vers le corps du jeune homme.

— Oui, faites-en ce que vous voudrez; mais, en même temps, rendez grâce à Dieu qu'il vous ait permis de nous être utile hier soir ; car sans cela je vous eusse envoyée à Nantes, où l'on vous aurait appris ce qu'il en coûte pour donner asile aux rebelles.

En achevant ces mots, le lieutenant rassembla sa troupe, et s'éloigna dans la direction que ses soldats avaient vu prendre au fuyard. Aussitôt qu'ils se furent éloignés, la veuve courut au lit, et, soulevant le matelas, elle en tira la princesse évanouie. Dix minutes après, le corps de Bonneville avait été déposé à côté de celui de Pascal Picaut; et les deux femmes, la prétendue régente et l'humble paysanne, agenouillées toutes deux au pied du lit, priaient ensemble pour ces deux premières victimes de l'insurrection de 1832.

XL

OU JEAN OULLIER DIT CE QU'IL PENSE DU JEUNE BARON MICHEL.

Pendant que les funèbres événements que nous venons de raconter se passaient dans la maison où Jean Oullier avait déposé le pauvre Bonneville et son compagnon, tout était rumeur, mouvement, joie et tumulte dans le château du marquis de Souday. Le marquis ne se sentait pas d'aise; il en était enfin arrivé au moment tant attendu. Il avait choisi pour son costume de guerre le moins fané de ses habits de chasse qu'il avait pu retrouver dans sa garde-robe, et ceint, comme chef de division, d'une écharpe blanche que, depuis longtemps, lui avaient brodée ses filles dans la prévision de ce grand jour, le cœur sanglant sur la poitrine, le chapelet à la boutonnière, c'est-à-dire dans la grande tenue des grands jours, il essayait le fil de son sabre sur tous les meubles qui se trouvaient à sa portée. En outre, de temps en temps il dérouillait sa voix de commandement en apprenant l'exercice à Michel et au notaire, qu'il voulait absolument adjoindre à celui-ci dans le nombre de ses recrues, mais qui, quelle que fût l'exagération de ses opinions carlistes, ne croyait pas devoir les manifester d'une façon extra-légale.

Bertha, à l'exemple de son père, avait revêtu le costume qu'elle devait porter pendant cette expédition; ce costume se composait d'une petite redingote de velours vert, ouverte sur la poitrine, laissant apercevoir un jabot d'une éblouissante blancheur; elle était ornée de passementerie et de brandebourgs de soie noire, et serrée à la taille; ce costume se complétait par de larges chausses de drap gris, qui venaient retomber sur des bottes à la hussarde montant jusqu'au genou. La jeune fille ne portait pas d'écharpe à la ceinture, l'écharpe, chez les Vendéens, étant le signe du commandement, mais elle l'avait attachée à son bras gauche par un ruban rouge. Ces vêtements faisaient ressortir la souplesse et l'élégance de la taille de Bertha, et son chapeau de feutre gris à plumes blanches se prêtait merveilleusement au caractère mâle de sa physionomie. Bertha était charmante ainsi. Aussi, bien qu'en vertu de ses habitudes masculines Bertha ne fût pas coquette, elle n'avait pu s'empêcher, dans la situation d'esprit ou plutôt de cœur où elle se trouvait, de remarquer avec satisfaction la plus-value que ses avantages physiques tiraient de cet équipement, et ayant cru remarquer qu'il avait produit sur Michel une profonde impression, elle était devenue aussi expansivement joyeuse que le marquis de Souday.

La vérité est que Michel, dont l'esprit avait de son côté aussi atteint un degré d'exaltation, n'avait pu voir sans une admiration qu'il ne s'était pas donné la peine de dissimuler la haute mine et la tournure cavalière de Bertha sous ses nouveaux habits; mais cette admiration, hâtons-nous de l'ajouter, venait surtout de ce qu'il songeait à toute la grâce qu'aurait sa bien-aimée Mary lorsqu'elle aurait revêtu un semblable costume, car il ne doutait point que les deux sœurs ne dussent faire la campagne ensemble et porter des vêtements pareils. Aussi ses yeux avaient-ils doucement interrogé Mary, comme pour lui demander si elle n'allait pas, à son tour, se faire belle comme l'était sa sœur; mais Mary était apparue dès le matin de ce jour tellement froide, tellement réservée avec Michel depuis la scène de la tourelle, elle évitait si soigneusement de lui adresser la parole, que la timidité naturelle du jeune homme s'en était accrue et qu'il n'osa rien risquer de plus que ce regard suppliant dont nous venons de dire le but. Ce fut donc Bertha et non Michel qui engagea Mary de se hâter à mettre ses habits de cavalier. Mary ne répondit pas; sa tristesse, sa mélancolique physionomie tranchaient depuis le matin sur l'allégresse générale. Cependant elle obéit à Bertha et monta dans sa chambre. Les vêtements qu'elle devait endosser étaient tout préparés sur une chaise; elle les regarda avec un pâle sourire, mais n'étendit point la main pour les prendre; elle s'assit sur son petit lit de bois d'érable, et de grosses larmes perlèrent à ses cils et tombèrent le long de ses joues. Mary, pieuse et naïve, avait été sincère dans le mouvement qui l'avait amenée à ce rôle de sacrifice et d'abnégation qu'elle s'était imposé par tendresse pour sa sœur, mais elle avait peut-être un peu trop présumé de ses forces en l'adoptant. Dès le début de la lutte qu'elle allait avoir à subir contre elle-même, elle sentait, non point faiblir sa résolution, sa résolution était toujours la même, mais elle mesurait l'impuissance de ses efforts. Depuis le matin elle se disait sans cesse : « Tu ne dois pas, tu ne peux pas l'aimer, » et depuis le matin l'écho de son cœur lui disait : « Tu l'aimes ! » A chaque pas qu'elle faisait en avant sous l'empire de ces sensations, Mary se détachait davantage de tout ce qui avait été son espérance et sa joie jusqu'à ce jour; le bruit, le mouvement, les distractions viriles qui avaient amusé son enfance et sa jeunesse lui devenaient insupportables, les préoccupations politiques elles-mêmes s'effaçaient devant la préoccupation qui dominait toutes les autres; tout ce qui eût pu distraire son cœur de la pensée qu'elle en voulait chasser fuyait ce cœur et s'envolait comme s'envole une nuée d'oiseaux chanteurs lorsque l'épervier s'abat tout à coup au milieu d'eux. A chaque instant elle s'apercevait davantage combien, dans le combat qu'elle aurait à soutenir contre elle-même, elle serait abandonnée, isolée, sans autre appui que celui de sa volonté, sans autre consolation que celle qui semblait devoir s'attacher à son dévouement, et elle pleurait autant de douleur que de crainte, autant de regret que d'appréhension. Par sa souffrance présente, elle mesurait sa souffrance à venir.

Il y avait une demi-heure à peu près qu'elle demeurait ainsi triste, pensive, absorbée en elle-même, roulant, sans pouvoir se retenir, dans les abîmes de sa propre douleur, lorsque, du seuil de la porte qu'elle avait laissée entr'ouverte, elle entendit la voix de Jean Oullier qui lui disait, avec l'accent tout particulier qu'il tenait en réserve pour parler aux deux jeunes filles dont il s'était, nous l'avons vu, constitué pour ainsi dire le second père :

— Mais qu'avez-vous donc, chère mademoiselle Mary?

Mary tressaillit comme si elle sortait d'un songe, et, avec un embarras profond, elle répondit au brave paysan en essayant un sourire :

— Moi! je n'ai rien, mon pauvre Jean, je te le jure.

Mais pendant ce temps Jean Oullier l'avait considérée avec attention. Alors s'approchant d'elle de quelques pas, secouant la tête et la regardant fixement :

— Pourquoi parler ainsi, petite Mary? lui dit-il d'un ton de douce et respectueuse gronderie. Vous doutez donc de mon amitié? — Moi! moi! s'écria Mary. — Dame! il faut bien que vous en doutiez, puisque vous pensez pouvoir la tromper.

Mary lui tendit la main. Jean Oullier prit cette main fine et délicate entre ses grosses mains, et regardant la jeune fille avec tristesse :

— Ah! douce Mary, dit-il comme si elle avait encore dix ans, il n'y a pas de pluie sans nuage, il n'y a pas de larmes sans chagrin. Vous souvient-il de ce jour où, tout enfant, vous pleuriez parce que Bertha avait jeté vos coquillages dans le puits? Eh bien! le lendemain, Jean Oullier avait fait quinze lieues dans sa nuit, mais vos joujoux de mer étaient remplacés, mais vos beaux yeux bleus étaient secs et souriants. — Oui, mon bon Jean Oullier, oui, je me le rappelle, dit Mary qui, dans ce moment surtout, avait besoin d'expansion. — Eh bien! reprit Jean Oullier, j'ai vieilli, mais ma tendresse pour vous n'a fait que grandir; dites-moi donc votre peine, Mary, et s'il y a du remède, je le trouverai, et s'il n'y en a pas, mes vieux yeux racornis pleureront avec les vôtres.

Mary savait combien il lui serait difficile d'abuser la clairvoyante sollicitude du vieux serviteur; elle hésita, elle rougit; mais, sans se décider à dire la cause de ses larmes, elle essaya de les expliquer.

— Je pleure, mon pauvre Jean, répondit-elle, parce que je songe que cette guerre me coûtera peut-être la vie de tous ceux que j'aime.

Hélas! depuis la veille au soir la pauvre Mary avait appris à mentir. Mais Jean Oullier ne se laissa point prendre à cette réponse, et secouant doucement la tête :

— Non, petite Mary, dit-il, ce n'est point cela qui cause vos larmes. Quand des gens d'âge comme M. le marquis et moi nous nous laissons prendre à l'illusion et dans le combat, ne voyant que la victoire, ce ne serait pas un jeune cœur comme le vôtre qui prévoirait les revers.

Mary ne se tint point pour battue.

— Mais cependant, Jean, dit-elle, je t'assure que c'est cela.

Et la jeune fille prit une de ces attitudes câlines dont elle avait, par une

longue pratique, expérimenté la toute-puissance vis-à-vis du bonhomme.
— Non, non, ce n'est point cela, vous dis-je, reprit Jean Oullier, toujours grave et de plus en plus soucieux. — Qu'est-ce donc, alors? demanda Mary. — Alors, fit le vieux garde, vous voulez que ce soit moi qui vous éclaire sur la cause de vos larmes, vous le voulez? — Oui, si tu le peux. — Eh bien! vos larmes, c'est dur à dire, mais je pense, moi, que c'est tout simplement ce méchant petit M. Michel qui les cause.

Mary devint blanche comme les blancs rideaux qui encadraient sa figure. Tout son sang afflua vers son cœur.

— Que veux-tu dire, Jean? balbutia-t-elle. — Je veux dire que, comme moi, vous avez vu ce qui se passe, et que, pas plus que moi, vous n'en êtes satisfaite. Seulement, comme je suis un homme, moi, je rage; et comme vous êtes une jeune fille, vous, vous pleurez.

Mary ne put réprimer un sanglot en sentant le doigt de Jean Oullier s'appesantir sur sa plaie.

— Ce n'est point étonnant, au reste, continua-t-il, comme se parlant à lui-même, tout Louves que vous appellent ces canailles de patauds, vous n'êtes encore qu'une femme, et une femme pétrie du meilleur et du plus doux levain qui soit jamais tombé dans le pétrin du bon Dieu. — Mais que veux-tu dire, Jean? Je ne te comprends pas, je t'assure. — Oh! que si, vous me comprenez fort bien, au contraire, petite Mary. Oui, vous l'avez vu comme je l'ai vu, ce qui arrive; et qui ne le verrait pas, mon Dieu! il faudrait être aveugle, car elle ne s'en cache guère. — Mais de qui veux-tu donc parler, Jean? dis-le-moi; ne vois-tu pas que tu me fais mourir d'angoisses. — Et de qui parlerai-je donc, si ce n'est de mademoiselle Bertha? — De ma sœur? — Oui, de votre sœur, qui parade avec ce blanc-bec, qui va le traîner à sa suite dans notre camp; qui, en attendant, semble l'avoir cousu à sa jupe de peur qu'il ne s'en éloigne, le montre comme une conquête à toute la maison, sans se soucier des commentaires que vont faire là-dessus les gens de service et les amis de M. le marquis, sans compter ce méchant notaire qui est là, qui regarde tout cela avec ses petits yeux, et semble déjà tailler sa plume pour griffonner le contrat de mariage. — Mais, en supposant que cela soit, demanda Mary, dont la pâleur avait fait place à la rougeur la plus vive, et dont le cœur battait à se rompre; en supposant que cela soit, quel mal y vois-tu? — Comment, quel mal, mais tout à l'heure mon sang bouillonnait lorsque je voyais mademoiselle Bertha de Souday... Ah! tenez, ne m'en parlez pas. — Si, si, au contraire, parlons-en, insista Mary. Que faisait Bertha tout à l'heure, mon bon Jean Oullier?

Et du regard la jeune fille aspirait les paroles du vieux garde.

— Eh bien! mademoiselle Bertha de Souday attachait l'écharpe blanche au bras de M. Michel; les couleurs que portait Charrette au bras du fils de celui qui... Ah! tenez, petite Mary, vous me feriez dire plus de choses que je n'en veux dire. Bien lui en prend à mademoiselle Bertha que votre père soit de mauvaise humeur contre moi en ce moment. — Mon père! lui aurais-tu donc parlé?

Mary s'arrêta.

— Sans doute, dit Jean, qui prenait la question pour ce qu'elle semblait être; sans doute que je lui ai parlé. — Quand cela? — Ce matin d'abord, en lui remettant la lettre de Petit-Pierre, ensuite en lui donnant la liste des hommes de sa division qui marcheront avec nous; je sais bien que la liste n'est pas si nombreuse que l'on eût pu s'y attendre, mais enfin, qui fait ce qu'il peut, fait ce qu'il doit. Savez-vous ce qu'il m'a répondu quand je lui ai demandé si le jeune monsieur était décidément des nôtres? le savez-vous? — Non, dit Mary. — Mordieu! a-t-il répondu, tu recrutes si mal que je suis bien forcé de t'adjoindre des aides. Oui, M. Michel sera des nôtres, et si cela ne te satisfait pas, prends-t'en à mademoiselle Bertha, qui l'a enrôlé. — Il t'a dit cela, mon pauvre Jean? — Oui, aussi je vais lui parler, moi, à mademoiselle Bertha! — Jean, mon ami, prends garde. — A quoi? — A faire de la peine à Bertha; Jean, prends garde de la froisser; elle l'aime, vois-tu, dit Mary d'une voix à peine intelligible. — Ah! vous l'avouez donc qu'elle l'aime, s'écria Jean Oullier. — J'y suis bien forcée, dit Mary. — Aimer une petite poupée qu'un souffle renverserait! continua Jean Oullier. Elle, mademoiselle Bertha, songer à échanger son nom, un des plus vieux noms du pays, un des noms qui sont notre gloire à nous autres, comme ils sont la gloire de ceux qui les portent, contre le nom d'un traître et d'un lâche!

Mary sentit son cœur se serrer.

— Jean, dit-elle, mon ami, tu vas trop loin; Jean, ne dis pas cela, je t'en conjure. — Oh! oui, mais cela ne sera pas, continua Jean sans écouter la jeune fille, en se promenant de long en large dans la chambre. Non, cela ne sera pas; si tout le monde est indifférent à votre honneur, c'est à moi d'y veiller, et, s'il le fallait, plutôt que de voir ternir ainsi la gloire de la maison que je sers, eh bien! je le...

Et Jean Oullier fit un geste de menace auquel il n'y avait point à se méprendre.

— Non, Jean; non, tu ne feras pas cela, s'écria Mary avec un accent déchirant; je te le demande à mains jointes!

Et elle tomba presque à ses genoux. Le Vendéen recula presque effrayé.

— Et vous aussi, petite Mary! s'écria-t-il; vous aussi, vous...

Mais la jeune fille ne lui donna point le temps d'achever.

— Songe, Jean, songe, dit-elle, au chagrin que tu ferais à ma pauvre Bertha!

Jean Oullier la regardait avec stupéfaction, mal guéri des soupçons qu'il venait de concevoir, lorsqu'il entendit la voix de Bertha qui ordonnait à Michel de l'attendre dans le jardin, et de ne pas s'éloigner. Presque au même instant la jeune fille ouvrit la porte.

— Eh bien! dit-elle à sa sœur, voilà comme tu es prête?

Puis, regardant Mary avec plus d'attention, et s'apercevant du bouleversement de sa physionomie :

— Qu'as-tu donc? continua-t-elle, on dirait que tu pleures; et toi-même, Jean Oullier, tu nous montres une figure fort maussade. Holà! que se passe-t-il donc ici? — Ce qui se passe, mademoiselle Bertha, je vais vous le dire, répondit le Vendéen. — Non, non, s'écria Mary, non; je t'en supplie, Jean, tais-toi, tais-toi! — Oh! mais vous m'effrayez, vous autres, avec tous vos préambules, et l'air inquisitorial avec lequel Jean me regarde me fait tout l'effet de cacher l'accusation d'un gros crime. Allons, voyons, parle, mon Jean; je me sens tout plein disposée à être indulgente et bonne aujourd'hui. Je suis si joyeuse de voir le plus ardent de mes rêves se réaliser, de partager avec vous le plus beau privilége des hommes, la guerre! — Soyez franche, mademoiselle Bertha, demanda le Vendéen; est-ce bien cela qui vous rend si joyeuse? — Ah! j'y suis! répondit la jeune fille, abordant franchement la question. M. le major général Oullier veut me gronder de ce que j'ai empiété sur ses fonctions,

Puis, se tournant vers sa sœur :
— Je gage, Mary, dit-elle, qu'il s'agit de mon pauvre Michel ? — Justement, Mademoiselle, dit Jean Oullier, sans laisser à la jeune fille le temps de répondre à sa sœur. — Eh bien ! mais, qu'as-tu à dire, Jean ? Mon père est tout heureux d'avoir un soldat de plus, et je ne vois pas là un péché qui mérite d'avoir des sourcils aussi froncés que le sont les tiens, Jean Oullier ! — Que ce soit là l'idée de M. votre père, répondit le vieux garde, c'est possible ; mais nous en avons une autre, nous. — Et peut-on la connaître ? — C'est qu'il faut que chacun reste dans son camp. — Eh bien ? — Eh bien... — Après ? voyons, achevez. — Eh bien ! M. Michel n'est pas à sa place dans le nôtre. — Pourquoi cela ? M. Michel n'est-il pas royaliste ? Il me semble cependant qu'il a, depuis deux jours, donné assez de preuves de son dévouement. — Soit, mais que voulez-vous, demoiselle Bertha, nous avons l'habitude, nous autres paysans, de dire tel : père, tel fils, et par ainsi, nous ne pouvons pas croire au royalisme de M. Michel. — Bon ; il vous forcera bien à le reconnaître ! — C'est possible ; mais en attendant...

Le Vendéen fronça le sourcil.

— En attendant, quoi ? Voyons, achevez, dit Bertha. — Eh bien ! je vous le dis, il sera impossible à de vieux soldats comme moi de marcher coude à coude avec un homme que nous n'estimons pas. — Et qu'avez-vous donc à lui reprocher ? demanda Bertha d'un ton qui commençait à prendre une légère teinte d'amertume. — Tout. — Tout ne signifie rien quand on ne détaille pas. — Eh bien ! son père, sa naissance. — Son père, sa naissance ! toujours la même sottise. Eh bien ! sachez, maître Jean Oullier, dit Bertha fronçant le sourcil à son tour, que c'est en raison même de son père et de sa naissance que je m'intéresse, moi, à ce jeune homme. — Comment cela ? — Oui, mon cœur est indigné des reproches injustes qui, chez nos voisins comme chez nous, ont accablé ce malheureux jeune homme. Je suis fatiguée de lui entendre reprocher une naissance qu'il n'a pas choisie, un père qu'il n'a pas connu, des fautes qu'il n'a pas commises, et qui peut-être même ne l'ont pas été par son père. Tout cela m'indigne, Jean, tout cela me dégoûte, tout cela, enfin, me fait penser que ce serait une action vraiment noble et vraiment généreuse de l'encourager, de l'aider à réparer, s'il y a à réparer dans le passé, et à se montrer si courageux et si dévoué, qu'aucune calomnie n'ose plus s'attaquer à son nom. — N'importe, répondit résolûment Jean Oullier, il aura beaucoup à faire pour que jamais je le respecte, ce nom. — Il faudra cependant bien que vous le respectiez, maître Jean, répondit Bertha d'une voix ferme, lorsque ce nom sera devenu le mien, comme je l'espère. — Oh ! je vous l'entends dire, s'écria Jean Oullier, mais je ne crois pas encore que ce soit votre pensée. — Oh ! demande à Mary, dit Bertha en se retournant vers sa sœur qui, pâle et haletante, écoutait cette discussion comme si sa vie y eût été attachée ; demande à ma sœur, à qui j'ai ouvert mon âme et qui a pu juger de mes angoisses et de mes espérances. Tenez, Jean, tout masque, toute contrainte me répugne, à moi, et avec vous surtout, Jean Oullier, je suis heureuse d'avoir jeté le mien et de parler à cœur ouvert. Eh bien ! je vous le dis hardiment, comme je dis tout ce que je pense, Jean Oullier, je l'aime. — Non, non, je vous en conjure, ne parlez point ainsi, demoiselle Bertha ; je ne suis qu'un pauvre paysan, mais autrefois, il est vrai que c'est quand vous étiez petite, vous m'avez donné le droit de vous appeler mon enfant, et je vous ai aimée et je vous aime toutes deux, comme jamais père n'a aimé ses propres filles ; eh bien ! le vieillard qui a veillé sur votre enfance, qui toute petite vous tenait sur ses genoux, qui chaque soir vous endormait en vous berçant, ce vieillard, dont vous êtes toute la joie ici-bas, se jette à vos genoux pour vous dire : N'aimez pas cet homme, demoiselle Bertha ! — Et pourquoi? demanda celle-ci impatiente. — Parce que, je vous le dis du fond de mon cœur, sur mon âme et sur ma conscience, parce qu'une alliance entre vous et lui est une chose mauvaise, monstrueuse, impossible ! — Ton attachement pour nous te fait tout exagérer, mon pauvre Jean. M. Michel m'aime, je crois ; je l'aime, j'en suis sûre, et s'il accomplit courageusement la tâche de réhabilitation qu'il s'impose, je serai très-heureuse de devenir sa femme. — Eh bien, alors, dit Jean Oullier du ton du plus profond découragement, sur mes vieux jours, il me faudra donc aller chercher d'autres maîtres et un autre gîte. — Pourquoi cela ? — Parce que Jean Oullier, si pauvre et si dénué qu'il soit ou qu'il sera, ne saurait jamais se décider à faire son logis du logis du fils d'un renégat ou d'un traître. — Tais-toi, Jean Oullier, s'écria Bertha, tais-toi ! car moi aussi je pourrais briser ton cœur. — Jean ! mon bon Jean ! murmura Mary. — Non, non, dit Jean Oullier, il faut que vous connaissiez toutes les belles actions qui ont signalé le nom que vous avez si grande hâte d'échanger contre le vôtre. — N'ajoute pas un mot, Jean Oullier ! dit Bertha presque menaçante. Tiens, en ce moment, je puis le te dire, j'ai souvent tâté mon cœur pour savoir qui il préférait de mon père ou de toi ; mais encore une injure... mais encore une injure contre Michel, et tu ne serais plus pour moi... — Qu'un valet, interrompit Jean Oullier; oui, mais un valet resté honnête et qui, toute sa vie, a fait son devoir de valet sans jamais trahir ; ce valet a encore le droit de crier : « Honte au fils de celui qui a vendu Charrette, comme Judas a vendu le Christ, pour une somme d'argent ! ». — Et que m'importe à moi ce qui s'est passé il y a trente-six ans, c'est-à-dire dix-huit ans avant ma naissance? Je connais celui qui vit, non celui qui est mort; le fils, non le père. Je l'aime, entends-tu, Jean, comme tu m'as appris à aimer et à haïr. Si son père a fait cela, ce que je ne veux pas croire, eh bien ! nous mettrons tant de gloire sur le nom de Michel, sur ce nom de traître et de maudit, qu'il faudra bien que l'on s'incline quand passera celui qui portera ce nom ; et tu m'aideras, toi ; oui, oui, tu m'aideras, Jean ; car, je te le répète, je l'aime, et rien, rien que la mort, ne saurait tarir la source de tendresse que j'ai pour lui dans mon cœur.

Mary laissa échapper un gémissement ; mais, si faible que fût la plainte, Jean Oullier l'entendit. Il se retourna du côté de la jeune fille. Comme écrasé entre la plainte de l'une et l'explosion de l'autre, il se laissa tomber sur une chaise et cacha son visage entre ses mains. Le vieux Vendéen pleurait et voulait cacher ses larmes. Bertha comprit tout ce qui se passait dans ce cœur si dévoué. Elle alla à lui, et s'agenouillant devant lui :

— Eh bien ! dit-elle, tu as pu juger de ce qu'était ma tendresse pour le jeune homme, n'est-ce pas ? puisqu'elle a failli me faire oublier mon attachement si vrai et si profond pour toi.

Jean Oullier secoua tristement la tête.

— Je conçois ton antipathie, je comprends tes répugnances, continua Bertha, et j'étais préparée à leur expression ; mais patience, mon vieil ami, patience et résignation ; Dieu seul pourrait ôter de mon cœur ce qu'il y a mis, et ne le voudrait pas, car ce serait me tuer ; donne-nous le temps de te prouver que les préjugés te rendent injuste, et que celui que j'ai choisi est bien digne de moi.

En ce moment on entendit la voix du marquis. Il appelait Jean Oullier avec un accent qui annonçait que quelque chose de nouveau et de grave venait d'arriver. Jean Oullier se leva et fit un pas vers la porte.

— Eh bien ! lui demanda Bertha en l'arrêtant, tu t'en vas sans me répondre ?
— M. le marquis m'appelle, Mademoiselle, répondit le Vendéen d'un ton glacé.
— Mademoiselle ! s'écria Bertha, Mademoiselle ! Ah ! tu ne te rends pas à ma prière. Eh bien ! retiens ceci : c'est que je défends, entends-tu, je défends qu'aucune insulte soit faite à M. Michel ; que je veux que sa vie te soit sacrée ; que, s'il lui arrive quelque chose par ton fait, je l'en vengerai, non pas sur toi, mais sur moi-même, et tu sais, Jean Oullier, que j'ai l'habitude de faire ce que je dis.

Jean Oullier regarda Bertha, et, lui prenant le bras :

— Cela vaudrait peut-être encore mieux, dit-il, que de devenir la femme de cet homme.

Et comme le marquis redoublait ses appels, il s'élança hors de la chambre, laissant Bertha étourdie de sa résistance, et Mary courbée sous la terreur que lui inspirait la violence de l'amour de Bertha.

XLI

OÙ LE JEUNE BARON MICHEL DEVIENT L'AIDE DE CAMP DE BERTHA.

Jean Oullier descendit en toute hâte, plus pressé qu'il était peut-être encore de s'éloigner de la jeune fille que de se rendre aux ordres du marquis. Il trouva ce dernier dans la cour, ayant près de lui un paysan couvert de sueur et de boue. Ce paysan apportait la nouvelle que les soldats avaient envahi la maison de Pascal Picaut. Il les avait vus y entrer, mais ne savait rien de plus ; il était placé dans les genêts du chemin de la Sablonnière, avec mission de courir au château, si les soldats se dirigeaient vers la maison où étaient les deux fugitifs. Il avait rempli sa mission à la lettre.

Le marquis, auquel Jean Oullier avait raconté qu'il avait laissé Petit-Pierre et le comte de Bonneville dans la maison de Pascal Picaut, le marquis était en proie à une vive agitation.

— Jean Oullier ! Jean Oullier ! répétait-il du ton dont Auguste disait : « Varus ! Varus ! » Jean Oullier, pourquoi t'es-tu fié à d'autres qu'à toi-même ? Si un malheur est arrivé, ma pauvre maison aura donc été déshonorée avant que sa ruine soit accomplie.

Jean Oullier ne répondit pas au marquis ; il baissa la tête et resta sombre et muet. Ce silence et cette immobilité exaspérèrent le marquis.

— Allons ! mon cheval, Jean Oullier ! s'écria-t-il ; et si celui qu'hier encore, sans savoir qui il était, j'appelais mon jeune ami est prisonnier, montrons, en mourant pour le délivrer, que nous n'étions pas indignes de sa confiance.

Mais Jean Oullier secoua la tête.

— Comment ! dit le marquis, tu ne veux pas me donner mon cheval ? — Et il a raison, dit Bertha, qui venait d'arriver, et qui avait entendu l'ordre donné par le marquis et le refus de Jean Oullier ; gardons-nous de rien compromettre par une précipitation irréfléchie.

Puis s'adressant au messager :

— As-tu vu, lui demanda-t-elle, les soldats quitter la maison de Picaut, et en emmener des prisonniers? — Non; je les ai vus quasi assommer le gars Mathabe que Jean Oullier avait mis en vedette au coin de la haute lande ; je les ai guettés jusqu'à ce que je les aie vus entrer dans le verger de Picaut, et je suis accouru pour vous prévenir, comme maître Jean Oullier m'en avait donné l'ordre.

— Maintenant, Jean Oullier, reprit Bertha, croyez-vous pouvoir répondre de la femme à laquelle vous les avez confiés ?

Jean Oullier se tourna vers Bertha, et, la regardant d'un œil de reproche :

— Hier, dit-il, j'aurais dit : Je réponds d'elle comme de moi-même ; mais...

— Mais ?... — Mais aujourd'hui, reprit-il avec un soupir, je doute de tout. — Allons ! allons ! reprit le marquis, tout cela c'est temps perdu ; mon cheval, qu'on m'amène mon cheval, et, dans dix minutes, je saurai à quoi m'en tenir.

Bertha arrêta le marquis.

— Ah ! fit celui-ci, est-ce comme cela que l'on m'obéit dans la maison ; que pourrai-je donc attendre des autres si, chez moi, on commence par ne pas exécuter mes ordres ? — Vos ordres sont sacrés, mon père, dit Bertha, et pour vos filles surtout ; mais votre dévouement vous emporte : n'oublions pas que ceux qui causent nos inquiétudes sont, aux yeux de tous, de simples paysans ; or le marquis de Souday, s'enquérant lui-même à cheval de deux paysans, dénonce l'importance qu'il attache à leurs personnes, et les signale sur-le-champ à l'attention de nos ennemis. — Mademoiselle Bertha a raison, dit Jean Oullier ; et c'est moi qui vais m'y rendre. — Pas plus vous que mon père. — Pourquoi cela ? — Parce que vous courez trop gros risque en allant de ce côté. — J'y ai bien été ce matin, et j'ai bien couru ce gros risque pour voir de quel plomb avait été tué mon pauvre Pataud ; je ferai bien la même course pour m'informer de M. de Bonneville et de Petit-Pierre. — Et moi, reprit Bertha, je vous dis, Jean, qu'après tout ce qui est arrivé la nuit dernière, vous ne pouvez vous montrer là où il y a des soldats ; il nous faut, pour une semblable mission, quelqu'un qui ne soit nullement compromis, qui puisse arriver au cœur de la place sans exciter aucun soupçon, se renseigner sur ce qui s'est passé, et même, s'il est possible, sur ce qui se passera. — Quel malheur que cet animal de Loriot se soit entêté à retourner à Machecoul, dit le marquis de Souday ; je l'ai pourtant assez prié de rester : j'avais un pressentiment de tout cela en voulant l'attacher à ma division. — Eh bien ! mais, ne vous reste-t-il pas M. Michel, dit Jean Oullier avec ironie ; vous pouvez l'envoyer à la maison de Picaut, lui ; là, et partout où vous voudrez, y eût-il dix mille hommes autour d'elle, qu'on l'y laissera pénétrer, et nul n'aura doutance qu'il y vienne pour faire votre affaire. — Eh ! mais voilà justement ce qu'il nous faut, dit Bertha qui acceptait le concours que Jean Oullier apportait au but secret de sa proposition, si mauvaise intention qu'y eût mise celui-ci, sans doute ; n'est-ce pas, mon père ? — Palsambleu ! je le crois bien ! s'écria le marquis de Souday ; malgré ses apparences tant soit peu féminines, ce jeune homme nous est décidément fort utile.

Aux premiers mots qui avaient été dits, au reste, Michel s'était approché et attendait respectueusement les ordres du marquis. Lorsqu'il vit que celui-ci acceptait la proposition de Bertha, son visage devint radieux. Bertha rayonnait elle-même.

— Êtes-vous prêt à faire tout ce que le salut de Petit-Pierre exige, monsieur Michel ? demanda la jeune fille à celui-ci. — Je suis prêt à faire tout ce qu'il vous plaira, Mademoiselle, afin de prouver à M. le marquis ma reconnaissance du bienveillant accueil qu'il daigne me faire. — Bien ; alors prenez un cheval, pas le mien, on le reconnaîtrait, et ne faites qu'un temps de galop jusque-là ; entrez sans armes dans la maison, comme si la curiosité seule vous y amenait, et s'il y a danger pour nos amis...

Le marquis chercha ; il n'avait l'initiative ni prompte ni facile.

— S'il y a danger pour nos amis, reprit Bertha, allumez un feu de bruyère sur la grande lande ; pendant ce temps Jean Oullier aura rassemblé ses hommes, et alors, réunis et bien armés, nous volerons au secours de ceux qui nous sont si chers. — Bravo ! dit le marquis de Souday ; j'ai toujours dit, moi, que Bertha était la forte tête de la famille.

Bertha sourit d'orgueil en regardant Michel.

— Et toi, dit-elle à sa sœur qui était descendue à son tour et qui s'était approchée doucement, tandis qu'au contraire Michel s'éloignait pour aller prendre le cheval, et toi, ne vas-tu donc pas songer à t'habiller, enfin ? — Non, répondit Mary. — Comment, non ? — Je compte rester ainsi. — Y penses-tu ? — Sans doute, dit Mary avec un triste sourire ; dans une armée, à côté des soldats blessés, des combattants qui meurent, il faut les sœurs de charité qui les soignent et qui les consolent. Je serai votre sœur de charité.

Bertha regarda Mary avec étonnement. Peut-être allait-elle lui adresser quelques questions à l'endroit du changement de résolution qui s'était fait dans l'esprit de la jeune fille, lorsque Michel, qui avait déjà enfourché le cheval qui lui était destiné, reparut, et s'approchant de Bertha il arrêta la parole sur ses lèvres. Alors s'adressant à celle qui lui avait donné des ordres :

— Vous m'avez bien dit ce que je devais faire, Mademoiselle, dans le cas où il serait arrivé quelque malheur dans la maison de Pascal Picaut ; mais vous ne m'avez pas dit ce que je devais faire si Petit-Pierre était sain et sauf. — En ce cas, dit le marquis, revenir pour nous rassurer. — Non pas, répondit Bertha, qui tenait à ménager le rôle le plus important possible à celui qu'elle aimait ; ces allées et ces venues donneraient des soupçons aux troupes qui doivent rôder dans les environs ; vous resterez chez les Picaut ou dans les mêmes localités, et, à la tombée de la nuit, vous irez nous attendre au chêne de Jailhay ; le connaissez-vous ? — Je le crois bien, dit Michel ; c'est sur le chemin de Souday.

Michel connaissait tous les chênes du chemin de Souday.

— Bien, dit Bertha, nous serons cachés aux environs ; vous ferez le signal : trois fois le cri du chat-huant, une fois le cri de la chouette, et nous vous rejoindrons ; allez donc, cher monsieur Michel.

Michel salua le marquis de Souday et les deux jeunes filles, s'inclina sur le cou de sa monture et partit au galop. C'était, au reste, un excellent cavalier, et Bertha fit remarquer qu'en tournant court à la porte cochère, il avait fait faire à son cheval un très-habile changement de pied.

— C'est incroyable comme il est facile de faire d'un rustre un homme comme il faut, dit le marquis en rentrant au château ; il est vrai qu'il faut que les femmes s'en mêlent ; ce jeune homme est vraiment fort bien ! — Oui, répondit Jean Oullier, les hommes comme il faut, on en fait tant qu'on en veut ; ce sont les hommes de cœur qui ne se font pas si facilement. — Jean Oullier, répliqua Bertha, vous avez déjà oublié ma recommandation ; prenez garde ! — Vous vous trompez, Mademoiselle, répondit Jean Oullier ; c'est parce que je n'oublie rien, au contraire, que vous me voyez tant souffrir ; jusqu'à présent j'avais pris mon aversion pour ce jeune homme pour un remords, mais à partir d'aujourd'hui, je commence à craindre que ce ne soit un pressentiment. — Un remords, vous, Jean Oullier ? — Ah ! vous avez entendu ? — Oui. — Eh bien ! je ne m'en dédis pas. — Qu'avez-vous donc à vous reprocher envers lui ? — Rien envers lui, dit Jean Oullier d'une voix sombre ; mais envers son père. — Envers son père ! dit Bertha, frissonnant malgré elle. — Oui, dit Jean Oullier ; un jour, pour lui, j'ai changé de nom, je ne me suis plus appelé Jean Oullier. — Et comment vous êtes-vous appelé ? — Je me suis appelé Châtiment. — Pour son père ? répéta Bertha.

Puis, se rappelant tout ce qui s'était passé dans le pays à propos du baron Michel :

— Pour son père trouvé mort à une partie de chasse? Ah ! qu'avez-vous dit, malheureux ! — Que le fils pourrait bien venger le père en nous rendant deuil pour deuil. — Et pourquoi cela? — Parce que vous l'aimez follement. — Après ? — Et que je puis vous certifier une chose, moi. — Laquelle ? — C'est que, foi de Jean Oullier, il ne vous aime pas.

Bertha haussa les épaules avec dédain ; mais elle n'en avait pas moins reçu le trait en plein cœur. Elle éprouva presque un sentiment de haine pour le vieux Vendéen.

— Occupez-vous donc à rassembler vos hommes, mon pauvre Jean Oullier, lui dit-elle. — Je vous obéis, Mademoiselle, répondit le chouan.

Et il s'avança vers la porte. Bertha rentra sans jeter un regard sur lui. Mais avant de quitter le château, Jean Oullier appela le paysan qui tantôt était venu apporter la nouvelle.

— Avant les soldats, lui demanda-t-il, avais-tu vu entrer quelqu'un dans la maison des Picaut? — Chez Joseph ou chez Pascal? — Chez Pascal. — Oui, maître Jean Oullier. — Et ce quelqu'un, qui était-ce? — Le maire de la Logerie. — Et tu dis qu'il est entré chez la Pascal ? — J'en suis sûr. — Tu l'as vu ? — Comme je vous vois. — Et de quel côté s'est-il éloigné ? — Par le sentier de Machecoul. — Par lequel sont venus les soldats un instant après, n'est-ce pas ? — Le même, justement ; il n'y a pas eu un quart d'heure entre le départ de l'un et la venue des autres. — Bien ! fit Jean Oullier.

Puis, étendant son poing fermé dans la direction de la Logerie :

— Courtin, Courtin, dit-il, tu tentes Dieu ! Mon chien hier tué par toi, cette trahison aujourd'hui ; c'est trop pour ma patience.

XLII

LES LAPINS DE MAITRE JACQUES.

Au sud de Machecoul, formant triangle autour du bourg de Legé, s'étendent trois forêts. On les nomme les forêts de Touvain, de la Grande-Lande et de la Roche-Servière. L'importance territoriale de ces forêts est médiocre en les prenant séparément chacune ; mais, placées à trois kilomètres les unes des autres, elles se relient entre elles par des haies, par des champs de genêts et d'ajoncs, plus nombreux de ce côté qu'en aucune autre partie de la Vendée, et forment ainsi une agglomération forestière très-considérable. Il en résulte que, par suite de ces dispositions topographiques, elles sont devenues de véritables foyers de révolte où, dans les temps de guerres civiles, l'insurrection se concentre avant de s'élancer dans les pays circonvoisins. Le bourg de Legé, outre qu'il était la patrie du fameux médecin Joly, demeura presque constamment le quartier général de Charette. C'est là, au milieu de la ceinture de bois qui entoure cette bourgade, qu'il venait se réfugier après une défaite, reformer ses bandes décimées, et se préparer à de nouveaux combats. En 1832, et bien que la route de Nantes aux Sables-d'Olonne, qui traverse Legé, en eût modifié la situation stratégique, ses environs, accidentés et boisés, n'en étaient pas moins restés un des centres les plus ardents du mouvement qui se préparait. Les trois forêts des environs cachaient, dans les impénétrables taillis de houx entrelacés et de fougères qui poussent à l'ombre de leurs futaies, des bandes de réfractaires qui grossissaient tous les jours, et qui devaient servir de noyau aux divisions insurrectionnelles du pays de Retz et de la Plaine. Les fouilles que l'autorité avait fait faire, les battues qu'elle avait fait pratiquer dans ces bois, n'avaient amené aucun résultat. La rumeur publique prétendait que les insoumis avaient su s'y pratiquer des demeures souterraines dans le genre de celles que les premiers chouans s'étaient creusées dans les forêts de Gralla, et du fond desquelles ils avaient si souvent bravé toutes les recherches dirigées contre eux. Cette fois la rumeur publique ne se trompait pas.

Vers la fin de la journée où nous avons laissé Michel, sortant du château de Souday, s'élancer sur le cheval du marquis vers la maison des Picaut, celui qui se fût trouvé caché derrière un des hêtres qui entouraient la clairière de Folleron, dans la forêt de Touvain, eût assisté à un curieux spectacle. A l'heure où le soleil, en s'abaissant à l'horizon, fait place à une espèce de crépuscule; à l'heure où le taillis est déjà dans l'ombre, qui semble monter de la terre, et où un dernier rayon teint de ses feux mourants la cime des grands arbres, il eût vu venir de loin un personnage qu'avec un peu de bonne volonté il eût pu prendre pour un être fantastique, et qui, tout en venant à petits pas, regardait avec précaution tout autour de lui : chose qui lui était d'autant plus facile, qu'au premier abord il lui semblait avoir deux têtes pour veiller doublement à sa sûreté. Ce personnage, vêtu de haillons sordides, d'une veste et de semblants de culotte dont le drap primitif avait complètement disparu sous les mille pièces de toutes couleurs par lesquelles on avait cherché à remédier à sa vétusté, paraissait, comme nous l'avons dit, appartenir à un de ces monstres bicéphales qui occupent une place distinguée dans les rares exceptions que la nature se plaît à créer dans ses heures de folle fantaisie. Ces deux têtes étaient fort distinctes l'une de l'autre, et, quoique soudées au même tronc, étaient loin d'avoir un air de famille.

A côté d'une large face d'un rouge de brique, couturée par la petite vérole, presque entièrement couverte par une barbe inculte, apparaissait une seconde figure moins repoussante, pleine d'astuce et de malice dans sa laideur, tandis que la première n'exprimait que l'idiotisme, pouvant monter parfois jusqu'à la férocité. Au reste, ces deux physionomies si distinctes appartenaient à deux de nos anciennes connaissances que nous avons entrevues à la foire de Montaigu, et que nous retrouvons ici :

A Alain Courtejoie, le cabaretier de Montaigu, et, qu'on nous pardonne le nom peut-être un peu trop expressif, mais que nous ne nous croyons pas le droit de changer, à Trigaud la Vermine, le mendiant à la force herculéenne, qui, on se le rappelle peut-être, a joué son rôle dans l'émeute de Montaigu en soulevant de terre le cheval du général et en jetant celui-ci à terre. Par un calcul assez sage, et dont nous avons déjà dit un mot, Alain Courtejoie avait recomplété son individu à l'aide de cette espèce de bête de somme qu'il avait

ALAIN COURTEJOIE ET TRIGAUD LA VERMINE.

LES LOUVES DE MACHECOUL.

TYP. J. CLAYE.

par bonheur rencontrée sur son chemin ; en échange des deux jambes qu'il avait laissées sur la route d'Ancenis, le cul-de-jatte avait retrouvé des membres d'acier qui ne reculaient devant aucune fatigue, qui ne s'épouvantaient d'aucune tâche, qui le servaient comme jamais ses membres personnels ne l'avaient servi, qui exécutaient, enfin, ses volontés avec une obéissance passive, et qui en étaient arrivés, après quelque temps de cette association, à obéir à la pensée d'Alain Courtejoie, pour peu qu'elle se traduisît par un simple mot, un simple signe et même une simple pression de la main sur l'épaule, ou du genou sur les flancs. Ce qui était surtout le plus étrange, c'est que le moins satisfait de la communauté ce n'était pas Trigaud la Vermine ; tout au contraire, son épaisse intelligence devinait qu'Alain Courtejoie dirigeait ses forces dans le sens qui avait toutes ses sympathies ; quelques mots de *blancs* et de *bleus*, qui tombaient dans ses larges oreilles toujours dressées, toujours ouvertes, lui prouvaient qu'il soutenait, en servant de locomotive à l'hôtellier, une cause qui était le seul objet du culte qui eût survécu à l'affaissement de son cerveau ; il en était glorieux. Sa confiance dans Alain Courtejoie était sans bornes ; il était fier d'être lié corps et âme à un esprit dont il reconnaissait la supériorité, et s'était attaché à celui que l'on pouvait appeler son maître avec l'abnégation qui caractérise tous les attachements où l'instinct domine.

Trigaud portait Alain tantôt sur son dos, tantôt sur ses épaules, avec la tendresse qu'une mère eût eue pour son enfant ; il lui prodiguait des soins, il avait pour lui des attentions qui semblaient démentir l'état d'idiotisme dans lequel était le pauvre diable, qui jamais ne regardait à ses propres pieds s'il n'allait pas les meurtrir à quelque caillou tranchant ; mais qui, en marchant, écartait avec soin les branches qui eussent pu froisser le corps ou fouetter le visage de celui qu'il gardait. Lorsqu'ils arrivèrent au tiers à peu près de la clairière, Alain Courtejoie toucha du doigt l'épaule de Trigaud, et le géant s'arrêta court. Alors, sans avoir besoin de parler, il lui indiqua du doigt une grosse pierre placée au pied d'un énorme hêtre, à l'angle de droite de la clairière. Le géant se dirigea vers le hêtre, ramassa la pierre, et attendit le commandement.

— Et maintenant, dit Alain Courtejoie, frappe trois coups.

Trigaud fit ce qu'on lui disait de faire, en frappant trois coups et en les espaçant de façon à ce que le premier et le second suivissent rapidement, et que le troisième ne retentît qu'après un certain intervalle. A ce signal, qui avait résonné sourdement sur le tronc de l'arbre, une petite plaque de gazon et de mousse se souleva, et une tête sortit de dessous terre.

— Ah ! c'est vous, maître Jacques, qui faites aujourd'hui le guet à la gueule du terrier ? demanda Alain visiblement satisfait de trouver là une connaissance tout à fait intime. — Dame ! mon gars Courtejoie, c'est que c'est l'heure de l'affût, vois-tu, et je veux toujours m'assurer par moi-même si les environs sont nets de chasseurs avant de laisser sortir mes lapins. — Et vous faites bien, maître Jacques, vous faites bien, répliqua Alain Courtejoie ; aujourd'hui surtout, car il n'y a pas mal de fusils dans la plaine. — Eh bien ! conte-moi donc ça. — Volontiers. — Entres-tu ? — Ah ! nenni, Jacques, nous avons déjà bien assez chaud comme cela, mon garçon ; n'est-ce pas vrai, Trigaud ?

Le géant poussa un grognement qui, avec beaucoup de bonne volonté, pouvait se traduire par une affirmation.

— Tiens ! il parle donc, maintenant, dit maître Jacques ; autrefois on disait qu'il était muet. Sais-tu que tu es singulièrement chanceux, gars Trigaud, que notre Alain t'ait pris comme cela en amitié; à présent te voilà presque un homme; sans compter que tu as la pâtée assurée, ce que tous les chiens ne peuvent pas dire, même ceux du château de Souday.

Le mendiant ouvrit sa large bouche et commença un ricanement qu'il n'acheva point; un geste d'Alain ayant refoulé dans les cavités du larynx cet élan d'hilarité que les larges poumons du géant rendaient dangereux.

— Plus bas, donc, plus bas, Trigaud, lui dit-il rudement. Puis, à maître Jacques : Il se croit toujours sur la grande place de Montaigu, le pauvre innocent.

— Eh bien ! voyons, alors, puisque vous ne voulez pas entrer, je vais faire sortir les gars; vous avez raison, au reste, Courtejoie, il fait rudement chaud là-dedans; il y en a plusieurs qui sont cuits; mais vous savez, ces gaillards-là, ça se plaint toujours. — Ce n'est pas comme Trigaud, répliqua Alain en assénant, par manière de caresse, un grand coup de poing sur la tête de l'éléphant qui lui servait de monture, il ne se plaint jamais, lui.

Trigaud fit, avec son gros rire, un signe de la tête plein de reconnaissance pour le signe d'amitié dont l'honorait Courtejoie.

Maître Jacques, que nous venons de présenter à nos lecteurs, mais avec lequel il nous reste à leur faire faire connaissance, était un homme de cinquante à cinquante-cinq ans, qui avait tous les dehors d'un honnête métayer du pays de Retz. Si ses cheveux étaient longs et flottants sur ses épaules, sa barbe, en revanche, était faite de près et rasée avec le plus grand soin; il portait une veste de drap fort propre, d'une forme presque moderne, si on la comparait à celles qui sont encore de mise en Vendée ; un gilet également de drap à larges raies alternativement blanches et chamois; une culotte de toile bise et des guêtres de cotonnade bleue, étaient la seule partie de son costume qui le rapprochât de celui de ses compatriotes. Une paire de pistolets, dont les crosses reluisantes soulevaient cette veste, était le seul ornement militaire qu'il portât en ce moment. Avec sa physionomie placide et bonasse, maître Jacques était tout simplement le chef d'une des bandes les plus audacieuses du pays, et le chouan le plus déterminé qu'il y eût à dix lieues à la ronde, où il jouissait d'une formidable réputation. Maître Jacques n'avait jamais sérieusement posé les armes pendant quinze années. Avec deux ou trois hommes, plus souvent encore seul et isolé, il avait tenu tête à des brigades entières détachées à sa poursuite; son courage et son bonheur avaient quelque chose de surnaturel qui avait fait naître, parmi la population superstitieuse du Bocage, cette idée qu'il était invulnérable, et que les balles des bleus ne pouvaient rien contre lui ; aussi, après la révolution de juillet, dès les premiers jours d'août 1830, lorsque maître Jacques annonça qu'il fallait se remettre en campagne, tous les réfractaires des environs étaient-ils venus se grouper autour de lui, et n'avaient-ils point tardé à lui former une troupe respectable avec laquelle il avait déjà commencé la seconde série de ses exploits de partisan.

Après avoir demandé quelques instants à Alain Courtejoie, maître Jacques qui, pour converser avec le nouveau venu, avait sorti la tête d'abord, puis la ceinture, de la trappe, se pencha dans l'ouverture et fit entendre un petit sifflement bizarrement modulé. A ce signal, on entendit sortir des entrailles de la terre un bourdonnement qui ressemblait assez à celui qui sort d'une ruche d'abeilles ; puis, à quelques pas de là, entre deux buissons, une large claie recouverte, comme la petite trappe, de gazon, de mousse et de feuilles mortes, dont l'aspect était parfaitement semblable à celui du terrain environnant, se leva verticalement, soutenue qu'elle était par quatre pieux à ses quatre angles.

En se levant, elle découvrit l'orifice d'une espèce de silo, très-large et très-profond, et de ce silo une vingtaine d'hommes sortirent tour à tour. Les costumes de ces hommes n'avaient aucunement l'élégance pittoresque qui caractérise les brigands qui sortent des cavernes en carton de l'Opéra-Comique, il s'en fallait de beaucoup; quesques-uns d'entre eux avaient des uniformes qui ressemblaient, à s'y méprendre, à celui que nous avons vu à Trigaud la Vermine; d'autres, et c'étaient les plus élégants, portaient des vestes de drap, mais la plupart étaient vêtus de toile. La même variété, au reste, se faisait remarquer dans l'armement. Trois à quatre fusils de munition, une demi-douzaine de fusils de chasse, autant de pistolets, formaient la série des armes à feu; mais celle de l'arme blanche était bien loin d'être aussi respectable, car elle ne consistait guère que dans le sabre qui appartenait à maître Jacques, dans deux piques datant de la première guerre, et dans huit ou dix fourches soigneusement aiguisées par leurs propriétaires.

Lorsque tous ces braves eurent émergé dans la clairière, maître Jacques se dirigea vers le tronc d'un arbre abattu sur lequel il s'assit, et Trigaud déposa Alain Courtejoie à côté de lui, puis s'éloigna à quelques pas, de façon à rester cependant à portée du geste de son associé.

— Oui, mon Courtejoie, dit maître Jacques, les loups sont en chasse; mais ça me fait plaisir tout de même de voir que tu t'es dérangé pour m'avertir.

Puis tout à coup :

— Ah çà ! mais, au fait, lui demanda-t-il, comment es-tu là ? Tu as été pincé en même temps que Jean Oullier; Jean Oullier s'est sauvé en passant le gué de Pontfarcy: qu'il se soit sauvé, lui, il n'y a rien qui m'étonne; mais toi, mon pauvre sans pattes, comment t'y es-tu donc pris? — Et les pattes de Trigaud, répondit en riant Courtejoie, pour quoi les comptes-tu? J'ai un peu piqué le gendarme qui me tenait; il paraît que ça lui a fait mal puisqu'il m'a lâché, et la poigne de mon compère Trigaud a fait le reste. Mais qui vous a donc raconté cela, maître Jacques?

Maître Jacques haussa les épaules d'un air insouciant. Puis, sans répondre à la question qui lui paraissait sans doute oiseuse :

— Ah çà ! dit-il, est-ce que tu viendrais m'avertir par hasard que le jour est changé ? — Non, cela tient toujours pour le 24. — Tant mieux ! répliqua maître Jacques, car en vérité ils me font perdre patience avec leurs remises et leurs lésineries. Est-ce qu'il faut tant de façons, bon Jésus ! pour prendre son fusil, dire au revoir à sa femme, et sortir de chez soi? — Patience, vous n'avez plus longtemps à attendre, maître Jacques. — Quatre jours ! fit celui-ci avec impatience. — Eh bien ? — Eh bien, je trouve que c'est trop de trois. Je n'ai pas la chance de Jean Oullier, moi, qui, la nuit dernière, a pu les abîmer un peu au Saut-de-Baugé. — Oui, le gars me l'a dit. — Malheureusement, répliqua maître Jacques, ils ont cruellement pris leur revanche. — Comment cela? — Tu ne sais donc pas? — Non; je viens de Montaigu en droite ligne. — En effet, tu ne peux rien savoir. — Eh bien ! qu'est-il arrivé ? — Qu'ils ont tué, dans la maison de Pascal Picaut, un brave jeune homme que j'estimais, moi qui n'estime guère ses pareils. — Lequel ? — Le comte de Bonneville. — Bon ! et quand cela? — Dame ! aujourd'hui même, vers les deux heures de l'après-midi. — Comment diable ! de ton terrier, as-tu pu savoir cela, mon Jacques ? — Est-ce que je ne sais pas tout ce qui peut m'être utile, moi ? — Alors, je ne sais pas si c'est la peine de vous dire ce qui m'amène, moi. — Pourquoi donc? — Parce que vous le savez probablement déjà. — C'est probable. — Je voudrais en être sûr. — Bon! — Par ma foi, oui, cela m'épargnerait une commission désagréable, et dont je ne me suis chargé qu'en rechignant. — Ah! tu viens de la part de *ces messieurs?* Alors...

Et maître Jacques prononça ces deux mots que nous avons soulignés d'un ton qui flottait entre le mépris et la menace.

— Oui, d'abord, répondit Alain Courtejoie; et puis ensuite Jean Oullier, que j'ai rencontré, m'a donné aussi un message pour vous. — Jean Oullier! Ah! venant de la part de celui-ci, tu es le bienvenu. C'est un gars que j'aime, Jean Oullier; il a fait, dans sa vie, une chose qui lui a donné en moi un ami. — Laquelle? — C'est son secret, ça n'est pas le mien. Mais, voyons d'abord ce que me veulent les gens des grandes maisons? — C'est ton chef de division qui m'envoie à toi. — Le marquis de Souday? — Justement. — Eh bien! que me veut-il? — Il se plaint que tu attires, par tes sorties trop fréquentes, l'attention des soldats du gouvernement; que, par tes exactions, tu irrites les populations des villes, et que tu paralyses ainsi par avance le mouvement commun en le rendant plus difficile. — Bon! Pourquoi ne l'ont-ils pas fait plus tôt, leur mouvement? Il y a, Dieu merci! assez de temps que nous l'attendons; moi, pour mon compte, je l'attends depuis le 30 juillet. — Et puis... — Comment! ce n'est pas tout? — Non; il t'ordonne... — Il m'ordonne?... — Écoute, tu obéiras ou tu n'obéiras pas; mais il t'ordonne... — Écoute bien ceci, Courtejoie : quelque chose qu'il m'ordonne, je fais d'avance un serment. — Lequel? — C'est de lui désobéir. Maintenant parle, je t'écoute. — Eh bien! il t'ordonne de te tenir tranquille dans ton cantonnement jusqu'au 24, et surtout de n'arrêter ni diligences ni voyageurs sur la route, comme tu l'as fait ces jours passés. — Eh bien! je jure, moi, répondit maître Jacques, que le premier qui, ce soir, ira de Legé à Saint-Étienne ou de Saint-Étienne à Legé, me passera par les mains. Quant à toi, tu resteras ici, gars Courtejoie, et, pour réponse, tu iras lui raconter demain ce que tu auras vu. — Ah! fit Alain, non. — Quoi, non? — Vous ne ferez pas cela, maître Jacques. — Si fait, je le ferai. — Jacques! Jacques! insista le cabaretier, tu comprendras que c'est gravement compromettre notre cause. — C'est possible; mais je lui prouverai, à ce vieux reître que je n'ai pas nommé, que j'entends que moi et mes hommes resterons parfaitement en dehors de sa division, et que jamais ici ses ordres ne seront exécutés. Et maintenant que tu en as fini avec les ordres du marquis de Souday, passe à la commission de Jean Oullier. — Soit. Comme j'arrivais à la hauteur du pont de Servière, je l'ai rencontré; il m'a demandé où j'allais, et quand il a su que c'était ici : « Parbleu! a-t-il dit, cela ferait joliment notre affaire. Demandez donc à maître Jacques s'il voudrait déménager pour quelques jours et laisser son terrier à la disposition de quelqu'un. — Ah! ah! Et te l'a-t-il nommé, ce quelqu'un, mon Courtejoie? — Non. — Eh bien! quel qu'il soit, s'il vient au nom de Jean Oullier, il sera le bienvenu; d'ailleurs ce n'est pas lui qui me dérangerait si cela n'en valait pas la peine. Ce n'est pas comme ce tas de fainéants de messieurs, qui font le bruit et qui nous laissent faire la besogne. — Il y en a des bons, il y en a des mauvais, dit philosophiquement Courtejoie. — Et quand viendrait celui qu'il veut cacher? demanda maître Jacques. — Cette nuit. — A quoi le reconnaîtrai-je? — Jean Oullier l'amènerait lui même. — Bon! Et c'est tout ce qu'il demande? — Non pas; il voudrait que vous éloignassiez soigneusement cette nuit de la forêt toute personne suspecte, et que vous fissiez visiter scrupuleusement tous les environs, et principalement le sentier de Grandlieu. — Tu vois, le divisionnaire « m'ordonne » de n'arrêter personne, et Jean Oullier me demande que le chemin soit libre de culottes rouges et de patauds; voilà une raison de plus pour que je tienne la parole que je te donnais tout à l'heure. Et comment Jean Oullier saura-t-il que je l'attends? — S'il peut venir, s'il n'y a pas de troupes en Touvain, je dois en avertir Jean Oullier. — Comment? — Par une branche de houx chargée de quinze feuilles, qui se trouvera à moitié chemin de Machecoul, au carrefour de la Benate, la pointe tournée du côté de Touvain, sur le milieu de la route. — T'a-t-on donné un mot de reconnaissance? Jean Oullier ne doit pas avoir oublié cela. — Oui; l'on dira : « Vaincre ! » et l'on répondra : « Vendée ! » — Bien, dit maître Jacques en se levant et en se dirigeant vers le centre de la clairière.

Arrivé là, il appela quatre de ses hommes, leur dit quelques mots tout bas, et les quatre hommes, sans répondre, s'éloignèrent dans quatre directions différentes.

Au bout de quelques instants, pendant lesquels maître Jacques avait fait monter une cruche qui paraissait contenir de l'eau-de-vie, et en avait offert à à son compagnon, on vit reparaître quatre individus des quatre côtés où les premiers s'étaient éloignés. C'étaient les sentinelles qui venaient d'être relevées par leurs camarades.

— Y a-t-il du neuf? leur demanda maître Jacques. — Non, répondirent trois de ces hommes. — Bien. Et toi, tu ne dis rien ? demanda-t-il au quatrième; c'est pourtant toi qui avais le bon poste. — La diligence de Nantes était escortée de quatre gendarmes. — Ah ! ah ! tu as le flair bon, toi, tu sens les espèces; et quand on pense qu'il y a des gens qui voudraient nous brouiller avec elles ! Mais soyez tranquilles, les amis, on est là. — Eh bien ? demanda Courtejoie. — Eh bien ! pas une culotte rouge dans les environs; dis à Jean Oullier qu'il peut amener son monde. — Bon ! fit Courtejoie, qui, pendant l'interrogatoire des vedettes, avait préparé une branche de houx dans la forme convenue avec Jean Oullier. Bon! je vais envoyer Trigaud.

Puis, se retournant du côté du géant :

— Arrive ici, la Vermine ! dit-il.

Maître Jacques l'arrêta.

— Ah çà ! mais, es-tu fou de te séparer de tes jambes ? lui dit-il; si tu allais avoir besoin de lui ? Allons donc ! est-ce que nous n'avons pas ici une quarantaine d'hommes qui ne demandent qu'à se déterrer ? Attends, et tu vas voir. Hé! Joseph Picaut! cria maître Jacques.

A cet appel, notre vieille connaissance, qui dormait sur l'herbe d'un sommeil dont il semblait avoir grand besoin, se dressa tout à coup sur son séant.

— Joseph Picaut ! répéta maître Jacques avec impatience.

Celui-ci se décida, se leva en grommelant, et arriva devant maître Jacques.

— Voilà une branche de houx, lui dit-il; tu n'en détacheras pas une feuille, et tu iras tout de suite la porter sur le chemin de Machecoul, au carrefour de la Benate, en face du calvaire, la pointe tournée du côté de Touvain.

Et maître Jacques se signa en prononçant le mot calvaire.

— Mais... fit Picaut en rechignant. — Comment, mais?.. — C'est que quatre heures d'une course comme je viens d'en faire une ont brisé mes jambes. — Joseph Picaut, répondit maître Jacques dont la voix devint stridente et cuivrée comme le son d'une trompette, tu as quitté ta paroisse pour t'enrôler dans ma bande; tu es venu, je ne t'ai point cherché ; maintenant, rappelle-toi bien une chose, c'est qu'à la première observation, je frappe, et qu'au premier murmure, je tue.

En disant ces mots, maître Jacques avait pris sous sa veste un de ses pistolets, l'avait empoigné par le canon, et avait asséné un vigoureux coup de son pommeau sur la tête du paysan. La commotion fut si violente que Joseph Picaut, tout étourdi, tomba sur un genou. Selon toute probabilité, sans son chapeau, dont le feutre était fort épais, il eût eu le crâne fendu.

— Et maintenant, va, dit maître Jacques en regardant, avec le plus grand calme, si la secousse n'avait pas fait tomber la poudre du bassinet.

Joseph Picaut, sans répondre une parole, s'était relevé, avait secoué la tête et s'était éloigné. Courtejoie le suivit des yeux jusqu'à ce qu'il eût disparu.

— Vous avez donc ça dans votre bande? demanda-t-il à maître Jacques. — Oui; ne m'en parle pas ! — Depuis longtemps ? — Depuis quelques heures. — Mauvaise acquisition que vous avez faite là. — Je ne dis pas cela tout à fait; le gars est brave comme était feu son père, que j'ai connu; seulement il a besoin de prendre un peu les allures de mes lapins et de se faire au terrier. Ça viendra, ça viendra. — Oh ! je n'en doute pas. Vous avez un fier talent pour les éduquer. — Dame ! ce n'est pas d'hier que je m'en mêle; mais, continua maître Jacques, c'est l'heure de ma ronde, et il faut que je te quitte, mon pauvre Courtejoie. Ainsi donc, c'est bien convenu; les amis de Jean Oullier sont chez eux ici. Quant au divisionnaire, il aura ma réponse ce soir. C'est bien tout ce que le gars Oullier t'a dit ? — Oui. — Fouille dans ta mémoire. — C'est tout. — N'en parlons plus alors. Si le terrier lui convient, on le lui cédera, à lui et à ses gens. Je ne suis pas embarrassé de mes gars; ces lapins-là c'est comme les souris, ça a plus d'un trou. A tout à l'heure donc, gars Alain, et, en attendant, mangez la soupe. Tiens ! je les vois là-bas qui s'apprêtent à fricoter.

Maître Jacques descendit dans ce qu'il appelait son terrier ; puis il en remonta l'instant d'après avec une carabine dont il visita l'amorce avec le plus grand soin, et il disparut entre les arbres.

Cependant la clairière s'était animée et présentait en ce moment un coup d'œil des plus pittoresques. Un grand feu avait été allumé dans le silo, et sa réverbération, passant à travers la trappe, éclairait les buissons des lueurs les plus fantastiques et les plus bizarres. A ce feu cuisait le souper des réfractaires disséminés dans la clairière; les uns agenouillés, disant leur chapelet, les autres assis et chantant à demi voix ces chansons nationales dont les mélodies plaintives et traînantes allaient parfaitement au caractère du paysage. Deux Bretons, couchés sur le ventre à côté même de l'orifice du silo, et éclairés par sa réverbération, se disputaient, au moyen de deux osselets, dont chaque face était teinte d'une couleur différente, la possession de quelques pièces de monnaie, tandis qu'un gars, qu'à son teint pâle et jauni par la fièvre on reconnaissait pour un habitant du Marais, s'évertuait, sans un grand succès, à enlever l'épais enduit de rouille qui couvrait le canon et la batterie d'une vieille carabine.

Alain, habitué à ces sortes de scènes, n'y prenait point garde; Trigaud lui avait fait une espèce de lit avec des feuilles ; il s'était assis sur ce matelas improvisé, et il y fumait sa pipe aussi tranquillement que s'il eût été dans son cabaret de Montaigu. Tout à coup il lui sembla entendre dans l'éloignement un cri d'alarme, le cri du chat-huant, mais modulé d'une façon sinistre et prolongée, qui indiquait un danger. Courtejoie siffla doucement pour avertir les réfractaires de faire silence; puis, presque au même instant, un coup de feu retentit à un millier de pas environ. En un clin d'œil, les seaux d'eau, tenus tout exprès en réserve pour cet usage, avaient été jetés sur le feu, la claie avait été abaissée, la trappe s'était fermée, et les lapins de maître Jacques, y compris Alain Courtejoie, que son compère avait repris sur ses épaules, s'étaient éloignés dans toutes les directions, attendant pour agir le signal de leur chef.

XLIII

LE DANGER QU'IL PEUT Y AVOIR A SE TROUVER DANS LES BOIS EN MAUVAISE COMPAGNIE.

Il était près de sept heures du soir lorsque Petit-Pierre quitta, accompagné du brave Michel, devenu son guide en remplacement du pauvre Bonneville, la chaumière où il avait couru de si grands dangers. Ce ne fut point, on le comprend bien, sans une vive et profonde émotion que Petit-Pierre franchit le seuil de cette chambre où il laissait, froid et inanimé, le valeureux jeune homme qu'il connaissait depuis quelques jours à peine, et qu'il aimait déjà comme on aime ses vieux amis. Ce cœur vaillant éprouva une espèce de défaillance en songeant qu'il allait retourner seul aux périls que, depuis quatre ou cinq jours, le pauvre Bonneville partageait avec lui. La cause royale n'avait perdu qu'un soldat, et cependant Petit-Pierre croyait avoir perdu une armée. C'était le premier grain des sanglantes semailles qui allaient encore une fois tomber dans la terre de la Vendée, et Petit-Pierre se demandait avec angoisse si, cette fois au moins, elles produiraient autre chose que le deuil et les regrets.

Petit-Pierre ne fit point à la veuve l'injure de lui recommander le corps de son compagnon; quelque étranges que lui eussent semblé les idées de cette femme, il avait su apprécier l'élévation de ses sentiments, et avait reconnu tout ce qu'il y avait de vraiment bon et de profondément religieux sous cette rude écorce. Mais, lorsque Michel eut amené son cheval devant la porte, il rappela à Petit-Pierre que les moments étaient précieux, et que leurs amis les attendaient; alors celui-ci se retourna vers la veuve de Pascal Picaut, et, lui tendant la main :

— Comment vous remercierai-je de ce que vous avez fait pour moi? dit-il. — Je n'ai rien fait pour vous, lui répondit la veuve; j'ai payé une dette, acquitté un serment, voilà tout. — Alors, demanda Petit-Pierre les larmes aux yeux, vous ne voulez pas même ma reconnaissance? — Si vous tenez absolument à me devoir quelque chose, répondit la veuve, lorsque vous prierez pour ceux qui seront morts pour vous, ajoutez à vos prières quelques mots pour ceux qui seront morts à cause de vous. — Vous me croyez donc quelque crédit auprès de Dieu? répondit Petit-Pierre sans pouvoir s'empêcher de sourire à travers ses larmes. — Oui, parce que je vous crois destinée à souffrir. — Acceptez au moins ceci, répondit Petit-Pierre en détachant de son cou une médaille suspendue à un mince cordonnet de soie noire; ce n'est que de l'argent, mais le saint-père l'a bénite devant moi et m'a dit, en me la remettant, que Dieu exaucerait les vœux que l'on formerait sur cette médaille, pourvu qu'ils fussent justes et pieux.

La veuve commença par prendre la médaille; puis :

— Merci ! dit-elle; sur cette médaille je vais prier Dieu afin qu'il écarte la guerre civile de notre pays, et qu'il nous conserve la grandeur et la liberté. — Bien, répondit Petit-Pierre, la dernière partie de votre vœu rentrera tout à fait dans les miens.

Et sur ces mots, aidé par Michel, il enfourcha le cheval que celui-ci prit par la bride. Puis, après un dernier signe d'adieu à la veuve, tous deux disparurent derrière la haie. Pendant quelque temps, Petit-Pierre, la tête penchée sur sa poitrine, se laissant aller au mouvement de sa monture, parut plongé dans de profondes et mélancoliques réflexions. Enfin, il fit un effort sur lui-même, et, secouant la douleur qui l'oppressait, il se tourna du côté de Michel qui marchait à côté de lui :

— Monsieur, lui dit-il, je sais déjà deux choses de vous qui vous assurent toute ma confiance : la première, c'est que c'est à vous que nous dûmes, hier soir, l'avis que les soldats marchaient sur le château de Souday ; la seconde, c'est qu'aujourd'hui vous venez au nom du marquis et de ses aimables filles. Mais il me reste à en apprendre une troisième : c'est qui vous êtes ; mes amis sont assez rares, dans les circonstances où je suis, pour que je désire savoir leur nom, et que je puisse promettre de ne pas l'oublier. — Je m'appelle le baron Michel de La Logerie, répondit le jeune homme. — De La Logerie ? Attendez donc, Monsieur, mais il me semble que ce n'est pas la première fois que j'entends prononcer ce nom ? — Effectivement, Madame, répondit le jeune homme, notre pauvre Bonneville conduisait Votre Altesse chez ma mère.

Petit-Pierre interrompit le jeune baron.

— Eh bien ! que dites-vous donc là ? Votre altesse ; à qui parlez-vous ? je ne vois pas d'altesse ici ; je ne vois qu'un pauvre paysan nommé Petit-Pierre. — C'est vrai ; mais Madame m'excusera. — Encore ! — Eh bien ! mon pauvre Bonneville vous conduisait chez ma mère lorsque j'eus l'honneur de vous rencontrer, et de vous amener au château de Souday. — De sorte que c'est déjà une triple reconnaissance que je vous dois ? Oh ! cela ne m'effraye pas, et, si grands que soient les services rendus, j'espère bien qu'un jour viendra où je pourrai les acquitter tous.

Michel balbutia quelques mots qui n'arrivèrent point à l'oreille de son interlocutrice ; mais les paroles de celle-ci ne parurent pas moins avoir produit sur lui une certaine impression ; car, à partir de ce moment, tout en se conformant autant que possible à l'injonction qui lui avait été faite, il redoubla, s'il était possible encore, de soins et d'égards pour celui qu'il avait à conduire.

— Mais il semble, reprit Petit-Pierre après un moment de réflexion, que, d'après ce que m'avait dit M. de Bonneville, l'opinion royaliste n'était pas précisément celle de votre famille ? — Effectivement, Mad... mon... — Appelez-moi Petit-Pierre, ou ne m'appelez pas du tout, c'est le seul moyen que vous ne soyez jamais embarrassé ; ainsi, continua-t-il, c'est donc à une conversion que je dois l'honneur de vous avoir pour chevalier ? — Conversion facile ; à mon âge les opinions ne sont pas encore des convictions, mais de simples sentiments. — Vous êtes fort jeune ? dit Petit-Pierre en regardant son guide. — Je vais entrer dans ma vingt et unième année.

Petit-Pierre poussa un soupir.

— C'est un bel âge, dit-il, pour aimer et pour combattre.

Le jeune baron poussa un gros soupir ; et Petit-Pierre, qui l'entendit, sourit imperceptiblement.

— Eh ! eh ! reprit ce dernier, voilà un soupir qui m'en dit bien long sur les causes de la conversion politique dont nous parlions tout à l'heure ; je gagerais qu'il y a quelque part deux beaux yeux qui n'y sont point étrangers, et que si les soldats de Louis-Philippe vous fouillaient pour le quart d'heure, ils trouveraient sur vous, selon toute probabilité, une écharpe qui vous est encore plus chère par les mains qui l'ont brodée, que par les principes dont sa couleur est l'emblème. — Je puis vous assurer, Madame, balbutia Michel, que ce n'est point là la cause de ma détermination. — Allons ! allons ! il ne faut pas vous en défendre ; ceci est de la vraie chevalerie, monsieur Michel ; n'oublions pas, soit que nous descendions d'eux, soit que nous voulions leur ressembler, n'oublions pas que les preux mettaient les dames presque au niveau de Dieu, et au niveau des rois, en les confondant tous les trois dans la même devise ; n'allez pas être honteux d'aimer à présent ; mais c'est là votre meilleur titre à ma sympathie. Ventre saint-gris ! comme aurait dit Henri IV, avec une armée de vingt mille amoureux, je voudrais conquérir, non-seulement la France, mais le monde. Voyons, maintenant, le nom de votre belle, monsieur le baron de La Logerie ? — Oh ! fit Michel d'un air profondément scandalisé. — Ah ! vous êtes discret, jeune homme, je vous en fais mon compliment ; c'est une qualité d'autant plus précieuse qu'elle devient de jour en jour plus rare ; mais, bah ! à un camarade en voyage, en lui recommandant de garder le secret le plus absolu, cela se dit, croyez-moi, baron ; voyons, voulez-vous que je vous aide ? Gageons qu'en ce moment nous marchons vers la dame de nos pensées ? — Vous dites vrai, répondit Michel. — Gageons que ce n'est ni plus ni moins qu'une de nos belles amazones de Souday ? — Ah ! mon Dieu, qui a pu vous le dire ? — Eh bien ! je vous en félicite, mon jeune camarade ; tout Louves qu'on les dise, à ce qu'il paraît, je les tiens, moi, pour de braves et nobles cœurs, parfaitement faits pour donner le bonheur à ceux qu'ils choisiront ; vous êtes riche, monsieur de La Logerie ? — Hélas ! oui, répondit Michel. — Tant mieux ! et non pas : hélas ! car vous pourrez enrichir votre femme, ce qui est, il me semble, un grand bonheur ; en tout cas, comme, dans tous les amours, il y a toujours une certaine somme de difficultés à vaincre, si Petit-Pierre peut vous être bon à quelque chose, vous n'aurez qu'à disposer de lui, il sera heureux de reconnaître ainsi les services que vous voudrez bien lui rendre ; mais, si je ne me trompe, voici quelqu'un qui vient à nous ; voyez donc.

Effectivement on entendait le pas d'un homme. Ce pas était encore à quelque distance, mais il allait se rapprochant.

— Il me semble que cet homme est seul ? dit Petit-Pierre. — Oui ; mais nous ne devons pas moins être sur nos gardes, répondit le baron, et je vais vous demander la permission de monter sur le cheval près de vous. — Sans doute ; mais êtes-vous donc déjà fatigué ? — Non ; mais je suis fort connu dans le pays, et si l'on m'y rencontrait à pied, à côté d'un paysan à cheval que je conduis par la bride, comme Aman conduisait Mardochée, cela donnerait très-certainement à penser. — Bravo ! ce que vous dites là est on ne peut plus juste, et je commence à croire que l'on fera quelque chose de vous.

Petit-Pierre descendit, Michel sauta lestement en selle, et Petit-Pierre se remit modestement en croupe. Ils n'avaient point achevé de s'accommoder sur leur monture, qu'ils se trouvaient à trente pas de l'individu qui marchait dans leur direction, et qu'à son tour ils l'entendirent s'arrêter.

— Oh ! oh ! dit Petit-Pierre, il paraît que si nous avons peur des passants, voilà un passant qui a peur de nous. — Qui va là ? dit Michel en grossissant sa voix. — Eh ! c'est monsieur le baron, répondit l'homme en s'avançant. Du diable si je m'attendais à vous rencontrer sur la route à une pareille heure ! — Vous disiez vrai quand vous disiez que vous étiez connu, fit Petit-Pierre en riant. —
— Oh ! oui, par malheur, dit Michel d'un ton qui fit comprendre à Petit-Pierre que l'on se trouvait en face d'un danger. — Qui est donc cet homme ? demanda

Petit-Pierre. — Courtin, mon métayer, celui que nous soupçonnons d'avoir dénoncé votre présence chez la veuve Picaut.

Puis, avec une vivacité et un ton impératif qui faisait comprendre à son compagnon l'urgence de la situation :

— Cachez-vous derrière moi, dit-il à Petit-Pierre... C'est vous, Courtin? fit Michel, tandis que Petit-Pierre s'effaçait de son mieux. — Oui, c'est moi, répondit le métayer. — Mais, d'où venez-vous vous-même? demanda Michel. — De Machecoul, où j'étais allé pour acheter un bœuf. — Où est votre bœuf, alors? je ne le vois pas. — Je n'ai point fait affaire ; avec toute cette damnée politique, le commerce ne va plus, et l'on ne trouve plus rien sur les marchés, dit Courtin, qui, tout en parlant, examinait, autant que l'obscurité pouvait le permettre, le cheval que montait le jeune baron.

Puis, comme Michel laissait tomber la conversation :

— Ah çà ! continua Courtin, mais vous tournez encore le dos à la Logerie, à ce qu'il me semble, monsieur le baron ? — Rien d'étonnant à cela ; je vais à Souday. — M'est-il permis de vous faire observer que vous n'êtes pas tout à fait dans la route ? — Oh ! je le sais bien ; mais je crains de trouver la vraie route gardée, et je prends un détour. — En ce cas, et si vous allez véritablement à Souday, dit Courtin, je crois devoir vous donner un avis. — Lequel? Un avis, s'il est sincère, il est toujours le bienvenu. — C'est que vous trouverez la cage vide. — Bah ! — Oui; et ce n'est point là qu'il faut vous rendre, monsieur le baron, si vous voulez trouver l'oiseau qui vous fait courir les champs. — Qui t'a dit cela, Courtin? fit Michel tout en manœuvrant son cheval de façon à mettre constamment son corps de face avec son interlocuteur, et à masquer ainsi Petit-Pierre. — Qui me l'a dit? fit Courtin; parbleu! mon œil. J'ai vu sortir toute la bande, que l'enfer confonde ! Elle a défilé à mes pieds, dans le chemin de la Grande-Lande. — Est-ce que les soldats étaient de ce côté? demanda le jeune baron.

Petit-Pierre pensa que cette question était de trop, et pinça le bras de Michel.

— Les soldats? reprit Courtin. Bon ! voilà que vous aussi vous avez peur des soldats. Eh bien ! en ce cas, je ne vous conseille point de vous hasarder cette nuit dans la plaine, car vous ne ferez pas une lieue sans apercevoir des baïonnettes ; faites mieux, monsieur Michel. — Que veux-tu que je fasse? Voyons, et si c'est mieux, je le ferai. — Revenez-vous-en à la Logerie avec moi ; vous causerez une grande joie à votre mère, à qui cela fait deuil de vous savoir dehors avec d'aussi pauvres intentions. — Maître Courtin, fit Michel, à mon tour, je vous donnerai un avis. — Lequel, monsieur le baron ? — C'est de vous taire. — Non, je ne me tairai pas, répondit celui-ci en affectant une émotion douloureuse ; non, il m'est trop cruel de voir mon jeune maître exposé à mille dangers, et tout cela pour... — Taisez-vous, Courtin. — Pour une de ces maudites Louves, dont le fils d'un paysan comme moi ne voudrait pas. — Misérable ! te tairas-tu ? s'écria le jeune homme en levant sur Courtin la cravache qu'il tenait à la main.

Le mouvement que Courtin cherchait sans aucun doute à provoquer fit avancer le cheval de Michel d'un pas en avant, et le maire de la Logerie se trouva ainsi à la hauteur des deux cavaliers.

— Pardonnez-moi si je vous offense, monsieur le baron, dit-il d'un ton pleurard, pardonnez-moi ; mais voici deux nuits que je ne dors pas en pensant à tout cela.

Petit-Pierre frissonna; il retrouvait dans la voix du maire de la Logerie ces mêmes intonations patelines et fausses qu'il avait déjà entendues dans la chaumière de la femme Picaut, et qui s'étaient traduites, le métayer parti, par de si tristes événements. Il fit à Michel un second appel qui voulait dire :

— A quelque prix que ce soit, finissons-en avec cet homme. — C'est bien, dit Michel, passez votre chemin, et laissez-nous passer le nôtre.

Courtin fit comme s'il s'apercevait seulement alors que le jeune baron avait quelqu'un en croupe.

— Ah! mon Dieu! dit-il, vous n'êtes pas seul! Ah! je comprends maintenant, monsieur le baron, que ce que je vous ai dit vous ait blessé. Allons, Monsieur, qui que vous soyez, vous vous montrerez sans doute plus raisonnable que votre jeune ami. Joignez-vous à moi pour lui dire qu'il n'y a rien de bon à gagner en bravant les lois et la force dont dispose le gouvernement, comme il semble disposé à le faire pour plaire à ces Louves. — Encore une fois, Courtin, dit Michel avec un ton de véritable menace, retirez-vous. J'agis comme bon me semble, et vous trouve bien hardi de vous permettre de juger ma conduite.

Mais Courtin, dont on connaît la mielleuse persistance, paraissait disposé à ne pas s'éloigner avant d'avoir vu les traits du mystérieux personnage que son jeune maître portait en croupe, et qui, autant qu'il le pouvait, lui tournait le dos.

— Voyons, dit-il en essayant de donner à ses paroles l'accent de la bonne foi la plus parfaite, demain vous ferez ce qu'il vous plaira de faire; mais, pour cette nuit, au moins, venez vous reposer dans votre métairie, vous et la personne, homme ou dame, qui vous accompagne. Je vous jure, monsieur le baron, qu'il y a danger à être dehors cette nuit. — Le danger ne peut exister ni pour mon compagnon ni pour moi, qui ne nous mêlons en rien à la politique... Eh bien! que faites-vous donc à ma selle, Courtin? continua le jeune homme en remarquant chez son métayer un mouvement qu'il n'expliquait pas. — Mais rien, monsieur Michel, rien, dit Courtin avec une parfaite bonhomie; ainsi, vous ne voulez écouter ni mes conseils ni mes prières?—Non, passez votre chemin, et laissez-moi suivre ma route. — Allez, alors, fit le métayer de son ton cauteleux, et que Dieu vous conserve! Mais rappelez-vous seulement que votre pauvre Courtin a fait tout ce qui dépendait de lui pour empêcher qu'un malheur ne vous arrivât.

Et ce disant, Courtin se décida enfin à se ranger de côté, et Michel, ayant donné de l'éperon à son cheval, s'éloigna.

— Au galop! au galop! dit Petit-Pierre; oui, j'ai reconnu l'homme qui est cause de la mort du pauvre Bonneville. Éloignons-nous au plus vite: cet homme est un porte-malheur.

Le jeune baron piqua son cheval des deux; mais à peine l'animal eut-il fourni une douzaine de temps que la selle tourna, et que les deux cavaliers tombèrent lourdement sur les cailloux. Petit-Pierre se releva le premier.

— Êtes-vous blessé? demanda-t-il à Michel qui se relevait à son tour. — Non, répondit celui-ci; mais je me demande comment... — Comment nous sommes tombés? La question n'est point là : nous sommes tombés, voilà le fait. Resanglez votre cheval, et le plus vite qu'il vous sera possible. — Aïe! dit Michel qui avait déjà jeté la selle sur le dos de l'animal, les deux sangles sont cassées à la même hauteur toutes deux. — Dites qu'elles sont coupées, fit Petit-Pierre; c'est un tour de votre infernal Courtin, et cela ne nous annonce rien de bon. Attendez donc et regardez par ici.

Michel, dont Petit-Pierre avait saisi le bras, tourna les yeux dans la direction que celui-ci lui indiquait, et, à un demi-quart de lieue dans la vallée, il aperçut trois ou quatre feux qui brillaient au milieu des ténèbres.

— C'est un bivouac, dit Michel. — Si ce drôle a des soupçons, et sans aucun doute il en a, comme sa course le conduit du côté de ce bivouac, il va une seconde fois nous mettre les culottes rouges sur les bras. — Oh! croyez-vous que, me sachant avec vous, moi, son maître, il ose... — Je suis payée pour tout supposer, monsieur Michel. — Vous avez raison, et il ne faut rien donner au hasard. — Nous ferons bien de quitter le sentier frayé, alors... — J'y pensais. — Combien nous faut-il de temps pour gagner à pied l'endroit où le marquis nous attend? — Une heure au moins; aussi n'avons-nous pas de temps à perdre. Mais qu'allons-nous faire du cheval du marquis; nous ne pouvons lui faire franchir les échaliers? — Jetons lui la bride sur le cou, il retournera à son écurie, et si nos amis l'arrêtent au passage, ils comprendront qu'il nous est arrivé quelque accident, et se mettront à notre recherche. Mais, chut! — Quoi? — N'entendez-vous rien? demanda Petit-Pierre. — Si fait, des pas de chevaux dans la direction du bivouac. — Voyez-vous que ce n'était pas sans intention que votre brave homme de fermier avait coupé les sangles de notre cheval? Détalons, mon pauvre baron. — Mais si nous laissons le cheval ici, ceux qui nous poursuivent le trouveront, et devineront facilement que les cavaliers ne sont pas loin. — Attendez, dit Petit-Pierre, il me vient une idée. — D'où? — D'Italie. Les courses des Barbieri. Oui, c'est cela; imitez-moi, monsieur Michel. — Faites et ordonnez.

Petit-Pierre s'était mis à l'œuvre. De ses mains délicates, et au risque de se déchirer les doigts, il brisait des branches d'épines et de houx dans les haies voisines. Il en forma un paquet assez volumineux, et comme de son côté Michel avait fait ce qu'il avait vu faire à Petit-Pierre, on eut deux petits fagots.

— Qu'allez-vous faire? demanda Michel. — Déchirez la marque de votre mouchoir et donnez-moi le reste.

Michel obéissait à la parole. Petit-Pierre déchira deux bandes du mouchoir et noua les fagots; puis il en attacha un à la crinière du cheval qui était longue et soyeuse, l'autre à la queue. Le pauvre animal, qui sentait les aiguillons entrer dans ses chairs, commença de se cabrer et de ruer. De son côté, le jeune homme commençait de comprendre.

— Maintenant, dit Petit-Pierre, enlevez-lui la bride afin qu'il ne se casse pas le cou, et laissez aller l'animal.

Le cheval fut à peine débarrassé de l'entrave qui le retenait qu'il hennit, secoua encore une fois avec rage sa crinière et sa queue, puis partit comme une trombe, laissant derrière lui toute une traînée d'étincelles.

— Bravo! dit Petit-Pierre; et maintenant, ramassez la selle, et mettons-nous promptement à l'abri.

Ils se jetèrent de l'autre côté de la haie, Michel traînant après lui selle et bride. Là ils se baissèrent, puis prêtèrent l'oreille. Ils entendaient encore le galop du cheval qui résonnait sur les cailloux.

— Entendez-vous? dit le baron satisfait. — Oui, mais nous ne sommes pas seuls à écouter, monsieur de La Logerie, dit Petit-Pierre, et voici l'écho.

XLIV

OÙ MAITRE JACQUES TIENT LE SERMENT QU'IL A FAIT A ALAIN COURTEJOIE.

Effectivement, le bruit que le baron Michel et Petit-Pierre avaient entendu du côté par où Courtin venait de disparaître se changeait en un fracas tumultueux qui allait toujours en se rapprochant, et, deux minutes après, une douzaine de chasseurs à cheval, lancés au galop sur les traces, ou plutôt sur le bruit que faisait en fuyant le cheval du marquis de Souday, lequel accompagnait sa fuite de hennissements furieux, passèrent comme une tempête à dix pas de Petit-Pierre et de son compagnon qui, se redressant au fur et à mesure qu'ils s'éloignaient, les suivirent de l'œil dans leur course enragée.

— Ils vont bien, dit Petit-Pierre; mais, c'est égal, je doute qu'ils le rattrapent.
— D'autant plus, répondit le baron, qu'ils vont justement passer à l'endroit où nos amis nous attendent, et que le marquis me paraît tout à fait d'humeur à ralentir leur poursuite. — Bataille! alors, fit Petit Pierre, hier dans l'eau, aujourd'hui dans le feu; j'aime mieux cela.

Et il essaya d'entraîner le baron Michel du côté où il comptait que la bataille allait avoir lieu.

— Oh! non, non, dit Michel résistant; non, je vous en prie, n'y allez pas! — N'êtes-vous pas curieux de combattre sous les yeux de votre belle, baron? Elle est là, cependant. — Je le crois, dit tristement le jeune homme; mais, vous le voyez, les soldats sillonnent la campagne dans toutes les directions; si l'on tire quelques coups de fusil ils accourront de tous les côtés, nous pouvons tomber dans un de leurs partis, et, si j'accomplissais si malheureusement la mission dont je me suis chargé, je n'oserais plus jamais me présenter devant le marquis. — Voyons! dites devant sa fille. — Eh bien! oui. — Alors, pour ne pas vous brouiller avec votre belle amie, je vous promets de vous obéir. — Merci! merci! dit Michel saisissant vivement les mains de Petit-Pierre.

Puis, s'apercevant de l'inconvenance qu'il commettait :

— Oh! pardon, dit-il en faisant vivement un pas en arrière. — Bon! dit Petit-Pierre, ne faites pas attention : où le marquis de Souday m'avait-il ménagé un asile? — Chez moi; dans une métairie à moi. — Pas dans celle de Courtin, j'espère? — Non; dans une autre parfaitement isolée, perdue dans les bois, de l'autre côté de Legé, vous savez, du village où était la maison de Tinguy. — Oui; mais connaissez-vous les chemins qui y conduisent? — Parfaitement. — Je me défie un peu de cet adverbe-là en France; mon pauvre Bonneville, lui aussi, connaissait parfaitement les chemins, et cependant il s'est égaré.

Petit-Pierre poussa un soupir.

— Pauvre Bonneville! Hélas! c'est peut-être cette erreur qui est la cause de sa mort.

Ce retour que faisait Petit-Pierre en arrière le ramenait naturellement aux pensées mélancoliques qui avaient déjà occupé son esprit lorsqu'il avait quitté la maison où s'était accompli la catastrophe qui avait coûté la vie à son premier compagnon; il redevint silencieux, et, après un signe de consentement, il se contenta de suivre son nouveau guide, en répondant par des monosyllabes aux rares questions que lui adressait Michel. Quant à celui-ci, il se tira de ses nouvelles fonctions avec infiniment plus d'adresse et de bonheur que l'on n'aurait pu s'y attendre : il se jeta sur la gauche, et, traversant la plaine, il gagna un ruisseau qu'il connaissait pour y avoir maintes fois pêché des écrevisses dans son enfance ; ce ruisseau suit dans son entier le vallon de la Benate, remonte vers le sud pour redescendre au nord et rejoindre la Boulogne auprès de Saint-Colombin. Ce ruisseau, dont les deux rives sont bordées de prairies, offrait à la fois un chemin sûr, commode et facile ; Michel le suivit quelques temps en portant Petit-Pierre sur ses épaules comme avait fait le pauvre Bonneville ; puis, sortant du ruisseau après y avoir fait un kilomètre à peu près, il appuya à gauche toujours, monta sur une petite colline, et montra à Petit-Pierre les nuances sombres de la forêt de Touvain que, dans l'obscurité, on entrevoyait au pied de la colline sur laquelle ils étaient parvenus.

— Est-ce donc déjà votre métairie ? demanda Petit-Pierre. — Non ; nous avons encore à traverser la forêt de Touvain ; mais dans trois quarts d'heure nous y serons. — Mais la forêt de Touvain, est-elle sûre ? — C'est probable ; les culottes rouges savent bien qu'il n'y a rien de bon pour eux à traverser nos forêts la nuit. — Et vous ne craignez pas de vous y perdre ? — Non ; car nous n'irons pas à travers le fourré ; nous n'y entrerons même que quand nous aurons trouvé le chemin de Machecoul à Legé ; en suivant la lisière de l'est nous devons nécessairement le rencontrer. — Et alors ? — Alors nous n'aurons plus qu'à le suivre en le remontant. — Allons ! allons ! dit Petit-Pierre, je rendrai bon compte de vous, mon jeune guide ; et, ma foi, il ne tiendra pas à Petit-Pierre que votre courageux dévouement n'obtienne la récompense qu'il ambitionne. Mais voici un chemin à peu près praticable, ne serait-ce pas celui que nous cherchons ? — C'est bien facile à reconnaître, il doit y avoir un poteau à droite. Eh ! tenez, le voici ; c'est bien cela ; et maintenant, Petit-Pierre, j'ose vous promettre une bonne nuit. — Tant mieux, dit Petit-Pierre en soupirant ; car je ne dois pas vous cacher que les terribles émotions de la journée ont mal réparé les fatigues de l'autre nuit.

Petit-Pierre n'avait pas achevé ces mots qu'une silhouette noire se dressa sur le revers du fossé, bondit sur la route, et qu'un homme, le saisissant violemment au collet, lui cria d'une voix de tonnerre :

— Arrêtez ! ou vous êtes mort !

Michel s'élança au secours de son jeune compagnon, en assenant sur la tête de l'agresseur un vigoureux coup de la pomme de plomb de sa cravache. Mais il faillit payer cher sa généreuse intervention. L'homme, sans lâcher Petit-Pierre qu'il contenait de la main gauche, tira un pistolet de dessous sa veste et fit feu sur le baron Michel. Par bonheur pour le pauvre jeune homme que, quelle que fût la faiblesse de Petit-Pierre, ce n'était point un gaillard à se tenir aussi parfaitement tranquille que l'eût souhaité l'homme au pistolet ; il vit le geste, et, d'un geste plus rapide encore, il releva si à propos le bras qui ajustait l'arme meurtrière, que la balle qui, sans ce mouvement, traversait infailliblement la poitrine du baron Michel, ne fit que lui labourer le haut de l'épaule. Il revenait à la charge, et l'assaillant sortait un second pistolet de sa ceinture, lorsque deux autres individus s'élancèrent hors des buissons, et saisirent Michel par derrière. Alors l'homme le voyant hors d'état de nuire, se contenta de dire à ses deux coopérateurs :

— Ficelez-moi ce gaillard-là, et, quand vous en aurez fini avec lui, vous me

débarrasserez de celui-ci. — Mais, hasarda de dire Petit-Pierre, de quel droit nous arrêtez-vous de la sorte? — Du droit de ceci, répondit l'homme en montrant la carabine qu'il portait en sautoir sur son épaule ; pourquoi? vous le saurez tout à l'heure. Attachez-moi solidement l'homme à la cravache ; quant à celui-ci, ajouta-t-il avec mépris en désignant Petit-Pierre, ce n'est point la peine, je crois que nous n'aurons pas grandes difficultés à nous en faire suivre.
— Mais, enfin, où nous conduisez-vous? demanda Petit-Pierre. — Oh ! vous êtes bien curieux, mon jeune ami, répondit l'homme. — Mais, enfin ? — Eh ! pardieu ! marchez ; si vous tenez tant à le savoir, vous le verrez tout à l'heure par vos propres yeux.

Et l'homme, prenant le bras de Petit-Pierre sous le sien, l'entraîna dans le fourré, tandis que Michel, qui regimbait encore, vigoureusement poussé par les deux acolytes, y pénétrait à son tour. Ils marchèrent ainsi pendant dix minutes, après lesquelles ils arrivèrent à la clairière que nous connaissons pour la demeure de maître Jacques, le maître des lapins ; car c'était lui qui, pour tenir saintement la promesse qu'il avait faite à Courtejoie, avait arrêté les deux premiers voyageurs que le hasard avait envoyés sur sa route, et c'était son coup de pistolet qui avait mis en rumeur tout le camp des réfractaires, ainsi que nous l'avons vu à la fin du chapitre précédent.

XLV

OU IL EST DÉMONTRÉ QUE TOUS LES JUIFS NE SONT PAS DE JÉRUSALEM ET TOUS LES TURCS DE TUNIS.

— Holà, hé ! lapins ? fit maître Jacques en arrivant à la clairière.

A la voix de leur chef, les lapins, obéissants, sortirent des buissons, des touffes de genêts et des broussailles où ils s'étaient gîtés au premier bruit d'alarme, et rentrèrent dans la clairière où, autant que le leur permettait l'obscurité, ils examinèrent curieusement les deux prisonniers.

Puis, comme cet examen dans les ténèbres ne leur suffisait pas, l'un d'eux descendit dans le terrier, y alluma deux morceaux de sapin et revint les mettre sous le nez de Petit-Pierre et de son compagnon. Maître Jacques avait été reprendre sa place habituelle sur le tronc d'arbre, et il causait paisiblement avec Alain Courtejoie, auquel il racontait les incidents de la prise qu'il venait d'opérer avec la même confiance qu'un villageois raconte à sa femme les détails d'une acquisition qu'il a faite au marché.

Michel, que cette première affaire et la blessure qu'il avait reçue avaient nécessairement ému, s'était assis ou plutôt couché sur l'herbe. Petit-Pierre, debout à côté de lui, regardait, avec une attention qui n'était pas exempte de dégoût, les figures des bandits que maître Jacques désignait sous le nom de ses lapins, ce qui lui était d'autant plus facile que ceux-ci, leur curiosité satisfaite, avaient repris leurs occupations interrompues, c'est-à-dire leurs psalmodies, leur jeu, leur sommeil et le soin de leurs armes. Cependant, tout en jouant, tout en buvant, tout en chantant, tout en nettoyant leurs fusils, leurs carabines et leurs pistolets, ils ne perdaient pas un seul instant de l'œil les deux prisonniers, que, pour surcroît de précautions, ils avaient placés au centre de la clairière. Ce fut alors seulement, en ramenant les yeux des bandits sur son compagnon, que Petit-Pierre s'aperçut de la blessure de celui-ci.

— Oh! mon Dieu! s'écria-t-il en voyant le sang qui, coulant de son bras, était descendu jusqu'à la main, vous êtes blessé? — Je crois que oui, Mad... Mons... — Oh! par grâce, jusqu'à nouvel ordre, Petit-Pierre et plus que jamais. Souffrez-vous beaucoup? — Non; il m'a semblé que je recevais un coup de bâton sur l'épaule, et maintenant j'ai le bras tout engourdi. — Essayez de le remuer. — Oh! dans tous les cas, il n'y a rien de cassé, voyez.

Et effectivement il remua assez facilement le bras.

— Alors ce n'est rien, et voilà qui va complétement enlever d'assaut le cœur de celle que vous aimez, et si votre noble conduite ne vous suffisait pas, je vous promets d'intervenir; j'ai de bonnes raisons pour croire que mon intervention sera efficace. — Oh! que vous êtes bonne! — Que je suis bon, bon, bon, ne ne l'oubliez donc plus, malheureux que vous êtes. — Oui, Petit-Pierre, et quoi que vous m'ordonniez, après une pareille promesse, s'agisse-t-il d'enlever à moi tout seul une batterie de cent pièces de canon, je marcherais tête baissée sur la redoute. Oh! si vous vouliez parler au marquis de Souday, je serais le plus heureux des hommes. — Ne gesticulez donc pas ainsi, vous allez empêcher le sang de s'arrêter. Ah! il paraît que c'est le marquis que vous redoutez particulièrement? Eh bien, je lui parlerai, à ce terrible marquis, foi de... Petit-Pierre. Seulement, pendant qu'on nous laisse tranquilles, ajouta-t-il en jetant un regard autour de lui, causons de nos affaires. Où sommes-nous, et quels sont ces gens-là? — Mais, dit Michel, cela m'a tout l'air d'être des chouans. — Des chouans qui arrêtent des voyageurs inoffensifs? C'est impossible! — Cela s'est vu cependant. — Oh! — Et si cela ne s'est pas vu, j'ai bien peur que cela ne se voie aujourd'hui. — Mais que vont-ils faire de nous? — Nous allons le savoir, car voici qu'ils se remuent, et c'est sans doute pour nous faire l'honneur de s'occuper de nos personnes. — Ah! par exemple, fit Petit-Pierre, il serait curieux que ce fût de mes partisans que vînt pour nous le danger. En tout cas, silence!

Michel fit un signe qu'il n'y avait de sa part aucune indiscrétion à redouter.

Effectivement, comme l'avait fort judicieusement remarqué le jeune baron, maître Jacques, après avoir conféré avec Alain Courtejoie et quelques-uns de ses hommes, venait de donner l'ordre qu'on lui amenât les prisonniers. Petit-Pierre s'avança avec assurance vers l'arbre sur lequel le maître des lapins tenait ses assises; mais Michel qui, à cause de sa blessure et de ses mains liées, éprouvait quelque difficulté à se dresser sur ses jambes, mit un peu plus de temps à obéir. Ce que voyant Alain Courtejoie, il fit un signe à Trigaud la Vermine qui, saisissant le jeune homme par la ceinture, l'enleva avec autant de facilité qu'un autre eût fait d'un enfant de trois ans, et le posa devant maître Jacques, en ayant soin de le placer dans une situation exactement semblable à celle où il était lorsqu'il avait été ramassé, manœuvre que Trigaud la Vermine opéra en lançant fort adroitement en avant les extrémités inférieures de Michel, puis en donnant une secousse au centre de gravité avant de laisser retomber le tout sur le sol.

— Butor! murmura Michel, auquel la douleur avait fait perdre sa timidité habituelle. — Vous n'êtes pas poli, dit maître Jacques; non, je vous le répète, vous n'êtes pas poli, monsieur le baron Michel de La Logerie, et le procédé de ce brave garçon valait mieux que cela. Mais voyons, laissons toutes ces inutilités et arrivons à nos petites affaires.

Jetant alors un coup d'œil plus arrêté sur le jeune homme :

— Je ne me suis pas trompé, continua-t-il, vous êtes bien monsieur Michel de La Logerie? — Oui, répondit brièvement Michel. — Bien ; qu'avez-vous à faire sur la route Legé, en pleine forêt de Touvain, à cette heure de la nuit? — Je pourrais vous répondre que je n'ai pas de comptes à vous rendre, et que les routes sont libres. — Mais vous ne répondrez pas cela, monsieur le baron. — Pourquoi ? — Parce que, sauf le respect que je vous dois, vous répondriez une sottise, et que vous avez trop d'esprit pour cela. — Comment? — Sans doute ; vous voyez bien que vous avez des comptes à me rendre, puisque je vous en demande; vous voyez bien que les routes ne sont pas libres, puisque vous n'avez pas pu continuer votre chemin. — Soit ; je ne discuterai pas avec vous. J'allais à ma métairie de la Boulœuvre qui, comme vous le savez, est située à une des extrémités de la forêt de Touvain, où nous sommes. — Eh bien, à la bonne heure, monsieur le baron, faites-moi toujours l'honneur de me répondre ainsi, et nous serons d'accord. Maintenant, comment se fait-il que monsieur le baron de La Logerie, qui a tant de chevaux dans ses écuries, tant de bons carrosses sous ses remises, voyage à pied ainsi que de simples manants, comme nous pourrions le faire ? — Nous avions un cheval ; mais, dans une chute que nous avons faite, il s'est échappé et nous n'avons pu le rejoindre. — Bien encore. Maintenant, monsieur le baron, j'espère que vous serez assez bon pour nous donner des nouvelles? — Moi? — Oui ; que se passe-t-il par là-bas, monsieur le baron ? — En quoi ce qui se passe de nos côtés peut-il vous intéresser? demanda Michel qui, ne devinant pas encore tout à fait à qui il avait affaire, ne savait trop quelle couleur il devait donner à ses réponses. — Dites toujours, monsieur le baron, reprit maître Jacques ; ne vous inquiétez pas de ce qui peut m'être utile ou de ce qui peut m'être indifférent. Voyons, rappelez bien vos souvenirs : qu'avez-vous rencontré sur votre route?

Michel regarda Petit-Pierre avec embarras. Maître Jacques surprit ce regard ; il appela Trigaud la Vermine, et lui ordonna de se placer entre les deux prisonniers comme la muraille du *Songe d'une nuit d'été*.

— Eh bien ! continua Michel, nous avons rencontré ce que l'on rencontre à toute heure et sur tous les chemins depuis trois jours dans les environs de Machecoul : des soldats. — Et sans doute ils vous ont parlé? — Non. — Comment, non ? Ils vous ont laissés passer sans vous parler?— Nous les avons évités. — Bah ! fit maître Jacques d'un ton dubitatif. — Voyageant pour nos affaires, il ne nous convenait point d'être mêlés, malgré nous, dans celles qui ne nous regardent point. — Et quel est le jeune homme qui vous accompagne ?

Petit-Pierre s'empressa de répondre avant que Michel ait eu le temps de le faire.

— Je suis, dit-il, le domestique de monsieur le baron. — Alors, mon ami, dit maître Jacques, répondant à Petit-Pierre, permettez-moi de vous dire que vous êtes un bien mauvais domestique, et, en vérité, tout paysan que je suis, cela me chagrine de voir un domestique répondre pour son maître, et surtout quand on ne lui adresse pas la parole à lui.

Puis revenant à Michel :

— Ah ! ce jeune garçon est votre domestique ? continua maître Jacques ; eh bien, il est fort gentil.

Et le maître des lapins regarda Petit-Pierre avec une profonde attention, tandis que l'un de ses hommes passait sa torche devant le visage de ce dernier pour faciliter l'examen.

— Voyons, de fait, que voulez-vous ? demanda Michel ; si c'est ma bourse, je ne compte pas la défendre ; prenez-la, mais laissez-nous aller à nos affaires. — Ah ! fi donc ! répondit maître Jacques ; si j'étais un gentilhomme comme vous, monsieur Michel, je vous demanderais raison d'une pareille offense. Voyons, vous nous prenez donc pour des voleurs de grands chemins ? Ah ! vraiment, vous m'offensez : sans la crainte de vous être désagréable, je vous révélerais mes qualités ; mais vous ne vous occupez pas de politique. M. votre père cependant, que j'ai eu l'avantage de connaître quelque peu, s'en mêlait, lui, et il n'y a pas perdu sa fortune ; je vous avoue que je croyais trouver en vous un serviteur zélé de S. M. Louis-Philippe. — Eh bien ! vous vous seriez trompé, mon cher Monsieur, répondit très-irrévérencieusement Petit-Pierre ; monsieur le baron est, au contraire, un partisan très-zélé de Henri V. — Vraiment, mon jeune ami ! s'écria maître Jacques.

Puis, se retournant vers Michel :

— Voyons, monsieur le baron, dit-il, ce que vient de dire votre compagnon ; non, je me trompe, votre domestique, est-ce bien vrai ? — C'est l'exacte vérité, répondit Michel. — Ah ! mais voilà qui me comble de joie ; et moi qui croyais avoir affaire à d'affreux patauds ! Mon Dieu ! que je suis donc honteux de vous avoir traité de la sorte, et que d'excuses, que de pardons j'ai à vous demander ! Recevez-les, monsieur le baron ; vous-même, prenez-en votre part, mon jeune ami, et touchez là tous deux, le domestique comme le maître. Mon Dieu ! je ne suis pas fier, moi. — Eh ! pardieu ! dit Michel, dont la politesse railleuse de maître Jacques était loin d'apaiser la mauvaise humeur, vous avez un moyen bien simple de nous témoigner vos regrets, c'est de nous renvoyer où vous nous avez pris. — Oh ! fit maître Jacques, non. — Comment, non ? — Non, non, non ; je ne souffrirai pas que vous nous quittiez de la sorte. D'ailleurs deux partisans de la légitimité comme nous, monsieur le baron Michel, doivent avoir à s'entretenir ensemble de la grande question de la prise d'armes. N'êtes-vous pas de cet avis, monsieur le baron ? — Soit. Mais l'intérêt de cette cause lui-même exige que moi et mon domestique nous nous mettions promptement en sûreté à la Boulœuvre. — Monsieur le baron, nul asile, je vous jure, n'est plus sûr que celui que vous trouverez parmi nous ; puis, je ne souffrirai pas que vous nous quittiez avant que je ne vous aie donné une preuve de l'intérêt vraiment touchant que je vous porte. — Hein ! murmura Petit-Pierre, il me semble que cela se gâte. — Voyons ? dit Michel. — Vous êtes dévoué à Henri V ? — Oui. — Très-dévoué ? — Oui. — Énormément dévoué ? — Je vous l'ai dit. — Vous l'avez dit, et je n'en doute pas. Eh bien ! je vais vous fournir les moyens de manifester ce dévouement d'une manière éclatante. — Faites. — Vous voyez tous ces braves, fit maître Jacques en montrant à Michel sa troupe, c'est-à-dire une quarantaine de drôles ayant bien plus l'air de bandits de Callot que d'honnêtes paysans ; ils ne demandent qu'à se faire tuer pour notre jeune roi et son héroïque mère. Seulement ils manquent de tout ce qui est nécessaire pour atteindre ce but : d'armes pour combattre, d'habits pour se présenter convenablement au feu, d'argent pour alléger les fatigues du bivouac. Vous ne souffrirez pas, je présume, monsieur le baron, que tous ces dignes serviteurs, en accomplissant ce que vous-même regardez comme un devoir, s'exposent à toutes les maladies, rhumes, fluxions de poitrine, qui résultent de l'intempérie des saisons ? — Mais où diable, répliqua Michel, voulez-vous que je trouve de quoi vêtir et armer vos hommes ? est-ce que j'ai des magasins à ma disposition ? — Oh ! monsieur le baron, reprit maître Jacques, mais croyez-vous donc que je sache assez peu mon monde pour avoir pensé à donner à un homme comme vous l'ennui de tous ces détails ? Non, j'ai là un serviteur merveilleux, et il montra Alain Courtejoie, qui vous épargnera toute peine ; il vous suffira de le fournir d'argent nécessaire, et il fera pour le mieux, tout en ménageant votre bourse. — Oh ! s'il ne s'agit que de cela, dit Michel avec la facilité de la jeunesse et l'enthousiasme d'une opinion naissante, de grand cœur. Combien vous faut-il ? — A la bonne heure ! fit maître Jacques, assez étonné de cette facilité. Eh bien ! croyez-vous que ce soit exagérer les choses que de vous demander cinq cents francs par homme ? Vous comprenez que je voudrais, outre la tenue verte comme celle des chasseurs de M. de Charrette, leur voir un havre-sac convenablement garni. Cinq cents francs, c'est à peu près la moitié du prix que Louis-Philippe compte à la France pour chaque homme qu'elle lui fournit, et chacun de mes hommes vaut bien deux soldats de Louis-Philippe. Vous voyez que je suis raisonnable. — Dites-moi en deux mots la somme que vous exigez, et finissons. — Eh bien ! mais, j'ai une quarantaine d'hommes, y compris les absents par congé en règle, mais qui doivent rejoindre les drapeaux au premier signal ; cela fait tout juste vingt mille francs, c'est-à-dire une misère pour un homme riche comme vous êtes, monsieur le baron. — Soit ; dans deux jours, vous aurez vos vingt mille francs, fit Michel en essayant de saluer, je vous en donne ma parole. — Oh ! que non pas ; nous voulons vous éviter toute peine, monsieur le baron : vous avez bien aux environs un ami, un notaire qui vous avancera cette somme ; vous allez lui écrire un petit mot bien pressant, bien poli, et l'un de mes hommes se chargera de le lui remettre. — Volontiers, donnez-moi ce qu'il faut pour écrire et déliez-moi les mains. — Mon compère Courtejoie va vous fournir plume, encre et papier.

Maître Courtejoie, en effet, commença de tirer de sa poche un encrier garni ; mais Petit-Pierre fit un pas en avant.

— Un instant, monsieur Michel, dit-il avec résolution, et vous, maître Courtejoie, comme on vous appelle, rengaînez vos ustensiles, cela ne se fera pas. — Bah ! vraiment, monsieur le domestique, demanda maître Jacques ; et pourquoi cela ne se ferait-il point, s'il vous plaît ? — Parce que ce que vous faites là, Monsieur, rappelle un peu trop les bandits de la Calabre et de l'Estramadure, pour être de mise chez des hommes qui se prétendent des soldats du roi Henri V ; parce que c'est une véritable extorsion, enfin, et que je ne le souffrirai pas. — Vous, mon jeune ami ? — Oui, moi. — Si je vous considérais comme étant réellement ce que vous avez prétendu être, je vous traiterais comme on traite un laquais impertinent ; mais il me semble que vous avez quelque droit au respect que l'on porte à une femme, et je n'aurai garde de compromettre ma réputation de galanterie en vous brutalisant. Je me bornerai donc, pour le moment, à vous engager à ne point vous mêler de ce qui ne vous regarde pas. — Cela me regarde beaucoup, au contraire, Monsieur, reprit Petit-Pierre avec une suprême hauteur, car il m'importe que vous ne vous serviez point du nom de Henri V pour commettre des actes de brigandage. — Oh ! mais, vous prenez grand souci, ce me semble, des affaires de Sa Majesté ; mon jeune ami, vous aurez bien la bonté ne me dire à quel titre, n'est-ce pas ? — Faites éloigner vos hommes, et je vous le dirai, Monsieur. — Ah ! ah ! fit maître Jacques.

Puis, se retournant vers ses hommes :

— Éloignez-vous un peu, les lapins, dit-il.

Les hommes obéirent.

— Ce n'était pas nécessaire, fit maître Jacques, attendu que je n'ai point de secret pour ces braves gens; mais enfin, pour vous plaire, il n'y a rien que je ne fasse, comme vous voyez. Nous voilà seuls, parlez donc. — Monsieur, dit Petit-Pierre en faisant un pas vers maître Jacques, je vous ordonne de mettre ce jeune homme en liberté; je veux que vous nous donniez une escorte, que vous nous fassiez conduire à l'instant même où nous voulions aller... et que vous envoyiez à la recherche d'amis que nous attendons. — Vous voulez, vous ordonnez; ah çà, mais, ma tourterelle, vous parlez comme le roi sur son trône. Et si je refuse, que direz-vous? — Si vous refusez, avant vingt-quatre heures je vous aurai fait fusiller. — Voyez-vous cela! Ah çà! mais, c'est donc à madame la régente que j'ai l'honneur de parler? — A elle-même, Monsieur.

Ici, maître Jacques fut pris d'un accès de rire convulsif; les lapins, le voyant si joyeux, se rapprochèrent pour avoir leur part d'hilarité.

— Ouf! dit-il en les voyant revenus à leur premier poste, je n'en puis plus; mes pauvres lapins, vous avez été bien étonnés tout à l'heure, n'est-ce pas, lorsque M. le baron de La Logerie, fils du Michel que vous savez, nous a déclaré que Henri V n'avait pas de meilleur ami que lui? eh bien, ce qui se passe à cette heure est bien autrement fort, bien autrement sérieux, bien autrement incroyable; voici qui dépasse tout ce que l'imagination la plus galopante aurait pu concevoir. Savez-vous ce que c'est que ce joli petit paysan que vous avez pu prendre pour ce que vous avez voulu, mais que moi j'ai purement et simplement regardé comme la maîtresse de M. le baron? eh bien, mes petits lapins, vous vous trompiez, je me trompais, nous nous trompions tous : ce jeune homme inconnu n'est ni plus ni moins que la mère de notre roi.

Un murmure d'incrédulité ironique parcourut les rangs des réfractaires.

— Et moi je vous jure, s'écria Michel, que ce que l'on vient de vous dire est la vérité. — Ah! beau témoignage, par ma foi! s'écria à son tour maître Jacques. — Je vous assure... interrompit Petit-Pierre. — Non pas, reprit maître Jacques, c'est moi qui vous assure que si d'ici à dix minutes, que je lui donne pour réfléchir, votre écuyer, ma belle dame errante, n'a pas pris le parti que je lui ai indiqué comme pouvant seul le sauver, il ira tenir compagnie aux glands qui poussent sur nos têtes; qu'il choisisse et qu'il se dépêche : du sac ou de la corde; si je n'ai pas l'un, l'autre ne lui manquera pas. — Mais c'est une infamie! s'écria Petit-Pierre hors de lui. — Qu'on le saisisse! dit maître Jacques.

Quatre réfractaires s'avançaient pour exécuter cet ordre.

— Voyons, dit Petit-Pierre, qui de vous osera porter la main sur moi?

Et comme Trigaud, peu sensible à la majesté de la parole et du geste, avançait toujours :

— Et quoi! s'écria Petit-Pierre se reculant devant le contact de cette main sordide, et en arrachant du même coup son chapeau et sa perruque, quoi! parmi tous ces bandits il ne se trouvera point un soldat pour me reconnaître! Quoi! Dieu me laissera sans secours, à la merci de pareils brigands! — Oh! non pas, fit une voix derrière maître Jacques, et voici venir quelqu'un qui dira à Monsieur que sa conduite est indigne d'un homme portant une cocarde qui n'est blanche que parce qu'elle est sans tache.

Maître Jacques se retourna prompt comme la foudre, et braquait déjà un de ses pistolets sur le nouvel arrivant. Tous les bandits avaient sauté sur leurs armes, et ce fut sous une voûte de fer que Bertha, car c'était elle, fit son entrée dans le cercle qui entourait les deux prisonniers.

— La Louve! la Louve! murmurèrent quelques-uns des hommes de maître

Jacques qui connaissaient mademoiselle de Souday. — Que venez-vous faire ici? s'écria le chef des lapins; ignorez-vous que je ne reconnais aucunement l'autorité que M. votre père s'arroge sur ma troupe, et que je refuse de faire partie de sa division? — Taisez-vous ! drôle, dit Bertha.

Et allant droit à Petit-Pierre, et mettant un genou en terre devant lui :

— Je vous demande pardon, lui dit-elle, pour ces hommes qui vous ont injurié et menacé, vous qui avez tant de droits à leurs respects. — Ah ! par ma foi, dit gaiement Petit-Pierre, vous arrivez fort à propos ; sans vous la position devenait mauvaise, et voilà un pauvre garçon qui vous devra quelque chose comme la vie. En vérité, il eût été dommage que vous tardassiez : ces Messieurs ne parlaient rien moins que de nous pendre. — Oh ! mon Dieu, oui, dit Michel, qu'Alain Courtejoie, en voyant la tournure que prenait la chose, s'était hâté de délier. — Et ce qui m'eût paru le plus fâcheux dans tout cela, dit Petit-Pierre en souriant et en montrant Michel, c'est que ce jeune homme me paraît tout à fait digne qu'une bonne royaliste comme vous s'intéresse à lui.

Bertha sourit et baissa les yeux.

— C'est donc vous qui m'acquitterez envers lui, continua Petit-Pierre ; et, de votre côté, vous ne m'en voudrez pas trop, n'est-ce pas, si, pour dégager la promesse que je lui ai faite, je touche quelques mots de tout cela à M. votre père.

Bertha se pencha, et le mouvement qu'elle fit pour saisir la main de Petit-Pierre et la baiser dissimula la rougeur qui couvrait ses joues.

Cependant maître Jacques, tout honteux de sa méprise, s'était approché et balbutiait quelques excuses. Malgré la répulsion profonde que lui inspirait cet homme, Petit-Pierre comprit qu'il serait impolitique de lui témoigner autre chose que du ressentiment.

— Vos intentions sont peut-être excellentes, Monsieur, lui dit-il, mais vos façons sont déplorables et ne tendent rien moins qu'à nous faire passer pour des détrousseurs de grande route, comme étaient autrefois MM. les compagnons de Jehu ; j'espère que vous vous en abstiendrez désormais.

Puis se détournant, et comme si ces gens n'existaient plus pour lui :

— Maintenant, dit Petit-Pierre à Bertha, racontez-moi comment vous êtes arrivée jusqu'à nous. — Votre cheval a senti les nôtres, répondit la jeune fille ; en passant nous l'avons recueilli, et nous nous sommes éloignés, car nous entendions les chasseurs qui le suivaient; en voyant le double fagot dont la pauvre bête était ornée, nous avons bien pensé que c'était pour vous échapper que vous vous étiez débarrassé de l'animal ; alors nous nous sommes tous dispersés, et, nous donnant rendez-vous à la Boulœuvre, nous nous sommes mis à votre recherche. Je traversais la forêt, les lumières ont attiré mon attention ainsi que le bruit des voix. J'ai quitté mon cheval de peur qu'un hennissement ne me trahît, je me suis approchée, et, dans la préoccupation qui tenait chacun, personne ne m'a vue ni entendue ; vous savez le reste. — Bien, répondit Petit-Pierre ; et si maintenant Monsieur veut bien me donner un guide... à la Boulœuvre, chère Bertha, car je vous avoue que je tombe de fatigue.

Bertha inclina la tête en signe d'assentiment.

Maître Jacques fit bien les choses. Dix de ses hommes marchaient en avant pour éclairer la route, tandis que lui-même, accompagné de dix autres, accompagnait Petit-Pierre monté sur le cheval de Bertha. Deux heures après, et au moment où Petit-Pierre, Bertha et Michel achevaient de souper, le marquis de Souday témoigna une grande joie de trouver celui qu'il appelait son jeune ami en sûreté. Nous devons avouer que, toujours homme de l'ancien régime, cette joie du marquis, si vive et si réelle qu'elle fût, était tempérée par les témoignages du plus profond respect.

Dans la soirée, Petit-Pierre eut avec le marquis de Souday, dans un coin de la salle, un long entretien que Bertha et Michel suivaient tous deux avec le plus vif intérêt, et qui s'accrut encore lorsque Jean Oullier entra dans la métairie. En ce moment M. de Souday s'approcha des jeunes gens, et, prenant la main de Bertha, tout en s'adressant à Michel :

— M. Petit-Pierre, dit-il, vient de m'assurer que vous aspiriez à la main de mademoiselle Bertha, ma fille; j'eusse peut-être eu d'autres idées pour son établissement; mais, en face de ses gracieuses insistances, je ne puis que vous répondre, Monsieur, qu'après la campagne ma fille sera votre femme.

La foudre tombant aux pieds de Michel ne l'eût pas plus stupéfié.

Pendant que le marquis mettait la main de Bertha dans la sienne, il voulut se tourner vers Mary comme pour implorer son intervention; mais la voix de celle-ci murmura à son oreille ces mots terribles :

— Je ne vous aime pas !

Accablé de douleur, confondu de surprise, Michel prit machinalement la main que le marquis lui présentait.

XLVI

DE QUELLE FAÇON ON VOYAGEAIT DANS LE DÉPARTEMENT DE LA LOIRE-INFÉRIEURE VERS LE MILIEU DU MOIS DE MAI 1832.

Le même jour où les différents événements que nous venons de raconter se passaient dans la maison de la veuve Picaut, au château de Souday, dans la forêt de Touvain et à la métairie de la Boulœuvre, la porte de la maison du numéro 17 de la rue du Château-Arnault s'ouvrait, vers cinq heures du soir, pour donner passage à deux individus dans l'un desquels on eût pu reconnaître le commissaire civil Pascal, avec lequel nos lecteurs ont déjà fait connaissance au château de Souday, et qui, pendant la nuit qui avait suivi sa fuite du château, avait regagné sans encombres son domicile politique et social. L'autre, c'est-à-dire celui dont nous allons momentanément nous occuper, était un homme d'une quarantaine d'années, à l'air vif, intelligent, profond, au nez recourbé, aux dents blanches, aux lèvres épaisses et sensuelles, comme les ont d'habitudes les gens d'imagination ; son habit noir, sa cravate blanche, son ruban de la Légion d'honneur, indiquaient, autant qu'on en peut juger par les apparences, un homme appartenant à la magistrature du pays. Ce personnage était, en effet, un des avocats les plus distingués du barreau de Paris, arrivé depuis la veille à Nantes, et descendu chez son confrère le commissaire civil. Dans le vocabulaire royaliste, il portait le nom de Marc, c'est-à-dire un des prénoms de Cicéron. Arrivé à la porte de la rue, conduit comme nous l'avons dit par le commissaire civil, il y trouva un cabriolet qui stationnait. Il serra affectueusement la main à son hôte et monta dans le véhicule, tandis que le cocher, se penchant vers le commissaire civil, lui demandait, comme s'il eût connu l'ignorance du voyageur :

— Où faut-il conduire Monsieur ? — Vous voyez bien ce paysan qui se tient au bout de la rue sur un cheval gris pommelé? dit le commissaire civil. — Parfaitement, répliqua le cocher. — Eh bien, il s'agit tout simplement de le suivre.

A peine ce renseignement eut-il été donné que, comme si l'homme au cheval gris pommelé eût pu entendre les paroles de l'agent carliste, il se mit en route, descendant de la rue du Château le peu qui restait à descendre, tournant à droite, de manière à longer la rivière qui coulait à sa gauche. En même temps le cocher enlevait son cheval d'un coup de fouet, et la machine criarde à laquelle nous avons donné le nom un peu ambitieux de cabriolet se mettait à danser sur les pavés inégaux de la capitale du département de la Loire-Inférieure, suivant, tant bien que mal, le guide mystérieux qui lui était donné. Au moment où le cabriolet arrivait à son tour à l'angle de la rue du Château et tournait dans la direction indiquée, le voyageur revit le cavalier qui, sans jeter un regard en arrière, prenait le pont Rousseau, qui traverse la Loire et conduit à la route de Saint-Philibert-de-Grandlieu. Le voyageur traversa le pont et enfila la route. Le paysan avait mis son cheval au trot, mais à un trot assez modéré pour que le voyageur pût le suivre. Cependant le paysan ne retournait même pas la tête, et paraissait non-seulement indifférent à ce qui se passait derrière, mais encore si ignorant de la mission qu'il remplissait comme guide, qu'il y avait des moments où le voyageur se croyait dupe d'une mystification. Quant au cocher, n'étant pas dans la confidence, il ne pouvait donner aucun renseignement capable de calmer l'inquiétude de maître Marc; et comme, lorsqu'il avait demandé au commissaire civil : « Où allons-nous ? » celui-ci lui avait répondu : « Suivez l'homme au cheval gris pommelé, » il suivait l'homme au cheval gris pommelé, ne paraissant pas plus s'occuper de son guide que son guide ne s'occupait de lui.

Après deux heures de marche, et comme le jour commençait de tomber, on arriva à Saint-Philibert-de-Grandlieu. L'homme au cheval gris s'arrêta devant l'auberge du *Signe de la Croix*, descendit de cheval, remit le cheval aux mains d'un garçon d'écurie, et entra dans l'auberge. Dans la cuisine il croisa le voyageur, et tout en le croisant, sans paraître le connaître, sans que personne le vît, il lui glissa un petit papier dans la main. Le voyageur passa dans la salle commune, vide pour le moment, demanda une bouteille de vin et de la lumière. On lui apporta ce qu'il demandait. Il ne toucha point à la bouteille, mais déplia le billet. Il contenait ces mots :

« Je vais vous attendre sur la grande route de Legé; suivez-moi, mais sans chercher à me joindre ni à me parler ; le cocher restera à l'auberge dans le cabriolet. »

Le voyageur brûla le billet, se versa un verre de vin dans lequel il trempa ses lèvres, donna rendez-vous pour le lendemain soir au cocher, et sortit de l'auberge sans avoir éveillé l'attention de l'aubergiste, ou tout au moins sans que l'aubergiste ait paru faire attention à lui. Arrivé à l'extrémité du village, il aperçut son homme qui se taillait une canne dans une haie d'aubépine. La canne étant coupée, le paysan se mit en route tout en taillant les branches. Maître Marc le suivit pendant une demi-lieue à peu près. Au bout d'une demi-heure, et comme la nuit était tout à fait venue, le paysan entra dans une maison isolée située à la droite de la route. Le voyageur avait forcé le pas, et y entra presque en même temps que lui. Au moment où il arriva sur le seuil, il n'y avait qu'une femme dans la pièce donnant sur la route. Le paysan était devant elle, et semblait attendre l'arrivée du voyageur. Dès que celui-ci parut:

— Voici, dit le paysan, un Monsieur qu'il faut conduire.

Puis, en achevant ces mots, il sortit sans donner le temps à celui qu'il annonçait de le remercier de parole ni d'argent.

Lorsque le voyageur, qui l'avait suivi des yeux, ramena son regard étonné vers la maîtresse de la maison, celle-ci lui fit signe de s'asseoir, et, sans s'inquiéter aucunement de sa présence, sans lui adresser un seul mot, continua de vaquer aux soins de la maison. Un silence de plus d'une demi-heure succéda à cette marque de stricte politesse, et le voyageur commençait à s'impatienter, lorsque le maître de la maison rentra et, sans manifester aucun signe d'étonnement ni de curiosité, salua son hôte ; seulement il chercha des yeux sa femme, qui lui répéta littéralement cette phrase du guide :

— Voilà un Monsieur qu'il faut conduire.

Le maître de la maison jeta alors sur l'étranger un de ces regards inquiets, fins et rapides qui n'appartiennent qu'aux paysans vendéens ; mais presque aussitôt, sa physionomie reprenant le caractère qui lui était habituel, c'est-à-dire celui de la bonhomie et de la naïveté, il s'avança vers son hôte le chapeau à la main.

— Monsieur désire voyager dans le pays? dit-il. — Oui, mon ami, répondit maître Marc ; je désirerais aller plus avant. — Monsieur a des papiers, sans doute ? — Certainement. — En règle ? — Tout ce qu'il y a de plus en règle. — Sous son nom de guerre, ou sous son véritable nom ? — Sous mon véritable nom. — Je suis forcé, pour ne point faire erreur, de prier Monsieur de me les montrer. — C'est absolument nécessaire ? — Oh! oui ; car, seulement après les avoir vus, je pourrai lui dire s'il peut voyager tranquillement dans ce pays.

Le voyageur tira son passe-port qui portait la date du 28 février.

— Voici, dit-il.

Le paysan prit le passe-port, y jeta les yeux pour voir si le signalement correspondait au visage, et, rendant le passe-port au voyageur après l'avoir replié :

— Oh! c'est très-bien, dit-il ; Monsieur peut aller partout avec ces papiers-là. — Et vous vous chargez de me faire conduire ? — Oui, Monsieur. — Je désirerais bien que ce fût le plus vite possible. — Je vais faire seller les chevaux.

Le maître de la maison sortit ; dix minutes après il rentra.

— Les chevaux sont prêts, dit-il. — Et le guide ? — Il attend.

Le voyageur sortit, et trouva en effet à la porte un garçon de ferme déjà en selle, et tenant un cheval de main ; maître Marc comprit que ce cheval était sa monture et le garçon de ferme son guide. Et, en effet, à peine eut-il le pied dans l'étrier, que son nouveau conducteur se mit en route aussi silencieusement que l'avait fait son prédécesseur.

Il était neuf heures du soir ; il faisait nuit close.

XLVII

SUITE DU PRÉCÉDENT.

Après une heure et demie de marche, pendant laquelle pas une parole ne fut échangée entre le voyageur et le guide, on arriva à la porte d'un de ces bâtiments particuliers au pays et qui sont moitié métairie, moitié château. Le guide s'arrêta, fit signe au voyageur d'en faire autant, puis il descendit et frappa à la porte. Un domestique vint ouvrir.

— Voilà un Monsieur qui doit parler à Monsieur, dit le garçon de ferme. — C'est bien difficile, répondit le domestique ; Monsieur est couché. — Déjà ? demanda le voyageur.

Le domestique se rapprocha.

— Monsieur a passé la nuit dernière à un rendez-vous, et une grande partie de la journée à cheval. — N'importe, dit le guide, il faut que ce Monsieur-là lui parle ; il vient de la part de M. Pascal, et va rejoindre Petit-Pierre. — En ce cas, c'est différent, dit le domestique, je vais réveiller Monsieur. — Demandez-lui, dit le voyageur, s'il peut me donner un guide sûr ; un guide me suffira. — Je ne crois pas que Monsieur fasse cela, répondit le domestique. — Que fera-t-il, alors ? — Il conduira Monsieur lui-même.

Et il rentra. Cinq minutes après il reparut.

— Monsieur fait demander à Monsieur s'il a besoin de prendre quelque chose, ou s'il préfère continuer son chemin sans s'arrêter ? — J'ai dîné à Nantes, je n'ai besoin de rien ; j'aimerais mieux continuer ma route.

Le domestique disparut de nouveau. Cinq minutes après, un jeune homme s'approcha. Cette fois, ce n'était pas le domestique, c'était le maître.

— Une autre fois, et dans une autre circonstance, dit-il, j'insisterai, Monsieur, pour que vous me fissiez l'honneur de vous arrêter un instant sous mon toit ; mais vous êtes sans doute la personne que Petit-Pierre attend et qui arrive de Paris ? — Justement, Monsieur. — Monsieur Marc, alors ? — Monsieur Marc. — En ce cas, ne perdons pas un instant, car vous êtes attendu avec impatience.

Se tournant alors vers le garçon de ferme :

— Ton cheval est-il frais ? lui demanda-t-il. — Il a fait une lieue et demie depuis ce matin. — En ce cas, je le prends ; les miens sont éreintés. Je serai de retour dans deux heures. Louis, fais les honneurs de la maison à ce camarade-là.

Et le jeune homme se mit en selle aussi légèrement que si, comme sa monture, il n'avait fait qu'une lieue et demie dans sa journée. Puis, se tournant vers le voyageur :

— Êtes-vous prêt, Monsieur ? lui demanda-t-il.

Sur le signe affirmatif de celui-ci tous deux partirent. Au bout d'un quart d'heure de silence, un cri retentit à cent pas devant eux. Maître Marc tressaillit et demanda quel était ce cri.

— C'est notre éclaireur, répondit le chef vendéen ; il demande à sa manière si la route est libre ; écoutez, et vous allez entendre la réponse.

Il étendit sa main sur l'épaule du voyageur et, arrêtant lui-même son cheval, donna à maître Marc l'exemple d'en faire autant. En effet, presque aussitôt un second cri se fit entendre venant d'une distance plus éloignée. Il semblait l'écho du premier, tant il était pareil.

— Nous pouvons avancer, la route est libre, dit le chef vendéen en remettant son cheval au pas. — Nous sommes donc précédés d'un éclaireur ? — Précédés et suivis ; nous avons un homme à deux cents pas devant nous et un homme à deux cents pas derrière nous. — Mais quels sont ceux qui répondent à notre éclaireur d'avant-garde ? — Les paysans dont les chaumières bordent la route. Faites attention, lorsque vous passerez devant l'une de ces chaumières, vous verrez une petite lucarne s'ouvrir, une tête d'homme se glisser par cette lucarne, demeurer immobile comme si elle était de pierre, et ne disparaître que lorsque nous serons hors de vue ; si nous étions des soldats de quelque cantonnement environnant, l'homme qui nous aurait regardés passer sortirait aussitôt par une porte de derrière; puis, s'il y avait aux environs quelque rassemblement, ce rassemblement serait prévenu un quart d'heure avant son arrivée de l'approche de la colonne qui doit le surprendre.

En ce moment le chef vendéen s'interrompit.

— Écoutez! fit-il.

Les deux cavaliers s'arrêtèrent.

— Mais, dit le voyageur, je n'ai entendu que le cri de notre éclaireur, il me semble? — Justement, mais aucun cri ne lui a répondu. — Ce qui veut dire? — Qu'il y a des soldats aux environs.

A ces mots il mit son cheval au trot; le voyageur en fit autant. Presque au même moment ils entendirent des pas pressés; c'était l'homme placé derrière eux qui les rejoignait de toute la vitesse de ses jambes. A l'embranchement de deux routes, ils trouvèrent celui qui marchait devant eux immobile et indécis. Le chemin bifurquait, et comme on n'avait ni d'un côté ni de l'autre répondu à son cri, il ignorait lequel des deux sentiers il fallait prendre. Tous deux, du reste, conduisaient à la même direction; seulement celui de gauche était un peu plus long que celui de droite. Après un moment de délibération entre le chef et le guide, ce dernier s'enfonça sous la voûte sombre placée à droite; cinq minutes après, le chef vendéen et le voyageur s'y enfoncèrent à leur tour, laissant à la place qu'ils quittaient leur quatrième compagnon qui, cinq minutes après, les y suivit. Les mêmes distances continuaient d'être observées entre le corps d'armée et ses avant et arrière-gardes. A trois cents pas plus loin, les deux royalistes trouvèrent leur éclaireur arrêté; puis, à voix basse, il laissa tomber ces mots :

— Une patrouille.

En effet, en écoutant attentivement on entendait, mais au loin encore, le bruit régulier des pas que fait une troupe en marche. C'était une des colonnes mobiles du général Dermoncourt qui faisait sa ronde de nuit.

On était dans un de ces chemins creux si fréquents en Vendée à cette époque, et surtout à celle de la première guerre, mais qui disparaissent maintenant tous les jours pour faire place à des routes vicinales; les deux talus en étaient si rapides, qu'il était impossible de faire gravir l'un ou l'autre à des chevaux; il n'y avait donc qu'un moyen, c'était de tourner bride, de regagner un endroit découvert et de s'écarter à droite ou à gauche. Mais, de même que les cavaliers entendaient le bruit des pas des fantassins, les fantassins pouvaient entendre le bruit des pas des chevaux et se mettre à la poursuite de ceux-ci, quand tout à coup l'éclaireur attira l'attention du chef vendéen par un signe. Il avait vu, grâce à un rayon de lune fugitif et déjà disparu, le reflet des baïonnettes lançant un éclair, et son doigt levé diagonalement indiquait à l'œil du chef vendéen et du voyageur la direction qu'ils devaient suivre. En effet, les soldats, pour éviter l'eau qui, en général, coule dans les chemins creux après les pluies abondantes, au lieu de suivre le sentier dominé par son double talus, avaient gravi un de ces talus et marchaient de l'autre côté de la haie naturelle qui s'étendait à la gauche des voyageurs. En suivant cette route, ils allaient passer à dix pas des deux cavaliers et des deux piétons perdus dans les profondeurs du chemin creux. Si un seul des deux chevaux eût henni, la petite troupe était prisonnière; mais, comme s'ils eussent compris le danger, ils restèrent aussi silencieux que leurs maîtres, et les soldats passèrent sans se douter près de qui ils avaient passé. Quand le bruit des pas des soldats se fut perdu dans l'éloignement, la respiration revint aux voyageurs, et ils se remirent en marche. Un quart d'heure après, on se détourna de la route et l'on entra dans une forêt.

Là, on était plus à l'aise ; il n'était point probable que les soldats s'engageassent la nuit dans cette forêt, ou du moins suivissent d'autre route que les grandes artères qui la traversent ; en s'engageant dans un des sentiers connus des gens du pays et que fraye l'indiscipline des piétons, il n'y avait donc rien à craindre. On descendit de cheval ; on laissa les deux montures aux mains d'un des éclaireurs, tandis que l'autre disparaissait rapidement dans les ténèbres, rendues plus épaisses encore par les premières feuilles de mai. Le chef vendéen et le voyageur prirent la même route que lui. Il était évident que l'on approchait du but de la course ; l'abandon que l'on faisait des chevaux en était une preuve. En effet, à peine maître Marc et son guide eurent-ils fait deux cents pas, qu'ils entendirent le houhoulement du chat-huant. Le chef vendéen rapprocha ses mains, et, en réponse à ce houhoulement, fit entendre le cri aigu de la chouette. Le cri du chat-huant se fit entendre de nouveau.

— Voilà notre homme, dit le chef vendéen.

Dix minutes après, on entendait le bruit de pas faisant crier l'herbe du sentier, et le guide reparaissait accompagné d'un étranger. Cet étranger n'était autre que notre ami Jean Oullier, seul, et par conséquent premier piqueur du marquis de Souday, qui momentanément avait renoncé à ses chasses, tout occupé qu'il était des événements politiques qui allaient se dérouler autour de lui. Dans ses deux autres présentations, le voyageur avait entendu ces paroles échangées entre son guide et celui auquel il s'adressait :

— Voici un Monsieur qui a besoin de parler à Monsieur.

Cette fois la formule changea, et le chef vendéen dit à Jean Oullier :

— Mon ami, voici un Monsieur qui désire parler à Petit-Pierre.

Ce à quoi Jean Oullier se contenta de répondre :

— Qu'il vienne avec moi.

Le voyageur tendit la main au chef vendéen, qui la lui serra cordialement, puis porta cette même main à sa poche, dans l'intention de partager sa bourse entre ses deux guides ; mais le chef vendéen devina cette intention, et, lui posant à son tour la main sur le bras, lui fit signe de ne pas donner suite à une libéralité que le brave paysan prendrait pour une offense. Maître Marc comprit, et une poignée de main l'acquitta avec le paysan comme elle avait fait avec le chef. Après quoi Jean Oullier reprit le chemin par lequel il était venu, en disant ces deux mots qui avaient la brièveté d'un ordre et l'accent d'une invitation :

— Suivez-moi.

La séparation fut aussi courte que l'invitation avait été laconique. Le voyageur commençait à s'habituer à ces formes mystérieuses et brèves, insolites pour lui, et qui révélaient, sinon la conspiration flagrante, du moins l'insurrection prochaine. Ombragés qu'ils étaient par leurs grands chapeaux, à peine avait-il vu le visage du chef vendéen et des deux guides ; à peine, dans l'épaisseur du bois, voyait-il à ses côtés se mouvoir la forme de Jean Oullier. Cependant, peu à peu, cette forme qui marchait devant lui ralentit le pas de manière à se trouver à ses côtés. Le voyageur sentit vaguement que son guide avait quelque chose à lui dire et prêta l'oreille. En effet, il entendit à côté de lui ces deux mots comme un murmure :

— Nous sommes espionnés, un homme nous suit dans le bois ; ne vous inquiétez pas de me voir disparaître ; attendez-moi à l'endroit où j'aurai disparu.

Le voyageur répondit par un simple signe de tête qui voulait dire :

— C'est bien; faites ce que vous voudrez.

On fit cinquante pas encore. Tout à coup Jean Oullier s'élança dans le bois. On entendit, à vingt ou trente pas dans l'épaisseur de la forêt, le bruit que ferait un chevreuil se levant d'effroi. Ce bruit s'éloigna aussi rapidement que si c'eût été, en effet, un chevreuil qui l'eût causé. Dans la même direction on entendit s'éloigner les pas de Jean Oullier. Puis le bruit s'éteignit. Le voyageur s'appuya contre un chêne et attendit. Au bout de vingt minutes d'attente, une voix dit près de lui :

— Allons !

Il tressaillit. Cette voix était celle de Jean Oullier; seulement, le vieux garde-chasse était revenu si doucement qu'aucun bruit n'avait révélé son retour.

— Eh bien? demanda le voyageur. — Buisson creux, fit Jean Oullier. — Personne? — Quelqu'un ; mais c'est un drôle qui connaît le bois aussi bien que moi. — De sorte que vous n'avez pas pu le rejoindre ?

Jean Oullier secoua négativement la tête, comme s'il lui eût coûté de dire de la voix qu'un homme lui avait échappé.

— Et vous ne savez pas qui? continua le voyageur. — Je m'en doute, répondit Jean Oullier en étendant le bras dans la direction du midi; mais en tout cas c'est un malin.

Puis, comme on était arrivé à la lisière de la forêt :

— Nous y sommes, dit-il.

Et en effet, maître Marc vit se dresser devant lui la petite ferme de la Boulœuvre. Jean Oullier regarda avec attention des deux côtés du chemin. Aussi loin que la vue pouvait s'étendre, le chemin était libre. Ils suivirent le chemin; ils arrivèrent sans encombre devant une métairie dont Jean Oullier ouvrit la porte. La porte ouverte :

— Venez, dit-il.

Maître Marc traversa rapidement à son tour le grand chemin, et disparut sous le porche béant. La porte se referma derrière les deux hommes. Une forme blanche apparut sur le perron.

— Qui va là ? demanda une voix de femme, mais forte et impérative. — Moi, mademoiselle Bertha, répondit Jean Oullier. — Vous n'êtes pas seul, mon ami ? — Je suis avec le monsieur de Paris qui demande à parler à Petit-Pierre.

Bertha descendit et vint au-devant du voyageur.

— Venez, Monsieur, dit-elle.

Et la jeune fille conduisit maître Marc dans une pièce pauvrement meublée. Un grand feu était allumé, et près du feu, une table dressée supportait un souper tout servi.

— Asseyez-vous, Monsieur, dit la jeune fille avec une grâce parfaite, qui, cependant, n'était pas dénuée d'un côté viril qui lui donnait une grande originalité; vous devez avoir faim et soif, buvez et mangez. Petit-Pierre dort; mais il a donné l'ordre de l'éveiller si quelqu'un venait de Paris; vous venez de Paris ? — Oui, Mademoiselle. — Dans dix minutes je suis à vous.

Et Bertha disparut comme une vision.

Le voyageur resta quelques secondes immobile d'étonnement : c'était un observateur, et jamais il n'avait vu plus de grâce et plus de charme joints à une pareille décision de volonté. On eût dit le jeune Achille déguisé en femme, et n'ayant pas encore vu briller le glaive d'Ulysse. Aussi, tout absorbé soit dans cette pensée, soit dans celles qui s'y rattachaient, le voyageur ne songea-t-il ni à boire ni à manger. Un instant après la jeune fille rentra.

— Petit-Pierre est prêt à vous recevoir, Monsieur, dit-elle.

Le voyageur se leva ; Bertha marcha devant lui. Elle tenait à la main un court flambeau qu'elle levait pour éclairer l'escalier, et qui éclairait en même temps son visage. Le voyageur regardait avec admiration ses beaux cheveux et ses beaux yeux noirs ; son teint mat portant le hâle juvénile de la santé, et cette allure ferme et dégagée qui semblait révéler la déesse. Il murmura avec un sourire, en se rappelant son Virgile, cet homme qui, lui-même, est un souvenir de l'antiquité :

Incessu patuit dea.

La jeune fille frappa à la porte d'une chambre.
— Entrez ! répondit une voix de femme.

La porte s'ouvrit ; la jeune fille s'inclina légèrement pour laisser passer le voyageur : il était facile de voir que l'humilité n'était point sa principale vertu. Le voyageur passa ; la porte se referma derrière lui ; la jeune fille resta dehors.

XLVIII

UN PEU D'HISTOIRE NE GATE RIEN.

Le voyageur aperçut une grande chambre de construction récente dont les parois suaient l'humidité, et dont les boiseries montraient leur bois blanc à travers le mince badigeon qui les couvrait. Dans cette chambre, couchée sur un lit de bois blanc grossièrement équarri, il aperçut une femme, et dans cette femme il reconnut madame la duchesse de Berri.

L'attention de maître Marc se concentra tout entière sur elle.

Les draps de sa misérable couchette étaient de batiste très-fine ; ce luxe de linge blanc et soyeux était la seule chose qui rappelât son rang dans le monde. Un châle à carreaux rouges et verts servait de couverture ; une mauvaise cheminée en plâtre, garnie d'une légère boiserie, chauffait l'appartement, qui n'avait pour tous meubles qu'une table couverte de papiers, sur lesquels était posée une paire de pistolets. Deux chaises, sur l'une desquelles étaient jetés un costume complet de jeune paysan et une perruque brune, se trouvaient placées, l'une près de cette table, l'autre au pied du lit ; c'était celle où étaient les vêtements. La princesse portait sur sa tête une de ces coiffes de laine comme en portent les femmes du pays, et dont les barbes retombaient sur ses épaules. A la lueur de deux bougies posées sur une table de nuit de bois de rose fortement éraillée, débris évident de l'ancien mobilier d'un château, la duchesse dépouillait sa correspondance. Un assez grand nombre de lettres, placées sur cette même table de nuit et maintenues, en guise de serre-papier, par une paire de pistolets, attendaient leur tour.

Madame paraissait impatiente de voir arriver le voyageur, car, en l'apercevant, elle sortit à moitié de son lit pour tendre vers lui ses deux mains. Celui-ci les prit, les baisa respectueusement, et la duchesse sentit une larme qui tombait des yeux du fidèle partisan sur celle des deux mains qu'il avait gardée dans les siennes.

— Une larme, Monsieur ! dit la duchesse ; m'apportez-vous de mauvaises nouvelles ? — Cette larme sort de mon cœur, Madame, répondit maître Marc ; elle n'exprime que mon dévouement et le profond regret que j'éprouve de vous voir ainsi isolée et perdue au fond d'une métairie de la Vendée, vous que j'ai vue... Il s'arrêta, les larmes l'empêchaient de parler.

La duchesse reprit sa phrase où il l'avait laissée, et continua :

— Oui, aux Tuileries, n'est-ce pas? sur les marches du trône. Eh bien! cher Monsieur, j'y étais à coup sûr plus mal gardée et moins bien servie qu'ici, car ici je suis servie et gardée par la fidélité qui se dévoue, tandis que là-bas je l'étais par l'intérêt qui calcule ; mais arrivons au but que je ne vous vois pas éloigner, je l'avoue, sans inquiétude. Des nouvelles de Paris, vite ; m'apportez-vous de bonnes nouvelles? — Croyez, Madame, répondit maître Marc, croyez à mon profond regret, moi homme d'enthousiasme, d'avoir été forcé de me faire le messager de la prudence. — Ah! ah! fit la duchesse ; pendant que mes amis de Vendée se font tuer, mes amis de Paris sont prudents, à ce qu'il paraît? Vous voyez bien que j'avais raison de vous dire que j'étais ici mieux gardée, et surtout mieux servie qu'aux Tuileries. — Mieux gardée, peut-être, mais mieux servie, non. Il y a des moments où la prudence est le génie du succès.

— Mais, Monsieur, dit la duchesse impatiente, je suis aussi bien renseignée sur Paris que vous, et je sais qu'une révolution y est instante. — Madame, répondit l'avocat de sa voix ferme et sonore, nous vivons depuis un an et demi dans les émeutes, et aucune de ces émeutes n'a pu monter encore à la hauteur d'une révolution. — Louis-Philippe est impopulaire. — Je vous l'accorde ; mais cela ne veut pas dire que Henri V soit populaire, lui. — Henri V! Henri V! Mon fils ne s'appelle pas Henri V, Monsieur, dit la duchesse avec impatience : il s'appelle Henri IV second! — Sous ce rapport, Madame, répondit l'avocat, il est bien jeune encore, permettez-moi de vous le dire, pour que nous sachions son vrai nom ; puis, plus on est dévoué à un chef, Madame, plus on lui doit la vérité. — Oh! oui, la vérité, je la demande, je la veux, mais la vérité tout entière, entendez-vous? — Eh bien! Madame, la vérité, la voilà! Par malheur, les souvenirs des peuples se perdent dans un horizon étroit ; pour le peuple, il y a deux grands souvenirs, dont le premier remonte à quarante-trois ans, et le second à dix-sept : le premier, c'est la prise de la Bastille, c'est-à-dire la victoire du peuple sur la royauté, victoire qui a donné le drapeau tricolore à la nation ; le second, c'est la double restauration de 1814 et de 1815, victoire de la royauté sur le peuple, qui a imposé le drapeau blanc au pays. Or, Madame, dans les grands mouvements, tout est symbole ; le drapeau tricolore, c'est le labarum de la liberté ; il porte écrit sur sa flamme : « Par ce signe, tu vaincras. » Le drapeau blanc, c'est la bannière du despotisme ; il porte écrit sur sa double face : « Par ce signe, tu as été vaincu. » — Monsieur! — Ah! vous voulez la vérité, Madame ; alors, laissez-moi donc vous la dire. — Soit ; mais quand vous aurez dit, vous me permettrez de vous répondre. — Oui, Madame, et je serai bien heureux si cette réponse peut me convaincre. — Continuez. — Vous avez quitté Paris le 28 juillet, Madame ; vous n'avez donc pas vu avec quelle rage le peuple a mis en pièces le drapeau blanc et foulé aux pieds les fleurs de lis. — Le drapeau de Denain et de Taillebourg! les fleurs de lis de saint Louis et de Louis XIV! — Par malheur, Madame, le peuple ne se souvient, lui, que de Waterloo, le peuple ne connaît que Louis XVI ; une défaite, et une exécution. Eh bien! savez-vous, Madame, la grande difficulté que je prévois pour votre fils, c'est-à-dire pour le dernier descendant de saint Louis et de Louis XIV? c'est justement le drapeau de Taillebourg et de Denain. Si S. M. Henri V, ou Henri IV second, comme vous l'appelez si intelligemment, rentré dans Paris avec le drapeau blanc, il ne passera pas le faubourg Saint-Antoine. Avant d'arriver à la Bastille, il est mort. — Et s'il rentre avec le drapeau tricolore? — C'est bien pis, Madame; avant d'arriver aux Tuileries, il est déshonoré.

La duchesse fit un soubresaut, mais resta muette.

— C'est peut-être la vérité, dit-elle après une minute de silence, mais elle est dure. — Je vous l'ai promise tout entière, et je tiens ma promesse.

La duchesse devint muette un instant encore.

— Ce ne sont point là les renseignements que j'ai reçus sur la France, et qui m'ont déterminée à revenir en France, dit-elle. — Non, sans doute, Madame; mais il faut songer à une chose, c'est que si la vérité arrive quelquefois jusqu'aux princes régnants, elle n'arrive jamais jusqu'aux princes détrônés. — Permettez-moi de vous dire qu'en votre qualité d'avocat, Monsieur, vous pouvez être soupçonné de cultiver le paradoxe. — Le paradoxe, en effet, Madame, est une des faces de l'éloquence. Seulement ici, avec Votre Altesse Royale, il ne s'agit pas d'être éloquent, mais vrai. — Pardon! vous disiez tout à l'heure que la vérité n'arrivait jamais aux princes détrônés. Ou vous vous trompiez tout à l'heure, ou vous me trompez maintenant.

L'avocat se mordit les lèvres; il était pris dans son propre dilemme.

— Ai-je dit jamais, Madame? — Vous avez dit jamais. — Alors supposons qu'il y ait une exception, et que cette exception, Dieu ait permis que j'en sois le représentant. — Je le suppose, et je vous demande pourquoi la vérité n'arrive-t-elle jamais aux princes détrônés? — Parce que les princes sur le trône peuvent à la rigueur être entourés d'ambitions satisfaites, mais que les princes détrônés le sont nécessairement d'ambitions à satisfaire. Sans doute, Madame, il y a autour de vous quelques cœurs généreux qui se dévouent avec une complète abnégation; mais il y a aussi pas mal de personnes qui voient dans votre retour en France une voie frayée à votre suite, par laquelle elles monteront à la réputation, à la fortune et aux honneurs. Il y a aussi les mécontents qui ont perdu leur position, et qui veulent tout à la fois la reconquérir et se venger de ceux qui la leur ont prise. Eh bien, tous ces gens-là voient mal les faits, apprécient mal la situation; leur désir se traduit en espérances, leurs espérances en certitudes; ceux-là rêvent sans cesse une révolution qui viendra peut-être, mais ne viendra pas à coup sûr à l'heure où ils l'attendent; ils se trompent et vous trompent. Ils commencent par se mentir à eux-mêmes, et ensuite vous mentent à vous. Ils vous attirent dans un danger où ils sont prêts à se jeter. De là l'erreur, erreur fatale qu'ils vous ont fait partager, Madame, et qu'il faut que vous reconnaissiez être une erreur en face de la vérité incontestable que je dévoile brutalement peut-être, mais fidèlement à vos regards. — En somme, dit la duchesse, d'autant plus impatiente que ces paroles confirmaient celles qu'elle avait déjà entendues au château de Souday, qu'apportez-vous dans les plis de votre toge, maître Cicéron? Est-ce la paix? est-ce la guerre? — Comme il est entendu que nous restons dans les traditions de la royauté constitutionnelle, je répondrai à Son Altesse Royale qu'en sa qualité de régente, c'est à elle qu'il appartiendra d'en décider. — Oui, n'est-ce pas? Quitte à mes chambres à me refuser des subsides, n'est-ce pas, si je ne décide pas comme il leur convient? Oh! je connais toutes les fictions de votre régime constitutionnel, maître Marc, dont le principal inconvénient, à mon avis, est de faire surtout les affaires, non pas de ceux qui parlent le mieux, mais de ceux qui parlent le plus. Enfin, vous avez dû recueillir les opinions de mes fidèles et féaux conseillers sur l'opportunité de la prise d'armes; quelles sont-elles? Qu'en pensez-vous vous-même? Nous avons beaucoup parlé de la vérité; c'est parfois un spectre terrible. N'importe, quoique femme, je n'hésite pas à l'évoquer. — C'est parce que je suis bien convaincu qu'il y a l'étoffe de vingt rois dans la tête et dans le cœur de Madame, que je n'ai point hésité à me charger d'une mission que je regarde comme douloureuse. — Ah! nous y voilà, enfin. Allons, moins de diplomatie, maître Marc; parlez haut et ferme, comme il convient que l'on parle à ce que je suis ici, c'est-à-dire un à soldat.

Puis, s'apercevant que le voyageur, après avoir arraché sa cravate, cherchait à la découdre pour en tirer un papier :

— Donnez, donnez, dit-elle avec impatience, j'aurai plus tôt fait que vous.

C'était une lettre écrite en chiffres. La duchesse y jeta les yeux, puis la rendant à maître Marc :

— Je perdrais du temps à l'épeler, dit-elle; lisez-la-moi. Cela doit vous être facile, car vous savez sans doute ce qu'elle contient.

Maître Marc prit le papier des mains de la duchesse, et, en effet, lut sans hésitation ce qui suit :

« Les personnes en qui l'on a reporté une honorable confiance ne peuvent s'empêcher de témoigner leur douleur des conseils en vertu desquels on est arrivé à la crise présente. Ces conseils ont été donnés sans doute par des hommes pleins de zèle, mais qui ne connaissent ni l'état actuel des choses, ni la disposition des esprits.

« On se trompe quand on croit à la possibilité d'un mouvement dans Paris; on ne trouverait pas douze cents hommes, non mêlés d'agents de police, qui, pour quelques écus, feraient du bruit dans la rue, et qui auraient à combattre la garde nationale et une garnison fidèle.

« On se trompe sur la Vendée comme on s'est trompé sur le Midi : cette terre de dévouement et de sacrifices est désolée par une nombreuse armée, aidée de la population des villes, presque toute antilégitimiste; une levée de paysans n'aboutirait désormais qu'à faire saccager les campagnes, et à consolider le gouvernement par un triomphe facile.

« On pense que si la mère de Henri V était en France, elle devrait se hâter d'en sortir, après avoir ordonné à tous les chefs de se tenir tranquilles. Ainsi, au lieu d'être venue organiser la guerre civile, elle serait venue demander la paix. Elle aurait eu la double gloire d'accomplir une action de grand courage et d'arrêter l'effusion du sang français.

« Les sages amis de la légitimité, que l'on n'a jamais prévenus de ce que l'on voulait faire, qui n'ont jamais été consultés sur les partis hasardeux que l'on voulait prendre, et qui n'ont connu les faits que lorsqu'ils étaient accomplis, renvoient la responsabilité de ces faits à ceux qui en ont été les conseillers et les auteurs. Ils ne peuvent ni mériter l'honneur ni encourager le blâme dans les chances de l'une ou de l'autre fortune. »

Pendant cette lecture, Madame avait été en proie à une vive agitation. Sa figure, habituellement pâle, s'était couverte de rougeur; sa main tremblante passait et repassait dans ses cheveux, et repoussait en arrière le bonnet de laine qu'elle portait sur sa tête. Elle n'avait pas proféré une interjection, elle n'avait point interrompu la lecture, mais il était évident que son calme précédait une tempête. Pour la détourner, maître Marc se hâta de dire, en lui rendant la lettre qu'il avait repliée :

— Ce n'est point moi, Madame, qui ai écrit cette lettre. — Non, répondit la duchesse, incapable de se contenir plus longtemps; mais celui qui l'a apportée était bien capable de l'écrire.

Le voyageur comprit qu'il ne gagnerait rien sur cette nature vive et impressionnable en courbant la tête; il se redressa donc de toute sa hauteur :

— Oui, dit-il, et il rougit d'un moment de faiblesse; et il déclare à Votre Altesse Royale que, s'il n'approuve pas certaines expressions de cette lettre, il partage au moins le sentiment qui l'a dictée. — Le sentiment! répéta la duchesse ; appelez ce sentiment-là l'égoïsme, appelez-le une prudence, qui ressemble fort à de la... — Lâcheté, n'est-ce pas, Madame? Et en effet, il est bien lâche le cœur qui a tout quitté pour venir partager une situation qu'il n'avait pas conseillée; il est vraiment égoïste, celui qui est venu vous dire : « Vous voulez la vérité, Madame? la voici; mais s'il plait à Votre Altesse Royale de marcher à une mort inutile autant que certaine, elle va m'y voir marcher à ses côtés.

La duchesse resta quelques instants silencieuse, puis elle reprit avec plus de douceur :

— J'apprécie votre dévouement, Monsieur; mais vous connaissez mal l'état de la Vendée ; vous n'en êtes informé que par ceux qui sont opposés au mouvement. — Soit. Supposons, ce qui n'est pas, supposons que la Vendée va se lever comme un seul homme, supposons qu'elle va vous entourer de ses bataillons, supposons qu'elle ne vous marchandera ni le sang ni les sacrifices; la Vendée n'est pas la France. — Après m'avoir dit que le peuple de Paris hait les fleurs de lis et méprise le drapeau blanc, voulez-vous en arriver à me dire que toute la France partage les sentiments du peuple de Paris ? — Hélas ! Madame, la France est logique, et c'est nous qui poursuivons une chimère en rêvant une alliance entre le droit divin et la souveraineté populaire, deux mots qui hurlent en se sentant accouplés. — Alors, à votre avis, je dois renoncer à toutes mes espérances, abandonner mes amis compromis, et dans trois jours, quand ils prendront les armes, les laisser me chercher inutilement dans leurs rangs, et leur faire dire par un étranger : « Marie-Caroline, pour laquelle vous étiez prêts à combattre, pour laquelle vous étiez prêts à mourir, a désespéré de sa fortune et a reculé devant la destinée; Marie-Caroline a eu peur? » Oh ! non, jamais, jamais, Monsieur ! — Vos amis n'auront pas ce reproche à vous faire, Madame, car dans trois jours vos amis ne se réuniront pas. — Mais vous ignorez donc que la prise d'armes est fixée au 24? — Vos amis, Madame, ont dû recevoir contre-ordre. — Quand cela ? — Aujourd'hui. — Aujourd'hui ! s'écria la duchesse en fronçant le sourcil et en se dressant sur ses deux poings, et d'où leur est venu cet ordre ? — De Nantes. — Qui le leur a donné? — Celui à qui vous-même leur avez recommandé d'obéir. — Le maréchal ? — Le maréchal n'a fait que suivre les instructions du comité parisien. — Mais alors, s'écria la duchesse, je ne suis donc plus rien, moi ? — Vous, Madame, au contraire, dit le messager en se laissant tomber sur un genou et en joignant les mains, vous êtes tout, et c'est pour cela que nous vous sauvegardons ; c'est pour cela que nous ne voulons pas vous user dans un mouvement inutile; c'est pour cela que nous tremblons de vous dépopulariser par une défaite. — Oh ! oh ! s'écria la duchesse en appuyant, non pas ses mains, mais ses poings sur ses yeux; quelle honte ! quelle lâcheté !

Maître Marc continua comme s'il n'eût pas entendu, ou plutôt comme si la résolution qu'il était chargé de faire connaître à Madame était si bien arrêtée que rien ne pouvait la changer.

— Toutes les précautions sont prises pour que Madame puisse quitter la France sans être inquiétée : un navire croise dans la baie de Bourgneuf, en trois heures Votre Altesse peut l'avoir joint. — O noble terre de la Vendée ! s'écria la duchesse, qui m'aurait dit cela, que tu me repousserais, que tu me chasserais, quand je venais au nom de ton Dieu et de ton roi ? Oh ! je croyais qu'il n'y avait que ce Paris sans foi qui fût infidèle et ingrat ! Mais toi, toi, à qui je venais redemander un trône, toi me refuser une tombe ! oh ! non, non, je n'eusse jamais cru cela ! — Vous partirez, n'est-ce pas, Madame ? dit le messager toujours à genoux et les mains jointes. — Oui, je partirai, dit la duchesse, oui, je quitterai la France ; mais prenez garde, je n'y reviendrai pas, car je ne veux pas y revenir avec les étrangers. Il n'attendent qu'un moment pour se coaliser contre Philippe, vous le savez bien, et, ce moment arrivé, ils viendront me demander mon fils, non pas qu'ils s'inquiètent plus de lui véritablement qu'ils ne s'inquiétaient de Louis XVI en 1792, et de Louis XVIII en 1813, mais ce sera un moyen pour eux d'avoir un parti à Paris ; eh bien ! alors, non, ils n'auront pas mon fils ; non, ils ne l'auront pour rien au monde ; je l'emporterai plutôt dans les montagnes de la Calabre. Voyez-vous, Monsieur, s'il faut qu'il achète le trône de France par la cession d'une province, d'une ville, d'une forteresse, d'une maison, d'une chaumière, je vous donne ma parole de régente et de mère qu'il ne sera jamais roi. Et maintenant, je n'ai plus rien à vous dire. Allez, Monsieur, et reportez mes paroles à ceux qui vous ont envoyé.

Maître Marc se releva et s'inclina devant la duchesse, attendant qu'au moment de son départ elle lui tendît une des deux mains qu'elle lui avait tendues à son arrivée ; mais elle resta menaçante, les mains fermées et les sourcils froncés.

— Dieu guide Votre Altesse ! dit le messager, ne jugeant pas à propos d'attendre plus longtemps, et pensant avec raison que, tant qu'il serait là, pas un muscle de cette généreuse organisation ne fléchirait.

Il ne se trompait pas. Mais à peine la porte se fut-elle refermée derrière lui, que Madame, brisée de ce long effort, retomba sur son lit, en y éclatant en sanglots, et en murmurant :

— Oh ! Bonneville ! mon pauvre Bonneville !

XLIX

OU PETIT-PIERRE SE DECIDE A FAIRE CONTRE FORTUNE BON CŒUR.

Immédiatement après la conversation que nous venons de rapporter, le voyageur quitta le château de Souday ; il tenait à être de retour à Nantes avant le milieu de la journée.

Quelques minutes après son départ, et bien que la nuit fût à peine parvenue aux deux tiers de sa course, Petit-Pierre, sous ses habits de paysan, descendit de sa chambre et entra dans la salle basse de la ferme. C'était une vaste pièce, dont les murs grisâtres étaient en maints endroits veufs du plâtre dont ils avaient été primitivement enduits, et dont les solives étaient noircies par la fumée. Elle était meublée d'une grande armoire de chêne poli, dont la serrure étincelait dans l'ombre au milieu des masses brunes et ternes ; le reste de l'ameublement se composait de deux lits parallèles entourés de rideaux d'une serge verdâtre, de deux huches grossières et d'une horloge enfermée dans une haute caisse en bois sculpté et dont le mouvement monotone rappelait seul la vie au milieu du silence de la nuit. La cheminée était haute et large, son manteau était entouré d'une bande d'étoffe semblable à l'étoffe des rideaux, seulement du vert roux cette bande avait passé au noir brun. Cette cheminée avait ses ornements habituels, comme les poutres du plafond avaient les leurs : ces ornements étaient une figurine de cire, protégée par un globe et représentant l'enfant Jésus; deux pots de porcelaine contenant des fleurs artificielles, recouverts d'une gaze pour les préserver du contact des mouches; un fusil à deux coups et un rameau de buis pascal. Cette salle n'était séparée de l'étable que par une cloison de planches, et c'est à travers cette cloison percée de trappes que les vaches du métayer passaient leurs têtes pour manger leur provende que l'on déposait sur l'aire de la pièce.

Lorsque Petit-Pierre, après avoir donné congé sans doute au maître de la métairie, au marquis et à ses filles, ouvrit la porte, un homme qui se chauffait sous le manteau de la cheminée se leva et s'éloigna respectueusement, pour céder au nouvel arrivant sa place au milieu du foyer; mais Petit-Pierre lui fit de la main signe de reprendre sa chaise, qu'il repoussa dans le coin. Petit-Pierre prit une escabelle et s'assit à l'autre coin, en face de cet homme, qui n'était autre que Jean Oullier; puis il posa sa tête sur sa main, appuya son coude sur son genou, et resta abîmé dans ses réflexions, tandis que son pied, qu'il agitait par un mouvement fébrile et qui communiquait ce tremblement à tout le corps qu'il supportait, témoignait que Petit-Pierre était sous le coup d'une vive contrariété. Jean Oullier, qui, lui aussi, avait de son côté ses préoccupations et ses soucis, demeurait morne et silencieux. Sa pipe, qu'il avait ôtée de sa bouche lorsque Petit-Pierre était entré dans la chambre, roulait machinalement entre ses doigts, et il ne sortait de ses méditations que pour pousser des soupirs qui ressemblaient à des menaces, ou pour rapprocher les morceaux de bois qui brûlaient dans l'âtre. Ce fut Petit-Pierre qui, le premier, prit la parole.

— Ne fumiez-vous pas lorsque je suis entré, mon brave homme? demanda-t-il. — Oui, répondit laconiquement celui-ci avec une nuance de respect très remarquable dans la voix. — Pourquoi ne continuez-vous pas? — Je crains de vous incommoder. — Bah ! ne sommes-nous pas au bivouac, ou à peu près, mon brave; or, je tiens d'autant plus à ce que vous y ayez vos aises, que c'est malheureusement notre dernier bivouac.

Quelque énigmatiques que lui parussent ces paroles, Jean Oullier ne se permit pas d'interroger Petit-Pierre; avec ce tact merveilleux qui caractérise le paysan vendéen, sans laisser apercevoir qu'il sût à quoi s'en tenir sur la qualité réelle de Petit-Pierre, il ne profita point de la permission donnée et ne fit aucune question qui lui parût irrévérencieuse.

Malgré les préoccupations qui l'agitaient lui-même, Petit-Pierre remarqua les nuages qui chargeaient le front du paysan. Il rompit le silence.

— Mais qu'avez-vous donc, mon cher Jean Oullier, demanda-t-il, et pourquoi cet air morne lorsque j'aurais cru, au contraire, vous trouver tout joyeux? — Et pourquoi donc serais-je joyeux? demanda le vieux garde. — Mais parce qu'un bon et fidèle serviteur comme vous prend toujours part au bonheur de ses maîtres, et que notre jeune amazone a l'air assez satisfait depuis vingt-quatre heures pour que cette joie se reflète un peu sur votre visage. — Dieu veuille qu'elle dure longtemps, cette joie, fit Jean Oullier avec un sourire de doute, et en levant les yeux au ciel. — Comment donc, mon cher Jean ! Vous auriez quelque prévention contre les mariages d'inclination ? Moi je les aime à la folie ; ce sont les seuls dans toute ma vie dont j'aie voulu me mêler. — Je n'ai point de prévention contre le mariage, seulement j'en ai contre le mari. — Et pourquoi cela ?

Jean Oullier se tut.

— Parlez, fit Petit-Pierre.

Le Vendéen secoua la tête.

— Je vous en prie, mon cher Jean : j'aime assez vos deux filles, car je sais qu'à vous surtout elles sont vos filles, pour que vous ne me fassiez pas de secret. Quoique je ne sois pas notre saint-père le pape, vous n'ignorez pas que j'ai pouvoir de lier et de délier. — Je sais que vous pouvez beaucoup, répondit Jean Oullier. — Eh bien ! alors, dites-moi pourquoi vous n'approuvez pas ce mariage ? — Parce qu'il y a une flétrissure sur le nom que portera, quelle qu'elle soit, la femme qui s'appellera la baronne de La Logerie, et ce n'est pas la peine de quitter un des plus vieux noms du pays pour prendre celui-là. — Hélas ! mon brave Jean, répondit Petit-Pierre avec un triste sourire, vous ignorez sans doute que nous ne sommes plus au temps où les enfants étaient solidaires des vertus et des fautes de leurs ancêtres. — Oui, j'ignorais cela, répondit Jean Oullier. — C'est, continua Petit-Pierre, une assez forte tâche, à ce qu'il paraît, pour les gens de nos jours, d'avoir à répondre d'eux-mêmes ; aussi voyez combien y succombent ! combien manquent dans nos rangs auxquels le nom qu'ils portent y assignaient une place ! Soyons donc reconnaissants pour ceux qui, malgré l'exemple de leur père, malgré la situation de leurs familles, malgré les tentations de l'ambition, viennent continuer au milieu de nous les traditions chevaleresques du dévouement et de la fidélité au malheur.

Jean Oullier releva la tête, et avec une expression de haine qu'il ne chercha pas même à dissimuler :

— Mais vous ignorez peut-être... dit-il.

Petit-Pierre l'interrompit.

— Je n'ignore rien, dit-il : je sais ce que vous reprochez à La Logerie père ; mais je sais aussi ce que je dois à son fils blessé pour moi, et encore tout sanglant de cette blessure. Quant aux crimes de son père, si son père a véritablement commis un crime, ce qu'à Dieu seul il appartient de décider, ce crime, ne l'a-t-il pas expié par une mort violente ? — Oui, répondit Jean Oullier en baissant malgré lui la tête ; c'est vrai. — Oseriez-vous pénétrer le jugement de la Providence ? oseriez-vous prétendre que celui devant lequel à son tour il a comparu pâle et ensanglanté d'une mort terrible et inattendue, n'a pas étendu sa miséricorde sur sa tête ? Et pourquoi, alors, lorsque Dieu peut-être a été satisfait, pourquoi vous montreriez-vous plus rigoureux et plus implacable que Dieu ?

Jean Oullier écoutait sans répondre. C'est que chacune des paroles de Petit-Pierre faisait vibrer les cordes religieuses de son âme, ébranlait ses convictions haineuses à l'endroit du baron Michel, mais ne parvenait point à les déraciner tout à fait.

— M. Michel, continua Petit-Pierre, est un bon et brave jeune homme, doux et modeste, simple et dévoué ; il est riche, ce qui n'a jamais rien gâté : je crois que votre jeune maîtresse, avec son caractère un peu entier, avec ses habitudes indépendantes, ne pouvait mieux rencontrer ; je suis convaincu qu'elle sera parfaitement heureuse avec lui ; n'en demandons pas davantage à Dieu.

mon pauvre Jean Oullier. Oubliez le passé, continua Petit-Pierre avec un soupir; hélas! s'il nous fallait nous souvenir, il n'y aurait plus moyen de rien aimer.

Jean Oullier secoua la tête.

— Monsieur Petit-Pierre, dit-il, vous parlez à merveille et en excellent chrétien; mais il est des choses que l'on ne peut, comme on le voudrait, chasser de sa mémoire; et, malheureusement pour M. Michel, mes rapports avec son père ont été de ces choses-là. — Je ne vous demande pas vos secrets, Jean, répondit gravement Petit-Pierre; mais le jeune baron, comme je vous l'ai dit déjà, a répandu son sang pour moi, il a été mon guide, il m'a fait trouver un asile: j'ai pour lui plus que de l'affection, j'ai de la reconnaissance, et ce serait pour moi un véritable chagrin de penser que la division règne parmi mes amis; aussi, mon cher Jean Oullier, au nom du dévouement que je vous reconnais pour ma personne, je vous demande, sinon d'abjurer vos souvenirs, vous l'avez dit, on n'est pas libre de perdre la mémoire, mais au moins d'étouffer votre haine jusqu'à ce que le temps, jusqu'à ce que la certitude que le fils de celui qui fut votre ennemi fait le bonheur de la jeune fille que vous avez élevée, ait pu effacer cette haine de votre âme. — Que le bonheur vienne du côté qu'il plaira à Dieu, et j'en remercierai Dieu; mais je ne crois pas qu'il entre au château de Souday avec M. Michel. — Et pourquoi cela, s'il vous plaît, mon brave Jean? — Parce que plus je vais, monsieur Petit-Pierre, plus je doute de l'amour de M. Michel pour mademoiselle Bertha.

Petit-Pierre haussa les épaules avec impatience.

— Permettez-moi, mon cher Jean Oullier, dit-il, de douter de votre perspicacité en amour. — C'est possible, répondit le vieux Vendéen; mais si cette union avec mademoiselle Bertha, c'est-à-dire le plus grand honneur que puisse espérer le jeune homme, comble les vœux de votre protégé, pourquoi donc a-t-il été si pressé de quitter la métairie, et a-t-il passé la nuit à errer comme un fou? — S'il a erré toute la nuit, répondit Petit-Pierre, c'est que le bonheur l'empêchait de se tenir en place, et, s'il a quitté la métairie, c'est, selon toute probabilité, pour les besoins de notre service. — Je le souhaite; je ne suis pas de ceux qui ne pensent qu'à eux-mêmes, et, bien que décidé à sortir de la maison le jour où le fils de Michel y entrera, je n'en prierai pas moins Dieu, matin et soir, pour qu'il fasse le bonheur de celle qui l'aime, et en même temps je veillerai sur lui; je tâcherai que mes pressentiments ne se réalisent pas, et qu'au lieu du bonheur qu'il lui promet, ce ne soit pas le désespoir qu'il lui apporte. — Merci, Jean Oullier; ainsi je puis espérer que vous ne montrerez plus les dents à mon pauvre protégé, n'est-ce pas? vous me le promettez? — Je garderai ma haine et ma méfiance au fond de mon cœur, pour ne les en tirer que s'il justifiait l'une et l'autre, c'est tout ce que j'oserai vous promettre; mais ne me demandez ni de l'aimer ni de l'estimer. — Race indomptable, dit Petit-Pierre à demi voix; il est vrai que c'est ce qui te fait grande et forte. — Oui, répondit Jean Oullier à l'espèce d'aparté de Petit-Pierre prononcé assez haut pour qu'il ait été entendu du vieux Vendéen; oui, nous n'avons guère, nous autres, qu'une haine et qu'un amour; mais est-ce vous qui vous en plaindrez, monsieur Petit-Pierre?

Et il regarda fixement le jeune homme comme s'il lui portait un respectueux défi.

— Non, reprit ce dernier; je m'en plaindrai d'autant moins que c'est à peu près tout ce qui reste à Henri V de sa monarchie de quatre siècles, et cela ne suffit pas, paraît-il. — Qui dit cela? fit le Vendéen en se levant d'un ton presque menaçant. — Vous le saurez tout à l'heure; nous venons de parler de vos affaires, Jean Oullier, et je ne m'en plains pas, car cette causerie a fait trêve à de bien tristes pensées; maintenant il est temps de m'occuper des miennes; quelle heure est-il? — Quatre heures et demie. — Allez réveiller nos amis; la politique les laisse dormir, eux; mais moi je ne le saurais; car ma politique, à moi, c'est de l'amour maternel. Allez, mon ami.

Jean Oullier sortit. Petit-Pierre, la tête inclinée, fit quelques tours dans la chambre; il frappa du pied avec impatience; il se tordit les mains avec désespoir, et, lorsqu'il revint devant l'âtre, deux grosses larmes roulaient le long de ses joues, et sa poitrine semblait oppressée. Alors il se jeta à genoux, et, joignant les mains, il pria Dieu, qui dispense les couronnes, d'éclairer ses résolutions, de lui donner la force indomptable de continuer sa tâche, ou la résignation de subir son malheur.

L

COMMENT JEAN OULLIER PROUVA QUE, LORSQUE LE VIN EST TIRÉ, IL N'Y A RIEN DE MIEUX A FAIRE QUE DE LE BOIRE.

Quelques instants après, Gaspard, Jean Renaud et le marquis de Souday entrèrent dans la pièce. En apercevant Petit-Pierre, qui restait abîmé dans sa méditation et dans sa prière, ils s'arrêtèrent sur le seuil, et le marquis de Souday, qui, comme au bon temps, avait cru d'à-propos de saluer la diane par une chanson, s'interrompit respectueusement. Mais Petit-Pierre avait entendu ouvrir la porte, il se releva, et s'adressant aux nouveaux venus:

— Approchez, Messieurs, et pardonnez-moi d'avoir interrompu votre sommeil; mais j'avais à vous communiquer des déterminations importantes. — C'est nous qui avons à demander pardon à Votre Altesse Royale de n'avoir pas prévenu sa volonté, d'avoir dormi lorsque nous pouvions lui être utiles, dit Jean Renaud. — Trêve de compliments, mon ami, répondit Petit-Pierre; cet apanage de la royauté triomphante est mal venu au moment où elle s'abîme pour la seconde fois. — Que voulez-vous dire? — Je veux dire, mes bons et chers amis, reprit Petit-Pierre en tournant le dos à la cheminée, tandis que les Vendéens faisaient un cercle autour de lui, je veux dire que je vous ai fait venir pour vous rendre votre parole et vous faire mes adieux! — Nous rendre notre parole, nous faire vos adieux? demandèrent les partisans étonnés. Votre Altesse Royale songerait-elle à nous quitter?

Puis tous ensemble se regardant:

— Mais c'est impossible! dirent-ils. — Il le faut, cependant. — Pourquoi cela? — Parce qu'on me le conseille, parce que l'on fait plus, parce qu'on m'en conjure. — Mais qui? — Des gens dont je ne puis suspecter ni la pénétration, ni l'intelligence, ni le dévouement, ni la fidélité. — Mais sous quel prétexte, pour quelles raisons? — Il paraît que la cause royaliste est désespérée; même en Vendée; que le drapeau blanc n'est plus qu'un haillon que la France répudie; que l'on ne trouverait pas dans Paris douze cents hommes qui, pour quelques écus, feraient en notre nom du bruit dans la rue; qu'il est faux que nous ayons des sympathies dans l'armée, faux qu'il nous reste des intelligences dans

l'administration, faute que le Bocage soit une seconde fois prêt à se lever comme un seul homme pour défendre les droits de Henri V. — Mais encore une fois, interrompit le noble Vendéen, qui avait momentanément changé un nom illustré dans la première guerre contre celui de Gaspard, et qui se sentait incapable de se contenir plus longtemps, de qui viennent ces avis, qui parle avec cette assurance de la Vendée, qui mesure notre dévouement de la sorte, en disant : « Il ira jusque-là, et pas plus loin ? » — Différents comités royalistes que je n'ai point à vous nommer, mais de l'opinion desquels nous avons à tenir compte.
— Les comités royalistes ? s'écria le marquis de Souday. Ah ! parbleu ! je connais cela, et si Madame veut m'en croire, nous ferons de ses avis ce que feu M. le marquis de Charrette faisait des avis des comités royalistes de son temps.
— Et qu'en faisait-il, mon brave Souday ? demanda Petit-Pierre. — Le respect que je porte à Votre Altesse Royale, répondit le marquis avec un magnifique sang-froid, m'empêche de lui en préciser l'usage.

Petit-Pierre ne put s'empêcher de sourire.

— Oui, dit-il ; mais nous ne vivons plus dans ce temps, mon bon pauvre marquis. M. de Charrette était un souverain absolu dans son camp, et la régente Marie-Caroline ne sera jamais qu'une régente très-constitutionnelle. Le mouvement projeté ne doit réussir qu'à la condition d'une entente complète entre tous ceux qui peuvent souhaiter son succès ; or, cette entente existe-t-elle, je vous le demande, lorsque la veille du combat on vient prévenir le général que les trois quarts de ceux sur lesquels il croyait pouvoir compter ne se trouveront point au rendez-vous ? — Et qu'importe ! s'écria le marquis de Souday, moins nous serons à ce rendez-vous et plus la gloire sera grande pour ceux qui s'y trouveront. — Madame, dit gravement Gaspard à Petit-Pierre, on a été à vous, et l'on vous a dit, quand peut-être vous ne pensiez pas à rentrer en France :

« Les hommes qui ont renversé le roi Charles X sont éloignés par le nouveau gouvernement, et sans influence.

« L'armée, essentiellement obéissante, est sous les ordres d'un chef qui a dit qu'en politique il fallait avoir plus d'un drapeau.

« Venez donc, a-t-on ajouté ; votre rentrée en France sera un véritable retour de l'île d'Elbe. Les populations s'empresseront autour de vous pour saluer les rejetons de nos rois que le pays demande à acclamer. »

— Sur la foi de ces instances, vous êtes venue, Madame, et lorsque vous avez paru au milieu de nous, nous nous sommes levés. Maintenant, je crois que ce serait un malheur pour notre cause, une honte pour nous que cette retraite, qui accuserait à la fois votre intelligence politique et notre impuissance personnelle. — Oui, dit Petit-Pierre, qui, par un singulier revirement, se trouvait défendre une opinion qui lui brisait le cœur ; oui, tout ce que vous venez de me dire est vrai ; oui, l'on m'a promis tout cela ; mais ce ne sera ni votre faute ni la mienne, mes braves amis, si des insensés ont pris de folles espérances pour la réalité. L'histoire, impartiale, dira que le jour où l'on m'a accusée d'être mauvaise mère, et on l'a fait, j'ai répondu comme je devais répondre, en disant : « Me voilà prête au sacrifice. » Elle dira que vous, mes fidèles, plus ma cause vous a semblé abandonnée, moins vous m'avez marchandé votre dévouement. Mais c'est une question d'honneur pour moi de ne pas le mettre inutilement à l'épreuve. Parlons raison, mes amis ; faisons des chiffres : c'est ce qu'il y a de plus positif. De combien d'hommes croyez-vous que nous puissions disposer en ce moment ? — De dix mille hommes au premier signal. —

Hélas! répondit Petit-Pierre, c'est beaucoup et ce n'est point assez. Le roi Louis-Philippe, outre la garde nationale, dispose de quatre cent quatre-vingt mille hommes de troupes inoccupées. — Mais les défections, mais les officiers démissionnaires? objecta le marquis. — Eh bien! dit Petit-Pierre en se tournant vers Gaspard, je mets mes destinées et celle de mon fils entre vos mains: dites-moi, assurez-moi, et cela sur votre honneur de gentilhomme, que sur dix chances contraires nous en avons deux favorables, et loin de vous ordonner de déposer les armes, je reste au milieu de vous pour partager vos périls et votre sort.

A cet appel direct, non plus à ses sentiments, mais à sa conviction, Gaspard courba la tête et resta muet.

— Vous le voyez, reprit Petit-Pierre, votre raison n'est point d'accord avec votre cœur, et ce serait presque un crime de profiter d'une chevalerie que le bon sens condamne. Ne discutons donc plus ce qui a été décidé, et peut-être bien décidé. Prions Dieu pour qu'il me renvoie près de vous dans un temps et dans des conditions meilleurs, et ne pensons plus qu'au départ.

Sans doute les gentilshommes reconnaissaient la nécessité de cette résolution, quoiqu'elle s'accordât si peu avec leurs sentiments, car, voyant que la duchesse semblait s'y être arrêtée, ils ne répondirent rien, se contentant de se détourner pour cacher leurs larmes. Le marquis de Souday se promenait seul dans la chambre avec une impatience qu'il ne se donnait pas la peine de dissimuler.

— Oui, continua Petit-Pierre après un silence et avec amertume, oui, les uns ont dit comme Pilate : « Je m'en lave les mains ; » et mon cœur, si fort contre le danger, si fort contre la mort, a plié, car il ne saurait envisager de sang-froid la responsabilité de l'insuccès et le sang inutilement versé, qu'ils rejettent d'avance sur ma tête, les autres. — Le sang qui coule pour la foi ne sera jamais du sang perdu, fit une voix qui partait de l'angle de la cheminée, c'est Dieu qui l'a dit, et si humble que soit celui qui parle, il ne craint point de le répéter après Dieu. Tout homme qui croit et qui meurt est un martyr, son sang féconde la terre qui le reçoit et hâte le jour de la moisson. — Qui a dit cela? s'écria vivement Petit-Pierre en se haussant sur la pointe des pieds. — Moi, dit simplement Jean Oullier en se levant de l'escabeau sur lequel il se tenait accroupi et en entrant dans le cercle des nobles et des chefs. — Toi, mon brave? s'écria Petit-Pierre enchanté de trouver ce renfort au moment où il se croyait abandonné de tous. Alors tu n'es pas de l'avis de ces messieurs de Paris; voyons, approche et parle. Au temps où nous vivons, Jacques Bonhomme ne saurait être déplacé, même dans un conseil de rois. — Je suis si peu de l'avis de vous voir quitter la France, dit Jean Oullier, que si j'avais l'honneur d'être un gentilhomme comme ces Messieurs, j'aurais déjà fermé la porte, et, me mettant en travers de votre passage, je vous aurais déjà dit : « Vous ne sortirez pas. » — Et les raisons? J'ai hâte de les entendre. Parle, parle, mon Jean. — Mes raisons? c'est que vous êtes notre drapeau, et que tant qu'un soldat est debout, fût-il le dernier de l'armée, il a droit de le tenir haut et ferme jusqu'à ce que la mort le lui donne pour linceul. — Après, après, Jean Oullier? Parle, tu parles bien. — Mes raisons? c'est que vous êtes la première de votre race qui soyez venue combattre au milieu de ceux qui combattaient pour elle, et qu'il sera mauvais que vous vous retiriez avant d'avoir sorti l'épée.

— Va, va toujours, Jacques Bonhomme, dit Petit-Pierre en se frottant les mains. — Mes raisons, enfin? continua Jean Oullier, c'est que votre retraite avant le combat ressemble à une fuite, et que nous ne pouvons pas vous laisser fuir. — Mais, interrompit Jean Renaud, alarmé par l'attention avec laquelle Petit-Pierre écoutait Jean Oullier, mais les importantes défections que l'on vient de nous signaler ôteront au mouvement toute son importance! — Non, non; cet homme a raison, s'écria Gaspard, qui n'avait cédé qu'à son grand regret aux raisons de Petit-Pierre. Qui se rappellerait le nom de Charles-Édouard sans Preston-Moor et Culloden? Ah! Madame, j'ai grande envie, je vous l'avoue, de faire ce que nous a conseillé ce brave paysan. — Et vous avez d'autant plus raison, monsieur le comte, reprit Jean Oullier avec une assurance qui prouvait que ces questions, tout au-dessus de lui qu'elles semblaient être, lui étaient néanmoins familières, vous avez d'autant plus raison, que le but principal de Son Altesse Royale, celui auquel elle veut sacrifier l'avenir de la monarchie confiée à sa tutelle, sera manqué. — Comment cela? demanda Petit-Pierre. — Dès que Madame sera retirée, aussitôt que le gouvernement la saura loin de nos côtes, les persécutions commenceront, et elles seront d'autant plus vives, d'autant plus violentes, que nous nous serons montrés moins redoutables. Vous êtes riches, vous, Messieurs, vous pourrez encore y échapper par la fuite, vous aurez des vaisseaux qui vous attendront à l'embouchure de la Loire et de la Charente. Votre patrie est un peu partout, à vous autres; mais nous, pauvres paysans, nous sommes comme la chèvre attachée au sol qui nous nourrit, et nous préférons la mort à l'exil. — Et la conclusion de tout cela, mon brave Oullier? — Ma conclusion, monsieur Petit-Pierre? répondit le Vendéen, est que quand le vin est tiré il faut le boire; que nous avons pris les armes, et que du moment où nous les avons prises, il faut nous battre sans perdre le temps à nous compter. — Eh bien! battons-nous donc, s'écria Petit-Pierre avec exaltation: la voix du peuple est la voix de Dieu; j'ai foi dans celle de Jean Oullier. — Battons-nous, répéta le marquis. — Battons-nous, dit Jean Renaud. — Eh bien! demanda Petit-Pierre, à quel jour fixons-nous la prise d'armes? — Mais, fit Gaspard, n'a-t-il pas été décidé qu'elle aurait lieu le 24? — Oui, mais ces messieurs ont envoyé un contre-ordre. — Quels messieurs? — Ces messieurs de Paris. — Sans vous en prévenir? s'écria le marquis; savez-vous que l'on en fusille pour moins que cela? — J'ai pardonné, dit Petit-Pierre en étendant la main; d'ailleurs, ceux qui ont fait cela ne sont pas des gens de guerre. — Oh! cette remise est un bien grand malheur, dit Gaspard à demi voix, et si je l'eusse connue... — Eh bien? demanda Petit-Pierre. — Peut-être n'eussé-je point été de l'avis du paysan. — Bah! bah! dit Petit-Pierre; vous l'avez entendu, mon cher Gaspard, le vin est tiré, il faut le boire; buvons-le donc gaiement, Messieurs, quand même ce devrait être celui dont le sire de Beaumanoir se rafraîchissait au combat des Trente. Allons, marquis de Souday, tâchez de me trouver une plume, de l'encre et du papier dans la métairie.

Le marquis s'empressa de chercher ce que Petit-Pierre venait de lui demander; mais tout en furetant dans les tiroirs de l'armoire et de la commode, en soulevant les hardes et le linge du métayer, il trouva le temps de serrer la main de Jean Oullier et de lui dire :

— Sais-tu que tu parles d'or, mon brave gars, et que jamais une de tes fanfares ne m'a si fort réjoui le cœur que le boute-selle que tu viens de nous sonner.

Puis, ayant enfin trouvé ce qu'il cherchait, il s'empressa de le porter devant Petit-Pierre. Celui-ci trempa un tronçon de plume dans la bouteille à l'encre, et, de son écriture large, ferme et hardie, il écrivit ce qui suit :

« Mon cher maréchal,

« Je reste parmi vous! Veuillez vous rendre auprès de moi.

« Je reste, attendu que ma présence a compromis un grand nombre de mes fidèles serviteurs. Il y aurait donc, en pareille circonstance, lâcheté à moi de les abandonner; d'ailleurs, j'espère que, malgré ce malheureux contre-ordre, Dieu nous donnera la victoire.

« Adieu, monsieur le maréchal; ne donnez pas votre démission, puisque Petit-Pierre ne donne pas la sienne. « PETIT-PIERRE. »

— Et maintenant, continua Petit-Pierre tout en pliant la lettre, quel jour fixons-nous pour le soulèvement? — Le jeudi 31 mai, dit le marquis de Souday qui pensait que le terme le plus rapproché était le meilleur; si cela vous convient, toutefois. — Non, non, dit Gaspard. Excusez, monsieur le marquis, mais il me semble que mieux vaut choisir la nuit du dimanche au lundi, 4 juin. Le dimanche, après la grand'messe, dans toutes les paroisses, les paysans se rassemblent sous le porche des églises, et les capitaines, sans éveiller les soupçons, auront le loisir de leur communiquer l'ordre de la prise d'armes.— Votre connaissance des mœurs du pays vous sert à merveille, mon ami, dit Petit-Pierre, et je me rallie à votre avis. Va donc pour la nuit du 3 au 4 juin.

Et, immédiatement, il se mit à rédiger l'ordre du jour suivant :

« Ayant pris la résolution de ne pas quitter les provinces de l'Ouest, si longtemps éprouvées, je compte sur vous, Monsieur, pour prendre toutes les mesures nécessaires à la prise d'armes, qui aura lieu dans la nuit du 3 au 4 juin. J'appelle à moi tous les gens de cœur; Dieu nous aidera à sauver notre patrie, aucun danger, aucune fatigue ne me découragera; on me verra paraître au premier rassemblement! »

— Et maintenant le sort en est jeté, s'écria Petit-Pierre, il faut vaincre ou il faut mourir! — Et maintenant, répéta le marquis, quand même vingt contre-ordres me viendraient, le 4 juin, je fais sonner le tocsin, et, par ma foi!... Eh bien! après nous le déluge! — Oui, mais il s'agit d'une chose, dit Petit-Pierre en montrant son ordre; c'est que ceci arrive sûrement et immédiatement aux divisionnaires; il faut paralyser le mauvais effet qu'auront produit les injonctions venues de Nantes.— Hélas! dit Gaspard, Dieu veuille que ce malheureux contre-ordre ait fait la diligence que nous allons faire nous-mêmes; Dieu veuille qu'il soit parvenu dans les campagnes à temps pour paralyser le premier mouvement et laisser toute sa force au second. J'ai peur du contraire, et que bien des braves gens ne soient victimes de leur courage et de leur isolement. — C'est pour cela qu'il ne faut pas perdre une minute, Messieurs, dit Petit-Pierre, et se servir des jambes en attendant que l'on se serve des bras. Vous, Gaspard, chargez-vous de prévenir les divisionnaires du Haut et du Bas-Poitou; monsieur le marquis de Souday en fera autant dans les pays de Retz et de Mauges; vous, mon cher Jean Renaud, entendez-vous de cela avec vos Bretons. Ah! mais, qui va se charger maintenant de porter ma dépêche au maréchal; il est à Nantes, et vos visages y sont un peu trop connus, Messieurs, pour que j'expose aucun de vous à cette mission. — Moi, dit Bertha, qui, de l'alcôve où elle reposait avec sa sœur, avait entendu le bruit des voix et s'était levée; n'est-ce point là un des priviléges de mes fonctions d'aide de camp? — Oui, certes; mais votre costume, ma chère enfant, répondit Petit-Pierre, ne sera peut-être pas du goût de MM. les Nantais, tout charmant que je le trouve. — Aussi n'est-ce point ma sœur qui ira à Nantes, Madame, dit Mary à son tour, mais moi, si vous voulez bien le permettre : je prendrai les habits de la fille du métayer, et je laisserai à Votre Altesse Royale son premier aide de camp.

Bertha voulut insister, mais Petit-Pierre se penchant à son oreille :

— Restez, ma chère Bertha, dit-il, nous parlerons de M. le baron Michel, et nous ferons ensemble de beaux projets qu'il ne contredira pas, j'en suis sûr.

Bertha rougit, baissa la tête et laissa sa sœur s'emparer de la lettre destinée au maréchal.

LI

OÙ IL EST EXPLIQUÉ COMMENT ET POURQUOI LE BARON MICHEL AVAIT PRIS LE PARTI D'ALLER A NANTES.

Nous avons annoncé le départ de Michel pour Nantes ; mais nous ne nous sommes point suffisamment appesanti, ce nous semble, sur les causes de ce départ, et les circonstances qui l'avaient accompagné.

Pour la première fois de sa vie, Michel avait agi de ruse et avait montré quelque duplicité. Sous le coup de l'émotion profonde qu'avaient produite sur lui les paroles de Petit-Pierre, voyant s'évanouir, par la déclaration inattendue que Mary lui avait faite, les espérances qu'il avait si complaisamment caressées, même au milieu des péripéties qui avaient signalé la soirée passée chez maître Jacques, il était resté anéanti. Il comprenait que le penchant que Bertha avait si librement manifesté pour lui le séparait de Mary mieux que ne l'eût pu faire l'aversion de cette dernière ; il se reprochait de l'avoir encouragé par son silence et par sa sotte timidité. Mais il avait beau se gourmander lui-même, il ne trouvait pas dans son âme la force nécessaire pour couper court à un imbroglio qui le frappait dans une affection qui lui était plus chère que la vie. Il n'avait point au cœur cette résolution qui peut amener une explication franche et catégorique, et il lui semblait qu'il lui serait à tout jamais impossible de dire à cette belle jeune fille, à l'intervention de laquelle il avait peut-être dû la vie quelques heures auparavant : « Mademoiselle, ce n'est pas vous que j'aime. »

Aussi, et bien que pendant cette même soirée les occasions ne lui eussent pas manqué d'ouvrir son cœur à Bertha, qui, très-inquiète d'une blessure qui ne l'eût pas fait sourciller, elle, toute femme qu'elle était, voulut la panser, lui-même resta-t-il dans cette situation, dont chaque minute augmentait la difficulté. Il chercha bien à parler à Mary ; mais Mary mettait à l'éviter autant de soin qu'il en apportait à s'approcher d'elle, et il dut renoncer à en faire son intermédiaire, comme il y avait pensé un moment. D'ailleurs, ces fatales paroles : « Je ne vous aime pas, » bourdonnaient incessamment comme un glas funèbre à ses oreilles.

Il profita donc d'un instant où personne, pas même Bertha, n'avait les yeux sur lui pour se retirer, ou plutôt s'enfuir dans sa chambre. Il se jeta sur le lit de paille que Bertha, de ses blanches mains, avait préparé pour lui. Mais la tête de plus en plus en feu, le cœur de plus en plus bouleversé, il se releva bientôt, appuya sur son visage brûlant une serviette trempée d'eau, et, maintenant cette serviette comme un rafraîchissement, il songea à profiter de son insomnie pour se mettre à la poursuite d'une idée. Après un travail d'imagination qui ne dura pas moins de trois quarts d'heure, cette idée lui vint : ce fut que ce qui ne saurait se dire de vive voix pouvait s'écrire, et Michel avait pensé que ce procédé serait tout à fait à la hauteur de la détermination de son caractère. Seulement, pour y trouver quelque avantage, il était nécessaire de ne pas assister à la lecture de la lettre qui révélerait à Bertha le secret du cœur du jeune homme. Non-seulement les gens timides n'aiment point à rougir, mais encore ils ont peur de faire rougir les autres.

La conséquence des réflexions de Michel fut donc qu'il s'éloignerait, du moins momentanément, de la Boulœuvre; mais une fois que la position serait nettement dessinée, une fois que le terrain serait déblayé autour de Mary, rien ne l'empêcherait plus de revenir prendre sa place auprès de celle qu'il aimait. Pourquoi, d'ailleurs, le marquis de Souday, qui lui avait accordé la main de Bertha, lui refuserait-il celle de Mary, lorsqu'il apprendrait que c'était Mary et non Bertha qu'il aimait. Il n'avait aucune raison de le croire.

Très-encouragé par cette perspective, Michel avait donc, avec une profonde ingratitude, jeté loin de lui la serviette à laquelle il devait peut-être, grâce au calme que sa fraîcheur avait ramené dans son cerveau, la bonne idée à laquelle il venait de s'arrêter, il était descendu dans la cour de la métairie; et s'apprêtait à lever les barres de la porte charretière; mais au moment où, après avoir enlevé et déposé le long du mur la première, il faisait jouer la seconde, il avait aperçu, sous un hangar situé à droite de cette porte, un tas de paille qui s'agitait, et de ce tas de paille il avait vu sortir une tête qu'il reconnut pour celle de Jean Oullier.

— Peste! lui dit celui-ci avec son accent le plus bourru, vous êtes matinal, monsieur Michel?

Et, en effet, au moment même, deux heures sonnaient à l'église du village voisin.

— Avez-vous donc, continua Jean Oullier, quelque message à remplir? — Non, répondit le jeune baron, car il lui semblait que l'œil du Vendéen perçait dans les plus profonds replis de son âme, non; mais j'ai grand mal à la tête, et je voudrais voir si l'air de la nuit ne le calmerait pas. — Voyez; mais je vous préviens que nous avons des sentinelles au dehors, et que si vous n'êtes pas muni du mot d'ordre, il pourra bien vous arriver malheur. — A moi? — Dame! à vous comme à un autre. A dix pas, vous comprenez bien qu'on ne verra pas qui vous êtes. — Mais ce mot d'ordre, vous le connaissez, monsieur Jean Oullier? — Sans doute. — Dites-le-moi.

Jean Oullier secoua la tête.

C'est le marquis de Souday que cela regarde. Montez à sa chambre; dites-lui que vous voulez sortir, que pour sortir vous avez besoin du mot d'ordre, et il vous le dira, s'il juge à propos de vous le dire.

Michel n'avait garde d'employer ce moyen, et il était resté la main sur la seconde barre. Quant à Jean Oullier, il s'était renfoncé dans sa paille. Michel, tout déconcerté, alla s'asseoir sur une auge renversée qui faisait banc à la porte intérieure de la cour de la métairie. Là, il eut le loisir de continuer ses méditations, car si le tas de paille ne bougeait plus, il semblait à Michel qu'une ouverture s'était faite dans son milieu le plus compacte, et que dans ce vide il voyait reluire quelque chose qui devait être l'œil de Jean Oullier. Or, il n'y avait point à espérer de tromper l'œil de ce nouveau chien de garde. Heureusement, nous l'avons dit, que les méditations étaient singulièrement profitables à Michel; il s'agissait de trouver un prétexte pour quitter convenablement la Boulœuvre; ce prétexte, Michel le cherchait encore lorsque les premiers rayons du jour, s'annonçant à l'horizon, vinrent dorer le toit de chaume de la métairie, et colorer de leurs reflets d'opale les carreaux de ses étroites fenêtres.

Peu à peu la vie se faisait autour de Michel ; on entendait les bœufs mugir pour appeler la provende ; les moutons, impatients d'aller aux champs, bêlaient en passant leurs mufles gris à travers les barreaux de la porte à claire-voie de leur bergerie ; la poule descendait de son perchoir et s'étirait en gloussant sur le fumier qui jonchait le sol ; les pigeons sortaient du colombier et gagnaient le toit pour y roucouler leur hymne éternel d'amour, tandis que les canards, plus prosaïques, rangés en une longue file devant la porte charretière, remplissaient l'air de leurs sons discordants, sons destinés, selon toute probabilité, à exprimer leur surprise de voir cette porte si bien close, lorsqu'ils étaient si impatients d'aller barboter dans la mare. A ces différents bruits, formant le concert matinal d'une ferme bien organisée, une fenêtre, située précisément au-dessus de la pierre que Michel avait prise pour siège, s'ouvrit, et la tête de Petit-Pierre parut à cette fenêtre. Mais Petit-Pierre n'aperçut pas Michel. Il avait les yeux au ciel et se sentait complètement absorbé, soit par les pensées intérieures, soit par la grandeur du spectacle que lui offrait l'horizon.

Tout œil, en effet, et surtout celui d'une princesse peu habituée à voir se lever le soleil, eût été ébloui par les jets de flamme que le roi du jour envoyait dans la plaine, où ils faisaient scintiller, comme des milliers de pierres précieuses, les feuilles humides et tremblotantes des arbres de la forêt, tandis qu'une main invisible enlevait doucement le voile de vapeur qui entourait la vallée, en découvrant une à une, comme fait une vierge pudique, ses beautés, ses grâces, ses splendeurs. Pendant quelque temps, Petit-Pierre s'abandonna à la contemplation de ce magique tableau ; puis, appuyant sa tête sur sa main, il murmura avec mélancolie :

— Hélas ! dans le dénûment de cette pauvre maison, ceux qui l'habitent sont cependant plus heureux que moi.

Cette phrase fut le coup de baguette magique qui éclaira le cerveau du jeune baron, et y fit luire l'idée ou plutôt le prétexte qu'il avait inutilement cherché pendant deux heures. Il se tint coi le long du mur où il s'était collé au bruit qu'avait fait la fenêtre en s'ouvrant, et il ne se détacha de la muraille que lorsque le bruit qu'elle fit en se refermant lui indiqua qu'il pouvait quitter sa place sans être vu. Il alla droit au hangar.

— Monsieur, dit-il à Jean Oullier, Petit-Pierre vient de se mettre à la fenêtre. — Je l'ai vu, dit le Vendéen. — Il a parlé ; avez-vous entendu ce qu'il disait ? — Cela ne me regardait pas, et par conséquent je n'ai point écouté. — Plus rapproché que j'étais de lui, j'ai entendu, moi, sans le vouloir.— Eh bien ? — Eh bien ! notre hôte trouve la demeure mal plaisante et incommode. En effet, elle manque de ce que ses habitudes aristocratiques font pour lui des objets de première nécessité. Ne pouvez-vous, en vous donnant l'argent, bien entendu, vous charger de lui procurer ces objets ? — Et où cela, s'il vous plaît ? — Dame ! au bourg ou à la ville la plus proche, à Legé ou à Machecoul.

Jean Oullier secoua la tête.

— Impossible, dit-il. — Et pourquoi cela ? demanda Michel. — Parce que, acheter en ce moment des objets de luxe dans les endroits que vous me désignez, où pas un geste de certaines gens n'est perdu, ce serait éveiller de dangereux soupçons. — Ne pourriez-vous donc, alors, pousser jusqu'à Nantes ? demanda Michel. — Non pas, répondit sèchement Jean Oullier ; la leçon que j'ai reçue à Montaigu m'a rendu prudent, et je ne quitterai plus mon poste ;

mais, continua-t-il avec un accent légèrement railleur, vous qui avez besoin de prendre l'air pour guérir votre mal de tête, que n'y allez-vous à Nantes ?

En voyant sa ruse couronnée d'un si grand succès, Michel se sentit rougir jusqu'au blanc des yeux ; et cependant il tremblait en approchant du moment où il allait mettre cette ruse à exécution.

— Vous avez peut-être raison, balbutia-t-il ; mais, moi aussi, j'ai peur. — Bon ; un brave comme vous ne doit rien redouter, dit Jean Oullier en secouant sa couverture, en se dégageant de sa paille, et en se dirigeant vers la porte comme pour ne pas laisser au jeune homme le temps de réfléchir. — Mais, alors... dit Michel. — Quoi encore ? demanda Jean Oullier impatient. — Vous vous chargerez de dire les motifs de mon départ à M. le marquis, et de présenter mes excuses à... — Mademoiselle Bertha ? dit Jean Oullier d'un ton railleur ; soyez tranquille. — Je reviendrai demain, dit Michel en franchissant le seuil. — Oh ! ne vous gênez pas, prenez votre temps, monsieur le baron ; si ce n'est pas demain, ce sera après-demain, continua Jean Oullier en refermant la lourde porte derrière le jeune homme.

Le bruit de la porte, qui se rebarricadait derière lui, serra douloureusement le cœur de Michel ; il songea moins aux difficultés de la position qu'il voulait fuir, et plus à sa séparation d'avec celle qu'il aimait. Il lui sembla que cette porte à moitié vermoulue était de bronze, et qu'à l'avenir il la rencontrerait toujours entre la douce figure de Mary et lui. Alors, au lieu de s'éloigner comme, à l'intérieur, il s'était assis sur l'auge ; à l'extérieur, il s'assit sur le revers du chemin et se mit à pleurer. Il y eut un moment où, s'il n'eût pas craint les railleries de Jean Oullier, sur la malveillance duquel, malgré son inexpérience, il ne pouvait se méprendre, il eût heurté à cette porte et il fût rentré, ne fût-ce que pour revoir une fois encore Mary ; mais un mouvement, nous allions dire de fausse honte, mais de vraie honte, le retint, et il s'éloigna sans trop savoir de quel côté il allait diriger ses pas.

Comme il suivait la route de Legé, un bruit de roue lui fit tourner la tête ; il aperçut la diligence des Sables d'Olonne à Nantes ; elle se dirigeait sur lui. Michel sentit que ses forces épuisées par la perte de son sang, si légère que fût la blessure par laquelle il avait coulé, ne lui permettraient pas de fournir une longue marche. La vue de cette voiture fixa ses irrésolutions : il la fit arrêter, monta dans un des compartiments, et quelques heures après il était à Nantes. Ce fut arrivé là qu'il sentit douloureusement les tristesses de sa situation. Habitué dès son enfance à vivre de la vie des autres, à suivre des volontés qui n'étaient pas les siennes, maintenu dans cette servitude morale par la substitution même qui venait de s'opérer dans son adolescence, n'ayant pour ainsi dire fait que de changer de maître et d'appui en abandonnant sa mère pour suivre celle qu'il aimait, la liberté était pour lui si nouvelle qu'il n'en ressentait pas les charmes, tandis que, au contraire, son isolement lui était devenu odieux.

Pour les cœurs profondément blessés, il n'est point de solitudes plus cruelles que celles qu'ils trouvent au sein des villes ; plus la ville est vaste et peuplée, plus la solitude est grande : l'isolement au milieu de la foule, le rapprochement de la joie ou de l'indifférence de ceux qu'ils rencontrent, avec la tristesse et l'angoisse qu'ils ressentent, les accablent et les navrent. Ce fut ce qui arriva à Michel. En se voyant presque malgré lui en route pour Nantes, il avait espéré qu'il trouverait là quelque distraction à ses chagrins ; et ce fut là, au contraire, qu'il les trouva plus vifs et plus cuisants : l'image de Mary le suivait au milieu de la multitude; il lui semblait qu'il allait la reconnaître dans chaque femme qui se dirigeait de son côté, et son cœur se fondait à la fois en regrets amers et en désirs impuissants. Dans cette disposition d'esprit, il ne songea bientôt plus qu'à regagner la chambre de l'auberge dans laquelle il était descendu; il s'y enferma, et, comme il avait fait après avoir franchi la porte de la métairie, il se mit à pleurer. Il pensa à retourner à l'instant même à la Boulœuvre, à se jeter au genoux de Petit-Pierre, à lui demander d'être son intermédiaire auprès des deux jeunes filles; il se reprochait de ne pas l'avoir fait le matin et d'avoir cédé à la crainte de blesser par cette confidence la fierté de Bertha. Cet ordre d'idées le ramena naturellement au but, ou plutôt au prétexte de son voyage, c'est-à-dire à acheter les quelques objets de luxe campagnard qui devaient, pour les indifférents, légitimer son absence; puis ensuite, ces emplettes achevées, à écrire la terrible lettre qui était la seule, l'unique, la véritable cause de son voyage à Nantes. Il jugea même que c'était par là qu'il devait commencer.

Cette résolution une fois prise, sans perdre une minute, il s'assit devant la table et écrivit la lettre suivante, sur laquelle autant de larmes tombaient qu'il écrivait de mots :

« Mademoiselle,

« Je devrais être le plus heureux des hommes, et cependant mon cœur est brisé.

« Je me demande s'il ne vaudrait pas mieux être mort que de souffrir ce que je souffre.

« Qu'allez-vous penser, qu'allez-vous dire, lorsque cette lettre vous apprendra ce que je ne puis vous cacher plus longtemps sans me montrer tout à fait indigne de vos bontés pour moi? Et cependant il me faut tout le souvenir de votre bienveillance; il me faut toute la certitude de la grandeur et de la générosité de votre âme; il me faut surtout la pensée que c'est l'être que vous aimez le plus au monde qui nous sépare, pour que j'ose me décider à cette démarche.

« Oui, Mademoiselle, j'aime votre sœur Mary; je l'aime de toute la puissance de mon cœur; je l'aime à ne vouloir, à ne pouvoir vivre sans elle; je l'aime tant, qu'au moment où je me rends coupable envers vous de ce qu'un caractère moins élevé que ne l'est le vôtre prendrait peut-être pour une sanglante injure, je tends vers vous des mains suppliantes, et je vous dis : Laissez-moi espérer que je pourrai acquérir le droit de vous aimer comme un frère aime sa sœur. »

Ce ne fut que lorsque cette lettre fut pliée et cachetée que Michel pensa aux moyens par lesquels il pourrait faire parvenir à Bertha la lettre qu'il venait d'écrire, et sur laquelle il fondait tout son espoir. Il ne fallait pas songer à en charger personne à Nantes : c'était, ou trop dangereux pour le messager s'il était fidèle, ou trop dangereux pour celui qui expédiait le messager si le messager ne l'était pas; seulement, Michel pouvait regagner la campagne, trouver dans les environs de Machecoul un paysan sur la discrétion duquel il pût compter, et attendre dans la forêt cette réponse qui allait décider de son avenir. Ce fut là le parti auquel s'arrêta le jeune homme; il employa le reste de la soirée aux différentes emplettes qui lui restaient à faire, enferma tous ces objets dans une valise, et remit au lendemain matin l'acquisition d'un cheval qui lui était nécessaire, s'il avait, comme il l'espérait, à continuer la campagne qu'il avait commencée. Le lendemain, en effet, vers neuf heures, Michel, un excellent normand entre les jambes, et sa valise en croupe, se disposait à rentrer dans le pays de Retz.

LII

OÙ LA BREBIS, CROYANT RENTRER AU BERCAIL, TOMBE DANS UNE CHAUSSE-TRAPE.

C'était un jour de marché, et l'affluence des campagnards était considérable dans les rues et sur les quais de Nantes. Au moment où Michel se présentait au pont Rousseau, le passage était littéralement obstrué par une file compacte de lourdes voitures chargées de grains, de charrettes pleines de légumes, de chevaux, de mulets, de paysans, de paysannes, ayant tous dans leurs sacs, dans leurs paniers, sur leurs bâts, dans leurs vases de fer-blanc, les denrées qu'ils apportaient pour l'approvisionnement de la ville. L'impatience de Michel était si vive qu'il n'hésita point à s'engager dans cette cohue ; mais au moment où il venait d'y pousser son cheval, il aperçut, débouchant du côté opposé à celui qu'il suivait, une jeune fille dont l'aspect le fit tressaillir. Elle était, comme les autres paysannes, vêtue d'une jupe à raies rouges et bleues et d'un mantelet d'indienne à capuchon, et était coiffée d'un bonnet à barbes tombantes des plus communs ; mais sous cet humble costume elle ressemblait si fort à Mary, que le jeune baron ne put retenir le cri de surprise qui lui échappa.

Il voulait rebrousser chemin, mais le mouvement qui se fit dans la foule, lorsqu'il arrêta son cheval, souleva une tempête de jurons et de cris qu'il ne se sentit pas le courage de braver. Il laissa sa monture poursuivre son chemin, maugréant lui-même après la lenteur que tant d'obstacles apportaient à sa marche ; mais aussitôt le pont franchi, il sauta à bas de son cheval et chercha des yeux à qui il pourrait le confier, tandis qu'il retournerait pour s'assurer que ses yeux ne l'avaient pas trompé, et tâcher de savoir ce que Mary pouvait être venue faire à Nantes.

En ce moment une voix nasillarde, comme l'est celle des mendiants de tous les pays, lui demanda l'aumône. Il se retourna, car il lui sembla que cette voix ne lui était pas inconnue. Il aperçut alors, contre la dernière borne du pont Rousseau, deux physionomies trop caractéristiques pour ne pas s'être gravées profondément dans sa mémoire, celles d'Alain Courtejoie et de Trigaud la Vermine, dont l'association pour le moment ne paraissait pas avoir d'autre but que d'exploiter la pitié des passants ; mais qui, selon toute probabilité, étaient là dans un but qui n'était pas étranger aux intérêts politiques et même commerciaux de maître Jacques. Michel alla vivement à eux.

— Vous me reconnaissez ? dit-il.

Alain Courtejoie cligna de l'œil.

— Mon bon Monsieur, dit-il, ayez pitié d'un pauvre voiturier qui a eu les deux jambes coupées par les roues de sa voiture à la descente du Saut-de-Beaugé. — Oui, oui, mon brave homme, dit Michel qui comprenait.

Et le jeune homme descendit de sa monture, comme pour faire l'aumône au pauvre voiturier. Cette aumône était une pièce d'or qu'il glissa dans la large patte de Trigaud.

— Je suis ici par l'ordre de Petit-Pierre, dit-il tout bas au vrai et au faux mendiants. Gardez-moi mon cheval pendant quelques minutes ; je vais faire une course importante.

Le cul-de-jatte lui fit un signe d'assentiment; le baron Michel lui jeta au bras la bride de son cheval, et s'élança dans la direction de la ville. Malheureusement, si le passage était difficile pour un cavalier, il ne l'était guère moins pour un piéton. Michel eut beau prendre le dessus et commander à son caractère timide de se faire agresseur, il eut beau jouer des coudes, se glisser entre les interstices, risquer dix fois de se faire écraser par les charrettes de foin et de choux, il dut se résigner à prendre la file, à marcher avec le torrent, et la jeune paysanne devait évidemment avoir pris une large avance lorsqu'il arriva à l'endroit où il l'avait aperçue.

Il pensa avec sagacité qu'elle avait dû, comme ses compagnes, se diriger du côté du marché. Il prit, en conséquence, cette direction, regardant toutes les campagnardes qu'il dépassait avec une anxieuse curiosité qui lui valut quelques plaisanteries, et faillit même lui valoir une ou deux querelles. Aucune de ces campagnardes n'était celle qu'il cherchait. Il parcourut la place du Marché et les rues adjacentes sans rien apercevoir qui lui rappelât la gracieuse apparition du pont Rousseau.

Complétement découragé, il ne songeait donc plus qu'à revenir sur ses pas et à retrouver son cheval, lorsqu'en tournant l'angle de la rue du Château il aperçut, à vingt pas de lui, la jupe à raies rouges et bleues et le mantelet d'indienne gris qui avaient si fort excité son attention. La démarche de celle qui portait tout cela était bien, sous son costume vulgaire, la démarche élégante de Mary; c'était bien sa taille fine et mince qu'il voyait se dessiner à travers les plis de l'étoffe grossière qui l'enveloppait; c'étaient bien les courbes gracieuses de son cou qui faisaient de sa coiffe un charmant encadrement à son visage; enfin, le chignon qui débordait à flots de dessous cette coiffe était bien formé par les mêmes cheveux blonds qui faisaient les belles tresses blondes que Michel avait si souvent admirées. Il n'y avait pas à s'y tromper, la jeune campagnarde et Mary ne faisaient qu'une seule et même personne, et la conviction de Michel à cet endroit était si profonde qu'il n'osa point la dépasser pour la regarder de près, comme il avait fait pour les autres paysannes, et qu'il se contenta de traverser la rue. En effet, cette manœuvre stratégique suffit pour lui prouver qu'il ne s'était pas trompé.

Que venait faire Mary à Nantes? Pourquoi, venant à Nantes, avait-elle pris ce déguisement? Voilà la question que Michel s'adressait sans pouvoir la résoudre, et il allait, après avoir fait un violent effort sur lui-même, se décider à aborder la jeune fille, lorsqu'en arrivant en face le n° 17 de cette même rue du Château, il la vit pousser la porte de la maison, et, comme cette porte n'était pas fermée, entrer dans une allée, repousser la porte derrière elle et disparaître. Michel alla vivement à cette porte; cette fois elle était fermée. Il resta debout sur le trottoir, dans une stupéfaction profonde et douloureuse, ne sachant quel parti prendre, et croyant avoir rêvé. Tout à coup il se sentit frapper doucement sur le bras: il tressaillit, tant son esprit se trouvait ailleurs qu'où se trouvait son corps, et se retourna.

C'était le notaire Loriot qui l'abordait.

— Comment! lui demanda ce dernier avec un accent qui dénotait sa surprise, vous ici? — Et qu'y a-t-il d'étonnant à ce que je sois à Nantes? maître Loriot, demanda Michel. — Voyons, parlez plus bas, et ne restez pas planté devant cette porte, comme si vous vouliez y prendre racine; c'est un conseil que je vous donne. — Mais quelle mouche vous pique donc, maître Loriot? je vous savais prudent, mais pas à ce point-là. — On ne saurait jamais l'être trop. Marchons en causant; c'est le moyen de ne pas être remarqués. — Puis, passant son mouchoir à carreaux sur son front baigné de sueur : — Allons, continua le notaire, voilà encore que je me compromets horriblement. — Je vous jure, maître Loriot, que je ne comprends pas un mot de ce que vous me dites, fit Michel. — Vous ne comprenez pas ce que je vous dis, malheureux jeune homme ! Mais vous ne savez donc pas que vous êtes compris sur la liste des personnes suspectes, et que l'on a donné l'ordre de vous arrêter? — Eh bien ! que l'on m'arrête ! reprit Michel avec impatience, en essayant de ramener le notaire en face de la maison où il avait vu disparaître Mary. — Ah ! qu'on vous arrête ! eh bien ! vous prenez gaiement la nouvelle, monsieur Michel. Soit, c'est d'un philosophe ; mais je dois cependant vous dire que cette même nouvelle, qui vous paraît si indifférente, a produit sur madame votre mère une si vive impression, que si le hasard ne vous avait pas placé sur mon chemin à Nantes, aussitôt après mon retour à Legé, je me fusse mis en quatre pour vous joindre. — Ma mère ! s'écria le jeune homme, que le notaire venait de toucher au plus faible de son cœur; que lui est-il donc arrivé, à ma mère? — Il ne lui est rien arrivé, monsieur Michel, et, grâce au ciel! elle va aussi bien qu'on peut aller quand on a l'âme bourrelée d'inquiétudes et le cœur rongé de chagrins; car je ne dois pas vous cacher que c'est là la situation de madame votre mère. — Ah ! mon Dieu ! que me dites-vous ! soupira douloureusement Michel. — Vous savez tout ce que vous étiez pour elle, monsieur le baron; vous n'avez pas oublié les soins qu'elle a eus de votre jeunesse, la sollicitude dont elle vous entourait, quoique vous fussiez arrivé à l'âge où l'on commence à glisser entre les mains d'une mère. Jugez donc ce que doivent être ses tortures, lorsqu'elle vous sait exposé tous les jours à des dangers aussi terribles que ceux qui nous entourent. Je ne dois pas vous cacher qu'il était de mon devoir de l'avertir de ce que je suppose vos intentions, et que ce devoir, je l'ai rempli. — Ah ! Que lui avez-vous donc dit, maître Loriot? — Je lui ai dit en toutes lettres que je vous croyais fort épris de mademoiselle Bertha de Souday. — Allons, bon, fit Michel, lui aussi ! — Et que, continua le notaire, sans s'arrêter à l'interruption, selon toute apparence, vous pensiez à l'épouser. — Et qu'a répondu ma mère ? demanda Michel avec une anxiété visible. — Parbleu ! ce que répondent toutes les mères lorsqu'on leur parle d'un mariage qu'elles désapprouvent. Mais, voyons, laissez-moi vous interroger moi-même, mon jeune ami. Ma position de notaire des deux familles devrait me donner auprès de vous une certaine influence. Avez-vous bien réfléchi à ce que vous allez faire? — Partagez-vous, demanda Michel, les préventions de ma mère, ou savez-vous quelque chose de fâcheux touchant la réputation de mademoiselle de Souday? — En aucune façon, mon jeune ami, répondit maître Loriot, tandis que Michel regardait avec inquiétude les fenêtres de la maison où était entrée Mary, en aucune façon. Je tiens, au contraire, ces jeunes filles, que je connais depuis leur enfance, pour les plus pures et les plus vertueuses du pays, et cela, comprenez-vous, malgré la réputation que quelques méchantes langues leur ont faite et malgré le ridicule sobriquet dont on les a affublées. — Eh bien! alors, demanda Michel, comment se fait-il que vous aussi me désapprouviez? — Mon jeune ami, répliqua le prudent notaire, souvenez-vous que je n'émets aucun avis; seulement, je crois devoir vous engager à beaucoup de prudence; il vous faudra dépenser trois fois plus d'énergie pour arriver à ce qui, à certain point de vue, peut ressembler, pardonnez-moi l'expression, à une sottise, qu'il ne vous en faudrait pour renoncer à un attachement que les qualités de ces jeunes personnes justifient, je n'en disconviens pas. — Mon cher monsieur Loriot, répliqua Michel qui, loin de sa mère, n'était point fâché de brûler ses vaisseaux, M. le marquis de Souday a bien voulu m'accorder la main de sa fille; il n'y a donc pas à revenir là-dessus. — Oh! ceci, c'est autre chose, répliqua maître Loriot; du moment où vous en êtes là, je n'ai plus qu'un conseil à vous donner et qu'une chose à vous dire, c'est que c'est toujours un acte grave qu'un mariage conclu en dépit de la volonté des parents. Persistez dans vos idées, rien de mieux; mais allez voir votre mère, ne lui donnez pas le droit de se plaindre de votre ingratitude, tâchez de la faire revenir de ses injustes préventions. — Hum! fit Michel qui sentait la justesse de ces observations. — Voyons, insista Loriot, ce que je vous demande là, me promettez-vous de le faire? — Oui, oui, répondit le jeune homme qui avait hâte de se débarrasser du notaire, croyant avoir entendu du bruit dans l'allée et craignant que Mary ne vînt à sortir tandis qu'il causait avec maître Loriot. — Bien, fit celui-ci. Songez-y; d'ailleurs, c'est surtout à la Logerie que vous serez en sûreté; le crédit de madame votre mère peut seul vous sauvegarder des conséquences de votre conduite; vous commettez, depuis quelque temps, bien des étourderies dont on ne vous aurait pas cru capable, jeune homme, convenez-en! — J'en conviens, fit Michel impatienté. — C'est tout ce que je voulais : pécheur qui se confesse est à moitié repentant. Çà, maintenant, je vous quitte, il faut que je parte à onze heures. — Vous retournez à Legé? — Oui, avec une jeune dame que l'on doit amener à mon hôtel tout à l'heure, et à laquelle je donnerai, dans mon cabriolet, une place que sans cela je me fusse empressé de vous offrir. — Mais vous détournerez bien d'une demi-lieue, n'est-ce pas, pour me rendre un service? — Certainement, et avec le plus grand plaisir, mon cher monsieur Michel, répondit le notaire. — Alors, allez à la Boulœuvre, et remettez, je vous en supplie, cette lettre à mademoiselle Bertha. — Soit; mais, pour Dieu! dit le notaire avec effroi, donnez-la donc avec quelque précaution; vous oubliez toujours les circonstances dans lesquelles nous sommes, et cet oubli me fait mourir de peur. — Effectivement, vous ne tenez pas en place, cher monsieur Loriot, lorsque viennent à nous certains passants; vous sautez en bas du trottoir, comme s'ils vous apportaient la peste. Qu'avez-vous? Voyons, parlez, notaire. — J'ai que je changerais mon étude en ce moment pour la plus misérable étude du département de la Sarthe ou de l'Eure; il y a que je ressens de telles émotions que, si cela se prolonge, mes jours en seront abrégés. Tenez, monsieur Michel, continua le notaire en baissant la voix, tenez, en ce moment, on m'a fourré malgré moi quatre livres de poudre dans mes poches, et je ne marche qu'en tremblant sur le pavé; chaque cigare que je vois passer près de moi me donne la fièvre. Allons, adieu! Retournez à la Logerie, croyez-moi.

Michel, dont les angoisses augmentaient à chaque instant, comme celles de maître Loriot, laissa celui-ci s'éloigner. Il en avait tiré tout ce qu'il désirait, c'est-à-dire la certitude que sa lettre serait portée à la Boulœuvre. Puis, le notaire parti, ses yeux, ramenés naturellement vers la maison, s'y fixèrent avec une ténacité plus intense que jamais; ils étaient surtout tirés vers une fenêtre dont ils avaient cru remarquer que le rideau se soulevait et par une vague silhouette d'un visage qui l'observait à travers la vitre. Il pensa que c'était à cause de sa persistance à demeurer devant la maison que la jeune fille l'observait; il s'éloigna donc dans la direction du quai, et se cacha derrière un angle de maison de manière à ce qu'il ne perdît rien de ce qui se passait dans la rue du Château. En effet, bientôt la porte se rouvrit et la jeune paysanne reparut. Seulement elle n'était pas seule.

Un jeune homme, vêtu d'une large blouse et affectant des manières rustiques, l'accompagnait.

Si rapidement que tous deux eussent passé devant Michel, il remarqua que cet individu était jeune et que la distinction de sa physionomie faisait un contraste étrange avec son costume ; il vit qu'il plaisantait sur le pied de l'égalité avec Mary, et que celle-ci refusait en riant de lui donner le panier qu'elle portait au bras, et dont il lui offrait probablement de la débarrasser. Les mille serpents de la jalousie le mordirent au cœur, et convaincu, surtout d'après ce que lui avait dit tout bas Mary, que ces déguisements simultanés cachaient peut-être aussi bien une intrigue amoureuse que politique, il ne chercha point à en voir davantage, et, se sentant étouffer, il s'éloigna précipitamment, se dirigeant vers le pont Rousseau, c'est-à-dire suivant une ligne parfaitement opposée à celle qu'ils avaient prise. L'encombrement n'était plus le même ; il traversa donc facilement le quai ; mais, arrivé à son extrémité, il chercha inutilement des yeux Courtejoie, Trigaud et son cheval, tous trois avaient disparu. Michel était si bouleversé qu'il ne songea point une minute à les chercher aux environs ; d'après ce que lui avait dit le notaire, il était d'ailleurs dangereux pour lui de déposer une plainte qui pouvait amener sa propre arrestation, en révélant, en outre, les accointances qu'il avait eues avec les deux mendiants. Il prit donc son parti de cheminer à pied, et se dirigea du côté de Saint-Philibert-de-Grandlieu.

Maudissant Mary, pleurant la trahison dont il était victime, il ne songeait plus qu'à suivre le conseil de maître Loriot, c'est-à-dire à regagner la Logerie et à se jeter dans les bras de sa mère, vers laquelle ce qu'il avait vu le ramenait bien mieux encore que n'avaient fait les remontrances du notaire. Il était arrivé à la hauteur de Saint-Colombin, et marchait si profondément enfoncé dans ses réflexions, qu'il n'entendit pas venir deux gendarmes qui avaient marché derrière lui.

— Vos papiers, Monsieur ? lui demanda le brigadier après l'avoir examiné des pieds à la tête. — Mes papiers ? demanda avec étonnement Michel, auquel, pour la première fois, une pareille question était adressée ; mais je n'en ai pas. — Et pourquoi n'en avez-vous pas ? — Parce que je n'ai pas cru que, pour venir de mon château à Nantes, j'eusse besoin de passe-port. — Et quel est votre château ? — Le château de la Logerie. — Et votre nom ? — Le baron Michel. — Le baron Michel de La Logerie ? — Le baron Michel de La Logerie, oui. — Alors, si vous êtes le baron Michel de La Logerie, dit le gendarme, je vous arrête.

Et, sans plus de cérémonie, avant que le jeune homme songeât même à prendre la fuite, ce qui eût été peut-être possible vu la disposition du terrain, le brigadier lui mit la main sur le collet, tandis que le gendarme, partisan de l'égalité devant la loi, lui passait les menottes.

Cette cérémonie, qui ne dura que quelques secondes, grâce à la stupéfaction du prisonnier et à la dextérité du gendarme, achevée, les deux agents de la force armée conduisirent le baron Michel à Saint-Colombin, où ils l'enfermèrent dans une espèce d'écurie attenant au poste qu'avaient là les troupes cantonnées, et qui servait de prison provisoire.

LIII

OU TRIGAUD MONTRE QUE, S'IL EUT ÉTÉ A LA PLACE D'HERCULE, IL EUT PROBABLEMENT ACCOMPLI VINGT-QUATRE TRAVAUX AU LIEU DE DOUZE.

Il était près de quatre heures de l'après-midi lorsque Michel, introduit dans la logette du poste de Saint-Colombin, put apprécier tous les agréments qui lui étaient destinés. En entrant d'abord dans cette espèce de cachot, les yeux du jeune homme, habitués à la lumière éclatante de l'extérieur, ne surent rien distinguer autour de lui ; il fallut que peu à peu ils s'accoutumassent à l'obscurité, et ce fut alors seulement que le prisonnier put reconnaître l'endroit qui lui était donné pour gîte. C'était une espèce de cellier d'une douzaine de pieds carrés qui, quelle qu'eût été sa destination primitive, remplissait parfaitement les conditions de sûreté qu'on lui demandait aujourd'hui. Il était situé moitié au-dessous, moitié au-dessus du sol ; ses murs étaient d'une maçonnerie plus épaisse et mieux façonnée que ce n'est l'habitude dans ces sortes de bâtisses, et cela parce qu'ils servaient de fondation au reste de la maison qu'ils suportaient. La terre nue formait, bien entendu, le plancher ; et, en raison de l'humidité du lieu, cette terre était presque boueuse ; le plafond était de solives extrêmement rapprochées les unes des autres. Ordinairement, le jour arrivait dans ce réduit par un large soupirail ménagé au niveau du sol ; mais, pour les nécessités de la circonstance, il avait été fermé en dedans par de fortes planches, et en dehors par une énorme meule de moulin posée verticalement le long, et précisément en face de l'ouverture du cellier. Un trou qui existait à l'axe de la meule, et qui correspondait avec la partie supérieure du soupirail, laissait seul arriver un faible rayon de lumière dont la barricade en planche interceptait encore les deux tiers, et n'éclairait de sa lueur fauve que le milieu du cellier. Précisément dans ce milieu se trouvaient les débris d'un pressoir à cidre, c'est-à-dire un reste d'arbre taillé en carré par un bout à moitié vermoulu, et une auge circulaire en pierres de taille toute constellée d'arabesques argentées par les promenades capricieuses des limaces et des limaçons. Pour tout autre prisonnier que pour Michel, l'inspection qu'il venait de terminer eût été essentiellement désespérante, car elle laissait peu ou point d'espérance d'évasion ; mais lui n'avait obéi, en y procédant, qu'à un vague sentiment de curiosité. La première douleur que venait si cruellement d'éprouver son cœur l'avait plongé dans cet état de prostration où l'âme est à peu près indifférente à tout ce qui se passe autour d'elle, et au moment où il lui fallait renoncer à la douce espérance qu'il avait si longtemps caressée, d'être aimé de Mary, palais ou prison, tout lui était à peu près la même chose. Il s'assit sur l'auge du pressoir, cherchant quel était ce jeune homme en blouse qui accompagnait Mary, ne faisant trêve à ses transports jaloux que pour s'abandonner au souvenir des premiers jours de ses relations avec les deux sœurs ; également déchiré par les uns et par les autres ; car, dit le poëte Florentin, ce grand peintre des tortures infernales, le souvenir des temps heureux au milieu de l'infortune est la pire de toutes les douleurs.

Laissons le baron Michel à son chagrin, pour nous occuper de ce qui se passait dans les autres parties du poste de Saint-Colombin,

Ce poste, matériellement parlant, était occupé depuis quelques jours par un détachement de troupe de ligne, et consistait en un vaste bâtiment dont la façade regardait la cour, et dont les derrières se trouvaient sur le chemin vicinal qui va de Saint-Colombin à Saint-Philibert-de-Grandlieu, à un kilomètre du premier de ces deux villages, à deux cents pas environ de la route de Nantes aux Sables d'Olonne. Ce bâtiment, construit sur les ruines et avec les débris d'une vieille forteresse féodale, était placé sur une éminence qui dominait tous les alentours. Les avantages de la situation avaient attiré l'attention du général, lorsqu'il revenait de son expédition dans la forêt de Machecoul. Il avait laissé là une vingtaine d'hommes, et en avait fait une espèce de blokhaus dans lequel les colonnes expéditionnaires pouvaient trouver au besoin un gîte ou un refuge, et en même temps une sorte de dépôt où les prisonniers attendaient que la correspondance, régulièrement établie entre Saint-Philibert et Nantes, permît de les envoyer dans cette dernière ville avec une escorte assez imposante pour qu'ils fussent à l'abri d'un coup de main.

Les bâtiments du poste de Saint-Colombin consistaient en une assez vaste chambre, et dans une grange. La chambre, située précisément au-dessus du cellier où Michel était enfermé, et par conséquent à cinq ou six pieds du sol, servait de corps de garde; on y arrivait par un escalier confectionné avec les débris du donjon, et placé parallèlement à la muraille. La grange servait de caserne aux soldats; ils y couchaient sur la paille. Le poste était gardé militairement; il y avait une sentinelle devant le porche de la cour, porche qui ouvrait sur le chemin, et une vigie au haut d'une tour couronnée de lierre, et qui était le seul débris resté debout du vieux château féodal.

Or, vers six heures du soir, les soldats qui composaient la petite garnison du poste s'étaient assis sur des rouleaux à fouler les terres, que l'on avait abandonnés le long des murs extérieurs de la maison; c'était l'endroit favori de leur sieste; ils jouissaient là de la douce chaleur qu'envoie le soleil à son déclin, des splendides perspectives du lac de Grandlieu, qu'ils apercevaient dans le lointain, et dont la surface coloriée par les rayons de l'astre du jour ressemblait, pour le moment, à une immense nappe de tôle rougie; puis à leurs pieds se déroulait la route de Nantes, pareille à un large ruban au milieu de la verdure, qui, en ce moment de l'année, couvrait la plaine; mais, nous devons l'avouer, nos héros en pantalons rouges étaient bien plus attentifs à ce qui se passait sur cette route, qu'aux magnificences du spectacle que leur donnait la nature.

Avec le soir qui se faisait, les laboureurs quittaient les champs, les troupeaux regagnaient les étables, et la route était en ce moment assez fréquentée pour que le panorama fût varié : chaque voiture chargée de foin, chaque groupe revenant du marché de Nantes, et surtout chaque paysanne court vêtue étant un texte à réflexion et à lazzi, nous devons dire que depuis quelque temps les uns et les autres ne tarissaient pas.

— Tiens, dit l'un tout à coup, qu'est-ce que je vois donc là-bas? — Un joueur de biniou qui nous arrive, dit l'autre. — Ça un joueur de biniou? fit un troisième; mais tu te crois donc encore en Bretagne? Ici il n'y a pas de joueur de biniou, apprends cela; il n'y a que des diseurs de complaintes. — Eh bien! alors, que porte-t-il sur son dos, si ce n'est son instrument? — C'est en effet son instrument, dit un quatrième soldat; mais cet instrument est un orgue. — Drôle d'orgue, répliqua le premier; je te dis que c'est sa besace, moi; c'est un mendiant; tu le vois bien à son uniforme. — Oh! une besace qui a des yeux et un nez comme toi et moi pourrions en avoir, repartit un autre; mais regarde donc, Limousin. — Limousin a les bras gros, mais n'a pas la vue longue, dit un autre; on ne peut pas tout avoir. — Allons! allons! dit le caporal, résumons; c'est tout bonnement un homme qui en porte un autre sur ses épaules. — Le caporal a raison, firent en chœur les soldats. — J'ai toujours raison, dit l'homme aux galons de laine; d'abord comme votre caporal, et ensuite comme votre supérieur; et d'abord, s'il y en a qui doutent encore quand j'ai dit une chose, ils vont être convaincus, car les voilà qui s'en viennent par ici.

Effectivement, le mendiant qui avait donné lieu à la discussion que nous venons de consigner ici, et dans lequel nos lecteurs ont déjà reconnu Trigaud, comme dans le biniou, dans l'orgue, dans la besace, ils ont reconnu son guide, Alain Courtejoie, avait passé à gauche en suivant la rampe qui conduisait au poste de Saint-Colombin.

— Quel tas de brigands, reprit un des soldats; quand on pense que si ce drôle-là nous trouvait seuls au coin d'une haie, il nous enverrait une prune; pas vrai, caporal? — C'est encore possible, répondit celui-ci. — Et, comme il nous voit en nombre, continua le soldat, il vient nous demander l'aumône, le lâche! — Plus souvent que je lui donnerai quoi que ce soit de mon sou de poche, dit le premier soldat qui avait parlé. — Attends, dit un autre en ramassant une pierre, je vais lui mettre cela dans son chapeau. — Je te le défends, dit le caporal. — Et pourquoi cela? — Parce qu'il n'en a pas.

Les soldats éclatèrent de rire à cette plaisanterie, reconnue à l'unanimité pour être du meilleur goût.

— Voyons, voyons, dit un soldat, quelle que soit la chose dont joue le bonhomme, ne le décourageons pas; trouvez-vous donc qu'il y ait tant de plaisir dans cette gueuse de cassine, que vous dédaigniez une façon de spectacle qui nous arrive? — De spectacle? — Ou de concert; tous les chercheurs de pain de ce pays-ci sont des façons de troubadours; nous lui ferons chanter tout ce qu'il sait, cela nous aidera à passer notre soirée.

En ce moment, le mendiant, qui depuis longtemps déjà n'était plus une énigme pour les soldats, se trouvait arrivé à quatre pas d'eux, et leur tendit la main.

— Tu vois que je l'avais bien dit, et que c'est un homme qu'il avait sur les épaules. — Et tu t'étais trompé, répliqua le caporal. — Comment cela? — Ce n'était pas un homme; ce n'en était qu'une moitié.

Les soldats se mirent à rire à ce second lazzi comme ils avaient fait au premier.

— En voilà un qui ne doit pas dépenser gros pour s'acheter des pantalons? — Et encore moins pour s'acheter des bottes, enchérit le facétieux caporal, dont la plaisanterie produisit son effet ordinaire. — Sont-ils laids, dit le Limousin; on dirait, ma parole d'honneur, un singe monté sur un ours.

Pendant que ces quolibets se croisaient et lui arrivaient de tous les côtés, Trigaud restait impassible; il avançait la main en donnant à sa physionomie une expression de plus en plus attendrissante, tandis que Courtejoie, en sa qualité d'orateur de l'association, répétait invariablement de son ton nasillard:

— La charité, s'il vous plaît, mes bons Messieurs! la charité à un pauvre voiturier qui a eu les deux jambes coupées par sa voiture à la descente d'Ancenis. — Faut-il qu'ils soient sauvages, dit un des soldats, de demander la charité à des tourlourous. Mais, gueux finis que vous êtes, en fouillant toutes nos poches, peut-être qu'on n'y trouverait pas la moitié de ce que contiennent les vôtres.

Ce qu'entendant Alain Courtejoie, il modifia la formule, et précisant l'objet de ses sollicitations :

— Un petit morceau de pain, mes bons Messieurs, dit-il, s'il vous plaît; si vous n'avez pas d'argent, vous devez avoir du pain. — Le pain, dit le caporal, tu l'auras, mon bonhomme, et avec le pain la soupe, et avec la soupe un morceau de carne, s'il en reste; voilà ce que nous vous donnerons; mais à présent, voyons, que nous offres-tu, toi? — Mes bons Messieurs, je prierai Dieu pour vous, fit de sa voix nasillarde Courtejoie, qui continuait de porter la parole, qui était la basse continue du chant de son compagnon. — Ça ne peut pas nuire, répliqua le caporal, mais ça ne suffit pas; voyons, as-tu quelque drôlerie dans ta giberne? — Qu'est-ce que vous voulez dire? demanda Courtejoie faisant l'innocent. — Je veux dire que tout vilains merles que vous êtes tous les deux, vous savez peut-être siffler quelques jolis airs; alors, dans ce cas, en avant la musique, c'est ce qui payera le pain, la soupe et la viande. — Ou bien, dit le Limousin, que celui qui a des jambes fasse la culbute avec celui qui n'en a pas sur son dos. — Ah! je vois ce que vous voulez, mes bons Messieurs. — C'est bien heureux, dit le caporal. — Vous voulez que nous vous amusions. — Amuse-nous, et tant que tu pourras, il n'y aura rien de trop, car nous nous ennuyons drôlement dans ton coquin de pays. — Eh bien, alors, dit Courtejoie, nous allons tâcher de vous faire voir quelque chose que vous n'avez jamais vu.

Toute vulgaire que fût cette promesse, exorde ordinaire des saltimbanques, elle piqua vivement la curiosité des soldats, qui firent silence et entourèrent les deux mendiants avec un empressement que la curiosité rendait presque respectueux.

Courtejoie, qui jusqu'alors était resté sur les épaules de Trigaud, fit un mouvement des jambes qui indiquait qu'il voulait être déposé à terre, et celui-ci, avec cette obéissance passive qu'il professait pour les volontés de son maître, l'assit sur un reste de créneaux à moitié couvert par les orties et à droite du rouleau qui servait de siège aux soldats.

— Hein! comme c'est dressé, dit le caporal, j'ai envie de m'en emparer et de le vendre au gros-major, qui ne peut pas trouver un poulet d'Inde à son idée.

Pendant ce temps, Courtejoie avait ramassé une pierre et l'avait présentée à Trigaud. Celui-ci, sans qu'il fût besoin d'autres instructions, la serra entre ses doigts, rouvrit la main et montra la pierre réduite en poudre.

— Tiens, c'est un hercule; voilà ton affaire, Pinguet, dit le caporal au soldat que nous avons déjà deux ou trois fois désigné sous le nom de Limousin. — Ah! bien, alors nous allons voir, répondit celui-ci en s'élançant dans la cour.

Trigaud, sans s'arrêter aux paroles ni à l'action de Pinguet, continua flegmatiquement ses exercices. Il saisit deux soldats par le ceinturon de leur giberne, les souleva doucement et les tint pendant quelques secondes à bout de bras, puis les reposa sur la terre avec une aisance parfaite. Les soldats éclatèrent en bravos.

— Pinguet! Pinguet! crièrent-ils, où es-tu donc? Ah! par exemple, en voilà un qui te dégomme joliment.

Trigaud continua sans s'arrêter, et, comme si ces expériences sur sa force avaient été réglées à l'avance, il avait ajouté aux deux soldats primitifs deux de leurs camarades assis à califourchon sur leurs épaules, et il les avait enlevés tous les quatre avec presque autant de facilité que lorsqu'ils n'étaient que deux. Comme il les reposait à terre, Pinguet arrivait portant un fusil sur chaque épaule.

— Bravo ! Limousin, bravo ! dirent les soldats.

Encouragé par les acclamations de ses camarades :

— Tout cela est de la Saint-Jean, dit Pinguet. Tiens, toi, le mangeur d'hommes, fais seulement ce que je vais faire.

Et, introduisant un doigt de chacune de ses mains dans chacun des canons de fusil, il les souleva tous les deux à bras tendus.

— Bah ! fit Courtejoie, tandis que Trigaud regardait avec un mouvement des lèvres qui pouvait passer pour un sourire le tour du soldat ; allez-en donc chercher deux autres.

Effectivement, les deux autres furent apportés ; Trigaud les enfila tous les quatre à une seule main, et les fit monter à la hauteur de son œil sans qu'une contraction des muscles trahît le moindre effort. Ceci distançait Pinguet au point de l'éloigner à tout jamais de la lutte. Ensuite, fouillant dans sa poche, Trigaud en tira un fer à cheval qu'il ploya aussi aisément qu'un homme ordinaire eût fait d'une lanière de cuir. Après chacune de ces expériences, Trigaud tournait vers Courtejoie des yeux qui mendiaient un sourire, et, d'un signe de tête, Courtejoie lui indiquait qu'il était content.

— Voyons, dit ce dernier, tu n'as encore gagné que notre soupe ; maintenant il s'agit de nous mériter un gîte pour la nuit. N'est-ce pas, mes bons Messieurs, que si mon camarade fait quelque chose de plus merveilleux encore que tout ce que vous avez vu, n'est-ce pas que vous nous donnerez bien une botte de paille et un coin dans l'étable pour nous reposer ? — Oh ! quant à cela, c'est respectivement impossible, dit le sergent qui, attiré par les cris et les bravos des soldats, était venu prendre sa part du spectacle ; la consigne est formelle.

Cette réponse sembla complétement décontenancer Courtejoie, et sa figure de fouine devint sérieuse.

— Bah ! reprit un des militaires, nous nous cotiserons pour vous faire dix sous avec lesquels, dans la première auberge venue, vous vous payerez un lit qui sera autrement doux que de la plume de seigle. — Et si l'espèce de bœuf qui te sert de monture, reprit un autre, a les jambes aussi solides que les bras, ce n'est pas un kilomètre ou deux qui doivent vous embarrasser. — Voyons d'abord le tour, voyons d'abord le chef-d'œuvre, crièrent en chœur les soldats.

Il eût été d'un mauvais camarade de laisser Trigaud perdre le bénéfice de ces enthousiasmes, et Courtejoie se rendit à ces instances avec une facilité qui prouvait sa confiance dans les biceps de son compagnon.

— Avez-vous ici, dit-il, une pierre de taille, un madrier quelconque, quelque chose qui pèse douze ou quinze cents ? — Il y a ce bloc sur lequel vous êtes assis, dit un soldat.

Courtejoie haussa les épaules.

— Si elle avait une poignée, dit-il, Trigaud vous la soulèverait d'une seule main. — Il y a encore la meule que nous avons placée devant le soupirail du cachot, fit un soldat. — Pourquoi pas la maison tout de suite ? fit le caporal, que vous étiez préalablement six hommes pour la mouvoir et que vous y aviez de la peine, et avec les leviers encore, que j'enrageais même que mon grade ne me permettait pas de vous donner un coup de main, et que je vous appelais tas de fainéants. — D'ailleurs, il ne faut pas y toucher à la meule, dit le sergent, c'est encore dans la consigne, vu qu'il y a un prisonnier dans le cachot.

Courtejoie cligna de l'œil en regardant Trigaut, et celui-ci, sans s'inquiéter de ce que venait de dire le sergent, se dirigea vers la masse de pierre.

— Entendez-vous ce que je vous fais l'honneur de vous dire? reprit le sergent en haussant la voix et en arrêtant Trigaud par le bras; on ne touche pas à cela. — Pourquoi pas? dit Courtejoie. S'il ôte la meule de sa place, il l'y remettra, soyez tranquille. — D'ailleurs, dit un soldat, quand on a vu la souris qui est dans la ratière, on n'a point de peur qu'elle s'évade, un pauvre petit monsieur que l'on prendrait pour une femme déguisée; j'ai cru d'abord que c'était la duchesse de Berri. — Sans compter qu'il est trop occupé à pleurer pour qu'il songe à s'en sauver, reprit à son tour le caporal qui, évidemment, grillait d'envie de voir l'expérience; lorsque nous avons été lui porter sa pitance, Pinguet et moi, c'est-à-dire moi-z-et Pinguet, il fondait en larmes, que l'on eût dit que ses deux yeux étaient deux robinets. — Allons, voyons, dit le sergent, qui n'était probablement pas moins curieux que les autres de voir comment les mendiants viendraient à bout de cette tâche titanique; je permets sous ma responsabilité.

Trigaud profita de la permission; en deux pas il fut près de la meule, et la saisissant entre ses bras vers sa base, il appuya son épaule sur le centre, et d'un vigoureux effort essaya de la soulever. Mais le poids de cette énorme masse de pierre avait enfoncé le sol peu compacte sur lequel elle reposait, de sorte qu'elle y était entrée de quatre ou cinq pouces, et que l'adhérence de l'alvéole qu'elle s'était ainsi formée paralysait les forces de Trigaud. Courtejoie, qui s'était approché du cercle formé par les soldats, en rampant sur les mains et sur les genoux à la façon d'un gros scarabée, fit remarquer ce qui s'opposait à ce que les efforts du géant fussent couronnés de succès; il alla chercher une large pierre plate, et moitié avec elle, moitié avec sa main, il dégagea la meule de la terre qui l'entourait. Alors Trigaud se remit à l'œuvre, et, plus heureux cette fois, il souleva le bloc, et, pendant quelques secondes, il le tint appuyé contre son épaule, pressé contre le mur, et suspendu à un pied du sol.

L'enthousiasme des soldats ne connaissait plus de bornes. Ils se pressaient autour de Trigaud en l'accablant de félicitations, auxquelles le géant paraissait parfaitement insensible. Ils poussaient des exclamations d'une admiration frénétique qui, se communiquant au caporal, et du caporal, par la hiérarchie naturelle des grades, montait au sergent lui-même. Ils ne parlaient de rien moins que de porter Trigaud en triomphe jusqu'à la cantine, où l'attendait le prix de sa vigueur; jurant par tous les jurons connus et inconnus du dieu Mars que ce n'était pas seulement le pain, la soupe et la carne promise que Trigaud avait mérités, mais encore que l'ordinaire du général ou même du roi des Français ne serait pas de trop pour entretenir la force nécessaire à de pareilles prouesses.

Comme nous venons de le dire, Trigaud ne semblait nullement enorgueilli par son triomphe. Sa physionomie demeurait aussi impassible que celle du bœuf qu'on laisse souffler après le travail. Seulement ses yeux, qui ne quittaient pas les yeux d'Alain Courtejoie, demandaient à celui-ci:

— Maître, es-tu content?

Tout au rebours de Trigaud, Courtejoie paraissait radieux; sans doute était-ce par suite de l'impression que faisaient sur les spectateurs les témoignages d'une force que, bien plutôt que celui auquel la nature l'avait dévolue, il pouvait appeler la sienne. Peut-être était-ce aussi tout simplement en raison du succès d'une petite manœuvre qu'il avait très-habilement opérée, tandis que l'attention générale était concentrée sur son compagnon, laquelle manœuvre avait consisté à glisser sous la meule la large pince plate qu'il tenait à la main, et à l'avoir placée de telle sorte que la masse énorme qui fermait le soupirail de la prison reposait en équilibre sur cette surface plane, et qu'il suffisait désormais de l'effort d'un enfant pour la déplacer.

Les deux mendiants furent conduits à la cantine, et là, Trigaud fournit un nouveau texte de l'admiration des soldats. Après avoir avalé un énorme bidon de soupe, on mit devant lui quatre rations de bœuf et deux pains de munition.

Trigaud mangea son premier pain avec les deux premières rations ; puis, comme si en changeant le mode de déglutition il changeait et améliorait le goût des objets déglutis, il prit son second pain, le fendit en deux dans sa largeur, ménagea une concavité à son centre, avala en manière de passe-temps la mie qu'il retirait de sa fouille, plaça la viande dans le vide qu'il avait opéré, reposa les deux moitiés de la miche l'une sur l'autre, et mordit à même avec un sang-froid et une force de cohésion qui ravirent l'assemblée et lui arrachèrent des tonnerres de bravos. Au bout de cinq minutes de cet exercice, le pain de munition était broyé comme s'il avait passé entre deux meules semblables à celle que Trigaud avait soulevée, à l'ébahissement de la société, et il n'en restait que des miettes, que Trigaud, qui paraissait prêt à recommencer, recueillait avec le plus grand soin. On se hâta de lui apporter un troisième pain, et, quoique sec, Trigaud le traita comme les deux premiers.

Les soldats ne se sentaient pas d'aise. Ils eussent volontiers sacrifié tous leurs vivres pour pousser l'expérience jusqu'au bout ; mais le sergent jugea prudent de mettre des bornes à leur curiosité scientifique. Courtejoie était redevenu pensif, et son attitude attira l'attention des soldats.

— Ah çà ! tu manges et tu bois, lui dit le caporal, et cela aux frais de ton camarade ; ce n'est pas juste, et il nous semble que tu nous devrais bien un bout de chanson, ne fût-ce que pour payer ton écot. — Indubitablement, dit le sergent. — Allons ! allons ! une chanson, crièrent les soldats, et la noce sera complète. — Hum ! fit Courtejoie, j'en sais des chansons. — Eh bien ! tant mieux, alors. — Oui, mais elles ne sont peut-être pas de votre goût. — Pourvu que ce ne soit pas de vos cantiques à porter le diable en terre, cela nous amusera ; à Saint-Colombin, on n'est pas difficile. — Oui, dit Courtejoie, je comprends ; vous vous ennuyez ? — Fastidieusement, fit le sergent. — Oh ! nous ne demandons pas que tu chantes comme M. Nourrit, fit un Parisien. — Tant plus que ce sera cocasse, dit un autre soldat, tant que ce sera meilleur. — Puisque j'ai mangé votre pain et bu votre vin, dit Courtejoie, je n'ai pas le droit de vous refuser ; mais, je vous le répète, vous ne trouverez probablement pas mes chansons de votre goût.

Courtejoie, en effet, n'avait pas encore fini son couplet qu'au mouvement de surprise qu'avaient excité ses premières paroles avaient succédé des cris d'indignation ; dix soldats s'étaient élancés sur lui, et le sergent, le saisissant à la gorge, l'avait renversé sur le carreau.

— Ah ! canaille ! lui dit celui-ci, je vais t'apprendre à venir chanter au milieu de nous les louanges des brigands.

Mais avant que le sous-officier n'eût achevé sa phrase, phrase dans laquelle il n'eût certes pas manqué d'introduire un des adverbes qui lui étaient familiers, Trigaud, l'œil étincelant de colère, se fit jour à travers les assaillants, repoussa le sous-officier, et se plaça devant son compagnon dans une attitude si menaçante, que, pendant quelques instants, les militaires demeurèrent muets et incertains.

— Tuons-les ! tuons-les ! criaient les soldats, ce sont des chouans ! — Vous m'avez demandé une chanson ; je vous ai prévenus que les chansons que je savais pourraient bien ne pas vous plaire, s'écria Courtejoie d'une voix qui domina le tumulte. Il ne fallait pas insister. De quoi vous plaignez-vous ? — Si tu ne sais que des chansons pareilles à celle que nous venons d'entendre, répondit le sergent, tu es un rebelle, et je t'arrête péremptoirement. — Je sais les chansons qui plaisent aux gens des bourgs dont les aumônes me font vivre. Ce n'est pas un pauvre infirme comme moi et un idiot comme mon compagnon qui pouvons être dangereux. Arrêtez-nous si vous voulez, mais je doute que la prise vous fasse honneur. — Soit, en attendant, vous coucherez au violon. Vous étiez embarrassés d'un gîte pour la nuit, mes jolis garçons, je vais vous en donner un, moi. Allons ! allons ! qu'on les saisisse, qu'on les fouille et qu'on les encage incontinent.

Mais Trigaud, conservant son attitude menaçante, personne ne s'empressait d'exécuter l'ordre que le sous-officier venait de donner.

— Et si vous ne vous rendez pas de bonne grâce, dit le sergent, je vais envoyer chercher quelques fusils tout chargés, et nous verrons si votre cuir est à l'épreuve de la balle. — Allons, Trigaud, allons, mon garçon, dit Courtejoie, il faut se résigner ; d'ailleurs, sois tranquille, va, notre détention ne sera pas longue. Ce n'est point pour de pauvres diables comme nous que l'on bâtit de si belles prisons. — A la bonne heure ! dit le sergent, très-satisfait de la tournure pacifique que prenait la discussion ; on va vous fouiller, et si l'on ne trouve rien sur vous de suspect, si vous êtes sages pendant la nuit, demain matin on vous rendra la liberté.

On fouilla les deux mendiants, et l'on ne trouva sur eux que quelques pièces de menue monnaie, ce qui confirma le sergent dans ses idées de clémence.

— Au fait, dit-il en désignant Trigaud, ce gros butor-là n'est pas coupable, et je ne vois pas pourquoi je l'enfermerais intérieurement. — Sans compter, reprit le Limousin, que s'il lui prend, comme à son aïeul Samson, l'envie de secouer les murs, il nous les fera tomber sur la tête. — Tu as raison, Pinguet, dit le sergent, d'autant plus que tu es du même avis que moi ; ce serait un embarras que nous nous mettrions conjointement sur les bras. Allons, dehors, l'ami, et lestement. — Oh ! mon bon Monsieur, ne nous séparez pas, fit Courtejoie d'une voix larmoyante ; nous ne saurions nous passer l'un de l'autre : il marche pour moi, j'y vois pour lui. — En vérité, dit un soldat, c'est pis que des amoureux. — Non, dit le sergent à Courtejoie, tu passeras la nuit au violon pour te punir, et demain, l'officier de ronde décidera ce qu'il faut faire de ta carcasse. Allons, en route, et rondement.

Deux soldats s'approchaient pour saisir Courtejoie ; mais celui-ci, avec une agilité que l'on devait peu s'attendre à trouver dans un corps incomplet, sauta sur les épaules de Trigaud, qui s'achemina paisiblement du côté du cellier sous l'escorte des soldats. Chemin faisant, Alain appuya sa bouche à l'oreille de son compagnon, et lui dit quelques mots à voix basse ; Trigaud le déposa à la porte du cellier, dans lequel le sergent poussa l'invalide, et où celui-ci fit son entrée en roulant comme une énorme boule. Puis on conduisit Trigaud hors de la porte charretière, que l'on referma sur lui. Trigaud resta debout pendant quelques minutes, immobile et abasourdi, comme s'il ne savait ce qui lui restait à faire ; il fut d'abord tout près de s'asseoir sur le rouleau où nous avons vu les soldats faire leur sieste ; mais la sentinelle lui fit observer qu'il était impossible qu'il restât là, et le mendiant s'éloigna dans la direction du bourg de Saint-Colombin.

LIV

UN RÊVE PRÈS DE DEVENIR UNE RÉALITÉ.

Environ deux heures après les événements que nous venons de raconter, la sentinelle du petit poste entendit une charrette qui montait le chemin de l'intérieur des terres ; selon sa consigne, elle cria : « Qui vive ! » Et lorsque la charrette ne fut plus qu'à quelque distance, elle lui ordonna d'arrêter. La charrette, ou plutôt le charretier, obéit. Le caporal et quatre soldats sortirent du poste pour reconnaître charretier et charrette. La charrette était une honnête voiture chargée de foin, qui ressemblait à toutes celles qui avaient défilé sur la route de Nantes pendant la soirée ; un homme seul la conduisait ; il expliqua qu'il allait à Saint-Philibert conduire ce foin à son propriétaire ; il ajouta qu'il avait pris sur sa nuit pour économiser un temps précieux à cette époque de l'année, et le sous-officier ordonna de le laisser passer. Mais cette bonne volonté sembla complétement perdue pour le pauvre homme. Sa charrette, attelée d'un seul cheval, s'était arrêtée sur le point le plus vertical de la montée, et quelque effort que fissent le cheval et le charretier, il fut impossible à la voiture de faire un pas de plus.

— S'il y a du bon sens, dit le caporal, d'accabler ainsi une pauvre bête ! Vous voyez bien que votre cheval en a deux fois plus qu'il n'en peut porter. — Quel dommage, dit un autre, que le sergent ait mis à la porte cette espèce de taureau mal astiqué que nous avions tout à l'heure ! nous l'aurions attelé à côté de son cheval, et il aurait donné un fier coup de collier ! — Oh ! il faut encore supposer qu'il eût bien voulu se laisser atteler, dit un autre.

Si celui qui venait de prononcer ces paroles eût pu voir ce qui se passait à l'arrière de la charrette, il eût immédiatement compris qu'en effet Trigaud ne se serait pas laissé atteler, si on l'eût attelé pour tirer en avant. En outre, il se fût rendu compte de la difficulté que le cheval éprouvait à enlever la voiture, car cette difficulté n'était due pour la plus grande part qu'au mendiant, qui, complétement perdu, au reste, dans l'obscurité, avait saisi la barre de bois qui servait à assujettir la charge, et qui, renversé en arrière, opposait, avec un succès qui dépassait tous ceux qu'il avait obtenus dans la soirée, sa force à la force du cheval.

— Voulez-vous que nous vous donnions un coup de main ? dit le caporal. — Attendez que j'essaye encore, répondit le conducteur qui avait obliqué sa voiture, de façon à diminuer la rapidité de la pente, et qui, rassemblant son cheval par la bride, se disposait à faire une tentative qui le disculpât du reproche qui lui était adressé.

Il fouetta vigoureusement sa bête en l'actionnant de la voix et en tirant sur le bridon ; les soldats joignirent leurs excitations aux siennes ; le cheval roidit ses quatre membres en faisant jaillir des milliers d'étincelles des cailloux du chemin, puis l'animal s'abattit, et au même instant, comme si les roues eussent rencontré quelque obstacle qui eût dérangé leur équilibre, la charrette pencha à gauche, et versa le long du bâtiment. Les soldats se précipitèrent sur le devant et s'empressèrent à dégager le cheval du harnais ; il résulta de cet empressement qu'ils n'aperçurent pas Trigaud qui, satisfait sans doute d'un résultat auquel il avait puissamment contribué en se glissant sous la voiture, en la soulevant avec ses épaules herculéennes, et enfin en lui faisant perdre son centre de gravité, se retirait tranquillement et disparaissait derrière une haie.

— Veux-tu que nous t'aidions à mettre ton chariot sur sa quille? dit le caporal au paysan ; seulement il faudra que tu ailles chercher un cheval de renfort. — Ah ! par ma foi ! non, dit le charretier ; demain il fera jour. C'est le bon Dieu qui ne veut pas que je continue ma route ; il ne faut pas aller contre sa volonté.

Et en achevant ces mots, le paysan jeta ses traits sur la croupe de son cheval, repoussa la sellette, monta sur sa bête et s'éloigna après avoir souhaité le bonsoir aux soldats. A deux cents pas du corps de garde, Trigaud le rejoignit.

— Eh bien! lui demanda le paysan, est-ce bien manœuvré, et es-tu content? — Oui, répondit Trigaud ; c'est bien ainsi que le gars Alain Courtejoie l'avait ordonné. — Bonne chance ! Alors, moi, je vais remettre le cheval où je l'avais pris ; c'est plus commode que la charrette ; mais quand le charretier s'éveillera demain et qu'il cherchera son foin, il sera bien étonné de le trouver là-haut. — Bon ! tu lui raconteras que c'est pour le bien de la chose, fit Trigaud, et il ne dira rien.

Les deux hommes se quittèrent. Trigaud seulement ne s'éloigna point ; il continua de rôder dans les environs jusqu'à ce qu'il entendît sonner onze heures à Saint-Colombin ; alors il remonta vers le poste, ses sabots à la main, et sans faire aucun bruit ; masqué par la sentinelle, qu'il entendait aller et venir, il put se rapprocher du soupirail de la prison ; une fois là, il tira doucement le foin de la voiture et le renversa sur le sol, de façon à en former un lit très-épais, puis sur ce lit il abaissa doucement la meule qui fermait le soupirail du cachot, se pencha sur cette ouverture, brisa les planches qui la fermaient intérieurement, tira à lui Courtejoie, que Michel poussait par derrière, amena à lui le jeune baron en lui tendant les mains ; puis, plaçant chacun d'eux sur une de ses épaules, et, toujours pieds nus, Trigaud, malgré sa corpulence et le double poids dont il était chargé, s'éloigna du poste sans faire plus de bruit qu'un chat qui marche sur un tapis.

Lorsque Trigaud eut fait environ cinq cents pas, il s'arrêta, non qu'il fût fatigué, mais parce qu'Alain Courtejoie le voulait ainsi. Michel se laissa glisser à terre, et, fouillant dans ses poches, il y prit une poignée de monnaie mêlée de pièces d'or, qu'il déposa dans la large main de Trigaud. Trigaud fit mine de verser ce qu'il venait de recevoir dans une poche encore deux fois plus large que la main à laquelle elle servait de récipient. Mais Alain l'arrêta :

— Rends cela à Monsieur, dit-il ; nous ne recevons pas des deux mains. — Comment, des deux mains? demanda Michel. — Oui ; nous ne vous avons pas obligé personnellement autant que vous le supposez peut-être, dit Courtejoie. — Je ne vous comprends pas, mon ami. — Mon jeune Monsieur, continua le cul-de-jatte, à présent que nous sommes dehors, je puis bien avouer que je vous ai un peu menti tout à l'heure, quand je vous ai dit que je m'étais fait mettre sous les verrous dans le seul but de vous en tirer ; mais il fallait bien obtenir de vous un peu d'aide, sans cela, il m'eût été impossible de me hisser jusqu'au soupirail et de vous en sortir après moi. Mais à présent que, grâce à votre bonne volonté et à la poigne de mon ami Trigaud, notre évasion s'est opérée sans encombre, je dois vous confesser que vous n'avez fait qu'échanger votre captivité contre une autre. — Qu'est-ce que cela signifie? — Cela signifie que tout à l'heure vous étiez dans une prison humide et malsaine; qu'à cette heure vous vous trouvez au milieu des champs par une nuit sereine et calme, mais que vous n'en êtes pas moins en prison. — En prison? — Ou du moins prisonnier. — Prisonnier de qui? — De moi donc. — De vous? fit Michel en riant. — Oui, pour le quart d'heure. Ah! vous avez beau rire; prisonnier, jusqu'à ce que je vous aie consigné aux mains qui vous réclament. — Et quelles sont ces mains? — Ah! vous le leur demanderez tout à l'heure; je m'acquitte de ma mission, rien de plus, rien de moins. Il ne faut pas vous désespérer, voilà tout ce que je puis vous dire : on pourrait tomber plus mal que vous ne l'avez fait. — Mais, enfin... — Voilà. Au nom des services qui m'avaient été rendus, et en payant grassement mon pauvre diable de Trigaud, on m'a dit : « délivrez M. le baron Michel de La Logerie, et amenez-le-moi; » je vous ai délivré, monsieur le baron, et je vous amène... — Écoutez, dit le jeune homme qui ne comprenait absolument rien à ce que lui disait l'hôtelier de Montaigu, cette fois, voici ma bourse tout entière; seulement, mettez-moi sur le chemin de la Logerie, où je veux rentrer ce soir, et recevez mes remerciements.

Michel avait pensé que ses deux libérateurs n'avaient point trouvé la récompense à la hauteur du service qu'ils lui avaient rendu.

— Monsieur, répondit Courtejoie avec toute la dignité dont il pouvait être susceptible, mon compère Trigaud ne peut accepter de vous cette récompense, puisqu'il a été payé pour faire exactement le contraire de ce que vous lui demandez; quant à moi, je ne sais si vous me connaissez, mais, en tout cas, je vais me faire connaître : je suis un honnête négociant que quelques différences d'opinion avec le gouvernement ont contraint de quitter son établissement; mais, si misérable que soit en ce moment mon extérieur, sachez que je rends des services, mais que je n'en vends pas. — Mais, où diable allez-vous me conduire? demanda Michel qui était bien loin de s'attendre à tant de susceptibilités de la part de son interlocuteur. — Veuillez nous suivre, et, avant une heure, je vous promets que vous le saurez. — Vous suivre? quand vous me déclarez que je suis votre prisonnier! Ah! par exemple, ce serait trop de bonne volonté de ma part; n'y comptez pas.

Courtejoie ne répondit rien; mais un seul coup d'œil lui suffit pour indiquer à Trigaud ce qu'il avait à faire; et le jeune homme n'avait point achevé sa phrase et fait un pas en avant, que le mendiant, allongeant son bras comme un grappin, l'avait saisi au collet. Il voulut crier, préférant être le prisonnier des soldats que celui de Trigaud; mais, de la main qui lui restait libre, le mendiant emprisonna son visage mieux que ne l'aurait pu faire la fameuse poire d'angoisse de M. de Vendôme, et ils firent ainsi six à sept cents pas à travers champs avec la rapidité de chevaux de course; car Michel, à demi suspendu en l'air, et à bout de bras du colosse, ne faisait qu'effleurer le sol de la pointe de ses pieds.

— Assez, Trigaud, dit Courtejoie qui avait repris sa place sur les épaules du mendiant, que cette double charge ne semblait préoccuper en aucun point, assez; le jeune baron doit être à présent suffisamment dégoûté de son idée de retourner à la Logerie; on nous l'a d'ailleurs assez recommandé pour que nous n'avariions pas la marchandise.

Puis s'adressant au jeune baron au moment où Trigaud faisait halte :

— Voyons, dit-il à Michel à demi suffoqué, êtes-vous raisonnable, maintenant? — Vous êtes les plus forts, je n'ai point d'armes, répondit le jeune homme, il faut bien que je me résigne à endurer vos mauvais traitements. — Mauvais traitements ! Ah ! n'allez pas prononcer ces mots-là, car je m'adresserais à votre honneur, et je vous prierais de déclarer s'il n'est pas vrai que, tant dans le cachot des bleus que sur la route, vous n'avez cessé de me dire que vous vouliez rentrer à la Logerie, et que c'est par cette obstination que vous m'avez forcé d'employer la violence. — Eh bien ! au moins, nommez-moi maintenant la personne qui vous a enjoint de vous occuper de moi, et de me conduire à elle ? — Ceci m'a été défendu positivement, dit Alain Courtejoie ; mais, sans transgresser les ordres que j'ai reçus, je puis vous dire que cette personne est tout à fait de vos amis.

Un froid mortel passa dans le cœur de Michel. Il songeait à Bertha. Le pauvre garçon pensait que mademoiselle de Souday avait reçu la lettre, que la Louve offensée l'attendait, et, bien que l'explication qui devait résulter de l'entretien lui fût pénible, il sentait que la délicatesse ne pouvait s'y refuser.

— Bien, dit-il, je sais qui m'attend. — Vous le savez? — Oui ; c'est mademoiselle de Souday.

Alain Courtejoie ne répondit pas ; mais il regarda Trigaud d'un air qui voulait dire: « Il a par ma foi deviné. »

Michel surprit et comprit ce regard.

— Marchons, dit-il. — Et vous n'essayerez plus de vous sauver? — Non. — Parole d'honneur? — Parole d'honneur. — Eh bien ! puisque vous voilà raisonnable, nous allons vous rendre les moyens de ne pas vous écorcher les pieds dans les ronces, et de ne pas les engluer dans cette maudite terre glaise qui nous fait des bottes de sept livres.

Michel eut bientôt l'explication de ces paroles ; car, Trigaud ayant traversé la route sur le bord de laquelle ils se trouvaient, ils n'eurent pas fait une centaine de pas dans le bois qui bordait cette route, que le jeune baron entendit le hennissement d'un cheval.

— Mon cheval ! s'écria Michel sans même essayer de dissimuler sa surprise.
— Croyiez-vous donc que nous l'avions volé? demanda Alain Courtejoie. — Alors, comment se fait-il que je ne vous aie pas retrouvé à l'endroit où je vous l'avais confié ? — Dame ! répondit Alain, je vais vous dire : nous avons vu rôder autour de nous des gens qui nous regardaient avec un intérêt qui nous a paru trop profond pour ne pas être inquiétant ; et, ma foi ! comme les curieux ne sont pas de notre goût, et que les heures se passaient sans vous voir revenir, nous nous sommes décidés à reconduire votre bête à la Boulœuvre, où nous supposions que vous retourneriez si vous n'étiez pas arrêté, et c'est en route que nous avons vu que vous ne l'étiez pas... encore. — Pas encore ? — Oui ; mais vous n'avez pas tardé de l'être. — Vous étiez donc près de moi lorsque les gendarmes m'ont arrêté? — Mon jeune Monsieur, reprit Alain Courtejoie avec son air goguenard, il faut que vous soyez vraiment bien inexpérimenté pour rêver à vos affaires lorsque vous trouvez sur les grands chemins, au lieu de regarder autour de vous qui va, qui vient, qui passe; il y a plus de dix minutes que vous auriez dû entendre le trot des chevaux de ces messieurs, puisque nous l'entendions bien, nous ; et rien n'était plus facile que de vous jeter dans ce bois comme nous l'avons fait.

Mais Michel avait garde de rappeler ce qui absorbait si complètement sa pensée au moment que lui rappelait Alain Courtejoie; il se contenta de pousser un gros soupir à ce souvenir de toutes ses douleurs, et d'enfourcher sa monture que Trigaud avait détachée et lui présentait gauchement, tandis que Courtejoie essayait d'indiquer à celui-ci comment il faut s'y prendre pour tenir l'étrier d'une façon convenable. Puis ils rejoignirent la route, et le mendiant, appuyant sa main sur le garot du cheval, suivit parfaitement l'allure que Michel fit prendre à ce dernier. A une demi-lieue de là, ils prirent un sentier de traverse, et il sembla à Michel que, malgré l'obscurité, à certaine forme qu'affectait la masse noire des arbres, il connaissait ce sentier. Bientôt on arriva à un carrefour dont la vue fit tressaillir le jeune homme ; il l'avait traversé le soir où, pour la première fois, il reconduisait Bertha. Au moment où, après avoir traversé ce carrefour, les voyageurs allaient s'engager dans le sentier qui menait à la chaumière de Tinguy, dans laquelle, malgré l'heure avancée de la nuit, on voyait étinceler une lumière, un petit cri d'appel partit de derrière la haie d'un jardin qui longeait le chemin. Courtejoie répondit aussitôt.

— Est-ce vous, maître Courtejoie? demanda une voix de femme, en même temps qu'une forme blanche apparaissait au-dessus de la haie. — Oui ; mais qu'êtes-vous vous-même ? — Rosine, la fille de Tinguy ; ne me remettez-vous pas ? — Rosine, fit Michel, que la présence de la jeune fille confirmait dans l'idée qu'il était attendu par Bertha.

Courtejoie se laissa glisser avec son habileté de singe le long du corps de Trigaud, et s'avança vers l'échalier d'un mouvement pareil à celui d'un crapaud qui saute, tandis que Trigaud restait à la garde de Michel.

— Dame ! petiote, dit Courtejoie, la nuit est si noire qu'on prendrait volontiers du blanc pour du gris ; mais, continua-t-il en baissant la voix, comment n'es-tu pas chez toi où l'on nous a donné rendez-vous ? — Parce qu'il y a du monde à la maison, et que vous n'y pouvez pas conduire M. Michel. — Du monde ? Ah çà ! ces damnés bleus ont donc mis garnison partout ? — Ce ne sont point des soldats qui sont chez nous ; c'est Jean Oullier qui a passé la journée à courir le pays, et qui est là avec des gens de Montaigu. — Qu'est-ce qu'ils y font ? — Ils jasent ; allez les retrouver, vous boirez un coup avec eux, et vous vous chaufferez un brin. — Eh bien ! oui ; mais notre jeune Monsieur, qu'en ferons-nous, la belle fille ? — Vous me le laisserez ; n'est-ce pas convenu, maître Courtejoie ? — Nous devions le remettre dans ta maison ; oui, à la bonne heure, là on aurait trouvé un coin de cave ou de grenier pour le serrer, et cela d'autant plus facilement qu'il n'est pas méchant, mon Dieu ; mais, en pleins champs, nous risquons fort de le perdre ; il est glissant comme une anguille. — Bon, dit Rosine en essayant un de ces rares sourires qui, depuis la mort de son père et de son frère, éclairaient si tristement ses lèvres, croyez-vous qu'il fera plus de façon pour suivre une jolie fille que deux vieux bonshommes comme vous ? — Et si le prisonnier enlève son gardien ? demanda Courtejoie. — Oh ! ne vous inquiétez point de cela : j'ai bon pied, bon œil et le cœur droit. D'ailleurs, le baron Michel est mon frère de lait ; nous nous connaissons il y a vieux temps. Et puis, en somme, que vous a-t-on dit de faire ? — De le délivrer si nous pouvions, et de l'amener bon gré mal gré à la maison de ton père où nous te trouverions. — Eh bien ! me voilà ; la maison est devant vous et l'oiseau hors de cage. C'est tout ce que l'on voulait de vous, convenez-en. — Dame ! je le crois.
— Eh bien, alors, bonsoir ! — Dis donc, Rosine, tu ne veux pas que, pour plus grande sûreté, nous lui mettions un fil à la patte ? fit Courtejoie en ricanant. — Merci, merci, gars Courtejoie, dit Rosine en s'avançant du côté où Michel attendait ; tâchez d'en mettre un, vous, à votre langue.

Michel, malgré la distance à laquelle il était demeuré pendant le colloque, avait distingué le nom de Rosine, et, comme nous l'avons dit, reconnu la connivence qui existait entre ses deux libérateurs, devenus subséquemment ses deux gardiens. Il se confirmait donc de plus en plus dans l'idée que c'était à Bertha qu'il devait sa délivrance. Les procédés de Courtejoie, l'espèce de violence dont il avait usé envers lui par l'intermédiaire de Trigaud, le mystère dont le cabaretier avait entouré l'origine et la cause de son dévouement à un homme qu'il connaissait à peine, tout cela s'accordait à merveille avec l'irritation qu'il supposait que la lettre, remise par lui au notaire Loriot, aurait pu faire naître dans le cœur irascible et violent de la jeune fille.

— A la bonne heure, fit Rosine, vous n'êtes pas comme ce vilain Courtejoie, vous, qui ne voulait pas à toute force me reconnaître ; vous me reconnaissez tout de suite, n'est-ce pas, monsieur Michel ? — Oui, certainement, et maintenant, dis-moi, Rosine. — Quoi ? — Mademoiselle Bertha, où est-elle ? — Mademoiselle Bertha ? — Oui. — Je ne sais pas, moi, dit Rosine avec une simplicité que Michel apprécia à l'instant même à sa juste valeur. — Comment, tu ne sais pas ? répéta le jeune homme. — Mais elle est à Souday, je crois. — Tu ne sais pas ? tu crois ? — Dame ! — Tu ne l'as donc pas vue, aujourd'hui ? — Pour cela, non, monsieur Michel ; je sais seulement qu'elle a dû aller au château aujourd'hui avec M. le marquis ; mais moi, j'étais à Nantes pendant ce temps-là. — A Nantes ! s'écria le jeune homme : tu as été à Nantes aujourd'hui ? — Certes, oui. — Et à quelle heure y étais-tu, Rosine ? — Neuf heures sonnaient comme nous traversions le pont Rousseau. — Tu dis nous ? — Sans doute. — Tu n'étais donc pas seule ? — Mais non, puisque j'y allais pour accompagner mademoiselle Mary ; c'est même cela qui a retardé le voyage, parce qu'il a fallu m'envoyer chercher au château. — Mais où est-elle, mademoiselle Mary ? — A présent ? — Oui. — Elle est à l'îlot de la Jonchère, où je vais vous mener la rejoindre. Mais comme vous êtes drôle en disant cela, monsieur Michel ? — Tu dois me conduire auprès d'elle ? s'écria Michel au comble de la joie ; mais viens donc vite, viens donc vite, ma petite Rosine. — Bon ! et ce vieux fou de Courtejoie qui disait que j'aurais du mal à vous emmener. Est-ce bête, ces hommes ? — Rosine, mon enfant, au nom du ciel ! ne perdons pas de temps. — Je ne demande pas mieux, mais pour aller plus vite, il faudrait que vous me prissiez en croupe. — Je le crois bien, dit Michel, dont le cœur, à la seule idée de revoir Mary, avait en une minute abjuré tous les soupçons jaloux, et qui ne se possédait plus à l'idée que c'était celle qu'il aimait qui venait si activement de s'occuper de son salut ; viens, mais viens donc ! — Me voilà, donnez-moi la main, fit Rosine en appuyant son sabot sur le pied du jeune homme.

Et prenant son élan :

— Là ! j'y suis, continua-t-elle en s'asseyant sur le porte-manteau ; maintenant, prenez à droite.

Le jeune homme obéit sans plus s'inquiéter de Trigaud et de Courtejoie que s'ils n'existaient pas. Depuis un instant, il n'y avait pour lui que Mary au monde.

On fit quelques pas.

— Mais, demanda le jeune baron qui, maintenant que l'on était en marche, ne demandait pas mieux que de causer, et surtout de causer de Mary, comment Mademoiselle a-t-elle donc su que j'avais été arrêté ce matin par les gendarmes ? — Ah ! dame ! c'est qu'il faut vous reprendre cela de plus haut, monsieur Michel. — Reprends d'aussi haut que tu voudras, ma bonne Rosine, mais parle ; je brûle d'impatience. Ah ! que c'est bon d'être libre, dit le jeune homme, et d'aller voir mademoiselle Mary. — Il faut donc vous dire, monsieur Michel, que ce matin, au petit point du jour, mademoiselle Mary était arrivée de Souday ; elle m'avait emprunté mon déshabillé des dimanches, et m'avait dit : « Rosine, tu m'accompagneras. » — Va, Rosine, va, je t'écoute. — Alors nous sommes parties comme cela avec des œufs dans nos paniers, comme de vraies paysannes, à Nantes, et pendant que je vendais mes œufs, Mademoiselle a été faire ses commissions. — Et quelles étaient ces commissions, Rosine ? demanda Michel, devant les yeux duquel la figure du jeune homme déguisé en paysan venait de passer comme un spectre. — Ah ! dame ! cela, monsieur Michel, je ne sais point.

Et sans s'arrêter au soupir par lequel Michel lui répondait :

— Alors, continua-t-elle, comme Mademoiselle était tout plein fatiguée, on avait demandé à M. Loriot, le notaire de Legé, de nous ramener dans sa carriole. Nous nous sommes arrêtés en route pour faire manger l'avoine au cheval, et tandis que le notaire jasait avec l'aubergiste du cours des denrées, nous étions allées dans le jardin, parce que tous les paysans dévisageaient Mademoiselle, qui était vraiment trop belle pour une paysanne. Là, elle se mit à lire une lettre qui la fit pleurer à chaudes larmes. — Une lettre ? demanda Michel. — Oui, une lettre que M. Loriot lui avait remise en route. — Ma lettre ! s'écria Michel ; elle a lu ma lettre à sa sœur. Oh !...

Et il arrêta son cheval tout court, car il ne savait pas s'il devait se réjouir ou s'effrayer de cet accident.

— Eh bien ! que faites-vous donc ? demanda Rosine qui ne comprenait pas la cause de cette halte. — Rien, rien, fit Michel en rendant la bride à son cheval qui reprit le trot.

Le cheval reprenant le trot, Rosine reprit son récit :

— Elle pleurait donc sur cette lettre, lorsque voilà qu'on nous appelle de l'autre côté de la haie : c'était Courtejoie et Trigaud. Ils nous racontent votre aventure ; ils demandent à Mademoiselle comment ils doivent faire pour votre cheval, que vous leur aviez laissé. Alors, pauvre demoiselle ! ce fut bien pis que lorsqu'elle lisait ; elle en devint toute bouleversée, et elle en dit tant et tant au Courtejoie, qui, du reste, a tant des obligations à M. le marquis, qu'elle le décida à essayer de vous tirer des mains des soldats. C'est une fière amie que vous avez là, monsieur Michel.

Michel écoutait dans le ravissement, il ne se sentait pas d'aise et de bonheur ; il eût payé d'une pièce d'or chacune des syllabes du récit de Rosine. Il commençait à trouver que son cheval allait bien lentement. Il avait cassé une branche de noisetier, et tout en écoutant la jeune fille, il s'occupait à donner à leur monture une allure en rapport avec les mouvements de son cœur.

— Mais, demanda Michel, pourquoi ne m'avais-tu pas attendu dans la maison de ton père, Rosine ? — C'était bien notre idée aussi, monsieur le baron, et nous nous étions fait descendre là en disant que nous irions à pied à Souday ; elle avait bien recommandé à Courtejoie de vous y reconduire et de ne pas vous laisser aller à la Boulœuvre, avant que vous ne m'ayez vue ; mais c'était comme un guignon ; notre maison, si solitaire depuis la mort de mon pauvre père, a été pleine comme une auberge toute la soirée ; d'abord ça été le marquis et mademoiselle Bertha, qui s'y sont arrêtés en allant à Souday ; puis Jean Oullier qui y a rassemblé les chefs de paroisse. Aussi à la brune, mademoiselle Mary, qui s'était cachée dans le grenier, m'a priée de la conduire dans un endroit où elle pût vous parler sans témoins, si Courtejoie vous délivrait. Mais nous voilà tout à l'heure à la hauteur du moulin de Saint-Philibert, et nous ne tarderons pas à voir l'eau de Grandlieu.

L'annonce que Rosine faisait à Michel et qui indiquait à celui-ci qu'ils approchaient de l'endroit où Mary les attendait, valut au cheval un coup de houssine mieux accentué que les précédents. Il était clair pour Michel qu'il touchait au dénoûment de la situation dans laquelle il était entré. Mary connaissait son amour pour elle; elle savait que cet amour avait été assez puissant pour amener le jeune homme à repousser l'union qui lui avait été offerte; elle ne s'en offensait pas, puisque l'intérêt qu'elle lui portait allait encore jusqu'à lui rendre le plus signalé service et jusqu'à compromettre sa réputation dans ce but. Si timide, si peu avantageux que fût Michel, ses espérances montaient au niveau des témoignages d'affection qu'il lui semblait recevoir de Mary. Il lui semblait impossible que la jeune fille qui bravait l'opinion publique, le courroux de son père, les reproches de sa sœur pour assurer le salut d'un homme dont elle connaissait l'amour et les espérances, se refusât aux désirs de cet amour et à la réalisation de ces espérances. Il entrevoyait son avenir dans un milieu nuageux encore, mais d'un nuageux couleur de roses, lorsque son cheval commença de descendre la colline qui borde au sud-est le lac de Grandlieu, dont il voyait sombrement reluire la surface comme un miroir d'acier bruni.

— Arrivons-nous? demanda-t-il à Rosine. — Oui, répliqua celle-ci en se laissant couler à bas de son cheval; et maintenant, suivez-moi.

Michel descendit à son tour; tous deux entrèrent dans les oseraies, où Michel attacha son cheval au tronc d'un saule; puis ils marchèrent encore une centaine de pas à travers ce fourré de branches flexibles et se trouvèrent au bord d'une espèce de crique qui ouvrait sur le lac. Rosine sauta dans un petit batelet à fond plat amarré sur la rive; Michel voulut prendre les rames, mais Rosine, devinant qu'il était assez novice dans la manœuvre, le repoussa et s'assit à l'avant, un aviron de chaque main.

— Laissez donc, dit-elle, je m'en tirerai mieux que vous; que de fois j'ai conduit mon pauvre père lorsqu'il allait jeter ses filets dans le lac.

Et la jeune fille leva au ciel, comme pour y chercher le vieillard, ses deux beaux yeux d'où s'échappèrent deux larmes.

— Mais, demanda Michel avec l'égoïsme de l'amour, sauras-tu trouver dans l'obscurité l'île de la Jonchère? — Regardez, dit-elle sans même se retourner, ne voyez-vous rien sur l'eau? — Si fait, répondit le jeune homme, je vois comme une étoile. — Eh bien! cette étoile, c'est mademoiselle Mary qui la tient dans sa main; elle a dû nous attendre et elle vient au-devant de nous.

Michel eût voulu se jeter à la nage pour devancer la barque qui, malgré la science nautique de Rosine, avançait assez lentement; il lui semblait qu'on n'arriverait jamais à franchir la distance qui le séparait encore de la lumière, que cependant on voyait encore de minute en minute augmenter de grosseur et d'éclat. Mais, contre son espérance, d'après ce que venait de lui dire la fille de Tinguy, lorsqu'il fut assez près de l'îlot pour distinguer l'unique saule qu'il possédât, il n'aperçut point Mary sur la rive. C'était un feu de roseaux qu'elle avait allumé sans doute et qui brûlait doucement au bord de l'eau.

— Rosine! s'écria Michel tout éperdu en se dressant dans la barque qu'il faillit faire chavirer, je ne vois pas mademoiselle Mary? — C'est qu'elle est dans la cabane aux affûts alors, dit la jeune fille en abordant; prenez un de ces morceaux de bois enflammés, et vous trouverez la hutte sur l'autre rive, du côté du large.

Michel sauta légèrement à terre, fit ce que lui indiquait la jeune fille, et se dirigea rapidement du côté de la hutte.

L'îlot de la Jonchère pouvait avoir deux ou trois cents mètres carrés; il était couvert de joncs dans toutes les parties basses qui se trouvent inondées lorsque, par les pluies de l'hiver, montent les eaux du lac. Seul un espace d'une cinquantaine de pieds se trouve, par son élévation, à l'abri de son inondation; c'était sur cet espace, au bord de l'eau, que le vieux Tinguy avait construit une petite hutte où, pendant les longues nuits d'hiver, il venait affûter les canards. C'était dans cette hutte que Rosine avait conduit Mary.

Quelles que fussent ses espérances, le cœur de Michel battait à lui rompre la poitrine lorsqu'il approcha de la hutte. Au moment de poser la main sur le loquet de bois qui fermait la porte, cette oppression devint si vive, qu'il hésita. Alors ses yeux se portèrent sur un morceau de vitre enchâssé dans la partie supérieure de cette porte, et par lequel on pouvait voir dans la cabane. Il y aperçut Mary assise sur une botte de joncs et la tête penchée sur sa poitrine. A la lueur d'une mauvaise lanterne brûlant sur un escabeau, il lui sembla voir deux larmes étinceler aux paupières frangées de la jeune fille, et la pensée que ces deux larmes, c'était à cause de lui qu'elles étaient là, lui fit perdre toute sa timidité.

Il poussa la porte et se précipita aux pieds de la jeune fille en criant :

— Mary! Mary! Je vous aime!...

LV

OÙ LES CHOSES NE SE PASSENT PAS ABSOLUMENT COMME ON POURRAIT LE SUPPOSER.

Quelle qu'eût été la résolution prise par Mary de conserver son empire sur elle-même, l'entrée de Michel avait été si soudaine, sa voix avait vibré avec un tel accent, il y avait tant de prières et d'amour dans son invocation, que Mary ne put s'empêcher de céder à son émotion : son sein palpitait, ses doigts tremblaient, et les larmes que le jeune homme avait cru entrevoir entre ses cils se détachaient et tombaient goutte à goutte, comme autant de perles liquides, sur les mains de Michel, qui étreignaient les siennes. Par bonheur, cette émotion, le jeune baron était lui-même trop bouleversé pour la remarquer, et Mary eut le temps de se remettre avant qu'il lui eût adressé la parole. Elle l'écarta doucement et chercha autour d'elle. Le regard de Michel suivit celui de Mary, puis revint se fixer sur elle, inquiet et interrogateur.

— Comment se fait-il que vous soyez seul, Monsieur? demanda-t-elle, et où est Rosine? — Et vous, Mary, demanda le jeune homme avec un accent douloureux, comment se fait-il que vous ne soyez pas tout entière, ainsi que moi, au bonheur de nous revoir? — Ah! mon ami, dit Mary en appuyant sur ce mot, vous n'avez pas le droit, en ce moment surtout, de douter de tout l'intérêt que je prenais à votre situation. — Non! s'écria Michel en essayant de ressaisir les mains de Mary qui lui avaient échappé; non, puisque c'est à vous que je dois la liberté et, selon toute probabilité, la vie. — Mais, interrompit Mary en essayant de sourire, tout cela ne doit pas me faire oublier notre solitude; si Louve que l'on soit, cher monsieur Michel, il y a certaines convenances dont on ne doit jamais s'affranchir; faites-moi donc l'amitié d'appeler Rosine.

Michel poussa un profond soupir, resta à genoux, tandis que de grosses larmes jaillissaient de ses paupières. Mary détourna les yeux pour ne pas voir ces larmes, et fit un mouvement pour se lever ; mais lui la retint. Le pauvre garçon n'avait pas assez d'expérience du cœur humain pour remarquer que plusieurs fois Mary n'avait manifesté aucune appréhension de se trouver avec lui dans un tête-à-tête aussi solitaire que pouvait l'être celui de l'île de la Jonchère, et pour tirer de cette défiance envers elle-même et envers lui une conclusion favorable à ses espérances amoureuses. Tout au contraire, ses beaux rêves s'en allaient en fumée, et il revit tout à coup Mary aussi froide et aussi indifférente qu'elle l'avait été dans ses derniers temps.

— Oh! s'écria-t-il avec un accent de douloureux reproche, pourquoi m'avoir sauvé des mains des soldats ; ils m'eussent fusillé peut-être, et j'eusse préféré ce sort à celui qui m'attend, si vous ne m'aimez pas. — Michel! Michel! s'écria Mary. — Oh! fit celui-ci, je l'ai dit et je le répète. — Ne parlez point ainsi, méchant enfant que vous êtes, répliqua Mary en affectant un ton maternel ; ne voyez-vous pas que vous me désespérez? — Que vous importe! fit Michel. — Voyons, continua Mary, n'allez-vous pas douter que je ressente pour vous une amitié bien vraie et bien sincère? — Hélas! Mary, répondit tristement le jeune homme, il paraît que le sentiment dont vous me parlez ne peut suffire à celui qui dévore mon cœur depuis que je vous ai vue, puisque, quelque certitude que j'aie de cette amitié, mon cœur réclame de vous davantage.

Mary fit un effort suprême.

— Mon ami, ce que vous demandez de moi, Bertha vous l'offre ; elle vous aime comme vous voulez être aimé, comme vous méritez de l'être, dit Mary d'une voix tremblante et en se hâtant de mettre le nom de sa sœur comme une sauvegarde entre elle et celui qu'elle aimait.

Michel secoua la tête et poussa un soupir.

— Oh! ce n'est pas elle! ce n'est pas elle! dit-il. — Pourquoi, reprit vivement Mary, comme si elle n'eût pas entendu ce cri du cœur, pourquoi lui avoir écrit cette lettre qui l'eût désespérée si elle fût arrivée jusqu'à elle? — Cette lettre, c'est donc vous qui l'avez reçue? — Hélas! oui, dit Mary ; et malgré toute la douleur qu'elle m'a faite, c'est un grand bonheur! — L'avez-vous lue tout entière? demanda Michel. — Oui, répondit la jeune fille, forcée de baisser les yeux sous le regard suppliant dont le jeune homme l'enveloppait en prononçant cette phrase ; oui, je l'ai lue, et c'est parce que je l'ai lue, mon ami, que j'ai voulu vous parler avant que vous revissiez Bertha. — Mais n'avez-vous pas compris, Mary, s'écria le jeune homme les mains jointes, que cette lettre est aussi vraie dans ses dernières lignes que dans la première, et que si j'aime Bertha, je ne puis, moi aussi, l'aimer que comme une sœur? — Non, non, dit Mary ; seulement j'ai compris que ma destinée serait bien affreuse, si elle me réservait d'être la cause du malheur de ma pauvre sœur que j'aime tant! — Mais alors, s'écria Michel, que demandez-vous donc de moi? — Eh bien! dit Mary les mains jointes, je vous demande le sacrifice d'un sentiment qui n'a pas eu le temps de jeter dans votre âme des racines bien profondes ; je vous demande de renoncer à une prédilection que rien ne justifie, d'oublier un attachement qui, sans résultat pour vous, nous serait fatal à tous les trois. — Demandez-moi ma vie, Mary ; je puis me tuer ou me faire tuer, rien de plus facile que cela, mon Dieu! mais ne me demandez pas de ne plus vous aimer. Que mettrais-je donc, mon Dieu! dans mon pauvre cœur à la place de l'amour qu'il a pour vous? — Il faudra bien cependant que cela soit ainsi, cher Michel, dit Mary d'une voix caressante; car, jamais vous n'obtiendrez de moi un encouragement à cet amour dont vous parlez dans votre lettre. Je l'ai juré. — A qui, Mary? — A Dieu et à moi. — Oh! s'écria Michel éclatant en sanglots; oh! et moi qui avais rêvé qu'elle m'aimait!

Mary pensa que plus le jeune homme mettait d'exaltation dans ses paroles, plus elle devait mettre de froideur dans les siennes.

— Tout ce que je vous dis là, mon ami, dit-elle, est dicté non-seulement par la raison, mais encore par le vif intérêt que je vous porte. Si vous m'étiez indifférent, croyez-moi, je me contenterais, par ma froideur, de vous exprimer mes sentiments; mais ce n'est point cela, non; c'est une amie qui vient à vous, et qui vous dit : « Oubliez celle qui ne peut être à vous, et aimez celle qui vous aime, celle à laquelle, Michel, vous êtes pour ainsi dire fiancé. » — Oh! mais vous savez bien, vous, que ces fiançailles sont une surprise; vous savez bien qu'en faisant cette demande, Petit-Pierre s'est mépris sur mes sentiments; ces sentiments, vous les connaissez, vous; je vous les ai exprimés cette nuit où les soldats s'étaient emparés du château, vous ne les avez pas repoussés: j'ai senti vos mains serrer les miennes; j'étais à vos genoux comme j'y suis, Mary; votre tête s'est abaissée vers moi; vos cheveux, vos beaux cheveux, vos cheveux adorés, ont effleuré mon front; j'ai eu le tort de ne pas désigner à Petit-Pierre celle que j'aimais. Que voulez-vous? je ne pensais pas que l'on pût supposer que j'aimasse une autre femme que Mary. C'est ma timidité que je maudis, mais qui enfin n'est pas une faute qui doive me séparer à jamais de la femme que j'aime, et enchaîner ma vie à celle que je n'aime pas. — Hélas! mon ami, cette faute qui vous paraît légère à vous, me semble irréparable à moi, quoi qu'il arrive, et quand bien même vous ne tiendriez pas la promesse que votre silence a fait prendre pour un acquiescement, vous devez comprendre que je ne puis être à vous, et que jamais je ne me déciderai à déchirer le cœur de ma sœur bien-aimée par le spectacle de mon bonheur. — Oh! mon Dieu! mon Dieu! s'écria Michel, que je suis malheureux!

Et le jeune homme cacha son visage entre ses mains et fondit en larmes.

— Oui, dit Mary, oui, en ce moment je comprends cela; vous souffrez, je le crois; mais un peu de vertu, un peu d'énergie et tout tournera à bien. Du courage donc, mon ami, et écoutez doucement mes conseils : ce sentiment s'effacera peu à peu de votre cœur, et, s'il le faut, pour activer votre guérison, je m'éloignerai, moi! — Vous éloigner, vous séparer de moi! non, Mary; non, jamais! Non, ne nous quittez pas, car, je vous le proteste, le jour où vous partez, je pars. Où voulez-vous aller? je vous suis. Que deviendrai-je, mon Dieu! privé de votre douce présence? Non, non, non, vous ne vous éloignerez pas, je vous en conjure, Mary. — Eh bien! oui, je resterai, oui, mais pour vous aider à remplir ce que votre devoir peut vous offrir de pénible et de douloureux, et lorsqu'il sera accompli, lorsque vous serez heureux, lorsque vous serez l'époux de Bertha... — Jamais! jamais! murmura Michel. — Si, mon ami; car Bertha est mieux que moi la femme qui vous convient; sa tendresse pour vous, je vous le jure, moi qui en ai entendu l'expression, est plus immense que vous ne le sauriez supposer; cette tendresse satisfera au besoin d'être aimé qui vous consume, et la force et l'énergie qu'elle possède, et que je n'ai point, moi, écarteront de votre chemin les épines que peut-être vous n'aurez pas la force d'éloigner de vous; si donc il y a de votre part un sacrifice, ce sacrifice, croyez-moi bien, sera largement récompensé, j'en ai l'assurance.

Et, en prononçant ces paroles, Mary avait affecté un calme qui était bien loin d'être dans son cœur, dont l'état réel se trahissait par sa pâleur et son agitation ; quant à Michel, il écoutait, en proie à une impatience fébrile.

— Ne parlez pas ainsi, s'écria-t-il quand elle eut fini ; supposez-vous que le cours des affections soit une chose dont on décide, qu'on puisse diriger comme une rivière qu'un ingénieur force de s'encaisser entre les rives d'un canal; comme une vigne qu'un jardinier palissade à sa fantaisie contre une muraille ? Non, non, je vous le redis, je vous le répète, je vous le redirai, je vous le répéterai cent fois, c'est vous, vous seule que j'aime, Mary. Il me serait impossible de vous oublier, même quand je le voudrais, et je ne le veux pas. Mon Dieu ! mon Dieu ! continua le jeune homme, en levant ses bras au ciel avec l'expression d'un violent désespoir, que deviendrais-je donc quand je vous verrais à votre tour la femme d'un autre ? — Michel ! s'écria Mary avec exaltation, si vous faites ce que je vous demande, je vous le jure par les serments les plus sacrés, n'ayant pas été à vous, je ne serai jamais à personne qu'à Dieu ; je ne me marierai jamais : toute mon affection, toute ma tendresse vous resteront acquises, et, cette affection, ce ne sera plus celle d'un amour vulgaire que les années peuvent détruire, qu'un accident peut tuer, ce sera la reconnaissance qui m'enchaînera pour jamais à vous ; je vous devrai le bonheur de ma sœur, et ma vie tout entière se passera à vous bénir. — Mais votre attachement à Bertha vous égare, répliqua Michel ; vous ne vous préoccupez que d'elle, Mary ; vous ne songez pas à moi lorsque vous parlez de me condamner à cet affreux supplice, de m'enchaîner pour la vie à une femme que je n'aime pas. Oh ! c'est cruel à vous, Mary, à vous, à qui je donnerais ma vie, de me demander une chose à laquelle je ne saurais me résigner. — Si fait, mon ami, insista Mary, vous vous résignerez à ce qui peut être le résultat de la fatalité, mais à ce qui sera à coup sûr une action généreuse et magnanime ; vous vous y résignerez lorsque vous comprendrez qu'un tel sacrifice, Dieu ne peut le laisser sans récompense, parce que cette récompense, eh bien ! ce sera le bonheur de deux pauvres orphelines. — Oh ! tenez, Mary, fit Michel ne pouvant plus contenir son désespoir ; non, ne me parlez plus de cela ; oh ! que l'on voit bien que vous ignorez, vous, ce que c'est que d'aimer. Vous me dites de renoncer à vous ; mais songez donc que vous êtes mon cœur, que vous êtes mon âme, que vous êtes ma vie ; que c'est tout simplement me demander d'arracher mon cœur de ma poitrine, de renier mon âme ; que c'est souffler sur mon bonheur, tarir mon existence à sa source ; vous êtes la lumière pour laquelle et par laquelle le monde est monde, et lorsque vous ne brillerez plus sur mes jours, je tomberai à l'instant même dans un gouffre dont l'obscurité me fait horreur ; je vous le jure, Mary, depuis que je vous connais, depuis la minute où je vous ai vue, depuis l'instant où j'ai senti vos mains rafraîchir mon front ensanglanté, vous vous êtes tellement identifiée à moi-même, qu'il n'est pas une de mes pensées qui ne vous appartienne ; que tout en moi se reporte à vous ; que, si ce cœur perdait votre image, il cesserait à l'instant même de battre, comme si le principe de vie s'était retiré de lui ; vous voyez bien qu'il m'est impossible de faire ce que vous désirez. — Et cependant ! s'écria Mary au paroxysme du désespoir, si Bertha vous aime et que je ne vous aime pas, moi ? — Ah ! si vous ne m'aimiez pas, Mary, si, les yeux sur mes yeux, si les mains dans mes mains, vous avez le courage de me dire : « Je ne vous aime pas, » eh bien ! tout sera fini. — Que ferez-vous donc ? demanda la jeune fille. — Oh ! c'est bien simple, Mary : aussi vrai que ces étoiles qui brillent au ciel voient la chasteté de mon amour pour vous, aussi vrai que Dieu qui est par delà ces étoiles sait que mon amour pour vous est immortel, Mary, ni vous ni votre sœur ne me reverrez jamais ! — Que dites-vous, malheureux ? — Je dis, Mary, que je n'ai que ce lac à traverser, ce qui est une affaire de dix minutes ; que je n'ai qu'à monter sur mon cheval qui est dans les oseraies, et à le lancer au galop jusqu'au premier poste, ce qui est l'affaire de dix autres minutes ; que je n'ai qu'à dire à ce poste : « Je suis le baron Michel de La Logerie, » et que dans trois jours je serai fusillé.

Mary jeta un cri.

— Et c'est ce que je ferai, Mary ; aussi vrai que ces étoiles vous regardent, et que Dieu, qui les tient sous ses pieds, entend le serment que je fais.

Et le jeune homme fit un mouvement pour s'élancer hors de la cabane. Mary se jeta au-devant de lui, et le saisit à bras-le-corps ; mais, les forces lui manquant, elle se laissa glisser et se trouva à ses genoux.

— Michel ! s'écria-t-elle, si vous m'aimez comme vous le dites, vous ne vous refuserez pas à ma prière ; au nom de votre amour, je vous en conjure, moi que vous dites aimer, ne tuez pas ma sœur ; accordez sa vie, accordez son bonheur à mes larmes et à mes prières, Dieu vous bénira ; car tous les jours mon cœur s'élèvera vers lui pour lui demander le bonheur de celui qui m'aura aidé à sauver celle que j'aime plus que moi-même ! Michel ! oubliez-moi, je vous le demande en grâce, et ne réduisez pas Bertha au désespoir dans lequel je la vois déjà. — Mon Dieu ! mon Dieu ! que je suis donc malheureux ! s'écria le jeune homme saisissant et arrachant ses cheveux à pleines mains ; oh ! Mary ! Mary ! que vous êtes cruelle ! C'est ma vie que vous me demandez, Mary ; j'en mourrai. — Du courage, ami, du courage, dit la jeune fille faiblissant elle-même. — J'en aurai pour tout ce qui ne serait pas renoncer à vous ; mais cette idée me rend plus faible qu'un enfant, plus désespéré qu'un damné. — Michel, mon ami ! ferez-vous ce que je demande ? balbutia Mary dont la voix s'éteignait dans les larmes. — Eh bien !...

Il allait dire oui ; mais il s'arrêta.

— Ah ! du moins, reprit-il, si vous souffriez comme je souffre...

A ce cri de suprême égoïsme, mais aussi de suprême amour, Mary, haletante, éperdue, à moitié folle, étreignit Michel, le souleva entre ses bras crispés, et, d'une voix entrecoupée par les sanglots :

— Tu dis donc, malheureux, que cela te consolerait de savoir mon cœur déchiré comme l'est le tien ? — Oui, oui ; oh ! oui ! — Tu crois donc que l'enfer deviendrait le paradis si tu m'y voyais à tes côtés ? — Une éternité de souffrances avec toi, Mary, à l'instant même je l'accepte. — Eh bien ! donc, s'écria Mary éperdue, sois satisfait, cruel enfant ; tes tortures, je les partage ; tes angoisses, je les ressens ; comme toi je meurs de désespoir à l'idée du sacrifice que le devoir nous impose. — Mais tu m'aimes donc, Mary ? demanda le jeune homme. — Oh ! l'ingrat ! s'écria la jeune fille, qui voit mes prières, mes larmes, mes tortures, et qui ne voit pas mon amour ! — Mary ! Mary ! fit Michel chancelant, sans haleine, près de tomber, après m'avoir tué de douleur veux-tu donc me faire mourir de joie ? — Oh ! oui, oui, te t'aime ! répéta Mary, je t'aime ! il faut bien que je te dise ces deux mots qui m'étouffent depuis si longtemps ; je t'aime comme tu peux m'aimer ; je t'aime tant, qu'à l'idée du sacrifice qu'il nous faut faire, la mort me semblerait douce si elle me surprenait au moment où je te fais cet aveu.

Et en disant ces mots, malgré elle, comme attirée par une puissance magnétique, Mary approchait son visage du visage de Michel, qui la regardait avec les yeux d'un homme qu'une hallucination met en extase... Mais elle se redressa vivement, repoussa Michel, et, sans transition aucune, se mit à fondre en larmes.

En ce moment, Rosine entra dans la hutte.

LVI

OU LE BARON MICHEL TROUVE, POUR S'APPUYER, UN CHÊNE AU LIEU D'UN ROSEAU.

Mary sentit que c'était une aide qui lui venait de la part du Seigneur. Seule, sans autre appui qu'elle-même, s'étant livrée comme elle l'avait fait, elle se sentait à la merci de son amant. Elle courut à Rosine, et, s'appuyant à son épaule :

— Qu'y a-t-il, mon enfant, demanda-t-elle, et qui t'amène?

Et elle portait ses mains sur son front et sur ses yeux : sur ses yeux, pour en effacer les larmes, sur son front, pour en cacher la rougeur.

— Mademoiselle, dit Rosine, il me semble que j'entends le bruit d'une barque. — De quel côté? — Du côté de Saint-Philibert. — J'avais cru que celle de ton père était la seule qui fût sur le lac? — Non, Mademoiselle, il y a encore celle du meunier de Grandlieu ; elle est à moitié défoncée, il est vrai, mais enfin ce serait d'elle que l'on se serait servi pour arriver jusqu'à nous. — Bien, bien, dit Mary ; je vais avec toi, Rosine.

Et sans faire attention au jeune homme qui tendait vers elle des bras suppliants, Mary, qui n'était pas fâchée de s'éloigner de Michel pour raffermir ses idées et son courage, s'élança hors de la cabane. Rosine la suivit.

Michel resta seul et écrasé ; il sentait que le bonheur s'éloignait de lui ; il comprenait l'impossibilité de le retenir. Jamais plus un pareil enivrement ne lui ramènerait un pareil aveu.

En effet, lorsque Mary rentra, après avoir prêté l'oreille dans toutes les directions sans avoir entendu autre chose que le clapotement de la vague sur la rive, elle trouva Michel assis sur les roseaux, la tête entre ses deux mains. Elle le crut calme, il n'était qu'abattu. Elle alla à lui. Michel, au bruit de ses pas, leva la tête, et la voyant aussi réservée au retour qu'elle était exaltée au départ, il lui tendit la main, et secouant tristement la tête :

— Oh! Mary! Mary! dit-il. — Eh bien! mon ami? demanda celle-ci. — Oh! Mary, au nom du ciel! dites-moi encore ces douces paroles qui enivrent ; Mary, dites-moi encore que vous m'aimez. — Je vous le répéterai, mon ami, répondit tristement Mary, et autant de fois que vous le désirerez, si la conscience que ma tendresse suit avec sollicitude chacune de vos souffrances et chacun de vos efforts peut vous inspirer le courage et la fermeté. — Et quoi! Mary, dit Michel en se tordant les mains, vous pensez toujours à cette cruelle séparation? Vous voulez qu'avec la conscience de mon amour pour vous, avec la certitude de votre amour pour moi, vous voulez que je me donne à une autre? — Je veux que nous accomplissions tous deux ce que je regarde comme un devoir, mon ami ; c'est ce qui fait que je ne regrette pas de vous avoir ouvert mon cœur, car j'espère que mon exemple vous apprendra à souffrir, et vous inspirera la résignation à la volonté de Dieu. Un fatal concours de circonstances, que je regrette autant que vous, Michel, nous a séparés ; nous ne pouvons être l'un à l'autre. — Oh! mais pourquoi? Je n'ai pris aucun engagement, moi; je n'ai jamais dit à mademoiselle Bertha que je l'aimais! — Non, mais elle m'a dit qu'elle vous aimait, vous ; mais j'ai reçu sa confidence, le soir où vous nous avez rencontrées à la cabane de Tinguy, le soir où vous êtes revenu avec elle. — Mais tout ce que je lui ai dit de tendre ce soir-là, s'écria le malheureux jeune homme, c'était à vous que cela s'adressait. — Que voulez-vous, ami, un cœur qui s'épanche est facile à remplir; elle s'y est trompée, la pauvre Bertha; et en rentrant au château, au moment où je me disais tout bas : « Je l'aime ! » elle, elle me le disait tout haut. Vous aimer n'est qu'une souffrance; être à vous, Michel, serait un crime. — Ah! mon Dieu! mon Dieu! — Oui, mon Dieu! Il nous donnera la force, Michel, ce Dieu que nous invoquons. Subissons donc héroïquement les conséquences de notre mutuelle timidité. Je ne vous la reproche pas, comprenez-moi bien, je ne vous en veux point de ne pas avoir su maintenir vos sentiments lorsqu'il en était temps encore; mais au moins ne me donnez pas le remords d'avoir fait le malheur de ma sœur sans profit et sans avantage pour moi. — Mais, dit Michel, votre projet est insensé; ce que vous voulez éviter arrivera fatalement: Bertha, tôt ou tard, s'apercevra que je ne l'aime point, et alors... — Écoutez-moi, mon ami, dit la jeune fille en posant la main sur le bras du jeune homme, quoique bien jeune, j'ai des convictions arrêtées sur ce que vous appelez l'amour ; mon éducation, tout opposée à la vôtre, comme la vôtre, a eu ses vices; mais elle a eu aussi ses qualités; une de ces qualités, qualité terrible, je le sais bien, c'est le réalisme. Habituée à entendre des conversations où le passé ne déguisait rien de sa faiblesse, je sais, par ce que j'ai appris de la vie de mon père, que rien n'est plus fugitif que les attachements semblables à celui que vous ressentez pour moi. J'espère donc que Bertha m'aura remplacée dans votre cœur avant qu'elle ait eu le temps de s'apercevoir de votre indifférence. C'est mon seul espoir, Michel, et je vous supplie de ne pas me l'enlever. — Vous demandez une chose impossible, Mary. — Eh bien ! soit; libre à vous de ne pas tenir l'engagement qui vous lie à ma sœur ; libre à vous de rejeter la prière que je vous adresse à genoux. Ce sera une nouvelle flétrissure pour deux pauvres enfants déjà si injustement flétris par le monde. Ma pauvre Bertha souffrira, je le sais bien; mais au moins je souffrirai avec elle, de la même douleur qu'elle, et, prenez garde, Michel, peut-être que notre douleur, exaltée l'une par l'autre, finira par vous maudire. — Je vous en prie, Mary, je vous en conjure, ne me dites pas ces mots-là qui me brisent le cœur. — Écoutez, Michel, les heures passent, la nuit s'écoule, le jour va paraître ; il va falloir que nous nous séparions, et ma résolution est irrévocable. Nous avons fait tous les deux un rêve qu'il nous faut oublier. Je vous ai dit, Michel, comment vous pouviez mériter, je ne dirai pas mon amour, vous l'avez, mais la reconnaissance éternelle de la pauvre Mary. Je vous jure, ajouta-t-elle plus suppliante qu'elle n'avait jamais été, je vous jure que si vous vous dévouez au bonheur de ma sœur, je n'aurai dans le cœur qu'une prière, celle qui demandera à Dieu de vous récompenser ici-bas et là-haut. Si vous me refusez, au contraire, Michel, si votre cœur ne sait pas s'élever à la hauteur de mon abnégation, il faut renoncer à nous revoir, il faut vous éloigner ; car je vous le répète, je vous le jure devant Dieu, et en l'absence des hommes, jamais, mon ami, je ne serai à vous. — Mary, Mary, ne prononcez pas ce serment ! Laissez-moi au moins l'espérance; les obstacles qui nous séparent peuvent s'aplanir. — Vous laisser l'espérance serait encore une faute, Michel; et puisque la certitude que je partage vos douleurs ne peut vous communiquer la fermeté et la résignation qui m'animent, je regrette amèrement celle que vous m'avez fait commettre cette nuit. Non, Michel, il faut que nous ne nous laissions plus abuser par des rêves; ils sont trop dangereux, continua Mary en passant sa main sur son front. Je vous ai fait entendre mes prières; maintenant, et puisque vous y restez insensible, il ne me reste plus qu'à vous dire un éternel adieu. — Ne plus vous voir, Mary! Mary, vous perdre! Oh! j'aime mieux la mort. Je vous obéirai, Mary; ce que vous exigez de moi...

Il s'arrêta; il n'avait plus la force d'aller plus loin.

— Je n'exige rien, dit Mary; je vous ai demandé à genoux de ne pas briser deux cœurs au lieu d'un; et à genoux je vous le demande encore.

Et, en effet, elle se laissa tomber aux genoux du jeune homme.

— Relevez-vous, relevez-vous, Mary, dit celui-ci; oui, oui, je ferai tout ce que vous voudrez, mais vous serez là, vous ne me quitterez jamais, n'est-ce pas? Et quand je souffrirai trop, je puiserai dans vos regards la force et le courage qui me manqueront. Je vous obéirai, Mary. — Merci, mon ami, merci! Et ce qui fait que je vous demande et que j'accepte ce sacrifice, c'est que j'ai la conviction qu'il ne sera pas plus perdu pour notre bonheur que pour celui de Bertha. — Mais vous, vous? s'écria le jeune homme. — Ne songez pas à moi, Michel.

Le jeune homme laissa échapper un gémissement.

— Dieu, continua Mary, a mis dans le dévouement des consolations dont l'esprit humain ne sait pas sonder les profondeurs. Moi, dit Mary en voilant ses yeux de ses mains, comme si elle eût craint que ceux-ci ne démentissent ses paroles, moi je tâcherai que le spectacle de votre bonheur me suffise. — Oh! mon Dieu! mon Dieu! fit Michel en tordant ses mains, c'en est donc fait; je suis condamné!

Et il se jeta la face contre la paroi de la cabane. En ce moment, Rosine entra.

— Mademoiselle, dit-elle, voici le jour qui commence à paraître. — Qu'as-tu donc, Rosine? demanda Mary; il me semble que tu es toute tremblante. — C'est que, de même qu'il m'avait semblé entendre le bruit de deux rames sur le lac, il m'a semblé entendre marcher derrière moi. — Marcher derrière toi, dans ces îlots perdus sur le lac? Tu as rêvé, mon enfant. — Je le crois aussi; j'ai fureté de tous les côtés, et je n'ai vu personne.

Un sanglot de Michel la fit retourner.

— Nous allons partir seules, dit-elle, et, dans une heure, Rosine viendra vous chercher avec la barque. N'oubliez pas ce que vous m'avez promis, mon ami; je compte sur votre courage. — Comptez sur mon amour, Mary. La preuve que vous en demandez est terrible; la tâche que vous m'imposez est immense. Dieu veuille que je ne succombe pas sous le fardeau. — Songez que Bertha vous aime, Michel; songez qu'elle épie chacun de vos regards; songez enfin que j'aimerais mieux mourir que de lui voir découvrir l'état de votre cœur. — Oh! mon Dieu! mon Dieu! murmura le jeune homme. — Allons, du courage! Adieu, mon ami!

Et, profitant du moment où Rosine entr'ouvrait la porte pour regarder dehors, Mary, se penchant, déposa un baiser sur le front du jeune homme. Ce baiser était bien différent de celui qu'elle s'était laissé prendre une demi-heure auparavant: l'un était ce jet de flamme qui va du cœur de l'amant à celui de l'amante; l'autre était le chaste adieu d'une sœur à son frère. Michel en comprit bien la différence, car cette caresse lui serra le cœur; ses larmes jaillirent de nouveau de ses yeux. Il conduisit les deux jeunes filles jusqu'au rivage puis, lorsqu'il les eut vues monter dans la barque, il s'assit sur une pierre et les regarda s'éloigner, jusqu'à ce qu'il les perdît de vue dans le brouillard matinal qui couvrait le lac.

Le bruit des avirons arrivait encore à son oreille; il l'écoutait comme un glas funèbre qui lui annonçait que ses illusions tant caressées s'étaient évanouies comme autant de fantômes, lorsqu'il se sentit toucher légèrement à l'épaule. Il se retourna et aperçut Jean Oullier debout derrière lui; la figure du Vendéen était plus triste encore que d'habitude, mais au moins elle avait perdu cette expression haineuse que Michel lui avait toujours vue : ses paupières étaient humides et de grosses gouttes d'eau scintillaient sur le collier de barbe qui encadrait son visage. Était-ce la rosée de la nuit, étaient-ce les larmes qu'avait versées le vieux soldat de Charrette? Il tendit la main à Michel, ce qu'il n'avait jamais fait. Celui-ci le regarda avec étonnement, et prit la main qui lui était tendue avec hésitation.

— J'ai tout entendu, dit Jean Oullier.

Michel poussa un soupir et baissa la tête.

— Vous êtes de braves cœurs, dit le Vendéen; mais, vous avez raison, c'est une terrible tâche que celle que cette généreuse enfant vous a fait entreprendre : que Dieu la récompense de son dévouement! Quant à vous, si vous vous sentez faiblir, avertissez-moi, monsieur de La Logerie, et vous reconnaîtrez une chose, c'est que si Jean Oullier hait bien ses ennemis, il sait aussi bien aimer ceux qu'il aime. — Merci! lui répondit Michel. — Allons, allons! dit Jean Oullier, ne pleurez plus; pleurer n'est pas d'un homme, et, s'il le faut, je tâcherai de faire entendre raison à cette tête de fer qu'on appelle Bertha, quoique je vous déclare d'avance que ce ne soit pas une chose facile. — Mais il y a une chose qui le sera, au cas où elle ne l'entendrait pas, pour peu surtout que vous vouliez m'y aider. — Laquelle? demanda Jean Oullier. — C'est de me faire tuer, dit Michel.

Le jeune homme avait dit cela si simplement, que l'on sentait que c'était l'expression de sa pensée.

— Oh! oh! murmura Jean Oullier, c'est qu'il a, ma foi, l'air d'être prêt à le faire comme il le dit.

Puis, s'adressant au jeune homme :

— Eh bien! dit-il, soit; quand nous en serons là, nous verrons.

Cette promesse, toute triste qu'elle fût, rendit un peu de courage à Michel.

— Allons, dit-il, vous ne pouvez rester ici; j'ai là une bien méchante barque, mais avec quelques précautions elle peut nous ramener tous deux à terre. — Mais Rosine doit revenir me prendre dans une heure? objecta le jeune homme. — Elle fera une course inutile, répondit Jean Oullier, cela lui apprendra à raconter sur les grands chemins les affaires des autres, comme elle a fait cette nuit avec vous.

Après ces paroles, qui expliquaient comment Jean Oullier avait pu les suivre et les surprendre, Michel le suivit dans la barque, et quelques minutes après, s'écartant de la route de Rosine et de Mary, ils prenaient le large du côté de Saint-Philibert.

LVII

DES DERNIERS CHEVALIERS DE LA ROYAUTÉ.

Comme Gaspard l'avait très-bien prévu et l'avait dit à Petit-Pierre à la métairie de la Boulœuvre, l'ajournement de la prise d'armes au 4 juin porta un coup fatal à l'insurrection projetée. Quelque diligence qu'on y mît, quelque activité que déployassent les chefs du parti légitimiste, qui, ainsi que nous l'avons vu faire au marquis de Souday, à ses filles, à Gaspard lui-même et autres chefs présents à la réunion de la Boulœuvre, parcoururent eux-mêmes les villages de leurs divisions pour y porter le contre-ordre, il était trop tard pour qu'il fût connu dans toutes les campagnes qui devaient embrasser le mouvement.

Du côté de Niort, de Fontenay, de Luçon, les royalistes étaient rassemblés ; Biot et Robert, à la tête de leurs bandes organisées, étaient sortis des forêts des Deux-Sèvres pour servir de noyau au soulèvement ; mais ils sont signalés aux chefs des cantonnements militaires qui se rassemblent, marchent sur la paroisse d'Armailloux, battent les paysans et arrêtent un grand nombre de gentilshommes et d'officiers démissionnaires qui s'étaient donné rendez-vous dans cette paroisse, et accouraient au bruit de la fusillade. Des arrestations semblables avaient été faites dans les environs du Champ-Saint-Père ; le poste du Port-la-Claie avait été attaqué, et bien qu'en raison du petit nombre des assaillants cette attaque eût été repoussée, l'audace et la vigueur avec lesquelles elle avait été conduite prouvaient qu'elle ne pouvait être attribuée aux réfractaires.

Sur l'un des prisonniers du Champ-Saint-Père on découvrit une liste de jeunes gens qui devaient former un corps d'élite. Cette liste, ces attaques faites sur divers points à la même heure, ces arrestations de gens connus pour l'exaltation de leur opinion, devaient mettre l'autorité sur ses gardes, et lui faire considérer comme sérieux les dangers dont jusque-là elle ne s'était garantie qu'avec faiblesse.

Si le contre-ordre n'était point parvenu à temps dans quelques localités de la Vendée et des Deux-Sèvres, dans la Bretagne, dans le Maine et le Bocage, du centre d'où partait la direction, l'étendard de la guerre avait été ouvertement arboré.

Dans la première de ces provinces, la division de Vitré s'était battue, avait même remporté un succès aux Bretonnières-en-Bréal, succès éphémère qui, le lendemain, à la Gaudinière, se changeait en désastre. Gaullier, dans le Maine, ayant aussi reçu le contre-ordre trop tard pour arrêter ses gars, livrait de son côté, à Chanay, un combat sanglant qui ne dura pas moins de six heures, et, en outre de cet engagement sérieux, comme on le voit, les paysans, qui sur certains points n'avaient pas voulu rentrer chez eux, échangeaient presque chaque jour des coups de fusil avec les colonnes qui sillonnaient les campagnes.

On peut hardiment l'avouer, le contre-ordre du 22 mai, les mouvements intempestifs et isolés qui en furent les résultats, le manque d'entente et de confiance qui en devint les conséquences, firent plus pour le gouvernement de juillet que le zèle de tous ses agents réunis. Dans les provinces où on laissa les divisions rassemblées, il fut impossible de réchauffer plus tard l'élan que l'on avait laissé refroidir : on avait donné aux populations insurgées le temps de se compter et de réfléchir. La réflexion, souvent favorable aux calculs, est toujours fatale aux sentiments.

Les chefs, s'étant eux-mêmes désignés à l'attention du gouvernement, furent aisément surpris et arrêtés lorsqu'ils rentrèrent dans leurs demeures. Ce fut pis encore dans les cantons où les bandes parurent en ligne : les paysans se sentant abandonnés à leurs propres forces, ne voyant pas venir les divisions sur lesquelles ils comptaient, crièrent à la trahison, brisèrent leurs fusils et regagnèrent indignés leurs foyers. L'insurrection légitimiste avortait à l'état d'embryon, la cause de Henri V perdait deux provinces avant d'avoir déployé son drapeau, la Vendée allait se trouver réduite à ses propres forces; mais tel était le courage de ces fils des géants que, comme nous allons le voir, ils ne désespéraient pas encore.

Huit jours s'étaient écoulés depuis les événements que nous avons racontés dans le chapitre précédent, et, pendant ces huit jours, le mouvement politique qui s'était produit autour d'eux avait été si puissant, qu'il avait entraîné dans son orbite ceux de nos personnages que leurs passions avaient semblé en distraire le plus complétement.

Bertha, un instant inquiète de la disparition de Michel, s'était montrée complétement rassérénée lorsqu'elle l'avait vu revenir près d'elle, et son bonheur s'était traduit avec tant d'expansion et de publicité, qu'il avait été impossible au jeune homme, à moins de trahir la promesse faite à Mary, de ne pas paraître de son côté heureux de la revoir. Au reste, depuis les préoccupations qu'elle trouvait près de Petit-Pierre, les détails infinis de la correspondance dont elle était chargée absorbaient tellement ses moments, qu'ils l'empêchaient de remarquer la tristesse et l'abattement de Michel, et l'espèce de contrainte avec laquelle il se prêtait à la familiarité que les habitudes masculines de Bertha autorisaient vis-à-vis de celui qu'elle considérait comme son fiancé. Mary, qui avait rejoint son père et sa sœur deux heures après avoir laissé Michel dans l'îlot de la Jonchère, continuait d'éviter de se trouver seule avec ce dernier ; lorsque les obligations de leur vie en commun les mettaient en présence l'un de l'autre, elle ne laissait jamais échapper une occasion de faire ressortir aux yeux de Michel le charme et les avantages de sa sœur; lorsque ses yeux rencontraient ceux du jeune baron, elle le regardait avec une expression suppliante qui lui rappelait doucement et cruellement à la fois la promesse qu'il avait faite. Si par hasard Michel autorisait, par son silence, les attentions dont Bertha était si prodigue envers lui, Mary affectait à l'instant même une joie bruyante et démonstrative qui, sans aucun doute, était bien loin de son cœur, mais qui n'en brisait pas moins le cœur de Michel. Cependant, quoi qu'elle essayât de faire, il lui était impossible de dissimuler les ravages que la lutte qu'elle subissait contre son amour apportait à son extérieur.

Son changement eût frappé ceux qui l'entouraient s'ils eussent été moins préoccupés, soit de leur bonheur, comme Bertha, soit des soucis de la politique, comme Petit-Pierre et le marquis de Souday. La fraîcheur de la pauvre Mary avait disparu ; de larges cercles d'un bistre azuré cavaient ses yeux; ses joues pâles creusaient visiblement, et de légères rides, plissant son beau front, démentaient le sourire qu'affectaient presque constamment ses lèvres.

Jean Oullier, dont la sollicitude ne se fût point abusée, était absent par malheur; dès le jour même où il était rentré à la Boulœuvre, il avait été envoyé en mission dans l'Est par le marquis de Souday, et, fort inexpérimenté en matière de cœur, Jean Oullier était parti à peu près tranquille; car il était loin de se douter, malgré ce qu'il avait entendu, que le mal fût si profond.

On était arrivé au 3 juin. Ce jour-là il y avait un grand mouvement dans le Moulin-Jacques, commune de Saint-Colombin. Depuis le matin, les allées et les venues des femmes et des mendiants avaient été constantes, et, au moment où le jour tombait, le verger qui précédait la métairie avait pris l'aspect d'un camp. De minute en minute des hommes, vêtus de blouses ou de vestes de chasse, armés de fusils, de sabres et de pistolets, arrivaient, les uns à travers champs, les autres par les chemins; ils disaient un mot aux sentinelles qui rayonnaient autour de la ferme; sur ce mot la sentinelle les laissait passer; ils posaient leurs armes en faisceaux le long de la haie qui séparait le verger de la cour, et, comme ceux qui étaient arrivés avant eux, ils se disposaient à bivouaquer sous les pommiers.

Dans l'intérieur du Moulin-Jacques, l'affluence, pour être moins nombreuse qu'au dehors, n'était guère moins bruyante. Quelques chefs recevaient leurs dernières instructions, et se concertaient sur les mesures à prendre pour le lendemain. Des gentilshommes racontaient les événements de cette journée qui avait déjà eu ses événements. Ces événements étaient le rassemblement de la lande des Urgeins, et quelques engagements partiels avec les troupes du gouvernement.

Le marquis de Souday se faisait remarquer au milieu des groupes par sa loquacité exaltée; il avait reconquis ses vingt ans; il semblait à son impatience fiévreuse que le soleil du lendemain ne se lèverait jamais, et il profitait du temps que la terre mettait à accomplir sa révolution autour de son axe, pour donner une leçon de tactique aux jeunes gens qui l'écoutaient. Michel, assis dans un angle de la cheminée, était le seul dont l'esprit ne fût pas complétement absorbé par les événements qui se préparaient. Depuis le matin sa situation s'était compliquée. Quelques amis, quelques voisins du marquis étaient venus le féliciter de sa prochaine union avec mademoiselle de Souday. Il sentait qu'à chaque pas qu'il faisait en avant il s'enchevêtrait davantage aux mailles du réseau dans lequel il avait donné tête baissée; et malheureusement il voyait en même temps combien tous ses efforts, pour tenir la promesse que Mary lui avait arrachée, étaient impuissants, combien c'était vainement qu'il s'efforcerait à chasser de son cœur la douce image qui en avait pris possession. Sa tristesse devenait de plus en plus grande, et formait, en ce moment, un parfait contraste avec les physionomies animées de ceux qui l'entouraient.

Le bruit, le mouvement qui se faisaient autour de Michel ne tardèrent pas à lui devenir insupportables. Il se leva, et sortit sans avoir été remarqué. Il traversa la cour, et, passant par derrière les roues du moulin, il pénétra dans le jardin du meunier, suivit le cours de l'eau, et fut s'asseoir sur le garde-fou d'un petit ruisseau, à environ deux cents pas de la maison. Il était là depuis près d'une heure, se laissant aller à toutes les idées noires que suggérait en lui la conscience de sa position, lorsqu'il aperçut un homme qui se dirigeait de son côté en suivant le chemin par lequel il était venu lui-même.

— Est-ce vous, monsieur Michel? dit cet homme. — Jean Oullier! dit Michel, Jean Oullier; c'est le ciel qui vous envoie; depuis combien de temps êtes-vous revenu? — Depuis une demi-heure à peine. — Avez-vous vu Mary? — Oui, j'ai vu mademoiselle Mary.

Et il leva les yeux au ciel avec un soupir. Le ton avec lequel Jean Oullier prononçait ces paroles, le geste et le soupir qui les accompagnaient, indiquaient que sa sollicitude si profonde ne se méprenait pas sur les causes du dépérissement de la jeune fille, et avait enfin apprécié la gravité de la situation. Michel le comprit; car il se cacha le visage entre ses mains, se contentant de murmurer :

— Pauvre Mary!

Jean Oullier l'écouta avec une certaine compassion; puis, après un instant de silence :

— Avez-vous pris un parti? demanda-t-il. — Non; mais j'espère que demain une balle me dispensera de ce soin. — Oh! fit Jean Oullier, il ne faut pas compter là-dessus; les balles sont capricieuses, elles ne vont jamais à ceux qui les appellent. — Ah! monsieur Jean, fit Michel en secouant la tête, nous sommes bien malheureux! — Oui, il paraît que cela vous tourmente fort, vous autres, ce que vous appelez de l'amour, et qui n'est que de la déraison! Mon Dieu! qui m'eût dit que ces deux enfants, qui ne songeaient à rien qu'à courir bravement et honnêtement les bois entre leur père et moi, s'éprendraient de la première figure coiffée d'un chapeau qu'elles rencontreraient sur le chemin; et cela, parce que cette figure ressemblait autant à celle d'une fille que leurs façons à elles ressemblent à celles des garçons. — Hélas! c'est la fatalité qui a tout fait, mon pauvre Jean. — Non, reprit le Vendéen, non, ce n'est pas la fatalité qu'il faut en accuser; c'est moi... Enfin, voyons, puisque vous n'avez pas le courage de parler en face à cette folle de Bertha, aurez-vous celui de rester honnête? — Je ferai tout ce qui sera nécessaire pour me rapprocher de Mary; comptez sur moi tant que vous agirez dans ce but. — Qui vous parle de vous rapprocher de Mary? La pauvre enfant! elle a plus de bon sens que nous tous. Elle ne peut être votre femme, elle vous le disait l'autre jour, ou plutôt l'autre nuit, et elle avait cent fois raison; seulement, son amour pour Bertha l'entraînait trop loin : elle veut se condamner au supplice qu'elle désire épargner à sa sœur, et c'est ce que ni vous ni moi ne devons souffrir. — Comment cela, Jean Oullier? — Bien; un moyen bien facile : ne pouvant être à celle que vous aimez, il ne faut pas que vous soyez à celle que vous n'aimez pas; comme cela, il m'est avis que le chagrin de la première s'apaisera à la longue. Car elle a beau dire, voyez-vous, si pur que soit le cœur d'une femme, il y a toujours un peu de jalousie au fond. — Renoncer à l'espoir de nommer Mary ma femme, et en même temps à la consolation de la voir? je ne le saurais; voyez-vous, Jean Oullier, pour me rapprocher de Mary, il me semble que je traverserais le feu de l'enfer. — Tout cela ce sont des phrases, mon jeune Monsieur; on s'est bien consolé d'être sorti du paradis, on peut bien oublier, quand on a votre âge, une femme que l'on aime. D'ailleurs, ce qui doit vous séparer de Mary, c'est bien autre chose que le feu de l'enfer, ce pourrait être le cadavre de sa sœur; car vous ne connaissez pas encore cette enfant indomptée qui a nom Bertha, et ce dont elle est capable. Je n'entends rien, moi, pauvre bonhomme de paysan, à tous vos grands sentiments; mais il me semble que les plus déterminés doivent s'arrêter devant un obstacle de ce genre. — Mais, que faire? mon Dieu! que faire? Conseillez-moi, mon ami. — Tout le mal vient, il me semble du moins, de ce que vous n'avez pas le caractère de votre sexe; il faut faire ce que fait, en semblable circonstance, celui auquel, par vos manières, par votre faiblesse, vous semblez appartenir : vous n'avez pu être un homme, vous n'avez pas su dominer la situation que le hasard vous avait faite, il faut la fuir. — Fuir! Mais n'avez-vous pas entendu l'autre jour que Mary m'a dit que, du moment où j'aurais renoncé à sa sœur, elle ne me reverrait jamais? — Qu'importe? si elle vous estime. — Mais, tout ce que je vais souffrir! — Vous ne souffrirez pas plus de loin que vous ne souffrez ici. — Ici, au moins, je la vois. — Croyez-vous que le cœur connaisse les distances? non pas, même celles qui nous séparent de ceux qui nous ont dit le dernier adieu. Tenez, moi, il y a trente ans et plus que j'ai perdu ma pauvre femme; eh bien! y a des jours où je la vois comme je vous vois; l'image de Mary, vous l'emporterez dans votre cœur, et vous entendrez sa voix vous remercier de ce que vous aurez fait. — Ah! tenez, j'aimerais mieux vous entendre me parler de mourir. — Allons! monsieur Michel, un bon mouvement; tenez, s'il le faut, moi qui, cependant, ai contre vous de graves sujets de haine, je tomberai à vos genoux et je vous dirai: « Je vous en conjure, rendez autant qu'il est possible la paix à ces deux pauvres créatures. » — Enfin, que voulez-vous de moi? — Il faut partir; je vous l'ai dit et je vous le répète. — Partir! Mais, vous n'y songez pas, on se bat demain; partir aujourd'hui, c'est déserter, c'est me déshonorer. — Non, je ne veux pas vous déshonorer; si vous partez, ce ne sera pas pour déserter. — Comment cela? — En l'absence d'un capitaine de paroisse de la division de Clisson, j'ai été désigné pour le remplacer; vous viendrez avec moi. — Oh! je voudrais que la première balle fût pour moi demain. — Vous combattrez sous mes yeux, continua Jean Oullier, et, si quelqu'un doute, je rendrai témoignage; le voulez-vous? — Oui, répondit Michel d'une voix si basse que ce fut à peine si le Vendéen pût l'entendre. — Bien; dans trois heures nous nous mettrons en route. — Partir sans lui dire adieu! — Il le faut; en face des circonstances dans lesquelles nous allons entrer, qui sait si elle aurait la force de vous laisser éloigner; voyons, encore ce courage! — Je l'aurai, Oullier; vous serez content de moi. — Bien; ainsi, je puis compter sur vous? — Je vous en donne ma parole. — Dans trois heures je vous attendrai au carrefour de la Belle-Passe. — J'y serai.

Jean Oullier fit à Michel un signe d'adieu presque amical; franchissant le petit pont, il alla dans le verger rejoindre les autres Vendéens.

LVIII

OU JEAN OULLIER MENT POUR LE BIEN DE LA CAUSE.

Le jeune homme demeura pendant quelques minutes dans une sorte d'anéantissement. Les paroles de Jean Oullier résonnaient à son oreille comme le glas qui aurait sonné sa propre mort. Il croyait rêver, et il avait besoin, pour croire à la réalité de sa douleur, de se répéter tout bas et à lui-même ce mot:

— Partir! partir!

Bientôt la froide idée de la mort, que jusque-là il n'avait entrevue que comme un secours qui lui viendrait du ciel, idée à laquelle il n'avait songé que comme on y songe à vingt ans, passa de son cerveau dans son cœur et le glaça. Il frissonna de tout son corps. Il se vit séparé de Mary, non plus par une distance qu'il pouvait franchir, mais par ce mur de granit qui enferme pour l'éternité l'homme dans sa dernière demeure. Sa douleur devint si forte qu'elle lui sembla un pressentiment. Alors, il accusa Jean Oullier de dureté et d'injustice; il lui parut odieux que la rigidité du vieux Vendéen lui enlevât la suprême consola-

LES LOUVES DE MACHECOUL. — LE MOULIN.

TYP. J. CLAYE.

tion d'un dernier regard; il lui sembla impossible qu'un dernier adieu lui fût refusé. Il se révolta contre cette exigence, et résolut de voir Mary, quelque chose qui pût arriver.

Michel connaissait parfaitement la distribution du moulin. Petit-Pierre habitait la chambre du meunier, située au-dessus des meules. C'était naturellement la chambre d'honneur de la maison. Dans un cabinet attenant à cette chambre couchaient les deux sœurs. Ce cabinet avait une étroite fenêtre qui donnait au-dessus de la roue extérieure qui faisait aller la machine. La machine était au repos pour le moment. On avait détourné l'eau, dans la crainte que le bruit qu'elle ferait en marchant n'empêchât les sentinelles d'entendre les autres bruits.

Michel attendit la nuit; ce fut l'affaire d'une heure à peu près. La nuit venue, il se rapprocha des bâtiments. On voyait de la lumière à travers la vitre de la petite fenêtre. Il jeta une planche sur un des battoirs de la roue, et en s'aidant de la muraille il parvint, de palette en palette, à son point le plus élevé. Là, il se trouva à la hauteur de l'étroite fenêtre. Il dressa doucement la tête et regarda dans l'intérieur du petit cabinet.

Mary était seule, assise sur un escabeau, le coude appuyé sur la couchette, et la tête renversée sur sa main; de temps en temps un profond soupir s'échappait de sa poitrine; de temps en temps ses lèvres s'agitaient comme si elles eussent murmuré une prière.

Au bruit que fit le jeune homme en frappant contre le carreau, elle leva la tête, le reconnut à travers la vitre, poussa un cri, et courut à la fenêtre.

— Chut! fit le jeune homme. — Vous! vous ici! s'écria Mary. — Oui, c'est moi. — Mon Dieu! que prétendez-vous? — Mary, il y a huit jours que je ne vous ai parlé, il y a presque huit jours que je ne vous ai vue; je viens vous dire adieu avant d'aller où ma destinée m'appelle. — Adieu! Et pourquoi adieu? — Je viens vous dire adieu, Mary, répéta le jeune homme avec fermeté. — Oh! vous ne voulez plus mourir?

Michel ne répondit point.

— Oh! vous ne mourrez pas, continua Mary; j'ai tant prié ce soir, que Dieu a dû m'entendre. Mais maintenant que vous m'avez vue, maintenant que vous m'avez parlé, partez, partez! — Pourquoi donc vous quitter si vite, mon Dieu! Me haïssez-vous tant que vous ne puissiez me voir? — Non, ce n'est point cela, mon ami, dit Mary; mais Bertha est dans la chambre voisine; elle peut vous avoir entendu venir, elle peut vous entendre parler. Mon Dieu! mon Dieu! que deviendrais-je, moi qui lui ai juré que je ne vous aimais pas? — Oui, oui, jurez cela à elle; mais à moi, vous m'avez juré de m'aimer, et ce n'est que sûr de votre amour que j'ai consenti à dissimuler le mien. — Je vous en conjure, Michel, partez! — Non, Mary, non, je ne partirai pas sans avoir entendu votre bouche me répéter ce qu'elle m'a dit dans la hutte de la Jonchère. — Mais cet amour est presque un crime! s'écria Mary désespérée. Michel, mon ami, je rougis, je pleure en songeant que j'ai été assez faible pour y céder une minute. — Je ferai en sorte, Mary, je vous le jure, que vous n'ayez plus à avoir demain de semblables regrets, à verser de pareilles larmes. — Vous voulez mourir? Oh! ne me dites pas cela, je vous en prie; ne me dites pas cela, à moi qui souffre tant dans l'espoir que mes douleurs vous vaudront une destinée meilleure que la mienne!... Mais n'avez-vous pas entendu? On vient; partez, Michel, partez! — Un baiser, Mary? — Non. — Encore un baiser, le dernier? — Jamais, mon ami. — Mary, c'est à un cadavre que vous le donnerez.

Mary jeta un cri, ses lèvres effleurèrent le front du jeune homme; mais au moment où elle repoussait la fenêtre, la porte s'ouvrit. Bertha parut sur le seuil. Elle aperçut sa sœur pâle, égarée, se soutenant à peine, et avec ce formidable instinct que donne la jalousie, elle courut à la fenêtre, l'ouvrit violemment, se pencha en dehors, et aperçut une ombre qui se glissait le long des bâtiments.

— C'est Michel qui était là, Mary? s'écria-t-elle les lèvres tremblantes. — Ma sœur, dit Mary en tombant à genoux, je te jure...

Bertha l'interrompit.

— Ne jurez pas, ne mentez pas! j'ai reconnu sa voix.

Bertha repoussa Mary si violemment qu'elle tomba à la renverse sur le carreau; puis, enjambant par-dessus le corps de sa sœur, furieuse comme une lionne à qui on a enlevé ses petits, elle s'élança hors de la chambre, descendit rapidement l'escalier, traversa le moulin et s'élança dans la cour. Là, à son grand étonnement, elle vit Michel assis sur le seuil de la porte à côté de Jean Oullier. Elle marcha droit à lui.

— Y a-t-il longtemps que vous êtes là? demanda-t-elle au jeune homme d'une voix brève et saccadée.

Michel fit un geste qui signifiait :

— Je passe la parole à Jean Oullier. — Il y a à peu près trois quarts d'heure que monsieur le baron me fait l'honneur de causer avec moi, répondit celui-ci.

Bertha regarda fixement le vieux Vendéen.

— C'est singulier, dit elle. — Pourquoi est-ce singulier? demanda Jean Oullier en fixant à son tour ses yeux sur Bertha. — Parce que tout à l'heure, dit la jeune fille s'adressant, non plus à Jean Oullier, mais à Michel, parce que tout à l'heure il m'avait semblé vous entendre causer à la fenêtre avec ma sœur et vous voir descendre la roue du moulin, que vous auriez escaladée pour monter jusqu'à elle. — Monsieur le baron m'a bien l'air, en effet, répondit Jean Oullier, de risquer de pareils tours de force. — Mais qui voulez-vous donc que ce soit, Jean? dit Bertha impatiente et en frappant du pied. — Bon! quelque ivrogne de là-bas qui aura inventé cette gentillesse. — Mais je te dis que Mary était pâle, frissonnante, émue. — Par la peur, dit Jean Oullier; croyez-vous donc que ce soit une brise-tout comme vous?

Bertha resta pensive. Elle connaissait les sentiments que Jean Oullier nourrissait contre le jeune baron; elle ne pouvait donc supposer qu'il se fît son complice contre elle. Au bout de quelques instants, ses pensées se reportèrent sur Mary; elle se rappela qu'elle l'avait laissée à peu près évanouie.

— Oui, dit-elle, oui, Jean Oullier, tu as raison, la pauvre enfant aura eu peur; et moi, par ma brutalité, j'ai achevé de troubler sa raison. Oh! cet amour me rend véritablement insensée.

Et, sans adresser une seule parole à Michel et à Jean Oullier, elle s'élança vers le moulin.

Jean Oullier regarda Michel qui baissa les yeux.

— Je ne vous ferai point de reproches, dit-il au jeune homme ; vous voyez sur quel baril de poudre vous marchez. Que serait-il arrivé si je ne me fusse point trouvé là pour mentir, Dieu me pardonne! comme si je n'avais fait autre chose de ma vie? — Oui, dit Michel, vous avez raison, Jean; et la preuve, c'est que maintenant, oh! je vous le jure, je vous suivrai; car, je le vois bien, il est impossible que je reste plus longtemps ici. — Bien. Tout à l'heure les Nantais vont se mettre en marche, M. le marquis doit se joindre à eux avec sa division;

partez en même temps qu'eux, restez en arrière, et attendez-moi où vous savez.

Michel s'en alla préparer son cheval, et pendant ce temps Jean Oullier demanda au marquis ses dernières instructions. Les Vendéens campés dans le verger s'étaient rassemblés, les armes étincelaient dans l'ombre, un frissonnement de respectueuse impatience courait dans les rangs.

Bientôt Petit-Pierre, suivi des principaux chefs, sortit de la maison et s'avança vers les Vendéens; à peine l'eut-on reconnu, qu'un formidable cri d'enthousiasme partit de toutes les bouches, les sabres furent tirés et saluèrent celle pour laquelle on allait mourir.

— Mes amis, leur dit Petit-Pierre en s'avançant, j'avais promis qu'au premier rassemblement on me verrait paraître, me voici, et je ne vous quitterai plus; heureux ou malheureux, votre sort sera le mien désormais. Si, comme le ferait mon fils, je ne puis vous rallier autour de mon panache, je puis, comme il le ferait aussi, mourir avec vous. Allez donc, fils de géants! allez où l'honneur et le devoir vous appellent!

Des cris frénétiques de : *Vive Henri V! Vive Marie-Caroline!* accueillirent cette allocution. Petit-Pierre adressa encore quelques mots à ceux des chefs qu'il connaissait, puis la petite troupe sur laquelle reposaient les destinées de la plus vieille monarchie de l'Europe s'éloigna du côté de Vieillevique. Pendant ce temps, Bertha avait prodigué à Mary des secours d'autant plus empressés que le retour de son esprit ou plutôt de son cœur avait été plus subit. Elle l'avait portée sur son lit et lui tamponnait le visage avec son mouchoir trempé dans de l'eau fraîche. Mary ouvrit vaguement les yeux, regarda autour d'elle sans rien voir, tandis que ses lèvres balbutiaient le nom de Michel. Son cœur s'était réveillé avant sa raison. Bertha tressaillit malgré elle. Elle allait demander à Mary pardon de son emportement; à ce nom de Michel prononcé par sa sœur, les paroles expirèrent sur ses lèvres. Pour la seconde fois, elle était mordue au cœur par le serpent de la jalousie.

En ce moment, les acclamations par lesquelles les Vendéens saluaient les paroles de Petit-Pierre arrivèrent à son oreille; elle alla à la fenêtre de la chambre de ce dernier et aperçut une masse sombre, rayée de quelques éclairs, qui disparaissait entre les arbres. C'était la colonne qui s'éloignait. Elle réfléchit alors que Michel, qui faisait partie de cette colonne, s'était éloigné sans lui dire adieu, et elle revint sombre, pensive, inquiète, se rasseoir près du lit de Mary.

LIX

OÙ LE GEOLIER ET LE PRISONNIER SE SAUVENT ENSEMBLE.

Le 4 juin, au point du jour, le tocsin sonnait à tous les clochers des arrondissements de Clisson, de Montaigu et de Machecoul. Le tocsin est la générale des Vendéens. Autrefois, c'est-à-dire dans la grande guerre, lorsque son glas âpre et sinistre retentissait dans la campagne, la population tout entière se levait et courait sus à l'ennemi.

Combien de grandes choses a dû faire cette population, pour que l'on oubliât que cet ennemi c'était la France. Mais par bonheur, et cela prouve le progrès immense qui s'était fait chez nous depuis quarante ans, en 1832, ce bruit semblait avoir perdu toute sa puissance, et si quelque paysan se rendant à son appel impie quittait la charrue pour le fusil caché dans la haie voisine, la plupart continuaient paisiblement le sillon commencé, et se contentaient d'écouter ce signal de la révolte avec cet air profondément méditatif qui va si bien à la sauvage physionomie du paysan vendéen.

Cependant, dès dix heures du matin, une troupe assez nombreuse de Vendéens avait eu avec la ligne un engagement. Fortement retranchée dans le village de Maisdon, cette troupe avait soutenu l'attaque dirigée contre elle, et n'avait cédé que devant le nombre supérieur de ses adversaires. Alors elle avait opéré sa retraite en meilleur ordre que ce n'était l'habitude des Vendéens de le faire, même après un échec insignifiant. C'est que cette fois, nous le répétons, ce n'était plus un grand principe qui combattait, c'était un simple dévouement. Or, ce dévouement, c'était celui de quelques hommes au cœur élevé, qui se croyaient enchaînés par le passé à leurs pères, et qui donnaient leur honneur, leur fortune, leur vie à ce vieil adage : « Noblesse oblige. » Voilà pourquoi la retraite s'était faite avec tant d'ordre, c'est que ceux qui battaient en retraite n'étaient plus de simples paysans indisciplinés, mais « des messieurs. » Or, chacun se battait, non-seulement avec son dévouement, mais avec son orgueil, un peu pour lui, beaucoup pour les autres.

Attaqués de nouveau à Château-Thébaut par un détachement de troupes fraîches que le général avait envoyé à leur poursuite, les blancs perdirent quelques hommes au passage du Maine; mais ayant réussi à mettre cette rivière entre eux et ceux qui les poursuivaient, ils purent, sur la rive gauche, opérer leur jonction avec les Nantais, que nous avons vus quitter pleins d'enthousiasme le Moulin-Jacques, et qu'avaient rejoints la division de Legé et celle du marquis de Souday. Ce renfort portait à huit cents environ l'effectif de cette colonne, placée sous le commandement supérieur de Gaspard.

Le lendemain matin elle se porta sur Vieillevique, avec l'intention d'en désarmer la garde nationale; mais ayant appris que cette petite ville était occupée par des forces supérieures aux siennes et auxquelles pouvaient, en quelques heures, se joindre celles que le général tenait rassemblées à Aigrefeuille, prêt à les lancer sur le point qui leur serait nécessaire, le chef vendéen se décida à attaquer le village du Chêne, dans l'intention de l'occuper et de s'y maintenir. Les paysans furent égaillés dans les champs qui entouraient le village, et cachés dans les blés déjà très-hauts; ils inquiétaient les bleus par une vive fusillade, suivant la tactique de leurs pères. Les Nantais et les gentilshommes, formés en colonne, se préparèrent à enlever le village de vive force, en l'attaquant par la grande rue qui le traverse. Un ruisseau séparait les Vendéens du village, et la veille le pont en avait été détruit. De ce pont il ne restait que quelques solives disjointes.

Les soldats, embusqués derrière les fenêtres garnies de matelas, retranchés dans les premières maisons du village, crénelées pendant la journée de la veille, faisaient sur les blancs un feu croisé qui paralysait leur élan et qui deux fois les avait rejetés en arrière et les faisait hésiter, lorsque, électrisés par l'exemple de leurs chefs, ils se jetèrent à l'eau, traversèrent la petite rivière, abordèrent les bleus à la baïonnette, les chassèrent de maison en maison, et les firent reculer jusqu'à l'extrémité du village, où ils se trouvèrent en face d'un bataillon du 44e de ligne que le général venait d'envoyer au secours de la petite garnison du Chêne.

Cependant le crépitement de la fusillade arrivait jusqu'au Moulin-Jacques, que n'avait pas encore quitté Petit-Pierre. Le jeune homme était toujours dans cette chambre où nous l'avons entrevu dans le chapitre précédent. Pâle, mais les yeux ardents, il allait et venait dans cette chambre, en proie à une agitation fébrile dont il ne pouvait parvenir à se rendre maître ; de temps en temps il s'arrêtait sur le seuil de la porte, et écoutait les sourds roulements que la brise lui apportait comme le grondement d'un tonnerre lointain ; alors il portait la main sur son front baigné de sueur, frappait du pied avec colère et venait s'asseoir dans l'angle de la cheminée, vis-à-vis le marquis de Souday, qui, non moins agité, non moins impatient que Petit-Pierre, poussait de loin en loin de profonds et douloureux soupirs.

Comment le marquis de Souday, que nous avons vu si impatient de recommencer ses exploits de la grande guerre, se trouvait-il dans cette situation expectante ? C'est ce que nous allons expliquer à nos lecteurs.

Le jour même où l'engagement de Maisdon avait eu lieu, Petit-Pierre, selon la promesse qu'il en avait faite à ses amis, s'était disposé à les aller rejoindre, très-décidé qu'il était à combattre au milieu d'eux ; mais les chefs royalistes avaient été épouvantés de la responsabilité que rejetaient sur eux ce courage et cette ardeur. Ils avaient jugé que c'était trop exposer aux chances encore incertaines de cette guerre ; en conséquence, ils avaient décidé que tant qu'une armée ne serait pas réunie, on ne permettrait point à Petit-Pierre de risquer à perdre sa vie dans quelque rencontre obscure et ignorée. Des représentations respectueuses avaient alors été faites à Petit-Pierre ; mais elles avaient échoué en face de sa profonde détermination. Alors les chefs vendéens avaient tenu conseil, et s'étaient décidés à le retenir pour ainsi dire prisonnier, à charger l'un des leurs de rester auprès de lui, et à l'empêcher de sortir, dût-il employer la violence.

Malgré le soin que le marquis de Souday, appelé au conseil, avait eu de voter et d'intriguer en faveur de ses collègues, le choix général s'était arrêté sur lui ; et voilà comment, à son grand désespoir, il se trouvait au Moulin-Jacques au lieu d'être au Chêne, au feu du meunier au lieu d'être au feu des bleus.

Lorsque les premiers bruits du combat étaient arrivés au Moulin-Jacques, Petit-Pierre avait vainement essayé de persuader au marquis de Souday de lui permettre d'aller rejoindre les Vendéens ; mais le vieux gentilhomme avait été inébranlable : prières, promesses, menaces, avaient également échoué devant la fidélité à remplir la consigne reçue. Mais, par delà ce refus, Petit-Pierre avait remarqué la contrainte profonde que le marquis, peu courtisan de son naturel, laissait clairement percer sur son visage. S'arrêtant donc devant lui au moment où il accomplissait un de ces gestes d'impatience que nous avons signalés :

— Il paraît, monsieur le marquis, lui dit-il, que vous ne vous amusez pas d'une façon exorbitante dans ma compagnie ? — Oh ! fit le marquis, essayant, sans y réussir, de donner à cette interjection l'accent d'une indignation profonde. — Mais, oui, reprit Petit-Pierre qui avait son but pour résister ; je trouve que vous ne paraissez en aucune façon être reconnaissant du poste d'honneur qui vous a été confié. — Si fait, dit le marquis, j'en ai été profondément touché, au contraire ; mais... — Ah ! il y a un *mais*, vous voyez bien ! dit Petit-Pierre qui paraissait, sur ce point, décidé à connaître toute la pensée du vieux gentilhomme. — Est-ce que dans toutes les choses de ce monde il n'y a pas un *mais* ? répondit le marquis. — Voyons le vôtre. — Eh bien ! je regrette de ne pouvoir, en même temps que je me montre digne de la confiance que mes camarades ont eue en moi, je regrette de ne pouvoir répandre mon sang pour vous, comme ils le font sans doute à cette heure.

Petit-Pierre poussa un gros soupir.

— D'autant plus, dit-il, que je ne doute pas que nos amis n'aient à regretter votre absence ; votre expérience et votre courage éprouvé leur eussent, certes, été d'un grand secours.

Le marquis se rengorgea.

— Oui, oui, dit-il, moi aussi je suis convaincu qu'ils s'en mordront les pouces. — Je le crois ; mais voulez-vous, mon cher marquis, là, la main sur la conscience, me permettre de vous dire ma pensée tout entière ? — Oh ! je vous en prie. — Je crois, voyez-vous, qu'ils se sont un peu méfiés de vous comme de moi. — C'est impossible ! — Attendez donc. Vous ne savez pas sous quel rapport ; ils se sont dit : « Une femme nous gênera dans nos marches ; nous aurons à nous en préoccuper dans une retraite ; à consacrer à la tenir en sûreté des troupes qui pourraient être plus utilement employées. » Ils n'ont pas voulu croire que je fusse parvenue à dompter la faiblesse de ce corps, et que mon courage fût à la hauteur de ma tâche ; pourquoi voulez-vous que ce qu'ils ont pensé de moi, ils ne l'aient pas également pensé de vous ? — Moi ! s'écria le marquis furieux à cette seule supposition ; mais j'ai fait mes preuves, il me semble ? — Oh ! tout le monde sait cela, mon cher marquis ; mais peut-être, en calculant votre âge, ont-ils supposé que, comme pour moi, la vigueur du corps ne répondrait plus à l'énergie de l'âme. — Ah ! c'est trop fort ! s'écria le marquis avec l'accent d'une profonde indignation ; mais il n'y a pas de jours, depuis quinze ans, où je ne fisse six ou huit heures de cheval, quelquefois dix, quelquefois douze ; mais, malgré mes cheveux blancs, je ne sais pas ce que c'est que la fatigue, moi ; mais voyez ce que je peux encore !

Et, saisissant l'escabeau sur lequel il était assis, le marquis en frappa avec tant de violence le chambranle de la cheminée, qu'il rompit l'escabeau en mille pièces et écorna cruellement le chambranle. Enlevant alors au-dessus de sa tête le pied du malheureux meuble qui lui était resté dans la main :

— Ah ! ah ! dit-il, y a-t-il beaucoup de vos jeunes muscadins, maître Petit-Pierre, qui seraient capables d'en faire autant ? — Mon Dieu ! fit Petit-Pierre, je ne doute de rien de tout cela, mon cher marquis ; aussi, je suis le premier à trouver que ces messieurs ont eu grandement tort de vous traiter comme un invalide. — Comme un invalide ! Moi, mordieu ! s'écria le marquis de plus en plus exaspéré ; et, oubliant complétement la présence de la personne devant laquelle il se trouvait : Un invalide, moi ! Eh bien ! dès ce soir, je vais leur déclarer que je renonce à ces fonctions qui ne sont pas le fait d'un gentilhomme, mais d'un geôlier. — A la bonne heure ! fit Petit-Pierre. — Et que depuis deux heures, en moi-même, continua le marquis se promenant à grands pas dans la chambre, je donnais à tous les diables. — Ah ! ah ! — Et demain, dès demain, eh bien ! moi, je leur montrerai ce que c'est qu'un invalide. — Hélas ! répondit mélancoliquement Petit-Pierre, demain ne nous appartient pas, mon pauvre marquis, et vous avez tort de compter sur demain. — Comment cela ? — Vous l'avez entendu ; le mouvement ne se généralise pas comme nous l'espérions ; qui sait si les coups de feu que nous entendons ne sont pas les derniers qui saluent notre drapeau. — Hein ! fit le marquis avec la rage d'un bouledogue qui mord sa chaîne.

En ce moment, un cri d'appel parti du verger vint les distraire de leur conversation; ils se précipitèrent tous deux vers la porte, et aperçurent Bertha, que le marquis avait envoyée en observation au dehors, qui ramenait un paysan blessé qu'elle soutenait à grand'peine.

Au cri de Bertha, Mary et Rosine s'étaient déjà élancées. Ce paysan était un jeune gars de vingt à vingt-deux ans, dont une balle avait fracassé l'épaule. Petit-Pierre courut au-devant de lui et le fit asseoir sur une chaise, où il s'évanouit.

— Par grâce! lui dit le marquis, retirez-vous; mes filles et moi nous allons panser le pauvre diable. — Pourquoi me retirer? demanda Petit-Pierre. — Parce que la vue de cette blessure n'est pas de celles que tout le monde puisse supporter; parce que je crains, enfin, que ce spectacle ne soit au-dessus de vos forces. — Alors, vous voilà comme les autres, et vous me faites supposer que nos amis avaient raison dans le jugement qu'ils portaient sur vous comme sur moi. — Que voulez-vous dire? — Voilà que, comme les autres, vous allez supposer que je manque de courage.

Puis, comme Mary et Bertha s'apprêtaient à panser le blessé :

— Ne touchez pas à ce brave garçon, dit Petit-Pierre; c'est moi, moi seul, entendez-vous, qui panserai sa blessure.

Et, prenant des ciseaux, Petit-Pierre fendit dans toute sa longueur la manche de la veste du Vendéen déjà collée au bras par le sang séché, mit la plaie au jour, et, après l'avoir lavée, la couvrit de charpie et l'entoura de bandages. En ce moment le blessé rouvrit les yeux et revint à lui.

— Quelles nouvelles? demanda le marquis, incapable de contenir plus longtemps son impatience. — Hélas! dit le blessé, nos gars, un instant vainqueurs, viennent d'être repoussés.

Petit-Pierre qui, pendant toute l'opération, n'avait point pâli, devint blanc comme le linge à l'aide duquel il bandait la plaie du blessé. Il venait de consolider le bandage avec la dernière épingle; il saisit le marquis par le bras, et, l'entraînant vers la porte :

— Marquis, lui dit-il, vous devez savoir cela, vous qui avez vu les bleus dans la grande guerre : que fait-on quand la patrie est en danger? — Mais, fit le marquis, tout le monde court aux armes. — Même les femmes? — Même les femmes, même les vieillards, même les enfants. — Marquis, aujourd'hui le drapeau blanc va tomber pour ne plus se relever peut-être; me condamnerez-vous à ne former que des vœux stériles et impuissants pour son triomphe? — Mais songez-y donc! s'écria le marquis, si une balle venait à vous frapper? — Et croyez-vous que la cause de mon fils serait compromise parce que l'on aurait mes habits sanglants et troués de balles à mettre au bout d'une pique, et à porter devant nos bataillons? — Oh! non, s'écria le marquis électrisé; car je maudirais la vieille terre natale si, à ce spectacle, les pierres elles-mêmes ne se soulevaient pas. — Venez donc avec moi; venez, et allons rejoindre ceux qui combattent. — Mais, répliqua le marquis avec moins de résolution qu'il n'en avait mis pour répondre aux instances précédentes de Petit-Pierre, et comme si l'idée qu'on l'avait considéré comme un invalide eût ébranlé la fermeté avec laquelle il exécutait sa consigne, mais j'ai promis que vous ne quitteriez pas le Moulin-Jacques. — Eh bien! je vous relève de votre promesse, s'écria Petit-Pierre; et moi, qui sais ce que peut votre vaillance, je vous ordonne de me suivre! Venez donc, marquis : s'il en est temps encore, nous ramènerons la victoire dans nos rangs; et s'il est trop tard, eh bien! nous mourrons du moins avec nos amis.

En prononçant ces paroles, Petit-Pierre s'élança à travers la cour et le verger, suivi de Bertha et du marquis, qui, pour la forme, se croyait obligé de renouveler de temps en temps ses supplications, mais qui, au fond, était très-enchanté de la tournure que prenaient les choses.

Mary et Rosine restèrent pour soigner les blessés.

LX

LE CHAMP DE BATAILLE.

Le Moulin-Jacques était à une lieue à peu près du village du Chêne. Petit-Pierre, guidé par le bruit de la fusillade, fit la moitié du chemin en courant; ce fut à grand'peine que le marquis l'arrêta au moment où ils approchaient du théâtre du combat, et parvint à lui inspirer quelque prudence, afin qu'il n'allât pas donner tête baissée dans les soldats. Le feu des tirailleurs, comme nous l'avons dit, servait de guide ; et, tournant leur extrémité en traversant les vignes, Petit-Pierre et ses compagnons se trouvèrent sur le derrière de la petite armée vendéenne, qui avait effectivement perdu tout le terrain que nous lui avons vu gagner le matin, et qui avait été refoulée par les soldats bien en deçà du village du Chêne.

A l'aspect de Petit-Pierre, qui, les cheveux épars, haletant, montait la colline sur laquelle se trouvait le gros des Vendéens, ceux-ci poussèrent des cris d'enthousiasme. Gaspard, qui, entouré de ses officiers, faisait le coup de feu comme un soldat, se retourna à ces cris et aperçut Petit-Pierre, Bertha et le marquis, qui, dans la rapidité de sa marche, avait perdu son chapeau et qui courait les cheveux au vent. Aussi, fut-ce à celui-ci qu'il s'adressa :

— Est-ce ainsi que monsieur le marquis de Souday tient ses engagements ? lui demanda-t-il du ton d'un chef irrité. — Monsieur, répondit avec aigreur le marquis, ce n'est pas à un pauvre invalide comme moi qu'il faut demander l'impossible.

Petit-Pierre se hâta d'intervenir; son parti n'était pas assez fort pour qu'il permît aux chefs de se diviser.

— Souday, comme vous, me doit obéissance, mon ami, dit-il; je réclame rarement l'exercice de ce droit; mais, aujourd'hui, j'ai cru devoir le faire ; je revendique donc ici mon titre de généralissime, et je vous dis : Où en sont nos affaires, mon lieutenant?

Gaspard hocha la tête d'un air tristement significatif.

— Les bleus sont en force, répliqua-t-il ; à chaque instant mes coureurs viennent me dire que de nouveaux renforts leur arrivent.—Tant mieux ! s'écria Petit-Pierre; ils seront davantage pour raconter à la France comment nous serons morts. — Mais vous n'y pensez pas, Madame ! — D'abord, je ne suis pas Madame, ici, je suis un soldat; faites donc, sans vous inquiéter de moi, avancer vos lignes de tirailleurs et redoublez le feu. — Oui; mais d'abord : En arrière ! — Qui, en arrière? — Vous, au nom du ciel ! — Allons donc ! C'est en avant que vous voulez dire.

Et, arrachant l'épée que tenait Gaspard, Petit-Pierre plaça son chapeau au bout de cette épée, et s'avança dans la direction du village en s'écriant :

— Qui m'aime me suive !

Gaspard essaya vainement de le retenir en le saisissant entre ses bras; leste et agile, Petit-Pierre lui échappa et continua sa course vers les maisons, dont en ce moment, et en apercevant le mouvement des Vendéens, un feu terrible s'échappait.

A la vue du danger que courait Petit-Pierre, les Vendéens s'élancèrent en masse en avant pour lui faire un rempart de leurs corps; l'effet de cet élan fut si prompt, si terrible, qu'en quelques secondes ils eurent franchi pour la seconde fois le ruisseau et se trouvèrent au milieu du village, où ils abordèrent les bleus. Ce choc devint en quelques instants une mêlée terrible : Gaspard, préoccupé d'une seule chose, c'est-à-dire du salut de Petit-Pierre, parvint à le rejoindre, à le saisir et à le rejeter au milieu de ses hommes ; mais au moment où il oubliait son salut pour sauvegarder l'existence illustre dont il croyait avoir reçu la garde de Dieu même, un soldat, placé à l'angle d'une des premières maisons, l'ajusta.

C'en était fait du chef des chouans, si le marquis ne s'était aperçu du péril qui le menaçait ; il se glissa le long de la maison et releva l'arme au moment où le coup partait. La balle alla frapper une cheminée. Le soldat, furieux, se retourna contre le marquis de Souday, et tenta de lui porter un coup de baïonnette que celui-ci évita par une retraite de corps. Le marquis allait riposter d'un coup de pistolet, lorsqu'une seconde balle lui brisa l'arme dans la main.

— Ma foi, tant mieux! dit le marquis en tirant son sabre et en en portant un coup si terrible au soldat, que celui-ci roula à ses pieds comme un bœuf frappé de la masse, je préfère l'arme blanche.

Puis, brandissant son sabre :

— Eh bien ! général Gaspard, cria-t-il, que dis-tu de l'invalide ?

Bertha, de son côté, avait suivi Petit-Pierre, son père et les Vendéens ; mais elle s'occupait bien moins des soldats que de ce qui se passait autour d'elle. Elle cherchait Michel ; elle essayait de le reconnaître parmi ceux que le tourbillonnement incessant des hommes et des chevaux faisait passer à ses côtés.

Les soldats, surpris par la promptitude et la vigueur de l'attaque, avaient reculé pas à pas. La garde nationale de Vieillevique, qui combattait, avait battu en retraite; le terrain était jonché de morts. Il en résulta que, comme les bleus ne répondaient plus au feu des gars égaillés dans les vignes et les jardins avoisinant la ville, maître Jacques, qui commandait ces tirailleurs, les avait rassemblés, et, se plaçant à leur tête, il conduisit ses hommes par une ruelle qui contournait les jardins, et vint tomber sur le flanc des soldats. Ceux-ci, dont depuis quelques instants la résistance avait doublé de ténacité, soutinrent vaillamment cette nouvelle attaque ; et, se formant en potence dans la grande rue du village, firent face à ces nouveaux ennemis. Bientôt même, un mouvement d'hésitation s'étant produit dans les Vendéens, les bleus reprirent l'avantage, et, leur colonne ayant dépassé dans sa charge la petite ruelle par laquelle maître Jacques et ses hommes avaient débouché, celui-ci et cinq ou six de ses lapins, parmi lesquels figuraient au premier rang Courtejoie et Trigaud la Vermine, se trouvèrent séparés du gros de leur troupe. Maître Jacques rallia les quelques chouans qui étaient restés avec lui, et, s'adossant à un mur pour ne pas être tourné, il s'appuya sous l'échafaudage d'une maison en construction située à l'angle de cette rue, et se prépara à défendre chèrement sa vie. Courtejoie, armé d'un petit fusil double, faisait sur les soldats un feu incessant; chacune de ses balles était la mort d'un homme. Quant à Trigaud, dont les mains étaient libres, le cul-de-jatte étant retenu sur ses épaules par une sangle, il manœuvrait avec une habileté merveilleuse une faux emmanchée à l'envers, dont il se servait à la fois comme d'une lance et comme d'un énorme sabre.

Au moment où le mendiant venait, d'un coup de revers, d'abattre un gendarme que Courtejoie n'avait fait que démonter, de grands cris de triomphe partirent des rangs des soldats, et maître Jacques et ses hommes aperçurent une femme vêtue en amazone que les bleus emmenaient en manifestant, au milieu de l'animation et du combat, de véritables transports d'allégresse. C'était Bertha qui, sous le coup de sa préoccupation constante à retrouver Michel, s'était avancée imprudemment, et avait été faite prisonnière par les soldats. Ceux-ci, trompés par ses habits trahissant une femme, croyaient avoir pris madame la duchesse de Berri. De là leurs clameurs de joie. Maître Jacques s'y méprit comme les autres.

Jaloux alors de réparer l'erreur qu'il avait commise quelques jours auparavant dans la forêt de Touvain, il fit un signe à ses réfractaires qui, quittant leur position défensive, s'élancèrent en avant, et, grâce à la large trouée qu'ouvrit devant eux la terrible faux du mendiant, ils parvinrent jusqu'à la prisonnière, la reprirent et la placèrent au milieu d'eux. Les soldats, désappointés, réunirent tous leurs efforts et se ruèrent sur maître Jacques, qui avait promptement regagné son poste contre la maison, et le petit groupe devint un centre vers lequel rayonnait la pointe de vingt-cinq baïonnettes et les lignes de feu qui partaient à chaque instant de la circonférence de ce cercle.

Déjà deux Vendéens venaient de tomber morts; maître Jacques, atteint d'une balle qui lui avait brisé le poignet, avait été contraint d'abandonner son fusil, et en était réduit à son sabre qu'il manœuvrait de la main gauche. Courtejoie avait épuisé ses cartouches ; la faux de Trigaud était à peu près la seule protection qui restât aux quatre Vendéens survivants, protection efficace jusqu'alors, car elle couchait les soldats à terre en rangs si pressés qu'ils n'osaient plus approcher du terrible mendiant. Mais Trigaud, en voulant porter un coup de pointe à un cavalier, lança maladroitement sa faux ; l'arme rencontra une pierre et vola en éclats. Le géant tomba à genoux, tant l'impulsion donnée était violente ; la sangle qui attachait Courtejoie se rompit, et celui-ci roula au milieu du cercle. Un immense et joyeux hourra accueillit cet accident qui livrait le formidable mendiant à ses ennemis, et déjà un garde national levait sa baïonnette pour en percer le cul-de-jatte, lorsque Bertha, prenant un pistolet à sa ceinture, fit feu sur cet homme, et l'abattit si à propos qu'il roula sur le corps de Courtejoie.

Trigaud s'était relevé avec une vivacité que l'on était bien loin d'attendre de son énorme masse ; sa séparation d'avec Courtejoie, le danger que courait celui-ci décuplaient ses forces : du manche de sa faux il assomma un soldat, broya les côtes à un autre ; d'un coup de pied il envoya rouler à dix pas le corps du garde national tombé sur son ami, et, prenant celui-ci dans ses bras comme une nourrice fait de son enfant, il rejoignit Bertha et maître Jacques sous l'échafaudage.

Pendant que Courtejoie était étendu sur le pavé, ses yeux, en se portant autour de lui avec la rapidité et l'acuité d'un homme en péril de mort, et qui cherche de quel côté lui viendra son salut, s'étaient arrêtés sur l'échafaudage, et avaient remarqué des tas de pierres que les maçons y avaient disposées pour la construction de leur muraille.

— Rangez-vous dans l'enfoncement de la porte, dit-il à Bertha dès que grâce à Trigaud, il se retrouva près d'elle; peut-être vais-je pouvoir vous rendre le service que j'ai reçu de vous tout à l'heure; toi, Trigaud, laisse-les approcher le plus possible.

Malgré l'épaisseur de son intelligence, Trigaud avait compris ce que son compagnon attendait de lui; car, si peu en harmonie que cela fût avec la situation, il fit entendre un rire éclatant comme le son d'une trompette. Cependant, les soldats, voyant les trois hommes désarmés et voulant à tout prix s'emparer de l'amazone, qu'ils continuaient à prendre pour Madame, s'approchaient en leur criant de se rendre. Mais, au moment où ils s'engagèrent sous l'échafaudage, Trigaud, qui avait placé Courtejoie près de Bertha, s'élança vers une pièce de bois qui soutenait tout l'édifice, la saisit de ses deux mains, l'ébranla et l'arracha de terre. A l'instant même les planches basculèrent; les pierres qui les chargeaient les suivirent dans leur pente, et tombèrent comme une grêle sur le mendiant abattant dix soldats autour de lui. Au même moment les Nantais, conduits par Gaspard et par le marquis de Souday, faisant un effort désespéré, avaient, en sabrant, en piquant de la baïonnette, en fusillant corps à corps, refoulé les bleus, qui se mirent en retraite et allèrent reprendre leur rang de bataille dans la campagne, où leur supériorité numérique et celle de leur armement devaient infailliblement leur rendre la victoire.

Les Vendéens, quelque témérité qu'il y eût à le faire, allaient risquer une attaque, lorsque maître Jacques, que ses hommes avaient rejoint, et qui, malgré sa blessure, n'avait point quitté le combat, dit quelques mots à l'oreille de Gaspard. Aussitôt celui-ci, malgré les ordres et les prières de Petit-Pierre, ordonna de rétrograder, et reprit la position qu'il avait occupée une heure auparavant de l'autre côté du village. Petit-Pierre s'arrachait les cheveux de colère, et demandait avec instance des explications que Gaspard ne lui donna que lorsqu'il eut ordonné de faire halte.

— Nous avons maintenant, dit-il, cinq ou six mille hommes autour de nous, et à peine si nous sommes six cents; l'honneur du drapeau est sauf; c'est tout ce que nous pouvons faire. — Êtes-vous certain de cela? demanda Petit-Pierre. — Regardez vous-même, dit Gaspard en conduisant le jeune paysan sur une éminence.

Et il lui montra de tous côtés, convergeant vers le village du Chêne, des masses brunes frangées de baïonnettes que l'on voyait étinceler aux rayons du soleil couchant. Enfin, il lui fit écouter le bruit des clairons et des tambours qui arrivaient de tous les points de l'horizon.

— Vous le voyez, continua Gaspard, dans moins d'une heure nous serons entourés; et à tous ces braves gens qui sont avec nous, si, comme moi, ils n'ont pas de goût pour les prisons de Louis-Philippe, il ne restera d'autres ressources que de se faire tuer.

Petit-Pierre demeura pendant quelques instants dans une attitude morne et silencieuse; puis, convaincu de la vérité de ce que le chef vendéen venait de lui dire, voyant en un instant s'évanouir toutes ses espérances, que quelques instants auparavant il conservait encore fortes et vivaces, il sentit son courage l'abandonner. Il redevint ce qu'il était réellement, c'est-à-dire une femme; et lui, qui venait de braver le fer et le feu avec l'intrépidité d'un héros, il s'assit sur une pierre-borne d'un champ et se prit à pleurer, dédaignant de cacher les larmes qui sillonnaient ses joues.

LXI

APRÈS LE COMBAT.

Cependant Gaspard, ayant rejoint ses compagnons, les remercia de leurs services, les ajourna à des temps meilleurs, et leur enjoignit de se disperser pour échapper plus aisément à la poursuite des soldats; puis il revint à Petit-Pierre qu'il retrouva à la même place, ayant autour de lui le marquis de Souday, Bertha et quelques Vendéens qui n'avaient pas voulu songer à leur sûreté avant d'avoir assuré la sienne.

— Eh bien! demanda Petit-Pierre à Gaspard, ils sont partis? — Oui, que vouliez-vous qu'ils fissent de plus qu'ils n'ont fait? — Pauvres gens! continua Petit-Pierre; combien de misères les attendent! Pourquoi Dieu m'a-t-il refusé la consolation de les presser sur mon cœur? Mais je n'en eusse pas eu la force, et ils ont eu raison de me quitter ainsi : c'est trop d'agonie, deux fois dans sa vie; et les journées de Cherbourg, j'espérais ne les revoir jamais! — Il faut maintenant, dit Gaspard, que nous songions à vous mettre en sûreté. — Oh! ne vous occupez pas de moi, répliqua Petit-Pierre; je n'ai qu'un regret, c'est que pas une balle n'ait voulu de moi; ma mort ne vous eût sans doute pas donné la victoire, je le sais bien, mais au moins la lutte eût été glorieuse; tandis qu'aujourd'hui, que nous reste-t-il à faire? — A attendre des jours meilleurs : vous avez prouvé aux Français qu'un cœur vaillant battait dans votre poitrine; le courage est la principale vertu qu'ils exigent de leurs rois; ils se souviendront, soyez tranquille. — Dieu le veuille! dit Petit-Pierre en se levant et en s'appuyant au bras de Gaspard qui descendit le monticule et prit le chemin de la plaine.

Les troupes, au contraire, ne connaissant pas le pays, étaient obligées de prendre les chemins frayés.

Gaspard dirigea à travers champs la marche du petit cortége; là on ne risquait de rencontrer que des éclaireurs; mais, grâce à la connaissance que maître Jacques avait de quelques sentiers presque impraticables qu'il indiqua, on parvint dans les environs du Moulin-Jacques sans avoir rencontré une seule cocarde tricolore. Chemin faisant, Bertha s'approcha de son père et lui demanda s'il n'avait pas, au milieu du combat, aperçu Michel; mais le vieux gentilhomme, que l'issue de l'insurrection soulevée avec tant de peine et si vite terminée mettait de mauvaise humeur, lui répondit en termes fort durs que, depuis deux jours, personne ne savait ce que le jeune La Logerie était devenu; que très-probablement il avait eu peur, et avait honteusement renoncé à la gloire qu'il devait acquérir, et à l'alliance qui était le prix de cette gloire. Cette réponse consterna Bertha. Inutile de dire, cependant, qu'elle ne croyait pas un mot de ce que le marquis avançait. Mais son cœur frémissait à la seule idée qui lui semblât probable : c'était celle que Michel avait été tué, ou du moins blessé grièvement; elle résolut, en conséquence, d'aller aux renseignements jusqu'à ce qu'elle sût à quoi s'en tenir sur le sort de celui qu'elle aimait. Elle interrogea tous les Vendéens. Aucun n'avait vu Michel; et quelques-uns, poussés par leur vieille haine contre le père, s'exprimèrent sur le compte du fils en termes non moins énergiques que ceux dont s'était servi le marquis de Souday.

Bertha devenait folle de douleur ; rien n'eût pu la faire, sans une preuve palpable, visible, irrévocable, consentir à cet aveu, qu'elle avait fait un choix indigne d'elle, et, quand toutes les apparences accusaient Michel, son amour, devenu plus ardent, plus impétueux sous le coup de ces accusations, lui donnait la force de les traiter de calomnies. Peu d'instants auparavant, son cœur était déchiré, sa tête folle, à l'idée que Michel avait trouvé la mort dans le combat ; et maintenant voilà que cette mort glorieuse était devenue un espoir, une consolation pour sa douleur. Elle avait hâte d'en acquérir la cruelle certitude ; elle pensait à retourner au Chêne, à visiter le champ de bataille, à chercher le corps du jeune homme comme Édith avait été chercher celui de Harold, et, quand elle aurait réhabilité sa mémoire des odieuses suppositions de son père, à le venger, lui, sur ses meurtriers.

Elle réfléchissait aux moyens qu'elle pourrait employer pour avoir un prétexte de rester en arrière et retourner au Chêne, lorsqu'Alain Courtejoie et Trigaud, qui formaient l'arrière-garde de la troupe, vinrent à la rejoindre et à passer à côté d'elle. Elle respira ; sans doute la lumière allait-elle lui venir de là.

— Et vous, mes braves amis, leur dit-elle, ne sauriez-vous me donner des nouvelles de M. de La Logerie ? — Ah ! si fait, ma chère demoiselle, répondit Courtejoie. — Enfin ! s'écria Bertha pleine d'espérance.

Puis avec toute la vivacité de l'espoir :

— N'est-ce pas, dit-elle, qu'il n'a point quitté la division comme on l'en accuse ? — Il l'a quittée, répondit Courtejoie. — Quand ? — La veille du combat de Maisdon. — Oh ! mon Dieu ! mon Dieu ! fit Bertha avec angoisse ; vous êtes sûr ? — Parfaitement sûr. Je l'ai vu qui rejoignait Jean Oullier à la croix Philippe, et nous avons même fait un bout de chemin avec eux sur la route de Clisson. — Avec Jean Oullier ? s'écria Bertha ; oh ! alors, je suis tranquille ; Jean Oullier ne se sauvait pas, lui, et si Michel est avec Jean Oullier, il n'a rien fait de lâche ni de déshonorant !

Puis tout à coup une idée terrible lui traversa l'esprit.

— Pourquoi cet intérêt si subit de Jean Oullier pour le jeune homme ? D'où vient qu'il avait plutôt suivi Jean Oullier que son père ?

Ces deux demandes, que la jeune fille s'adressait à elle-même, remplissaient son cœur de sinistres pensées.

— Et vous dites, demanda-t-elle à Courtejoie, que vous les avez vus tous deux s'éloigner dans la direction de Clisson ? — De mes propres yeux, oui. — Et que s'est-il passé du côté de Clisson, le savez-vous ? — C'est trop loin de nous pour que nous puissions déjà avoir des détails, répondit celui-ci ; mais cependant nous avons été rejoints tantôt par un gars de Saint-Lumine qui nous a dit que, depuis dix heures du matin, on entendait du côté de la Sèvre une fusillade de tous les diables.

Bertha ne répondit rien ; mais ses idées changèrent complétement de face. Elle vit Michel conduit à la mort par la haine que lui portait Jean Oullier. Elle se figura le pauvre enfant blessé, pantelant, abandonné par lui, étendu sans secours au milieu de quelque lande déserte et ensanglantée. Elle l'entendait l'appeler à son secours.

— Connaissez-vous quelqu'un, demanda-t-elle à Courtejoie, qui puisse me conduire où est Jean Oullier ? — Aujourd'hui ? — A l'instant. — Mais les chemins sont couverts de rouges ? — Il nous reste les sentiers. — Mais la nuit va venir ? — Notre route n'en sera que plus sûre ; trouvez-moi un guide, ou sans cela je pars seule.

Les deux hommes se regardèrent.

— Vous n'aurez pas d'autre guide que moi, dit Alain Courtejoie ; ne suis-je pas l'obligé de votre famille ? Et d'ailleurs, mademoiselle Bertha, vous m'avez rendu, pas plus tard qu'aujourd'hui même, à l'endroit de certain garde national qui allait m'enfiler avec sa baïonnette, un service que je n'ai pas oublié. — Bien ; alors, restez en arrière et attendez-moi dans ce champ de blé, et dans un quart d'heure je suis à vous.

Courtejoie et Trigaud se couchèrent au milieu des épis ; et Bertha, doublant le pas, rejoignit Petit-Pierre et les Vendéens au moment où ils allaient rentrer au Moulin-Jacques. Elle monta rapidement à la chambrette qu'elle habitait avec sa sœur, se hâta de changer ses habits de sang contre un costume de paysanne, puis en redescendant trouva Mary qui était restée près des blessés. Sans l'instruire de son projet, elle lui dit de ne pas être inquiète si elle ne reparaissait que le lendemain ; puis elle reprit le chemin qu'elle venait de parcourir. Quelle qu'eût été la réserve de Bertha à l'endroit de Mary, celle-ci avait vu sur le visage bouleversé de sa sœur tout ce qui se passait dans son âme ; elle connaissait la disparition de Michel, et elle ne doutait pas que le départ si soudain de Bertha n'eût cette disparition pour motif. Mais, après ce qui s'était passé l'avant-veille, Mary n'osait point interroger Bertha ; seulement, une nouvelle angoisse s'ajouta à celles qui déchiraient déjà son cœur, et lorsqu'on l'appela pour partir avec Petit-Pierre qui allait chercher un autre asile, elle s'agenouilla et demanda à Dieu que son sacrifice ne demeurât point inutile, et qu'il lui plût de sauvegarder à la fois les jours et l'honneur du fiancé de Bertha.

LXII

CE QUI RESTAIT DU CHATEAU DE LA PÉNISSIÈRE.

Tandis que les Vendéens livraient au Chêne un combat inutile, mais qui n'était pas sans gloire, quarante-deux des leurs soutenaient dans la cour de la Pénissière une lutte dont l'histoire conservera le souvenir. Ces quarante-deux royalistes, qui faisaient partie de la division de Clisson, étaient partis de cette ville dans l'intention de marcher sur le bourg de Cujan, dont ils devaient désarmer la garde nationale. Un orage affreux, en éclatant au-dessus de leurs têtes, les força de chercher un abri dans le château de la Pénissière, où un bataillon du 29e régiment de ligne, averti de leur mouvement, ne tarda point à les investir.

La Pénissière est une vieille maison à un seul étage placé entre le rez-de-chaussée et un grenier. Elle est percée de quinze ouvertures de forme irrégulière ; la chapelle est adossée à un coin de l'habitation ; plus loin, en joignant le vallon, s'étend une prairie entrecoupée de haies vives, et que l'abondance des pluies avait transformée en lac. En outre, un mur crénelé par les Vendéens entourait l'habitation.

Le chef de bataillon qui commandait les troupes de ligne n'eut pas plus tôt reconnu la position, qu'il ordonna l'attaque. Après une courte défense, le mur extérieur fut abandonné, et les Vendéens se replièrent dans l'habitation, dont ils barricadèrent les portes. Alors ils se distribuèrent au rez-de-chaussée et au premier, placèrent à chacun de ces étages un clairon qui ne cessa de jouer pendant tout le combat, et commencèrent par les fenêtres un feu très-habilement dirigé, et dont la vivacité ne pouvait laisser soupçonner leur petit nombre. C'étaient les plus adroits tireurs qui étaient chargés de l'entretenir. A chaque seconde, ils déchargeaient contre les assaillants de lourdes espingoles que leurs camarades rechargeaient, et qu'on leur passait de main en main. Chaque espingole portait une douzaine de balles; les Vendéens en tiraient cinq ou six à la fois. On eût dit une batterie de canons chargés à mitraille.

Deux fois les soldats arrivèrent jusqu'à vingt pas du château, et deux fois ils furent repoussés. Le commandant ordonna une nouvelle attaque, et tandis qu'elle se préparait, quatre hommes, aidés d'un maçon, s'avancèrent vers le château en choisissant un côté du pignon qui n'avait aucun jour sur le jardin, et dont on ne pouvait par conséquent défendre l'approche. Une fois arrivés au pied du mur, ils y appliquèrent une échelle, et montant jusqu'au toit, qu'ils découvrirent, ils jetèrent dans l'intérieur du grenier des matières enflammées, et se retirèrent. Au bout d'un instant, une colonne de fumée s'échappa du toit, au travers duquel la flamme se fit jour.

Les soldats poussèrent de grands cris, et marchèrent de nouveau vers la petite citadelle, qui semblait avoir arboré un étendard de feu. Les assiégés s'étaient bien aperçus de l'incendie, mais ils n'avaient pas le temps de l'éteindre; et d'ailleurs la flamme tendant toujours à s'élever, ils espéraient que, le toit dévoré, elle s'éteindrait. Ils répondirent aux cris des soldats par une fusillade terrible, pendant laquelle les deux clairons ne cessèrent pas un seul instant de faire entendre leurs airs guerriers et joyeux.

Les blancs entendaient leurs ennemis dire, en parlant d'eux : « Ce ne sont pas des hommes, ce sont des diables que nous avons à combattre. » Et cet éloge militaire leur donnait une nouvelle ardeur.

Cependant, un renfort d'une cinquantaine d'hommes étant arrivé aux assiégeants, le commandant ordonna de battre la charge, et les soldats, à l'envi les uns des autres, se précipitèrent vers le château. Cette fois, ils parvinrent jusqu'aux portes, et les sapeurs se mirent en devoir de les enfoncer. Les chefs des Vendéens ordonnèrent à ceux des leurs qui se trouvaient au rez-de-chaussée de monter au premier étage, et tandis que la moitié des assiégés continuait la fusillade, l'autre moitié mettait le plancher à jour en enlevant les carreaux : de sorte qu'au moment où les soldats pénétrèrent dans l'intérieur, ils furent accueillis par une fusillade à bout portant dirigée contre eux à travers les entre-deux des poutres, et forcés pour la quatrième fois de se retirer.

Le chef de bataillon ordonna de faire pour le rez-de-chaussée ce qu'on avait fait pour le grenier. Des fascines de bruyères et de bois sec furent jetées par les fenêtres dans l'intérieur du château; quelques torches enflammées furent lancées par-dessus, et, au bout de dix minutes, les Vendéens avaient à la fois le feu sur la tête et sous les pieds. Et cependant ils combattaient toujours : les nuages de fumée qui s'échappaient de chaque fenêtre se rayaient, de seconde en seconde, du feu des espingoles, mais cette fusillade paraissait être la vengeance du désespoir, et non plus la lutte de la défense. Il semblait impossible qu'ils pussent éviter la mort. La place cependant n'était plus tenable : des poutres, des solives avaient pris feu et craquaient sous leurs pieds; des langues de flammes commençaient çà et là à sortir du parquet; d'un instant à l'autre, la toiture pouvait s'abîmer sur leur tête ou le plancher s'abîmer sous leurs pieds. La fumée les asphyxiait.

Les chefs prirent un parti désespéré : ils résolurent de faire une sortie; mais comme il fallait, pour qu'elle offrît quelque chance d'espoir, qu'elle fût protégée par une fusillade qui occuperait les soldats, ils demandèrent quels étaient ceux qui consentaient à se dévouer pour leurs camarades. Huit s'offrirent. La troupe se divisa donc en deux pelotons : trente-trois hommes et un clairon devaient tenter de gagner une des extrémités du parc, fermée d'une haie seulement; les huit autres, parmi lesquels on laissait le second clairon, devaient protéger cette tentative. En conséquence de ces dispositions, et tandis que ceux qui devaient demeurer continuaient, en courant de fenêtre en fenêtre, un feu assez bien nourri, les autres perçaient le mur opposé à celui auquel les soldats faisaient feu, et, la trouée faite, sortaient en bon ordre, clairon en tête, marchant au pas de course vers l'extrémité du jardin où se trouvait la haie. Les soldats firent feu sur eux, et s'élancèrent pour les envelopper. Les Vendéens ripostèrent, renversant tout ce qui s'opposait à leur passage, et, tandis que le gros de la troupe franchissait la haie, cinq sont tués; le reste s'égailla dans les prairies couvertes d'eau. Le clairon, qui marchait le premier, avait reçu trois balles et n'avait pas cessé de sonner.

Les huit hommes restés dans le château tenaient toujours. Chaque fois que les soldats essayaient de s'approcher, une décharge partait de ce brasier et trouait les rangs. Cela dura ainsi pendant une demi-heure encore, et, pendant une demi-heure, les sons du clairon resté avec les assiégés ne cessèrent de retentir au milieu du fracas des détonations, du sourd grondement des flammes, des crépitements de l'incendie, comme un sublime défi que ces hommes envoyaient à la mort.

Enfin, un craquement affreux se fit entendre; des nuées de flammèches et d'étincelles s'élevèrent dans les airs, le clairon se tut, la fusillade cessa. Le plancher s'était abîmé, et la petite garnison avait été sans doute ensevelie dans les décombres; car, à moins d'un miracle, les assiégés devaient avoir été engloutis dans l'immense fournaise.

Ce fut l'opinion des soldats, qui, après avoir contemplé pendant quelques instants ces débris, n'entendant pas un cri, pas une plainte qui leur révélât la présence de quelque Vendéen échappé à la mort, s'éloignèrent de ce foyer qui dévorait à la fois amis et ennemis; de sorte qu'il ne resta bientôt sur le théâtre du combat, si bruyant, si animé, que la métairie rouge et fumante, s'éteignant dans le silence, et autour d'elle quelques cadavres éclairés par les dernières lueurs de l'incendie. Cela resta ainsi pendant une partie de la nuit.

Mais, vers une heure du matin, un homme d'une taille plus qu'ordinaire, se glissant le long des haies, rampant lorsqu'il avait à traverser un sentier, vint inspecter les environs de la métairie.

N'apercevant rien qui pût justifier sa méfiance, il en fit le tour, visita effectivement tous les cadavres qui se trouvèrent sur son passage, puis il disparut dans l'ombre. Enfin, au bout de quelques instants, il revint portant un autre homme sur son dos, et accompagné d'une femme vêtue en paysanne. Ces hommes, cette femme, nos lecteurs les ont déjà reconnus : c'étaient Bertha, Courtejoie et Trigaud. Bertha était pâle, et sa fermeté, sa résolution habituelles avaient fait place à une sorte d'égarement. De temps en temps, elle dépassait ses guides, et il fallait que Courtejoie la rappelât à la prudence.

Lorsqu'ils débouchèrent tous les trois dans la prairie qu'avaient occupée les soldats, et qu'ils eurent devant eux les quinze ouvertures qui, se détachant rouges et béantes sur l'immense façade noircie, semblaient autant de soupiraux de l'enfer, la jeune fille sentit ses forces l'abandonner. Elle tomba à genoux, et cria un nom dont sa douleur fit un sanglot. Puis, se relevant comme une lionne, elle courut vers les ruines embrasées. Sur son chemin, elle trébucha contre quelque chose. Ce quelque chose, c'était un cadavre, et, avec une horrible expression d'angoisse, elle se pencha sur cette figure livide, qu'elle souleva par les cheveux. Puis, apercevant les autres morts épars dans la prairie, elle commença une course folle en allant de l'un à l'autre.

— Hélas! Mademoiselle, répondit Courtejoie qui l'avait suivie, il n'est point là pour vous épargner ce triste spectacle. J'avais déjà ordonné à Trigaud, qui nous a précédés, de visiter les cadavres; il n'a vu qu'une fois ou deux M. de La Logerie; mais, tout idiot qu'est mon pauvre compagnon, croyez bien qu'il l'eût reconnu s'il eût été parmi les morts. — Oui, oui, vous avez raison, dit Bertha montrant la Pénissière, et s'il est quelque part...

Et avant que les deux hommes eussent songé même à la retenir, elle s'était élancée sur l'appui d'une des fenêtres du rez-de-chaussée, et, debout sur cette pierre branlante, elle dominait le gouffre de feu qui grondait encore sourdement à ses pieds, et dans lequel elle semblait par instants tentée de s'élancer.

Sur un signe de Courtejoie, Trigaud saisit la jeune fille à bras-le-corps et la déposa sur la prairie. Bertha n'opposa aucune résistance, car une idée qui venait de traverser son cerveau semblait avoir paralysé sa volonté.

— Oh! mon Dieu! mon Dieu! s'écria-t-elle, comme un dernier soupir de sa force expirante, vous n'avez pas permis que je fusse là pour le défendre ou pour mourir avec lui, et voilà que vous me refusez même la consolation de donner la sépulture à son cadavre! — Allons, Mademoiselle, dit Courtejoie, si c'est la loi du bon Dieu, cependant, il faut s'y résigner. — Oh! jamais! jamais! s'écria Bertha avec l'exaltation du désespoir. — Hélas! reprit le cul-de-jatte, moi aussi j'ai le cœur bien gros, car si M. de La Logerie est là, voyez-vous? le pauvre Jean Oullier y est aussi.

Bertha poussa un gémissement; dans l'égoïsme de sa douleur, elle n'avait pas songé à Jean Oullier.

— Il est vrai, continua Courtejoie, qu'il est mort comme il désirait mourir, c'est-à-dire les armes à la main; mais ça ne me console pas de l'idée de le savoir là-dessous. — Ne reste-t-il donc aucune espérance? s'écria Bertha; n'ont-ils donc pas pu se sauver d'une façon ou de l'autre? Oh! cherchons, cherchons!

Courtejoie secoua la tête.

— Cela me semble bien difficile, d'après ce que nous a raconté l'un des trente-trois qui ont fait la sortie; cinq d'entre eux ont été tués. — Mais Jean Oullier et M. Michel étaient parmi les huit qui sont restés? dit Bertha. — Sans doute, et voilà pourquoi j'ai si peu d'espoir. Voyez, dit Courtejoie en montrant les murs qui s'élevaient sans interruption du sol au faîte, et en ramenant par un geste les regards de Bertha dans ce rez-de-chaussée changé en fournaise, où brûlaient le plancher du premier étage, celui du grenier et les débris du toit; voyez, il ne reste plus ici que des débris du toit qui brûlent, et des murs qui menacent ruine. Il faut du courage, Mademoiselle; mais il y a cent à parier contre un que votre fiancé et le pauvre Oullier ont été écrasés sous ces débris. — Non, non, s'écria Bertha en se relevant; non, il ne peut pas, il ne doit pas être mort. S'il a fallu un miracle pour le sauver, ce miracle, Dieu l'a fait. Je veux fouiller ces décombres, je veux sonder ces murailles; il me le faut, mort ou vivant. Je le veux, entendez-vous, Courtejoie?

Et, saisissant de ses mains blanches une poutre qui passait par une des fenêtres son extrémité carbonisée, Bertha fit des efforts surhumains pour l'attirer à elle, et comme si, avec cette poutre, elle eût pu soulever la masse énorme de matériaux et reconnaître ce qu'ils cachaient.

— Mais vous n'y songez pas! s'écria Courtejoie désespéré; mais cette tâche est au-dessus de vos forces, des miennes, de celles de Trigaud lui-même; d'ailleurs on ne nous là laisserait pas achever; les soldats vont certainement revenir avec le jour, et il ne faut pas qu'ils nous trouvent ici. Partons donc, Mademoiselle, au nom du ciel! partons. — Partez si vous voulez, répondit Bertha avec un accent qui n'admettait pas d'objection; moi, je reste. — Vous restez! s'écria Courtejoie stupéfait. — Je reste : si les soldats reviennent, sans doute ce sera pour visiter les débris; je me jetterai aux pieds de leur chef, mes larmes, mes prières obtiendront de lui qu'il me fasse aider de ses hommes dans cette tâche, et je le retrouverai. Oh! je le retrouverai! — Vous n'y songez pas, Mademoiselle : les culottes rouges vous reconnaîtront pour la fille du marquis de Souday; s'ils ne vous fusillent pas, ils vous feront prisonnière. Venez donc, dans quelques instants le jour va paraître; venez, et, s'il le faut, ajouta Courtejoie que l'exaltation de la jeune fille effrayait, s'il le faut, je vous promets de vous ramener la nuit prochaine. — Non, encore une fois, non, je ne m'éloignerai pas, répondit la jeune fille; une voix me dit là, elle frappa sur son cœur, qu'il m'appelle, qu'il a besoin de moi.

Puis voyant que, sur un signe de Courtejoie, Trigaud s'avançait pour s'emparer d'elle :

— Faites un pas, continua-t-elle en remontant sur l'appui de la croisée, et je me précipite dans ce brasier.

Courtejoie, voyant que l'on n'obtiendrait rien de Bertha par la force, allait essayer des prières, lorsque Trigaud, qui était resté les bras étendus dans la position qu'il avait prise pour entraîner la jeune fille, fit signe à son compagnon de garder le silence. Courtejoie qui, par expérience, connaissait l'acuité prodigieuse des sens du pauvre idiot, lui obéit. Trigaud écoutait.

— Est-ce que les soldats reviennent? demanda Courtejoie. — Ce n'est pas cela, dit Trigaud.

Et déliant Courtejoie, sanglé comme d'habitude sur ses épaules, il se jeta à plat ventre et colla son oreille contre terre.

Bertha, sans descendre de l'endroit où elle avait établi son poste, se retourna du côté du mendiant. Sans savoir pourquoi, au mouvement que venait de faire Trigaud, aux quelques mots qu'il avait prononcés, elle avait été prise d'un battement de cœur qui la tenait haletante d'anxiété.

— Entends-tu donc quelque chose d'extraordinaire? demanda Courtejoie. — Oui, répondit Trigaud.

Puis il fit signe à Courtejoie et à Bertha d'écouter comme lui. Trigaud, on le sait, était avare en paroles. Courtejoie se coucha l'oreille contre terre. Bertha sauta en bas de sa fenêtre et imita l'action de Courtejoie; mais elle n'eut besoin d'appuyer son oreille qu'une seconde contre la terre; et, se relevant avec vivacité :

— Ils vivent! ils vivent! s'écria-t-elle. Ah! mon Dieu! que je vous remercie! — Ne nous hâtons pas trop d'espérer, fit Courtejoie; effectivement j'entends un bruit sourd qui semble partir du milieu des décombres; mais ils étaient huit. Qui nous dit que ce bruit vienne des deux que nous cherchons?

— Qui nous le dit, Alain? mes pressentiments, qui n'ont pas permis que je cédasse à vos prières, et que je m'éloignasse, comme vous le vouliez. Ce sont eux, vous dis-je, eux qui ont cherché et trouvé un asile dans quelque cave, et qui maintenant y sont emprisonnés par la chute de tous ces matériaux. — C'est possible, murmura Courtejoie. — Oh ! c'est certain, dit Bertha ; mais comment les aider ? comment arriver à l'endroit où ils se trouvent ? — S'ils sont dans un souterrain, ce souterrain doit avoir une ouverture ; s'ils sont dans une cave, cette cave doit avoir un soupirail ; il s'agit de les trouver, et si nous ne les trouvons pas, eh bien ! nous creuserons la terre jusqu'à ce que nous arrivions à eux.

En achevant ces mots, Bertha se mit à tourner autour de la maison, arrachant avec rage, écartant avec furie les solives, les poutres, les pierres, les tuiles qui étaient tombées le long du mur extérieur et qui en cachaient la base. Tout à coup elle poussa un cri. Trigaud et Courtejoie se hâtèrent d'accourir, l'un sur ses grandes jambes, l'autre s'aidant de ses moignons et de ses mains avec la rapidité d'un batracien.

— Écoute, lui dit Bertha d'un air de triomphe.

Effectivement, de l'endroit où elle s'était arrêtée, on entendait distinctement, venant des profondeurs du château ruiné, un bruit sourd, mais continu, pareil à celui d'un instrument dont on frappait à coups mesurés les fondations de la métairie.

— C'est là, dit Bertha en désignant une masse de matériaux amoncelés le long du mur ; c'est là qu'il faut chercher.

Trigaud se mit à l'œuvre ; il commença par repousser un fragment du toit tout entier, qui, ayant glissé du faîte, était tombé verticalement le long du mur ; puis il jeta au loin les moellons amoncelés à cet endroit par la chute de toute la partie supérieure d'une fenêtre du premier étage ; puis enfin, après des prodiges de force, il eut assez promptement découvert une ouverture par laquelle le bruit du travail des malheureux ensevelis arrivait jusqu'à eux. Bertha voulut passer par cette ouverture dès qu'elle fut praticable ; mais Trigaud la retint : il prit une latte du toit, l'alluma au foyer de l'incendie, et, attachant au milieu du corps de Courtejoie la sangle qui servait d'ordinaire à retenir celui-ci sur ses épaules, il le descendit par le soupirail. Trigaud et Bertha retenaient leur respiration. On entendit Courtejoie qui parlait aux travailleurs. Puis il indiqua à Trigaud qu'il devait le remonter. Trigaud obéit avec la promptitude et l'onctueux d'une machine bien graissée.

— Vivants ! vivants, n'est-ce pas ? demanda Bertha avec angoisse. — Oui, Mademoiselle, répondit Courtejoie ; mais, par grâce, n'essayez point de pénétrer dans le souterrain. Ils ne sont point dans la cave sur laquelle ouvre ce soupirail ; ils sont dans une espèce de niche adjacente : l'ouverture par laquelle ils y ont pénétré est bouchée ; il faut absolument percer la muraille pour arriver à eux, et je crains que dans ce travail une partie de la voûte, déjà ébranlée, ne s'écroule ; laissez-moi donc diriger Trigaud.

Bertha se jeta à genoux et se mit à prier.

Courtejoie fit une nouvelle provision de lattes sèches et se fit redescendre dans la cave. Trigaud l'y suivit.

Au bout de dix minutes, qui semblèrent à Bertha autant de siècles, elle entendit un grand bruit de pierres qui s'écroulaient. Un cri d'angoisse s'échappa de sa poitrine ; elle se précipita vers le soupirail, et aperçut Trigaud qui remontait portant un corps plié en deux sur ses épaules, et dont la pâle figure pendait sur la poitrine du mendiant. Elle reconnut Michel.

— Il est mort, mon Dieu ! il est mort ! cria-t-elle sans oser avancer. — Non, non, cria du fond de la cave une voix que Bertha reconnut pour celle de Jean Oullier, non, il n'est pas mort.

A ces mots, la jeune fille s'élança, prit Michel des bras de Trigaud, le déposa sur le gazon, et, rassurée, car elle avait senti les battements de son cœur, elle essaya de le rappeler à lui-même en mouillant son front de l'eau qu'elle puisait dans une ornière.

LXIII

LA LANDE DE BOUAIMÉ.

Pendant que Bertha essayait de faire revenir le jeune homme de son évanouissement, causé en grande partie par la suffocation, Jean Oullier gagnait à son tour l'ouverture extérieure du soupirail, suivi et poussé par Courtejoie, que Trigaud attirait à lui par le même procédé dont il s'était servi pour le descendre. Au bout d'un instant, tous trois se trouvèrent dehors.

— Ah çà ! vous étiez donc seuls là-dedans ? demanda Courtejoie à Jean Oullier. — Oui. — Et les autres ? — Ils s'étaient réfugiés dans la voûte de l'escalier ; la voûte du plafond les a surpris avant qu'ils aient eu le temps de nous rejoindre. — Et ils sont morts, eux ? — Je ne crois pas, car, quelque temps après le départ des soldats, nous avons entendu remuer des pierres et parler ; nous avons crié, mais sans doute ne nous ont-ils pas entendus, eux. — Alors, c'est une fière chance que nous soyons revenus. — Ah ! pour cela, oui ; sans vous, jamais nous n'eussions pu percer le mur, surtout dans l'état où était le jeune baron. Ah ! j'ai fait là une belle campagne, dit Jean Oullier en secouant la tête et en regardant Bertha, qui, ayant attiré le haut du corps de Michel sur ses genoux, était parvenue à lui faire reprendre ses sens et lui exprimait toute la joie qu'elle éprouvait de le revoir. — Sans compter qu'elle n'est pas finie, fit Courtejoie, qui n'avait pu comprendre le sens que le vieux Vendéen attachait à ces paroles, et qui regardait sans cesse du côté de l'est, où une large bande de pourpre annonçait que le jour ne tarderait pas à paraître. — Que veux-tu dire ? demanda Jean Oullier. — Je veux dire que deux heures de nuit de plus eussent grandement aidé à notre salut : un blessé, un invalide et une femme, ce ne sera pas aisé à manœuvrer dans une retraite ; sans compter que les vainqueurs d'hier vont crânement battre les routes aujourd'hui. — Oui, mais je me sens à mon aise depuis que je n'ai plus cette voûte de feu sur ma tête. — Tu n'es sauvé qu'à moitié, mon pauvre Jean. — Eh bien ! prenons nos précautions.

Et Jean Oullier se mit à fouiller les gibernes des morts, y recueillit toutes les cartouches qu'elles contenaient, chargea son fusil avec autant de sang-froid qu'il le faisait avant de partir pour la chasse, et se rapprochant de Bertha et de Michel qui fermait les yeux comme s'il était évanoui :

— Pouvez-vous marcher ? demanda-t-il.

Michel ne répondit pas : en rouvrant les yeux il avait vu Bertha et les avait refermés, comprenant ce qu'allait avoir de difficile sa position.

— Pouvez-vous marcher ? répéta Bertha à Michel, de manière à ce que cette fois celui-ci ne doutât point que ce fût à lui que l'on s'adressait.

— Je crois que oui, répondit Michel.

Et, en effet, sa seule blessure était une balle qui lui avait traversé les chairs du bras sans attaquer l'os.

Bertha avait visité la blessure, et soutenu le bras avec la cravate de soie blanche nouée autour de son cou.

— Si vous ne pouvez marcher, dit Jean Oullier, je vous porterai.

A cette nouvelle preuve du revirement qui s'était opéré dans les sentiments du vieux Vendéen à l'égard du jeune de La Logerie, Bertha se rapprocha de Jean Oullier.

— Vous m'expliquerez, lui dit-elle, pourquoi vous avez emmené mon fiancé (elle appuya sur ces deux mots); pourquoi vous lui avez fait quitter son poste pour l'entraîner dans cette affaire, où, malgré les dangers qu'il y a courus, son absence l'a exposé à des accusations graves et honteuses. — Si la réputation de M. de La Logerie a souffert quelques dommages par ma faute, dit Jean Oullier avec douceur, je les réparerai. — Vous ! reprit Bertha de plus en plus étonnée. — Oui, dit Jean Oullier, car je raconterai comment, avec ses apparences féminines, ce jeune homme s'est montré plein de constance et de bravoure. — Vous ferez ce que vous dites, Jean Oullier ? s'écria Bertha. — Non-seulement je le ferai, dit le vieux Vendéen, mais si mon témoignage ne suffit pas, j'irai chercher celui de ceux près desquels il a combattu ; car je tiens à présent à ce que son nom soit honorable et honoré. — Comment ! c'est toi qui parles ainsi, toi, Jean Oullier !

Jean Oullier s'inclina.

— Toi qui aimais mieux, disais-tu, me voir morte que me voir porter ce nom ! — Oui ; voyez comme les choses changent, mademoiselle Bertha, je désire ardemment aujourd'hui voir M. Michel le gendre de mon maître.

Jean Oullier prononça ces paroles en regardant Bertha avec tant d'expression et d'une voix si émue et si triste, qu'elle sentit son cœur se serrer dans sa poitrine et que, malgré elle, elle songea à Mary. Elle allait interroger le vieux Vendéen, mais en ce moment le vent apporta sur ses ailes le bruit d'une fanfare d'infanterie qui venait du côté de Clisson.

— Courtejoie avait raison ! s'écria Jean Oullier. L'explication que vous me demandez, Bertha, nous l'aurons aussitôt que les circonstances le permettront ; mais, pour le moment, ne songeons qu'à nous mettre en sûreté.

Puis, écoutant de nouveau :

— En route donc, continua-t-il, car il n'y a pas un instant à perdre, je vous en réponds.

Et passant son bras sous le bras valide de Michel, il donna le signal du départ. Courtejoie était déjà réinstallé sur les épaules de Trigaud.

— Où allons-nous ? demanda-t-il. — Il nous faut gagner la ferme isolée de Saint-Hilaire, répondit Jean Oullier, qui, aux premiers pas qu'il avait faits et malgré l'appui que Michel recevait des deux côtés, avait senti le jeune homme chanceler ; il est impossible qu'il fasse les huit lieues qui nous séparent de Machecoul. — Va pour la ferme de Saint-Hilaire, dit Courtejoie en activant sa monture.

Malgré la lenteur que leur marche éprouvait par suite de la difficulté avec laquelle Michel, épuisé par la perte de son sang, avançait, les fugitifs n'étaient plus qu'à quelques centaines de pas de cette métairie, lorsque Trigaud montra avec orgueil à son associé une espèce de massue qu'il tenait à la main, et que, tout en cheminant, il s'était consciencieusement occupé de gratter et d'émonder avec son couteau. C'était un pommier sauvage de raisonnable grosseur que le mendiant avait avisé dans le verger de la Pénissière, et qui lui avait semblé devoir merveilleusement remplacer la terrible faux qu'il avait brisée au combat du Chêne. Courtejoie poussa un cri de rage. Il était évident qu'il ne partageait nullement la satisfaction avec laquelle son compagnon palpait le tronc noueux de son arme nouvelle.

— Le diable emporte l'animal au plus profond des enfers! s'écria-t-il. — Qu'y a-t-il donc? demanda Jean Oullier laissant Michel à la garde de Bertha et hâtant le pas pour rejoindre Trigaud et Courtejoie. — Il y a, continua Courtejoie, que cette double brute vient de mettre toute la bande des culottes rouges sur nos traces; que la peste m'étrangle pour ne pas y avoir songé plus tôt: depuis que nous avons quitté la Pénissière, il a fait le Petit-Poucet. Par malheur ce n'est pas de mies de pain qu'il a semé la route, mais des branches, des feuilles et des épluchures de son arbre; de sorte que si, comme je m'en doute, ces gredins de soldats se sont aperçus que nous avons remisé dans les décombres, ils doivent être à l'autre bout de la piste que leur a ménagée cet animal. Ah! la double, triple, quadruple brute! acheva Courtejoie en manière de péroraison.

Puis, joignant le geste à la parole, il asséna de toute sa force un coup de poing sur le crâne du mendiant, lequel ne sembla pas plus s'apercevoir de ce horion que si Courtejoie, en façon de caresse, lui eût passé la main dans les cheveux.

— Diable! dit Jean Oullier pensif, que faire? — Renoncer à la métairie de Saint-Hilaire, où l'on nous prendrait comme dans une souricière. — Mais, dit vivement Bertha, il est impossible que M. de La Logerie aille plus loin; voyez comme il est pâle. — Jetons-nous sur la droite, dit Jean Oullier, gagnons la lande de Bouaimé et nous nous cacherons dans les roches; pour laisser moins de traces et aller plus vite, je vais prendre M. Michel sur mes épaules. Marchons en file, le pied de Trigaud effacera le pas des deux autres.

La lande de Bouaimé, vers laquelle Jean Oullier dirigeait la fuite de la petite troupe, est située à une lieue environ du petit bourg de Saint-Hilaire. Il faut traverser la Maine pour y arriver. Elle est d'une étendue fort considérable, remonte au nord jusqu'à Remouillé et Montbert : sa surface est fort accidentée et parsemée de nombreux rochers de granit, dont quelques-uns ont été évidemment remués par la main des hommes. Dolmens et menhirs dressaient donc, au milieu des touffes de bruyères ou des fleurs jaunes des genêts et des ajoncs, leurs têtes brunes couronnées de mousses.

Ce fut vers une des plus remarquables de ces pierres que Jean Oullier conduisit la petite caravane; cette pierre était plate et reposait sur quatre énormes quartiers de granit. Dix ou douze personnes eussent aisément reposé à l'aise sous son ombre. Michel n'y fut pas plus tôt arrivé qu'il s'affaissa sur lui-même et fût tombé à la renverse si Bertha ne l'eût soutenu : elle se hâta d'arracher de la bruyère qu'elle étendit sous le dolmen, et, quelle que fût la gravité de la situation, le jeune homme n'eut pas plus tôt allongé ses membres sur cette couche, qu'il s'endormit profondément. Trigaud fut placé en sentinelle sur le dolmen; sauvage statue du sauvage piédestal, il rappelait, par sa large silhouette, les géants qui, deux mille ans auparavant, avaient élevé cet autel; Courtejoie, dessanglé, se reposa à côté de Michel, sur qui Bertha voulait veiller malgré l'épuisement dans lequel l'avait mise la fatigue physique et morale de la journée et de la nuit précédente; et Jean Oullier s'éloigna, moitié pour aller à la découverte, et moitié pour rapporter des provisions dont les fugitifs avaient le plus grand besoin.

Il y avait à peu près deux heures que Trigaud promenait ses regards sur l'immense savane qui l'entourait, et que, malgré l'attention avec laquelle il prêtait l'oreille, il n'entendait que le bourdonnement monotone des guêpes et des abeilles qui butinaient sur les ajoncs et les serpolets fleuris ; les vapeurs, que le soleil tirait de la terre humide, commençaient à prendre aux yeux de Trigaud des teintes irisées dont la monotonie, jointe à l'ardeur des rayons qui tombaient d'aplomb sur les grosses touffes de cheveux roux qui étaient sa seule coiffure, engourdissait son cerveau ; mille combinaisons somnifères allaient le plonger, enfin, dans une sieste à laquelle la digestion d'un repas quelconque n'avait aucune part, quand la détonation d'une arme à feu vint le tirer tout à coup de sa torpeur. Trigaud regarda dans la direction de Saint-Hilaire, et aperçut ce petit nuage blanc que produit un coup de feu ; puis il distingua un homme qui fuyait à toutes jambes, et qui semblait venir dans la direction du dolmen. D'un bond il fut descendu de son piédestal ; Bertha, qui avait résisté au sommeil, ayait déjà, au bruit du coup de fusil, réveillé Courtejoie. Trigaud le prit dans ses bras, l'enleva au-dessus de sa tête de façon à ce qu'il atteignît une hauteur de dix pieds, et ne prononça que ces deux mots qui, au reste, n'avaient pas besoin de commentaires :

— Jean Oullier !

Courtejoie plaça sa main en abat-jour au-dessus de ses yeux, et reconnut à son tour le vieux Vendéen ; seulement il remarqua qu'au lieu de marcher du côté où ils l'attendaient, Jean Oullier avait pris à droite, et suivait la crête de la colline opposée à celle où était le dolmen, et se dirigeait du côté de Montbert. Il observa encore qu'au lieu de cheminer à mi-côte, et de se dérober ainsi aux regards de ceux qui devaient le poursuivre, le vieux Vendéen choisissait, pour y passer, les endroits les plus escarpés, de façon à rester en vue de tous ceux qui battaient le pays à une lieue à la ronde. Jean Oullier était trop expérimenté pour agir à la légère ; s'il faisait ainsi, c'est qu'il avait une raison cachée ; et cette raison, c'est qu'il avait calculé que, de la sorte, il attirerait sur lui seul l'attention de l'ennemi et le détournerait de la piste qu'il suivait probablement. Courtejoie calcula donc que ce qu'ils avaient de mieux à faire c'était de rester dans leur asile, et d'attendre les événements en observant avec attention ce qui allait se passer.

Du moment où c'était l'intelligence qui devait remplacer les sens, Courtejoie ne s'en fia plus à Trigaud. Il se fit hisser sur le dolmen ; seulement, si exiguë que fût sa chétive personne, il ne jugea point à propos de la déployer sur ce piédestal. Il s'y coucha à plat ventre, la face tournée dans la direction de la colline que suivait Jean Oullier. Bientôt, à l'endroit par lequel ce dernier avait débouché, il vit apparaître un soldat, puis un second, puis un troisième. Il en compta jusqu'à vingt. Ceux-ci ne paraissaient pas autrement empressés de lutter de vitesse avec le fuyard ; ils se contentaient de s'échelonner dans la lande, de manière à lui couper la retraite dans le cas où il tenterait de revenir sur ses pas.

Cette tactique équivoque rendit Courtejoie encore plus attentif ; car elle lui fit supposer que les soldats qu'il voyait n'étaient pas seuls aux trousses du Vendéen. La colline, dont ils suivaient la pente supérieure, se terminait, à environ un demi-quart de lieue de l'endroit où Jean Oullier se trouvait en ce moment, par une pointe de rocher qui dominait une espèce de marécage. Ce fut de ce côté sans doute, parce que la course de Jean Oullier y aboutissait, que se concentra toute l'attention de Courtejoie.

— Hum! fit tout à coup Trigaud. — Qu'y a-t-il? demanda Courtejoie. — Culotte rouge, répondit le mendiant, montrant du doigt un endroit du marécage.

Courtejoie suivit la direction indiquée par le doigt de Trigaud, et vit briller l'éclair d'un fusil au milieu des roseaux, puis une forme se dessina, c'était celle d'un soldat, et, de même que sur la bruyère, ce soldat fut suivi d'une vingtaine de ses camarades.

Courtejoie les vit se blottir entre les roseaux, et se cacher comme autant de chasseurs à l'affût. Le gibier, c'était Jean Oullier. En descendant l'escarpement, il devait infailliblement tomber dans l'embuscade qui lui était tendue. Il n'y avait pas une minute à perdre pour le prévenir. Courtejoie prit son fusil et le déchargea en prenant soin de tenir l'embouchure du canon au ras des bruyères et de faire feu derrière le dolmen. Puis il reporta ses regards sur le théâtre de l'action.

Jean Oullier avait entendu le signal et reconnu la détonation du petit fusil de Courtejoie; il ne se méprit pas une minute sur les raisons qui contraignaient son ami de renoncer à l'incognito qu'il leur conservait avec tant de peine; en effet, il fit brusquement demi-tour, et, au lieu de continuer sa marche vers l'escarpement et le marais, il descendit rapidement la colline; il ne courait plus, il volait; sans doute avait-il trouvé quelque projet qu'il avait hâte de mettre à exécution.

Au reste, du train dont il allait, dans quelques minutes il aurait rejoint ses amis.

Mais, quelque précaution qu'eût prise Courtejoie pour dérober la fumée aux regards des soldats, ceux-ci avaient parfaitement reconnu la direction de laquelle venait l'explosion; et ceux de la bruyère comme ceux du marais s'étaient réunis derrière Jean Oullier qui continuait d'arriver à grands pas, et tenaient conseil ou attendaient des ordres. Courtejoie jeta un regard autour de lui, parut étudier chaque point de l'horizon, éleva un de ses doigts mouillés pour chercher de quel côté venait le vent, reconnut qu'il venait du côté des soldats, et tâta la bruyère avec sollicitude, afin de s'assurer que le soleil qui était ardent et le vent qui était vif l'avaient suffisamment séchée.

— Que faites-vous donc? demanda Bertha qui, ayant suivi les différentes phases de ce prologue, comprenait fort bien l'imminence du danger, et aidait Michel, qui paraissait encore plus triste que souffrant, à se mettre debout. — Ce que je fais, répondit le cul-de-jatte, ou plutôt ce que je vais faire, ma chère demoiselle, je vais faire un feu de la Saint-Jean, et vous pourrez vous vanter ce soir, si grâce à ce feu vous êtes en sûreté, comme je l'espère, d'en avoir rarement vu un pareil.

Et, ce disant, il distribua à Trigaud plusieurs petits morceaux d'amadou enflammé que celui-ci plaça au milieu d'autant de faisceaux d'herbes sèches qui, sous son souffle puissant, furent bientôt transformés en fascines en flammes qu'il plaça de dix pas en dix pas sur une longueur de cent pas dans la bruyère. Trigaud plaçait sa dernière fascine comme Jean Oullier achevait de gravir les dernières pentes qui conduisaient au dolmen.

— Debout! debout! cria celui-ci; je n'ai pas dix minutes d'avance. — Oui, mais voici qui nous en donne vingt, répondit Courtejoie en lui montrant les tiges des ajoncs qui commençaient à pétiller et à se tordre sous l'action du feu, tandis qu'une douzaine de colonnes de fumée s'élevaient en spirale vers le ciel. — Ce feu n'ira pas assez vite, et ne sera peut-être pas assez ardent pour les arrêter, dit Jean Oullier.

Puis, étudiant l'état de l'atmosphère :

— D'ailleurs, ajouta-t-il, le vent poussera les flammes dans la direction que nous allons suivre. — Oui, mais avec les flammes, gars Oullier, dit Courtejoie d'un air triomphant, il y poussera la fumée, et c'est bien sur quoi je compte. La fumée leur cachera d'abord combien nous sommes, et ensuite où nous allons. — Ah! Courtejoie! Courtejoie! murmura Oullier entre ses dents, si tu avais eu des jambes quel rude braconnier tu eusses fait!

Et, sans dire un mot de plus, il prit Michel, le plaça sur ses épaules malgré sa résistance, car ce dernier prétendait être assez fort pour marcher, et ne voulait pas donner ce surcroît de fatigue au Vendéen. Puis il suivit Trigaud, qui était déjà en marche, son guide sur le dos.

— Prends la main de Mademoiselle, dit Courtejoie à Jean Oullier; qu'elle se bouche les yeux et fasse provision de souffle; dans dix minutes nous n'y verrons plus et nous respirerons tout juste.

Et, en effet, les dix minutes annoncées par Alain n'étaient point expirées, que les dix colonnes de fumée s'étaient rejointes et fondues en une immense nappe de feu qui s'étendait sur une largeur de trois cents pas, et qui commençait de gronder sourdement derrière eux.

— Y vois-tu assez pour nous diriger? dit Jean Oullier à Courtejoie; car l'important est d'abord de ne pas faire fausse route, ensuite de ne pas nous séparer. — Nous n'avons pas d'autre guide que la fumée; en la suivant, elle nous conduira où nous voulons aller; seulement, ne perdez pas de vue Trigaud comme tête de colonne.

Puis, comme Oullier était un de ces hommes qui savent la valeur du temps et de la parole, il se contenta de dire :

— En marche, donc! Et il donna l'exemple, ne paraissant pas plus gêné du poids de Michel que Trigaud ne l'était de celui de Courtejoie.

On marcha ainsi pendant un quart d'heure sans que les fugitifs sortissent des nuages de fumée que l'incendie, se propageant avec une rapidité prodigieuse sous l'impulsion du vent, amoncelait autour d'eux. De temps en temps seulement, Jean Oullier demandait à Bertha, à moitié suffoquée par la fumée :

— Respirez-vous?

Et celle-ci répondait par un oui à peine articulé. Quant à Michel, il ne s'en inquiétait point; il arriverait toujours, puisqu'il était sur ses épaules.

Tout à coup Trigaud, qui marchait en tête de la petite troupe, guidé par Courtejoie et sans s'inquiéter où il allait, recula brusquement d'un pas en arrière. Il avait mis le pied dans une eau profonde que la fumée l'avait empêché d'apercevoir, et s'y était enfoncé jusqu'au-dessus du genou.

Courtejoie poussa un cri de joie.

— Nous y voici, dit-il; la fumée nous y a conduits aussi sûrement qu'aurait pu le faire le chien de chasse le mieux dressé. — Ah! dit Jean Oullier. — Tu comprends, n'est-ce pas, mon gars? dit Courtejoie avec l'accent du triomphe. — Oui, mais comment arriver à l'îlot? — Comment? et Trigaud? — Bien; mais ne nous retrouvant pas, n'est-il pas probable que les soldats éventeront la ruse? — Sans doute, s'ils ne nous retrouvaient pas; mais ils nous retrouveront. — Achève. — Ils ne savent pas combien nous sommes : nous mettons Mademoiselle et notre blessé en sûreté; puis, comme si nous avions fait fausse route, et que notre chemin nous soit coupé par l'étang, nous sortons, toi, Trigaud et moi, et nous prouvons par quelques beaux coups de fusil que c'est bien nous qu'ils ont vus tout à l'heure; puis, n'étant plus embarrassés ni inquiétés, nous gagnons les bois de Ginestou, d'où il nous sera facile de revenir cette nuit les chercher. — Mais des vivres?... Les pauvres enfants! — Bah! dit Courtejoie, on ne meurt pas pour rester vingt-quatre heures sans manger. — Soit.

Puis, revenant sur lui-même avec une tristesse pleine de mépris pour son intelligence périclitante :

— Il faut, dit-il, que la nuit d'hier m'ait troublé la cervelle, pour que je n'aie pas songé à tout cela. — Ne vous exposez pas inutilement, dit Bertha, presque joyeuse du tête-à-tête que lui ménageaient les circonstances avec l'homme qu'elle aimait. — Soyez tranquille, répondit Jean Oullier.

Trigaud prit d'abord Michel entre ses bras, sans pour cela déposer à terre Courtejoie, ce qui lui eût fait perdre du temps, et se mit à l'eau. Il marcha ainsi jusqu'à ce qu'il eût de l'eau jusqu'à la ceinture; puis, comme l'eau montait, il éleva le jeune homme au-dessus de sa tête, prêt à le passer à Courtejoie si l'eau montait toujours. Mais l'eau s'arrêta à la poitrine du géant; il traversa l'étang, et parvint à une espèce d'îlot d'une douzaine de pieds carrés, qui semblait sur cette eau dormante un vaste nid de canards. Cet îlot était couvert d'une véritable forêt de roseaux.

Il déposa Michel sur ces roseaux, et revint chercher Bertha qu'il passa de la même façon et déposa, comme il l'eût fait d'un oiseau, près du jeune baron de La Logerie.

— Couchez-vous au milieu de l'îlot, cria Jean Oullier de l'autre bord où il était resté; relevez les roseaux courbés par votre passage, et je vous promets qu'on n'ira point vous chercher là. — Bien, répondit Bertha, et maintenant ne vous occupez plus que de vous, mes amis!

LXIV

OÙ LA MAISON ALAIN COURTEJOIE ET COMP. FAIT HONNEUR A SA RAISON SOCIALE.

Il était temps que les trois chouans en eussent fini avec ce qu'ils avaient à faire au bord de l'étang : les flammes arrivaient avec une rapidité prodigieuse; elles couraient sur les cimes fleuries des ajoncs comme des oiseaux de pourpre et d'or emportés par le vent, et, avant de les consumer jusqu'aux racines, elles semblaient n'en vouloir qu'effleurer les tiges.

Leur murmure, semblable au grondement de l'Océan, grandissait de tous côtés autour des trois fugitifs, et la fumée devenait de plus en plus épaisse et suffocante. Mais les jarrets d'acier de Jean Oullier et de Trigaud allaient encore plus vite que l'incendie, et ils furent bientôt à l'abri de ses atteintes.

Ils obliquèrent à gauche, et arrivèrent à un point du vallon où ils étaient à peu près dégagés des nuages opaques qui leur avaient si heureusement servi à cacher leur nombre, la direction de leur fuite, et la manœuvre grâce à laquelle Michel et Bertha se trouvaient maintenant en sûreté.

— Rampons, rampons maintenant, Trigaud! s'écria Jean Oullier. Il importe maintenant que les soldats ne nous voient pas avant que nous sachions ce qu'ils font et de quels côtés ils se dirigent.

Le géant se courba comme s'il marchait à quatre pattes, et bien lui en prit, car il ne s'était pas plus tôt incliné qu'une balle passa en sifflant au-dessus de sa tête, qu'il eût reçue en pleine poitrine sans cette précaution.

— Diable! fit Courtejoie, tu as donné là un conseil qui n'était pas gros, Jean Oullier, mais qui était bon. — Ils ont deviné notre ruse, dit Jean Oullier, et ils nous cernent, de ce côté du moins.

En effet, on apercevait une file de soldats qui, placés à cent pas l'un de l'autre à partir du dolmen, se tenaient sur une étendue d'une demi-lieue comme une ligne de traqueurs, attendant que les Vendéens reparussent.

— Fonçons-nous? demanda Courtejoie. — C'est mon avis, dit Jean Oullier; mais attendez que je fasse une trouée.

En appuyant son fusil à son épaule, sans pour cela quitter sa position horizontale, Jean Oullier fit feu sur le soldat qui rechargeait son arme. Le militaire, atteint en pleine poitrine, pirouetta sur lui-même et s'abattit la face contre terre. Puis passant à son voisin, et avec le même calme qu'il eût fait sur des perdreaux, il ajusta et tira. Le second soldat tomba comme le premier.

— Coup double, cria Courtejoie. Bravo, gars Oullier! bravo! — En avant! en avant! dit celui-ci en se redressant sur ses pieds avec l'agilité d'une panthère; en avant, et égaillons-nous un peu pour donner moins de prise aux balles qui vont pleuvoir.

Le Vendéen avait dit vrai : les trois compagnons n'avaient pas fait dix pas, que six ou huit détonations successives se firent entendre, et que l'un des projectiles vint enlever un éclat de la massue que Trigaud tenait à la main. Heureusement pour les fugitifs que les soldats, qui arrivaient de toutes parts au secours de leurs deux camarades qu'ils avaient vus tomber, arrivant essoufflés par la course, avaient fait feu d'une main mal assurée; mais ils n'en fermaient pas moins le passage, et il n'était pas probable que Jean Oullier et ses deux campagnons auraient le temps de franchir leur ligne sans un combat corps à corps. Effectivement, au moment où Jean Oullier, qui tenait la gauche, prenait son élan pour franchir un petit ravin, il vit un shako se dresser sur l'autre bord, et aperçut un soldat qui l'attendait la baïonnette croisée. La rapidité de sa course n'avait pas permis à Jean Oullier de recharger son fusil; mais il calcula que puisque son adversaire se contentait de le menacer de la baïonnette, c'est qu'il était probablement dans la même situation que lui; à tout hasard il tira son couteau, le plaça entre ses dents, et continua d'avancer de toute la vitesse de ses jambes. A deux pas du fossé, il s'arrêta court et coucha en joue le soldat, dont la poitrine n'était pas alors à plus de six pieds du canon de son fusil. Ce qu'avait prévu Jean Oullier arriva: le soldat crut le fusil chargé, et se jeta à plat ventre pour éviter le coup. A l'instant même, et comme si l'arrêt qu'il venait de faire n'avait en rien diminué la vigueur de son élan, d'un bond, Jean Oullier franchit le ravin, et passa comme un éclair par-dessus le corps du soldat. Trigaud, de son côté, n'avait pas été moins heureux, et, sauf une balle qui, en lui effleurant l'épaule, avait ajouté un lambeau de plus aux lambeaux dont se composaient ses vêtements, lui et son camarade Courtejoie, comme Jean Oullier, avaient franchi la ligne. Les deux fugitifs, Trigaud ne doit compter que pour un, apparurent alors diagonalement, l'un à droite, l'autre à gauche, marchant de manière à se joindre à l'extrémité de l'angle. Au bout de cinq minutes, ils étaient à portée de la voix.

— Cela va bien? dit Jean Oullier à Courtejoie. — A merveille! répondit celui-ci, et dans vingt minutes, si nous n'avons pas quelque membre éclopé par les balles de ces gredins-là, nous verrons les champs, et une fois derrière la première haie, du diable s'ils nous rejoignent. Mauvaise idée, gars Oullier, que nous avons eue de gagner la lande. — Bah! nous en voilà tantôt dehors, et les enfants sont plus en sûreté où nous les avons mis que dans la forêt la plus épaisse. Tu n'es pas blessé? — Non; et toi, Trigaud? il me semble que j'ai senti un certain frisson passer dans ta peau.

Le géant montra l'éraflure que la balle avait faite à sa massue. Évidemment cette avarie, qui détruisait la correction de l'œuvre à laquelle il avait travaillé avec tant d'amour pendant toute la matinée, le préoccupait bien davantage que celle qu'avaient reçue ses habits et son deltoïde, légèrement endommagés par le passage de la balle.

— Ah! fameux, dit Courtejoie, voilà les champs!

En effet, à un milier de pas des fuyards, au bout d'une pente, si douce qu'elle était presque insensible à la vue, on apercevait les blés à demi jaunis qui ondulaient doucement dans leurs encadrements d'un vert mat.

— Si nous soufflions un peu, dit Courtejoie qui paraissait ressentir la fatigue qu'éprouvait Trigaud. — Ma foi! oui, dit Jean Oullier, le temps de recharger mon fusil; regarde, toi, pendant ce temps-là.

Jean Oullier rechargea son fusil, et Courtejoie promena son regard en cercle autour de lui.

— Oh! mille tonnerres! s'écria tout à coup le cul-de-jatte, au moment où le vieux Vendéen assurait sur la poudre sa seconde balle. — Qu'y a-t-il? dit Jean Oullier en se retournant. — En route, mille diables! en route! Je ne vois rien encore, mais j'entends un bruit qui ne dit rien de bon. — Ouais! fit Jean Oullier, on nous fait les honneurs de la cavalerie, gars Courtejoie. Alerte! alerte! paresseux, ajouta-t-il en s'adressant à Trigaud.

Celui-ci, autant pour soulager ses poumons que pour répondre à Jean Oullier, poussa une espèce de mugissement qu'eût envié le plus vigoureux taureau de tout le département, et d'une seule enjambée il franchit une pierre énorme qui se trouvait sur son passage. Un cri de douleur poussé par Jean Oullier l'arrêta dans son formidable élan.

— Qu'as-tu donc? demanda Courtejoie à celui-ci qui s'était arrêté, appuyé sur le canon de son fusil et la jambe levée. — Rien, rien, dit Jean Oullier, ne vous inquiétez pas de moi.

Puis il essaya de marcher à nouveau, poussa un second cri et fut forcé de s'asseoir.

— Oh! dit Courtejoie, nous ne nous en irons pas sans toi; parles, qu'as-tu? — Rien, te dis-je. — Es-tu blessé? — Ah! fit Jean Oullier, où est le rebouteur de Montbert? — Tu dis? demanda Courtejoie qui n'avait pas compris. — Je dis que mon pied est entré dans un trou, et que je me le suis démis ou foulé, tant il y a que je ne puis plus faire un pas. — Trigaud va te prendre sur une épaule et moi sur l'autre. — Impossible, vous n'arriverez jamais aux haies. — Mais si nous te laissons en arrière, ils te tueront, mon Jean Oullier. — Possible, dit le Vendéen, mais j'en tuerai plus d'un avant de mourir, et, pour commencer, regarde-moi descendre celui-là.

Un jeune officier de chasseurs, mieux monté que les autres, venait d'apparaître sur un monticule, à trois cents pas à peu près des fugitifs. Jean Oullier porta la crosse de son fusil à son épaule, lâcha le coup. Le jeune officier ouvrit les bras et tomba à la renverse. Jean Oullier se mit à recharger son fusil.

— Ainsi, tu dis que tu ne peux pas marcher? demanda Courtejoie. — Je

LES LOUVES DE MACHECOUL. LE COMBAT.

ferai peut-être dix ou quinze pas à cloche-pied, mais à quoi bon? — Alors, halte ici, Trigaud. — Vous n'allez pas faire la folie de rester, j'espère ! s'écria Jean Oullier. — Ah! par ma foi, si; où tu mourras, nous mourrons, mon vieux; mais, comme tu dis, nous en descendrons quelques-uns auparavant. — Non pas, non pas, Courtejoie, ça ne peut pas se passer ainsi. Il faut que vous viviez pour veiller sur ceux que nous avons laissés là-bas. Mais que fais-tu donc, Trigaud? demanda Jean Oullier en regardant le géant qui était descendu dans un ravin et qui soulevait un bloc de granit. — Bon! dit Courtejoie, ne le grondez pas, il ne perd pas son temps. — Ici, ici, cria Trigaud en indiquant une espèce d'excavation creusée par les eaux sous la pierre, et qu'en soulevant celle-ci il venait de découvrir. — C'est ma foi vrai, il a de l'esprit comme un singe aujourd'hui, ce gars de Trigaud. Ici, Jean Oullier, ici, et coule-toi là dedans, coule, coule.

Jean se traîna jusqu'aux deux compagnons, se « coula » dans l'excavation, comme disait Courtejoie, s'y pelotonna avec de l'eau jusqu'à mi-jambes, après quoi Trigaud replaça doucement la pierre dans sa position naturelle, de façon cependant à ménager de l'air et de la lumière à celui que, pareille à la pierre d'un tombeau, elle engloutissait tout vivant. Il venait d'achever quand les cavaliers parurent sur le point culminant de la pente, et, après s'être assurés que le jeune officier était bien mort, se lancèrent à la poursuite des deux fugitifs au grand galop de leurs chevaux.

Cependant tout espoir n'était pas perdu; cinquante pas à peine séparaient Trigaud et Courtejoie, les seuls dont nous ayons à nous occuper maintenant, d'une haie par delà laquelle était un salut d'autant mieux assuré que, s'en rapportant aux cavaliers, les fantassins semblaient avoir renoncé à leur poursuite. Mais un sous-officier de chasseurs, admirablement monté, les suivait de si près, que Courtejoie sentait le souffle du cheval qui lui brûlait les épaules. Le sous-officier, voulant terminer cette course, se dressa sur ses étriers et porta un tel coup de sabre au cul-de-jatte qu'il lui eût infailliblement fendu la tête, si l'animal, dont le cavalier n'avait pas suffisamment rassemblé les rênes, ne se fût jeté sur la gauche par un écart, tandis que, par un mouvement instinctif, Trigaud se jetait à droite. L'arme dévia donc, et ne fit qu'entamer légèrement le bras de Courtejoie.

— Face! cria celui-ci à Trigaud, comme s'il eût commandé la manœuvre.

Celui-ci pivota sur lui-même, absolument comme si son corps eût été relié au sol par un ressort d'acier. Le cheval, en passant à côté de lui, le heurta du poitrail, mais sans l'ébranler. Au même moment, Courtejoie faisant feu d'un des canons de son fusil de chasse, renversa le sous-officier, que l'élan de sa monture emportait en avant.

— Un, compta Trigaud, chez lequel l'imminence du péril développait une loquacité qui n'était pas dans ses habitudes.

Pendant la minute qu'avait duré cet épisode, les autres cavaliers s'étaient sensiblement rapprochés, quelques longueurs de chevaux les séparaient seulement des deux Vendéens, qui, au milieu des trépignements de leur galop, pouvaient distinguer le sec craquement des mousquetons et des pistolets que l'on armait à leur intention. Mais deux secondes avaient suffi à Courtejoie pour juger des ressources que pouvait lui offrir l'endroit où il se trouvait.

Ils étaient arrivés à l'extrémité de la lande de Bouaimé, à quelques pas d'un carrefour du centre duquel divergeaient différents chemins; comme tous les carrefours vendéens ou bretons, celui-là avait sa croix, croix de pierre à moitié brisée, dont la largeur pouvait offrir un abri qui devait bientôt devenir insuffisant; à droite étaient les premières haies des champs, mais il ne fallait pas même songer à les gagner, car, pénétrant leur intention, trois ou quatre cavaliers avaient obliqué de ce côté. En face d'eux, et s'allongeant à leur gauche, était la Maine, qui formait un coude à cet endroit; seulement il ne fallait point que Courtejoie songeât à mettre la rivière entre les soldats et lui, car la rive opposée était formée de rochers qui se dressaient à pic au-dessus des eaux, et en suivant le courant pour chercher un point sur lequel ils pussent aborder, les deux chouans eussent certainement été criblés de balles. Ce fut donc pour la croix que Courtejoie s'était décidé; ce fut de ce côté que, sur son ordre, Trigaud se dirigea.

Au moment où ce dernier tournait autour de l'obélisque de pierre pour le mettre entre les cavaliers et lui, une balle vint s'aplatir sur une des faces de la croix, et, en ricochant, atteignit Courtejoie à la joue, ce qui n'empêcha nullement le cul-de-jatte de riposter à son tour. Mais, par malheur, le sang qui s'échappait de la blessure d'Alain vint tomber sur les mains de Trigaud; il vit ce sang, et, poussant un rugissement de fureur comme s'il n'eût été sensible qu'à ce qui atteignait son compagnon, au lieu de chercher un abri derrière la croix, il s'élança en avant sur les soldats, comme fait un sanglier sur les chasseurs. Au même instant Courtejoie et Trigaud étaient entourés, dix sabres étaient levés sur leurs têtes, dix canons de pistolet menaçaient leurs corps, et un gendarme étendait la main pour saisir Courtejoie. Mais la massue de Trigaud s'abattit, et rencontra en s'abattant la jambe du gendarme qu'elle broya; le malheureux poussa un cri terrible et tomba de son cheval, qui s'enfuit à travers la lande. Au même moment, dix explosions éclatèrent à la fois. Trigaud avait une balle dans la poitrine et le bras gauche de Courtejoie pendait à son côté, brisé à deux endroits. Le mendiant semblait insensible à la douleur; il fit avec son tronc d'arbre un moulinet qui brisa deux ou trois sabres et écarta les autres.

— A la croix ! à la croix ! lui cria Courtejoie; nous serons bien là pour mourir ! — Oui, répondit sourdement Trigaud, qui, en entendant son ami parler de mourir, abattit convulsivement sa massue sur la tête d'un chasseur qu'il renversa assommé.

Puis, exécutant l'ordre qu'il venait de recevoir, il marcha à rebours vers la croix, pour couvrir, tout en reculant, autant que possible son ami de son corps.

— Mille tonnerres ! s'écria un brigadier, c'est perdre trop de temps, de monde et de poudre pour ces deux mendiants.

Et, enlevant son cheval de la bride et de l'éperon, il fit faire à l'animal un bond prodigieux qui le porta sur les Vendéens. La tête du cheval frappa Trigaud en pleine poitrine, et la violence du choc fut telle, que le géant tomba sur ses genoux. Le cavalier profita de cette chute pour envoyer à Courtejoie un coup de revers qui lui entama le crâne.

— Jette-moi au pied de la croix, et sauve-toi si tu peux, dit Courtejoie d'une voix défaillante; car, pour moi, tout est fini.

Puis il commença la prière :

— Recevez mon âme, ô mon Dieu !...

Mais le colosse ne l'écoutait plus; fou de sang et de rage, il poussait des cris rauques et inarticulés comme ceux d'un lion aux abois; ses yeux, ordinairement ternes et atones, jetaient des flammes; ses lèvres crispées laissaient voir des dents serrées et menaçantes qui eussent pu rendre à un tigre morsure pour morsure. L'élan du cheval avait emporté à quelques pas le cavalier qui avait frappé Courtejoie. Trigaud ne pouvait l'atteindre. Il fit tourner sa massue autour de son poignet, et mesurant de l'œil la distance qui le séparait du chasseur, il lui lança le tronc d'arbre, qui partit en sifflant comme s'il sortait d'une catapulte. Le cavalier fit cabrer son cheval et évita le coup; mais le cheval le reçut dans la tête. L'animal battit l'air de ses pieds de devant, et, se renversant en arrière, roula avec son cavalier sur la lande.

Trigaud poussa un cri de joie plus terrible que ne l'eût été un cri de douleur; la jambe du cavalier était prise sous sa monture; il se rua sur lui, para avec son bras, qui fut largement entaillé, le coup de sabre que lui porta celui-ci, le saisit par la jambe, l'attira à lui; puis, le faisant tourner en l'air comme un enfant fait d'une fronde, il lui écrasa la tête contre une des branches de la croix. La pierre byzantine oscilla sur sa base, et resta penchée et couverte de sang.

Un cri d'horreur et de vengeance s'éleva de la troupe; mais, comme cet échantillon de la force prodigieuse de Trigaud avait dégoûté les chasseurs de s'approcher de lui, ils se mirent à recharger leurs armes.

Pendant ce temps, Courtejoie rendait le dernier soupir en disant à haute voix :

— Amen !

Alors Trigaud sentant son maître bien-aimé mort, comme si les préparatifs que faisaient les chasseurs ne le regardaient pas, Trigaud s'assit sur la base de la croix, détacha le corps de Courtejoie et le prit sur ses bras comme fait une mère de celui de son enfant expiré, contemplant son visage livide, essuyant avec sa manche le sang qui souillait sa face, tandis qu'un torrent de larmes, les premières que cet être indifférent à toutes les misères de la vie eût jamais versées, coulant larges et pressées le long de ses joues, se mêlaient à ce sang et l'aidaient dans la tâche pieuse qui l'absorbait.

Une explosion formidable, deux nouvelles blessures, le son sourd et mal produit par trois ou quatre balles qui trouèrent le cadavre que Trigaud tenait entre ses bras et serrait contre son cœur, vinrent l'arracher à sa douleur et à son immobilité; il se redressa de toute sa hauteur, et à ce mouvement qui fit croire aux chasseurs qu'il allait s'élancer sur eux, ils rassemblèrent les rênes de leurs chevaux et un frisson courut dans les rangs.

Mais le mendiant ne les regarda même pas; il ne pensait plus à eux; il ne cherchait qu'un moyen de ne pas être séparé de son ami après la mort, et il paraissait chercher un endroit qui lui donnât l'assurance de la réunion pendant l'éternité. Il se dirigea du côté de la Maine.

Malgré ses blessures, malgré le sang qui coulait le long de son corps par cinq ou six trous de balles, et qui laissait derrière lui un véritable ruisseau, Trigaud marchait droit et ferme; il arriva au bord de la rivière sans qu'un seul soldat eût eu l'idée de l'en empêcher, s'arrêta à un endroit où la berge dominait une eau noire dont la tranquillité dénonçait la profondeur, embrassa étroitement le cadavre du pauvre cul-de-jatte, puis le tenant toujours serré contre sa poitrine, réunissant tout ce qui lui restait de force, il s'élança en avant sans prononcer une seule parole.

L'eau rejaillit avec fracas sous la masse énorme qu'elle engloutissait, bouillonna longtemps à l'endroit où Trigaud et son compagnon avaient disparu, et s'effaça enfin en larges cercles qui allèrent mourir contre la rive.

Les cavaliers étaient accourus : ils pensaient que le mendiant s'était jeté à l'eau pour gagner l'autre bord; et, le pistolet au poing, le mousqueton à l'épaule, ils se tenaient prêts à faire feu sur lui au moment où il remonterait à la surface de la rivière pour respirer.

Mais Trigaud ne reparut pas; son âme était allée retrouver l'âme du seul être qu'il eût aimé ici-bas, et leurs corps reposaient doucement sur un lit d'algues vertes et mouvantes au fond de la Maine, dans cet endroit que les paysans appellent le gouffre, parce qu'ils n'en connaissent pas le fond.

LXV

OU LES SECOURS ARRIVENT D'OU ON NE LES ATTEND GUÈRE.

Pendant la semaine qui venait de s'écouler, maître Courtin s'était tenu très-prudemment coi et tranquille à l'abri des murailles de la métairie de la Logerie.

Comme tous les diplomates, maître Courtin n'avait pas la guerre en grande estime. Il calculait avec raison que le temps des coups de sabre et des coups de fusil passerait promptement, et il ne songeait qu'à se tenir frais et gaillard pour le moment où il pourrait être utile à sa cause et à lui-même, selon les petits moyens que la nature lui avait octroyés.

Puis, il n'était pas sans inquiétude, le prévoyant métayer, sur les conséquences que pouvait avoir pour lui le rôle qu'il avait joué dans l'arrestation de Jean Oullier et dans la mort de Bonneville, et au moment où toutes les haines et toutes les rancunes, tournées en vengeances, tenaient la campagne armée de bons fusils, il trouvait sage de ne pas se placer follement sur leur chemin.

Il n'était pas jusqu'à son jeune maître, le baron Michel, si inoffensif qu'il l'eût connu, qu'il ne craignît de rencontrer, depuis qu'un certain soir il avait coupé la sangle de son cheval; aussi, dès le lendemain de cette équipée, maître Courtin, pensant que le meilleur moyen pour ne pas se faire tuer était de paraître à moitié mort, s'était blotti entre ses draps en faisant annoncer par sa servante à ses voisins et à ses administrés qu'une fièvre des plus malignes, et du genre de celle qui avait enlevé le pauvre père Tinguy, le mettait à deux doigts du tombeau.

Madame de La Logerie, dans l'accablement où la plongeait la fuite de Michel, avait deux fois fait demander son métayer; mais le mal avait paralysé la bonne volonté de Courtin, si bien que ce fut la fière baronne qui, cédant à son inquiétude, se rendit au logis du paysan. Elle avait entendu dire que Michel avait été fait prisonnier.

Elle partait pour Nantes, et elle allait employer tout son crédit pour faire rendre son fils à la liberté, et toute son autorité de mère pour l'entraîner loin de ce malheureux pays.

En aucun cas elle ne reviendrait de sitôt à la Logerie, dont le séjour lui semblait dangereux en raison du conflit qui se préparait, et c'était pour recommander à Courtin de veiller sur son habitation qu'elle avait désiré le voir.

Courtin le lui promit d'une voix si triste et si dolente que la baronne, au milieu de ses inquiétudes personnelles, quitta la métairie avec un cœur rempli de commisération pour le pauvre diable.

Puis étaient venus les combats du Chêne et de la Pénissière. Le jour où ces combats avaient eu lieu, le bruit de la fusillade qui arrivait jusqu'au métayer lui donna des redoublements inquiétants. Mais en revanche, lorsqu'il apprit l'issue de ces deux combats, il se leva parfaitement guéri.

Le lendemain, il se sentait si fort à son aise que, malgré les représentations de sa servante, il voulut se rendre à Montaigu, son chef-lieu, pour prendre les ordres de M. le sous-préfet relativement à la conduite qu'il devait tenir.

Le vautour sentait l'odeur du carnage et voulait sa petite part de la curée.

A Montaigu, maître Courtin apprit qu'il avait fait un voyage inutile; le département venait d'être placé sous la direction de l'autorité militaire. Le sous-préfet l'engagea donc à aller chercher des instructions à Aigrefeuille, auprès du général qui s'y trouvait en ce moment.

Celui-ci, tout préoccupé du mouvement d'une colonne, et, en sa qualité de brave et loyal militaire, se sentant peu de sympathie pour les hommes du caractère de Courtin, reçut d'un air fort distrait les dénonciations que celui-ci se croyait obligé de transmettre sous prétexte de renseignements, et se montra vis-à-vis de lui d'une froideur qui glaça le maire de la Logerie.

Il accepta cependant la proposition que lui fit Courtin, de placer une garnison dans le château, dont la position lui semblait excellente pour tenir en bride le pays entre Machecoul et Saint-Colombin.

Le ciel devait un dédommagement au métayer, pour la médiocre sympathie que lui avait témoignée ce général. Ce dédommagement, il ne tarda point, dans sa justice, à le lui octroyer.

En sortant de la maison qui servait de quartier général, maître Courtin fut abordé par un personnage qu'il avait la conscience de n'avoir jamais rencontré jusqu'alors, et qui cependant se montra vis-à-vis de lui d'une politesse on ne peut plus parfaite, et d'une obséquiosité tout à fait touchante.

Ce personnage était un homme d'une trentaine d'années, vêtu d'habits noirs dont la coupe se rapprochait assez de celle des vêtements ecclésiastiques à la ville. Son front était bas, son nez recourbé comme un bec d'oiseau de proie, ses lèvres minces, et, malgré leur exiguïté, fortement en relief, par suite d'une disposition particulière de la mâchoire ; son menton pointu s'avançait à angle presque aigu ; ses cheveux, d'un noir plombé, étaient collés le long de ses tempes ; ses yeux gris, et souvent voilés, semblaient voir à travers des paupières clignotantes.

Quelques mots dits à l'oreille de Courtin par l'inconnu, semblèrent avoir raison de la méfiance avec laquelle il avait accueilli des prévenances qui lui avaient semblé tout d'abord fort suspectes. Il accepta de bonne grâce le dîner que l'étranger lui offrit à l'hôtel Saint-Pierre, et après deux heures passées en tête-à-tête dans la chambre, où l'amphitryon avait fait dresser la table, une sympathie mutuelle avait si bien opéré, qu'ils se traitaient, Courtin et lui, comme de vieux amis, qu'ils échangeaient de nombreuses poignées de main en se quittant, et qu'en donnant le premier coup d'éperon à son bidet, le maire de la Logerie renouvela à l'inconnu la promesse qu'il ne resterait pas longtemps sans avoir de ses nouvelles.

Vers neuf heures du soir, maître Courtin cheminait donc, la tête de sa monture tournée du côté de la Logerie et la croupe du côté d'Aigrefeuille. Il semblait tout joyeux et tout allègre, et faisait voler de droite à gauche et de gauche à droite, sur les flancs de son petit cheval, son bâton à manche de cuir avec une aisance et une crânerie qui n'étaient pas dans ses habitudes.

Le cerveau de maître Courtin était évidemment farci d'idées couleur de rose.

Il songeait d'abord que, le lendemain, s'éveillant, il aurait, à une portée de fusil de sa métairie, une cinquantaine de bons petits soldats, dont le voisinage le laissait sans inquiétude, non-seulement sur les conséquences de ce qu'il avait fait, mais encore sur celles de ce qu'il voulait faire. Il pensait qu'en sa qualité de maire il pourrait peut-être disposer de ces cinquante baïonnettes, selon les exigences de ses petites inimitiés.

Cela flattait non-seulement sa haine, mais encore son amour-propre.

Mais si séduisante que fût cette perspective d'une garde prétorienne, pouvant avec un peu d'adresse devenir la sienne, elle n'eût cependant pas suffi à communiquer à maître Courtin, homme positif s'il en fut jamais, une satisfaction aussi expansive.

L'inconnu avait, sans aucun doute, fait briller à ses yeux tout autre chose que le pailletage d'une gloire éphémère, car ce n'était ni plus ni moins que des monceaux d'or et d'argent que maître Courtin entrevoyait dans les brouillards de l'avenir, et vers lesquels il étendait la main par un mouvement machinal et avec un sourire rempli de convoitise.

Sous l'empire de ces agréables hallucinations, alourdi par les fumées du vin que l'inconnu lui avait versé sans parcimonie, maître Courtin se laissa aller à une douce somnolence ; son corps ballottait à droite et à gauche, suivant les caprices de l'amble de son bidet, si bien que le pied de celui-ci, ayant rencontré une pierre, maître Courtin tomba en avant, et demeura le corps plié en deux et appuyé sur le pommeau de sa selle.

La situation était gênante, et cependant maître Courtin n'avait garde d'en sortir. Il faisait en ce moment un rêve si délicieux que, pour rien au monde, il n'eût voulu le voir finir en s'éveillant.

Il lui semblait qu'il rencontrait son jeune maître, et que celui-ci, étendant la main sur le domaine de la Logerie, lui disait :

— Tout ceci est à toi !

Le présent était encore plus considérable qu'il ne le semblait tout d'abord, car Courtin y trouvait la source de richesses prodigieuses.

Les pommiers du verger étaient chargés de fruits d'or et d'argent, et toutes les gaules du pays mises en réquisition ne suffisaient pas pour empêcher les branches de plier et de se briser sous le faix.

Les buissons d'églantiers, les aubépines portaient, au lieu de leurs baies rouges et noires, des pierres de toutes les couleurs, qui étincelaient au soleil comme autant d'escarboucles, et il y en avait tant et tant, que, bien qu'il fût convaincu que c'étaient des pierres précieuses, maître Courtin n'éprouvait pas trop de contrariété en apercevant un petit fricoteur qui en avait rempli ses poches.

Il entrait dans son étable.

Il trouvait dans cette étable une file de vaches grasses qui s'étendait à perte de vue, si loin, si loin, que, si celle qui était le plus près de la porte lui paraissait grosse comme un éléphant, la dernière ne lui semblait pas plus considérable qu'un ciron.

Sous chacune de ces vaches, il y avait des jeunes filles occupées à les traire.

Les deux premières de ces jeunes filles ressemblaient, trait pour trait, aux deux louves, aux deux filles du marquis de Souday.

Sous leurs doigts, et du pis monstrueux des deux premières vaches, ruisselait un liquide alternativement blanc et jaune, mais toujours brillant comme des métaux en fusion.

En tombant dans le seau de cuivre que chacune des jeunes filles tendait au-dessous des immenses mamelles, il produisait cette musique, si douce à ses oreilles, de pièces d'or et d'argent qui s'empilent les unes au-dessus des autres.

En regardant dans ces seaux, il s'aperçut qu'ils étaient pleins de ces précieuses médailles à toutes les effigies.

Il allongeait pour les saisir des mains pleines de convoitise, lorsqu'une violente secousse, accompagnée d'un cri de prière et d'angoisse, vint l'arracher à ses douces illusions.

Courtin ouvrit les yeux, et aperçut dans l'ombre une paysanne qui, les vêtements en désordre, les cheveux épars, étendait vers lui des mains suppliantes.

— Que voulez-vous? cria maître Courtin à la paysanne en prenant sa voix de basse, et en donnant à son bâton une attitude menaçante. — Que vous veniez à mon aide, mon brave homme! Je vous le demande au nom du bon Dieu!

En entendant implorer sa pitié, et acquérant la certitude qu'il n'avait affaire qu'à une femme, maître Courtin, qui avait d'abord roulé autour de lui des yeux effarés, se rasséréna complètement.

— C'est un délit que vous commettez là, ma chère; on n'arrête point les gens sur la route, comme vous venez de le faire, pour leur demander l'aumône. — L'aumône! qui vous parle d'aumône? repartit l'inconnue d'une voix dont la distinction et le ton de hauteur frappèrent Courtin. Je veux que vous m'aidiez à secourir un malheureux qui va mourir de fatigue et de froid; je veux que vous me prêtiez votre cheval pour le transporter dans quelque métairie du voisinage. — Et quel est celui qu'il s'agit de secourir? — Vous me paraissez, par votre costume, appartenir à nos campagnes; je n'hésite donc pas à vous le dire, car je suis sûre que, quand bien même vous ne partageriez pas mes opinions, vous ne sauriez me trahir: c'est un officier royaliste.

Le son de la voix de l'inconnue excitait vivement la curiosité de Courtin, il se penchait sur l'encolure de son bidet pour tâcher de reconnaître celle à laquelle elle appartenait, mais sans pouvoir y réussir.

— Mais qui êtes-vous vous-même?— Que vous importe! — Pourquoi voulez-vous que je prête mon cheval à des gens que je ne connais pas? — Décidément, je ne suis pas heureuse. Votre réponse me prouve que j'ai eu tort de vous parler comme à un ami ou comme à un ennemi loyal. Je vois bien qu'il faut employer un autre système. Vous allez me donner votre cheval à l'instant. — Vraiment? — Vous avez deux minutes pour vous décider. — Et si je refuse? — Je vous fais sauter la cervelle, continua la paysanne en mettant sur la poitrine de Courtin le canon d'un pistolet, et en faisant craquer la batterie de façon à lui prouver qu'il ne fallait qu'une minute pour que l'exécution suivît la menace. — Sans vous avoir vue, je vous reconnais à présent, dit Courtin, vous êtes mademoiselle de Souday.

Et, sans laisser son interlocutrice insister davantage, le maire de la Logerie descendit de sa monture.

— Bien! reprit Bertha, car c'était elle. Maintenant, dites-moi votre nom, et demain le cheval sera conduit à votre porte. — Il n'en est pas besoin, car je vais vous aider. — Vous? Et pourquoi ce changement? — Parce que je devine que la personne que vous me demandiez de secourir est le propriétaire de ma métairie. — Son nom? — M. Michel de La Logerie. — Ah! vous êtes un de ses tenanciers, tant mieux! nous aurons votre maison pour asile. — Mais... balbutia Courtin, qui n'était rien moins que rassuré à l'idée de se retrouver en présence du jeune baron, et surtout en songeant que lorsque celui-ci serait avec Bertha sous son toit, Jean Oullier ne pouvait manquer d'y venir; mais c'est que je suis maire, et... — Vous craignez de vous compromettre pour votre maître ! fit Bertha avec l'accent d'un profond mépris. — Oh ! non pas, je donnerais mon sang pour le jeune homme; mais nous allons avoir au château même de la Logerie une forte garnison de soldats. — Tant mieux ; on ne soupçonnera pas que des Vendéens aient cherché asile près d'eux. — Mais il me semble, toujours dans l'intérêt de M. le baron, que Jean Oullier pourrait vous découvrir une retraite qui vous serait plus sûre que ma maison, où les soldats vont aller et venir tous les jours. — Hélas ! tout l'attachement du pauvre Jean Oullier sera probablement inutile à ses amis désormais ! — Comment cela ? — Nous avons entendu dans la matinée une vive fusillade sur la lande ; nous n'avons pas bougé, comme il nous l'avait recommandé ; mais c'est en vain que nous l'avons attendu. Jean Oullier est mort ou prisonnier, car il n'est pas de ceux qui abandonnent leurs amis.

S'il eût fait jour, il eût été difficile à Courtin de dissimuler la joie que cette nouvelle, qui le débarrassait de ses plus vives inquiétudes, venait de lui causer. Mais, s'il n'était pas maître de sa physionomie, il le fut de ses paroles, et il poussa, pour répondre à ces mots que Bertha avait prononcés d'une voix émue, une interjection si lamentable qu'elle raccommoda un peu la jeune fille avec lui.

— Marchons plus vite, dit Bertha. — Je le veux bien ; mais comme cela sent le brûlé ici. — Oui; on a mis le feu à la bruyère. — Ah ! et comment M. le baron n'a-t-il pas été consumé, car c'est du côté où il est qu'a dû s'étendre l'incendie? — Jean Oullier nous avait mis au milieu des joncs de l'étang de la Frémuse. — Ah ! c'est comme cela que tout à l'heure, lorsque je vous ai pris le bras pour vous empêcher de choir, je vous ai sentie toute trempée. — Oui; voyant que Jean Oullier ne revenait pas, j'ai traversé l'étang pour aller chercher du secours ; ne rencontrant personne, j'ai placé Michel sur mes épaules, je l'ai transporté à l'autre rive; j'espérais pouvoir le porter ainsi jusqu'à la première maison, mais je n'en ai pas eu la force; j'ai été obligée de le déposer sur la bruyère, et de retourner seule sur la route. Il y a vingt-quatre heures que nous n'avons mangé. — Oh ! vous êtes une crâne fillette, dit Courtin, qui, dans l'incertitude où il était sur la façon dont il serait accueilli par son jeune maître, n'était pas fâché de se concilier les bonnes grâces de Bertha. A la bonne heure ! voilà, par des temps comme ceux dans lesquels nous vivons, la ménagère qu'il fallait à M. le baron. — N'est-ce pas mon devoir de donner ma vie pour lui ? demanda Bertha. — Oui, dit Courtin avec emphase, et, ce devoir-là, personne ne l'entend comme vous, je suis prêt à en jurer devant Dieu. Mais, calmez-vous, et ne marchez pas si vite. — Si, car il souffre; si, car il m'appelle, si toutefois il est sorti de son évanouissement. — Il était évanoui ! s'écria Courtin, qui voyait dans ce détail la possibilité pour lui d'échapper à une explication immédiate. — Sans doute, le pauvre enfant ! Songez donc qu'il est blessé. — Ah ! mon Dieu ! — Songez donc que depuis vingt-quatre heures, lui si faible, si délicat, il n'a pu recevoir que des soins impuissants, pour ainsi dire. — Ah ! juste ciel ! — Songez donc qu'il a reçu toute la journée les rayons d'un soleil brûlant au milieu de ces roseaux. Songez que ce soir, malgré mes précautions, l'eau a mouillé ses habits, que le froid l'a saisi... — Jésus ! Seigneur ! — Ah ! s'il lui arrivait malheur ! toute ma vie j'expierais ma faute de l'avoir exposé à des dangers pour lesquels il était si peu fait, s'écria Bertha, dont toute la passion politique était effacée devant les douleurs d'amante que lui causaient les souffrances de Michel.

Quant à Courtin, la certitude donnée par la jeune fille que Michel était dans un état qui ne devait pas lui permettre de parler, semblait avoir doublé la longueur de ses jambes.

Bertha n'avait plus à stimuler son zèle : il marchait à sa hauteur, et tirait par la bride le bidet récalcitrant à cheminer sur ce sol brûlant avec une vigueur qu'il n'avait pas eue jusqu'alors.

Débarrassé à tout jamais de Jean Oullier, il croyait facile de se ménager de telles excuses vis-à-vis de son jeune maître, que le raccommodement serait facile.

Bientôt Bertha et Courtin arrivèrent à l'endroit où la jeune fille avait laissé Michel. Le jeune homme, le dos appuyé contre une pierre, la tête inclinée sur la poitrine, sans être positivement évanoui, se trouvait sous le coup de cette prostration absolue qui ne laisse arriver aux sens qu'une perception confuse de ce qui se passe autour de soi. Il ne fit pas la moindre attention à Courtin, et lorsque celui-ci, aidé par Bertha, l'eut hissé sur le cheval, il serra la main du maire de la Logerie comme il serrait celle de Bertha, sans savoir ce qu'il faisait.

Courtin et Bertha se placèrent de chaque côté du bidet, et soutinrent Michel, dont, sans ce secours, le corps fût tombé à droite ou à gauche.

On arriva à la Logerie. Courtin réveilla sa servante, sur laquelle il assura à Bertha qu'on pouvait compter, comme sur toutes les paysannes du Bocage; prit à son propre lit l'unique matelas de la maison, et installa le jeune homme dans une espèce de soupente au-dessus de sa chambre, et cela avec tant de zèle, d'abnégation et de protestations, que Bertha finit par regretter le jugement qu'elle avait tout d'abord porté sur Courtin en l'abordant sur la route.

Lorsque la blessure de Michel eut été pansée, lorsqu'il reposa dans le lit qu'on lui avait improvisé, Bertha alla dans la chambre de la servante pour prendre à son tour un peu de repos.

Resté seul, maître Courtin se frotta joyeusement les mains ; la soirée était bonne.

La violence ne lui avait point réussi jusqu'alors; il pensait que la douceur aurait plus de succès. Il avait fait mieux que de pénétrer dans le camp ennemi, il avait établi le camp ennemi dans sa propre maison; il avait toutes sortes de raisons pour espérer d'arriver à surprendre tous les secrets des blancs, et surtout ceux qui concernaient Petit-Pierre.

Il repassa dans sa cervelle les recommandations que lui avait faites l'inconnu à Aigrefeuille, et dont la principale était de l'avertir directement, s'il parvenait à découvrir la retraite de l'héroïne de la Vendée, et de ne rien communiquer aux généraux, gens peu curieux des finesses de la diplomatie, et tout à fait au-dessous des grandes machinations de l'ordre politique.

Par Michel et par Bertha, il semblait possible à Courtin d'arriver à connaître l'asile de celui auquel ils étaient attachés; il commença à croire que les songes n'étaient pas toujours des mensonges, et que, grâce aux deux jeunes gens, les fruits d'or, d'argent, de pierreries, tout, jusqu'au ruisseau de lait monnayé, pourrait bien devenir une réalité.

LXVI

A NANTES.

Mary n'avait pas de nouvelles de Bertha.

Depuis le soir où sa sœur avait quitté le Moulin-Jacques, en lui annonçant sa détermination de retrouver Michel, elle ne savait pas ce qu'elle était devenue.

Son esprit se perdait en conjectures.

Michel avait-il parlé? Bertha, réduite au désespoir, avait-elle exécuté quelque funeste résolution? Le pauvre jeune homme était-il blessé, était-il mort? Bertha était-elle tombée sous les balles des pantalons rouges, au milieu de ses courses aventureuses? Voilà quelles étaient les tristes alternatives que Mary entrevoyait pour ces deux objets de ses affections; toutes la laissaient en proie aux plus vives angoisses, aux plus poignantes inquiétudes.

Elle se disait bien qu'avec la vie errante qu'elle menait à la suite de Petit-Pierre, forcés qu'ils étaient de quitter chaque soir l'asile qui les avait abrités pendant la nuit précédente, il était bien difficile à Bertha de retrouver leurs traces; mais il lui semblait que si quelque malheur ne l'en eût empêchée, au moyen des intelligences que les royalistes avaient chez les paysans, Bertha eût bien trouvé moyen de l'instruire de son sort.

Son cœur, déjà affaibli par toutes les secousses qu'elle venait de subir, fléchissait sous le nouveau coup qui l'accablait; isolée, sans épanchements, privée de la vue du jeune homme qui l'avait soutenue au fort de la lutte, seule avec sa douleur, ayant perdu l'agitation de cette lutte, elle s'abandonnait à sa mélancolie et succombait sous son chagrin. Ses journées, qu'elle eût dû employer à dormir pour réparer la fatigue de la nuit, elle les passait tout entières à guetter l'arrivée de Bertha ou d'un messager qui n'arrivait pas, et pendant des heures entières elle restait si bien absorbée dans sa douleur, qu'elle ne répondait pas lorsqu'on lui adressait la parole.

Certes, Mary aimait sa sœur; l'immense sacrifice auquel elle s'était résignée pour assurer son bonheur le prouve surabondamment, et cependant elle rougissait en se l'avouant à elle-même, ce n'était pas la destinée de Bertha qui occupait le plus son esprit.

Quelque vive, quelque sincère que fût l'affection de Mary pour Bertha, un autre sentiment bien autrement impérieux que celui-là s'était glissé dans son âme et s'abreuvait des douleurs qu'il y entretenait.

Quelque effort qu'elle eût fait pour cela, jamais le sacrifice dont nous venons de parler ne l'avait trouvée détachée de celui qui en avait été l'objet, et à présent que Michel était séparé d'elle, elle croyait pouvoir accueillir cette continuité dans la pensée qu'elle repoussait autrefois, et peu à peu l'image de Michel avait si bien pris possession de ce cœur, qu'elle n'en sortait plus un seul moment.

Elle s'y abandonnait avec une sorte d'ivresse, et au milieu des douleurs de sa vie, cette douleur que lui causaient ses souvenirs lui semblait consolatrice; elle s'y isolait, elle s'y abîmait; il lui semblait presque doux de souffrir autant pour l'objet aimé; peu à peu il prenait une part bien large, trop large dans ses larmes, trop étendue dans les inquiétudes que la prolongation de l'absence de sa sœur lui faisait concevoir.

Après s'être sans réserve abandonnée à son désespoir, après avoir épuisé les plus sinistres suppositions, après avoir évoqué les plus lugubres tableaux sur ce que pouvait être le sort de ces deux êtres aimés, après avoir éprouvé toute la poignante alternative de l'incertitude où chaque heure envolée la laissait, après avoir anxieusement compté les minutes de chacune de ces heures, peu à peu Mary en arrivait aux regrets, et ces regrets s'entremêlaient de reproches.

Elle repassait dans sa mémoire les moindres incidents de sa liaison, de celle de sa sœur avec Michel.

Elle se demandait si elle n'était pas coupable d'avoir brisé le cœur du pauvre garçon, en même temps qu'elle brisait le sien.

Si elle avait le droit de disposer de son amour, si elle n'était pas responsable du malheur qu'elle allait avoir causé, en le mettant malgré lui de moitié dans l'immense preuve de dévouement qu'elle avait donnée à sa sœur.

Puis, sa pensée la ramenait à la nuit passée dans la cabane de l'îlot de la Jonchère.

Elle revoyait ses murs de roseaux, elle croyait entendre retentir cette voix si doucement harmonieuse qui lui avait dit : « Je t'aime! » Elle fermait les yeux, et il lui semblait sentir le souffle du jeune homme passer dans ses cheveux, ses lèvres donner à ses lèvres le premier, l'unique, mais l'ineffable baiser qu'elle avait reçu de lui.

Alors le renoncement que sa vertu, que sa tendresse pour sa sœur lui avait conseillé, lui paraissait au-dessus de ses forces; elle s'en voulait d'avoir embrassé une tâche surhumaine, et l'amour reprenait si vigoureusement possession du cœur qui s'était donné à lui, que Mary, ordinairement si pieuse, habituée à chercher dans la pensée de la vie future la patience et le courage, Mary n'avait plus la force de tourner ses regards vers le ciel; elle restait accablée dans l'emportement de sa passion, elle s'abandonnait à un désespoir impie; elle se demandait si cette impression fugitive que lui rappelaient ses lèvres était tout ce que Dieu voulait qu'elle connût du bonheur d'être aimée, et si c'était la peine de vivre lorsqu'on était ainsi déshéritée.

Le marquis de Souday avait fini par s'apercevoir de l'altération profonde que le chagrin produisait sur les traits de Mary, mais il l'avait attribuée aux fatigues excessives qu'elle éprouvait.

Il était lui-même fort abattu, en voyant tous ses beaux rêves s'évanouir, les prédictions que le général lui avait faites se réaliser, en voyant enfin recommencer pour lui les jours de la proscription, sans avoir pour ainsi dire vu l'aube de celui de la lutte.

Mais il regardait comme un devoir de monter sa résolution et son énergie à la hauteur du malheur qui l'accablait; ce devoir, le marquis serait mort plutôt que d'y manquer, car c'était un devoir de soldat; et autant il faisait bon marché de ceux qui résultent des convenances sociales, autant il était à cheval sur tout ce qui dérive de l'honneur militaire.

Donc, quelque abattu qu'il fût intérieurement, il n'en laissait rien voir au dehors, et il trouvait dans les péripéties de l'existence aventureuse qu'il menait le texte de mille plaisanteries par lesquelles il essayait de dérider les figures de ses compagnons, rendues singulièrement soucieuses à la suite de l'avortement de l'insurrection.

Mary avait averti son père du départ de Bertha; le digne gentilhomme avait judicieusement deviné que l'inquiétude que lui avaient fait éprouver et la destinée et la conduite de son fiancé, n'avait pas été étrangère à la résolution qu'elle avait prise. Comme des témoins oculaires lui avaient rapporté que, loin de manquer à son devoir, le jeune de La Logerie avait héroïquement contribué à la défense de la Pénissière, le marquis, qui supposait Jean Oullier, sur la sollicitude et la prudence duquel il pouvait compter, entre sa fille et son futur époux, n'avait pas jugé à propos de s'inquiéter de l'absence de Bertha plus que ne l'eût fait un général du sort d'un de ses officiers envoyé en expédition. Seulement, le marquis ne s'expliquait pas pourquoi Michel avait préféré si bien faire aux côtés de Jean Oullier plutôt qu'aux siens, et il lui en voulait un peu de cette prédilection.

Entouré de quelques chefs légitimistes, le soir même du combat du Chêne, Petit-Pierre avait été contraint de quitter le Moulin-Jacques, où ses sujets d'alarme étaient trop fréquents. La route, qui n'était pas éloignée, avait permis de voir et d'entendre pendant la soirée les militaires qui conduisaient les prisonniers. On partit de nuit; en voulant traverser la grande route, la petite troupe rencontra un détachement, et fut forcée, pour le laisser défiler, de se blottir dans un fossé couvert de halliers où elle resta pendant plus d'une heure. Tout le pays était tellement sillonné de colonnes mobiles, que ce ne fut qu'en suivant des sentiers impraticables que l'on put échapper à leur surveillance.

Dès le lendemain, il fallut se remettre en route. L'inquiétude de Petit-Pierre fut extrême; son physique trahissait ses douleurs morales, mais ses paroles et son attitude, jamais! Au milieu d'une vie si agitée et parfois si sombre, brillaient toujours les éclairs d'une gaieté qui faisait tête à celle qu'affectait le marquis de Souday.

Poursuivis comme ils l'étaient, ces fugitifs n'avaient pas une nuit de sommeil complète; et, le jour arrivé, le danger et la fatigue se réveillaient en même temps qu'eux. Toutes ces marches de nuit, auxquelles ils étaient assujettis, étaient quelquefois dangereuses et toujours horriblement fatigantes pour Petit-Pierre. Il les faisait quelquefois à cheval, mais le plus souvent à pied, dans des champs séparés par des haies qu'il fallait franchir quand l'obscurité ne permettait pas de trouver un échalier; dans les vignes qui, dans ce pays, sont rampantes, couvrent le terrain, enlacent les pieds, et font trébucher à chaque pas; dans les chemins défoncés par le passage réitéré des bœufs, où les piétons entraient jusqu'aux genoux et les chevaux jusqu'aux jarrets. Les compagnons de Petit-Pierre commençaient à se préoccuper des conséquences que cette vie d'émotions incessantes et de fatigues continues pouvait avoir pour sa santé; ils délibérèrent sur les moyens les plus sûrs à adopter pour le mettre à l'abri de toute recherche. Les avis furent partagés : les uns voulaient qu'ils se rendît à Paris, où il eût été perdu au milieu de l'immense population de la capitale; les autres parlaient de le faire entrer à Nantes, où un asile lui avait été ménagé; d'autres conseillaient de le faire embarquer au plus vite, et ne le jugeaient en sûreté que lorsqu'il aurait quitté le pays, où les recherches allaient devenir d'autant plus actives que le danger était moins grand.

Le marquis de Souday était de ces derniers; mais à ceux-là on objectait la surveillance rigoureuse exercée sur la côte, et l'impossibilité où l'on était de s'embarquer sans passe-port dans un port de mer, si petit qu'il fût.

Petit-Pierre termina la délibération en annonçant qu'il irait à Nantes, qu'il y entrerait au grand jour, à pied, vêtu en paysanne.

Comme l'abattement et le changement de Mary ne lui avaient point échappé ; comme il supposait, ainsi que l'avait fait le marquis, que les fatigues de la vie qu'elle menait depuis quelque temps en étaient les seules causes; comme cette existence devait rester celle de son père jusqu'à ce que, de son côté, il eût trouvé à se mettre en sûreté, Petit-Pierre proposa à M. de Souday de lui accorder sa fille pour l'accompagner.

Celui-ci accepta avec reconnaissance.

Mary ne s'y résigna pas aussi facilement : dans l'enceinte d'une ville, pourrait-elle recevoir les nouvelles de Bertha et de Michel que, de seconde en seconde, elle attendait avec tant d'anxiété? D'un autre côté, le refus était impossible : elle céda.

Le lendemain, qui était un samedi et un jour de marché, Petit-Pierre et Mary, sous leurs habits de paysannes, se mirent en route vers les six heures du matin.

Ils avaient environ trois lieues et demie à faire.

Au bout d'une demi-heure de marche, les sabots, mais surtout les bas de laine, auxquels Petit-Pierre n'était pas habitué, lui meurtrirent les pieds ; il essaya de marcher encore ; mais jugeant que, s'il gardait sa chaussure, il ne pourrait continuer sa route, il s'assit sur le bord d'un fossé, ôta ses sabots et ses bas, prit ses sabots à ses mains, fourra ses bas dans ses grandes poches, et se mit à marcher pieds nus.

Au bout de quelque temps il remarqua, en voyant passer des paysannes, que la finesse de sa peau et la blancheur aristocratique de ses jambes pourraient bien le trahir ; il s'approcha alors d'un des côtés de la route, prit de la terre noirâtre, se brunit les jambes avec cette terre, et se remit en marche.

Ils étaient arrivés à la hauteur de Sorinières, lorsque, en face d'un cabaret situé sur la route, ils aperçurent deux gendarmes qui causaient avec un paysan à cheval comme eux.

En ce moment Petit-Pierre et Mary marchaient au milieu d'un groupe de cinq ou six paysannes, et les gendarmes ne firent aucune attention à ces femmes ; mais il sembla à Mary, qui dans sa préoccupation habituelle dévisageait tous les passants, anxieuse qu'elle était de savoir si quelqu'un d'entre eux ne serait pas en mesure de lui apprendre ce que Bertha et Michel étaient devenus, que ce paysan la regardait avec une attention remarquable.

Quelques instants après elle retourna la tête, et aperçut ce paysan qui avait quitté les gendarmes, et qui suivait les paysannes en accélérant le trot de son bidet pour les rejoindre.

— Prenez garde à vous ! dit-elle à voix basse à Petit-Pierre : voici un homme que je ne connais pas, et qui, après m'avoir examinée avec une grande attention, s'est mis à nous suivre ; éloignez-vous de moi, et n'ayez pas l'air de me connaître. — Bien ; et s'il vous aborde, Mary? — Je lui répondrai de mon mieux, soyez tranquille. — Au cas où nous serions forcées de nous séparer, vous savez où nous devons nous retrouver ? — Sans doute ; mais ne tardez pas davantage, et cessez de me parler, il arrive.

Effectivement, on entendait les sabots du cheval qui retentissaient sur le pavé de la route.

Sans affectation aucune, Mary se sépara de ses compagnes et resta de quelques pas en arrière.

Elle ne put s'empêcher de tressaillir en entendant la voix de l'homme qui lui parlait.

— Nous allons donc à Nantes, la belle fille? dit l'homme en retenant son cheval à la hauteur de Mary, et en se remettant à l'examiner avec une curiosité attentive.

— Dame! vous le voyez bien, dit-elle. — Voulez-vous de ma compagnie? demanda le cavalier. — Merci, merci, fit Mary en affectant le parler et la prononciation des paysannes vendéennes; laissez-moi cheminer avec celles de chez nous. — Avec celles de chez vous? Ne voudriez-vous pas me faire croire qu'elles sont toutes de votre village, ces jeunesses qui vont là devant? — Qu'elles en soient ou qu'elles n'en soient pas, qu'est-ce que cela vous fait? répondit Mary en évitant de répondre à une question évidemment posée d'une façon insidieuse.

L'homme n'eut pas de peine à s'en apercevoir.

— Voyons, une proposition! fit-il. — Laquelle? — Montez en croupe derrière moi. — Ah! vraiment oui, dit Mary; eh bien, cela serait beau de voir une pauvre fille comme moi brasser un homme qui a presque l'air d'un monsieur. — Avec cela que vous n'êtes point habituée à en brasser qui n'en ont pas l'air, mais la chanson. — Que voulez-vous dire? demanda Mary, qui commençait à s'inquiéter. — Je dis que vous pouvez passer pour une paysanne aux yeux d'un gendarme, mais pour moi c'est autre chose, et vous n'êtes pas ce que vous voulez paraître, mademoiselle Mary de Souday. — Si vous n'avez pas de méchantes intentions contre moi, pourquoi me nommer ainsi tout haut? demanda la jeune fille en s'arrêtant. — Bon! dit le cavalier, quel mal y a-t-il à cela? — Il y a que ces femmes auraient pu vous entendre; et, si vous me voyez sous ces habits, c'est sans doute que mon intérêt et ma sûreté l'exigent.

— Bon! fit l'homme en clignant de l'œil et en affectant un air bonasse, elles sont bien un peu dans votre confidence, ces femmes dont vous avez l'air de vous méfier? — Non, je vous le jure. — Il y en a bien au moins... une?

Mary frémit malgré elle; mais appelant à son secours toutes ses forces de volonté :

— Ni une ni plusieurs ; mais pourquoi, je vous prie, me faites-vous toutes ces questions? — Parce que, si vous êtes effectivement seule comme vous le dites, je vais vous prier de vous arrêter quelques instants. — Moi? — Oui. — Et dans quel but? — Dans le but de m'éviter une fière corvée que j'aurais eu à faire demain si je ne vous eusse pas rencontrée. — Laquelle? — Celle de vous chercher, donc. — Vous vouliez me chercher? — Pas pour mon compte, vous entendez bien. — Mais qui vous avait chargé de cette commission? — Ceux qui vous aiment.

Puis baissant la voix :

— Mademoiselle Bertha et M. Michel. — Bertha!... Michel!... — Oui. — Alors il n'est pas mort! s'écria Mary; oh! parlez, parlez, Monsieur; dites-moi, je vous en prie, ce qu'ils sont devenus.

L'anxiété terrible que traduisait l'accent que Mary avait mis à prononcer ces paroles, le bouleversement de sa physionomie en attendant la réponse qui semblait devoir être son arrêt de mort, furent curieusement observés par Courtin, sur les lèvres duquel passa ce sourire narquois particulier aux paysans.

Il se plut à prolonger son silence, pour prolonger en même temps les angoisses de la jeune fille.

Pendant ce temps il essayait de pénétrer ce qui se passait dans son âme.

— Oh! non, non, dit-il enfin, il en reviendra. — Mais alors, il est donc blessé? demanda vivement Mary. — Comment! vous ne le saviez pas? —

Oh! mon Dieu! mon Dieu! blessé! s'écria Mary, dont les yeux se remplirent de larmes.

Mary n'avait plus rien à apprendre à Courtin, il en avait assez vu.

— Bah! dit-il, cette blessure ne le tiendra pas longtemps au lit et ne l'empêchera pas d'aller à la noce.

Mary se sentit pâlir malgré elle.

Ce mot de Courtin l'avait fait souvenir qu'elle n'avait point encore demandé de nouvelles de sa sœur.

— Et Bertha, dit-elle, vous ne m'en dites rien? — Votre sœur? Ah! par exemple, voilà une fière luronne, celle-là. Quand elle crochera un mari à son bras, elle pourra dire que c'est du bien qu'elle aura joliment gagné. — Mais elle n'est point malade, elle n'est point blessée, elle? — Dame! elle est un peu souffrante, mais voilà tout. — Pauvre Bertha! — C'est qu'elle en a trop fait aussi, allez. Il y a plus d'un homme qui serait mort à la peine, s'il avait fait ce qu'elle a fait. — Mon Dieu! mon Dieu! dit Mary, ils souffrent tous deux, et tous deux manquent de soins! — Oh! pour cela, non, car ils se soignent l'un l'autre. Il faut voir comme, toute malade qu'elle est, votre sœur le dorlote; c'est vrai de dire qu'il y a des hommes qui ont de la chance : voilà M. Michel aussi gâté par sa promise qu'il l'était par sa mère. Ah! il faudra qu'il l'aime fièrement, s'il ne veut pas être ingrat.

Mary se troubla de nouveau en entendant ces paroles.

Ce trouble n'échappa point au cavalier, qui se mit à sourire de son mauvais sourire.

— Eh bien! fit-il, voulez-vous que je vous dise une chose dont j'ai cru m'apercevoir? — Laquelle? — Eh bien, c'est qu'en fait de nuance de cheveux, M. le baron préfère le blond cendré au noir le plus luisant. — Que voulez-vous dire? demanda Mary toute palpitante. — S'il faut que je m'explique, je vous dirai donc une chose qui ne vous apprendra point une grande nouvelle, c'est que c'est vous qu'il aime, et que si Bertha est le nom de la promise de sa main, c'est Mary qui est le nom de la promise de son cœur. — Oh! s'écria Mary, vous inventez cela, Monsieur, car jamais le baron de La Logerie n'a pu vous dire une chose semblable. — Non, mais je l'ai bien compris, moi; et dame! comme je le chéris ni plus ni moins que la peau de mon corps, je serais bien aise de le voir heureux, ce cher poulet; si bien que je me suis promis, lorsque votre sœur m'a dit hier qu'il fallait que je vous portasse de leurs nouvelles, si bien que je me suis promis, à part moi et pour l'acquit de ma conscience, de vous dire ce que j'en pensais. — Vous vous trompez dans vos observations, maître Courtin, dit Mary. M. Michel ne pense pas à moi; il est le fiancé de ma sœur, il l'aime profondément, croyez-le bien. — Vous avez tort de ne pas avoir confiance en moi, mademoiselle Mary, puisque vous venez de me nommer par mon nom; vous savez que je suis le principal métayer de M. Michel, je puis ajouter même son homme de confiance, et si vous vouliez... — Monsieur Courtin, vous m'obligeriez infiniment, interrompit Mary, si vous-même vous vouliez une chose. —Laquelle? — Changer de conversation.— Soit; mais permettez d'abord que je vous renouvelle mes offres : montez en croupe derrière moi, cela vous allégera la route; vous allez à Nantes, je présume? — Oui, répondit Mary, qui, tout en se sentant fort peu de sympathie pour Courtin, ne croyait pas devoir cacher à celui qui se qualifiait d'homme de confiance de M. de La Logerie, le but réel de son voyage. —Eh bien, dit Courtin, comme j'y vais aussi, nous allons faire route ensemble, à moins que si vous alliez à Nantes pour une commission, et que je puisse faire cette commission; je m'en chargerais volontiers, et ce serait autant de fatigue épargnée.

Mary, malgré sa droiture naturelle, se vit contrainte de répondre par un mensonge, car il était important que personne ne connût la cause de son voyage.

— Non, dit-elle, c'est impossible; je vais rejoindre mon père qui est réfugié et caché à Nantes. — Ah! fit Courtin. Tiens, tiens, tiens, M. le marquis est caché à Nantes! c'est bien inventé tout de même; et les autres qui vont le chercher là-bas, qui parlent de retourner le château de Souday jusque dans ses fondations. — Qui vous a dit cela ? demanda Mary.

Courtin vit qu'il avait fait une faute, en paraissant être au courant des projets des agents du gouvernement; il chercha à réparer cette faute de son mieux.

— Dame! fit-il, c'était principalement pour vous prévenir de ne pas y retourner que mademoiselle votre sœur m'envoyait à votre recherche. — Eh bien, vous le voyez, ils n'y trouveront ni mon père ni moi. — Ah çà! mais, j'y pense, fit Courtin, comme si cette pensée traversait en effet naturellement son esprit, si mademoiselle votre sœur et M. de La Logerie veulent vous donner de leurs nouvelles, il faudra qu'ils sachent votre adresse? — Je ne la sais pas encore moi-même, répondit Mary; un homme que je dois trouver au bout du pont Rousseau me conduira dans la maison où est mon père; une fois arrivée et réunie à lui, je leur écrirai. — C'est cela, dit Courtin, et si vous avez quelque communication à leur faire, s'ils veulent aller vous rejoindre, par exemple, c'est moi qui m'en chargerai.

Puis, avec un sourire qui portait sa signification avec lui :

— Ah dame! dit-il, je réponds d'une chose, c'est que M. Michel me fera faire plus d'une fois le voyage. — Encore ? fit Mary. — Ah! excusez-moi, je ne savais pas vous fâcher si fort. — Si fait, car vos suppositions offensent à la fois votre maître et moi. — Bah! bah! fit Courtin, tout cela ce sont des mots. C'est une belle fortune que celle de M. le baron, et je ne connais pas, à dix lieues à la ronde, une demoiselle, si riche héritière qu'elle soit, qui en fasse fi. Dites un mot, mademoiselle Mary, continua le métayer, qui croyait que chacun partageait son culte pour l'argent, dites un mot, et cette fortune, je me fais fort de la rendre vôtre. — Maître Courtin, dit Mary en s'arrêtant et en regardant le métayer avec une expression à laquelle il n'y avait point à se méprendre, il faut tout le souvenir que je conserve de votre attachement à M. de La Logerie pour que je ne me fâche point tout de bon ; encore une fois, ne me parlez pas de la sorte.

Courtin croyait avoir meilleur marché de la vertu de Mary; sa réputation de Louve n'admettait point une pareille délicatesse. La chose l'étonna d'autant plus, qu'il lui était facile de reconnaître que la jeune fille partageait l'amour dont le regard inquisiteur du métayer avait été chercher le secret au fond du cœur du baron de La Logerie.

Il demeura donc un instant décontenancé de cette réponse, à laquelle il ne s'attendait pas.

Il risquait de tout gâter en brusquant la chose, il résolut donc de laisser le poisson s'engouffrer dans le filet avant de tirer le filet à lui.

L'inconnu d'Aigrefeuille lui avait dit qu'il était probable que les chefs de l'insurrection légitimiste chercheraient un asile à Nantes. M. de Souday, Courtin du moins le croyait, y était déjà ; Mary s'y rendait ; Petit-Pierre s'y rendrait probablement; l'amour de Michel pour la jeune fille serait le fil d'Ariane qui le conduirait jusqu'à sa retraite qui, selon toute probabilité, serait aussi celle de Petit-Pierre, ce qui était le but réel des préoccupations politiques et ambitieuses de maître Courtin : insister pour accompagner Mary, c'était lui donner des soupçons, et quelque désir qu'il eût de mener dès le jour même son entreprise à bonne fin, le parti de la prudence et de la temporisation l'emporta, et il se décida à donner à Mary quelque preuve qui la rassurât complétement sur ses intentions.

— Ah ! dit-il, comme cela, vous faites fi de mon cheval; mais savez-vous bien que cela me damne de voir vos petits pieds se meurtrir sur les cailloux? — Oui, mais il le faut, dit Mary; je serai moins remarquée marchant à pied qu'en croupe derrière vous, et, si je l'osais, je vous prierais même de ne pas marcher à côté de moi : tout ce qui peut provoquer l'attention à mon endroit me fait peur ; laissez-moi donc marcher seule et rejoindre les paysannes que voici à un quart de lieue devant nous, c'est dans leur compagnie que je suis le moins en danger. — Vous avez raison, fit Courtin, d'autant plus raison que voici les gendarmes qui marchent derrière nous et qui vont nous rejoindre.

Mary fit un mouvement.

Deux gendarmes suivaient, en effet, à trois cents pas environ.

— Oh! n'ayez pas peur, continua Courtin, je vais les arrêter à un bouchon; partez donc ; mais auparavant, que faut-il dire à mademoiselle votre sœur ? — Dites-lui que toutes mes pensées, que toutes mes prières sont pour son bonheur. — Et c'est là tout ce que vous avez à me recommander ? demanda Courtin.

La jeune fille hésita; elle regarda le métayer ; mais sans doute sa physionomie trahit ses secrètes pensées, car elle baissa la tête et lui dit :

— Oui, tout.

Mais, dans son silence, Courtin avait bien vu que, quoique Mary n'eût point prononcé le nom de Michel, le dernier mot de son cœur avait été pour lui.

Le métayer arrêta son cheval.

Mary, de son côté, doubla le pas, et chercha à rejoindre les paysannes, qui, comme nous l'avons dit, avaient gagné du terrain pendant sa conversation avec Courtin. Lorsqu'elle y fut parvenue, elle raconta à Petit-Pierre ce qui s'était passé entre elle et le métayer, en supprimant, bien entendu, de cette conversation, tout ce qui avait rapport au jeune baron de La Logerie.

Sans suspecter cet homme, dont le nom ne rappelait rien à ses souvenirs, Petit-Pierre jugea convenable de se dérober à sa curiosité.

Il resta en arrière avec Mary, un œil sur le métayer, qui, ainsi qu'il l'avait promis, avait arrêté les gendarmes à la porte d'un bouchon, et l'autre sur les paysannes qui continuaient leur chemin vers Nantes ; et lorsque celles-ci furent hors de vue, grâce à un accident de terrain, les deux fugitives se jetèrent dans un bois situé à une centaine de pas de la route, et de la lisière duquel elles pouvaient voir ceux qui les suivaient.

Au bout d'un quart d'heure, elles virent arriver Courtin, hâtant autant qu'il le pouvait l'allure de son cheval. Par malheur, le maire de la Logerie passait trop loin de l'endroit où elles étaient cachées pour que Petit-Pierre pût reconnaître que le visiteur de la maison de Pascal Picaut, l'homme qui avait coupé les sangles du cheval de Michel, et l'hôte actuel des deux jeunes gens, fût une seule et même personne.

Lorsque le métayer fut hors de vue, Petit-Pierre et Mary reprirent le chemin de Nantes. Au fur et à mesure qu'ils approchaient de la ville, où l'on avait promis un sûr asile à Petit-Pierre, leurs craintes disparaissaient. Petit-Pierre s'était habitué à son costume, et les métayers près desquels il passait n'avaient point paru s'apercevoir que la petite paysanne qui courait si lestement sur la route fût autre chose que ce qu'indiquaient ses habits. C'était déjà un grand point que d'avoir trompé l'instinct si pénétrant des gens de la campagne, qui n'ont peut-être pour rivaux, si ce n'est pour maîtres, sur ce point, que les gens de guerre.

Enfin, on aperçut Nantes.

Petit-Pierre reprit ses bas et ses sabots, et se chaussa pour entrer dans la ville.

Mais une chose inquiétait Mary, c'est que Courtin, ne les ayant pas rejointes, eût pris le parti de les attendre. Aussi, au lieu de rentrer par le pont Rousseau, les deux fugitives profitèrent-elles d'un bateau qui les mit de l'autre côté de la Loire.

Parvenu en face du Bouffay, Petit-Pierre se sentit frapper sur l'épaule.

Il tressaillit et se retourna.

La personne qui venait de se permettre cette inquiétante familiarité était une bonne vieille femme qui allait au marché, et qui, ayant posé à terre un panier de pommes, ne pouvait seule le replacer sur sa tête.

— Mes petits enfants, dit-elle à Petit-Pierre et à Mary, aidez-moi à recharger mon panier, et je vous donnerai à chacune une pomme.

Petit-Pierre s'empara aussitôt d'un côté de l'anse, fit signe à Mary de prendre l'autre, et le panier fut replacé sur la tête de la bonne femme, qui s'éloignait sans donner la récompense promise, lorsque Petit-Pierre l'arrêta par le bras en lui disant :

— Dites donc, la mère, et ma pomme?

La marchande la lui donna.

Petit-Pierre mordait dedans avec un appétit excité par trois heures de marche, lorsque, en levant la tête, ses yeux tombèrent sur une affiche portant en grosses lettres ces trois mots : ÉTAT DE SIÉGE.

C'était l'arrêté ministériel qui mettait en état de siége quatre départements de la Vendée.

Petit-Pierre s'approcha de cette affiche, la lut tranquillement d'un bout à l'autre, malgré les instances de Mary, qui le pressait de se rendre à la maison où on l'attendait; mais Petit-Pierre lui fit observer que la chose l'intéressait assez pour qu'il en prît complète connaissance.

Quelques instants après, les deux paysannes se remettaient en route et s'enfonçaient dans le rues étroites et obscures de cette vieille cité bretonne.

LXVII

OÙ L'ON RETROUVE NOTRE VIEILLE CONNAISSANCE JEAN OULLIER.

S'il était à peu près impossible que les soldats découvrissent Jean Oullier dans la cachette que les forces herculéennes du pauvre Trigaud lui avaient ménagée, en revanche, celui-ci et son compagnon Courtejoie étant morts, Jean Oullier n'avait fait qu'échanger la prison que lui réservaient les bleus s'il retombait entre leurs mains, contre une autre prison plus affreuse; la mort que lui eussent donnée leurs balles, contre une autre mort bien plus terrible.

Il était enseveli vivant, et dans cet endroit désert il n'y avait point à espérer que quelqu'un entendît ses cris.

Vers le milieu de la nuit qui suivit sa séparation d'avec le mendiant, ne le voyant pas revenir, il supposa que quelque chose de fatal devait être arrivé aux deux associés. Évidemment ils étaient morts ou prisonniers.

L'idée de la position où se trouvait Jean Oullier était de nature à glacer le sang dans les veines du plus brave; mais Jean Oullier était de ces hommes de foi qui, où les plus braves désespèrent, continuent de lutter.

Il recommanda son âme à Dieu par une courte, mais fervente prière, et se mit à l'ouvrage aussi ardemment qu'il s'y était mis au milieu des décombres embrasés de la Pénissière.

Il était resté jusqu'alors le corps replié sur lui-même et le menton appuyé sur les genoux. C'était la seule position que l'exiguïté de l'excavation lui eût permis de prendre. Il chercha à en changer, et, après de longs efforts, il parvint à s'agenouiller; alors s'arc-boutant sur ses mains, appuyant ses épaules contre la lourde pierre, il chercha à la soulever.

Mais ce qui n'était qu'un jeu d'enfant pour Trigaud était impossible à tout autre homme : Jean Oullier ne put même ébranler la masse énorme que le mendiant avait placée entre le ciel et lui.

Jean Oullier tâta le sol qu'il avait sous les pieds, et le sol était de pierre comme le reste ; à droite, à gauche, partout le rocher.

Seulement le morceau de granit que Trigaud avait posé comme un monstrueux couvercle sur cette boîte, incliné en avant, laissait entre le lit du ruisseau et lui un intervalle de trois ou quatre pouces, par lequel l'air pénétrait dans l'intérieur.

Ce fut de ce côté que Jean Oullier, après avoir bien reconnu la position, se décida à diriger ses efforts.

Il cassa, dans une fissure du rocher, la pointe de son couteau et en fit un ciseau : la crosse de son pistolet lui servit de marteau, et il travailla à agrandir l'ouverture.

Il mit vingt-quatre heures à accomplir ce travail, sans autre soutien que la gourde d'eau-de-vie du chasseur, à laquelle de temps en temps il puisait quelques gouttes de la liqueur fortifiante qu'elle contenait, et pendant ces vingt-quatre heures son courage et sa force d'âme ne se démentirent pas un seul instant.

Enfin, le soir du second jour, il parvint à passer la tête à travers l'ouverture qu'il avait creusée à la base de sa prison, puis ses épaules suivirent sa tête ; il embrassa le rocher, puis, d'un effort vigoureux, amena au dehors le reste de son corps.

Il était temps, ses forces étaient complétement épuisées.

Alors il se releva sur ses genoux, puis sur ses pieds, et enfin essaya de marcher.

Mais son pied démis avait enflé d'une façon effrayante pendant les trente-six heures passées dans cette horrible contrainte : au premier mouvement qu'il fit pour s'appuyer dessus, tous les nerfs de son corps tressaillirent comme si on les eût tordus; il poussa un cri et tomba tout haletant sur la bruyère, terrassé par la terrible douleur.

La nuit s'approchait ; de quelque côté qu'il prêtât l'oreille, Jean Oullier n'entendait venir aucun bruit ; il pensa que cette nuit, qui commençait à envelopper la terre de son ombre, serait la dernière pour lui. Il recommanda son âme à Dieu, le pria de veiller sur les deux enfants qu'il avait tant aimés, et que l'indifférence de leur père eût faits, sans lui, depuis longtemps orphelins. Enfin, pour n'avoir rien à se reprocher, il se traîna sur ses mains, ou plutôt rampa du côté où le soleil venait de se coucher, et qui était aussi celui où les habitations étaient plus rapprochées de l'endroit où il se trouvait.

Il fit ainsi trois quarts de lieue à peu près, et arriva à un monticule d'où il apercevait la lumière des maisons isolées qui entourent la lande; c'étaient pour lui autant de phares qui lui indiquaient où était le salut, où était la vie; mais, quelques efforts qu'il fît, il lui semblait impossible d'avancer un pas de plus.

Il y avait près de soixante heures qu'il n'avait mangé.

Les tiges des bruyères et des ajoncs coupées l'année précédente, et taillées en biseau par la faucille, avaient déchiré ses mains et sa poitrine, et le sang qui coulait de ses blessures achevait de l'épuiser.

Il se laissa rouler dans un fossé qui bordait le chemin. Il avait renoncé à aller plus loin; il était résolu à mourir là.

Une soif intense le dévorait, il but un peu de l'eau qui croupissait dans ce fossé.

Il était si faible, que ce fut à peine si sa main pût arriver jusqu'à sa bouche; sa tête lui semblait complétement vide; de temps en temps il croyait entendre dans son cerveau de sourds et lugubres murmures ressemblant à ceux que produit la mer qui s'engouffre dans les flancs d'un navire entr'ouvert et près de sombrer; un voile épais s'étendait sur ses yeux, et, sur ce voile couraient des milliers d'étincelles qui s'éteignaient et se rallumaient comme des lueurs phosphorescentes.

Il se sentait mourir.

Il essaya de crier, s'inquiétant peu d'attirer sur lui des amis ou des ennemis; mais sa voix s'arrêta dans sa gorge, et ce fut à peine s'il put entendre lui-même le cri rauque qu'il parvint à exhaler.

Il resta une heure à peu près dans cette espèce d'agonie; puis, peu à peu, le rideau qu'il avait devant les yeux s'épaissit, et prit en même temps toutes les couleurs du prisme; le bourdonnement qui se faisait dans son cerveau affecta des modulations bizarres; puis il perdit le sentiment de ce qui se passait autour de lui.

Mais cette nature puissante ne pouvait s'éteindre sans une lutte nouvelle; l'espèce de calme léthargique dans lequel il demeura pendant quelque temps permit au cœur de régulariser ses mouvements, au sang de circuler moins fébrilement.

La torpeur dans laquelle il était plongé n'enlevait rien à l'acuité de ses sens; il entendit alors un bruit sur lequel sa vieille expérience de batteur d'estrade ne s'abusa point une minute: c'était le pas de quelqu'un qui descendait la bruyère; et ce pas il le reconnaissait pour celui d'une femme.

Cette femme pouvait le sauver.

Au milieu de son engourdissement, Jean Oullier le comprenait; mais lorsqu'il voulut appeler, faire un mouvement pour attirer son attention, comme un homme frappé de léthargie qui voit, sans pouvoir s'y opposer, faire autour de lui tous les préparatifs de ses funérailles, il reconnut avec terreur que son cerveau seul existait encore, mais que son corps, complétement paralysé, se refusait à exécuter ses volontés.

Comme l'homme cloué dans son cercueil fait des efforts surhumains pour briser le mur d'airain qui le sépare du monde, Jean Oullier tendit tous les ressorts que la nature avait mis au service de sa volonté pour dompter la matière.

Ce fut en vain.

Et cependant les pas approchaient; chaque minute, chaque seconde les rendait plus perceptibles, plus accentués à son oreille. Il semblait à Jean Oullier que chaque caillou que ces pas faisaient rouler venait le frapper au cœur; à chaque instant, et en raison de la multiplicité de ses efforts, ses angoisses devenaient plus vives, ses cheveux se dressaient sur sa tête, une sueur glacée perlait son front; c'était plus cruel que la mort elle-même : le mort ne sent rien.

La femme passa. Jean Oullier entendit les épines des ronces qui frôlaient et éraillaient sa jupe comme si elles eussent voulu la retenir; il vit son ombre se dessiner en noir sur le buisson, puis elle s'éloigna, et le bruit de ses pas s'éteignit pour lui dans le murmure du vent agitant les ajoncs desséchés.

Le malheureux se sentit perdu.

Aussi, du moment où l'espoir l'abandonna, cessa-t-il la lutte horrible qu'il avait entreprise contre lui-même; il reprit un peu de calme et mentalement il fit une prière, recommandant son âme à Dieu.

Cette prière suprême l'absorbait tellement, que ce ne fut que lorsqu'il entendit l'aspiration bruyante d'un chien, qui avait passé sa tête entre les branches pour flairer les émanations qui venaient du buisson, qu'il s'aperçut de l'approche de cet animal.

Il tourna avec effort, non pas la tête, mais les yeux de son côté, et vit une espèce de roquet qui, de son côté, le regardait avec des yeux intelligents et effarés.

En voyant le mouvement de Jean Oullier, si faible qu'il fût, le roquet se retira brusquement et se mit à aboyer.

Alors il sembla à Jean Oullier que la femme appelait son chien; mais l'animal ne quitta point son poste, et ne discontinua point ses abois.

C'était une dernière espérance, et celle-là ne fut point déçue.

Lasse d'appeler, et curieuse de connaître ce qui excitait ainsi son chien, la paysanne revint sur ses pas.

Le hasard, ou plutôt la Providence, fit que cette paysanne c'était la veuve Picaut. Elle s'approcha du buisson et aperçut un homme; elle se pencha et reconnut Jean Oullier.

Au premier moment elle le crut mort; mais elle vit qu'il fixait sur elle des yeux démesurément ouverts; elle plaça sa main sur son cœur et sentit qu'il battait; elle le dressa sur son séant, lui jeta quelques gouttes d'eau au visage, en glissa quelques autres entre ses dents serrées; peu à peu, comme si par une personne vivante il rentrait en contraste avec la vie, il sentit se soulever le poids énorme qui l'oppressait, la chaleur revint à ses membres engourdis, il la sentit descendre doucement et arriver à leur extrémité; bientôt des larmes de reconnaissance se firent jour entre ses paupières et roulèrent sur ses joues bronzées; il saisit la main de la femme Picaut et la porta à ses lèvres, en même temps qu'il la mouillait de ses pleurs.

Celle-ci, de son côté, se sentait tout attendrie; quoique philippiste, comme on le sait, la bonne femme estimait fort le vieux chouan.

— Eh bien! eh bien! demanda-t-elle, qu'avez-vous donc, mon Jean Oullier? C'est tout naturel, il me semble, ce que je fais là; j'en aurais fait autant pour le premier chrétien venu, à plus forte raison pour vous, Jean, qui êtes un vrai homme du bon Dieu. — Cela n'empêche pas.... dit Jean Oullier.

Mais il ne put aller plus loin du premier souffle.

— Cela n'empêche pas quoi ? demanda la veuve.

Oullier fit un effort.

— Cela n'empêche pas que je vous dois la vie, ajouta-t-il, achevant sa phrase. — Bon ! fit-elle. — Oh ! c'est comme je vous le dis : sans vous, la Picaude, j'allais mourir ici. — Ou plutôt sans mon chien, Jean ; vous voyez bien que ce n'est pas moi, mais le bon Dieu seul qu'il faut remercier.

Puis le regardant avec terreur, et le voyant tout couvert de sang :

— Mais vous êtes donc blessé ? demanda-t-elle. — Non pas ; ce ne sont que des écorchures ; mon plus grand mal est d'avoir le pied démis, et après cela de n'avoir pas mangé depuis plus de soixante heures ; c'était la faiblesse surtout qui me tuait. — Ah ! mon Dieu ! mon Dieu ! mais attendez donc, j'allais justement porter à manger à des gens qui me font de la litière dans la lande, vous allez manger leur soupe.

Et en disant ces mots, la veuve déposa le paquet qu'elle portait à terre, dénoua les quatre coins d'un napéron dans lequel étaient plusieurs écuelles de soupe et un bouilli fumant, et fit manger quelques gorgées de cette soupe à Jean Oullier, qui sentit les forces lui revenir au fur et à mesure que le chaud et succulent potage lui descendait dans l'estomac.

— Ah ! fit Jean Oullier, et il respira bruyamment.

Un sourire de satisfaction passa sur la physionomie grave et triste de la veuve.

— Et maintenant, dit-elle en s'asseyant en face de Jean Oullier, qu'allez-vous faire ? car il va sans dire que les culottes rouges sont à votre poursuite ?

— Hélas ! répondit celui-ci, j'ai perdu toute ma force avec ma pauvre jambe ; bien des mois se passeront avant que je puisse courir les bois comme il me faudrait faire, si je ne veux pas pourrir dans les prisons. Voyez-vous, ce qu'il me faudrait, ajouta-t-il avec un soupir, ce serait d'aller retrouver maître Jacques ; il me donnerait un coin dans un de ses asiles, et là, je pourrais attendre ma guérison. — Et votre maître et ses filles ? — Notre maître ne rentrera pas de sitôt à Souday, et il aura raison. — Que fera-t-il alors ? — Sans doute qu'il passera de nouveau la mer avec nos demoiselles. — Jolie idée que vous avez là, Jean, d'aller chercher un hôpital au milieu de ce tas de bandits qui accompagnent maître Jacques ; vous y serez bien soigné ! — C'est le seul qui puisse me recevoir sans se compromettre. — Et moi, donc ? vous m'oubliez : ce n'est pas bien, Jean. — Vous ? — Sans doute, moi. — Mais vous ignorez donc les ordonnances ? — Quelles ordonnances ? — Celles qui déterminent les peines qu'aura encourues quiconque aura donné asile à un chouan. — Bon ! Mon Jean, on ne fait pas ces sortes d'ordonnances pour les honnêtes gens, mais pour les coquins. — D'ailleurs, vous les haïssez, les chouans. — Non, ce sont les brigands que je hais, et dans tous les partis. Ce sont des brigands, par exemple, ceux-là qui ont tué mon pauvre Pascal, et c'est sur ces brigands-là que je vengerai sa mort, si je puis ; mais vous, Jean Oullier, blanche ou tricolore, vous portez la cocarde des braves gens, et je vous sauverai. — Mais je ne puis faire un pas. — Ce n'est pas là l'inquiétant ; vous pourriez marcher, Jean, qu'à cette heure du jour je n'oserais vous faire entrer chez moi : non pas que je redoute ce qui pourrait m'arriver ; mais, voyez-vous, depuis la mort du pauvre jeune homme, je redoute les trahisons. Refourrez-vous dans votre buisson, cachez-vous-y de votre mieux, attendez la nuit, et je reviendrai vous chercher avec une charrette ; demain, j'irai chercher le rebouteux de Machecoul : il vous passera la main sur les nerfs du pied, et dans trois jours vous courrez comme un lapin. — Ah! dame! je sais que cela vaudrait mieux, mais... — Mais, n'en feriez-vous pas autant pour moi? — Pour vous? dame! vous le savez bien, je me mettrais dans le feu! — Eh bien! alors, n'en parlons plus. A la nuit, je reviens vous chercher. — Merci; j'accepte, et soyez sûre et certaine que vous n'obligerez pas un ingrat. — Ce n'est pas pour votre reconnaissance que je le ferai, Jean Oullier, ce sera pour accomplir mon devoir d'honnête femme.

Elle regarda autour d'elle

— Que cherchez-vous? demanda Jean. — Je pensais que si vous essayiez de regagner la bruyère, vous seriez plus en sûreté que dans ce fossé. — Je crois que cela me serait impossible, dit Oullier en montrant à la veuve ses mains déchirées, son visage silonné de cicatrices et son pied gros comme la tête; d'ailleurs je ne suis pas mal ici: vous avez frôlé le buisson sans vous douter qu'il cachait un homme. — Oui; mais un chien peut passer et vous sentir comme le mien vous a senti. Pensez-y, Jean Oullier, la guerre est finie; mais voilà à la suite de la guerre le temps des dénonciations et des vengeances qui va venir, s'il n'est déjà venu. — Bah! dit Jean, il faut bien laisser quelque chose à faire au bon Dieu.

La veuve n'était pas moins croyante que le vieux chouan; elle lui donna un morceau de pain, s'en alla couper une brassée de bruyère avec laquelle elle lui accommoda un lit; puis, après avoir eu soin de relever autour de lui les branches des épines et des ronces, après s'être assurée qu'il ne pouvait être aperçu des passants, elle s'éloigna en lui recommandant la patience.

Jean Oullier s'arrangea le plus commodément possible sur la bruyère, il adressa de fréquentes actions de grâces au Seigneur, grignota son morceau de pain, puis s'endormit de ce lourd sommeil qui suit les grandes prostrations.

Il y avait plusieurs heures qu'il reposait, lorsqu'un bruit de voix le réveilla de l'espèce de somnolence qui succédait à l'engourdissement qui s'était emparé de lui. Il crut entendre prononcer le nom de ses jeunes maîtresses, et, méfiant dans sa tendresse comme les hommes de sa trempe le sont dans toutes leurs affections, il supposa qu'un danger quelconque menaçait soit Bertha, soit Mary, et trouva dans cette pensée un levier qui souleva en un clin d'œil sa torpeur. Il se souleva sur son coude, écarta doucement les ronces qui formaient autour de lui un épais rempart, et jeta les yeux sur le chemin.

La nuit était venue, mais pas assez épaisse pour qu'il ne pût distinguer la silhouette de deux hommes assis sur un arbre renversé de l'autre côté du chemin.

— Comment n'avez-vous pas continué de la suivre, puisque vous l'aviez reconnue? disait l'un d'eux, qu'à son accent allemand fortement prononcé, Jean Oullier jugea être complètement étranger au pays. — Ah! dame! répondit l'autre, je ne la croyais pas si louve qu'elle l'est, et elle m'a roulé comme un niais que je suis. — Vous pouvez être certain que celle que nous cherchons était dans le groupe de paysannes dont Mary de Souday s'est détachée pour venir à votre rencontre. — Oh! quant à cela, vous avez raison, car lorsque j'ai demandé à ces femmes ce qu'était devenue la jeune fille qui marchait avec elles, elles m'ont répondu qu'elle et sa camarade étaient restées en arrière. — Qu'avez-vous fait, alors? — Dame! j'ai mis mon bidet à l'auberge, je me suis caché à l'extrémité de Pyrmille, et je les ai attendues. — Et cela inutilement? — Inutilement, pendant plus de deux heures. — Elles se sont jetées dans quelque chemin de traverse et seront entrées à Nantes par un autre pont.

— Ça, c'est sûr. — Voilà qui est fâcheux, car qui sait si cette chance, envoyée par votre bonne fortune, vous la retrouverez jamais. — Oh! nous la retrouverons, ça, je vous le jure. — Comment cela? — Oh! comme dirait mon voisin le marquis de Souday, ou mon bon ami Jean Oullier, Dieu veuille avoir son âme! j'ai chez moi le limier qu'il me faut pour cette chasse. — Un limier? — Oui, un vrai limier; il a un peu mal à une de ses pattes de devant, mais aussitôt que cette patte sera guérie, je lui mettrai une corde au cou, et il nous conduira sur la voie, sans que nous ayons d'autre peine que de prendre garde qu'il la casse à force de tirer dessus pour y arriver plus vite. — Voyons, cessez de plaisanter; ce sont choses sérieuses que celles qui nous occupent. — Plaisanter! Pour qui me prenez-vous? Plaisanter en face de cinquante mille francs que vous m'avez promis, car c'est bien cinquante mille francs que vous avez dit, n'est-ce pas? — Et vous devez bien le savoir, car vous me l'avez fait redire plus de vingt fois. — Oui, mais je ne me lasse pas plus de l'entendre que je ne me lasserais de compter les écus si je les tenais. — Livrez-nous la personne, et vous les tiendrez. — Oh! j'entends déjà les jaunets tinter à mon oreille, dring! dring! — Seulement, dites-moi ce que signifie cette histoire de limier que vous mêlez à tout ceci. — Oh! je vous le dirai, je ne demande pas mieux; mais... — Mais quoi? — Donnant, donnant. — Qu'entendez-vous par donnant, donnant? — Voyez-vous, je vous l'ai dit l'autre jour: je veux bien obliger le gouvernement, parce que d'abord il a mon estime, et parce qu'ensuite, en l'obligeant, je vexe les nobles et tout ce qui tient à eux, et que je hais tout cela; mais enfin, tout en l'obligeant, je ne serais point fâché de tâter de ses espèces, moi qui, jusqu'ici, lui ai toujours donné et n'en ai jamais rien reçu; d'ailleurs, qui vous dit qu'une fois qu'on tiendra celle pour laquelle on nous promet des monts d'or, on nous donnera ce que l'on nous a... ou plutôt ce que l'on vous a promis. — Vous êtes fou. — Je serais fou si je ne vous disais pas ce que je vous dis, au contraire: j'aime à prendre mes sûretés plutôt deux fois qu'une, et plutôt dix que deux; et s'il faut vous parler franchement, dans cette affaire-là, je ne m'en vois guère de sûreté. — Vous courrez les mêmes chances que moi: j'ai reçu d'un personnage éminent la promesse que, si je tenais l'engagement pris vis-à-vis de lui, une somme de cent mille francs me serait comptée. — Cent mille francs! cent mille francs! c'est bien peu pour que vous soyez venu de si loin; voyons, avouez deux cent mille, et que vous ne me donnez que le quart, attendu que moi j'opère sur les lieux et ne me dérange pas. Peste! deux cent mille! vous n'êtes pas malheureux; c'est un compte rond et qui sonne bien. Soit, ayons confiance dans le gouvernement; mais, cette confiance, avez-vous les mêmes droits à ce que je l'aie en vous? Qui me dit que vous ne filerez pas avec l'argent, puisque c'est à vous qu'il sera remis? et si cela arrive, à quel tribunal, je vous le demande, vous ferai-je un procès? — Mon cher Monsieur, lorsqu'en politique on s'associe, c'est la foi qui signe le contrat. — C'est donc pour cela qu'ils sont si bien tenus, les contrats politiques; eh bien, franchement, j'aimerais mieux une autre signature. — Laquelle, donc? — La vôtre, ou celle du ministre à qui vous avez affaire. — Eh bien! on tâchera de vous contenter. — Chut! — Quoi? — N'avez-vous pas entendu quelque chose? — Oui, on vient de notre côté; il me semble que j'entends le gresseur des roues d'une charrette.

Les deux hommes se levèrent en même temps, et, à la clarté de la lune qui donna alors sur leur personne, Jean Oullier, qui n'avait point perdu une parole de ce qu'ils venaient de dire, aperçut leur visage.

L'un des deux hommes lui était complétement étranger ; mais dans l'autre il retrouva Courtin, qu'il avait déjà du reste reconnu, tant au son de sa voix qu'en l'entendant parler de Michel et des Louves.

— Retirons-nous, dit l'inconnu. — Non, répondit Courtin, j'ai encore une foule de choses à vous dire; cachons-nous dans ce buisson, laissons passer l'importun et terminons notre affaire.

Et tous deux s'avancèrent vers le buisson.

Jean Oullier comprit qu'il était perdu ; mais, ne voulant pas être pris comme un lièvre au gîte, il se leva sur ses genoux et tira de sa ceinture son couteau épointé, mais qui, dans une lutte corps à corps, pouvait encore faire sa besogne.

Il n'avait pas d'autre arme, et croyait les deux hommes désarmés.

Mais Courtin, qui avait vu se dresser un homme dans le buisson, et qui avait entendu le déchirement des ronces et des épines, fit trois pas en arrière sans perdre de vue l'espèce d'ombre qui lui apparaissait, ramassa son fusil caché le long de l'arbre, abattit, arma un des deux côtés, porta le fusil à son épaule et lâcha le coup.

Un cri étouffé répondit à l'explosion.

— Qu'avez-vous fait ? demanda l'inconnu qui trouvait la façon de Courtin peut-être un peu expéditive. — Voyez! voyez! répondit Courtin pâle et tremblant lui-même, un homme nous épiait.

L'étranger alla au buisson et écarta les branches.

— Prenez garde ! prenez garde ! dit Courtin; si c'est un chouan, et qu'il ne soit pas mort tout à fait, il va riposter.

Et, en disant cela, Courtin, son second coup armé et prêt à faire feu, se tenait à distance.

— C'est effectivement un paysan, dit l'inconnu; mais il semble mort.

L'inconnu prit alors Jean Oullier par le bras et le tira hors du fossé.

Courtin, voyant l'homme immobile comme un cadavre, se hasarda d'approcher.

— Jean Oullier ! s'écria-t-il en reconnaissant le Vendéen, Jean Oullier ! Ma foi, je ne me doutais guère que jamais je tuasse personne ; mais, nom d'un diable ! si cela devait arriver, mieux vaut que ce soit à celui-là qu'à un autre ; voilà, croyez-moi, ce qui peut s'appeler un heureux coup de fusil. — Mais en attendant, dit l'inconnu, la charrette approche. — Oui ; elle ne monte plus, et l'on a mis le cheval au trot. Allons ! allons ! il n'y a pas de temps à perdre, il s'agit de gagner des jambes; est-il bien mort ? — Il en a tout l'air. — Eh bien! en route.

L'inconnu cessa de soutenir le torse de Jean Oullier, et la tête tomba frappant la terre avec un bruit sourd et mat.

— Ah ! par ma foi ! oui, il l'est, dit Courtin.

Puis, sans oser s'en approcher, montrant du doigt le cadavre :

— Tenez, dit-il, voilà qui nous assure notre prime mieux que toutes les signatures ; ce cadavre-là vaut deux cent mille francs. — Comment ? — C'était le seul homme qui pût m'ôter des mains le limier dont je vous ai parlé ; je le croyais mort, je me trompais ; maintenant que je suis sûr qu'il l'est, en chasse, en chasse ! — Oui ; car voici la charrette.

En effet, la charrette n'était plus qu'à cent pas du buisson.

Les deux hommes s'élancèrent dans la bruyère et disparurent au milieu de l'obscurité, tandis que la femme Picaut, qui venait chercher Jean Oullier, suivant la promesse qu'elle lui avait faite, effrayée par le coup de fusil qu'elle avait entendu, arrivait en courant sur le théâtre de la scène que nous venons de raconter.

LXVIII

OÙ MADAME LA BARONNE DE LA LOGERIE, EN CROYANT FAIRE LES AFFAIRES DE SON FILS, FAIT CELLES DE PETIT-PIERRE.

Quelques semaines avaient suffi pour amener une perturbation complète dans l'existence des personnages qui, depuis le commencement de ce récit, ont successivement passé sous les yeux du lecteur.

L'état de siége était promulgué dans les quatre départements de la Vendée. Le général qui les commandait lança une proclamation par laquelle il invitait les habitants des campagnes à faire leur soumission, en leur promettant de les recevoir avec indulgence. La tentative d'insurrection avait si misérablement avorté, que la plupart des Vendéens restaient sans espérance pour l'avenir. Quelques-uns d'entre eux, qui étaient compromis, se décidèrent à suivre le conseil que leurs chefs eux-mêmes leur avaient donné en les licenciant, et à rendre leurs armes. Mais l'autorité civile n'accepta point cette composition ; elle les reprit en sous-œuvre et les fit arrêter. Bon nombre des plus confiants furent jetés en prison, et cette rigueur impolitique paralysa les dispositions pacifiques de ceux qui, plus prudents, avaient voulu attendre.

Maître Jacques dut à ces procédés une augmentation considérable dans le personnel de sa troupe. Il exploita si habilement la conduite de ses adversaires, qu'il parvint à rallier autour de lui un nombre d'hommes assez considérable pour tenir encore dans ses forêts au moment même où la Vendée désarmait.

Gaspard, Jean Renaud, Bras-d'Acier et les autres chefs avaient mis la mer entre eux et les rigueurs du gouvernement ; seul, le marquis n'avait pas pu s'y décider. Depuis qu'il avait quitté Petit-Pierre, ou plutôt depuis que Petit-Pierre l'avait quitté, l'infortuné gentilhomme avait complétement perdu sa joyeuse humeur, par laquelle il avait, avec un véritable point d'honneur, combattu jusqu'au dernier moment la tristesse de ses compagnons. Mais aussitôt que le devoir ne lui fit plus une loi d'être gai, le marquis tomba dans l'excès opposé, et devint triste à mourir. La défaite du Chêne ne le frappait pas seulement dans ses sympathies politiques, elle renversait de fond en comble les châteaux en Espagne qu'il avait édifiés avec tant de bonheur ; il ne trouvait plus, dans cette existence de partisan dont son imagination n'avait d'abord évoqué que les souvenirs pittoresques, que les choses auxquelles il n'avait pas songé : c'est-à-dire les revers qui l'accablaient, les misères obscures, les privations mesquines et triviales qui sont la vie du présent.

Il en était arrivé, lui qui, dans les derniers temps, trouvait insipide le séjour de son petit château de Souday, il en était arrivé, disons-nous, à regretter les bonnes soirées que les prévenances et le babil de Bertha et de Mary faisaient si douces ; la causerie de Jean Oullier lui manquait surtout, et il était si malheureux de ne plus l'avoir auprès de lui, qu'il s'informait de son sort avec une sollicitude qui était loin de lui être coutumière.

Ce fut dans cette disposition d'esprit qu'il rencontra maître Jacques flânant dans les environs de Grandlieu pour épier la marche d'une colonne mobile.

Le marquis de Souday n'avait jamais éprouvé une sympathie bien vive à l'endroit du maître des lapins, dont le premier acte de discipline avait été de se soustraire à son autorité ; cet esprit indépendant, dont il lui avait donné la preuve, lui avait toujours paru d'un exemple fatal aux Vendéens. Celui-ci, de son côté, haïssait le marquis comme il haïssait tous ceux que leur naissance ou leur position sociale lui donnait naturellement pour chefs. Cependant il fut touché de la misère où il vit le vieux gentilhomme réduit, dans la chaumière où, le lendemain du départ de Petit-Pierre pour Nantes, le marquis avait cherché un asile, et il lui offrit de le cacher dans la forêt de Touvain, où, en outre de l'abondance qui régnait dans son petit camp, et qu'il lui proposa de partager, le vieux Vendéen pourrait trouver la distraction de quelques horions à échanger avec les soldats du roi Louis-Philippe.

Il va sans dire que le marquis appelait le roi Louis-Philippe, Philippe tout court.

Ce fut la dernière considération exposée par nous qui détermina le marquis de Souday à accepter les offres de maître Jacques. Il brûlait du désir de venger la ruine de ses espérances, et de faire payer à quelqu'un les déceptions qu'il éprouvait, l'ennui que lui causait sa séparation d'avec ses filles, et le chagrin qu'il ressentait de la disparition de Jean Oullier. Il suivit donc le maître des lapins, qui, de subordonné, ou plutôt d'insubordonné, devenait protecteur ; et celui-ci, touché de la simplicité et de la bonhomie du marquis, lui témoigna beaucoup plus d'égards que ne promettaient sa rude écorce et ses précédents.

Quant à Bertha, dès le surlendemain de sa retraite chez Courtin, et aussitôt qu'elle eut repris quelques forces, elle comprit que sa présence sous le même toit que celui qu'elle aimait, loin de la présence de son père, sans Jean Oullier qui, à la rigueur, eût pu le remplacer, était au moins inconvenante, tout blessé que fût Michel, et pouvait être interprétée d'une manière fâcheuse pour sa réputation. Elle quitta donc la métairie et s'installa avec Rosine dans la maison de Tinguy. Elle était là à un demi-quart de lieue de distance à peine du logis où elle laissait Michel, et tous les jours elle se rendait près de lui pour lui donner les soins d'une sœur, accompagnés de toutes les délicatesses d'une amante.

La tendresse, le dévouement, l'abnégation dont Bertha lui donnait tant de preuves, touchaient Michel ; mais, comme ils ne changeaient rien à ses sentiments pour Mary, ils ne faisaient que rendre sa situation de plus en plus difficile. Il n'osait pas songer à porter le désespoir dans l'âme de la jeune fille à laquelle il devait la vie, et cependant, peu à peu, une douce résignation succédait à ces sentiments violents et acerbes qu'il avait éprouvés dans les premiers jours. Sans s'habituer à l'idée du sacrifice que Mary exigeait de lui, il répondait par des sourires qu'il s'efforçait de rendre affectueux aux prévenances dont Bertha était si prodigue envers lui ; et quand celle-ci le quittait, le soupir douloureux qui s'échappait de sa poitrine, et que Bertha prenait pour elle, témoignait seul de ses regrets. Mais sans Courtin, qui montait l'escalier qui conduisait à la chambrette où Michel était caché aussitôt qu'il avait vu Bertha disparaître derrière les derniers arbres du jardin, et qui venait à son tour s'asseoir à son chevet et lui parler de Mary, l'âme tendre et impressionnable de Michel eût peut-être fini par se résigner aux nécessités de sa situation, et eût accepté ce que la fatalité avait fait. Mais le maire de la Logerie entretenait si souvent son jeune maître de Mary, il lui témoignait un si vif désir de le voir heureux selon son cœur, que celui-ci, à mesure que la plaie de son bras se cicatrisait, et en même temps qu'il revenait à la santé, voyait la blessure de son cœur se rouvrir, et sa reconnaissance pour Bertha s'effacer devant le souvenir de sa sœur.

Courtin faisait un travail analogue à celui de Pénélope : il défaisait la nuit ce que Bertha, avec tant de peine, faisait le jour.

Le maire de la Logerie, dans l'état de faiblesse où était Michel lorsqu'il l'avait transporté chez lui, n'avait pas eu de peine à se faire pardonner sa conduite vis-à-vis du jeune baron, en mettant cette conduite sur la vivacité de son attachement pour lui, et de l'inquiétude dans laquelle l'avait plongé sa fuite ; puis ayant, comme nous le lui avons entendu raconter, aisément surpris le secret de Michel, il finit, à force de protestations de dévouement, et en flattant habilement son penchant pour Mary, par rentrer complétement dans sa confiance. Michel souffrait autant de ne pouvoir épancher les souffrances de son cœur que de ses souffrances elles-mêmes. Courtin eut l'air d'y compatir si vivement, il caressa ses rêveries avec tant d'adresse, il se montra si profond admirateur de Mary, que, peu à peu, il amena Michel à lui laisser deviner, sinon à lui confier, ce qui s'était passé entre les deux sœurs et lui.

Courtin se garda bien de prendre une situation hostile en face de Bertha. Il manœuvra assez habilement pour qu'elle le crût tout acquis au projet qui devait l'unir à son jeune maître. En l'absence de Michel, il ne lui parlait jamais que comme à sa future maîtresse. Au reste, il fit si bien que celle-ci, qui d'ailleurs ignorait complétement ses antécédents, ne cessait de parler à Michel du dévouement de son métayer, et ne le désignait plus que par ces trois mots : « Notre bon Courtin. »

Mais, d'un autre côté, aussitôt qu'il était seul avec Michel, il entrait, comme nous l'avons dit, dans les sentiments les plus secrets de celui-ci. Il le plaignait, et Michel, sous l'influence de la pitié que lui témoignait le métayer, se laissait aller tout naturellement à lui raconter les incidents de sa liaison avec Mary. Courtin en tirait constamment la même conclusion : « Elle vous aime. » Il lui insinuait que c'était à lui, Michel, de faire au cœur de Mary une douce violence, dont celle-ci ne pourrait manquer de lui être reconnaissante. Il allait au-devant de ses désirs ; il lui jurait qu'aussitôt qu'il serait rétabli, maintenant que les communications étaient redevenues libres, il se consacrerait tout entier à la réalisation de son bonheur, et il lui promettait d'arranger les choses de telle façon que, sans manquer à la reconnaissance qu'il devait à Bertha, il saurait amener celle-ci à renoncer d'elle-même à l'union projetée.

La convalescence du jeune homme ne marchait nullement au gré des désirs de Courtin, qui voyait avec une profonde inquiétude le temps s'écouler sans qu'il lui fût possible de rien découvrir sur la retraite actuelle de Petit-Pierre, et qui attendait avec impatience le moment où il pourrait lancer son jeune maître sur la trace de Mary.

On a déjà compris, nous l'espérons, que Michel était le limier dont il comptait se servir.

Bertha, désormais dégagée des inquiétudes que lui avait d'abord données la blessure de Michel, avait, accompagnée de Rosine, fait plusieurs courses dans la forêt de Touvain, où le marquis lui avait fait savoir qu'il était réfugié. Deux ou trois fois, à son retour, Courtin avait mis la conversation sur les personnes auxquelles les deux jeunes filles devaient plus vivement s'intéresser ; mais Bertha était restée impénétrable, et le maire de la Logerie avait trop bien compris à quel point ce terrain était brûlant, et combien facilement une imprudence de sa part pouvait réveiller les soupçons assoupis, pour s'appesantir sur cette question ; seulement, comme Michel allait de mieux en mieux, dès que Michel restait seul, il le pressait de prendre une détermination, et lui laissait pressentir que, s'il le voulait charger d'une lettre pour Mary, il faisait son affaire d'amener d'abord celle-ci à lui répondre, et ensuite de la faire revenir sur sa détermination première.

Cela dura ainsi pendant six semaines.

Au bout de ces six semaines, Michel allait définitivement mieux; sa blessure était cicatrisée et ses forces à peu près revenues. Le voisinage du poste que le général avait établi à la Logerie l'empêchait d'oser se montrer pendant le jour; mais, la nuit venue, il se promenait sous les arbres du verger, en s'appuyant sur le bras de Bertha.

Puis l'heure de rentrer chez soi arrivant, Michel remontait dans son pigeonnier, et Rosine et Bertha, que les sentinelles s'étaient habituées à voir aller et venir à toute heure du jour et de la soirée, retournaient à la maison de Tinguy, d'où Bertha sortait le lendemain, après déjeuner, pour revenir auprès de Michel.

Ces promenades du soir contrariaient Courtin, qui, lorsque la causerie qui s'établissait entre Michel et Bertha avait lieu dans la maison ou dans leur chambre, espérait toujours attraper au passage quelques-uns des renseignements qu'il guettait. Aussi faisait-il tout ce qu'il pouvait pour y mettre obstacle, et fut-ce dans l'intention de les faire cesser qu'il affecta de communiquer tous les soirs à Michel et à Bertha la liste des condamnations que contenaient les feuilles publiques, que, comme maire, il recevait.

Un jour, il leur annonça qu'il fallait absolument renoncer aux courses nocturnes; et lorsqu'ils lui en demandèrent la raison, il leur communiqua le jugement par contumace qui condamnait Michel de La Logerie à la peine de mort.

Cette condamnation ne produisit qu'un très-médiocre effet sur Michel, mais Bertha en fut épouvantée. Un instant elle fut tentée de se jeter aux genoux du jeune homme pour lui demander pardon de l'avoir entraîné dans cette funeste équipée; lorsqu'elle quitta le soir la métairie, elle était dans une agitation profonde.

Le lendemain, elle fut de bien bonne heure près de Michel.

Toute la nuit elle avait fait des rêves d'autant plus terribles qu'elle les faisait tout éveillée.

Elle voyait Michel découvert, arrêté, fusillé.

Deux heures avant l'heure habituelle, elle était à la métairie.

Rien de nouveau n'était arrivé, rien ne paraissait plus à craindre ce jour-là que les autres jours.

La journée passa comme d'habitude : pleine de charmes mêlés d'angoisses pour Bertha; pleine de mélancolie et d'aspirations extérieures pour Michel.

Le soir vint, un beau soir d'été.

Bertha était appuyée contre la petite fenêtre ouvrant sur le verger; elle regardait le soleil se coucher au-dessus des grands arbres de la forêt de Machecoul, dont les cimes ondulaient comme une mer de verdure.

Michel était assis sur son lit et aspirait les douces senteurs du soir, lorsque tous deux entendirent le bruit d'une voiture qui venait du côté de l'avenue.

Le jeune homme se précipita vers la fenêtre.

Tous deux virent alors une calèche débouchant dans la cour de la métairie.

Courtin courut à cette calèche, son chapeau à la main; une tête se montra à la portière : c'était celle de la baronne Michel.

Le jeune homme, à la vue de sa mère, sentit un frisson lui passer par les veines.

Il était évident que c'était lui qu'elle venait chercher.

Bertha l'interrogea des yeux pour savoir ce qu'elle devait faire.

Michel lui indiqua un recoin obscur, une espèce de cabinet sans porte, où elle pouvait se cacher et tout entendre sans être vue.

Il puiserait de la force dans cette présence ignorée. Michel ne se trompait pas. Cinq minutes après, il entendit craquer l'escalier de planches sous les pas de la baronne.

Bertha courut à la cachette. Michel s'assit près de la fenêtre comme s'il n'avait rien entendu.

La porte s'ouvrit, et la baronne entra.

Peut-être était-elle venue avec l'intention d'être rude et sévère, comme de coutume; mais en voyant Michel à la lumière pâlissante du jour, pâle lui-même comme le crépuscule, elle oublia toutes ses résolutions de sévérité, et ne put que lui tendre les bras en s'écriant :

— Oh! malheureux enfant, te voilà donc!

Michel, qui ne s'attendait pas à cette réception, en fut ému, et, de son côté, se jeta dans ses bras en criant :

— Ma mère! ma bonne mère!

C'est qu'elle aussi était fort changée; on voyait sur son visage la double trace des larmes incessantes et des nuits sans sommeil.

Elle s'assit ou plutôt tomba dans un fauteuil, entraînant Michel à genoux devant elle, lui prenant la tête et l'appuyant contre ses lèvres.

Enfin, les paroles, qui ne pouvaient sortir de sa poitrine oppressée, parurent lui revenir.

— Comment! lui demanda-t-elle, c'est ici que je te rencontre, à cent pas du château plein de soldats? — Plus je serai près d'eux, ma mère, dit Michel, moins on me cherchera où je suis. — Mais tu ne sais donc pas ce qui s'est passé à Nantes? — Que s'est-il passé à Nantes? — Les commissions militaires rendent jugement sur jugement. — Cela ne regarde que ceux qui sont pris, dit en riant Michel. — Cela regarde tout le monde; répondit sa mère; car ceux qui ne sont pas pris peuvent l'être d'un moment à l'autre. — Bon! pas quand ils sont cachés chez un digne maire connu par ses opinions philippistes. — Tu n'en es pas moins...

La baronne s'arrêta, comme si sa bouche se refusait à prononcer les mots suivants :

— Achève, ma mère. — Tu n'en es pas moins condamné... — Condamné à mort; je sais cela. — Comment, tu sais cela, malheureux enfant! et tu es si tranquille? — Je te le dis, ma mère, tant que je serai chez Courtin, je croirai n'avoir rien à craindre. — Il est donc bon pour toi, cet homme? — C'est tout simplement une seconde Providence. Il m'a ramassé blessé et mourant de faim. Il m'a apporté chez lui, et depuis ce temps il me nourrit et me cache. — J'avoue que j'avais des préventions contre cet homme. — Eh bien! ma mère, vous aviez tort. — Soit; parlons de nos affaires, cher enfant. Si bien caché que tu sois ici, tu n'y saurais rester. — Pourquoi cela? — Parce qu'il ne faut qu'une imprudence, une indiscrétion pour te perdre.

Michel fit un geste de doute.

— Tu ne veux pas me faire mourir d'effroi, n'est-ce pas? dit la mère. — Non, et je vous écoute. — Eh bien ! je mourrai d'effroi tant que je te saurai en France. — Avez-vous pensé, ma mère, aux difficultés de la quitter?— Oui, et ces difficultés, je les ai surmontées. — Comment cela? — J'ai nolisé un petit bâtiment hollandais, qui, dès à présent, t'attend dans la rivière en face de Couëron. Rends-toi à son bord et pars. Mon Dieu ! pourvu que tu sois assez fort pour supporter la route.

Michel ne répondit pas.

— Tu iras en Angleterre, n'est-ce pas ? Tu quitteras cette terre maudite qui a déjà bu le sang de ton père. Tant que je te saurai en France, vois-tu, je ne serai pas un instant tranquille. Il me semble à chaque instant voir la main du bourreau s'étendre sur toi et t'arracher de mes bras.

Michel continua de garder le silence.

— Voici, continua la baronne, une lettre qui te servira d'introduction près du capitaine. Voici pour cinquante mille francs de traites à ton ordre sur l'Angleterre et sur l'Amérique. D'ailleurs, partout où tu seras, écris-moi, et je te ferai passer ce que tu demanderas, ou plutôt, mon enfant, mon cher enfant, partout où tu seras, j'irai te rejoindre. Mais qu'as-tu donc, et pourquoi ne pas me répondre ?

En effet, Michel recevait cette communication avec une insensibilité qui tenait presque de la stupeur. Partir, c'était s'éloigner de Mary, et à l'idée de cette séparation il y eut un instant où son cœur se serra si fort, qu'il lui semblait qu'il lui préférait l'arrêt de mort qui le frappait. Depuis que Courtin avait ravivé sa passion, depuis que, grâce à lui, il avait conçu de nouvelles espérances, sans rien en communiquer au maire de la Logerie, il rêvait nuit et jour aux moyens de se rapprocher d'elle.

Il ne supportait pas même l'idée de renoncer encore une fois à tout cela, et au lieu de répondre à sa mère au fur et à mesure qu'elle parlait, il se raffermissait dans la volonté d'être l'époux de Mary.

De là ce silence qui, à si bon droit, inquiétait la baronne.

— Ma mère, lui dit-il, je ne vous réponds point, parce que je ne saurais vous répondre selon vos désirs. — Comment, selon mes désirs? — Écoutez-moi, ma mère, dit Michel avec une fermeté dont elle l'eût cru, et dont peut-être lui-même, dans un autre moment, se serait cru incapable. — Tu ne refuses point de partir, je l'espère ? — Je ne refuse point de partir, dit Michel ; mais je mets des conditions à mon départ. — Tu mets des conditions à ta vie, à ton salut ! tu mets des conditions pour faire cesser les angoisses de ta mère !

— Ma mère, dit Michel, depuis que nous ne nous sommes vus, j'ai beaucoup souffert, et, par conséquent, beaucoup appris. J'ai surtout appris qu'il était certains moments qui décidaient du bonheur ou du désespoir d'une vie tout entière, et je suis dans un de ces moments-là, ma mère. — Et tu vas décider de mon désespoir ! — Non, je vais vous parler en homme, voilà tout. Ne vous étonnez pas. Jeté enfant au milieu des événements, j'en sors en homme. Je sais les devoirs que j'ai à remplir envers ma mère ; ces devoirs sont le respect, la tendresse, la reconnaissance, et de ces devoirs je ne m'écarterai jamais. Mais dans le passage du jeune homme à l'homme, ma mère, il y a des horizons inconnus qui se découvrent et s'élargissent au fur et à mesure que l'on monte. C'est à l'entrée de ces horizons que l'attendent les devoirs qui succèdent à ceux de la jeunesse, et l'attachent, non plus exclusivement à la famille, mais à la société. Arrivé à ce point de la vie, s'il tend encore la joue à sa mère, il tend déjà la main à une autre femme qui sera, elle, la mère de ses enfants. — Ah! fit la baronne, en se reculant de son fils par un mouvement plus fort qu'elle-même. — Eh bien! ma mère, dit le jeune homme en se relevant, cette main, je l'ai tendue; une autre main a répondu à la mienne; ces deux mains sont liées indissolublement; si je pars, je ne partirai pas seul. — Tu partiras avec ta maîtresse? — Je partirai avec ma femme, ma mère. — Et tu crois que je donnerai mon consentement à ce mariage? — Vous êtes libre de ne pas donner votre consentement, ma mère; mais moi, je suis libre de ne point partir. — Oh! le malheureux! le malheureux! s'écria la baronne; voilà donc la récompense de vingt ans de soins, de tendresse, d'amour! — Cette récompense, ma mère, dit Michel avec une fermeté qui croissait de cette conscience que pas une de ses paroles n'était perdue pour l'oreille qui les écoutait, vous l'avez dans le respect que je vous porte, et dans le dévouement dont je vous donnerai des preuves à l'occasion. Mais le véritable amour maternel ne place pas à usure; il ne dit pas : « Je serai vingt ans ta mère, pour être ensuite ton tyran; » il ne dit pas : « Je te donnerai la vie, la force, la jeunesse, l'intelligence, pour que tout cela obéisse aveuglément à ma volonté. » Non, ma mère, le véritable amour maternel dit : « Tant que tu as été faible, je t'ai soutenu; tant que tu as été ignorant, je t'ai instruit; tant que tu as été aveugle, je t'ai conduit. Aujourd'hui, tu vois, tu sais, tu es fort, fais ta vie, non pas selon ton caprice, mais selon ta volonté; choisis l'un de ces mille chemins qui s'offrent à toi, et quelque part qu'il te conduise, aime, chéris, vénère celle qui de faible t'a fait fort, qui d'ignorant t'a fait instruit, qui d'aveugle t'a fait voyant. » Voilà comme je comprends le pouvoir que la mère a sur son fils, voilà comme je comprends le respect que le fils a pour sa mère.

La baronne demeura stupéfaite; elle se fût attendue à la ruine du monde plutôt qu'à ce langage ferme et raisonné.

Elle regarda son fils avec stupéfaction.

Fier et content de lui, Michel la regardait de son côté, calme et le sourire sur les lèvres.

— Ainsi donc, demanda-t-elle, rien ne pourra te faire renoncer à ta folie? — C'est-à-dire, ma mère, reprit Michel, que rien ne pourra me faire manquer à ma parole. — Oh! s'écria-t-elle en portant les mains à ses yeux, malheureuse mère que je suis!

Michel se remit à genoux devant elle.

— Et moi je dis : « Bienheureuse mère que vous serez, le jour où vous aurez fait le bonheur de votre fils. » — Mais qu'ont-elles donc de si séduisant, ces Louves? s'écria la baronne. — De quelque nom que vous appeliez celle que j'aime, dit Michel, je vous répondrai : « Celle que j'aime a toutes les qualités qu'un homme doit rechercher dans sa femme; ce n'est point à nous, ma mère, qui avons tant souffert de la calomnie, d'accueillir aussi facilement que vous le faites les calomnies qui poursuivent les autres. — Non, non, non, fit la baronne, jamais je ne consentirai à ce mariage. — En ce cas, ma mère, dit Michel, reprenez ces traites, reprenez cette lettre pour le capitaine du *Jeune Charles*, attendu qu'elles me sont maintenant tout à fait inutiles. — Mais quelle est donc ton intention, malheureux? — Oh! elle est bien simple, ma mère : j'aime mieux mourir que vivre séparé de celle que j'aime; je suis guéri; je me sens assez fort pour reprendre le mousquet; les débris de l'insurrection commandés par le marquis de Souday sont dans la forêt de Touvain, je vais les rejoindre, je combats avec eux et me fais tuer à la première occasion. Voilà deux fois que la mort me manque, ajouta-t-il avec un pâle sourire, la troisième fois, elle aura l'œil plus sûr et la main plus juste.

Et le jeune homme laissa tomber la lettre et les traites sur les genoux de sa mère.

Il y avait dans la voix et dans les gestes du baron une telle résolution et une si grande fermeté, que sa mère vit bien qu'elle nourrissait en vain l'espérance d'y rien changer.

Devant cette conviction, sa force se brisa.

— Eh bien ! dit-elle, qu'il soit donc fait selon ta volonté, et que Dieu oublie que tu as forcé celle de ta mère ! — Dieu oubliera, soyez tranquille, ma mère ; et quand vous verrez votre fille, vous-même vous oublierez.

La baronne secoua la tête.

— Va, dit-elle, et marie-toi loin de moi à une étrangère que je ne connais pas, et que je n'ai pas vue. — Je me marierai, je l'espère, avec une femme que vous aurez connue et appréciée, ma mère, et ce grand jour sera pour moi consacré par votre bénédiction ; vous m'avez offert de me rejoindre là où je serais, là où je serai je vous attendrai, ma mère.

La baronne se leva et fit quelques pas vers la porte.

— C'est vous qui partez sans me dire adieu, sans m'embrasser, ma mère ; ne craignez-vous point que cela ne me porte malheur ? — Viens donc, malheureux enfant ! dans mes bras, sur mon cœur.

Et elle prononça ces paroles avec ce cri qui sort tôt ou tard du cœur d'une mère.

Michel pressa tendrement sa mère sur sa poitrine.

— Et quand partiras-tu, mon enfant ? demanda-t-elle. — Cela dépendra d'elle, ma mère, répondit Michel. — Le plus tôt possible, n'est-ce pas ? — Cette nuit, je l'espère. — Tu trouveras en bas un costume complet de paysan, déguise-toi du mieux que tu pourras ; il y a huit lieues d'ici à Couëron, tu peux y être vers cinq heures du matin ; n'oublie pas *le Jeune-Charles*. — Ne craignez rien, ma mère ; du moment où je sais que mon but est le bonheur, je prendrai toutes mes précautions pour y arriver. — Moi, je retourne à Paris, où j'emploie tout ce que je peux avoir de crédit à faire révoquer cette fatale sentence. Toi, je te le répète, veille sur ta vie et tâche de te rappeler que c'est veiller en même temps sur la mienne.

Courtin, en fidèle serviteur, veillait au bas de l'escalier.

Lorsque Michel, après avoir fermé la porte, se retourna, il vit Bertha le sourire du bonheur sur les lèvres, le rayonnement de l'amour sur le front.

Elle attendait le moment où elle serait seule avec le jeune homme pour se jeter dans ses bras.

Michel l'y reçut ; mais si l'obscurité n'eût point complétement envahi la petite chambre, sans doute l'expression d'embarras qui se peignait sur le visage du jeune baron n'eût point échappé à Bertha.

— Ainsi, dit-elle, mon ami, rien ne peut plus nous séparer ; nous avons tout, le consentement de mon père, celui de ta mère.

Michel se tut.

— Nous partons cette nuit, n'est-ce pas ?

Comme il avait fait avec sa mère, Michel garda le silence vis-à-vis de Bertha.

— Eh bien ! lui demanda celle-ci, pourquoi ne me répondez-vous pas, mon ami ? — Parce que rien n'est moins sûr encore que notre départ, mon amie, dit Michel. — Mais n'avez-vous pas promis à votre mère de partir cette nuit ?

— J'ai dit à ma mère : Cela dépendra d'elle. — Eh bien ! elle, n'est-ce pas moi ? demanda Bertha. — Comment ! demanda Michel, Bertha, si royaliste, si dévouée, quitterait ainsi la France sans songer à ceux qu'elle y laisse ? — Que voulez-vous dire ? demanda Bertha. — Que je rêve quelque chose de plus grand et de plus utile que ma propre liberté, que mon propre salut, dit le jeune homme.

Bertha le regarda avec étonnement.

— Que je rêve la liberté et le salut de Madame, ajouta le jeune homme.

Bertha poussa un cri. Elle commençait à comprendre.

— Ah ! fit-elle. — Ce bâtiment, que ma mère a frété pour moi, dit Michel, ne peut-il pas, en même temps que nous, emporter hors de France la princesse, votre père ?...

Puis, plus bas :

— Votre sœur ? ajouta-t-il. — Oh ! Michel, Michel ! s'écria la jeune fille, pardonne-moi de ne pas avoir pensé à cela ; tout à l'heure, je t'aimais, maintenant je t'admire. Oui, oui, tu as raison, c'est la Providence qui a inspiré ta mère ; oui, maintenant j'oublie tout ce qu'elle a dit de dur et de cruel pour moi ; je ne vois en elle qu'un instrument de Dieu, envoyé à notre secours pour nous sauver tous. Oh ! mon ami, que vous êtes bon, mieux encore, mon ami, que vous êtes grand, d'avoir songé à tout cela !

Le jeune homme balbutia quelques mots inintelligibles.

— Ah ! je savais bien, continua Bertha dans son enthousiasme, je savais bien que vous étiez ce qu'il y avait de plus brave et de plus loyal au monde ; mais aujourd'hui, Michel, vous vous êtes élevé au-dessus de toutes mes espérances. Pauvre enfant ! blessé, condamné à mort, il s'occupe des autres avant de penser à lui ; ah ! mon ami, j'étais heureuse, maintenant je suis fière de mon amour !

Cette fois, si la chambre eût été éclairée, Bertha eût pu voir la rougeur succéder à l'embarras sur le visage de Michel.

Et, en effet, ce dévouement du jeune baron n'était pas aussi désintéressé que le croyait Bertha.

Après s'être fait donner par sa mère son consentement à épouser celle qu'il aimait, Michel avait rêvé autre chose.

C'était de rendre à Petit-Pierre le plus grand service qu'il pût recevoir en ce moment de son serviteur le plus dévoué ; de lui tout avouer alors, et de lui demander, pour prix de ce service, la main de Mary.

On peut comprendre maintenant l'embarras et la rougeur de Michel en face de Bertha.

Aussi, à ces démonstrations de Bertha, le jeune baron, froid malgré lui, se contenta-t-il de répondre :

— Maintenant que tout est arrêté, Bertha, je crois que nous n'avons pas de temps à perdre. — Non, dit celle-ci, vous avez raison, mon ami. Ordonnez, maintenant que j'ai reconnu non-seulement la supériorité de votre cœur, mais celle de votre esprit, je suis prête à obéir. — Bien ! dit Michel, nous allons nous séparer. — Pourquoi cela ? demanda Bertha. — Parce que vous allez partir, vous, Bertha, pour la forêt de Touvain, où vous préviendrez votre père de ce qui s'est passé ; de là, vous gagnerez avec lui la baie de Bourgneuf, où *le Jeune-Charles* vous prendra en passant. Moi je vais à Nantes, prévenir la duchesse. — Vous, à Nantes ! Oubliez-vous que vous êtes condamné à mort, désigné, surveillé ? C'est moi qui dois aller à Nantes, et vous à Touvain. — C'est moi que *le Jeune-Charles* attend, Bertha ; c'est à moi seul que le capitaine consentira, selon toute probabilité, à obéir. Sans doute, voyant une femme au lieu d'un homme, craindrait-il quelque piége et nous jetterait-il dans d'inextricables difficultés. — Mais songez donc au danger que vous courez en allant à Nantes? — C'est là peut-être au contraire, réfléchissez-y, Bertha, l'endroit où je cours le moins de danger. On ne se doutera pas que, condamné à mort à Nantes, j'essaye à rentrer dans la ville qui m'a condamné. Enfin, vous le savez, il y a des moments où la suprême audace est la suprême prudence. Nous sommes dans un de ces moments-là. Laissez-moi faire. — Je vous ai dit que je vous obéirais, Michel, j'obéirai.

Et la jeune et fière jeune fille, soumise comme un enfant, attendit les ordres de celui qui, grâce aux apparences de dévouement, venait de prendre à ses yeux des proportions gigantesques.

Rien de plus simple que la décision prise et son mode d'exécution.

Bertha allait donner à Michel l'adresse de la duchesse à Nantes, et les différents mots d'ordre à l'aide desquels on pouvait parvenir jusqu'à elle.

Sous l'habit de Rosine, elle gagnerait la forêt de Touvain, tandis que sous l'habit de paysan, apporté par madame de La Logerie, Michel gagnerait Nantes.

Si rien ne contrecarrait les dispositions prises, le lendemain, à cinq heures du matin, *le Jeune-Charles* pouvait mettre à la voile, emportant avec Petit-Pierre les derniers vestiges de la guerre civile.

Dix minutes après, Michel enfourchait le bidet de Courtin, sellé et bridé par lui-même, et d'un dernier geste prenait congé de Bertha, laquelle regagnait la chaumière de Tinguy, d'où elle devait immédiatement se diriger par des chemins de traverse vers la forêt de Touvain.

LXIX

MARCHES ET CONTRE-MARCHES.

Malgré le luxe de mollesse et d'éparvins dont l'âge et la fatigue avaient gratifié le bidet de maître Courtin, la brave bête avait conservé dans l'amble qui lui tenait lieu de trot assez d'énergie pour que Michel arrivât à Nantes avant neuf heures du soir.

La première station devait être à l'auberge du Point-du-Jour.

A peine eut-il traversé le pont Rousseau, qu'il se mit en quête de la susdite auberge.

Ayant reconnu son enseigne, qui figurait une étoile allongée d'un rayon du plus bel ocre jaune que le peintre avait eu à sa disposition, il arrêta son bidet ou plutôt le bidet de maître Courtin devant une auge de bois qui servait à rafraîchir les chevaux des rouliers qui ne voulaient que faire halte sans dételer.

Personne ne paraissait sur le seuil de la maison en face de laquelle le jeune homme se trouvait. Oubliant l'humble costume dont il était revêtu, et ne se souvenant que de l'empressement que manifestaient d'habitude à son approche les serviteurs de la Logerie, il frappa impatiemment sur cette auge plusieurs coups du bâton qu'il tenait à la main.

A ce bruit, un homme en manches de chemise sortit de la cour qui attenait à la maison, et s'avança vers Michel. Cet homme était coiffé d'un bonnet de coton bleu rabattu jusque sur ses yeux.

Il sembla à Michel que ce qu'il voyait de son visage ne lui était pas inconnu.

— Diable! fit en grommelant l'homme au bonnet bleu, vous êtes donc trop grand seigneur, mon jeune gars, pour conduire vous-même votre cheval à l'écurie; alors n'en parlons plus, on va vous servir comme un bourgeois. — Servez-moi comme vous voudrez, dit Michel; mais répondez à ma question. — Questionnez, dit l'homme en se croisant les bras. — Je voudrais voir le père Eustache, ajouta Michel à demi-voix.

Si bas que Michel eût parlé, l'homme à son tour laissa échapper un signe d'impatience, jeta autour de lui un regard soupçonneux, et bien qu'il n'eût aperçu que quelques enfants qui, leurs petites mains croisées derrière leur dos, regardaient le jeune paysan avec une curiosité naïve, il prit vivement le cheval par la bride et s'achemina dans la cour.

— Je vous dis que je voudrais voir le père Eustache, répéta Michel en descendant de sa monture; et lorsqu'il fut arrivé, toujours conduit par l'homme au bonnet bleu, devant l'appentis qui servait d'écurie à l'hôtel du Point-du-Jour: — J'entends, répondit ce dernier; j'entends de reste, parbleu! mais je ne l'ai pas dans mon coffre à avoine, votre père Eustache. Mais avant que je vous dise où vous le trouverez, d'où venez-vous? — Du Sud. — Où allez-vous? — A Rosny. — Bien; alors il vous faut passer par l'église de Saint-Sauveur. Allez, et tâchez de parler un peu moins haut, monsieur de La Logerie, quand vous parlerez dans la rue, si vous tenez à arriver au but de votre voyage. — Ah! ah! fit Michel un peu étonné, vous me connaissez? — Pardieu! répondit l'homme. — Alors, il faudra reconduire ce cheval chez moi. — Cela sera fait.

Michel mit un louis dans la main du garçon d'écurie, qui parut enchanté de la bonne aubaine, et lui fit ses offres de service; puis il entra résolûment dans la ville.

Lorsqu'il arriva à l'église de Saint-Sauveur, le sacristain en fermait les portes. La leçon que venait de donner au jeune baron le garçon d'écurie portait ses fruits, et Michel était décidé à attendre et à examiner avant d'interroger personne.

Cinq ou six pauvres, avant de quitter le porche où ils avaient passé leur journée, quêtant les aumônes des fidèles, s'étaient agenouillés sous l'orgue pour faire leur prière du soir.

C'était sans doute parmi eux qu'était le père Eustache.

Le père Eustache avait pour principale fonction de présenter l'eau bénite avec un goupillon.

Seulement, il était difficile de reconnaître le père Eustache, car, outre deux ou trois femmes encapuchonnées dans leurs mantes toutes constellées de pièces de différentes couleurs, il y avait trois mendiants dont pas un ne tenait de goupillon à la main.

Chacun des trois vieillards pouvait donc être celui que cherchait Michel.

Heureusement le jeune baron avait un signe de reconnaissance.

Il prit la branche de houx qu'il avait attachée à son chapeau, et que Bertha lui avait indiquée comme étant le signe qui le ferait reconnaître du père Eustache, et la laissa tomber devant la porte.

Deux des mendiants la froissèrent du pied sans y faire la moindre attention.

Le troisième, qui était un petit vieillard sec, grêle, dont le nez démesuré sortait résolûment de dessous un bonnet de soie noire, fit un mouvement en apercevant les feuilles vertes sur les dalles, ramassa la branche de houx, et regarda avec inquiétude autour de lui.

Michel sortit de derrière le pilier où il s'était caché.

Le père Eustache, car c'était bien lui, jeta un regard de son côté.

Puis, sans rien dire, il rentra dans l'église comme pour aller au cloître.

Michel comprit que la branche de houx ne suffisait pas au défiant donneur d'eau bénite.

Après l'avoir suivi une dizaine de pas, il pressa sa marche et l'accosta en disant :

— Je viens du Sud.

Le mendiant tressaillit.

— Et où allez-vous ? lui demanda-t-il. — Je vais à Rosny, répondit Michel.

Le mendiant s'arrêta et rebroussa chemin.

Cette fois il allait du côté de la ville ; un signe fait du coin de l'œil indiqua alors à Michel qu'on était d'accord.

Il le suivit à cinq ou six pas par derrière.

Ils repassèrent devant le portail de l'église et traversèrent une partie de la ville. Puis, au moment où ils traversaient une ruelle étroite et obscure, le mendiant s'arrêta pendant quelques instants à une porte basse et sombre percée dans le mur d'un jardin, puis il reprit sa route.

Michel s'aperçut alors qu'il avait glissé la branche de houx, ramassée à l'église, dans l'anneau de fer qui servait à heurter.

C'était donc là le but de la course.

Le jeune homme leva le marteau et le laissa retomber.

Au bruit, un petit guichet pratiqué dans la porte s'ouvrit, et une voix d'homme demanda ce qu'il désirait.

Michel répéta le mot d'ordre, et on l'introduisit dans une salle basse où un monsieur, qu'il reconnut pour l'avoir vu au château de Souday le soir où le souper préparé pour Petit-Pierre avait été mangé par le général Dermoncourt, et qu'il avait retrouvé le fusil à la main la veille du combat du Chêne, lisait tranquillement son journal, assis auprès d'un grand feu, les pieds sur les chenets et enveloppé d'une robe de chambre.

Seulement, malgré son extérieur des plus pacifiques, ce monsieur avait une paire de pistolets à deux coups à la portée de sa main, sur une table où se trouvaient, en outre, encre, papier et plume.

Il reconnut sur-le-champ Michel, et se levant pour le recevoir :

— Je crois vous avoir vu dans nos rangs, Monsieur ? lui dit-il. — Oui, Monsieur, répondit Michel, la veille du combat du Chêne. — Et le lendemain ? demanda en souriant l'homme à la robe de chambre. — Le lendemain, j'étais à celui de la Pénissière, où j'ai été blessé.

L'inconnu s'inclina.

— Voudriez-vous me faire l'honneur de me dire votre nom ? demanda-t-il.

Michel dit son nom ; l'homme à la robe de chambre consulta un agenda qu'il tira de sa poitrine, fit un signe de satisfaction, et, se retournant vers le jeune homme :

— Et maintenant, Monsieur, lui demanda-t-il, qui vous amène ? — Le désir de voir Petit-Pierre et de lui rendre un grand service. — Pardon ! Monsieur ; mais l'on ne peut arriver de la sorte à la personne dont vous parlez ; vous êtes des nôtres, je sais que nous pouvons compter sur vous ; mais vous comprenez que des allées et venues dans la maison, qui jusqu'ici a gardé son secret si heureusement, ne tarderaient pas à attirer l'attention de la police ; veuillez donc me confier vos projets, et je vous donnerai la réponse que vous devez attendre.

Michel alors expliqua ce qui s'était passé entre lui et sa mère ; comment celle-ci s'était assurée d'un navire qui pût le soustraire à la condamnation prononcée contre lui, et comment l'idée lui était venue de faire servir ce navire au salut de Petit-Pierre.

L'homme à la robe de chambre écoutait avec une attention croissante ; puis quand le jeune baron eut fini :

— En vérité, dit-il, c'est la Providence qui vous envoie. Il était vraiment impossible, quelles que fussent les précautions employées par nous, et dont vous avez pu juger, que la maison où Petit-Pierre est caché continuât d'échapper à la surveillance de la police. Pour le bien de la cause, dans l'intérêt de Petit-Pierre, dans le nôtre, il vaut mieux qu'il parte, et, la difficulté de trouver un navire étant si heureusement levée, je vais sur-le-champ me rendre près de lui et prendre ses ordres. — Vous suivrai-je? demanda Michel. — Non ; votre déguisement, à côté de mon habit bourgeois, vous signalerait à l'attention des mouchards dont nous sommes entourés. A quelle auberge êtes-vous descendu ? — Au Point-du-Jour. — Vous êtes chez Joseph Picaut ; il n'y a rien à craindre. — Ah ! fit Michel ; en effet, je savais bien que sa figure ne m'était pas inconnue ; seulement, comme je croyais qu'il habitait entre la Boulogne et la forêt de Machecoul... — Vous ne vous trompiez pas ; il n'est aubergiste que par occasion. Allez donc m'attendre chez lui ; dans deux heures j'y viendrai, ou seul ou accompagné de Petit-Pierre : seul, si Petit-Pierre refuse d'accepter votre offre ; avec lui, s'il accepte. — Mais êtes-vous bien sûr de ce Joseph Picaut ? demanda Michel. — Oh ! de lui comme de nous-mêmes ; s'il y a un reproche à lui faire, ce serait, au contraire, d'être trop ardent. Rappelez-vous que, pendant la course de Petit-Pierre en Vendée, plus de six cents paysans ont, à plusieurs reprises, connu le secret de ses différentes retraites, et c'est le plus beau titre de gloire de ces pauvres gens, pas un n'a songé à faire sa fortune en le trahissant. Prévenez Joseph que vous attendez quelqu'un ; que, en conséquence, il ait à veiller ; en lui disant ces seuls mots : « Rue du Château, n° 3, » vous obtiendrez de lui et des autres commensaux de l'auberge l'obéissance la plus absolue, et surtout la plus passive. — Avez-vous d'autres recommandations à me faire ? — Peut-être sera-t-il prudent que les personnes qui accompagneront Petit-Pierre sortent isolément de la maison où il est caché, et isolément se rendent à l'auberge du Point-du-Jour ; faites-vous donner une chambre avec fenêtre sur le quai ; n'ayez pas de lumière dans votre chambre, mais laissez la fenêtre ouverte. — Vous n'oubliez rien ? — Non ; adieu, Monsieur, ou plutôt au revoir ; et, si nous réussissons à arriver sains et saufs à votre bâtiment, vous aurez rendu à la cause un immense service ; quant à moi, je suis dans des transes continuelles : on parle de sommes énormes offertes en prime à la trahison ; je tremble que quelque cupidité ne finisse pas s'éveiller et nous perdre.

On reconduisit Michel ; mais, au lieu de le faire sortir par la porte qui lui avait donné entrée, on le fit sortir par la porte opposée, donnant dans une autre rue.

Il traversa rapidement la ville, gagna le quai. Arrivé au Point-du-Jour, il trouva Joseph Picaut qui avait racolé un gamin, et qui lui donnait ses instructions pour reconduire le cheval de Courtin, ainsi que Michel le lui avait recommandé.

Michel, en entrant à l'écurie, lui fit un signe qu'il comprit parfaitement, et renvoya le gamin en ajournant la commission au lendemain.

— Vous m'avez dit que vous me connaissiez? fit Michel lorsqu'ils furent seuls. — J'ai fait mieux que cela, monsieur de La Logerie, puisque je vous ai appelé par votre nom. — Eh bien, je ne suis pas fâché de l'apprendre que nous sommes quittes sous ce rapport; je sais le tien, tu t'appelles Joseph Picaut. — Je ne m'en dédis pas, répondit le paysan avec son air narquois. — Peut-on se fier à toi, Joseph ? — C'est selon ce qu'on me demande les bleus et les rouges, non ; les blancs, oui. — Tu es blanc, alors?

Picaut haussa les épaules.

— Si je ne l'étais pas, serais-je ici, moi qui suis condamné à mort ni plus ni moins que vous? C'est comme cela; on m'a fait les honneurs de la contumace. Oh! nous sommes bien véritablement égaux devant la loi. — Bien; alors, tu es ici... — Garçon d'écurie, pas autre chose. — Conduis-moi au maître de l'auberge.

On réveilla l'aubergiste, qui était couché.

L'aubergiste accueillit Michel avec une certaine défiance; aussi celui-ci, qui comprit qu'il n'y avait pas de temps à perdre, se décida à frapper le grand coup, et prononça les cinq mots :

— Rue du Château, n° 3.

A peine le mot d'ordre eut-il été entendu de l'aubergiste que sa méfiance disparut, et qu'il devint tout autre. A partir de ce moment, lui et sa maison étaient à la disposition de Michel.

Alors ce fut à Michel d'interroger.

— Avez-vous des voyageurs chez vous? lui demanda-t-il. — Un seul, répondit l'aubergiste. — De quelle espèce? — De la pire; c'est un homme dont il nous faut défier. — Vous le connaissez donc? — C'est le maire de la Logerie, maître Courtin; un vrai pataud. — Courtin ! s'écria Michel; Courtin, ici ! Êtes-vous sûr? — Je ne le connaissais pas; c'est Picaut qui m'a prévenu. — Et depuis quand est-il arrivé? — Depuis un quart d'heure à peine. — Où est-il? — Dehors en ce moment; il a mangé un morceau, puis il est sorti sur-le-champ en m'annonçant qu'il ne rentrerait que fort avant dans la nuit, vers deux heures du matin; il avait, disait-il, affaire à Nantes. — Et sait-il que vous le connaissez, vous ? — Je ne le crois pas; à moins qu'il n'ait reconnu Joseph Picaut, comme Joseph Picaut l'a reconnu lui-même. Mais j'en doute : lui était dans la lumière, tandis que Joseph Picaut est constamment resté dans l'ombre.

Michel réfléchit un moment.

— Je ne crois pas maître Courtin aussi mauvais que vous le supposez, répliqua Michel; mais, n'importe, il faut nous défier de lui, comme vous dites, et surtout il faut qu'il ignore ma présence dans votre auberge.

Picaut, qui jusque-là s'était tenu sur le seuil de la porte, s'avança, et, se mêlant à la conversation :

— Oh ! dit-il, s'il vous fait par trop d'ombrage, il faut le dire, on s'arrangera de manière qu'il ne sache rien, et, s'il sait quelque chose, à ce qu'il se taise. J'ai déjà de vieux griefs contre lui, et il y a longtemps que je ne cherche qu'un prétexte. — Non ! non ! s'écria vivement Michel; Courtin est mon métayer; je lui ai certaines obligations qui me font désirer qu'il ne lui arrive pas malheur; d'ailleurs, se hâta-t-il d'ajouter en voyant que Picaut fronçait le sourcil, il n'est pas ce que vous le supposez.

Joseph Picaut hocha la tête, mais Michel ne vit pas son geste.

— Soyez tranquille, dit l'aubergiste, s'il vient à rentrer, je le surveillerai. — Bien ; quant à toi, Joseph, tu vas prendre le cheval sur lequel je suis venu ; il est bon que maître Courtin ne le trouve pas à l'écurie ; il ne manquerait pas de le reconnaître, attendu que c'est le sien. — Bon. — Tu connais la rivière, n'est-ce pas ? — Il n'y a pas un coin de la rive gauche que je n'aie battu ; de la droite je suis moins sûr. — Tout va bien, alors ; c'est sur la rive gauche que tu as affaire. — Dites la chose, alors. — Tu te rendras à Couëron, en face de la seconde île, entre les deux îlots de l'épave ; tu verras un bâtiment à l'ancre ; il s'appelle *le Jeune-Charles* ; quoique à l'ancre, il aura son perroquet de misaine battant sur le mât, cela te le fera reconnaître. — Soyez tranquille. — Tu prendras une barque, tu iras à bord ; on te criera : « Qui vive ! » Tu répondras : « Belle-Ile-en-Mer ! » Alors on te laissera monter ; tu remettras au capitaine ce mouchoir tel qu'il est, non, par trois bouts, et tu lui diras de préparer son appareillage pour une heure du matin. — Et c'est tout ? — Oh ! mon Dieu, oui ; c'est-à-dire, non, ce n'est pas tout : si je suis content de toi, Picaut, tu auras une pièce comme tu en as déjà reçu une ce soir. — Allons ! allons ! dit Joseph Picaut, à part la chance d'être pendu, ce n'est pas un trop mauvais métier que celui que je fais ici, et si je pouvais seulement de temps en temps envoyer un pauvre coup de fusil aux bleus, ou me venger de Courtin, par exemple, ma foi ! je ne regretterais pas maître Jacques et ses terriers ; et puis, après ? — Comment ! et puis, après ? — Oui ; quand j'aurai fait ma commission ? — Tu te cacheras sur la rive du fleuve, et tu nous attendras. Nous te préviendrons par un coup de sifflet ; si tout va bien, tu viendras à nous en imitant le chant du coucou ; si tu as, au contraire, vu quelque chose qui doive nous inquiéter, tu nous préviendras en imitant le cri de la chouette. — Peste ! monsieur de La Logerie, dit Joseph Picaut, on voit bien que vous avez été à bonne école ; tout cela est clair et me semble bien combiné ; c'est, par ma foi ! dommage que vous n'ayez pas un meilleur cheval à me mettre entre les jambes, sans cela votre affaire serait lestement faite, et bien faite.

Joseph Picaut sortit pour remplir le message dont il était chargé.

Pendant ce temps l'aubergiste conduisait Michel au premier étage, dans une chambre de pauvre apparence qui servait de succursale à la salle à manger, mais qui s'ouvrait sur la route par deux fenêtres, puis lui-même il alla se placer en observation pour guetter Courtin.

Michel ouvrit une des fenêtres, ainsi qu'il en était convenu avec le monsieur à la robe de chambre, puis s'assit sur un tabouret, de façon que sa tête ne pût être vue de la route sur laquelle son regard plongeait.

LXX

OU LES AMOURS DE MICHEL SEMBLENT COMMENCER A PRENDRE UNE MEILLEURE TOURNURE.

Michel, sous son apparente immobilité, était dans un état d'angoisse extrême. Il allait voir Mary !...

Et à cette idée, sa poitrine se serrait, son cœur se gonflait, son sang circulait par soubresauts dans ses veines. Il se sentait trembler d'émotion. Il ne savait pas trop quelle serait la conséquence de tout ceci ; mais la fermeté qu'il avait, contre son habitude, déployée en face de sa mère et de Bertha, lui avait si bien réussi des deux côtés, qu'il était décidé à être non moins ferme vis-à-vis de Mary. Il comprenait très-bien qu'il en était arrivé au paroxysme extrême de la situation, où un bonheur éternel ou un malheur irréparable allait surgir de sa décision.

Il y avait une heure à peu près qu'il était là, suivant des yeux avec anxiété toutes les formes humaines qu'il voyait venir du côté de la petite auberge, guettant tous leurs mouvements pour voir si elles ne se dirigeaient pas vers la porte de côté; lorsqu'il voyait son espérance, sans cesse renaissante, s'évanouir sans cesse, trouvant les minutes des éternités, il se demandait si son cœur ne se briserait pas lorsqu'il se trouverait réellement en face de Mary.

Tout à coup il aperçut une ombre qui venait du côté de la rue du Château, marchant rapidement sur la pointe du pied, rasant les maisons, et dans sa marche n'éveillant aucun bruit; à ses vêtements il reconnaissait une femme; ce n'était sans doute ni Petit-Pierre, ni Mary. Il n'y avait point de probabilité que l'un ou l'autre vînt seul.

Cependant il lui semblait que celle qui s'approchait de plus en plus levait les yeux pour reconnaître la maison. Puis il la vit qui s'arrêtait devant l'auberge, puis il entendit trois petits coups frappés sur la porte.

Michel ne fit qu'un bond de son poste d'observation à l'escalier, le descendit rapidement, ouvrit la porte, et, dans cette femme couverte d'une mante, il reconnut Mary.

Leurs deux noms furent tout ce que les deux jeunes gens purent prononcer en se retrouvant en face l'un de l'autre; puis Michel saisit la jeune fille par le bras, la guida à travers l'obscurité et l'entraîna dans la chambre du premier étage.

Mais, à peine entré dans la chambre :

— Oh! Mary, Mary! s'écria-t-il en tombant à ses pieds, c'est donc vous! Oh! il me semble encore que je rêve! Tant de fois j'avais songé à ce bienheureux instant; tant de fois mon imagination avait par avance savouré ces douces joies, qu'aujourd'hui encore j'ai peine à me figurer que je ne suis pas le jouet d'un songe. Mary, mon ange, ma vie, mon amour! oh! laissez-moi vous presser contre mon cœur! — Oh! Michel, mon ami, dit la jeune fille, soupirant de ne point pouvoir dompter le sentiment qui s'emparait d'elle; oh! moi aussi, je suis bien heureuse de vous revoir! Mais, dites-moi, pauvre cher enfant, vous avez été blessé? — Oui, oui; mais ce n'était pas ma blessure qui me faisait souffrir, c'était l'éloignement de tout ce que j'aime au monde. Oh! croyez-moi, Mary, la mort est bien sourde et bien rebelle, puisqu'elle n'est pas venue à ma prière.

— Michel! pouvez-vous parler ainsi, mon ami? oublier tout ce que la pauvre Bertha a fait pour vous? Car nous l'avons su, et je l'ai tant admirée, ma pauvre Bertha! je l'ai tant aimée pour son dévouement, dont chaque minute vous donnait la preuve!

Mais, au nom de Bertha, Michel, décidé à ne plus se laisser imposer la volonté de Mary, s'était relevé brusquement et marchait dans la chambre d'un pas qui décelait son émotion.

Mary vit ce qui se passait dans le cœur du jeune homme. Elle fit un suprême effort:

— Michel, dit-elle, je vous en conjure, je vous le demande au nom de toutes les larmes que j'ai versées à votre souvenir, ne me parlez plus que comme à votre sœur; n'oubliez plus que bientôt vous allez être mon frère. — Votre frère! moi, Mary! dit le jeune homme en secouant la tête. Oh! quant à cela, ma décision est prise; jamais, je vous le jure! — Michel! Michel! oubliez-vous que vous m'avez fait un autre serment? — Ce serment, je ne l'ai pas fait; non, vous me l'avez arraché cruellement; vous avez abusé de l'amour que j'avais pour vous pour exiger que je renonçasse à vous. Mais ce serment, tout en moi s'est soulevé contre lui; pas une fibre de mon corps ne veut que ce serment soit tenu, et me voilà, Mary, me voilà vous disant : « Je suis séparé de vous depuis deux mois, et depuis deux mois je n'ai pensé qu'à vous. J'ai pensé mourir enseveli dans les ruines enflammées de la Pénissière, et je n'ai pensé qu'à vous. J'ai pensé être tué par une balle qui m'a traversé l'épaule, et qui, un peu plus bas ou un peu plus à droite, m'eût traversé le cœur, et je n'ai pensé qu'à vous. J'ai failli expirer de faim, de faiblesse, de fatigue, et je n'ai pensé qu'à vous. C'est Bertha qui est ma sœur, Mary; vous, vous êtes ma bien-aimée, ma fiancée chérie; vous, Mary, vous serez ma femme. » — Oh! mon Dieu! mon Dieu! que me dites-vous là, Michel? Est-ce que vous devenez insensé? — Je l'ai été un instant, Mary; c'est quand j'ai cru que je pourrais vous obéir; mais l'absence, la douleur, le désespoir ont fait de moi un autre homme. Ne comptez plus sur le pauvre roseau qui pliait à votre souffle. Quoi que vous fassiez, vous serez à moi, Mary, parce que je vous aime, parce que vous m'aimez, parce que je ne veux pas plus longtemps mentir à Dieu et à mon cœur. — Vous oubliez, Michel, que mes résolutions à moi ne varient pas comme les vôtres. Moi, j'ai juré, je tiendrai mon serment. — Soit; mais alors j'ai quitté Bertha pour toujours; Bertha ne me verra plus. — Mon ami!... — Voyons, sérieusement, Mary, pour qui croyez-vous que je suis ici? — Vous êtes ici, mon ami, pour sauver la princesse, à laquelle nous sommes tous dévoués, corps et âme. — Je suis ici, Mary, pour vous revoir. Ne me sachez pas plus gré de mon dévouement qu'il ne le mérite. Je suis dévoué à vous, Mary, et à nul autre. Cette idée de sauver Petit-Pierre, qui me l'a inspirée? mon amour. Qui sait si j'y eusse songé, si je n'eusse pas dû vous revoir en le sauvant? Ne faites de moi ni un héros ni un demi-dieu. Je suis un homme, un homme qui vous aime ardemment, et qui pour vous risquera sa tête. Mais, vous à part, que me font, je vous le demande, toutes ces querelles de dynastie à dynastie? qu'ai-je à faire aux Bourbons de la branche aînée ou aux Bourbons de la branche cadette, moi que l'histoire ne réclame dans aucune de ses pages, moi qui ne me rattache au passé par aucun souvenir? Mon opinion, c'est vous; ma croyance, c'est vous : vous eussiez été pour Louis-Philippe, j'eusse été pour Louis-Philippe; vous êtes pour Henri V, je suis pour Henri V. Demandez-moi mon sang, je vous dirai : « Le voilà. » Mais ne me demandez pas de me prêter plus longtemps à une situation impossible. — Mais que comptez-vous faire alors? — Dire à Bertha la vérité. — La vérité! oh! vous ne l'oserez pas! — Mary, je vous proteste... — Non! non! — Oh! que si fait; chaque jour, voyez-vous, Mary, je secoue davantage les langes où l'on a emmailloté mon adolescence. Il y a, croyez-le, une grande distance de l'enfant que vous avez rencontré un jour dans un chemin creux, blessé et pleurant de crainte au nom et au souvenir de sa mère. Oui, et c'est à mon amour que j'ai dû ma force. J'ai soutenu, sans baisser les yeux, un regard qui, autrefois, me faisait plier la tête et me brisait les deux genoux. J'ai tout dit à ma mère, et ma mère m'a dit : « Je vois bien que tu es un homme, fais à ta volonté. » Or, ma volonté, la voici : c'est de me consacrer tout à vous, mais aussi que vous soyez à moi. Mais voyez donc dans quelle folle lutte vous m'avez engagé. Moi, l'époux de Bertha! Supposez-le un instant; mais il n'y aurait pas de supplice égal à celui de la pauvre créature, si ce n'est le mien. On a bercé mon enfance du récit de ces mariages républicains où Carrier, l'homme de sanglante mémoire, liait ensemble un corps vivant et un cadavre, et jetait le tout à la Loire. Eh bien! Mary, voilà ce que serait notre union, à nous; et vous, vous qui nous regarderiez agoniser, Mary, seriez-vous plus heureuse que nous, dites? Non, j'y suis résolu : ou je ne reverrai jamais Bertha, ou, la première fois que je la reverrai, je lui expliquerai comment ma folle timidité a abusé Petit-Pierre, comment le courage m'a manqué pour lui dire la vérité tandis qu'il en était temps encore; enfin, je ne lui dirai point que je ne l'aime pas, mais je lui dirai que je vous aime. — Mon Dieu! s'écria Mary, mais savez-vous que si vous faites cela, Michel, elle en mourra? — Non, Bertha n'en mourra point, dit derrière eux la voix de Petit-Pierre, qui était monté sans qu'ils l'entendissent.

Les deux jeunes gens se retournèrent en poussant un cri.

— Bertha, continua Petit-Pierre, est une noble et courageuse fille qui comprendra le langage que vous lui tiendrez là, et qui saura immoler à son tour son propre bonheur à celui de ceux qu'elle aime ; mais vous n'aurez pas cette peine : c'est moi qui ai fait la faute, ou plutôt qui ai commis l'erreur, c'est moi qui la réparerai, en priant toutefois monsieur Michel, ajouta Petit-Pierre avec un sourire, d'être une autre fois plus explicite dans ses confidences.

Au premier bruit qu'avait fait Petit-Pierre et qui leur avait arraché un cri, les deux jeunes gens s'étaient vivement éloignés l'un de l'autre.

Mais celui-ci les prit par le bras, les rapprocha, et réunit leurs deux mains:

— Aimez-vous sans remords, leur dit-il, vous avez été tous deux plus généreux qu'on n'a le droit de l'attendre de notre pauvre race humaine. Aimez-vous sans mesure ; les bienheureux sont ceux qui peuvent borner là leur ambition.

Mary baissait les yeux, mais tout en baissant les yeux répondait à l'étreinte de la main de Michel.

Le jeune homme mit un genou en terre devant le petit paysan.

— Il me faut, dit-il, tout le bonheur que vous m'ordonnez d'espérer, pour que je ne sois point aux regrets de ne pas m'être fait tuer pour vous. — Que parlez-vous de vous faire tuer, que parlez-vous de mourir? Hélas ! je le vois bien, rien n'est plus inutile que de se faire tuer, rien n'est plus inutile que de mourir! Voyez mon pauvre Bonneville, à quoi son dévouement m'a-t-il servi ? Non, monsieur de La Logerie, il faut vivre pour ceux que l'on aime, et vous m'avez donné le droit de me ranger parmi ceux-là. Vivez donc pour Mary, et de son côté, laissez-moi en répondre pour elle, Mary vivra pour vous ! — Ah ! Madame, s'écria Michel, si tous les Français avaient pu vous voir comme je vous ai vue, s'ils vous connaissaient comme je vous connais ! — Oui, j'aurais des chances de prendre un jour ou l'autre ma revanche, surtout s'ils étaient amoureux. Mais parlons d'autre chose, s'il vous plaît, et avant de parler d'une nouvelle attaque, songeons à la retraite. Voyez donc si nos amis arrivent, car je vous dois encore un reproche ; mademoiselle Mary avait si complétement absorbé votre attention, ma brave sentinelle, que j'aurais pu attendre jusqu'au jour dans la rue le signal convenu. Heureusement le bruit de votre voix arrivait jusqu'à moi, heureusement encore vous aviez pris la précaution de laisser la porte de la rue ouverte : de sorte que l'on entrait ici comme dans une auberge, c'est là le cas de le dire.

Comme Petit-Pierre adressait en riant ce reproche à Michel, les deux autres personnes qui devaient l'accompagner dans sa fuite ne tardèrent point à arriver ; mais, après une courte délibération, ils comprirent que c'était compromettre le salut de celui-ci que de se mettre en marche en si grand nombre, et ils renoncèrent à le suivre.

On traversa le pont sans accident.

Michel s'engagea sur la berge, Mary et Petit-Pierre le suivirent, marchant à coté l'un de l'autre.

Le nuit était splendide, si splendide qu'ils n'osèrent marcher ainsi à découvert.

Michel proposa de suivre le chemin du bourg du Pèlerin, qui est tracé parallèlement à la rivière, et qui est moins nu que la berge. La proposition fut acceptée, et, en suivant le même ordre de marche, on s'engagea dans le chemin.

De ce chemin, grâce au clair de lune, on apercevait de temps en temps la rivière comme une large et brillante nappe d'argent que tachaient de loin en loin des îles couvertes d'arbres, qui se dessinaient à la fois, les îles sur le fleuve, les arbres sur le ciel.

Cette clarté de la nuit, si elle avait ses inconvénients, avait en revanche quelques avantages. Michel, qui servait de guide, était plus certain de ne pas dévier du chemin, et de plus loin, en même temps, il pouvait apercevoir le navire.

Lorsqu'on eut dépassé ou plutôt tourné le bourg du Pèlerin, le jeune baron cacha Petit-Pierre et Mary dans une anfractuosité de la berge, s'approcha de la rive, et fit entendre le coup de sifflet qui devait servir de signal à Joseph Picaut.

Joseph Picaut ne répondant point par le cri d'alarme, Michel qui, jusque-là, n'avait point été sans inquiétude, commença de se tranquilliser. Il ne douta plus, ne recevant point de réponse, que le chouan ne se rendît près de lui.

Il attendit cinq minutes ; rien ne bougea.

Il envoya un second coup de sifflet, mais plus aigu, plus retentissant que le premier. Rien ne répondit ; personne ne vint.

Il pensa qu'il s'était trompé peut-être sur le lieu du rendez-vous, et se mit à courir sur la rive.

Au bout de deux cents pas, il avait dépassé l'île de Couëron et il avait laissé ce dernier village derrière lui.

Il n'y avait plus d'île derrière laquelle pût s'abriter le bâtiment, et cependant on ne le voyait pas.

C'était donc bien à l'endroit où il s'était arrêté d'abord, entre les deux villages de Couëron et du Pèlerin qu'il devait attendre ; c'était bien derrière l'île vers laquelle il était forcé de rétrograder qu'il devait trouver le bâtiment. Seulement, à moins d'accident, il ne s'expliquait pas l'absence de Joseph Picaut.

Alors il lui vint une idée.

Il eut peur que l'énormité de la somme promise à qui livrerait la personne qui se cachait sous le nom de Petit-Pierre n'eût tenté le chouan, dont la physionomie ne l'avait pas prévenu en sa faveur.

Il communiqua ses appréhensions à Petit-Pierre et à Mary, qui étaient venues le rejoindre.

Mais Petit-Pierre secoua la tête :

— Ce n'est pas possible, dit-il ; si cet homme nous eût trahis, nous serions déjà arrêtés ; d'ailleurs cela n'expliquerait pas l'absence du navire. — Vous avez raison, le capitaine devait envoyer une barque, et je ne la vois pas. — Peut-être n'est-il pas l'heure.

LES LOUVES DE MACHECOUL. — LA FUITE.

TYP. J. CLAYE

En ce moment l'horloge du bourg du Pèlerin tinta deux coups, comme si elle eût été chargée de répondre à l'objection.

— Tenez, dit Michel, voilà deux heures qui sonnent. — Y avait-il une heure arrêtée avec le capitaine? — Ma mère n'avait pu agir que sur des probabilités, et lui avait indiqué cinq heures. — Il n'a donc pas pu s'impatienter, puisque nous arrivons trois heures plus tôt qu'il ne nous attend. — Que faire? demanda Michel; ma responsabilité est si grande, que je n'ose agir de moi-même. — Prendre une barque, répondit Petit-Pierre, et nous mettre à la recherche de de ce bâtiment; dès lors qu'il sait que nous connaissons son ancrage, peut-être s'en est-il rapporté à nous de le trouver.

Michel fit cent pas du côté du bourg du Pèlerin et aperçut devant lui une barque amarrée sur la grève. Il n'y avait pas longtemps qu'on s'en était servi, car les avirons couchés au fond du bateau étaient encore humides.

Il revint annoncer cette nouvelle à ses compagnons, et les invita à rentrer dans leur cachette tandis qu'il traverserait la rivière.

— Savez-vous au moins diriger un bateau? demanda Petit-Pierre. — Je vous avoue, répondit Michel en rougissant de son ignorance, que je ne suis pas de première force. — Alors, dit Petit-Pierre, nous irons avec vous; je vous servirai de pilote. Bien des fois, et par amusement, j'ai rempli cet office dans la baie de Naples. — Et moi, dit Mary, je l'aiderai à ramer. Bien souvent, ma sœur et moi, nous avons traversé le lac de Grandlieu.

Tous trois s'embarquèrent. Lorsqu'ils furent au milieu de la Loire, Petit-Pierre, qui de l'arrière plongeait dans la direction du cours du fleuve, s'écria, en se précipitant en avant :

— Le voilà! le voilà! — Quoi? quoi? demandèrent ensemble Mary et Michel. — Le navire! le navire! là, là, voyez!

Et Petit-Pierre indiquait le bas de la rivière, dans la direction de Paimbœuf.

— Non, dit Michel, ce ne peut pas être lui. — Pourquoi cela? — Parce que, au lieu de venir à nous, il s'éloigne.

En ce moment ils abordaient à l'extrémité de l'île. Michel sauta à terre, aida ses deux compagnes à descendre, et courut à l'autre bout sans perdre une seconde.

— C'est bien notre bâtiment, s'écria-t-il en revenant à Petit-Pierre et à Mary. Au bateau! au bateau! et force de rames!

Tous trois s'élancèrent de nouveau dans la barque; Mary et Michel s'emparèrent des avirons, et tandis que Petit-Pierre reprenait le gouvernail, ils ramèrent de toutes leurs forces.

Aidée par le courant, la petite barque avançait rapidement : il y avait chance de rejoindre la goëlette si celle-ci conservait la même marche.

Mais tout à coup un carré noir vint cacher à leurs yeux les découpures que faisaient sur le ciel les cordages et le mât. C'était la grande voile que l'on hissait.

Bientôt un autre morceau de toile se dessina au-dessus de celle-ci. C'était le hunier.

Puis ce fut le tour de la brigantine.

Le Jeune-Charles, profitant du vent qui venait de se lever, mettait toutes voiles dehors.

Michel avait repris la rame des mains trop faibles de Mary; il se courba sur les avirons comme un forçat dans une galère. Il était au désespoir, car en une seconde il avait calculé toutes les conséquences qu'allait avoir le départ de la goëlette.

Il voulait appeler, crier, héler; mais Petit-Pierre, au nom de la prudence, lui ordonna de n'en rien faire.

— Bah! dit celui-ci, dont la gaieté survivait à toutes les vicissitudes de la fortune, la Providence ne veut pas décidément que je quitte cette bonne terre de France. — Ah! s'écria Michel, pourvu que ce soit la Providence! — Que voulez-vous dire? demanda Petit-Pierre. — Que je crains qu'il n'y ait là-dessous quelque affreuse machination. — Allons donc, mon pauvre ami, il n'y a que du hasard. On s'est trompé de date ou d'heure, voilà tout. D'ailleurs, qui nous dit que nous aurions échappé aux croiseurs qui surveillent l'embouchure de la Loire. Tout est pour le mieux, peut-être.

Mais Michel ne se rendait pas aux raisons que lui donnait Petit-Pierre, il continuait de se lamenter. Il voulait se jeter à la Loire, puis gagner à la nage la goëlette, qui doucement s'enfonçait et commençait à disparaître dans les brouillards de l'horizon, et ce fut avec beaucoup de peine que Petit-Pierre parvint à lui rendre un peu de calme.

Peut-être n'y fût-il point parvenu s'il n'eût employé l'intermédiaire de Mary.

Enfin Michel, découragé, laissa tomber les avirons.

En ce moment, trois heures sonnèrent à Couëron; dans une heure, le jour allait commencer de paraître.

Il n'y avait pas de temps à perdre. Michel et Mary reprirent les avirons, on regagna la rive, et on laissa la barque à la même hauteur à peu près où on l'avait prise.

Dès lors, il fallut se décider à rentrer à Nantes. Cette décision prise, il était important d'y rentrer avant le jour.

Chemin faisant, Michel se frappa le front.

— Oh! dit-il, j'ai fait une sottise, j'en ai bien peur. — Laquelle, demanda la duchesse. — De ne pas rentrer à Nantes par l'autre rive. — Bah! tous les chemins sont bons quand on les suit avec prudence; puis, qu'aurions-nous fait de la barque? — Nous l'eussions mise sur l'autre bord. — Et les pauvres pêcheurs à qui elle appartient eussent perdu une journée à la chercher. Allons donc! mieux vaut que nous ayons un peu plus de peine, que de coûter un morceau de pain à de braves gens qui n'en ont peut-être pas de trop.

On arriva au pont Rousseau. Petit-Pierre insista pour que Michel le laissât rentrer seul dans la ville en la compagnie de Mary; mais celui-ci ne voulut jamais y consentir. Peut-être était-il trop heureux de se retrouver près de Mary, laquelle, rassurée par ce que lui avait dit Petit-Pierre, soupirait bien encore de temps en temps, mais, tout en soupirant, répondait aux paroles de tendresse qu'il lui adressait pour se décider à la quitter si vite.

Tout ce que l'on put obtenir de lui, c'est qu'au lieu de marcher en tête ou sur la même ligne, il marchât derrière et à quelque distance.

En traversant la place du Bouffay, Michel, au moment où il tournait l'angle de la rue Saint-Sauveur, crut entendre un pas derrière lui. Il se retourna vivement, et, à la lueur défaillante des réverbères, aperçut à cent pas derrière lui un homme qui, à ce geste inattendu, se jeta précipitamment dans l'enfoncement d'une porte.

Le premier mouvement de Michel fut de s'élancer à la poursuite de cet homme, mais il réfléchit que, pendant ce temps, Petit-Pierre et Mary s'éloigneraient et qu'il ne saurait plus où les retrouver.

Il courut au contraire en avant et les rejoignit.

— On nous suit, dit-il à Petit-Pierre. — Eh bien ! laissons-nous suivre, répondit celui-ci avec sa sérénité habituelle. Nous avons de quoi dépister ceux qui sont à nos trousses.

Petit-Pierre poussa Michel dans une rue transversale, et, au bout de cent pas, ils se trouvèrent à l'extrémité de la ruelle que Michel avait déjà suivie, et qu'il reconnut à la porte que lui avait indiquée le mendiant en y suspendant la feuille de houx.

Puis Petit-Pierre leva le marteau et frappa trois coups, séparés par des intervalles inégaux.

A ce signal, la porte s'ouvrit comme par enchantement. Petit-Pierre poussa Mary dans la cour et y entra lui-même.

— C'est bien, dit Michel. Maintenant, je vais voir si cet homme nous épie encore. — Non pas, non pas, vous êtes condamné à mort, dit Petit-Pierre ; si vous l'oubliez, je ne l'oublie pas, moi, et comme nous courons mêmes dangers, s'il vous plaît, prenons mêmes précautions. Entrez donc, entrez vite.

Pendant ce temps, le même homme qui la veille au soir avait reçu Michel en lisant son journal parut sur le perron, vêtu de la même robe de chambre que la veille, et encore à moitié endormi.

Il leva les bras au ciel en reconnaissant Petit-Pierre.

Celui-ci lui indiqua la porte entre-bâillée derrière lui.

— Non pas la porte de la maison, dit Petit-Pierre, celle du jardin ; dans dix minutes, selon toute probabilité, la maison sera cernée. A la clochette ! à la clochette ! — Suivez-moi donc alors. — Nous vous suivons, désespéré de vous avoir dérangé de si bonne heure, mon pauvre Pascal ; d'autant plus désolé, que ma visite va probablement nécessiter votre déménagement si vous tenez à ne point être pris.

La porte du jardin fut ouverte.

Avant de la franchir, Michel étendit sa main pour prendre celle de Mary.

Petit-Pierre vit le geste, et poussa celle-ci dans les bras du jeune homme.

— Voyons, embrassez-le, lui dit-elle, ou tout au moins permettez qu'il vous embrasse. Devant moi, c'est permis, je vous sers de mère, et je trouve que le pauvre innocent l'a bien gagné. Çà, maintenant, vous, tirez de votre côté, tandis que nous allons tirer du nôtre. Le soin de mes affaires, soyez tranquille, ne m'empêchera point de m'occuper des vôtres. — Mais ne pourrai-je la revoir ? demanda timidement le jeune homme. — C'est dangereux, je le sais bien, répondit Petit-Pierre ; mais, bah ! on dit qu'il y a un dieu qui protége les amoureux et les ivrognes ; je compte sur ce dieu. Rue du Château, n° 3. Une visite vous est permise ; une visite sans plus, car je vais faire en sorte de vous la rendre.

En achevant ces mots, Petit-Pierre tendit à Michel une main que celui-ci baisa respectueusement. Puis Petit-Pierre gagna avec Mary la haute ville, tandis que Michel redescendait du côté du pont Rousseau.

LXXI

OÙ COURTIN JETTE L'ÉPERVIER, MAIS NE RAMÈNE QUE DES PIERRES.

Maître Courtin avait été bien malheureux pendant toute cette soirée, que madame de La Logerie l'avait contraint de passer auprès d'elle.

Il avait, collant son oreille à la porte, entendu toute la conversation de la mère et du fils, et, par conséquent, toute cette histoire du départ.

Ce départ de Michel dérangeait tous les projets depuis si longtemps caressés par lui; aussi, peu jaloux de l'honneur que lui faisait la baronne, il eût voulu revenir promptement à la métairie. Il comptait, en évoquant le souvenir de Mary, retarder au moins la fuite de son jeune maître; car, son jeune maître une fois parti, ne l'oublions pas, il perdait le fil à l'aide duquel il comptait pénétrer dans le mystérieux labyrinthe où se cachait Petit-Pierre. Mais, en se retrouvant dans son château, madame de La Logerie était rentrée dans un tout autre ordre d'idées : en emmenant Courtin, elle n'avait songé qu'à lui cacher le départ de son fils, et à soustraire celui-ci à ses questions et à son espionnage; mais elle trouva sa maison, abandonnée depuis plusieurs semaines à une bande de soldats, dans un si effroyable désordre, qu'elle oublia, à la vue de ce qui prenait à ses yeux les proportions d'une catastrophe, ses idées premières sur le peu de confiance que méritait le maire de la Logerie; elle ne le retint, au reste, que plus obstinément près d'elle, pour faire de lui l'écho de ses lamentations.

Ce fut ce désespoir de madame de La Logerie qui, exprimé avec une énergie pleine de vérité, empêcha Courtin de quitter, sous un prétexte quelconque, madame de La Logerie pour retourner voir ce qui se passait à la métairie.

Au reste, il était trop fin pour ne pas s'être aperçu que la baronne ne l'emmenait avec elle que dans le but ne l'éloigner du jeune homme; mais elle lui parut si sincère dans le désespoir que lui causait la vue de ses assiettes brisées, de ses glaces fendues, de son tapis souillé d'huile, de son salon métamorphosé en corps de garde et illustré de dessins primitifs, mais saisissants d'expression, qu'il en arriva à douter de son impression première, et à penser par suite que l'on n'aurait pas mis son jeune maître en méfiance contre lui, et qu'il saurait facilement le rejoindre avant qu'il fût à bord du navire.

Il était huit heures du soir lorsque la baronne remonta dans sa voiture, après avoir versé une dernière larme sur les souillures du manoir de la Logerie; et, à peine maître Courtin eut-il dit au postillon : « Route de Paris! » qu'il tourna la voiture, et, sans écouter les dernières recommandations que sa maîtresse lui adressait par la portière, il se mit à courir dans la direction de la métairie.

Il la trouva vide, et apprit de sa servante que M. Michel et mademoiselle Bertha étaient partis depuis deux heures à peu près dans la direction de Nantes.

Il pensa tout d'abord à les rejoindre, et courut à l'écurie pour seller son bidet; mais il ne le trouva plus. Dans sa précipitation, il n'avait point laissé sa servante le renseigner complétement sur le mode de locomotion qu'avait adopté son jeune maître.

Le souvenir de la modeste allure de son cheval ranima un peu maître Courtin; mais cependant il ne rentra dans sa demeure que pendant les quelques minutes qui lui étaient nécessaires pour prendre de l'argent, et, à tout hasard, les insignes de sa dignité de maire; puis il se mit bravement, à pied, sur les traces de celui qu'il considérait comme un fugitif, et presque comme le ravisseur de certains cent mille francs que son imagination escomptait volontiers sur la personne de l'amoureux des Louves.

Maître Courtin courait donc comme un homme qui voit le vent enlever ses billets de banque, c'est-à-dire qu'il allait presque aussi vite que le vent; mais, de courir, ne l'empêchait nullement de se renseigner à tous ceux qui se croisaient avec lui.

Maître Courtin était, en tout temps, essentiellement questionneur; et, dans cette occasion, on comprend bien qu'il ne se faisait pas faute de questionner.

Saint-Philibert de Grandlieu, on lui apprit que, vers sept heures et demie du soir, on avait aperçu son bidet. Il demanda qui le montait, mais on ne put le renseigner à ce sujet, l'attention du cabaretier auquel il s'adressait et qui lui donnait ces détails ayant été tout entière absorbée par la résistance qu'offrait l'animal à son cavalier, en refusant obstinément de dépasser la branche de houx, et les poussées en sautoir auxquelles maître Courtin avait l'habitude de payer son tribut en allant à Nantes.

Un peu plus loin il fut plus heureux ; on lui traça un signalement si exact du cavalier, qu'il ne douta point que ce ne fût le jeune baron, bien qu'on lui affirmât qu'il était seul.

Le maire de la Logerie, homme prudent par excellence, pensa que, par prudence, les deux jeunes gens s'étaient quittés, mais n'avaient agi ainsi que pour se rejoindre par une autre route. La fortune était donc pour lui, puisqu'elle les lui livrait séparés ; s'il pouvait rejoindre Michel à Nantes, la partie était gagnée.

Il continua donc de croire que le jeune baron n'avait pas dévié de sa route; et il était si certain qu'il était entré à Nantes ou allait y entrer, qu'en arrivant à l'auberge du Point-du-Jour il ne prit point la peine de demander à l'hôte de cette auberge de nouveaux renseignements, qu'il doutait, d'ailleurs, que l'hôte lui donnât. Il se hâta de manger un morceau de pain, et, au lieu d'entrer dans la ville, où il lui eût été impossible de rejoindre Michel, il repassa le pont Rousseau, et tourna à droite dans la direction du Pèlerin.

Maître Courtin avait son projet.

Nous avons dit toutes les espérances qu'il fondait sur Michel.

Michel, amoureux de Mary, devait un jour ou l'autre livrer à Courtin, dans un but personnel, le secret de la retraite de celle qu'il aimait; or, comme celle qu'il aimait était près de Petit-Pierre, Michel, en livrant le secret de Mary, livrait celui de la duchesse.

Or, si Michel partait, Michel emportait avec lui les espérances de Courtin.

Il fallait donc, à quelque prix que ce fût, que Michel ne partît point.

Or, si Michel ne trouvait point *le Jeune-Charles* à son poste, Michel était forcé de rester.

Quant à madame de La Logerie, comme elle était à cette heure sur la route de Paris, il se passerait un certain temps avant qu'elle pût être avertie que la fuite de son fils n'avait pu avoir lieu, et qu'elle eût trouvé un autre moyen de lui faire quitter la Vendée. Or, ce délai était plus que suffisant pour que Michel, arrivé au point où il en était de sa guérison, fournit au rusé métayer le moyen d'arriver au but qu'il préparait.

Seulement, maître Courtin ignorait encore quels moyens il emploierait pour arriver jusqu'au patron du *Jeune-Charles*, dont il avait entendu prononcer le nom par la baronne; mais, et sans douter qu'il avait en cela un point de ressemblance avec un grand homme de l'antiquité, maître Courtin comptait sur sa fortune.

Elle ne lui fit pas défaut.

En arrivant à la hauteur de Couëron, il aperçut au milieu des cimes des peupliers de l'île les mâts du brick goëlette.

Au mât, le perroquet battait, déferlé, au gré de la brise.

C'était bien là le bâtiment qu'il cherchait.

A la dernière lueur du crépuscule qui commençait à confondre les objets, maître Courtin, en ramenant son regard vers la berge, vit, à dix pas de lui, une longue perche de roseau tenue horizontalement à la surface de la rivière, et garnie à son extrémité d'un cordonnet et d'un bouchon qui s'en allait flottant à l'aventure.

La perche paraissait sortir d'un monticule; mais quoiqu'on ne vît rien que cette perche, elle supposait un bras pour la tenir, et un pêcheur auquel appartenait ce bras.

Maître Courtin n'était point homme à ne pas s'en assurer.

Il marcha droit au monticule, en fit le tour, et découvrit un homme tapi dans une anfractuosité de la berge, et absorbé dans la contemplation des évolutions que le courant du fleuve imprimait à son morceau de liége.

Cet homme était vêtu en matelot, c'est-à-dire d'un pantalon de toile goudronnée et d'une vareuse rouge; il était coiffé d'une sorte de bonnet écossais.

A deux pas de lui, l'arrière d'une barque, dont l'avant était tiré sur le sable, se balançait mollement sur le fleuve.

Le pêcheur, en entendant venir Courtin, ne leva point la tête, bien que celui-ci eût pris la précaution de tousser pour annoncer sa présence, et faire de cette toux significative le prologue de la conversation qu'il désirait entamer.

Le pêcheur, non-seulement garda le silence le plus obstiné, mais ne se retourna même point.

— Il est bien tard pour pêcher? se décida enfin de dire le maire de la Logerie. — On voit bien que vous n'y connaissez rien, répondit le pêcheur en faisant une moue dédaigneuse; je trouve, moi, au contraire, qu'il est de trop bonne heure; c'est la nuit seulement que le poisson qui en vaut la peine se met en route; c'est la nuit que l'on peut prendre autre chose que de la frétaille. — Oui; mais bientôt il fera si sombre que vous ne distinguerez plus votre bouchon. — Qu'importe, répondit le pêcheur en haussant les épaules; j'ai mes yeux de nuit là-dedans, continua-t-il en désignant la paume de sa main. — J'entends; c'est au goût que vous reconnaissez que le poisson attaque votre appât, dit Courtin en s'asseyant près du pêcheur; moi aussi, j'aime la pêche, et, quoi que vous en pensiez, j'ai la prétention de m'y connaître. — Vous! à la pêche à la ligne? dit l'amateur d'un air de doute. — Non pas; non, répondit Courtin, c'est à l'épervier, c'est à la trouble que je dépeuple les rivières de la Logerie.

Courtin avait hasardé ce détail de localité, dans l'espérance que l'homme à la ligne, qu'il supposait quelque marin détaché par le capitaine pour amener Michel à bord, le ramasserait au vol.

Il n'en fut rien; le pêcheur ne broncha point.

Au contraire.

— Eh bien ! dit-il, vous aurez beau me vanter votre talent dans le grand art de la pêche, je n'y croirai jamais. — Et pourquoi cela, s'il vous plaît ; croyez-vous donc que vous en avez le monopole? — Parce que vous me paraissez, mon cher Monsieur, ignorer les premiers principes de l'art. — Ce premier principe, quel est-il? demanda Courtin. — C'est que, quand on veut prendre du poisson, il faut se garder de quatre choses. — Desquelles? — Du vent, des chiens, des femmes et des bavards : il est vrai que l'on aurait pu se contenter de dire de trois, ajouta philosophiquement l'homme à la vareuse, car femme et bavard c'est tout un. — Bah ! vous allez trouver tout à l'heure que mon bavardage n'est pas si hors de saison, quand je vais vous proposer de vous faire gagner un petit écu. — Que je prenne une demi-douzaine de perches j'aurai gagné plus d'un petit écu, et me serai amusé par-dessus le marché. — Bon ! j'irai jusqu'à quatre, et même jusqu'à cinq francs, continua Courtin, et vous aurez rendu en même temps service à votre prochain; n'est-ce rien cela?

Voyons, dit le pêcheur, pas d'ambages; que voulez-vous de moi? Parlez. — Que vous me conduisiez, dans votre bateau, jusqu'au *Jeune-Charles*, dont on voit d'ici les enfléchures entre les arbres. — Le *Jeune-Charles !* dit le marin de l'air le plus innocent du monde, qu'est-ce que cela, le *Jeune-Charles ?* — Celui-ci, dit maître Courtin en présentant au pêcheur son chapeau goudronné qu'il avait ramassé sur la berge, et sur le ruban duquel était écrit en lettres d'or : LE JEUNE-CHARLES. — Allons, décidément, je vous tiens pour pêcheur, l'ami, dit le marin, car, par le diable! pour avoir lu ceci dans l'obscurité, il faut que, comme moi, vous ayez des yeux dans les doigts; voyons, que voulez-vous du *Jeune-Charles ?* — Est-ce que je n'ai pas dit tout à l'heure un mot qui vous a frappé? — Mon bonhomme, répondit le pêcheur, je suis comme les chiens de race, je ne jappe jamais quand on me mord; dévidez donc votre loch sans vous inquiéter de ce qui se passe dans ma carène. — Eh bien ! je suis le métayer de madame la baronne de La Logerie. — Après? — Et je viens de sa part, dit Courtin qui sentait peu à peu l'audace lui revenir au fur et à mesure qu'il s'engageait. — Après? demanda le marin du même ton à peu près, mais avec un degré d'impatience plus marqué. Vous venez de la part de madame de La Logerie; eh bien! que venez-vous nous dire de sa part? — Vous dire que tout est manqué, surpris, découvert, et qu'il faut que vous vous éloigniez au plus vite. — Sufficit, répondit le pêcheur; mais cela ne me regarde point, je ne suis que le second du *Jeunes-Charles;* mais j'en sais assez cependant pour vous accorder ce que vous me demandez, et nous allons naviguer de conserve pour gagner les eaux du capitaine, auquel vous raconterez votre histoire.

En achevant ces mots, le second du *Jeune-Charles* roula tranquillement sa ligne autour du roseau, la jeta dans sa barque, poussa celle-ci hors du sable d'un vigoureux coup d'épaule, et la mit à flot.

Puis il fit signe à maître Courtin de s'asseoir à l'arrière, et d'un coup d'aviron mit vingt pas entre le bord et lui. Au bout de cinq minutes, ils tournèrent l'île et presque aussitôt ils se trouvèrent le long des flancs du *Jeune-Charles,* qui, étant sur lest, se dressait d'une douzaine de pieds hors de l'eau. Au bruit des avirons, un coup de sifflet, singulièrement modulé, partit du bord du navire. Le pêcheur y répondit par une mélodie à peu près semblable. Une figure se montra à l'avant; le bateau accosta à tribord, et l'on jeta une corde à ceux qui arrivaient.

L'homme à la vareuse escalada la muraille du bâtiment avec l'agilité d'un chat, puis il hissa Courtin, qui avait moins l'habitude de cet escalier nautique.

Lorsqu'il se sentit, à sa grande joie, sur ses pieds et sur le pont, le maire de la Logerie se trouva en face d'une forme humaine dont il ne pouvait distinguer les traits, cachés qu'ils étaient sous les plis d'une grande cravate de laine qui s'enroulait autour du collet de son capot de toile cirée, mais qu'à l'attitude humble et soumise que prenait près de lui le mousse qui avait signalé leur arrivée, il reconnut devoir être le capitaine.

— Qu'est-ce que cela? dit ce dernier au pêcheur, en promenant sans cérémonie sur la figure du métayer la lumière du fanal qu'il avait pris des mains du mousse. — Ça vient de la part de qui vous savez, répondit le second. — Allons donc! reprit le capitaine. A quoi te servent tes écubiers, si tu as pu croire qu'un jeune homme de vingt ans pouvait être taillé sur un garbari comme celui-là? — Je ne suis pas M. de La Logerie, en effet, dit Courtin, qui avait saisi le sens de ce jargon maritime, mais seulement son métayer et son homme de confiance. — A la bonne heure! c'est déjà quelque chose, mais ce n'est pas tout. — Il m'a chargé... — Mais, nom d'un phoque! je ne te demande pas de quoi il t'a chargé, méchant serin, fit le capitaine en lançant sur le pont un long jet de salive noirâtre qui gênait l'explosion de la colère qui commençait à l'animer; je te dis que c'est déjà quelque chose, mais ce n'est pas tout.

Courtin regarda le capitaine d'un air étonné.

— Comprends-tu, oui ou non? demanda celui-ci. Si c'est non, dis-le vite, et l'on va te conduire à terre avec les honneurs que tu mérites, c'est-à-dire avec une bonne cinglée de coups de garcette sur le bas des reins.

Courtin alors comprit que madame de La Logerie, selon toute probabilité, était convenue avec le maître du *Jeune-Charles* d'un signal de reconnaissance; ce signal, il l'ignorait. Il se sentit perdu; il vit s'évanouir tous ses plans; il sentit s'écrouler toutes ses espérances, sans compter que, pris au piége comme un renard, il allait apparaître sous son véritable jour aux yeux du jeune baron.

Le maire de la Logerie essaya de se tirer de ce mauvais pas en effaçant immédiatement de son visage toute trace d'intelligence, et en simulant la naïveté du paysan, qui va parfois jusqu'à l'idiotisme.

— Dame! mon cher Monsieur, dit-il, je n'en sais pas davantage, moi. Ma bonne maîtresse m'a dit comme ça : « Courtin, mon ami, tu sais que le jeune baron est condamné à mort; je me suis entendue avec un brave marin pour le conduire hors de France; mais voilà que nous avons été dénoncés, à ce qu'il paraît, par quelque traître. Cours dire cela au capitaine, que tu trouveras à Couëron, derrière les îles. » Je suis accouru, moi; je n'en sais pas davantage.

En ce moment, un vigoureux : « Ohé! » parti de l'avant du navire, vint distraire le capitaine de la réponse énergique qu'il méditait probablement. A ce cri il se tourna vers le mousse, qui, son falot à la main, écoutait, la bouche béante, la conversation de son patron et de Courtin.

— Que fais-tu là, Lascar, canaille, failli chien? s'écria-t-il en accompagnant ces paroles d'une pantomime qui, grâce à la rapidité d'évolution du jeune aspirant à l'amiralat, l'atteignit dans les parties charnues et l'envoya rouler jusqu'au panneau. C'est comme ça que tu es à ton poste!

Puis, se retournant vers le second.

— Ne laisse pas accoster sans avoir reconnu, dit-il.

Mais il n'avait pas achevé que le nouveau venu, qui s'était servi de la corde par laquelle on avait hissé Courtin, corde qui était restée pendante, se montra inopinément sur le pont.

La capitaine alla ramasser la lanterne qui s'était échappée des mains du mousse, et qui, par un hasard providentiel, ne s'était point éteinte, et, ce fanal à la main, il se dirigea vers le visiteur.

— De quel droit montez-vous à mon bord sans dire gare, vous ? s'écria-t-il en saisissant celui-ci au collet. — J'y monte parce que j'y ai affaire, à votre bord, répondit l'homme avec l'assurance d'un gaillard sûr de son fait. — Que veux-tu alors ? Voyons, parle vite. — Oh ! lâchez-moi d'abord ; vous êtes bien sûr que je ne me sauverai pas, puisque je suis venu de moi-même. — Mais, mille millions de phoques ! dit le capitaine, te tenir au collet, ce n'est pas te fermer la bouche. — Je ne puis parler quand je suis gêné dans mon entournure, répliqua le nouveau venu, sans s'intimider le moins du monde du ton de son interlocuteur. — Capitaine, dit le second en intervenant dans le débat ; sacrédié ! m'est avis que vous n'êtes pas juste. A celui qui vient louvoyer vous demandez pavillon, et à celui qui est tout prêt à hisser ses couleurs, vous faites les nœuds à la drisse. — C'est vrai, répondit le capitaine en lâchant le nouveau venu, que nos lecteurs ont sans doute déjà reconnu pour le véritable envoyé de Michel, c'est-à-dire pour Joseph Picaut.

Celui-ci fouilla dans sa poche, y prit le mouchoir qu'il avait reçu des mains du jeune baron, et le présenta au patron du *Jeune-Charles*, qui le déplia et en compta les trois nœuds avec autant de conscience qu'il l'eût fait d'une somme d'argent.

Courtin, duquel on ne s'occupait plus, avait vu la scène et n'en perdait rien.

— Bien, dit-il ; tu es en règle. Nous allons causer tout à l'heure ; mais auparavant il faut que j'expédie le particulier de l'arrière. Toi, Antoine, dit-il en s'adressant à son second, conduis ce gaillard-là à la cambuse, et verse-lui un boujaron de schnick.

Le capitaine revint à l'arrière et trouva Courtin qui s'était assis sur un paquet de cordages. Le maire de la Logerie tenait sa tête entre ses mains, comme s'il n'eût point fait la moindre attention à la scène qui venait de se passer sur l'avant. Il semblait accablé, quoique en réalité, comme nous l'avons dit, il n'eût pas perdu un seul détail de la scène accomplie entre le capitaine et Joseph Picaut.

— Oh ! faites-moi reconduire à terre, monsieur le capitaine, s'écria-t-il du plus loin qu'il vit celui-ci venir à lui ; je ne sais ce que j'ai, mais depuis quelques minutes je me sens tout malade, et il me semble que je vais mourir. — Ah ! bon, si tu es comme cela pour un méchant bout de marée, tu en verras de dures avant que tu aies traversé la ligne. — Passé la ligne ! Jésus Dieu ! — Oui, mon bonhomme ; ta conversation m'a semblé pleine d'agrément, et je suis décidé à te garder à mon bord pendant le petit voyage de long cours que je vais entreprendre. — Rester ici ! s'écria Courtin en feignant plus d'effroi qu'il en éprouvait réellement, et ma ferme, et ma bonne maîtresse ! — Quant à ta ferme, je m'engage à te faire voir des pays où tu pourras étudier des fermes modèles ; et quant à ta bonne maîtresse, je me charge de la remplacer avantageusement. — Mais pourquoi cela, mon bon Monsieur ? d'où vous vient cette résolution subite de m'emmener avec vous ? Songez que rien qu'à ce bout de marée, comme vous le disiez tout à l'heure, voilà déjà ma tête qui tourne. — Cela t'apprendra à faire poser le capitaine du *Jeune-Charles*, méchant haricotier que tu es. — Mais en quoi vous ai-je donc offensé, mon digne capitaine ? — Voyons, dit l'officier qui paraissait décidé à couper court au dialogue, réponds franchement, c'est la seule chance qui te reste de ne pa* aller à mille lieues d'ici servir de déjeuner aux requins. Qui est-ce qui t'a envoyé à moi? — Mais, s'écria Courtin, c'est madame de La Logerie; quand je vous dis que je suis son métayer, et cela, aussi vrai qu'il n'y a qu'un Dieu au ciel. — Mais enfin, continua le capitaine, si c'est madame de La Logerie, elle t'a bien donné quelque chose pour te faire reconnaître, un billet, une lettre, un bout de papier. Si tu n'as rien, c'est que tu ne viens pas de sa part; si tu ne viens pas de sa part, c'est que tu es un espion, et, dans ce cas-là, prends garde, dès que la chose sera connue, je te traiterai comme on traite les espions. — Ah! mon Dieu! fit Courtin paraissant se désespérer de plus en plus, je ne puis pourtant pas me laisser soupçonner ainsi. Tenez, voilà des lettres à mon adresse qui se trouvent par hasard sur moi, et qui vous prouvent que je suis bien Courtin, comme je vous l'ai dit; voilà mon écharpe de maire; mon Dieu! qu'ai-je donc encore qui puisse vous convaincre que j'ai dit la vérité? — Ton écharpe de maire! s'écria le capitaine; mais comment se fait-il donc, drôle, si tu es fonctionnaire public, si tu as fait serment au gouvernement, comment se fait-il donc que tu sois le complice d'un homme qui a porté les armes contre le gouvernement et qui est condamné à mort? — Eh! mon cher Monsieur, parce que je suis si fort attaché à mes maîtres, que mon attachement pour eux l'emporte sur mon devoir. Eh bien! s'il faut vous le dire, c'est justement comme maire que j'ai su que vous alliez être inquiété cette nuit, et que j'ai fait part à madame de La Logerie du danger qui vous menaçait; c'est alors qu'elle ma dit : « Prends ce mouchoir, va trouver le capitaine du *Jeune-Charles*.... » — Elle t'a dit : « Prends ce mouchoir? » — Oui, elle m'a dit cela, foi d'homme! — Mais où est-il, ce mouchoir qu'elle t'a dit de prendre? — Il est dans ma poche, donc. — Mais, imbécile, idiot, bélître! donne-le donc, ce mouchoir. — Que je vous le donne? — Oui. — Oh! je ne demande pas mieux, moi; le voilà.

Et Courtin tira un mouchoir de sa poche.

— Mais donne donc, failli chien! s'écria le capitaine; madame de La Logerie ne t'avait-elle pas dit de me donner ce mouchoir? — Si fait, répondit Courtin d'un air de plus en plus niais. — Eh bien! alors, pourquoi ne me l'as-tu pas donné? — Dame! fit Courtin, parce qu'en arrivant sur le pont, j'ai vu que vous vous mouchiez avec vos doigts, et que je me suis dit : « Dieu merci! si le capitaine se mouche avec ses doigts, il n'a pas besoin de mouchoir. — Ah! fit le capitaine en se grattant la tête avec un reste de doute, ou tu es un rude manouvrier, ou tu es un crâne imbécile; en tout cas, comme il y a plus de chance pour l'imbécillité, c'est à celui-là que je m'arrête de préférence. Voyons, redis-moi carrément la cause pour laquelle tu viens, et ce que t'a chargé de me dire la personne qui t'envoie à moi! — Voilà, mot pour mot, les paroles de ma bonne maîtresse, Monsieur. — Voyons ces paroles. — « Courtin, m'a-t-elle dit, je puis me fier à toi, n'est-ce pas? — Oh! que oui, lui ai-je répondu. — Sache donc que mon fils, que tu as recueilli, soigné, gardé, caché chez toi au risque de ta vie, devait s'évader cette nuit à bord du navire *le Jeune-Charles*; mais comme j'en ai eu vent, et comme tu me le dis toi-même, il paraît que tout a été découvert. Tu n'as que le temps d'aller prévenir le digne capitaine qu'il n'attende plus mon fils, qu'il s'ensauve au plus vite, car on doit le prendre cette nuit pour avoir concouru à l'évasion d'un condamné politique, et puis encore pour beaucoup d'autres choses. »

Maître Courtin soudait cet appendice à la phrase qu'il avait préparée, présumant, d'après la physionomie du capitaine du *Jeune-Charles*, qu'il pourrait bien avoir d'autres peccadilles à se reprocher que celle pour laquelle Courtin venait le prévenir qu'il était recherché.

Peut-être sa perspicacité n'était-elle pas en défaut, car le digne marin demeura pensif pendant quelques instants.

— Allons, suis-moi, dit-il enfin à Courtin.

Le métayer obéit passivement ; le capitaine le conduisit à sa chambre, l'y fit entrer et referma la porte à double tour.

Quelques instants après, Courtin, qui était demeuré dans l'obscurité et qui était assez inquiet de la tournure qu'allait prendre cette affaire, entendit un bruit de pas qui retentissaient sur le pont du navire et qui s'acheminaient vers la chambre du capitaine.

La porte s'ouvrit ; le capitaine rentra le premier ; il était suivi de Joseph Picaut, derrière lequel marchait le second, sa lanterne à la main.

— Ah çà ! voyons, dit le patron du *Jeune-Charles*, il s'agit de vous entendre une bonne fois pour toutes. Tâchons de débrouiller cet écheveau de fil qui me paraît passablement emmêlé, ou, par la coque de mon bâtiment ! je vous fais rouer les épaules jusqu'à ce que le diable lui-même en ait les larmes aux yeux. — Moi, j'ai dit tout ce que j'avais à dire, capitaine, fit Courtin.

Picaut tressaillit à cette voix ; il n'avait pas encore vu le métayer et ignorait complétement sa présence à bord.

Il fit un pas pour s'assurer que c'était lui.

— Courtin ! s'écria-t-il, le maire de la Logerie ! Capitaine, si cet homme sait notre secret, nous sommes perdus ! — Et qu'est-il donc ? demanda le capitaine. — C'est un traître, un espion, un mouchard ! — Morbleu ! dit le capitaine, il ne faudra pas que tu me le répètes cinquante fois pour me le faire croire. Le drôle a quelque chose de louche et de faux dans la physionomie qui ne me revient pas du tout. — Ah ! continua Joseph Picaut, vous ne vous trompez pas ; je vous le donne pour le plus damné pataud, et par conséquent pour la plus franche canaille du pays de Retz. — Qu'as-tu à répondre à cela ? demanda le capitaine ; voyons, mille carcasses ! dis ? — Oh ! rien, répondit Picaut, je le défie bien de répondre.

Courtin continuait de garder le silence.

— Allons, allons, décidément, dit le capitaine, je vois qu'il faut employer les grands moyens pour te faire parler, mon drôle.

Et à ces mots, le patron du *Jeune-Charles* tira de sa poitrine un petit sifflet d'argent pendu à une chaîne de même métal, et en tira un son aigu et prolongé.

A ce signal de leur capitaine, deux matelots entrèrent dans la chambre.

Alors un sourire diabolique se dessina sur les lèvres de Courtin.

— Bon ! dit-il, voilà justement ce que j'attendais pour parler.

Et, prenant le capitaine, il l'emmena dans un coin de la chambre et lui dit quelques mots à l'oreille.

— Est-ce vrai, ce que tu me dis là ? demanda le patron du *Jeune Charles*. — Dame ! fit Courtin, il est bien facile de vous en assurer. — Tu as raison, dit-il.

Et, sur un signe du capitaine, le second et les deux matelots saisirent Joseph Picaut, lui arrachèrent sa veste et déchirèrent sa chemise.

Le capitaine alors s'approcha de lui, lui appliqua une tape vigoureuse sur l'épaule, et les deux lettres dont avait été marqué le chouan lors de son entrée au bagne se dessinèrent parfaitement visibles sur sa chair marbrée.

Picaut avait été si violemment et si subitement assailli par les trois hommes, qu'il n'avait pas pu se défendre d'abord ; mais il n'avait pas plus tôt vu de quoi il était question, qu'il avait fait des efforts inouïs pour échapper aux étreintes qui l'enlaçaient; mais il avait été dompté par cette triple force, et il ne pouvait plus que rugir et blasphémer.

— Liez-lui pieds et pattes ! s'écria le capitaine, s'en rapportant, pour juger de la moralité de l'homme, au certificat qu'il portait sur l'épaule, et arrimez-le-moi dans la cale, entre deux barriques.

Puis, se retournant vers maître Courtin qui poussait un soupir de soulagement :

— Je vous demande bien pardon, mon digne magistrat, lui dit-il, de vous avoir confondu avec un drôle de cette espèce. Mais, soyez tranquille, je vous promets que si l'on met le feu à votre grange avant trois bonnes années d'ici, ce ne sera pas lui qui l'y aura mis.

Puis, sans perdre de temps, il remonta sur le pont, où Courtin l'entendit appeler son monde et donna l'ordre d'appareiller.

Une fois convaincu du danger qu'il courait, le digne marin paraissait si pressé de mettre le plus d'espace possible entre la justice et lui, que, s'excusant auprès du maire de la Logerie de ne pas même lui faire la politesse d'un petit verre d'eau-de-vie, il le fit descendre dans le bateau en lui souhaitant un heureux voyage et en le laissant le maître d'aller toucher la rive où bon lui semblerait.

Maître Courtin coupa aussi directement qu'il put le courant du fleuve; mais, si rapide que fut sa marche, au moment où son bateau froissait le sable de la berge, il put voir *le Jeune Charles* qui s'ébranlait lentement et dont les voiles se déployaient les unes après les autres.

Courtin, alors, s'était caché dans cette même anfractuosité du rivage où il avait aperçu le pêcheur, et avait attendu.

Au bout d'une demi-heure à peine qu'il était là, il vit arriver Michel, et, à son grand étonnement, ne reconnut Bertha ni dans l'une ni dans l'autre des deux personnes qui l'accompagnaient.

Mais, en échange, il reconnut Mary et Petit-Pierre.

Ce fut alors qu'il se félicita doublement de sa ruse, si heureusement secondée par le hasard, qui avait, comme pour contribuer à sa réussite, amené là Joseph Picaut, et qu'il se disposa à profiter de la bonne fortune que le ciel lui envoyait.

On comprend facilement que tout le temps que Michel, Mary et Petit-Pierre restèrent sur le rivage, il ne les perdit pas un instant de vue; que lorsque tous trois s'embarquèrent à la recherche du navire, il les suivit des yeux dans tous les tours et détours qu'ils firent exécuter à la barque; et qu'enfin, lorsqu'ils regagnèrent Nantes, il les suivit avec des précautions telles, que, pendant tout le chemin, aucun des trois fugitifs ne s'aperçut qu'il était épié.

Mais cependant, si bien qu'il prit ses précautions, c'était lui que Michel avait aperçu au coin de la place du Bouffay; c'était lui qui avait marché derrière les proscrits, jusqu'à la maison où il les avait vus entrer.

Lorsqu'ils eurent disparu, il ne douta point que, pour cette fois, il ne connût la cachette de Petit-Pierre. Il passa devant la porte, tira un morceau de craie de sa poche, fit une croix sur le mur, et, certain d'avoir le poisson dans son filet, il pensa qu'il n'avait plus qu'à le tirer à lui et tendre la main pour toucher les cent mille francs.

LXXII

OÙ L'ON RETROUVE LE GÉNÉRAL ET OÙ L'ON VOIT QU'IL N'ÉTAIT PAS CHANGÉ.

Maître Courtin était fort ému; au moment où le dernier des trois personnages qu'il suivait depuis Couëron avait disparu derrière la petite porte, il avait eu, comme sur la lande en revenant d'Aigrefeuille, cette vision qui lui semblait la plus belle de toutes les visions : il avait vu scintiller devant ses yeux éblouis une pyramide de pièces jaunes et blanches qui jetaient au loin d'adorables reflets fauves et brillants.

Seulement, la pyramide était du double plus grosse que celle qu'il avait aperçue la première fois ; car, nous devons l'avouer, en voyant sa proie dans son filet, la première pensée, nous devrions dire l'unique pensée de maître Courtin, fut qu'il serait un bien grand sot s'il admettait l'homme d'Aigrefeuille au partage de cette bienheureuse récompense, qu'il serait un grand maladroit s'il ne se passait pas de lui.

Il résolut donc de ne point l'avertir, comme cela avait été convenu, et d'aller sur-le-champ faire part aux autorités de la découverte qu'il venait de faire.

Cependant, il faut lui rendre cette justice, maître Courtin songea, au milieu de cet épanouissement de tous ses désirs, à son jeune maître, auquel ils allaient coûter la liberté et peut-être la vie; seulement, il étouffa immédiatement ce remords intempestif, et, pour ne pas laisser à sa conscience le temps de jeter un second cri, il se mit à courir dans la direction de la préfecture.

Mais il ne fit pas plus de vingt pas, qu'au moment où il tournait le coin de la rue du Marché, un homme qui courait aussi, mais dans un sens opposé, le heurta et le renversa contre le mur.

Maître Courtin jeta un cri, non de douleur, mais de surprise; car, dans cet homme, il avait reconnu M. Michel de La Logerie qu'il croyait avoir laissé derrière la petite porte verte qu'il avait si soigneusement marquée d'une croix.

Sa stupéfaction était si grande, que Michel l'eût bien certainement remarquée s'il n'eût été lui-même singulièrement préoccupé ; mais dans ce moment, tout joyeux de revoir celui qu'il prenait pour un ami, et de croire, par conséquent, qu'un aide lui arrivait :

— Dis-moi, Courtin, tu as suivi la rue du Marché, n'est-ce pas? — Oui, monsieur le baron. — Alors, tu as dû rencontrer un homme qui s'enfuyait? — Non, monsieur le baron. — Mais si, mais si ; il est impossible que tu ne l'aies pas rencontré; un homme qui semblait épier.

Maître Courtin rougit jusqu'au blanc des yeux, mais il se remit aussitôt.

— Attendez donc; oui, au fait, fit-il, décidé à profiter de cette chance inattendue d'écarter de lui tout soupçon; oui, devant moi marchait un homme que j'ai vu là-bas s'arrêter devant cette porte verte que vous voyez d'ici. — C'est bien cela ! s'écria le jeune homme, tout entier à l'idée de découvrir celui qui les avait épiés; Courtin, il s'agit de me donner une preuve de la fidélité et de ton dévouement, il faut absolument que nous retrouvions cet homme; par où a-t-il pris? — Par cette rue, je crois, dit Courtin en indiquant de la main la première rue qui se trouva à portée de sa vue. — Viens donc, et suis-moi.

Michel se mit à marcher rapidement dans la direction que lui avait indiquée Courtin.

Mais, tout en le suivant, celui-ci se mit à réfléchir.

Il avait eu un moment l'idée de laisser son jeune maître courir à son aise, de le quitter et de s'en aller tout simplement où il avait résolu d'aller; mais il n'y eut pas songé une minute, qu'il s'applaudit de n'avoir pas suivi cette première inspiration.

La maison avait deux issues, c'était évident pour Courtin ; et, puisque Michel s'était aperçu qu'on avait épié leurs démarches, il était sûr que l'on ne s'était servi de ces deux portes que pour dérouter l'espion; il était certain que Petit-Pierre avait dû, comme Michel, sortir de la maison de la rue du Marché, au coin de laquelle il rencontrait le jeune baron.

Maître Courtin retrouvait Michel, Michel qui, probablement à cette heure, connaissait la retraite où vivait celle qu'il aimait. Avec Michel, le maire de la Logerie était certain d'arriver au but qu'il se proposait d'atteindre. Il pouvait tout manquer en brusquant les choses; il se résigna donc à perdre le bénéfice d'un si bon coup de filet et à s'armer d'un peu de patience.

Il doubla le pas, et parvint à rejoindre le jeune homme.

— Monsieur le baron, lui dit-il, c'est à moi de vous rappeler à la prudence : le jour est venu, les rues s'emplissent, tous les yeux se tournent vers vous qui courez dans la ville avec vos habits tout souillés de boue, tout trempés de rosée ; si nous rencontrions quelques agents de l'autorité, ils pourraient bien là trouver matière à leurs soupçons, vous arrêter; et que dirait madame votre mère, qui a voulu que je la reconduise jusqu'ici pour me faire ses dernières recommandations? — Ma mère? mais, à cette heure, elle me croit en mer et sur la route de l'Angleterre. — Vous deviez donc partir? s'écria Courtin de l'air le plus innocent du monde. — Sans doute; ne te l'avait-elle pas dit? — Non, monsieur de La Logerie, répondit le métayer en donnant à sa physionomie l'expression d'une tristesse amère et profonde, non : je vois bien que, malgré tout ce que j'ai fait pour vous, la baronne se méfie de moi, et ça me crève le cœur comme un soc de charrue le fait de la terre. — Allons! allons! il ne faut pas te désespérer, mon bonhomme ; mais c'est qu'aussi ton revirement a été si brusque, si subit, que l'on a peine à se l'expliquer; moi-même, lorsque je pense à cette soirée où tu coupas les sangles de mon cheval, je me demande comment il se peut faire que tu sois devenu si bon, si attentif, si dévoué. — Dame! Monsieur, ça se comprend pourtant: alors, je combattais pour mes opinions politiques; aujourd'hui qu'elles sont sauves, aujourd'hui que je suis certain qu'on ne changera pas le gouvernement que j'aime, je ne vois plus dans les Louves et dans les chouans que les amis de mon maître, et j'ai deuil de me sentir si mal récompensé. — Allons! allons! il ne faut pas te désoler, mon bon Courtin, répondit Michel; je vais, moi, te donner une preuve que j'apprécie ton retour à des idées plus généreuses, et te confier un secret que tu avais déjà pressenti. Courtin, il est probable que madame la baronne de La Logerie ne sera pas celle que tu as cru devoir l'être jusqu'à présent. — Vous n'épouseriez pas mademoiselle de Souday? — Au contraire; seulement, au lieu de se nommer Bertha, ma femme pourrait bien s'appeler Mary. — Ah! que j'en serai aise pour vous; car, vous le savez, j'ai bien fait tout ce que j'ai pu pour que cela arrivât, et si je n'ai pas fait plus, c'est que vous ne l'avez point voulu. Ah çà! mais, vous l'avez donc vue, mademoiselle Mary? — Oui, je l'ai vue, et les quelques minutes que j'ai passées auprès d'elle auront suffi, j'espère, à assurer mon bonheur ! s'écria Michel, qui s'abandonnait à toute l'ivresse de sa joie.

Puis, continuant :

— Es-tu forcé de retourner à la Logerie aujourd'hui? demanda-t-il à Courtin. — Monsieur le baron doit bien penser que je ne suis ici que pour être à ses ordres, répondit le métayer. — Bon! Eh bien, tu la verras toi-même, Courtin; car ce soir je dois la retrouver encore. — Où cela? — Où tu m'as rencontré. — Ah! tant mieux, dit Courtin, dont la physionomie s'illumina d'une expression de satisfaction égale à celle que présentait en ce moment celle de son jeune maître; tant mieux : vous ne sauriez croire combien je serai joyeux de vous voir marié selon vos goûts et votre cœur. Ma foi ! puisque votre mère consent, autant vaut que ce soit au moins avec celle que vous aimez; voyez-vous que mes conseils étaient bons?

Et le métayer se frotta les mains comme un homme au comble de la joie.

— Ce brave Courtin! répliqua Michel, qui était touché des élans sympathiques de son métayer; où te retrouverai-je ce soir? — Mais, où vous voudrez. — Ne t'es-tu point arrêté à l'auberge du *Point-du-Jour*, comme moi? — Oui, monsieur le baron. — Eh bien, nous y passerons la journée; ce soir tu m'attendras pendant que je me rendrai auprès de Mary; je te rejoindrai, et nous partirons ensemble. — Mais, répondit Courtin assez embarrassé à cette résolution de son jeune maître qui dérangeait tous ses projets, c'est que j'ai, moi, différentes commissions à faire dans la ville. — Je t'accompagnerai partout, cela m'aidera à tuer le temps, qui ne laissera pas que de me sembler long d'ici au soir. — Vous n'y pensez pas ! Mes fonctions de maire m'obligent à me présenter dans les bureaux de la préfecture, et vous ne pouvez y venir avec moi ; non, rentrez à l'auberge et reposez-vous ; et ce soir, à dix heures, nous nous mettrons en route : vous, bien joyeux, probablement, et moi, heureux aussi pour elle.

Courtin tenait à se débarrasser, quant à présent, de Michel; depuis le matin, l'idée, que la récompense promise à qui livrerait Petit-Pierre, il pourrait la gagner seul, trottait dans sa cervelle, et il s'était décidé à ne point quitter Nantes sans savoir à quoi s'en tenir sur son chiffre et sur les moyens de ne la partager avec personne.

Michel comprit la valeur des raisons que lui donnait Courtin, et, jetant un coup d'œil sur ses habits tout souillés de boue, tout imprégnés de rosée, il se décida à prendre congé de lui pour rentrer à l'hôtel.

Aussitôt que son jeune maître l'eut quitté, maître Courtin s'achemina vers le logis du général. Il donna son nom au soldat de planton, et, après quelque temps d'attente, on l'introduisit auprès de celui qu'il désirait voir.

Le général était assez mécontent de la tournure que prenaient les choses : il avait envoyé à Paris des plans de pacification inspirés par ceux qui avaient si bien réussi au général Hoche, ces plans n'avaient point été approuvés; il voyait partout l'autorité civile primant les pouvoirs que l'état de siége accordait aux fonctionnaires militaires, et la susceptibilité du vieux soldat, froissée en même temps que ses sentiments patriotiques, le rendait profondément mécontent.

— Que veux-tu ? dit-il à Courtin en le toisant.

Courtin s'inclina le plus bas qu'il lui fut possible.

— Mon général, répondit le métayer, vous souvient-il de la soirée de Montaigu ? — Parbleu ! comme si c'était hier; et surtout de la nuit qui l'a suivie !

Ah ! il s'en est peu fallu que mon expédition ne réussît, et, sans un vaurien de garde qui débaucha un de mes chasseurs, j'étouffais l'insurrection dans son nid. A propos, comment l'appelais-tu, cet homme ? — Jean Oullier, répondit Courtin. — Qu'est-il devenu dans tout cela ?

Courtin ne put s'empêcher de pâlir.

— Il est mort, dit-il. — C'est ce qu'il avait de mieux à faire, le pauvre diable ; et pourtant, c'est dommage, c'était un brave. — Si vous vous rappelez celui qui a fait avorter l'affaire, comment se fait-il, général, que vous ayez oublié celui qui vous avait fourni les renseignements ?

Le général regarda Courtin.

— Parce que Jean Oullier était un soldat, c'est-à-dire un camarade, et que ceux-là on y pense toujours ; tandis que les autres, les espions et les traîtres, on les oublie le plus tôt qu'on peut. — Bien, dit Courtin ; alors, mon général, je me permettrai de venir en aide à votre mémoire, et de vous dire que je suis cet homme qui vous a indiqué la retraite de Petit-Pierre. — Ah ! Eh bien, alors, que veux-tu aujourd'hui ? Parle et sois bref. — Je veux vous rendre exactement le même service que je vous ai rendu alors. — Ah ! oui ; mais les temps sont bien changés, mon cher ; nous ne sommes plus dans les chemins creux du pays de Retz, où l'on remarque un petit pied, une peau blanche et une voix douce, vu la rareté de toutes ces choses-là. Ici, tout le monde ressemble plus ou moins à une grande dame ; aussi, depuis un mois, plus de vingt drôles de ton espèce sont venus nous vendre la peau de l'ours. Nos soldats sont sur les dents, nous avons fouillé cinq ou six quartiers, et l'ours n'est pas encore mis par terre. — Général, j'ai le droit que vous ajoutiez foi à mes renseignements, puisque, une première fois déjà, je vous ai prouvé que je n'en donnais que de sûrs. — Au fait, dit le général à demi-voix, ce serait assez plaisant que je trouvasse tout seul ce que ce monsieur de Paris, avec toute son escouade de mouchards, d'espions, de ruffians, de gens de haute et de basse police, n'est point encore parvenu à rencontrer ; es-tu sûr de ce que tu avances ? — Je suis sûr que, d'ici à vingt-quatre heures, je saurai ce que vous désirez savoir, la rue et le numéro. — Viens me trouver, alors. — Mais, général, c'est que je voudrais...

Courtin s'arrêta.

— Quoi ? demanda le général. — On a parlé de récompense, et je désirerais... — Ah ! oui, dit le général en se détournant et en regardant Courtin avec une expression de suprême mépris ; j'avais oublié que, quoique fonctionnaire public, tu es de ceux qui ne négligent point le soin de leurs intérêts privés. — Dame ! général, c'est vous qui l'avez dit : nous autres, on nous oublie le plus promptement possible. — Et c'est à l'argent qu'on vous donne de vous tenir lieu de la reconnaissance publique ; au fait, c'est logique ; ainsi, tu ne donnes pas, tu vends, tu trafiques, tu es un négociant en chair humaine, mon digne métayer, et aujourd'hui, jour de marché, tu es venu au marché comme les autres, et avec les autres. — Je suis tout cela ; oh ! ne vous gênez pas, général, les affaires sont les affaires, et je n'ai pas de honte d'avoir souci des miennes. — Tant mieux ; mais je ne suis plus celui auquel il faut s'adresser : on nous a envoyé de Paris un monsieur tout exprès pour conclure cette affaire-là ; c'est lui, quand tu auras ta proie, qu'il faut aller trouver pour lui en faire prendre livraison. — Ainsi je ferai, mon général ; mais, poursuivit Courtin, si, une première fois, je vous ai fidèlement renseigné, ne seriez-vous pas d'humeur à m'en donner la récompense ? — Mon bonhomme, si tu trouves que je te doive quelque chose, je suis prêt à m'acquitter ; voyons, parle, j'écoute. — Cela vous sera d'autant plus facile, que je ne vous demande pas grand'chose. Dites-moi le chiffre de la somme que l'on destine à celui qui vous remettra Petit-Pierre entre les mains ? — Une cinquantaine de mille francs, peut-être ; je ne me suis pas occupé de cela, moi. — Cinquante mille francs ! s'écria Courtin en faisant un pas en arrière comme s'il eût été frappé au cœur ; mais cinquante mille francs, ce n'est guère ! — Tu as raison, et ce n'est pas la peine, à mon avis, d'être infâme pour si peu ; mais tu diras cela à ceux que cela regarde. Maintenant, quant à nous, nous sommes quittes, n'est-ce pas ? Débarrasse-moi donc de ta présence ; adieu !

Le général reprit le travail qu'il avait interrompu pour recevoir Courtin, sans prêter la moindre attention aux salutations à l'aide desquelles le maire de la Logerie cherchait à opérer convenablement sa retraite.

Ce dernier sortit de moitié moins satisfait qu'il ne l'était lorsqu'il était entré.

Il ne doutait pas que le général ne sût parfaitement à quoi s'en tenir sur le chiffre de la somme attribuée au prix de la trahison, et ne conciliait pas ce qu'il venait d'entendre avec ce que l'individu d'Aigrefeuille lui avait dit de ce que serait sa part ; et se figurant que cet individu était l'homme lui-même que le gouvernement avait expédié de Paris, il renonça complétement à l'idée d'agir sans lui, et, tout en se promettant de prendre sa sûreté, il résolut de le mettre le plus tôt possible au courant de ce qui s'était passé.

Jusqu'ici cet homme était toujours venu à Courtin, qui n'avait jamais eu besoin de l'appeler ; mais le métayer en avait reçu une adresse à laquelle il devait écrire dans le cas où il eût quelque chose d'important à lui annoncer.

Courtin n'écrivit point ; il alla lui-même. Avec quelque peine il finit par découvrir, dans le quartier le plus infime de la ville, au fond d'un cul-de-sac boueux, humide, peuplé de maisons sordides, garni d'échoppes de revendeurs de chiffons et de vieux habits, une petite boutique où, suivant la recommandation qui lui en avait été faite, ayant demandé M. Hyacinthe, on lui fit monter une sorte d'échelle et on l'introduisit dans un petit appartement plus propre qu'il n'était permis de l'espérer sur l'apparence extérieure de ce taudis.

Maître Courtin trouva là son homme d'Aigrefeuille, qui le reçut bien mieux que le général l'avait fait, et avec lequel il eut une longue conférence.

LXXIII

OÙ COURTIN EST ENCORE UNE FOIS DÉSAPPOINTÉ

Si la journée devait sembler longue à Michel, Courtin, de son côté, eut grand'-peine à en supporter la longueur. Il lui sembla que la nuit n'arriverait jamais, et, bien qu'il eût soigneusement évité de se montrer dans la rue du Marché ni dans aucune des ruelles environnantes, il n'avait pu s'empêcher de promener son impatience dans les environs.

Le soir venu, Courtin, qui n'oubliait pas le rendez-vous de Michel et de de Mary, rentra à l'hôtel du *Point-du-Jour*.

Il y trouva Michel qui l'attendait avec impatience.

Dès que le jeune homme aperçut le métayer :

— Courtin, lui dit-il, je suis enchanté de te voir ; j'ai découvert l'homme qui nous a suivis cette nuit. — Hein ! vous dites ? demanda Courtin en faisant malgré lui un pas en arrière. — Je l'ai découvert, je te dis, répéta le jeune homme. — Et cet homme, quel est-il ? demanda le métayer. — Un homme auquel j'avais cru pouvoir me fier, et auquel, dans ma position, tu te serais certes fié toi-même : Joseph Picaut. — Joseph Picaut ? répéta Courtin en faisant l'étonné. — Oui. — Et où l'avez-vous donc rencontré ? — Dans cette auberge, mon cher Courtin, où il est, ou plutôt où il remplit le rôle de garçon d'écurie. — Bon ! Et comment vous a-t-il suivi ? Auriez-vous eu l'imprudence de lui confier votre secret ? Ah ! jeune homme, fit Courtin, que l'on dit bien que jeunesse et imprudence vont ensemble ; à un ancien galérien... — C'est justement à cause de cela ; tu sais bien comment il a été aux galères ? — Dame ! oui ; pour vol à main armée sur la grande route. — Enfin, je l'avais chargé d'une mission, voilà tout. — Si je vous demandais laquelle, dit Courtin, vous croiriez que c'est la curiosité qui me fait parler, et cependant ce serait l'intérêt, pas autre chose. — Oh ! je n'ai aucune raison de te cacher la mission que j'avais donnée à Picaut : je l'avais chargé d'aller prévenir le commandant du *Jeune-Charles* qu'à trois heures du matin je serais à son bord. Eh bien ! on n'a revu ni l'homme ni le cheval, de sorte que si c'est Joseph Picaut qui nous a suivis, il doit être aux aguets dans les environs. — Pourquoi faire ? demanda Courtin ; s'il avait voulu vous livrer, rien n'eût été plus facile que d'envoyer ici les gendarmes.

Michel secoua la tête.

— Comment, non ? — Je dis que ce n'est point à moi qu'il en veut, Courtin ; je dis que ce n'est point à cause de moi qu'il nous a épiés hier. — Pourquoi cela ? — Parce que ma tête n'est pas mise à assez haut prix pour payer une trahison, Courtin. — Mais à qui s'adressait cet espionnage ? fit le métayer en appelant à son aide toute la naïveté dont il était capable d'empreindre son accent et sa physionomie. — A un chef vendéen que j'eusse voulu sauver en même temps que moi, répondit Michel, qui s'apercevait du chemin que lui faisait faire son interlocuteur, mais qui n'était pas fâché de le mettre de moitié dans son secret pour s'en servir à un moment donné. — Ah ! ah ! fit Courtin ; aurait-il donc découvert la retraite de ce chef vendéen ? Ça serait un malheur, monsieur Michel. — Non ; il n'a franchi que la première enceinte, heureusement ; mais je crains que, si une seconde fois il s'occupe de nous, il ne soit, cette fois, plus heureux que la première. — Et comment pourrait-il s'occuper de vous ? — Dame ! si ce soir il nous épiait, il verrait bien que j'ai un rendez-vous avec Mary. — Ah ! mordieu ! vous avez raison. — Aussi je ne suis pas sans inquiétude, dit Michel. — Faites une chose, emmenez-moi ce soir avec vous ; si je m'aperçois que vous êtes suivi, un coup de sifflet vous avertira de prendre le large. — Mais toi ?

Courtin se mit à rire.

— Oh ! moi, je ne risque rien, mes opinions sont connues, Dieu merci ! et, en ma qualité de maire, je puis avoir impunément de mauvaises connaissances. — A quelque chose malheur est bon, dit en riant à son tour Michel ; mais, attends donc, quelle heure est-ce là ? — Neuf heures qui sonnent à l'horloge de Bouffay. — En ce cas, viens, Courtin. — Alors vous m'emmenez ? — Sans doute.

Courtin prit son chapeau, Michel le sien, et tous deux sortirent et gagnèrent rapidement l'angle où Michel avait rencontré Courtin.

Courtin avait à sa droite la rue du Marché, à sa gauche la petite ruelle sur laquelle donnait la porte qu'il avait marquée d'une croix.

— Reste là, Courtin, dit Michel, je suis à l'autre bout de cette ruelle ; je ne sais encore de quel côté viendra Mary : si elle vient du tien, achemine-la de mon côté ; si elle vient du mien, rapproche-toi afin de nous porter main-forte en cas de besoin. — Soyez tranquille, dit Courtin.

Et il s'installa à son poste.

Courtin était au comble de la joie ; son plan avait complétement réussi ; d'une façon ou de l'autre, il allait être mis en contact avec Mary. Mary, il le savait, était la confidente intime de Petit-Pierre. Il suivrait Mary lorsqu'elle quitterait Michel, et il ne faisait aucun doute que la jeune fille, n'ayant aucun soupçon d'être suivie, ne dénonçât elle-même la retraite de la princesse en la regagnant.

Neuf heures et demie, en sonnant, surprirent Courtin au milieu de ces réflexions.

A peine la vibration métallique s'éloigna-t-elle dans l'air, que Courtin entendit un pas léger venir de son côté ; il alla au-devant de ce pas, et, dans une jeune paysanne enveloppée d'une mante et portant à la main un petit paquet enveloppé d'un mouchoir, il reconnut Mary.

La jeune fille, en voyant un homme qui semblait garder la rue, hésita à avancer ; mais Courtin marcha droit à elle, et se fit reconnaître.

— C'est bien, c'est bien, mademoiselle Mary, dit-il en réponse aux manifestations joyeuses de la jeune fille ; mais ce n'est pas moi que vous cherchez, n'est-ce pas ? c'est M. le baron ? Eh bien, il est là-bas, il vous attend.

Et il désigna du doigt l'autre bout de la ruelle.

La jeune fille le remercia de la tête, et hâta le pas dans la direction que lui indiquait Courtin.

Quant à celui-ci, convaincu que la conférence serait longue, il s'assit philosophiquement sur une borne.

Seulement, de cette borne, il pouvait voir les deux jeunes gens, tout en songeant à sa fortune future qui lui paraissait en si bon chemin.

En effet, par Mary, il tenait un bout du fil du labyrinthe, et il espérait bien que, cette fois, le fil ne casserait pas.

Mais il n'eut pas le temps d'échafauder de grands rêves sur les nuages d'or de son imagination ; les jeunes gens ne firent qu'échanger quelques paroles, et revinrent dans sa direction.

Ils passèrent devant lui ; le jeune baron donnait joyeusement le bras à sa fiancée, et tenait à la main le petit paquet que le métayer avait vu dans celle de Mary.

Michel lui fit signe de la tête.

— Oh ! oh ! dit le métayer, est-ce que ce ne serait pas plus difficile que cela ! En vérité, il n'y aurait pas de mérite.

Mais, comme cette promptitude faisait merveilleusement son affaire, il ne se fit pas prier pour obéir au signe de Michel, et se mit à marcher à une très-petite distance des deux amants.

Bientôt, cependant, une certaine inquiétude s'empara du digne métayer.

Au lieu de remonter vers le haut de la ville, où Courtin sentait instinctivement que devait être la cachette, les deux jeunes gens descendaient vers la rivière.

Le métayer suivait tous leurs mouvements avec une profonde inquiétude. Mais bientôt il supposa que Mary avait quelque course à faire de ce côté, et que Michel l'accompagnait dans cette course.

Cependant son inquiétude devint plus vive, lorsque, arrivés sur le quai, il vit les deux jeunes gens prendre la direction de l'hôtel du *Point-du-Jour*.

Puis, arrivés à l'hôtel du *Point-du-Jour*, entrer hardiment par la porte cochère.

A cette vue, il ne put se contenir, et rejoignit le jeune baron au pas de course.

— Qu'y a-t-il? demanda Courtin. — Courtin, mon ami, demanda le jeune baron, il y a que je suis l'homme le plus heureux de la terre. — Comment cela? — Vite! vite! aide-moi à seller deux chevaux. — Comment, deux chevaux! Et Mademoiselle, vous ne la reconduisez donc pas? — Non, Courtin, je l'emmène. — Où cela? — A la Boulœuvre, où nous aviserons sur ce que nous avons à faire pour fuir tous ensemble. — Et mademoiselle Mary abandonne comme cela...

Courtin s'arrêta court, et comprit qu'il allait trop loin.

Mais Michel était trop heureux pour être défiant.

— Mademoiselle Mary n'abandonne personne, mon cher Courtin; nous envoyons Bertha à sa place : tu comprends que ce n'est pas moi qui puis me charger de dire à Bertha que je ne l'aime pas? — Bon! Et qui le lui dira? — Ne t'en inquiète pas, Courtin, quelqu'un s'en charge; vite! vite! sellons deux chevaux! — Vous avez donc des chevaux? — Non, je n'ai pas personnellement de chevaux ici; mais, comprends-tu, il y a des chevaux à la disposition de ceux qui, comme nous, voyagent pour les besoins de la cause.

Et Michel poussa Courtin dans l'écurie.

Leurs chevaux effectivement, comme s'ils eussent été préparés à l'intention des deux jeunes gens, mangeaient l'avoine à l'écurie.

Au moment où Michel mettait la selle sur le dos de l'un d'eux, le maître de l'hôtel descendit, conduit par Mary.

— Je viens du Sud et je vais à Rosny, lui dit Michel en sellant son cheval, tandis que Courtin en faisait autant, mais plus lentement, de l'autre. — C'est bien, se contenta de répondre le maître de l'hôtel en faisant de la tête un signe d'assentiment.

Et comme Courtin était en retard, il l'aida à rejoindre Michel.

— Mais, Monsieur, dit Courtin en faisant un nouvel effort, pourquoi aller à la Boulœuvre et pas à la Logerie? Il me semble que vous n'y avez pas été si mal, à la Logerie.

Michel interrogea Mary de l'œil.

— Oh! non, non, dit celle-ci, pas à la Logerie. Songez, mon ami, que c'est là que Bertha va revenir tout droit pour savoir de vos nouvelles, pour savoir pourquoi le navire ne les a pas pris, et je ne veux pas la voir avant que la personne que vous savez l'ait vue, lui ait parlé. Il me semble que je mourrais de honte et de douleur en me retrouvant en face d'elle.

A ce nom de Bertha, prononcé pour la seconde fois, Courtin avait reculé la tête comme un cheval fait au bruit de la trompette.

— Oui, Mademoiselle a raison, dit-il, n'allez pas à la Logerie. — Seulement, voyons, Mary, dit Michel. — Quoi? demanda la jeune fille. — Qui remettra à votre sœur la lettre qui l'appelle à Nantes? — Bon! dit Courtin, ce ne sera pas difficile de trouver un messager, et s'il n'y a que cela qui vous embarrasse, monsieur Michel, je m'en charge.

Michel hésitait; mais, comme Mary, il redoutait d'être témoin des premiers emportements de Bertha.

Il consulta la jeune fille de l'œil.

Celle-ci répondit par un signe affirmatif.

— Alors, à la Boulœuvre, dit Michel en remettant la lettre à Courtin. Si tu as quelque chose à nous faire dire, Courtin, c'est là que tu nous trouveras. — Ah ! pauvre Bertha ! pauvre Bertha ! dit Mary en s'élançant sur son cheval; jamais je ne me consolerai de mon bonheur.

Michel, de son côté, venait de sauter sur le sien. Tous deux étaient en selle ; ils saluèrent de la main le maître de l'hôtel. Michel recommanda une dernière fois sa lettre à Courtin, et tous deux s'élancèrent hors de l'hôtel du *Point-du-Jour.*

A l'extrémité du pont Rousseau, ils faillirent renverser un homme qui, malgré la chaleur de la saison, était enveloppé d'un manteau dont il se cachait le visage.

Cette sombre apparition épouvanta Michel, qui pressa l'allure de son cheval en disant à Mary d'en faire autant.

Michel se retourna au bout d'une centaine de pas. L'homme s'était arrêté et, visible malgré l'obscurité, les suivait des yeux.

— Il nous regarde, il nous regarde, dit Michel, qui sentait instinctivement qu'il venait de passer près d'un danger.

L'homme les perdit de vue, et continua sa route du côté de Nantes.

A la porte de l'hôtel, il s'arrêta, chercha quelqu'un du regard, et vit un homme qui lisait une lettre dans l'écurie à la lueur du fanal.

Il s'approcha de cet homme, qui, au bruit qu'il fit, retourna la tête.

— Ah ! c'est vous, dit Courtin : par ma foi ! vous avez failli arriver trop tôt. Vous m'auriez trouvé en compagnie qui ne vous aurait pas convenu.— Qu'est-ce que ces deux jeunes gens qui ont failli me renverser à l'extrémité du pont? — C'est justement la compagnie dans laquelle j'étais. — Eh bien ! qu'y a-t-il de nouveau ? — Du bon et du mauvais; mais plus de bon que de mauvais, cependant. — Est-ce pour ce soir ? — Non, pas encore; c'est partie remise. — Vous voulez dire partie manquée, maladroit !

Courtin sourit.

— C'est vrai, dit-il, depuis hier je joue de malheur; mais, bast ! contentons-nous de marcher sans avoir la prétention de courir ; quelque infructueuse que soit, au point de vue du résultat immédiat, ma journée, c'est encore une journée que je ne donnerais pas pour vingt mille livres. — Ah ! ah! vous en êtes bien sûr ? — Oui, et la preuve, c'est que je tiens déjà quelque chose. — Quoi ? — Ceci, dit Courtin en montrant le billet qu'il venait de décacheter et de lire. — Un billet ? — Un billet. — Et que contient ce billet ? dit l'homme au manteau en étendant la main pour le prendre. — Non pas, nous allons le lire ensemble ; mais c'est moi qui le garde, attendu que c'est moi qui suis chargé de le remettre. — Voyons, dit l'homme.

Tous deux se rapprochèrent du fanal et lurent ensemble:

« Veuillez me rejoindre aussi vite que possible. Vous connaissez les mots de passe.

« Votre affectionné, « PETIT-PIERRE. »

— A qui cette lettre est-elle adressée ? — A mademoiselle Bertha de Souday. — Son nom n'est ni sur l'enveloppe ni au bas de la lettre. — Parce qu'une lettre peut se perdre. — Vous avez raison. Est-ce vous qui êtes chargé de remettre cette lettre? — Oui.

L'homme jeta un second regard sur la lettre.

— C'est bien son écriture, dit-il. Ah ! si vous m'aviez laissé vous accompagner, nous la tiendrions à cette heure. — Que vous importe ! pourvu qu'on vous la livre. — Oui, vous avez raison. Quand vous reverrai-je ? — Après-demain. — Ici, ou dans la campagne ? — A Saint-Philibert-de-Grandlieu ; c'est à moitié chemin de Nantes et de ma demeure. — Et cette fois, je ne me dérangerai pas pour rien ? — Je vous le promets. — Tâchez d'être de parole ; je le suis, moi, et voilà l'argent que je tiens prêt, et qui ne vous fera pas attendre.

En achevant ces paroles, l'homme ouvrit son portefeuille, et montra complaisamment au métayer une liasse de billets de banque qui pouvait atteindre à une centaine de mille francs.

— Ah ! dit celui-ci, du papier ! — Sans doute du papier, mais signé Garat. C'est une bonne signature. — N'importe, dit Courtin, j'aime mieux l'or ! — Eh bien ! on vous payera en or, dit l'homme au manteau en remettant le portefeuille dans sa poche et en croisant son manteau sur son habit.

Si les deux interlocuteurs n'eussent pas été si préoccupés par leur conversation, ils se fussent aperçus que, depuis deux ou trois minutes, un paysan qui, à l'aide d'une charrette, était de la rue grimpé sur le mur, les écoutait, et que de son poste il regardait les billets de banque d'un air qui certes voulait dire qu'à la place de Courtin il ne serait pas si dégoûté que lui, et se contenterait parfaitement de la signature Garat.

— Ainsi donc, à après-demain, à Saint-Philibert, répéta l'homme au manteau. — A après-demain. — A quelle heure ? — Dame ! vers le soir. — Prenons sept heures ; le premier venu attendra l'autre. — Et vous apporterez l'argent ? — Non, mais l'or. — Vous avez raison. — Vous espérez donc que nous terminerons après-demain ? — Dame ! espérons toujours, cela ne coûte rien d'espérer. — Après-demain à sept heures, à Saint-Philibert, dit le paysan en se laissant glisser du mur dans la rue. On y sera.

Puis il ajouta avec un sourire qui ressemblait fort à un grincement de dents :
— Puisque l'on est marqué, il faut bien que l'on gagne sa marque.

LXXIV

OÙ LE MARQUIS DE SOUDAY DRAGUE DES HUITRES ET PÊCHE PICAUT.

Bertha, qui avait quitté la Logerie en même temps que Michel, était, au bout de deux heures de marche, près de son père.

Elle avait trouvé le marquis extraordinairement abattu et complétement dégoûté de la vie de cénobite qu'il menait dans le terrier que maître Jacques avait fait arranger pour son usage personnel, et dans lequel il s'était installé.

Comme Michel, mais par suite d'un sentiment purement chevaleresque, M. de Souday ne se fût jamais décidé à quitter la Vendée tant que Petit-Pierre y courrait quelques dangers ; mais, sur la communication que lui fit Bertha du départ probable du chef de leur parti, le vieux gentilhomme vendéen s'était risqué sans enthousiasme à suivre le conseil que lui avait donné le général, et à aller vivre pour la troisième fois sur la terre étrangère.

Ils quittèrent donc la forêt de Touvain, et maître Jacques, dont la main était à peu près guérie, et qui en avait été quitte pour deux doigts, avait voulu les accompagner jusqu'à la côte pour les aider dans leur embarquement.

Il était minuit environ lorsque les trois voyageurs, qui suivaient la route de Machecoul, se trouvèrent au-dessus du vallon de Souday.

En apercevant les quatre girouettes de son petit château qui miroitaient aux rayons de la lune, au milieu des nappes de verdure qui l'entouraient, le marquis ne put étouffer un soupir.

Bertha l'entendit et se rapprocha de lui.

— Qu'avez-vous, père? lui demanda-t-elle, et à quoi songez-vous? — A bien des choses, ma pauvre enfant, répondit le marquis en secouant la tête. — N'allez pas tomber dans les idées sombres, mon père ; vous êtes encore jeune, vous êtes encore vigoureux, vous reverrez votre maison. — Oui, fit le marquis avec un soupir; mais... Il s'arrêta presque suffoqué. — Mais quoi? demanda Bertha. — Mais je n'y retrouverai plus mon pauvre Jean Oullier. — Hélas ! fit la jeune fille. — O maison ! maison ! dit le marquis, pauvre maison, que tu me sembleras vide !

Bien qu'il y eût dans le regard du marquis encore plus d'égoïsme que d'attachement à son serviteur, le pauvre Oullier, s'il eût pu entendre cette lamentation de son maître, en eût certes été profondément touché.

Bertha reprit :

— Eh bien, moi, bon père, je ne sais pourquoi, mais je ne puis me figurer, quoi qu'on en ait dit, que notre pauvre ami soit mort; je le pleure quelquefois, mais il me semble que s'il était mort réellement, je l'eusse pleuré davantage, et toujours une secrète espérance, dont je ne me rends pas bien compte, vient arrêter et sécher mes larmes. — Eh bien, c'est drôle, interrompit maître Jacques, mais moi je suis de l'avis de Mademoiselle. Non, Jean Oullier n'est pas mort, et j'ai plus que des présomptions, moi ; j'ai vu le cadavre que l'on disait être le sien, et je ne l'ai pas reconnu. — Mais alors, que serait-il devenu? demanda le marquis de Souday. — Par ma foi! je ne sais, répondit maître Jacques; mais je m'attends tous les jours à avoir de ses nouvelles.

Le marquis poussa un nouveau soupir. En ce moment on traversait un coin de la forêt; peut-être pensait-il aux hécatombes de gibier qu'il avait faites pour leurs acouls ombreuses, qu'il croyait, hélas ! ne plus revoir; peut-être les quelques mots qu'avait dits maître Jacques avaient-ils ouvert son cœur à l'espérance de revoir un jour son fidèle serviteur. Cette supposition reste la plus probable, car il recommanda plusieurs fois au maître des lapins de prendre sur le sort de Jean Oullier des informations précises, et de lui en faire connaître le résultat.

Arrivé au bord de la mer, le marquis n'adopta point entièrement le plan que Michel et sa fille avaient formé pour leur embarquement; il craignait qu'en courant des bordées pour les attendre devant la baie de Bourgneuf, ainsi que cela avait été convenu, la goëlette ne se signalât à l'attention des cutters qui faisaient la police de la côte; il ne voulait point avoir à se reprocher d'avoir, par un sentiment personnel, compromis le salut de Petit-Pierre, et il décida que ce seraient, au contraire, sa fille et lui qui iraient en mer au-devant du navire qui devait les emmener.

Maître Jacques, qui avait des intelligences sur toute la côte, trouva au marquis de Souday un pêcheur qui, moyennant quelques louis, consentit à les prendre dans son bateau et à les conduire à bord du *Jeune-Charles*.

Le bateau était échoué sur la rive. Le marquis de Souday, dirigé dans cette manœuvre par maître Jacques, s'y glissa avec Bertha, trompant la surveillance des douaniers de Pornic qui veillaient sur la côte. Une heure après, la marée mit la barque à flot; le patron et ses deux fils, qui lui servaient d'équipage, s'embarquèrent et prirent le large.

Comme il s'en fallait encore d'une demi-heure à peu près que le jour parût, le marquis n'attendit point que le bateau fût au large pour quitter sa cachette dans le demi-pont, où il était plus mal à l'aise encore que dans le terrier de maître Jacques.

En le voyant paraître, le pêcheur s'informa :

— Vous dites, Monsieur, que le navire que vous attendez doit débouquer de la rivière? — Oui, répondit le marquis. — A quelle heure a-t-il dû quitter Nantes? — De trois à cinq heures du matin, répondit Bertha.

Le pêcheur consulta le vent.

— Avec ce vent-là, dit-il, il ne lui faut pas plus de quatre heures pour venir à nous.

Puis calculant, il continua :

— Le vent est du sud-ouest, la marée a été pleine à trois heures, nous devons le voir vers huit heures; en attendant, et pour ne pas amener sur nous le garde-côte, nous ne ferons pas mal de donner de temps en temps quelques coups de drague qui nous serviront de prétexte pour courir des bordées devant la rivière. — Comment, faire semblant? s'écria le marquis; mais j'espère bien que nous allons pêcher pour tout de bon. Toute ma vie j'ai désiré me livrer à cet exercice, et, ma foi! puisque la chasse m'est interdite cette année dans les bois de Machecoul, c'est une trop belle compensation que le ciel m'envoie pour que je la laisse échapper.

Et le marquis, malgré les observations de Bertha, qui craignait que la grande taille de son père ne le fît reconnaître de loin, se mit à aider les pêcheurs dans leur travail. On descendit le filet, on le promena quelque temps au fond de la mer, et le marquis de Souday, qui avait bravement halé sur le câble pour l'aider à en sortir, eut une véritable joie d'enfant en contemplant les congres, les turbots, les plies, les raies qu'il ramenait des profondeurs de la mer.

Il oublia immédiatement ses regrets, ses souvenirs, ses espérances, Souday et la forêt de Machecoul, les marais de Saint-Philibert et les grandes landes, et avec eux les sangliers, les chevreuils, les renards, les perdrix et les bécasses, pour ne plus penser qu'à la population à la peau lisse ou écaillée que chaque coup de filet mettait sous ses yeux.

Le jour vint.

Bertha, qui jusque-là s'était tenue toute rêveuse, assise à l'avant, absorbée dans ses pensées, tandis que ses yeux regardaient la vague se séparer devant la proue de la petite embarcation en deux vagues phosphorescentes, Bertha monta sur un paquet de câbles roulés et interrogea l'horizon.

A travers la brume du matin, plus épaisse à l'embouchure de la rivière que vers le large, elle aperçut les hauts mâts et les esparres de quelques navires, mais aucun d'eux ne portait la flamme bleue à laquelle on devait reconnaître *le Jeune-Charles*. Elle en fit l'observation au pêcheur, qui la rassura en jurant qu'il était impossible que, parti de Nantes dans la nuit, le bâtiment eût déjà gagné la pleine mer.

Du reste, le marquis ne laissa point le temps au digne pêcheur de fournir de longs renseignements à sa fille, car il avait pris un tel goût au métier de ces braves gens qu'il ne laissait entre chaque coup de filet que le temps strictement nécessaire, et encore employait-il les intervalles qui séparaient les uns des autres à se faire démontrer par le vieux marin les premiers éléments de la science nautique.

Ce fut au milieu de cette conversation que le pêcheur lui fit observer qu'en continuant de jeter le filet comme pour la traîne, ils étaient forcés de marcher grand largue, et qu'en marchant ainsi ils arriveraient à s'éloigner considérablement de la côte et de leur poste d'observation ; mais le marquis, avec cette indifférence qui faisait le fond de son caractère, ne se rendit point à cette raison, et continua d'emplir des produits de sa pêche la petite cale du bateau.

La matinée était passée ; il pouvait être dix heures, et l'on n'avait rien vu venir ; Bertha était fort inquiète, et plusieurs fois déjà elle avait communiqué ses appréhensions à son père, si bien que le marquis, pressé par elle, ne put faire moins que de consentir à se rapprocher de l'embouchure de la rivière.

Il en profita pour se faire montrer par le vieux marin le moyen de marcher au plus près, c'est-à-dire d'orienter les voiles de façon à former avec la quille un angle aussi petit que le gréement pouvait le permettre, et ils étaient tous deux au point le plus embrouillé de la démonstration, lorsque Bertha poussa un grand cri.

Elle venait d'apercevoir, à quelques brasses de la barque, un grand navire marchant toutes voiles dehors, auquel elle n'avait pas fait attention parce qu'il ne portait pas le signal convenu, et dont les focs lui avaient masqué l'approche.

— Prenez garde ! prenez garde ! s'écria-t-elle, un navire vient sur nous !

Le pêcheur se retourna, et en un clin d'œil se rendit si bien compte du danger qui les menaçait, qu'il arracha brusquement le gouvernail des mains du marquis, et, sans s'inquiéter de ce qu'il renversait celui-ci sur le pont, manœuvra rapidement pour se placer au vent du navire qui venait sur eux, et sortir de ses eaux sans accident.

Mais, si prompte qu'eût été la manœuvre, il ne put empêcher que la barque ne touchât ; le gui de la brigantine frôla à grand bruit les flancs du navire, son pié s'engagea un instant dans les boute-hors du beaupré. Elle s'inclina, embarqua une vague, et si la manœuvre du pêcheur, en lui conservant le vent, ne l'eût promptement entraînée loin de là, elle ne se fût point redressée aussi vite, ou peut-être même ne se fût-elle pas redressée du tout.

— Que le diable emporte ce caboteur de malheur ! s'écria le vieux pêcheur ; une seconde de plus, et nous allions remplacer au fond de la mer les poissons que nous en avons tirés.

— Vire ! vire ! s'écria le marquis que sa chute avait exaspéré ; cours dessus, et du diable si je ne monte pas à bord pour demander au capitaine raison de son impertinence ! — Comment voulez-vous donc, répondit le vieux pêcheur, qu'avec nos deux méchants focs et notre pauvre brigantine, nous atteignions cette espèce de goéland ? En a-t-il de la toile, ce gredin, toutes les bonnettes dehors et une voile de fortune ; court-il, mais court... — Il le faut, cependant, s'écria Bertha en s'élançant vers l'arrière, car c'est *le Jeune-Charles!*

Et elle montra à son père une large bande blanche placée à la poupe du bâtiment, et sur laquelle on lisait en lettres d'or :

— *Le Jeune-Charles.*

— Tu as par ma foi raison, Bertha, s'écria le marquis ; virez donc, mon cher ami, virez. Mais comment se fait-il qu'il ne porte pas le signal dont on était convenu avec M. de La Logerie? Comment se fait-il surtout qu'au lieu d'avoir le cap sur la baie de Bourgneuf, où nous devions l'attendre, il ait le cap sur l'ouest? — Peut-être est-il arrivé quelque accident, dit Bertha en devenant aussi pâle que son linge. — Pourvu que ce ne soit point à Petit-Pierre, murmura le marquis.

Bertha admira le stoïcisme de son père, mais, tout bas, elle murmura à son tour :

— Pourvu que ce ne soit pas à Michel ! — N'importe, dit le marquis, il faut que nous sachions à quoi nous en tenir.

La petite barque, pendant ce temps, avait viré lof pour lof, et, s'étant mise dans le vent, avait augmenté la rapidité de sa marche ; cette manœuvre assez rapide, sur une embarcation d'un aussi mince tonnage, n'avait point permis au brick-goëlette, malgré la supériorité de sa voilure, de s'éloigner sensiblement.

Le pêcheur put héler le navire.

Le capitaine parut sur le pont.

— Êtes-vous *le Jeune-Charles*, venant de Nantes ? demanda le patron de la barque en se faisant un porte-voix de ses deux mains. — Qu'est-ce que cela te fait? répondit le capitaine de la goëlette, auquel la certitude d'avoir échappé aux griffes de la justice n'avait nullement rendu sa belle humeur. — C'est que j'ai là du monde pour vous, cria le pêcheur. — Est-ce encore des commissionnaires, mille garcettes ! Si tu m'en amènes du calibre de ceux de cette nuit, je te coule, vieux racleur d'huîtres, avant que tu montes à mon bord. — Non, ce sont des passagers; n'attendez-vous pas des passagers ? — Je n'attends rien qu'un bon vent pour doubler le cap Finisterre. — Laissez-moi vous accoster, dit le pêcheur, sur la suggestion de Bertha.

Le capitaine du *Jeune-Charles* interrogea la mer, et n'apercevant entre la côte et son navire rien qui pût légitimer ses appréhensions, curieux en outre de savoir si les passagers dont on lui parlait maintenant n'étaient point ceux-là mêmes dont l'embarquement avait été le but de son voyage, il se rendit au but du pêcheur, fit amener ses hautes voiles, et manœuvra de façon à diminuer la rapidité de sa course.

Bientôt *le Jeune-Charles* fut assez près de la barque pour qu'il fût possible de lui jeter un grelin, à l'aide duquel on l'amena sous le couronnement de la goëlette.

— Eh bien ! maintenant, qu'y a-t-il? demanda le capitaine en se penchant vers la barque.—Priez M. de La Logerie de venir nous parler, demanda Bertha. — M. de La Logerie n'est pas à mon bord, répliqua le capitaine. — Mais alors, demanda Bertha d'une voix troublée, si vous n'avez pas M. de La Logerie à votre bord, vous avez au moins deux dames? — En fait de dames, répondit le capitaine, je n'ai absolument qu'un gredin qui, les fers aux pieds, jure et sacre dans la cale à démâter le bâtiment et à faire frissonner les barriques auxquelles il est amarré. — Mon Dieu ! s'écria Bertha toute frissonnante, savez-vous si quelque accident ne serait point arrivé aux personnes que vous deviez embarquer ? — Ma foi, ma jolie demoiselle, dit le capitaine, si vous pouvez m'expliquer ce que cela veut dire, vous m'obligerez infiniment; car, le diable m'emporte ! si j'y comprends rien. Hier soir deux hommes sont venus, tous deux de la part de M. de La Logerie, mais avec deux commissions différentes : l'un voulait que je partisse à l'instant même; l'autre me disait de rester et d'attendre. De ces deux hommes, l'un était un honnête métayer, un maire, je crois, il m'a montré quelque chose comme un bout d'écharpe tricolore ; c'était celui-là qui me disait de lever l'ancre et de décamper au plus vite ; l'autre, celui qui voulait me faire rester, était un ancien forçat. J'ai ajouté foi à ce qui me venait du plus respectable de ces deux paroissiens ; à ce qui, au bout du compte, était le moins compromettant : je suis parti. — Oh ! mon Dieu, mon Dieu ! dit Bertha, c'est Courtin qui est venu ; il sera arrivé quelque accident à M. de La Logerie. — Voulez-vous voir cet homme ? demanda le capitaine. — Lequel ? demanda le marquis. — Celui qui est en bas aux fers ; peut-être le reconnaîtrez-vous ; peut-être parviendrons-nous à éclaircir la vérité, bien qu'il soit trop tard maintenant pour que cela nous serve à quelque chose. — Pour partir, oui, dit le marquis, cela peut nous être utile, mais cela peut encore nous aider à sauver nos amis d'un péril ; montrez-nous cet homme.

Le capitaine donna un ordre, et quelques secondes après on amena Joseph Picaut sur le pont. Il était toujours garrotté et enchaîné, et, malgré ses liens, dès qu'il aperçut les côtes de cette Vendée natale qu'il était menacé de ne plus revoir, sans calculer la distance qui l'en séparait et l'impossibilité où il était de nager, il fit un mouvement pour échapper à ceux qui le conduisaient et pour se précipiter à la mer.

Ceci se passait à tribord, de sorte que les passagers de la petite barque, affalés derrière la poupe, ne pouvaient rien voir ; mais au cri que Picaut poussa, au bruit qui se fit sur le pont, ils comprirent qu'une lutte quelconque se passait à bord du *Jeune-Charles*.

Le pêcheur poussa sa barque le long des flancs du navire, et l'on aperçut Joseph qui se débattait entre quatre hommes.

— Laissez-moi me jeter à l'eau, criait-il ; j'aime mieux mourir tout de suite que de pourrir à bord du bâtiment.

Et, en effet, peut-être allait-il parvenir à s'élancer à la mer, lorsqu'il reconnut le visage du marquis de Souday et de Bertha qui regardaient cette scène avec stupeur.

— Ah ! monsieur le marquis, ah ! mademoiselle Bertha, cria Joseph Picaut, vous me sauverez, vous, car c'est pour avoir exécuté les ordres de M. de La Logerie que cet animal de capitaine m'a traité de la sorte ; et ce sont les mensonges de cette canaille de Courtin qui en sont cause. — Voyons, qu'y a-t-il de vrai dans tout cela ? demanda le capitaine, car, je vous l'avoue, si vous pouvez me débarrasser de ce gaillard-là, vous me ferez plaisir. Je ne suis frété ni pour Cayenne, ni pour Botany-Bay. — Hélas ! dit Bertha, tout est vrai, Monsieur ; je ne sais quel motif a eu le maire de la Logerie pour vous faire prendre le large, mais voilà à coup sûr celui des deux qui vous disait la vérité. — Alors, déliez-le, mille garcettes ! et qu'il aille se faire pendre où il voudra ! Maintenant, que faites-vous ? Êtes-vous des nôtres, n'en êtes-vous pas ? Restez-vous ? partez-vous ? Il ne m'en coûtera pas plus pour vous emmener. J'étais payé d'avance, et, pour l'acquit de ma conscience, je ne serais pas fâché d'emmener quelqu'un. — Capitaine, dit Bertha, n'y a-t-il donc pas moyen de rentrer en rivière et de remettre à cette nuit l'embarquement qui devait avoir lieu la nuit dernière ? — Impossible, répondit le capitaine en haussant les épaules, et la douane, et la police de santé ! Non, partie remise, c'est partie manquée ; seulement, je vous le répète, si vous voulez profiter de mon navire pour passer en Angleterre, je suis à votre disposition. Oh ! cela ne vous coûtera rien.

Le marquis regarda sa fille, mais celle-ci secoua la tête.

— Merci, capitaine, merci, répondit le marquis, c'est impossible. — Alors, séparons-nous, repartit celui-ci ; mais auparavant, permettez-moi de vous demander un service. Il s'agit d'une petite facture que je vais vous remettre tout acquittée et dont je voudrais bien que vous réglassiez le compte à mon profit, tandis que vous réglerez le vôtre. — Voyons, je ferai tout ce que je pourrai pour vous être agréable, capitaine, répondit M. de Souday. — Alors, chargez-vous de donner une centaine de coups de garcettes au drôle qui s'est moqué de moi cette nuit. — Cela sera fait, dit le marquis. — Oui, s'il lui reste encore la force de les endurer après qu'il m'aura soldé ce qu'il me doit à moi-même.

Et en même temps on entendit le bruit d'un corps pesant qui tombait à l'eau, et à dix pas de la barque on vit une seconde après reparaître à la surface de la mer la tête de Joseph Picaut, qui se mit à nager vigoureusement vers la barque.

Une fois dégagé de ses fers, le chouan, tant il avait peur sans doute que quelque circonstance imprévue ne le fit rester dans le bâtiment, le chouan avait piqué une tête par-dessus la muraille du navire.

Le patron et le marquis lui tendirent la main, et avec leur aide Joseph Picaut remonta dans l'embarcation.

En même temps, le capitaine fit larguer le câble qui retenait la petite barque, et la goëlette ayant donné dans le vent, s'éloigna en laissant la barque stationnaire.

Pendant que le vieux pêcheur manœuvrait pour regagner la côte, Bertha et le marquis de Souday tinrent conseil.

Ils ne pouvaient, malgré toutes les explications de Picaut, et ces explications étaient courtes, le chouan n'ayant vu Courtin qu'au moment où celui-ci l'avait fait arrêter, ils ne pouvaient se rendre compte du but qui avait fait agir le maire de la Logerie. Mais sa conduite ne laissait pas que de leur paraître fort suspecte, et quoi qu'en dît Bertha, qui rappelait à son père les soins vivement dévoués qu'il avait eus pour Michel, l'attachement qu'elle lui avait entendu exprimer pour son maître, le marquis fut d'avis que cette conduite tortueuse cachait un projet dangereux non-seulement pour la sécurité de Michel, mais encore pour celle de leurs amis.

Quant à Picaut, il déclara nettement qu'il ne respirait plus que pour la vengeance, et que si M. de Souday voulait lui faire donner un habit de matelot, autant pour se déguiser que pour remplacer ses habits déchirés dans la lutte qu'il avait eue à soutenir, il se mettrait en route pour Nantes aussitôt qu'il aurait touché la terre.

Le marquis de Souday, pressentant que la trahison de Courtin pouvait bien avoir eu Petit-Pierre pour victime, voulait également se rendre à la ville. Mais Bertha, qui ne doutait point que Michel, voyant son évasion manquée, n'eût immédiatement regagné la Logerie, où il aurait pensé qu'elle viendrait le retrouver, Bertha fit ajourner ce projet jusqu'à plus ample information touchant ce qui s'était passé.

Le pêcheur déposa ses passagers à l'abri de la pointe de Pornic. Picaut, en faveur duquel un des fils du patron avait bien voulu se dessaisir de sa vareuse et de son chapeau goudronné, se jeta dans les terres, et, s'orientant, se dirigea sur Nantes à vol d'oiseau, jurant sur tous les tons que Courtin n'avait qu'à se bien tenir.

Mais avant de quitter le marquis, il le pria de mettre le chef des lapins au courant de son aventure, ne doutant pas que maître Jacques ne s'associât fraternellement à sa vengeance.

Ce fut ainsi que, grâce à sa connaissance des localités, il put arriver à Nantes vers les neuf heures du soir, et qu'en allant naturellement reprendre son poste à l'hôtel du *Point-du-Jour*, il put, en y rentrant avec des précautions dont, dans la position de Joseph Picaut, on comprend l'emploi, il put, disons-nous, assister à l'entrevue de Courtin et de l'homme d'Aigrefeuille, entendre une partie de ce qu'ils disaient, et voir l'argent ou plutôt les billets de banque que Courtin ne regardait valables que lorsqu'ils seraient convertis en or.

Quant au marquis et à sa fille, ce ne fut que la nuit venue qu'ils purent, si grande que fût l'impatience de Bertha, se mettre en route pour la forêt de Touvain, et ce ne fut pas sans un véritable chagrin que le vieux gentilhomme pensa que la joyeuse matinée qu'il avait eue ce jour-là n'aurait pas de lendemain, et qu'il allait lui falloir, pour un temps indéterminé, se confiner comme un rat dans son trou.

LXXV

CE QUI SE PASSAIT DANS DEUX MAISONS INHABITÉES.

Maître Jacques ne s'était point trompé dans ses présomptions : Jean Oullier n'était pas mort.

La balle que Courtin lui avait envoyée au hasard dans le buisson, et pour ainsi dire au juger, lui avait troué la poitrine ; et quand la veuve Picaut, dont le métayer et son acolyte avaient entendu rouler la voiture, était arrivée, elle avait cru ne relever qu'un cadavre.

Par un sentiment de charité assez naturel chez une paysanne, elle ne voulut pas que le corps d'un homme pour lequel son mari, malgré leur dissidence d'opinions politiques, avait témoigné une profonde sympathie, devînt la pâture des oiseaux de proie ou des bêtes de carnage ; elle voulut enfin que le pauvre Vendéen reposât en terre sainte. Elle le chargea dans sa charrette pour l'emmener chez elle.

Seulement, au lieu de le cacher sous la litière qu'elle avait apportée dans ce but, elle le plaça dessus, et plusieurs paysans qu'elle rencontra sur son chemin purent voir et toucher le corps pantelant et ensanglanté du vieux serviteur du marquis de Souday.

Voici comment le bruit de la mort de Jean Oullier se propagea dans le canton ; voici comment il arriva au marquis de Souday et à ses filles ; voici comment Courtin, qui, le lendemain matin, avait voulu s'assurer par lui-même que celui qu'il redoutait le plus avait cessé d'être à craindre, voici comment Courtin y avait été trompé comme les autres.

Ce fut à la maison qu'elle habitait du vivant de son mari, et que quelque temps après sa mort elle avait quittée pour l'auberge de Saint-Philibert, que jusque-là sa grand'mère avait habitée seule, que la veuve Picaut transporta le corps de Jean Oullier.

Cette maison était plus rapprochée à la fois de Machecoul, paroisse de Jean Oullier, et de la lande de Bouaimé, où elle l'avait trouvé, que l'auberge où, s'il eût été vivant, elle avait projeté de le cacher.

Au moment où la charrette traversait le carrefour que nous connaissons, et d'où partait le chemin qui conduisait à la maison des deux frères, le funèbre cortége se croisa avec un homme à cheval qui suivait le chemin de Machecoul.

Cet homme, qui n'était autre que notre ancienne connaissance, M. Roger, le médecin de Legé, interrogea un des gamins qui s'étaient mis, avec la persistance et la curiosité de leur âge, à suivre la voiture, et ayant appris qu'elle portait le corps de Jean Oullier, il l'accompagna jusqu'à la demeure des Picaut.

La veuve plaça Jean Oullier sur ce même lit mortuaire où elle avait placé côte à côte Pascal Picaut et le pauvre comte de Bonneville.

Pendant qu'elle s'occupait à lui rendre les derniers devoirs, pendant qu'elle débarrassait le visage du Vendéen du sang mêlé à la poussière qui le souillait, elle aperçut le médecin.

— Hélas! cher monsieur Roger, lui dit-elle, le pauvre gars n'a plus besoin de vos soins, et c'est dommage; il y en a tant qui ne le valent pas qui restent sur terre, que l'on a toujours à pleurer doublement ceux-là qui s'en vont avant leur tour.

Le médecin se fit raconter par la veuve ce qu'elle savait de la mort de Jean Oullier. La présence de sa belle-sœur et des enfants et des femmes qui avaient suivi le cortége empêcha la veuve de raconter comment, quelques heures auparavant, elle avait parlé à Jean Oullier, plein de vie alors; comment, en revenant le chercher avec sa charrette, elle avait entendu un coup de feu et des pas d'hommes qui s'enfuyaient; comment elle présumait que Jean Oullier avait été assassiné. Elle lui dit, au contraire, tout simplement qu'en revenant de la lande elle avait trouvé le corps sur le chemin.

— Pauvre brave homme! dit le docteur. Après tout, mieux vaut encore cette mort, qui au moins est celle du soldat, que la destinée qui l'attendait s'il eût vécu : il était gravement compromis, et pris, on l'eût sans doute envoyé comme les autres dans les cabanons du mont Saint-Michel.

En disant ces mots, le médecin s'approcha machinalement de Jean Oullier, prit son bras inerte et posa sa main sur sa poitrine.

Mais à peine cette main s'était-elle mise en contact avec la chair, que le docteur tressaillit.

— Qu'y a-t-il? demanda la veuve. — Rien, répondit froidement le médecin; cet homme est bien mort, et il ne réclame plus rien de nous autres, qui lui survivons, que les derniers devoirs. — Qu'aviez-vous besoin, dit aigrement la femme de Joseph, d'apporter ici ce cadavre, qui peut nous amener une visite des bleus? Par la première, jugez ce que serait la seconde. — Qu'est-ce que cela vous fait? dit la veuve Picaut, puisque ni vous ni votre mari n'habitez la maison. — Nous ne l'habitons plus justement à cause de cela, répondit la femme de Joseph; nous avons peur, en l'habitant, de les y attirer, et de perdre ainsi le peu qui nous reste. — Vous feriez bien de le faire reconnaître avant de lui donner la sépulture, interrompit le médecin, et si cela doit vous causer quelque embarras, je me chargerai, moi, de le faire reconduire dans la maison du marquis de Souday, dont je suis le médecin.

Puis, saisissant le moment où la veuve Picaut passait devant lui, le docteur lui dit tout bas :

— Congédiez tout votre monde.

Comme il était près de minuit, ce fut chose facile à faire.

Puis, lorsqu'ils furent seuls, le docteur s'approcha d'elle :

— Jean Oullier n'est pas mort, lui dit-il. — Comment, il n'est pas mort ! s'écria-t-elle. — Non ; et si je me suis tu devant tout le monde, c'est qu'à mon avis, ce qu'il y a de plus urgent, c'est de s'assurer que l'on ne viendra pas vous troubler dans les soins que vous lui donnerez, j'en suis sûr. — Dieu vous entende ! répondit la bonne femme toute joyeuse, et si je puis aider à sa volonté, comptez que je le ferai avec grand bonheur, car je n'oublierai jamais l'amitié que feu mon homme avait pour lui. Je me souviendrai toujours que, quoique je fisse dans ce moment-là même du mal aux siens, il n'a pas voulu permettre que je tombasse sous la balle d'un assassin.

Et ayant soigneusement clos les volets et la porte de sa chaumière, la veuve alluma un grand feu, fit chauffer de l'eau, et tandis que le docteur sondait la blessure et cherchait à voir si quelque organe nécessaire à la vie n'était pas intéressé, elle dit adieu à quelques commères en retard, faisant semblant de s'en retourner à Saint-Philibert.

Puis, au détour du chemin, elle se jeta dans le bois et s'en revint par le verger.

La maison de Joseph Picaut était fermée ; elle écouta à la porte, elle n'entendit aucun bruit.

Il était évident que la femme et les enfants de son beau-frère avaient regagné la cachette où ils se tenaient, tandis que le mari et le père continuaient, comme nous l'avons vu, la guerre de partisans.

Elle rentra chez elle par la porte de la cour.

Le médecin avait terminé le pansement du blessé, et les symptômes de son existence devenaient de plus en plus évidents.

Déjà ce n'était plus seulement le cœur, mais le pouls qui battait ; déjà, en mettant la main devant sa bouche, on sentait le souffle sortir de ses lèvres.

La veuve écouta tous ces détails avec joie.

— Croyez-vous le sauver ? demanda-t-elle. — Ceci, répondit le médecin, c'est le secret de Dieu. Ce que je puis dire, c'est qu'aucun des organes essentiels n'a été atteint ; mais la perte de sang est énorme, et, en outre, il m'a été impossible d'extraire la balle. — Mais, hasarda la veuve, j'ai entendu dire qu'il y avait des hommes qui avaient parfaitement guéri et vécu de longues années avec une balle dans le corps. — Rien n'est plus possible, répondit le médecin ; mais maintenant, qu'allez-vous en faire ? — Mon intention était de le conduire à Saint-Philibert, et de l'y cacher jusqu'à sa mort ou son rétablissement. — C'est difficile à cette heure, dit le médecin. Il aura été sauvé par ce que nous appelons le caillot, et toute secousse pourrait lui être fatale. En outre, à Saint-Philibert, dans l'auberge de votre mère, au milieu de tant d'allées et de venues, il vous sera impossible de tenir sa présence chez vous secrète. — Mon Dieu ! croyez-vous donc que dans cet état on l'arrêterait ? — On ne le mettrait pas en prison, certainement, mais on le transporterait dans quelque hospice, d'où il ne sortirait que pour aller attendre, dans les cachots, un jugement qui, s'il n'était pas mortel, serait au moins infamant. Jean Oullier est un de ces chefs obscurs mais dangereux par leur action sur le peuple, et pour lesquels le gouvernement sera sans pitié. Pourquoi ne vous ouvrez-vous pas à votre belle-sœur ? Jean Oullier et elle ne sont-ils pas de la même opinion ? — Vous l'avez entendue ? — Oui, et je comprends que vous n'ayez nulle confiance dans sa pitié ; et cependant, Dieu sait si elle devrait être miséricordieuse à son prochain, elle surtout, car si son mari était pris, il pourrait lui arriver pis encore qu'à Jean Oullier. — Oui, je le sais bien, dit la veuve d'une voix sombre : la mort est sur eux. — Voyons, fit le médecin, pouvez-vous le cacher ici ? — Ici, oui, sans doute; il serait même plus en sûreté ici que partout ailleurs, puisque l'on croit la maison déserte; mais qui le soignera ? — Jean Oullier n'est point une femmelette, répondit le médecin, et dans deux ou trois jours d'ici, quand la fièvre sera un peu amortie, il pourra aisément rester seul pendant les heures du jour. Quant à moi, je vous promets de le visiter chaque nuit. — Bien; et moi je passerai près de lui tout le temps dont je pourrai disposer sans donner de soupçons.

La veuve, aidée du docteur, transporta le blessé dans l'étable qui attenait à la chambre. Elle en verrouilla soigneusement la porte; elle plaça son matelas sur un tas de paille, puis, ayant pris rendez-vous avec le médecin pour la nuit suivante, sachant que le blessé n'aurait besoin, pendant les premiers instants, que d'eau fraîche, elle se jeta sur une botte de paille près de lui, attendant qu'il manifestât son retour à la vie soit par quelques paroles, soit même par un soupir.

Le lendemain, elle se montra à Saint-Philibert, et quand on lui demanda ce qu'était devenu Jean Oullier, elle répondit qu'elle avait suivi le conseil de sa belle-sœur, et, craignant d'être inquiétée, avait reporté le cadavre dans la lande.

Puis elle retourna vers sa maison, sous prétexte de la mettre en ordre, et, le soir venu, en ferma la porte avec affectation, et rentra à Saint-Philibert avant qu'il fût nuit close, afin que tout le monde la vît bien.

Pendant la nuit, elle retourna près de Jean Oullier.

Elle le veilla ainsi trois jours et trois nuits, enfermée avec lui dans cette étable, craignant de faire le moindre bruit qui pût révéler sa présence; et bien qu'au bout de ces trois jours Jean Oullier fût encore dans cet état de torpeur qui suit les grandes commotions physiques et les abondantes pertes de sang, le médecin l'engagea à retourner chez elle pendant le jour, et à ne revenir prendre son poste que pendant la nuit.

La blessure de Jean Oullier avait été si grave, qu'il resta quinze jours entre la vie et la mort. Des fragments de vêtements, entraînés par le projectile et restés comme lui dans la plaie, y entretinrent longtemps l'inflammation; et ce ne fut que quand la force de la nature l'en eût débarrassé, que le docteur, à la grande joie de la veuve Picaut, répondit de la vie du Vendéen.

Les soins de la veuve Picaut redoublèrent à mesure qu'elle le vit marcher vers la convalescence. Et bien que le blessé fût encore si faible qu'il ne pouvait qu'à grand'peine articuler quelques paroles, et que les signes de reconnaissance qu'il faisait à la veuve étaient tout ce qui témoignait du mieux qui s'opérait en lui, celle-ci ne manqua point une seule fois de venir achever la nuit à son chevet, prenant, pour ne pas être découverte, les précautions les plus minutieuses.

Cependant, du moment où la poitrine de Jean Oullier fut débarrassée des corps étrangers qui s'y étaient introduits, une suppuration régulière s'établit, et il marcha rapidement vers sa convalescence. Mais, à mesure que ses forces revenaient, il commença de s'inquiéter de ceux qu'il aimait, et après avoir supplié la veuve de s'informer du sort du marquis de Souday, de Bertha et de Mary, et même de Michel, qui avait décidément triomphé de l'antipathie que le Vendéen éprouvait pour lui et conquis une petite place parmi ses affections, la veuve prit des informations auprès des voyageurs royalistes qui s'arrêtaient à l'auberge de sa mère, et bientôt elle put assurer Jean Oullier que tous étaient vivants et libres, et elle lui apprit que le marquis de Souday était dans la forêt de Touvain, Bertha et Michel chez Courtin, et Mary, selon toute probabilité, à Nantes.

Mais la veuve n'eut pas plus tôt prononcé le nom du métayer de la Logerie, qu'il se fit une révolution dans la physionomie du blessé. Il passa la main sur son front comme pour éclaircir ses idées, et pour la première fois il se dressa sur son séant.

L'amitié et la tendresse avaient eu sa première pensée, les souvenirs de haine, les idées de vengeance pénétraient à leur tour dans son cerveau jusque-là vide, et le surexcitaient avec une violence d'autant plus grande que son engourdissement avait été plus prolongé.

A sa grande terreur, la Picaut entendit Jean Oullier reprendre la phrase qu'il prononçait dans sa fièvre, et qu'elle avait prise pour des hallucinations. Elle l'entendit mêler le nom de Courtin à des reproches de trahison, à des accusations de lâcheté et d'assassinat; elle l'entendit parler de sommes fabuleuses qui eussent été le prix de son crime, et en parlant ainsi il était en proie à la plus vive exaltation : ce fut avec des yeux étincelants de fureur, avec une voix tremblante d'émotion, qu'il supplia la veuve d'aller chercher Bertha et de l'amener à son chevet.

La pauvre femme crut à une recrudescence de la fièvre et fut fort inquiète, parce que le médecin avait annoncé qu'il ne reviendrait que dans la nuit du surlendemain.

Elle promit néanmoins au blessé de faire tout ce qu'il demandait.

Jean Oullier, un peu calmé, se recoucha, et peu à peu, accablé par la violence des impressions qu'il venait de subir, il se rendormit.

La veuve, assise sur quelque reste de litière devant le lit du malade, appesantie par la fatigue, sentait, de son côté, le sommeil la gagner et ses yeux se fermer malgré elle, lorsque tout à coup elle crut entendre dans la cour un bruit inaccoutumé.

Elle prêta l'oreille et entendit le pas d'un homme qui marchait sur le pavé servant d'encadrement au fumier dont était tapissée la cour des deux maisons.

Bientôt une main fit jouer le loquet de la porte de sa demeure, et au même instant elle entendit une voix, qu'elle reconnut pour celle de son beau-frère, s'écrier :

— Par ici! par ici!

Et le pas se dirigea vers la demeure de Joseph.

La veuve Picaut savait la maison de son beau-frère vide ; la visite nocturne qu'il recevait piqua vivement sa curiosité. Elle ne douta point qu'il ne s'agît de tramer quelques-uns de ces coups de main que le chouan chérissait traditionnellement, et elle résolut d'écouter.

Elle souleva doucement une des trappes par lesquelles les vaches, alors qu'il y en avait dans l'étable, passaient la tête pour manger leur provende sur le plancher même de la chambre, et étant parvenue à en détacher la planche, elle se glissa par cette étroite issue dans la pièce principale de sa maison ; puis grimpant lestement et sans bruit l'échelle sur laquelle le comte de Bonneville avait reçu la balle qui l'avait frappé à mort, elle pénétra dans le grenier, qui, comme on le sait, était commun aux deux maisons, puis elle colla son oreille au plancher, au-dessus de la chambre du frère de son mari, et écouta.

Elle arrivait au milieu d'une conversation déjà entamée.

— Et tu as vu la somme? disait une voix qui ne lui était pas complétement étrangère, et que cependant elle ne put reconnaître. — Comme je vous vois, répondait Joseph Picaut; elle était en billets de banque; mais il a demandé qu'on la lui apportât en or. — Tant mieux ; car les billets, vois-tu, tant qu'il y en ait, cela ne me séduit pas beaucoup, ça se place difficilement dans nos campagnes. — Puisque je vous dis qu'il aura de l'or. — Bon! et où doivent-ils se rencontrer? — A Saint-Philibert, demain dans la soirée; vous avez le temps de prévenir vos gars. — Es-tu fou? Mes gars! Combien as-tu donc dit qu'ils seraient? — Deux : mon brigand et son compagnon. — Eh bien, alors, deux contre deux, c'est de la guerre, comme disait Georges Cadoudal, de glorieuse mémoire. — Mais c'est que vous n'avez plus qu'une main, maître Jacques. — Qu'est-ce que cela fait, quand elle est bonne? Je me chargerai du plus fort. — Un instant, ceci n'entre pas dans nos conventions. — Comment? — Je veux le maire pour moi. — Tu es exigeant. — Oh! le gueux! c'est bien le moins qu'il me paye ce qu'il m'a fait souffrir! — S'ils ont la somme que tu dis, il y aura bien de quoi te dédommager, quand bien même on t'aurait vendu comme un nègre. Vingt-cinq mille francs! Tu ne vaux pas cela, mon bonhomme, je m'y connais. — C'est possible; mais je veux me venger par-dessus le marché, et il y a longtemps que je lui en veux, à ce damné pataud; c'est lui qui est cause... — De quoi? — Suffit, je m'entends.

Joseph Picaut avait répondu d'une manière intelligible pour tout le monde, excepté pour elle. Elle supposa que ce souvenir, devant lequel le chouan reculait, se rattachait à la mort de son pauvre mari, et un frisson parcourut tout son corps.

— Eh bien, dit l'interlocuteur de Joseph Picaut, tu auras ton homme; mais avant d'entreprendre l'affaire, tu me jures bien, n'est-ce pas, que ce que tu m'as dit est bien vrai? que c'est bien de l'argent du gouvernement sur lequel nous allons mettre la main? Car, vois-tu, autrement, cela ne m'irait point, à moi. — Pardieu! Croyez-vous point que ce particulier soit assez riche pour faire de son chef des cadeaux comme celui-là à un aussi vilain paroissien; et encore ce n'est qu'un à-compte, je l'ai entendu parfaitement. — Et tu n'as pas pu savoir ce qu'on lui payait si cher? — Non; mais je m'en doute bien. — Dis, alors. — M'est avis, voyez-vous, maître, qu'en débarrassant la terre de ces deux drôles, nous ferons d'une pierre deux coups : une affaire privée d'abord, et un coup politique. Mais, soyez tranquille, demain j'en saurai davantage, et je vous renseignerai. — Sacredié! dit maître Jacques, tu m'en fais venir l'eau à la bouche. Tiens, décidément, je reviens sur ma parole, tu n'auras ton homme que s'il en reste. — Comment, s'il en reste? — Oui; avant de te laisser régler ton compte avec lui, je veux que nous ayons tous les deux un bout de conversation. — Bah! et vous croyez qu'il vous dira comme cela son secret? — Oh! une fois qu'il sera mon prisonnier, j'en suis sûr. — C'est un malin! — Comment! toi qui es du vieux temps, tu ne te souviens pas qu'il y a des moyens, si malins qu'ils soient, de faire parler ceux qui veulent se taire? dit maître Jacques avec un rire sinistre. — Ah! oui, le feu aux pattes! Vous avez, par ma foi, raison, et cela me vengera encore mieux, répliqua Joseph. — Oui; et au moins, de cette façon, nous saurons, sans nous donner du mal, comment et pourquoi le gouvernement envoie ce petit à-compte de cinquante mille francs au maire, cela vaudra peut-être encore mieux pour nous que l'or que nous empochons. — Eh! eh! l'or a bien son prix, surtout lorsque, comme nous, l'on est dans la Vendée, et susceptible de laisser sa tête au Bouffay. Avec ma part, c'est-à-dire avec vingt-cinq mille francs, je vivrai partout, moi. — Tu feras ce que tu voudras. Mais, voyons, où doivent-ils se rencontrer, tes gens ? Il s'agit de ne pas les manquer, j'y tiens. — A l'auberge de Saint-Philibert. — Alors, cela va tout seul ; l'auberge, n'est-ce pas à ta belle-sœur ? On lui fera sa part, cela ne sortira point de la famille. — Oh ! non, pas chez elle, répliqua Joseph : d'abord elle n'est pas des nôtres, et puis, nous ne nous parlons plus depuis... — Depuis quand ? — Depuis la mort de mon frère, et, puisque tu veux le savoir... — Ah çà ! c'est donc vrai, ce que l'on m'a dit, que si tu n'as pas poussé le couteau, tu as au moins tenu la chandelle ? — Qui dit cela ? s'écria Joseph Picaut, qui dit cela ? nomme-le-moi, maître Jacques, et de celui-là je ferai des morceaux aussi menus que ceux de cette escabelle.

Et la veuve entendit son beau-frère qui, en achevant ces paroles, lança sur la pierre du foyer le siége sur lequel il était assis et l'y brisa en éclats.

— Calme-toi donc ; qu'est-ce que cela me fait, à moi, répliqua maître Jacques ; tu sais bien que je ne me mêle jamais des affaires de famille. Revenons aux nôtres : tu disais donc ? — Je disais : pas chez ma belle-sœur. — Alors, c'est dans la campagne que le coup doit se faire ; mais où ? car ils arriveront, bien sûr, par deux chemins différents. — Oui, mais ils s'en iront ensemble. Pour revenir chez lui, le maire suivra la route de Nantes jusqu'au Tiercet. — Eh bien, embusquons-nous sur la route de Nantes dans les roseaux qui sont près de la chaussée ; c'est une bonne cache, et, pour ma part, j'y ai fait plus d'un coup. — Soit ! Et où nous retrouverons-nous ? Je déménage d'ici, moi, demain matin avant le jour, dit Joseph. — Eh bien, rendez-vous au carrefour des Raibons, dans la forêt de Machecoul, dit le maître des lapins.

Joseph accepta le lieu désigné et promit de s'y rendre ; la veuve l'entendit offrir à maître Jacques de passer la nuit sous son toit ; mais le vieux chouan, qui avait ses gîtes dans toutes les forêts du canton, préférait cet asile à toutes les maisons du monde, sinon comme commodité, du moins comme sécurité.

Il partit donc, et tout rentra dans le silence chez Joseph Picaut.

La veuve redescendit à son étable, et trouva Jean Oullier qui dormait d'un profond sommeil. Elle ne voulut pas l'éveiller ; la nuit était fort avancée, si avancée qu'il était temps pour elle de regagner Saint-Philibert.

Elle prépara tous les objets dont le Vendéen pouvait avoir besoin dans la journée du lendemain, et, comme elle en avait l'habitude, elle sortit par la fenêtre de l'étable.

La veuve Picaut marchait toute pensive.

Elle nourrissait contre son beau-frère, en raison de la conviction où elle était qu'il avait trempé dans la mort de Pascal, une haine profonde, un désir de vengeance que son isolement et les douleurs de son veuvage rendaient chaque nuit plus impérieux.

Il lui sembla que le ciel, en l'appelant d'une façon si providentielle à découvrir le secret d'un nouveau méfait de Joseph, se mettait de moitié dans ses sentiments. Elle crut que ce serait servir ses desseins que d'empêcher, tout en assouvissant sa haine, le crime de s'accomplir, la ruine et la mort de ceux qu'elle devait considérer comme des innocents de se consommer, et renonçant à son idée première qui avait été de dénoncer maître Jacques et Joseph, soit à la justice, soit à ceux qu'ils voulaient assassiner et dépouiller, elle résolut d'être elle-même et toute seule l'intermédiaire entre la Providence et les victimes du forfait projeté.

LXXVI

OÙ COURTIN TOUCHE ENFIN DU BOUT DU DOIGT A SES CINQUANTE MILLE FRANCS.

La lettre de Petit-Pierre à Bertha n'avait rien appris à Courtin, sinon que Petit-Pierre était à Nantes, et qu'il y attendait Bertha; mais du lieu qu'il habitait, mais du moyen de parvenir jusqu'à lui, il n'en était aucunement question.

Seulement, Courtin possédait un renseignement grave : c'était la maison aux deux issues dont il avait découvert le secret.

Un moment il eut la pensée de continuer son rôle d'espionnage, de suivre Bertha, lorsque, obéissant aux injonctions de Petit-Pierre, elle se rendrait à Nantes, d'escompter à son profit le trouble que jetterait dans la raison de la jeune fille la nouvelle du dénoûment qu'allaient avoir les amours de Mary et de Michel, dénoûment qu'il se réservait de lui faire pressentir selon son intérêt. Mais le métayer était arrivé à douter de l'efficacité des moyens qu'il avait employés jusqu'alors; il comprenait qu'il aurait perdu sans ressource sa dernière chance de succès, si le hasard ou la vigilance de ceux qu'il allait épier déjouait une fois de plus sa sagacité et sa ruse, et il se décida à essayer d'un autre moyen et à user d'initiative.

La maison qui donnait d'un côté sur la ruelle sans nom dans laquelle nous avons déjà plusieurs fois conduit le lecteur, et de l'autre côté sur la rue du Marché, était-elle habitée? Quelle était la personne qui l'habitait? Par cette personne, n'était-il pas possible d'arriver jusqu'à Petit-Pierre? Voici les premières questions que, à la suite de ses réflexions, se posa le maire de la Logerie.

Pour les résoudre, il fallait rester à Nantes, et maître Courtin n'y eut pas plus tôt songé qu'il renonça à retourner à sa métairie, où, d'ailleurs, il était très-probable que Bertha s'était déjà rendue pour rejoindre Michel, et où il avait la presque certitude qu'elle l'attendrait.

Il prit donc bravement son parti.

Le lendemain, à dix heures du matin, il frappait à la porte de la maison mystérieuse; seulement, au lieu de se présenter par la porte de la ruelle, où il avait fait une marque, il se présentait par la rue du Marché.

C'était ainsi qu'il avait vu faire à Michel. En se présentant par l'autre porte, il avait pour but de s'assurer que les deux portes donnaient entrée dans la même maison.

Lorsque, à l'aide d'un petit guichet grillé, celui qu'avait attiré le retentissement du marteau se fut bien assuré que le visiteur était seul, il ouvrit ou plutôt entr'ouvrit la porte.

Les deux têtes se trouvèrent nez à nez.

— D'où venez-vous? demanda celle de l'intérieur.

Abasourdi par la brusquerie avec laquelle cette question lui était faite :

— Pardieu! répondit Courtin, de Touvain. — Nous n'attendons personne de ce côté-là, répondit l'homme de l'intérieur.

Et il repoussa la porte.

Mais ce n'était pas chose facile, Courtin s'y cramponnait.

Un trait de lumière frappa le maire de la Logerie.

Il se rappela les paroles dont Michel s'était servi pour se faire donner les deux chevaux à l'hôtel du *Point-du-Jour;* il devina alors que ces paroles, auxquelles il n'avait rien compris, étaient un mot d'ordre.

L'homme continuait de pousser, mais Courtin s'arc-bouta contre la porte. — Attendez donc! attendez donc! dit-il. Quand j'ai dit que je venais de Touvain, c'était pour m'assurer que vous étiez dans la confidence. On ne peut pas prendre trop de précautions, que diable! Eh bien! non, là, je ne viens pas de Touvain, je viens du Sud. — Et vous allez où ? continua son interlocuteur sans livrer une ligne de plus du passage demandé. — Et où voulez-vous que j'aille, venant du Sud, si ce n'est à Rosny. — A la bonne heure, répondit le domestique. C'est que, voyez-vous, mon bel ami, on n'entre pas ici sans montrer patte blanche. — A ceux chez lesquels tout est blanc, ce n'est pas chose difficile, dit Courtin. — Hum! tant mieux, répondit l'homme, espèce de Bas-Breton qui, tout en parlant, égrenait entre ses doigts les grains d'un chapelet enroulé autour de sa main.

Mais comme Courtin avait répondu selon la consigne aux demandes faites, malgré la répugnance qu'il semblait éprouver à remplir cet office, il l'introduisit dans une petite pièce, et lui montrant une chaise :

— Monsieur est en affaires, lui dit-il; je vous introduirai auprès de lui aussitôt qu'il aura fini avec la personne qui est dans son cabinet. Asseyez-vous donc, à moins que vous n'ayez le moyen de passer le temps d'une façon plus utile.

Courtin se voyait lancé en avant plus loin qu'il n'avait compté; il avait espéré que la maison serait occupée par quelque agent subalterne dont il comptait tirer les indices dont il avait besoin, soit par la ruse, soit par la corruption. En entendant l'homme qui lui avait ouvert la porte parler de l'introduire près de son maître, il comprit que la partie devenait plus sérieuse, et qu'il fallait préparer une fable pour faire face aux nécessités de la situation.

Il renonça en même temps à interroger le domestique, dont la physionomie sombre et sévère indiquait un de ces fanatiques endurcis, comme il s'en trouve encore dans la péninsule celtique.

Aussi Courtin comprit-il à l'instant même le rôle qu'il avait à jouer.

— Oui, dit-il en se donnant à la fois une contenance humble et édifiante; j'attendrai que Monsieur ait fini, en sanctifiant l'attente par la prière. Me permettez-vous de prendre une de ces Heures ? dit-il en indiquant un des livres qui se trouvaient sur la table. — Ne touchez point à ces livres, si vos intentions sont telles que vous le dites, répondit le Breton; car ces livres sont, non pas des Heures, mais des livres profanes. Je vais vous prêter mon Paroissien, continua le paysan en prenant dans la poche de sa veste brodée un petit livre dont le temps et l'usage avaient complétement noirci la couverture et la tranche.

Et dans le geste qu'il fit pour porter la main à sa poche, le paysan découvrit la crosse luisante de deux pistolets cachés dans sa large ceinture, et Courtin s'applaudit d'autant plus de n'avoir risqué aucune tentative sur la fidélité du Breton, qu'il lui sembla homme à y répondre par quelque coup de poignard.

— Merci, dit-il en recevant le petit livre, et en s'agenouillant avec tant de componction que le Breton, édifié, ôta le chapeau qui couvrait ses longs cheveux, fit le signe de la croix, et ferma la porte fort doucement pour ne point troubler un si saint homme dans sa méditation.

Aussitôt qu'il se sentit seul, le métayer éprouva le besoin d'examiner en détail l'appartement dans lequel il se trouvait; mais il n'était point homme à faire une pareille faute; il songea qu'on pouvait l'observer par le trou de la serrure. Il se contint donc, et resta comme absorbé dans sa pensée.

Cependant, et tout en marmottant à demi-voix ses patenôtres, Courtin regardait en dessous tout autour de lui; il était dans une petite pièce d'une douzaine de pieds carrés, séparée d'une autre chambre par une cloison dans laquelle s'ouvrait une autre porte. Cette petite chambre était meublée de modestes meubles en noyer, éclairée par une fenêtre qui donnait sur la cour, et dont les carreaux inférieurs étaient garnis d'un treillage très-fin en fil de fer peint en vert, qui empêchait que de l'extérieur on pût voir la personne qui se trouvait dans cette partie de la maison.

Il écouta s'il n'entendrait aucun bruit de voix venir à lui; mais sans doute les précautions avaient été bien prises, car quoique maître Courtin tendît tour à tour son oreille du côté de la porte de communication et dans la cheminée près de laquelle il s'était agenouillé, il ne parvint à percevoir aucun son.

Mais en s'inclinant dans cette cheminée pour écouter, maître Courtin aperçut dans le foyer, au milieu des cendres et des débris, quelques papiers chiffonnés et amoncelés en tas, et disposés à être brûlés. Ces papiers le tentèrent; il laissa pendre son bras, l'allongea insensiblement, et, appuyant sa tête contre le chambranle, ramassa tous ces papiers un à un, les ouvrit sans quitter sa position, certain qu'il était que la table placée au milieu de l'appartement suffisait pour masquer complétement, aux yeux de ceux qui l'observaient, tous les mouvements qu'il faisait.

Il en avait examiné et rejeté plusieurs qui ne lui offraient aucun intérêt, lorsqu'au revers de l'un de ces papiers, qui ne contenait que des notes insignifiantes, et qu'il allait, comme les autres, rouler le long de la jambe avant de les rendre à la cheminée, il aperçut quelques lignes d'une écriture fine, élégante, qui le frappa, et il lut ces quelques mots :

« Si l'on vous inquiète, venez tout de suite ; notre ami m'a chargée de vous dire qu'il reste dans notre asile une chambre dont vous pouvez disposer. »

Le billet était signé : M. de S.

C'était évidemment Mary de Souday, comme l'indiquaient les initiales, qui l'avait écrit.

Maître Courtin le serra précieusement dans sa poche. En un instant, sa rouerie de paysan avait saisi tout le parti de ce renseignement.

Le billet serré, il continua ses investigations, qui lui apprirent encore, par des comptes assez considérables, que c'était le personnage qui habitait cette maison qui devait être chargé de régler les dépenses de Petit-Pierre.

En ce moment on entendit un bruit de voix et de pas dans le corridor.

Courtin se releva brusquement, et s'approcha de la fenêtre.

A travers l'entre-baissement du vitrage, il aperçut un homme que le domestique conduisait à la porte. Cet homme tenait à la main un large sac à argent vide, et avant de sortir il plia ce sac et l'enfonça dans la poche de son habit.

Jusque-là maître Courtin n'avait pu voir que le dos de cet homme ; mais au moment où il passa devant le domestique pour franchir la porte du jardin, il reconnut maître Loriot.

— Ah! ah! dit-il, celui-là aussi! celui-là en est, et il leur apporte de l'argent! Décidément j'ai eu une fière idée de venir ici.

Et Courtin reprit sa place devant la cheminée, car il se doutait que son heure d'audience était arrivée.

Au moment où le paysan ouvrait la porte, il était ou semblait être si absorbé dans ses oraisons qu'il ne bougea point au bruit.

Le paysan vint à lui, lui toucha doucement l'épaule et lui dit de le suivre. Courtin obéit après avoir terminé sa prière, comme il l'avait commencée, par un signe de croix, auquel le Breton s'associa dévotement.

On le fit entrer dans la pièce où maître Pascal avait reçu Michel le premier soir. Seulement, cette fois, maître Pascal était plus sérieusement occupé que la première. Devant lui était une table chargée de papiers, et il sembla à Courtin avoir vu reluire des pièces d'or sous un tas de lettres ouvertes qui paraissaient amoncelées à dessein et pour cacher cet or.

Maître Pascal surprit ce regard du métayer; il n'en conçut d'abord aucun ombrage, l'attribuant à ce sentiment d'étonnement curieux avec lequel les paysans à la classe desquels l'homme qu'il recevait lui semblait appartenir, considèrent toujours les valeurs d'or ou d'argent; mais cependant il ne voulut pas que cette curiosité allât plus loin, et faisant semblant d'avoir à fouiller dans son tiroir, il retourna le tapis de serge verte qui couvrait la table et pendait jusqu'à terre, et le rejeta en arrière.

Puis, se retournant vers le visiteur :

— Que voulez-vous? demanda brutalement maître Pascal. — M'acquitter d'une commission, répondit Courtin. — Qui vous envoie? — M. de La Logerie. — Ah! vous appartenez à notre jeune homme? — Je suis son métayer, son homme de confiance. — Parlez donc, alors. — Mais, à mon tour, je ne sais si je puis le faire, répliqua Courtin avec assurance. — Comment cela? — Ce n'est point à vous que M. de La Logerie m'envoie. — A qui donc, mon brave homme? répliqua maître Pascal, dont les sourcils se froncèrent avec inquiétude. — A une autre personne vers laquelle vous devez me conduire. — Je ne sais pas ce que vous voulez dire, répondit maître Pascal, sans pouvoir déguiser le mouvement d'impatience que provoquait en lui ce qu'il considérait comme une impardonnable étourderie commise par Michel.

Courtin, qui remarqua sa gêne, comprit qu'il avait été trop vite, mais il était à présent dangereux de faire une brusque retraite.

— Voyons, dit Pascal, voulez-vous me dire, oui ou non, ce dont vous êtes chargé? Je n'ai point de temps à perdre. — Dame! moi je ne sais pas, mon bon Monsieur, fit Courtin; j'aime mon maître à me jeter dans le feu pour lui. Quand il me dit : « Fais ceci, fais cela, » je tiens à exécuter ses ordres, à mériter sa confiance, et ce n'est point à vous qu'il a dit que je devais parler.

— Comment vous nommez-vous, mon brave homme? — Maître Courtin, pour vous servir. — De quelle paroisse êtes-vous? — De la Logerie, pardieu!

Maître Pascal prit son agenda, le feuilleta pendant quelques instants, puis il attacha sur le maire de la Logerie un regard investigateur et méfiant. — Vous êtes maire? lui demanda-t-il. — Oui, depuis 1830.

Mais remarquant la froideur croissante de maître Pascal :

— C'est ma maîtresse, c'est madame la baronne qui m'a fait nommer, ajouta-t-il. — M. de La Logerie ne vous a donné qu'une commission verbale pour la personne vers laquelle il vous a envoyé? — Oui, j'ai bien là un bout de lettre, mais ce n'est pas pour celle-là. — Peut-on voir votre bout de lettre? — Sans doute, il n'y a pas de secret, puisqu'il n'est pas cacheté.

Et Courtin tendit à maître Pascal le papier que lui avait remis Michel pour Bertha, et par lequel Petit-Pierre priait celle-ci de se rendre à Nantes.

— Comment se fait-il que ce papier soit encore dans vos mains? demanda maître Pascal; il me semble qu'il a plus de vingt-quatre heures de date? — Parce qu'on ne peut pas tout faire à la fois, et que ce n'est que tantôt que je retournerai chez nous, où je dois rencontrer celle à laquelle je suis chargé de le remettre.

Les yeux de maître Pascal, depuis qu'il n'avait point trouvé le nom de Courtin parmi ceux qui s'étaient signalés par leur royalisme, ne quittaient point le maire de la Logerie. Celui-ci affectait l'idiotisme, qui lui avait si bien réussi avec le capitaine du *Jeune-Charles*.

— Voyons, mon bonhomme, dit-il au métayer, il m'est impossible de vous indiquer d'autre que moi pour recevoir la confidence que vous avez à faire. Parlez, si vous le jugez à propos; sinon, retournez auprès de votre maître, et dites-lui qu'il vienne lui-même. — Je ne ferai point cela, mon cher Monsieur, répondit Courtin; mon maître est condamné à mort, et je ne me soucie point de le ramener à Nantes. Il est mieux chez nous. Je vais tout vous dire; vous en ferez votre affaire, et si Monsieur n'est pas content, il me grondera. J'aime mieux cela.

Cet élan naïf de dévouement raccommoda un peu maître Pascal avec le métayer, dont les premières réponses l'avaient sérieusement alarmé.

— Parlez donc, mon brave homme, et je vous réponds que votre maître ne vous grondera pas. — Ce sera bientôt fait. M. Michel m'a donc chargé de vous dire, ou plutôt de dire à M. Petit-Pierre, car c'est ainsi que se nomme la personne vers laquelle il m'envoie... — Bien, dit en souriant maître Pascal. — Qu'il avait découvert celui qui avait fait partir le navire quelques instants avant que Petit-Pierre, mademoiselle Mary et lui arrivassent au rendez-vous. — Et quel est celui-là? — C'est un nommé Joseph Picaut, qui était dernièrement garçon d'écurie au *Point-du-Jour*. — Au fait, cet homme que nous avions placé là a disparu depuis hier matin, s'écria maître Pascal. Continuez, mon brave Courtin. — Que l'on se méfie de ce Picaut dans la ville, et qu'il allait le faire surveiller dans le Bocage et dans la Plaine; et puis c'est tout. — Bien. Vous remercierez M. de La Logerie de son renseignement, et à présent que je l'ai reçu, je puis vous certifier qu'il a été à son adresse. — Je n'en demande pas davantage, répliqua Courtin en se levant.

Maître Pascal reconduisit le métayer avec infiniment de politesse et de courtoisie, et fit pour lui ce que ce dernier ne lui avait point vu faire pour maître Loriot lui-même, en accompagnant maître Courtin jusqu'à la porte de la rue.

Courtin était trop madré pour se méprendre à ces façons, et ce fut sans surprise aucune qu'il entendit, lorsqu'il eut fait vingt pas, la petite porte de la maison de maître Pascal se rouvrir et se refermer derrière lui; il ne se retourna pas, mais, certain qu'on le suivait, il marcha lentement, en homme inoccupé, s'arrêtant avec une badauderie étonnée devant toutes les boutiques, lisant toutes les affiches, évitant soigneusement tout ce qui pouvait confirmer les soupçons qu'il n'avait pu achever de détruire dans l'esprit de maître Pascal.

Cette contrainte lui coûtait peu; il était enchanté de sa matinée, et se voyait décidément sur le point de recueillir le fruit de ses peines.

Au moment où il arrivait en face de l'hôtel des *Colonies*, il aperçut maître Loriot qui causait sous le portail avec un étranger.

Courtin, en faisant ce manège, dérouta complétement le serviteur breton qui l'épiait.

Celui-ci le suivit jusqu'au delà de la Loire, sans que le maire de la Logerie témoignât une seule fois en se retournant cette inquiétude si naturelle aux gens qui n'ont pas la conscience tranquille. De sorte que le Breton revint sur ses pas, et dit à son maître que c'était bien à tort qu'il avait soupçonné le digne paysan, lequel ne s'occupait dans ses loisirs qu'aux distractions les plus innocentes et aux pratiques les plus saintes; si bien que maître Pascal à son tour commença de trouver Michel moins coupable d'avoir accordé toute sa confiance à un si loyal serviteur.

LXXVII

LES DEUX JUDAS.

Un mot sur le gisement du petit village de Saint-Philibert. Sans cette petite préface topographique, qui au reste sera courte comme toutes nos préfaces, il serait difficile de suivre dans tous leurs détails les scènes que nous allons mettre sous les yeux de nos lecteurs.

Le village de Saint-Philibert est situé à l'extrémité de l'angle que forme la Boulogne en se jetant dans le lac de Grandlieu, et sur la rive gauche de cette rivière.

L'église et les principales maisons du bourg se trouvent à peu près à un kilomètre du lac. La grande et unique rue suit le cours de la rivière, et, plus on descend en aval, plus les maisons sont rares et clair-semées, plus elles sont pauvres et chétives, si bien que quand on aperçoit l'immense nappe d'eau bleue, encadrée de roseaux, qui borde cette rue, on n'a plus autour de soi que trois ou quatre huttes de paille et de roseaux où vivent les hommes qui exploitent les pêcheries des environs.

Cependant il y a, ou plutôt il y avait alors dans cette décroissance de l'état florissant de l'habitation de Saint-Philibert, une exception.

A trente pas des chaumières dont nous avons parlé tout à l'heure, se trouve une maison de pierre et de brique au toit rouge, aux contrevents verts, entourée de javelles de paille et de foin comme un camp l'est de ses sentinelles, peuplée d'un monde de vaches, de moutons, de poules, de canards, dont les uns mugissent et bêlent dans l'étable, dont les autres caquettent et cancanent devant la porte en épluchant la poussière de la route.

Cette route sert de cour à la maison, qui, si elle est privée de cette utile dépendance, en est bien dédommagée par les jardins, qui sont tout simplement les plus magnifiques et les plus productifs du pays.

On aperçoit de la route, au-dessus des toits, au niveau des cheminées, les cimes d'arbres chargés au printemps de la neige rosée de leurs fleurs ; en été de fruits de toute espèce ; de verdure, enfin, pendant neuf mois de l'année, et ces arbres s'étendent, sur une longueur de deux cents mètres environ, en amphithéâtre, au midi, jusqu'à une petite colline couronnée de ruines qui, du côté du nord, surplombent les eaux du lac de Grandlieu.

Cette maison, c'est l'auberge occupée par les parents de la veuve Picaut.

Ces ruines, ce sont celles du château de Saint-Philibert-de-Grandlieu.

Les hautes murailles, les tours gigantesques d'une des plus célèbres baronnies de la province, bâtie pour tenir en échec la contrée et commander aux eaux du lac, aux voûtes sombres dont les échos ont répondu au bruit des éperons du comte Gille de Retz lorsqu'il passait sur ses dalles en méditant ces monstrueuses luxures qui ont égalé, sinon dépassé tout ce qu'avait montré en ce genre la veille Rome, aujourd'hui démantelées, délabrées, festonnées de lierre, brodées de giroflées sauvages, effondrées de toutes parts, ont marché de décadence en décadence jusqu'à la dernière de toutes ; de grandes, de sauvages, de terribles qu'elles étaient, elles sont devenues humblement militaires ; elles ont été réduites, enfin, à faire la fortune d'une famille de paysans, des descendants de pauvres serfs qui ne les envisageaient probablement autrefois qu'en tremblant.

Ces ruines abritent les jardins du vent du nord, vent si fatal à la floraison, et font de ce petit coin de terre un véritable eldorado où tout pousse, où tout prospère, depuis le poirier indigène jusqu'à la vigne, depuis le cormier aux fruits âpres jusqu'au figuier.

Mais ce n'était pas le seul service que le vieux donjon féodal rendit à ses nouveaux propriétaires ; dans les salles basses, aérées par des courants impétueux, ils avaient établi des fruitiers où les produits du jardin, en se conservant bons au delà de la durée de leur saison ordinaire, doublaient de valeur ; enfin, dans les cachots où Gille de Retz enterrait ses victimes, ils avaient fait une laiterie dont les beurres et les fromages étaient justement renommés.

Voilà ce que le temps avait fait de l'œuvre titanesque des sires de Saint-Philibert.

Nous venons de voir ce qu'il était aujourd'hui ; un mot, maintenant, de ce qu'il était autrefois.

Le château de Saint-Philibert consistait primitivement en un vaste parallélogramme clos de murs, baigné d'un côté par les eaux du lac, et de l'autre défendu par un large fossé creusé dans le roc, et dans lequel s'étendaient les eaux du lac.

Quatre tours carrées flanquaient les angles de cette énorme masse de pierre ; un donjon avec sa herse et son pont-levis en défendait l'entrée ; en face du donjon, et de l'autre côté, une cinquième tour, plus élevée et plus imposante que les autres, dominait cette construction, et le lac qui l'entourait de trois côtés.

A l'exception de cette dernière tour et du donjon, tout le reste de la forteresse, murailles et corps de logis, était à peu près écroulé, et encore le temps n'avait fait à la première de ces tours qu'une grâce incomplète ; les solives pourries du plancher du premier étage, incapables de supporter les pierres qui, de jour en jour, s'amoncelaient en plus grand nombre sur elles, s'étaient abattues sur le rez-de-chaussée et l'avaient exhaussé d'un pied, tandis qu'elles ne laissaient plus d'autre route à la tour que celle de la plate-forme.

C'était dans cette salle basse que le grand-père de la veuve Picaut avait établi sa principale fruiterie, et les murs en étaient garnis de planches où il étalait l'hiver tout ce que lui avait donné son jardin.

Les portes et les fenêtres de cette partie de la tour avaient été conservées en assez bon état, et, à l'une de ces fenêtres, on apercevait encore un barreau couvert de rouille qui datait certainement du temps du comte Gille.

Les autres tours et la muraille du corps de logis étaient complètement en ruines ; les masses de maçonnerie qui s'en étaient détachées avaient roulé, les unes dans la cour qu'elles obstruaient, les autres dans le lac qui les couvrait de ses roseaux en tout temps, et de son écume les jours de tempête.

Le donjon, de son côté, à peu près intact comme la tour dont nous avons parlé, était couronné par une énorme masse de lierre qui lui tenait lieu de toiture, et renfermait deux petites chambres qui, malgré l'apparence colossale du bâtiment, n'avaient jamais eu plus de huit à dix pieds en tous sens, tant les murailles étaient épaisses.

La cour intérieure, et qui autrefois avait servi de place d'armes aux défenseurs du château, obstruée par les débris que les années y avaient amoncelés, jonchée de colonnes, de créneaux tout entiers, d'arceaux, de statues, de figures, était complétement impraticable ; un petit sentier conduisait à la tour du milieu ; un autre, moins soigneusement frayé, menait à un vestige de la tour de l'est, dans laquelle était resté debout un escalier de pierre par où, par un miracle de gymnastique, les gens curieux de jouir d'une admirable vue pouvaient gagner la plate-forme de la tour principale, en suivant une galerie qui courait le long de la muraille, comme font les chemins alpestres tracés le long des rochers entre un précipice et une montagne.

Il va sans dire qu'à l'exception de l'époque où le fruitier était garni, nul non-seulement n'habitait, mais même ne fréquentait les ruines du château de Saint-Philibert. A cette époque seulement on mettait un gardien qui couchait dans le donjon. Pendant tout le reste de l'année on fermait la porte de la tour ; à partir de ce moment, les ruines étaient abandonnées aux amateurs de souvenirs historiques et aux polissons du bourg qui peuplaient ces vieux débris, où ils trouvaient des nids à ravir, des fleurs à cueillir, des dangers à braver, toutes choses dont l'enfance est avide.

C'était dans ces ruines que Courtin avait donné rendez-vous à M. Hyacinthe ; il les savait parfaitement désertes à l'heure où ils devaient se rencontrer, attendu qu'aussitôt que le jour tombait, leur mauvaise réputation en chassait tous ceux qui, tant que le soleil était à l'horizon, se jouaient comme des lézards le long de leurs arêtes dentelées.

Le maire de la Logerie avait quitté Nantes vers cinq heures. Il était à pied, et cependant il mit dans sa marche tant de célérité, qu'il s'en fallait d'une heure au moins qu'il fût nuit lorsqu'il traversait la forêt qui conduit à Saint-Philibert.

Dans ce bourg, maître Courtin était un personnage ; lui voir faire une infidélité au *Grand-Saint-Jacques*, à la porte duquel il attachait d'ordinaire son cheval Jolicœur, en faveur de la *Pomme de Pin*, c'est-à-dire du cabaret tenu par la veuve Picaut, eût été un événement dont tout le monde se fût préoccupé. Il le sentit si bien que, privé de son bidet et ne prenant jamais que ce qu'on lui offrait, se rendre à l'auberge eût été une chose au moins inutile. Le maire de la Logerie s'arrêta comme d'habitude devant la porte du *Grand-Saint-Jacques*, où il eut avec les habitants de Saint-Philibert, qui, depuis le double échec du Chêne et de la Pénissière, s'étaient rapprochés de lui, une conversation qui ne laissait pas, dans la situation où il se trouvait, d'avoir pour lui son importance.

— Maître Courtin, lui demanda l'un d'eux, est-ce vrai ce que l'on dit ?

— Et que dit-on, Mathieu ? demanda Courtin ; raconte-moi cela pour que je l'apprenne.

— Dame ! on dit que vous avez retourné votre casaque et que vous n'en montrez plus que la doublure, ce qui fait que, de bleue qu'elle était, la voilà devenue blanche.

— Ah ! bon, fit Courtin, en voilà une bêtise !

— C'est que vous donnez à le croire, mon bonhomme, et depuis que votre bourgeois a passé aux blancs, c'est un fait que l'on ne vous entend plus jaser comme autrefois.

— Jaser ! fit Courtin avec son air matois ; à quoi cela sert-il de jaser ? Bon, laisse faire, je fais mieux que jaser, à cette heure... et... tu en entendras parler, garçon.

— Tant mieux, tant mieux ! car, voyez-vous, maître Courtin, tout ce trouble, c'est la mort au commerce, et si les patriotes ne restent pas unis, au lieu de nous en aller par la fusillade comme nos pères, c'est par la misère et par la faim que nous nous en irons. Tandis que, au contraire, si nous parvenons à nous débarrasser d'un tas de mauvais gars qui rôdent par ici, eh bien, les affaires ne tarderont pas à reprendre, et c'est tout ce que nous voulons.

— Qui rôdent ! répéta Courtin ; m'est avis que ce n'est plus guère que comme revenants qu'ils rôdent à présent.

— Bah ! avec cela qu'ils s'en privent. Il n'y a pas dix minutes que je viens de voir passer le plus fier gredin du pays le fusil sur l'épaule et les pistolets à sa ceinture, et cela aussi hardiment que s'il n'y avait pas une culotte rouge dans le pays.

— Qui donc cela ?

— Joseph Picaut, pardieu ! l'homme qui a tué son frère.

— Joseph Picaut ici ! s'écria le maire en bleuissant ; nom d'une pipe de cidre ! ce n'est pas possible ?

— Aussi vrai que vous êtes là, maître Courtin ; aussi vrai qu'il n'y a qu'un Dieu ; il est vrai qu'il avait une veste et un chapeau de marin, mais il n'importe, je l'ai reconnu tout de même.

Maître Courtin réfléchit une minute : le plan qu'il avait arrêté dans sa tête, lequel se basait sur l'existence de la maison à deux issues et sur les relations quotidiennes que maître Pascal avait avec Petit-Pierre, pouvait échouer, et, dans ce cas, Bertha devenait sa suprême ressource. Il n'avait plus, pour découvrir la retraite de Petit-Pierre, qu'un seul moyen à employer, celui qui lui avait manqué à l'endroit de Mary : suivre la jeune fille quand elle se rendrait à Nantes. Si Bertha voyait Joseph Picaut, tout était compromis ; mais c'était bien pis si Bertha mettait en contact le chouan avec Michel. Alors tout s'expliquait, le rôle qu'il avait joué dans la nuit du départ avorté était signalé au jeune homme, et il était perdu.

Il demanda du papier et une plume et écrivit quelques lignes, et, les tendant à son interlocuteur :

— Tiens, gars Mathieu, lui dit-il, voilà la preuve que je suis un patriote, et que je ne tourne pas comme une girouette au vent où les maîtres voudraient nous pousser. Tu m'as accusé d'avoir suivi mon jeune maître dans ses caravanes ; eh bien, la preuve que non, c'est que depuis une heure seulement je connais l'endroit où il se cache, et que je vais le faire pincer ; et autant j'aurai l'occasion de détruire des ennemis de la paix, autant je m'empresserai de le faire, et cela sans me demander si c'est mon avantage ou non ; et cela sans m'inquiéter si ce sont mes amis ou non.

Le paysan, qui était un bleu renforcé, serra avec enthousiasme la main de Courtin.

— As-tu des jambes ? continua celui-ci.

— Oh ! je crois bien, fit le paysan.

— Eh bien ! porte cela à Nantes à l'instant ; et comme j'ai encore bien des javelles dehors, je compte que tu me garderas le secret, car tu comprends bien, si l'on savait que c'est moi qui ai fait arrêter le jeune baron, mes javelles courraient grand risque de ne pas rentrer dans la grange.

Le paysan donna sa parole à Courtin, et comme la nuit commençait à descendre, celui-ci sortit de l'auberge et surtout du village par la gauche, fit une pointe dans les champs, et, revenant sur ses pas, se dirigea du côté des ruines de Saint-Philibert.

Il arriva par le bord du lac, suivit le fossé extérieur, et pénétra dans la cour par le pont de pierre qui avait remplacé le pont-levis qui s'abaissait autrefois devant le donjon.

Arrivé dans cette cour, il siffla doucement.

A ce signal, un homme assis à l'abri d'une masse de maçonnerie écroulée se leva et vint à lui.

Cet homme, c'était M. Hyacinthe.

— Est-ce vous ? demanda-t-il en s'approchant, mais avec certaines précautions.

— Eh ! oui, répondit Courtin, soyez donc tranquille.

— Quelles nouvelles, aujourd'hui ?

— Bonnes ; mais ce n'est point ici qu'il convient de les dire.

— Pourquoi ?

— Parce qu'il fait noir comme dans un four ; j'ai failli marcher sur vous sans vous voir, un homme pourrait être caché à nos pieds et nous entendre sans que nous ayons vent de lui. Venez donc, l'affaire se présente trop bien à cette heure pour la compromettre.

— Soit ; mais où trouverez-vous une place plus isolée que celle-ci ?

— Il nous en faut une, cependant ; si je connaissais dans les environs un désert, c'est là que je vous conduirais, et encore je parlerais bas ; mais, à défaut d'un désert, nous trouverons un endroit où au moins nous aurons la certitude d'être seuls.

— Allez donc, je vous suis.

Ce fut vers la tour du milieu que Courtin guida son compagnon, non sans s'arrêter une ou deux fois pour écouter ; car, soit réalité, soit préoccupation, il semblait au maire de la Logerie entendre des pas, voir se glisser des ombres. Mais, comme M. Hyacinthe le rassurait à chaque pause, il finit par avouer que c'était un effet de son imagination timorée, et, arrivé à la tour, poussa une porte, entra le premier, tira de sa poche une bougie de cire et un briquet phosphorique, alluma la bougie et la promena dans toutes les encoignures, visita enfin toutes les anfractuosités, de façon à s'assurer que personne n'était caché dans l'ancien fruitier.

Une porte, pratiquée dans le mur à droite et à moitié enfoncée dans les débris du plancher, excita la curiosité et l'inquiétude de Courtin ; il la poussa et se trouva en face d'une ouverture béante de laquelle sortait une vapeur humide.

— Voyez donc, dit M. Hyacinthe qui s'était rapproché de la brèche énorme ouverte dans la muraille, et par laquelle on apercevait le lac qui étincelait au clair de lune, voyez donc.

— Oh ! je vois parfaitement, répondit en riant Courtin ; oui, la laiterie du père Champée a besoin de réparations : depuis que je suis venu ici, le trou fait au mur a augmenté du double, on y entrerait maintenant en bateau.

Courtin élevant alors la lumière et la dirigeant vers la voûte, essaya d'éclairer les profondeurs du souterrain inondé, mais n'y réussit pas ; il prit une pierre et la lança dans l'eau avec un bruit que la sonorité du lieu rendait sinistre, tandis que les ondes ébranlées répondaient à ce bruit par le clapotement régulier de leurs flots qui frappaient les murs et les marches de l'escalier.

— Allons, dit Courtin, il n'y a décidément ici que les poissons du lac qui pourraient nous entendre, et il y a un proverbe qui dit : « Muet comme un poisson. »

En ce moment une pierre détachée de la plate-forme roula le long des murs extérieurs et rebondit sur le pavé de la cour.

— Avez-vous entendu? demanda à son tour M. Hyacinthe avec inquiétude.

— Oui, répliqua Courtin qui, au contraire de son compagnon qui s'affaiblissait dans l'ombre gigantesque de ces ruines, avait repris, lui, un certain courage en s'assurant qu'il n'y avait personne de caché dans la cour ; mais ce n'est pas la première fois que je vois de pareilles choses et entends de pareils bruits. J'ai vu tomber de ces vieilles tours des pans entiers de maçonnerie au contact de l'aile d'un oiseau de nuit.

— Oh ! oh ! fit M. Hyacinthe avec son rire nasillard qui rappelait le juif allemand, ce sont justement les oiseaux de nuit que nous avons à redouter.

— Oh ! oui, les chouans, dit Courtin ; mais non, ces ruines sont trop près du village, et bien que l'on ait vu rôder aux environs un drôle dont je nous croyais débarrassés, et à l'intention duquel j'ai fait la perquisition de tout à l'heure, ils n'oseraient point s'y hasarder.

— Éteignez votre bougie, alors.

— Non pas ; elle nous est inutile pour causer, c'est vrai, mais nous avons, ce me semble, autre chose à faire qu'à causer.

— Vraiment? fit M. Hyacinthe avec un mouvement d'allégresse.

— Sans doute ; venez dans cet enfoncement, où nous serons à l'abri et où nous pourrons cacher notre lumière.

Et le maire de la Logerie entraîna M. Hyacinthe sous la voussure qui conduisait à la porte du souterrain, plaça la lumière devant cette porte à l'abri d'une pierre tombée, et s'assit sur les marches.

— Vous disiez donc, fit M. Hyacinthe en se plaçant en face de Courtin, que vous alliez me donner le nom de la rue et le numéro de la maison où est caché Petit-Pierre ?

— Ou quelque chose d'approchant, répondit Courtin qui, dans le mouvement qu'avait fait M. Hyacinthe, avait entendu le bruissement des pièces d'or que contenait sa ceinture, et dont les yeux étincelaient de convoitise.

— Voyons, ne perdons pas de temps en paroles inutiles ; savez-vous sa demeure ?

— Non.

— Alors, pourquoi m'avoir dérangé ? Ah ! si j'ai un regret, c'est de m'être adressé à un lambin de votre espèce, je vous en réponds !

Pour toute réponse, Courtin prit le papier qu'il avait ramassé dans les cendres du foyer de la maison de la rue du Marché, et le tendit à M. Hyacinthe en l'éclairant de façon à ce qu'il pût lire.

— Qui a écrit ceci? demanda le juif.

— La jeune fille dont je vous ai parlé, et qui était près de celle que nous cherchons.

— Oui, mais elle n'y est plus, et alors expliquez-moi à quoi nous sert cette lettre? que prouve-t-elle? en quoi avance-t-elle notre affaire?

Courtin haussa les épaules et reposa sa lumière.

— En vérité, pour un monsieur de la ville, vous n'êtes guère fûté, lui dit-il.

— Comment cela?

— Pardieu! n'avez-vous pas vu que, dans le cas où on l'inquiéterait, Petit-Pierre offrait un asile à celui auquel cette lettre était adressée?

— Oui, et après?

— Eh bien! après, il n'y a qu'à l'inquiéter pour qu'il s'y rende, et il n'y aura qu'à fouiller la maison où il se sera sauvé pour trouver tout le monde ensemble.

M. Hyacinthe réfléchit.

— Oui, le moyen est bon, dit-il en tournant et retournant la lettre entre ses mains, et en la passant sur la flamme de la bougie pour s'assurer qu'elle ne contenait pas d'autre écriture.

— Je crois bien qu'il est bon.

— Et où demeure cet homme? demanda négligemment M. Hyacinthe.

— Ah! ceci, c'est une autre affaire, dit Courtin; vous avez le moyen, vous-même l'avez dit, vous le trouvez bon, mais je ne vous livrerai la manière de vous en servir que lorsque je serai nanti, comme disent les hommes de loi.

— Et si cet homme ne profite pas de l'asile qu'on lui offre, s'il ne se réfugie pas près de celle que nous cherchons? dit M. Hyacinthe.

— Oh! de la façon que je vous indiquerai, il est impossible qu'il ne s'y rende pas. La maison a deux issues; nous nous présentons à une porte avec des soldats, il fuit par l'autre, que nous avons à dessein laissée libre; à celle-là il ne voit aucun danger qui le menace; mais nous sommes, nous, à chaque extrémité de la rue, nous le suivons. Vous voyez bien que le coup est immanquable; allons, débouclez votre ceinture.

— Vous viendrez avec moi?

— Sans doute.

— D'ici à l'exécution vous ne me quitterez pas d'une minute?

— Je n'ai garde, puisque vous ne me donnez que moitié.

— Seulement, une fois nanti, dit M. Hyacinthe avec une résolution de laquelle, sous son air pacifique, on l'eût cru incapable, je vous préviens d'une chose, c'est que si vous faites un geste suspect, si je m'aperçois que vous me trompez, à l'instant même je vous brûle la cervelle.

Et en disant ces mots, M. Hyacinthe tira un pistolet de sa poitrine et le montra au maire de la Logerie; la physionomie de celui qui faisait cette menace resta froide et calme, mais cependant il y avait dans ses yeux un sombre éclair qui disait à son complice qu'il était homme à lui tenir parole.

— Comme vous voudrez, répondit Courtin, et cela vous sera d'autant plus facile que je n'ai pas d'armes.

— C'est un tort, répondit M. Hyacinthe.

— Allons, fit Courtin, donnez-moi ce que vous m'avez promis, et, à votre tour, jurez-moi que si la chose réussit, vous m'en remettrez encore autant.

— Ceci est sacré, vous pouvez y compter, on est honnête ou on ne l'est pas; mais qu'avez-vous besoin de vous charger de cet or, puisque nous ne devons pas nous quitter? continua M. Hyacinthe qui paraissait éprouver, à se dessaisir de sa ceinture, autant de peine que Courtin manifestait d'empressement à s'en emparer.

— Comment! s'écria Courtin, ne voyez-vous pas que j'en ai la fièvre de le sentir cet or, de le palper, de le toucher; que j'en meurs de savoir qu'il est là sans pouvoir le tenir dans ma main? Mais pour le moment de jouissance que je vais éprouver à le sentir rouler sur mes doigts, car vous me le donnerez, ou sans cela je ne parle pas; mais pour ce moment, j'ai tout bravé, j'ai trouvé du courage, moi qui avais peur de mon ombre, moi qui tremblais lorsque, la nuit, j'étais forcé de traverser notre avenue. Donnez-moi cet or! donnez-moi cet or! Monsieur, il nous reste encore bien des périls à traverser, bien des risques à courir, cet or me fera courageux. Donnez-moi cet or, si vous voulez que je sois calme, que je sois implacable comme vous.

— Oui, répliqua M. Hyacinthe qui avait vu le visage terne, la physionomie blafarde du paysan s'illuminer en prononçant ces paroles; oui, contre l'adresse de cet homme, je vous le donnerai. Mais à votre tour, l'adresse! l'adresse!

Chacun désirait la chose attendue aussi vivement l'un que l'autre.

M. Hyacinthe se leva, détacha sa ceinture; Courtin, qu'enivrait le bruit métallique qu'il entendait de nouveau, allongea la main pour la saisir.

— Un instant! fit M. Hyacinthe, donnant, donnant.

— Oui; mais voyons, avant tout, si c'est bien de l'or qu'elle contient.

A son tour, le juif haussa les épaules, mais il ne s'en rendit pas moins aux désirs de son associé. Il tira la chaînette de fer qui fermait la poche de cuir, et Courtin, ébloui par la lueur de l'or, sentit un frisson qui courait tout le long de son corps, et le cou tendu, les yeux fixes, les lèvres frémissantes, il passa avec une ineffable et indescriptible volupté ses mains dans cet amas de pièces qui ruisselaient entre ses doigts.

— Il demeure, dit-il, il demeure rue du Marché, numéro 22; la seconde porte est dans la rue parallèle à la rue du Marché.

M. Hyacinthe lâcha la ceinture, que Courtin saisit en poussant un profond soupir de satisfaction.

Mais au même instant il redressa la tête d'un air effaré.

— Qu'y a-t-il? demanda M. Hyacinthe.

— Ah! pour le coup, on a marché, dit le métayer dont la figure se bouleversa.

— Mais non, répondit le juif, je n'ai rien entendu; décidément, j'ai mal fait de vous donner cet or.

— Pourquoi? fit Courtin en serrant la ceinture contre sa poitrine, comme s'il eût eu peur qu'on la lui reprît.

— Eh! parce qu'il me semble doubler vos terreurs.

D'un geste rapide, Courtin appuya sa main sur le bras de son acolyte.

— Eh bien? demanda M. Hyacinthe qui commençait à s'inquiéter lui-même.

— Je vous dis que j'entends marcher sur nos têtes, fit Courtin en levant les yeux vers la voûte qui restait noire et sombre.

— Bon ! n'allez-vous pas vous trouver mal ? dit le juif en essayant de rire.

— Le fait est que je ne me sens pas bien.

— Alors, retirons-nous; nous n'avons plus rien à faire ici, et il est temps que nous nous mettions en route pour Nantes.

— Non, cachons-nous et écoutons; si l'on a marché, c'est que l'on nous épie, et si l'on nous épie, c'est que l'on nous guette à la porte. Ah ! mon Dieu ! mon Dieu ! en voudrait-on déjà à mon or ? fit le métayer serrant sa ceinture contre ses flancs, mais tremblant si fort qu'il ne pouvait parvenir à l'attacher.

— Voyons, décidément vous perdez la tête, dit M. Hyacinthe, qui des deux se trouvait être l'homme de courage. Seulement, commençons par éteindre cette lumière, et, comme vous l'avez dit, cachons-nous dans le souterrain; nous verrons de là si vous vous trompez.

— Vous avez raison, vous avez raison, dit Courtin en soufflant la bougie, en tirant à lui la porte du souterrain inondé, et en descendant la première marche.

Mais il n'alla pas plus loin, il poussa un cri d'épouvante dans lequel on pouvait distinguer ces mots :

— A moi, monsieur Hyacinthe !

Celui-ci portait la main à son pistolet, lorsqu'un bras vigoureux saisit le sien et le tordit à le briser.

La douleur fut telle que le juif tomba à genoux, le front baigné de sueur et criant : « Grâce ! »

— Un mot, un geste, et je te tue comme un chien que tu es, au reste, dit la voix de maître Jacques.

Puis, s'adressant à Joseph Picaut :

— Eh bien ! fainéant, dit-il; le tiens-tu, voyons ?

— Oh ! le brigand ! répondit celui-ci d'une voix entrecoupée et haletante par suite des efforts qu'il faisait pour contenir Courtin qu'il avait saisi au moment où il ouvrait la porte du souterrain, et qui faisait des efforts désespérés pour sauver, non sa personne, mais son or. Oh ! le brigand ! il me mord, il me déchire. Ah ! si vous ne m'aviez pas défendu de le saigner, comme j'en aurais vite fini avec lui.

Au même instant, on entendit le bruit de deux corps qui tombaient d'une seule chute sur le sol.

— S'il regimbe plus longtemps, tue ! tue ! dit maître Jacques. A présent que je sais ce que je voulais savoir, je n'y vois plus d'inconvénients.

— Ah ! mordieu ! que ne disiez-vous cela plus tôt, maître, ce serait déjà fini.

Et, en effet, Joseph Picaut n'en demandait pas davantage ; par un effort suprême, il tint Courtin renversé sous lui, lui appliqua le genou sur la poitrine, et tira de sa poitrine un couteau acéré dont, au milieu de l'obscurité, Courtin vit étinceler la lame comme on voit briller un éclair.

— Grâce ! grâce ! cria le métayer, je dirai tout, j'avouerai tout ; mais ne me tuez pas !

La main de maître Jacques arrêta le bras de Joseph Picaut, qui, nonobstant cette promesse de Courtin, allait s'abattre sur lui.

— Non, dit-il, pas encore; je réfléchis, il peut nous servir. Ficelle-le-moi comme un saucisson, et qu'il ne puisse remuer ni pieds ni pattes.

Le malheureux Courtin était tellement épouvanté qu'il tendit de lui-même les mains à Joseph, qui les lui enlaçait d'une corde mince et déliée dont maître Jacques lui avait dit de se munir.

Cependant il n'avait pas encore lâché la ceinture pleine d'or, qu'à l'aide de sa corde il maintenait serrée contre son estomac.

— Eh bien! en finiras-tu? demanda le chouan.

— Laissez-moi encore amarrer cette patte, répondit Joseph.

— Bien, bien! et après tu en feras autant à celui-ci, continua le maître des lapins en désignant M. Hyacinthe qu'il avait laissé se relever sur un genou, et qui demeurait muet et immobile dans cette posture.

— Ça irait plus vite si j'y voyais clair, dit Joseph Picaut, dépité d'avoir fait dans l'obscurité à sa ficelle un nœud qu'il ne pouvait démêler.

— Mais au fait, dit maître Jacques, pourquoi diable nous gênerions-nous? pourquoi n'allumerions-nous pas notre lanterne? Cela me réjouira l'âme de voir un peu la face de ces marchands de rois et de princes.

En effet, maître Jacques tira de sa poche une petite lanterne, et battit le briquet aussi paisiblement que s'il eût été au milieu de la forêt de Touvain, puis il promena la clarté sur le visage de M. Hyacinthe et de Courtin.

A cette lueur, Joseph aperçut la ceinture de cuir que le métayer tenait sur sa poitrine, et il se précipita sur lui pour la lui arracher.

Maître Jacques se méprit sur la portée de ce geste; il crut que, cédant à sa haine contre le maire de la Logerie, le chouan voulait l'assassiner, et il se précipita sur lui pour prévenir ce dessein.

Au même instant, une ligne de feu partie de la voûte supérieure de la tour raya l'obscurité. Une explosion sourde se fit entendre, et maître Jacques tomba sur le corps de Courtin, qui se sentit le visage inondé d'une liqueur chaude et insipide.

— Ah! brigand! s'écria maître Jacques en se soulevant sur un genou et en s'adressant à Joseph; ah! tu m'as tendu un piège! Je t'avais pardonné ton mensonge, mais tu payeras ta trahison.

Et d'un coup de pistolet, tiré à bout portant, il foudroya le frère de Pascal Picaut.

La lanterne s'était éteinte en roulant des escaliers dans le lac. La fumée des deux coups de feu avait rendu l'obscurité plus épaisse.

M. Hyacinthe, en voyant tomber maître Jacques, s'était relevé, et pâle, muet, fou de terreur, il s'enfuit en courant autour du donjon sans trouver une issue. Enfin, il aperçut à travers une des étroites fenêtres les étoiles qui brillaient sous la voûte noire du ciel, et avec cette vigueur que donne l'épouvante, sans s'inquiéter de son complice, il escalada l'appui, et ne calculant ni la hauteur ni le danger, il s'élança la tête la première dans le lac.

L'immersion de l'eau froide calma le sang qui se portait à son cerveau avec une suprême violence, et lui rendit toute sa raison.

Il revint à la surface de l'eau, et s'y soutint en nageant.

Il regardait autour de lui pour voir de quel côté il devait se diriger, lorsqu'il aperçut une barque amarrée dans l'excavation qui permettait à l'eau du lac de pénétrer dans la tour.

LES LOUVES DE MACHECOUL.   LA VEUVE.   TYP. J. CLAYE.

C'était sans doute au moyen de cette barque que les deux hommes avaient pénétré dans le souterrain inondé.

M. Hyacinthe, tout frémissant, l'atteignit, faisant le moins de bruit qu'il lui fût possible, y grimpa, saisit les avirons et gagna le large.

Ce ne fut qu'à cinq cents pas du bord qu'il pensa à son compagnon.

— Rue du Marché, n° 22 ! s'écria-t-il. Non, la terreur ne m'a rien fait oublier. Le succès maintenant dépend de la célérité avec laquelle je vais rentrer dans Nantes. Pauvre Courtin ! à cette heure je puis bien, je crois, me considérer comme l'héritier des cinquante mille francs qui me restaient à lui donner ; mais quelle sotte idée j'eus de lui livrer ma sacoche ! A cette heure j'aurais l'adresse et l'argent. Quelle faute ! quelle faute !

Et, pour étouffer ses remords, le juif se courba sur ses rames et fit voler la barque sur l'eau du lac avec une vigueur qui semblait incompatible avec son apparence débile.

LXXVIII

ŒIL POUR ŒIL, DENT POUR DENT.

Pour suivre M. Hyacinthe dans sa fuite presque miraculeuse, nous avons abandonné notre vieille connaissance Courtin, étendu sur le sol, pieds et poings liés, au milieu d'une obscurité profonde, entre les deux bandits blessés.

Le bruit de la respiration haletante de maître Jacques, les plaintes de Joseph, lui causaient autant d'épouvante que lui en avaient donné leurs menaces. Il tremblait que l'un d'eux ne vînt à se souvenir que lui aussi était là, et ne pensât à exercer sur lui une suprême vengeance en le tuant ; il retenait son souffle, de crainte qu'il ne le rappelât à leur pensée.

Cependant un autre sentiment était plus fort chez lui que celui-là même de la conservation de sa vie : il voulait, jusqu'au dernier moment, soustraire à ceux qui pouvaient être ses bourreaux la ceinture précieuse qu'il continuait de presser contre son cœur, et il osa pour la leur cacher ce qu'il n'eût point osé peut-être pour sauver sa vie. La laissant doucement couler contre sa poitrine, étouffant par une pression habile et avec un instinct magnétique, comme si ses nerfs eussent communiqué avec cet or, le bruit métallique qu'il pouvait rendre, il la fit glisser sur le sol, et par un mouvement insensible, rampant dans sa direction, il parvint à se coucher dessus et à la couvrir de son corps.

Comme il achevait d'accomplir cette difficile manœuvre, il entendit la porte de la tour qui criait en roulant sur ses gonds rouillés ; il tourna les yeux vers le point d'où venait le bruit, et il aperçut une sorte de fantôme vêtu de noir qui s'avançait pâle, tenant une torche d'une main, et traînant de l'autre par sa baïonnette un lourd fusil dont la crosse résonnait sur les dalles.

A travers les ombres de la mort qui s'étendaient déjà devant ses yeux,

Joseph Picaut vit l'apparition, car il s'écria d'une voix entrecoupée par l'angoisse :

— La veuve ! la veuve !

La veuve Picaut, car c'était elle en effet, s'avança lentement, et, sans jeter un regard sur le maire de la Logerie ni sur maître Jacques, qui, comprimant de sa main gauche la blessure qui lui trouait verticalement la poitrine, essayait de se soulever sur la droite, elle s'arrêta devant son beau-frère, et le regarda avec une expression qui conservait un reste de menace.

— Un prêtre ! un prêtre ! s'écria le moribond épouvanté par cette espèce de fantôme sombre qui éveillait un sentiment jusque-là inconnu en lui : le remords.

— Un prêtre !... et à quoi te servira un prêtre, misérable ? Rendra-t-il la vie à ton frère que tu as assassiné ?

— Non, non, s'écria Picaut ; non, je n'ai pas assassiné Pascal, j'en jure par l'éternité où je suis près de descendre.

— Tu ne l'as pas assassiné, mais tu as laissé faire les assassins, si toutefois tu ne les as pas poussés au crime. Non content de cela, tu as tiré sur moi, et sans la main d'un brave homme qui a fait dévier le coup, dans une seule soirée tu étais deux fois fratricide. Mais sache-le bien, ce n'est point le mal que tu as voulu me faire que j'ai vengé, c'est la main de Dieu qui te frappe par la mienne, Caïn.

— Eh quoi ! s'écrièrent à la fois Joseph Picaut et maître Jacques, ce coup de feu ?...

— Ce coup de feu ? c'est moi, qui savais te surprendre une fois de plus dans le crime, c'est moi qui l'ai tiré. Oui, Joseph, oui, toi si brave, si sûr de ta force, humilie-toi devant l'arrêt de la Providence, tu meurs frappé de la main d'une femme.

— Oh ! que m'importe à moi d'où le coup vient ! Du moment où j'en meurs, il vient de Dieu. Je t'en conjure donc, femme, laisse à mon repentir le temps d'être efficace ; fais que je puisse me réconcilier avec le ciel que j'ai offensé ; amène-moi un prêtre, femme, je t'en conjure !

— Ton frère a-t-il eu un prêtre, lui, à sa dernière heure ? Lui as-tu donné le temps, à lui, d'élever son âme à Dieu, lorsqu'il est tombé sous les coups de tes complices au gué de la Boulogne ? Non : œil pour œil, dent pour dent. Meurs de mort violente, meurs sans secours spirituel ni temporel, comme est mort ton complice, et que tous les brigands, ajouta-t-elle en se tournant vers maître Jacques, que tous les brigands qui, au nom d'un drapeau, quel qu'il soit, portent la ruine dans leur patrie et le deuil dans leurs familles, descendent avec toi au plus profond de l'enfer.

— Femme ! s'écria maître Jacques parvenant à se soulever, quel que soit son crime, quoi qu'il vous ait fait, il n'est pas beau de lui parler ainsi. Pardonnez-lui bien plutôt, afin que l'on vous pardonne à vous-même.

— A moi ? dit la veuve ; et qui donc peut élever la voix contre moi ?

— Celui que, sans le vouloir, vous avez mis dans la tombe, celui qui a reçu la balle qui lui était destinée à lui, celui qui vous parle, enfin, moi, moi que vous avez frappé.

La veuve Picaut poussa un cri d'étonnement et presque d'épouvante à ce que venait de lui dire maître Jacques.

Comme on le devine, à la suite du projet surpris entre les deux complices, elle avait guetté l'arrivée de Courtin, et, l'ayant vu entrer dans la tour, elle avait, par la galerie extérieure, gagné la plate-forme, et de là, à travers l'ouverture du plancher, elle avait fait feu sur son beau-frère.

Nous avons vu comment, dans le mouvement qu'avait fait maître Jacques pour protéger Courtin, c'était maître Jacques qui avait reçu le coup.

Cette déviation de sa haine avait d'abord, comme nous l'avons dit, un peu étourdi la veuve; mais aussitôt, pensant à quels bandits elle avait affaire :

— Eh bien ! quand cela serait vrai, dit-elle, quand j'aurais frappé l'un pour l'autre, ne vous ai-je pas frappé au moment où vous alliez commettre un nouveau crime ? N'ai-je pas sauvé la vie à un innocent ?

A ce dernier mot, un sombre sourire crispa la lèvre pâle de maître Jacques. Il se retourna du côté de Courtin, et sa main chercha à sa ceinture la crosse de son second pistolet.

— Ah ! oui, c'est juste, dit-il avec un rire sinistre, il y a là un innocent ; je n'y pensais plus, moi. Eh bien ! cet innocent, puisque vous me faites penser à lui, je vais lui expédier son brevet de martyr ; je ne veux pas mourir sans avoir achevé mon œuvre.

— Vous ne souillerez pas votre dernière heure de sang, comme vous en avez souillé toute votre vie, maître Jacques, s'écria la veuve Picaut en se plaçant entre Courtin et le chouan ; je saurai bien vous en empêcher, moi.

Et elle dirigea vers maître Jacques la baïonnette de son fusil.

— Bien ! fit maître Jacques, comme s'il se résignait. Tout à l'heure, si Dieu m'en laisse le temps et la force, je vous ferai connaître les deux drôles que vous appelez des innocents. Pour le moment, je laisse la vie à celui-ci ; mais en échange, et pour mériter l'absolution que je vous ai donnée tout à l'heure, voyons, pardonnez à votre pauvre frère ; ne l'entendez-vous pas qui râle. Dans dix minutes peut-être sera-t-il trop tard.

— Non, non, non, jamais ! reprit sourdement la veuve.

Cependant, non-seulement la voix, mais le râle de Joseph Picaut allaient s'affaiblissant, et il continuait d'user le peu de forces qui lui restaient dans les prières qu'il adressait à sa sœur.

— C'est Dieu, et non moi qu'il faut implorer, dit celle-ci.

— Non, répondit le moribond secouant la tête ; non, je n'ose point m'adresser à Dieu tant que je resterai chargé de votre malédiction.

— Alors adresse-toi à ton frère, et prie-le de te pardonner.

— Mon frère ! murmura Joseph ; et fermant les yeux comme s'il entrevoyait le spectre terrible, mon frère ! je vais le voir, je vais me trouver face à face avec lui !

Et il essayait de repousser de la main le fantôme sanglant qui semblait l'attirer à lui.

Puis, d'une voix à peine intelligible et qui n'était plus qu'un souffle :

— Frère ! frère ! pourquoi détournes-tu la tête quand je te prie ? Au nom de notre mère, Pascal, laisse-moi embrasser tes genoux. Souviens-toi des larmes que nous avons versées ensemble pendant une enfance que les premiers bleus nous avaient faite si rude. Pardonne-moi d'avoir suivi la voie terrible dans laquelle notre père nous avait poussés tous les deux. Hélas ! hélas ! je ne savais pas alors que nous nous y rencontrerions un jour en ennemis. Mon

Dieu ! mon Dieu ! tu ne me réponds point, Pascal ! tu continues de détourner la tête. Oh ! mon pauvre enfant ! mon pauvre petit Louis que je ne verrai plus ! continua le chouan, prie-le, prie-le pour moi. Il t'aimait comme un enfant à lui, demande-lui, au nom de ton père mourant, de laisser arriver un pécheur repentant jusqu'au trône de Dieu. Ah ! frère ! frère ! murmura-t-il avec une expression de joie qui touchait à l'extase, tu te laisses attendrir, tu pardonnes, tu tends la main à l'enfant. Mon Dieu ! mon Dieu ! vous pouvez prendre mon âme maintenant, mon frère m'a pardonné.

Et il retomba sur la terre, de laquelle, par un suprême effort, il s'était soulevé pour tendre les bras à la vision.

Pendant ce temps, et peu à peu, la haine et la vengeance qu'avait respirées la physionomie de la veuve s'étaient calmées ; lorsque Joseph avait parlé du petit garçon, que le pauvre Pascal aimait comme son enfant, une larme s'était fait jour entre ses paupières ; enfin, lorsqu'à la lueur de sa torche elle vit la figure du moribond s'éclairer, non pas d'une lumière terrestre, mais d'une certaine auréole divine, elle tomba elle-même à genou en prenant la main du blessé.

— Je te crois, je te crois, Joseph, dit-elle. Dieu dessille les yeux du mourant et entr'ouvre pour eux les profondeurs de son ciel. Comme Pascal t'a pardonné, je te pardonne ; comme il a oublié, j'oublie. Oui, j'oublie tout, pour ne me rappeler qu'une chose, c'est que tu étais son frère ; frère de Pascal, meurs en paix.

— Merci, merci, balbutia Joseph, dont la voix devenait de plus en plus sifflante, et dont les lèvres commençaient à se teindre d'une mousse rougeâtre, merci ; mais la femme, mais les petits ?...

— Ta femme est ma sœur, et tes enfants sont mes enfants, dit solennellement la veuve. Meurs en paix, Joseph.

La main du chouan se porta à son front, comme s'il eût essayé de faire le signe de la croix. Ses lèvres murmuraient encore quelques paroles qui n'étaient point faites sans doute pour les oreilles humaines, car personne ne les comprit.

Puis il ouvrit démesurément les yeux, étendit les bras, et poussa un profond soupir.

C'était le dernier.

— Amen ! dit maître Jacques.

La veuve s'agenouilla et demeura en prière près de ce corps pendant quelques instants, tout étonnée que ses yeux eussent tant de larmes pour celui qui l'avait fait tant pleurer.

Il se fit un long silence.

Sans doute ce silence pesait à maître Jacques, car tout à coup il s'écria :

— Sacrédié ! on ne se douterait guère qu'il y a encore un chrétien de vivant ici. Je dis un, car je n'appelle pas les Judas des chrétiens.

La veuve tressaillit, car près du mort elle avait oublié le moribond.

— Je vais retourner à la maison, et vous envoyer du secours, lui dit-elle.

— Du secours ! peste ! gardez-vous-en bien ; on ne me guérirait que pour la guillotine, et merci, la Picaude, j'aime mieux la mort du soldat. Je la tiens ; je ne la lâche point.

— Et qui vous dit donc que je vous livrerais ?

— N'êtes-vous pas pataude et femme de pataud? Fichtre! la prise de maître Jacques, cela vaut bien la peine d'être griffonné dans vos états de services, la veuve !

— Mon mari était patriote; j'ai hérité de ses sentiments, c'est vrai; mais j'ai avant toutes choses horreur des traîtres et de la trahison. Pour tout l'or du monde, je ne livrerais personne, pas même vous.

— Vous avez horreur de la trahison, entends-tu là-bas? Eh bien ! voilà mon affaire.

— Voyons, Jacques, laissez-moi appeler.

— Non, répondit celui-ci, j'ai mon compte; je le sens et je le sais; j'en ai tant fait de ces trous-là que je m'y connais : dans deux heures, dans trois au plus, je me serai égaillé dans la grande lande, dans la dernière, dans la bonne, dans la belle, dans la lande du bon Dieu. Mais écoutez-moi: cet homme que vous voyez, continua-t-il en poussant Courtin du pied, comme il eût fait d'un animal immonde, cet homme, pour quelques pièces d'or, a vendu une tête qui pour tous devait être sainte et sacrée, non-seulement parce qu'elle est de celles qui sont destinées à porter les couronnes, mais parce que son cœur est noble, bon et généreux.

— Cette tête, répliqua la veuve, elle s'est abritée sous mon toit; car au portrait que venait de tracer maître Jacques, elle avait reconnu Petit-Pierre.

— Oui, une première fois vous l'avez sauvée; je sais cela, la Picaude, et c'est ce qui vous fait grande à mes yeux; c'est ce qui m'a donné l'idée de vous adresser ma prière.

— Voyons, que faut-il faire ?

— Approchez et tendez l'oreille. Vous seule devez entendre ce que je vais dire.

La veuve passa du côté opposé à Courtin, et se pencha vers le blessé.

— Il faut, dit celui-ci à voix basse, il faut avertir l'homme qui est chez vous.

— Qui donc? demanda la veuve avec stupeur.

— Celui que vous cachez dans votre étable, celui que chaque nuit vous allez soigner et consoler.

— Mais qui donc vous a appris ?

— Bon ! est-ce que vous croyez que l'on cache quelque chose à maître Jacques? Tout ce que je dis est vrai, la Picaude, et c'est ce qui fait que maître Jacques le chouan, maître Jacques le bandit, maître Jacques le chauffeur, vous dit que, malgré la façon dont vous traitez vos parents, il serait fier d'en être.

— Mais il est convalescent, à peine s'il a la force de se tenir debout, et encore en s'appuyant contre les murailles.

— La force, soyez tranquille, il la trouvera, car c'est un homme, lui; un homme comme il n'y en aura plus après nous, dit le Vendéen avec un orgueil sauvage. Il savait, je suis sûr, ce qui se tramait entre ces deux gueux-là; mais il les tenait, il croyait vivre. L'homme propose et Dieu dispose. C'est le magot qui l'a tenté. A propos, la veuve, vous devrez le trouver quelque part.

— Qu'en faudra-t-il faire ?

— Deux parts : vous donnerez l'une aux orphelins que la guerre a faits chez les blancs comme chez les bleus. C'est ma part, celle-là, celle qui devait me revenir après le coup. L'autre part, c'est celle de Joseph; vous la donnerez à ses enfants.

Courtin poussa un soupir d'angoisse, car ces mots avaient été prononcés d'assez haute voix pour qu'il les entendît.

— Non, dit la veuve, non, c'est l'or de Judas, il leur porterait malheur; merci, je ne veux pas de cet or pour les pauvres enfants, si innocents qu'ils soient.

— Vous avez raison, donnez tout aux pauvres; les mains qui reçoivent l'aumône lavent tout, même le crime.

— Et lui? dit la veuve en désignant Courtin du doigt sans le regarder.

— Lui? Il est bien lié, bien ficelé, bien garrotté, n'est-ce pas?

— Il en a l'air, du moins.

— Eh bien! celui qui est là-bas décidera de son sort.

— Soit.

— A propos, tenez, la Picaude, faites-lui cadeau de cette carotte de tabac dont je n'ai plus besoin, moi. M'est avis que cela le flattera crânement. Allons, continua le maître des lapins, ne voilà-t-il pas que cela va me faire regretter de mourir. Ah! je donnerais mes vingt-cinq mille francs de prise pour assister à leur entrevue. Ce sera drôle. Mais bah! un million ou deux sous, c'est la même chose lorsqu'on s'adresse à la camuse.

— Vous ne resterez pas ici, dit la veuve; nous avons dans le donjon une chambre où je vais vous transporter. Là, au moins, vous pourrez recevoir un prêtre.

— Comme vous voudrez, la veuve; mais auparavant, faites-moi l'amitié de vous assurer si mon drôle est convenablement amarré. Ça chagrinerait mes derniers moments, voyez-vous, la seule idée qu'il pourrait se donner de l'air avant le branle-bas qu'il va y avoir tout à l'heure ici.

La veuve inclina la torche vers Courtin.

Les cordes serraient si étroitement les bras du maire de la Logerie qu'elles entraient dans les chairs qui boursouflaient autour d'elles, rouges et violacées.

Sa figure surtout, trahissant les angoisses qu'il éprouvait, était plus pâle que celle de maître Jacques.

— Non, il ne peut bouger, répliqua la veuve; voyez plutôt. D'ailleurs, je donnerai un tour de clef à la porte.

— Oui, et puis, au fait, ce ne sera pas long, n'est-ce pas? Vous allez y aller tout de suite, n'est-ce pas, la mère?

— Soyez tranquille.

— Merci! Oh! le merci que je vous dis n'approche pas de celui que vous dira tout à l'heure celui qui est là-bas, allez.

— Bien, mais laissez-moi vous transporter dans le donjon; là, du moins, vous pourrez recevoir tous les secours que réclame votre état; confesseur et médecins seront muets, soyez tranquille.

— Je le veux bien. Au fait, ce sera drôle de voir maître Jacques mourir dans un lit, lui qui, toute sa vie, a couché sur la mousse ou sur la bruyère.

La veuve prit le Vendéen dans ses bras, et, l'enlevant de terre, elle le transporta dans la petite chambre dont nous avons parlé, et le posa sur le grabat qui s'y trouvait.

Maître Jacques, malgré les souffrances qu'il devait endurer, malgré la gravité de sa position, restait, en face de la mort, sardonique et rieur, comme il l'avait été pendant toute sa vie. Le caractère de cet homme, qui ne ressemblait en rien à celui de ses compatriotes, ne se démentait pas un seul instant.

Cependant, au milieu de ses sarcasmes, qu'il adressait aussi bien à ce qu'il avait défendu qu'à ce qu'il avait combattu, il ne cessa de prier la veuve Picaut d'aller au plus vite remplir auprès de Jean Oullier la mission dont il l'avait chargée.

Ainsi activée par lui, la veuve Picaut ne prit que le temps de pousser les verrous du vieux fruitier où elle laissait Courtin prisonnier. Elle traversa le jardin, rentra dans l'auberge, et trouva sa vieille mère tout alarmée du bruit des coups de feu qui était parvenu jusqu'à elle. L'absence de sa fille avait redoublé ses alarmes, et elle commençait à craindre, lorsque celle-ci rentra, qu'elle n'eût été victime de quelque guet-apens de son beau-frère.

La veuve, sans lui dire un mot de ce qui s'était passé, la pria de ne laisser pénétrer personne jusqu'aux ruines, et, jetant sa mante sur ses épaules, elle se disposa à sortir.

Au moment où elle posait la main sur le loquet de la porte, on y frappa doucement.

La veuve se retourna vers sa mère :

— Mère, dit-elle, si quelque étranger demande à passer la nuit dans l'auberge, dites que nous n'avons plus de place. Personne ne doit pénétrer ici cette nuit. La main de Dieu est sur la maison.

On frappa pour la seconde fois.

— Qui va là ? demanda la veuve en ouvrant la porte, mais en barrant le passage avec son corps.

Bertha parut sur le seuil.

— Vous m'avez fait dire ce matin, Madame, dit la jeune fille, que vous aviez une communication importante à me faire ?

— Ah ! juste Dieu ! vous avez raison, dit la veuve, je l'avais oublié.

— Jésus ! dit Bertha en remarquant que le fichu de la Picaude était marbré de larges taches de sang, serait-il arrivé quelque chose à l'un des miens ? Mary, mon père, Michel !

Et, malgré la force d'âme de la jeune fille, cette dernière pensée ébranla si fortement son cœur qu'elle dut s'appuyer à la muraille pour ne pas tomber.

— Rassurez-vous, répondit la Picaude, ce n'est point un malheur que je voulais vous annoncer ; au contraire, c'est un de vos anciens amis que vous croyez perdu, que vous avez pleuré, qui vit et qui désire vous voir.

— Jean Oullier ! s'écria Bertha, devinant à l'instant même de qui il était question ; Jean Oullier ! c'est de lui, n'est-ce pas, que vous voulez parler ? Il vit ! oh ! que le ciel soit béni ! Mon père va-t-il être heureux ! Conduisez-moi près de lui, Madame, tout de suite, à l'instant, je vous en conjure !

— C'était mon intention aussi ce matin ; mais depuis ce matin bien des événements sont arrivés, et vous avez à remplir un devoir plus pressant que celui-là.

— Un devoir ! demanda Bertha étonnée, et lequel ?

— Celui de vous rendre à Nantes sur-le-champ ; car je doute qu'épuisé comme il est, le pauvre Jean Oullier puisse faire ce qu'en attendait maître Jacques.

— Et qu'irai-je faire à Nantes?

— Dire à celui ou à celle que vous appelez Petit-Pierre que le secret de sa demeure a été vendu et acheté; qu'elle la quitte au plus vite; tout asile est plus sûr que celui qu'elle occupe maintenant. La trahison est sur elle, et Dieu veuille que vous arriviez à temps!

— Trahie! s'écria Bertha; trahie, et par qui?

— Par celui qui envoya chez moi une fois les soldats pour la prendre, par Courtin, le métayer de la Logerie.

— Courtin! vous l'avez vu?

— Oui, répondit laconiquement la veuve.

— Oh! s'écria Bertha en joignant les mains, ne pourrais-je le voir?

— Jeune fille, jeune fille! s'écria la veuve en évitant de répondre à la question, c'est moi, que les partisans de cette femme ont faite veuve, qui vous dis de vous hâter, et c'est vous, qui vous vantez d'être une de ses fidèles, qui hésitez à partir?

— Non, non, vous avez raison, je n'hésite pas, je pars.

Et, en effet, la jeune fille fit un mouvement pour sortir.

— Vous ne pouvez aller à Nantes à pied, vous n'arriveriez pas a temps; mais dans l'écurie de cette maison il y a des chevaux. Prenez celui que vous voudrez, et faites-vous-le seller par le garçon d'écurie.

— Oh! dit Bertha, soyez tranquille, je le sellerai bien moi-même. Mais que pourra donc faire pour vous, pauvre veuve, celle que pour la seconde fois vous avez sauvée?

— Dites-lui qu'elle se souvienne de ce que je lui ai dit dans ma chaumière, près du lit où deux morts tués pour elle gisaient étendus; dites-lui que c'est un crime d'apporter le désordre et la guerre dans un pays où ses ennemis eux-mêmes la défendent contre la trahison. Allez, allez, Mademoiselle, et que Dieu vous conduise!

Et, à ces mots, la veuve s'élança hors de la maison, se rendit d'abord chez le curé de Saint-Philibert, qu'elle pria de passer au donjon; puis, aussi rapidement que la chose pouvait se faire, elle se dirigea à travers champs vers la métairie.

LXXIX

LES LOUVES.

Depuis vingt-quatre heures, l'inquiétude de Bertha avait été extrême. Ce n'était point sur Courtin seul que les révélations de Joseph Picaut avaient fait planer les soupçons.

Les soupçons s'étaient étendus jusqu'à Michel lui-même.

Les souvenirs de la soirée qui avait précédé le jour du combat du Chêne, cette apparition d'un homme à la croisée de la chambre de Mary, n'étaient jamais complétement sortis de sa pensée, que de temps en temps ils traversaient comme un trait de flamme en laissant derrière eux un sillon de douleur, que l'attitude passive prise vis-à-vis d'elle par Michel pendant sa convalescence parvenait difficilement à calmer. Mais lorsqu'elle apprit que Courtin, qu'elle ne pouvait supposer avoir agi sans ordre, avait fait partir le bâtiment; lorsque surtout, revenant tout effarée, haletante d'amour, à la Logerie, elle n'y trouva plus celui qu'elle venait chercher, ses soupçons jaloux devinrent plus violents encore.

Mais en un instant tout fit silence pour obéir au devoir que venait de lui imposer la veuve; devant ce devoir, toutes les considérations devaient fléchir, même celles de son amour.

Elle courut donc à l'écurie sans perdre un instant, choisit celui des deux chevaux qui lui parut le plus propre à faire promptement la route, lui servit double ration d'avoine pour donner à ses jambes tout le degré d'élasticité auquel elles pouvaient atteindre, jeta sur son dos, pendant qu'il mangeait, l'espèce de bât qui devait lui servir de selle, et, la bride à la main, elle attendit que l'animal eût fini de manger.

Mais, tandis qu'elle attendait, un bruit bien connu dans ce temps de trouble parvint jusqu'à elle.

C'était le retentissement régulier des pas d'une troupe en marche.

Au même instant, on frappa violemment à la porte de l'auberge.

A travers une porte vitrée qui communiquait de l'écurie à un fournil, communiquant lui-même avec la cuisine, elle entrevit des soldats, et, aux premiers mots qu'ils prononcèrent elle comprit qu'ils venaient demander un guide.

En ce moment, rien n'était indifférent à Bertha, qui avait à trembler à la fois pour son père, pour Michel et pour Petit-Pierre. Elle ne voulut donc point partir sans savoir ce que désiraient ces hommes, et, certaine de ne pas être reconnue sous le costume de paysanne qu'elle avait conservé, elle passa de l'écurie dans le fournil, et pénétra jusque dans la cuisine.

Un lieutenant commandait à la petite troupe.

— Comment, dit-il à la vieille femme, il n'y a pas un homme dans cette maison, pas un seul?

— Non, Monsieur, répondait la vieille femme; ma fille est veuve, et le seul garçon d'écurie que nous ayons est, à ce qu'il paraît, allé je ne sais où.

— Et c'est justement votre fille que j'eusse voulu trouver, dit le lieutenant. Si elle était là, elle nous servirait de guide, comme elle a fait la fameuse nuit du Saut-de-Baugé; et si elle ne pouvait pas nous en servir elle-même, elle nous en choisirait un de sa main, et celui-là on pourrait s'y fier, tandis qu'avec les misérables paysans que nous racolons de force et qui sont tous à moitié chouans, il n'y a pas moyen de voyager tranquille.

— La maîtresse Picaut est absente; mais peut-être qu'il y a moyen de la remplacer, dit Bertha en s'avançant résolûment. Allez-vous loin, Messieurs?

— Tudieu! voilà, par ma foi, une jolie fille, dit le jeune officier en se rapprochant. Conduisez-moi où vous voudrez, ma belle enfant, et du diable si je ne vous suis pas!

Bertha baissa les yeux en tordant le coin de son tablier, comme eût pu faire une naïve villageoise.

— Si ce n'est pas bien loin d'ici, Monsieur, et que la maîtresse le permette, je puis vous accompagner. Je connais assez bien les alentours.

— Accepté, dit le lieutenant.

— Mais ce serait à une condition, continua Bertha, c'est que quelqu'un me ramènerait ici. J'aurais peur seule par les chemins.

— Du diable si je cède ce soin-là à un autre, ma belle fille, dit l'officier, quand même cette complaisance devrait me coûter mes épaulettes. Voyons, connais-tu la Boulœuvre?

Au nom de cette métairie qui appartenait à Michel, et qu'elle avait habitée quelques jours avec le marquis et Petit-Pierre, Bertha sentit un frisson courir par tout son corps. Une sueur froide lui monta au front, son cœur battit avec violence; cependant elle domina son émotion.

— La Boulœuvre? répéta-t-elle; non, ce n'est pas de chez nous cela. Est-ce un bourg ou un château, la Boulœuvre?

— Non, c'est une métairie.

— Une métairie! Et à qui la métairie?

— A un monsieur de vos environs, sans doute.

— Vous allez en logement à la Boulœuvre?

— Non, nous y allons en expédition.

— Qu'est-ce que cela veut dire en expédition? demanda Bertha.

— Eh bien, à la bonne heure, dit le lieutenant, voilà une belle enfant qui ne demande que de s'instruire.

— C'est tout naturel : si je vous conduis ou vous fais conduire à la Boulœuvre, il faut au moins que je sache ce que vous allez faire.

— Nous allons, dit le sous-lieutenant, se mêlant à la conversation pour placer sa plaisanterie, nous allons passer un blanc à la lessive de plomb, afin que de blanc il devienne bleu.

— Ah! fit Bertha, ne pouvant retenir une exclamation de terreur.

— Tudieu! qu'avez-vous? demanda le lieutenant. Si l'on vous avait dit le nom de celui que nous allons arrêter, je croirais que vous en êtes amoureuse.

— Moi! dit Bertha faisant appel à toute l'énergie de son caractère pour étouffer l'effroi qui lui comprimait le cœur, moi amoureuse d'un monsieur!

— On a vu des rois épouser des bergères, dit le sous-lieutenant qui paraissait décidément être d'un caractère facétieux.

— Bon! dit le lieutenant, et voilà, sur ma foi! la bergère qui va s'évanouir comme une grande dame.

— Moi! fit Bertha en essayant de sourire, m'évanouir! Allons donc! ce sont des manières que l'on apprend à la ville et non pas ici.

— Il n'en est pas moins vrai que vous en êtes devenue pâle comme votre linge, la belle fille.

— La belle malice! vous parlez de fusiller un homme comme de tirer un lapin au coin d'une haie.

— Tandis que ce n'est pas du tout la même chose, dit le sous-lieutenant: un lapin fusillé est bon à rôtir, tandis qu'un chouan n'est bon à rien.

Bertha ne put empêcher son fier et énergique visage de trahir, par son expression, le dégoût que lui inspirait la plaisanterie du jeune officier.

— Ah çà, dit le lieutenant, vous n'êtes donc point patriote comme votre maîtresse, et nous sommes donc mal renseignés?

— Je suis patriote; mais j'ai beau haïr mes ennemis, je n'ai pas encore pu m'habituer à voir leur mort d'un œil sec.

— Bah! dit l'officier, on s'y fait. On se fait bien à passer les nuits sur les grands chemins, au lieu de les passer dans son lit. Tout à l'heure, quand ce maudit paysan est arrivé au poste de Saint-Martin et qu'il m'a fallu me mettre en route, j'ai donné l'état à tous les diables. Eh bien, je vois maintenant que j'avais tort, et qu'il a ses compensations; de sorte que dans ce moment-ci, au lieu de la maudire, je trouve la profession charmante.

Et en achevant ces mots, pour ajouter sans doute aux agréments de la situation, l'officier se pencha et voulut prendre un baiser sur le cou de la jeune fille.

Bertha, qui ne s'attendait pas à cette agression amoureuse, sentit le souffle du jeune homme sur son visage, et se releva rouge comme une grenade, les narines frissonnantes de colère, les yeux étincelants d'indignation.

— Oh! oh! continua le lieutenant, n'allez-vous pas vous mettre en colère pour un méchant baiser, la belle?

— Pourquoi pas? Croyez-vous donc, parce que je suis une pauvre fille de la campagne, que l'on puisse m'insulter impunément?

— Insulter impunément! Hein! comme cela parle! dit le sous-lieutenant. Et que l'on vienne nous dire que nous sommes dans un pays de sauvages!

— Savez-vous, dit le lieutenant, que j'ai bonne envie de faire une chose, c'est de vous arrêter comme suspecte, et de ne vous lâcher que lorsque vous m'aurez payé la rançon que je mettrai à votre liberté.

— Et quelle sera cette rançon?

— Ce que vous me refusez; un baiser.

— Je ne puis vous laisser prendre un baiser, puisque vous n'êtes ni mon parent, ni mon frère, ni mon mari.

— N'y a-t-il donc que ceux-là qui auront jamais le droit de poser leurs lèvres sur ces belles joues ?

— Sans doute.

— Et pour quelles raisons ?

— Parce que je ne veux pas manquer à mes devoirs.

— Vos devoirs ! oh ! la bonne plaisanterie !

— Croyez-vous donc que nous n'ayons pas nos devoirs comme vous avez les vôtres ? Voyons (Bertha essaya de rire), si je vous demandais, par exemple, le nom de celui que vous allez arrêter, et qu'il fût contre votre devoir de me le dire, me le diriez-vous ?

— Ma foi ! dit le jeune officier, je n'aurais pas grand mérite à vous le dire, car je ne crois pas qu'il y ait grand inconvénient à ce que vous le sachiez.

— Mais s'il y en avait un, enfin ?

— Oh ! alors ; et encore, je ne sais, par ma foi ! Vos yeux me troublent si bien la cervelle que je n'ose dire ce que je ferais, vraiment ! Et tenez, la preuve, c'est que, s'il le faut absolument, si vous êtes aussi curieuse que je suis faible, ce nom, je vous le dirai, je trahirai la patrie ; mais à mon tour, ce baiser, il me le faut !

L'appréhension de Bertha était si vive ; elle était si intimement convaincue que c'était Michel que le danger menaçait, qu'elle oublia toute prudence, et que, avec l'impétuosité de son caractère, sans réfléchir aux suppositions que son insistance pourrait faire naître dans l'esprit du lieutenant, elle lui tendit brusquement la joue.

L'officier y prit deux baisers retentissants.

— Donnant, donnant, dit-il sans pouvoir réprimer un sourire ; le nom de celui que nous allons arrêter est M. de Veirée.

Bertha se recula et regarda l'officier.

Un pressentiment lui disait qu'il s'était joué d'elle et l'avait trompée.

— Allons, allons, en route ! dit le lieutenant ; je vais demander au maire ce que nous n'avons pu trouver ici.

Puis, se tournant vers Bertha :

— Ah ! quel que soit le guide qu'il me donne, dit-il, il ne m'en fournira point qui m'agrée autant que vous, la belle enfant !

Et il poussa un soupir affecté.

Enfin, s'adressant aux soldats :

— Allons, vous autres, en route ! dit le lieutenant.

Le sous-lieutenant et les quelques soldats qui étaient entrés avec l'officier sortirent pour reprendre leurs rangs.

Celui-ci demanda une allumette pour allumer son cigare.

Bertha chercha en vain l'objet demandé sur le chambranle de la cheminée ; l'officier alors prit un papier dans sa poche et l'alluma à la lampe. Bertha, qui suivait tous ses mouvements, jeta un regard sur le papier que la flamme commençait à tordre, et, entre les plis jaunissants, elle lut distinctement le nom de Michel.

— Ah ! je m'en étais doutée, pensa-t-elle. Il a menti ; oui, c'est bien Michel qu'ils veulent arrêter !

Et comme l'officier avait jeté à terre le papier à moitié enflammé, elle posa le pied dessus avec tant de trouble que l'officier put en profiter pour l'embrasser encore une fois.

Puis, au moment où elle se retournait vers lui :

— Chut! lui dit-il en posant un doigt sur sa bouche ; vous n'êtes pas une paysanne. Veillez bien sur vous, si vous avez à vous cacher, car si vous jouez aussi mal votre rôle avec ceux qui vous cherchent qu'avec moi, qui n'ai point mission de vous chercher, vous êtes perdue.

Et sur ces mots il sortit vivement, de peur sans doute de se perdre lui-même.

Bertha n'attendit même pas que la porte fût refermée derrière lui ; elle saisit le débris de papier.

C'était la dénonciation que Courtin avait envoyée à Nantes par le paysan dont il avait fait son messager, et que celui-ci avait remise, pour abréger sa course, au premier poste qu'il avait rencontré sur la route.

Ce poste était celui de Saint-Martin, voisin de celui de Saint-Philibert.

Il restait assez de l'écriture du maire de la Logerie pour éclairer Bertha sur la destination de la troupe qui marchait vers la Boulœuvre.

La tête de Bertha s'égara. Si la condamnation qui pesait sur la tête du jeune homme était exécutoire pour les soldats, et la plaisanterie du sous-lieutenant pouvait le lui faire croire, dans deux heures Michel était mort. Elle le vit sanglant, la poitrine trouée de balles, rougissant la terre de son sang ; elle devint folle.

— Où est Jean Oullier ? s'écria-t-elle en s'adressant à la vieille femme.

— Jean Oullier ? dit celle-ci en la regardant avec stupeur, je ne sais pas ce que vous voulez dire.

— Je vous demande où est Jean Oullier ?

— Est-ce que Jean Oullier n'est pas mort, répondit celle-ci.

— Mais votre fille, où est-elle allée ?

— Dame ! je n'en sais rien. Elle ne me dit pas où elle va quand elle sort ; elle est d'âge à être maîtresse de ses actions.

Bertha pensa bien à la maison de la Picaut ; mais cette course, si elle était inutile, lui faisait perdre une heure.

Cette heure suffisait pour amener la mort de Michel.

— Tout à l'heure elle sera de retour, s'écria-t-elle ; dites-lui que je n'ai pu aller tout de suite où elle sait, mais qu'avant le jour j'y serai.

Et s'élançant dans l'écurie, elle passa la bride au cheval, s'élança sur son dos, le fit sortir de la maison, et, lui cinglant les flancs d'un vigoureux coup de houssine, parvint à le mettre tout d'abord à une allure qui n'était ni le trot ni le galop, mais à l'aide de laquelle elle pouvait cependant gagner une demi-heure sur les soldats.

Lorsqu'elle traversa la place de Saint-Philibert, elle entendit sur la droite, et dans la direction du pont, le bruit de la petite troupe qui s'éloignait.

Elle s'orienta, prit une ruelle, dépassa les maisons, lança son cheval dans la Boulogne, la passa à la nage, et vint rejoindre le chemin un peu au-dessus de la forêt de Machecoul.

Heureusement pour Bertha que sa monture offrait plus de ressources qu'elle n'en promettait ; c'était un petit cheval breton qui, au repos, semblait morne, triste, abattu, comme le sont les hommes de son pays, mais qui, comme eux aussi, s'échauffait en action, et de minute en minute grandissait en énergie ;

les naseaux ouverts, sa longue crinière ébouriffée et flottant au vent, il atteignit le galop, puis bientôt son galop se précipita, dévorant le chemin ; les plaines, les vallons, les haies, passaient et disparaissaient derrière lui avec une fantastique rapidité, tandis que Bertha, penchée sur son cou, rendant toute la bride, ne s'occupait que de l'actionner en lui fouettant les flancs sans relâche.

Les paysans attardés qu'ils rencontraient, voyant le cheval et celle qui le montait s'évanouir dans l'ombre aussi vite qu'ils les avaient vus apparaître, les prenaient pour des fantômes et se signaient derrière eux.

Mais, si prompte que fût cette course, elle ne l'était point encore ce qu'eût voulu le cœur de Bertha, à laquelle la seconde semblait un mois, la minute une année. Elle sentait quelle terrible responsabilité pesait sur sa tête, responsabilité de sang, de mort et de honte tout à la fois. Sauverait-elle Michel ? et, l'ayant sauvé, arriverait-elle à temps pour conjurer le danger qui menaçait Petit-Pierre ?

Mille idées confuses traversaient son cerveau. Elle se reprochait de n'avoir point donné à la mère de la Picaut des instructions suffisantes ; elle était prise de vertige en songeant qu'après la course terrible qu'elle lui faisait faire, le pauvre petit cheval breton succomberait indubitablement dans le trajet de la Boulœuvre à Nantes. Elle se reprochait d'user au profit de son amour les ressources qui pouvaient sauvegarder une tête si précieuse à la noblesse de France. Elle comprenait que personne, n'ayant les mots d'ordre qu'elle possédait, ne pouvait arriver jusqu'à l'illustre proscrit, et, combattue par mille sentiments divers, éperdue, en proie à une sorte d'ivresse furieuse, elle ne savait plus que presser son cheval du talon, que précipiter son allure, que courir enfin cette course folle qui au moins rafraîchissait son cerveau brûlé par les pensées qui semblaient près de le faire éclater.

Au bout d'une heure, elle atteignait la forêt de Touvain. Là, force lui fut de renoncer à cette vitesse ; le chemin était si bien semé de fondrières que deux fois le pauvre petit cheval breton s'abattit. Elle le mit au pas, en calculant qu'elle avait dû gagner une avance suffisante pour donner à Michel le temps de fuir.

Elle espéra, elle respira.

Un moment de satisfaction vint éteindre toutes les ardeurs dévorantes de ses douleurs.

Michel allait une fois de plus lui devoir la vie.

Il faut avoir aimé, il faut avoir éprouvé les ineffables joies du sacrifice, il faut savoir tout ce qu'il y a de bonheur dans cette immolation de soi-même au profit de têtes aimées, pour comprendre combien Bertha le sentit pendant quelques minutes, et fut fière lorsqu'elle songea que l'existence de Michel, qu'elle allait lui conserver, lui coûterait peut-être si cher.

Elle était tout entière à ses pensées, lorsque, aux rayons de la lune, elle vit briller les murs blancs de la métairie, encadrés des touffes noires de noisetiers.

La porte charretière était ouverte ; Bertha descendit de son cheval, l'attacha à un des anneaux du mur extérieur, et pénétra dans la cour.

Le fumier dont elle était jonchée assourdissait le bruit de son pas ; nul chien, par ses aboiements, ne signala son entrée aux habitants de la métairie.

A la grande surprise de Bertha, elle aperçut, attaché à la porte de la maison, un cheval tout sellé et tout bridé.

Le cheval pouvait être à Michel; mais tout aussi bien pouvait-il être à un étranger.

Bertha voulut s'en assurer avant de pénétrer dans la maison.

Un des volets de cette même salle dans laquelle Petit-Pierre avait demandé, au nom de Michel, la main de la jeune fille au marquis de Souday était entr'ouvert; Bertha s'en approcha doucement et regarda dans l'intérieur.

A peine y eut-elle jeté les yeux qu'elle poussa un cri étouffé, et faillit tomber à la renverse.

Elle venait de voir Michel aux genoux de Mary. Un des bras du jeune homme entourait la taille de sa sœur. La main de celle-ci jouait dans les cheveux du baron; leurs lèvres se souriaient; leurs yeux rayonnaient de cette expression de bonheur à laquelle on ne se trompe plus une fois que l'on a aimé.

Le moment d'accablement qui suivit cette découverte ne dura, chez Bertha, qu'une seconde. Elle se précipita vers la porte, la poussa avec violence et parut sur le seuil, les cheveux épars, l'œil flamboyant, le visage livide, la poitrine haletante, comme la statue de la Vengeance.

Mary poussa un cri et tomba à genoux, le visage entre les mains.

Elle avait tout deviné à première vue, tant Bertha paraissait bouleversée.

Michel, épouvanté par le regard de Bertha, s'était relevé brusquement, et, comme s'il se trouvait devant un ennemi, avait machinalement porté la main à ses armes.

— Frappez! s'écria Bertha qui avait vu son mouvement; frappez donc, malheureux! ce sera le digne complément de votre lâcheté et de votre trahison!

— Bertha, balbutia Michel, laissez-moi vous dire, laissez-moi vous expliquer...

— A genoux, à genoux, vous et votre complice! s'écria Bertha. C'est à genoux qu'il faut prononcer les odieux mensonges que vous allez inventer pour votre défense. Oh! l'infâme! moi qui accourais pour sauver sa vie! moi qui, à moitié folle de terreur, de désespoir, parce qu'un danger était suspendu sur sa tête, oubliais tout, honneur et devoir! moi qui mettais ma vie à ses pieds! moi qui n'avais qu'un but, qu'un désir, qu'un souhait, celui de lui dire : « Tiens, Michel, regarde si je t'aime! » J'arrive, et je le trouve trahissant tous ses serments, parjurant toutes ses promesses, infidèle aux liens sacrés, je ne dirai pas de l'amour, mais de la reconnaissance; et avec qui et pour qui? Pour celle que j'aimais le plus au monde après lui, pour la compagne de mon enfance, pour ma sœur! Mais il n'y avait donc pas d'autre femme à séduire, dis, dis, misérable? continua Bertha en saisissant le bras du jeune homme et en le secouant avec violence; ou voulais-tu donc, en me laissant désespérée, m'ôter encore les consolations que l'on doit trouver dans le cœur de cette seconde soi-même que l'on appelle une sœur?

— Bertha, écoutez-moi, dit Michel, je vous en conjure! Nous ne sommes pas, Dieu merci! aussi coupables que vous le croyez. Oh! si vous saviez, si vous saviez, Bertha!

— Je n'écoute rien; je n'écoute que mon cœur que la douleur brise, que le désespoir étreint; je n'écoute que la voix de ma conscience qui me dit que tu es un lâche! Mon Dieu! mon Dieu! cria-t-elle en tordant ses cheveux noirs dans ses mains crispées ; mon Dieu ! est-ce donc là le prix de ma tendresse pour lui, de cette tendresse qui a été si aveugle que mes yeux se fermaient, que mes oreilles se bouchaient, lorsqu'on me disait que cet enfant, que cette femmelette tremblante, timide, indécise, n'était pas digne de mon amour. Oh ! pauvre folle que j'étais ! J'espérais que la reconnaissance l'attacherait à celle qui prenait en pitié sa faiblesse, à celle qui bravait les préjugés, l'opinion publique, pour l'aller chercher dans la fange, pour faire enfin de son nom souillé un nom honorable et honoré !

— Ah ! s'écria Michel en se redressant, assez, assez !

— Oui, d'un nom souillé, répéta Bertha. Ah ! cela te touche, tant mieux ! je le redis, alors. Oui, d'un nom souillé par ce qui est le plus odieux, le plus lâche, le plus infâme : par la trahison. Oh ! famille de traîtresses ! le fils continue l'œuvre du père. Je devais m'attendre à cela.

— Mademoiselle ! Mademoiselle ! dit Michel, vous abusez du privilège de votre sexe pour m'insulter, non-seulement moi, mais encore dans ce que l'homme a de plus sacré, dans la mémoire de mon père.

— Un sexe, un sexe ! Ai-je un sexe à cette heure ? Ah ! je n'en avais pas tout à l'heure quand tu te jouais de moi aux pieds de cette pauvre folle. Je n'en avais pas quand tu faisais de ma sœur la plus misérable des créatures. Et parce que je ne me lamente pas, parce que je ne me traîne pas à tes pieds en m'arrachant les cheveux et en me frappant la poitrine, voilà que tout à coup tu découvres que je suis une femme, un être que l'on doit respecter, parce qu'il est timide ; auquel on doit épargner la douleur, parce qu'il est faible. Non, non, pour toi je n'avais pas et je n'ai plus de sexe. Tu n'as devant toi maintenant, à partir de cette heure, qu'une créature que tu as mortellement offensée, et qui t'insulte. Baron de La Logerie, je t'ai déjà dit qu'il était cette fois traître et lâche celui qui séduisait la sœur de sa fiancée, car j'étais sa fiancée à cet homme ! Baron de La Logerie, non-seulement tu es un infâme et un lâche, mais tu es le fils de traître et de lâche. Ton père était un infâme qui a vendu et livré Charrette, et qui a au moins expié son crime, lui, car il l'a payé de sa vie. On t'a dit qu'il s'était tué lui-même à la chasse, ou qu'il y avait été tué par accident. Mensonge bénévole et que je démens, moi. Il a été tué par celui qui lui avait vu accomplir sa lâche action. Il a été tué par...

— Ma sœur ! s'écria Mary en se redressant et en mettant sa main sur la bouche de Bertha, ma sœur, vous allez vous rendre coupable d'un de ces crimes que vous reprochez aux autres ; vous allez disposer d'un secret qui ne vous appartient pas.

— Soit ! mais qu'il parle donc cet homme ; que le mépris que je lui témoigne lui fasse donc relever la tête ; qu'il trouve donc dans sa honte et dans son orgueil la force de m'ôter une existence dont je ne veux plus, qui m'est odieuse, qui ne sera plus qu'un long délire, qu'un désespoir éternel ; qu'il achève au moins ce qu'il a commencé. Mon Dieu ! mon Dieu ! dit Bertha, dans les yeux de laquelle les larmes commençaient à se frayer un passage, comment permettez-vous aux hommes de briser ainsi les cœurs de vos créatures ! Mon Dieu ! mon Dieu ! qui donc me consolera désormais ?

— Moi, dit Mary, moi, ma sœur, ma bonne sœur, ma sœur chérie, si tu veux m'entendre ; moi, si tu veux me pardonner.

— Vous pardonner ! à vous ! s'écria Bertha en repoussant sa sœur ; non, vous êtes la compagne de cet homme. Je ne vous connais plus. Seulement, veillez mutuellement l'un sur l'autre, car votre trahison doit vous porter malheur à tous deux.

— Bertha! Bertha! ne parle pas ainsi; ne nous maudis pas, ne nous insulte pas!

— Bon! et que voulez-vous? fit Bertha, ne faut-il pas qu'ils aient raison, ceux qui nous ont surnommées « les Louves? » Voulez-vous que l'on dise : « Mesdemoiselles de Souday ont aimé M. Michel de La Logerie; elles l'ont aimé toutes les deux, et après leur avoir promis à toutes les deux qu'il les épouserait (car il a dû vous le promettre comme à moi), M. de La Logerie en a pris une troisième! » Mais comprenez donc que, même pour des Louves, ce serait monstrueux!

— Bertha! Bertha!

— Si j'ai dédaigné cette épithète, comme j'ai dédaigné la vaine considération de la bienséance superficielle, continua la jeune fille, toujours au comble de l'exaltation; si j'ai raillé, du haut de ma sauvage indépendance, les convenances des salons et du monde, c'est parce que toutes deux, entendez-vous bien cela? nous avions le droit de marcher fièrement dans notre indépendance vertueuse et pleine d'honneur; c'est parce que nous étions si haut dans notre conscience, que les misérables injures étaient toujours dominées par notre mépris; mais aujourd'hui, je vous le déclare, ce que je dédaigne de faire pour moi, je le ferai pour vous; je tuerais cet homme s'il ne vous épousait pas, Mary. C'est bien assez d'une honte sur le nom de notre père.

— Ce nom ne sera pas déshonoré, je te le jure, Bertha! s'écria Mary et s'agenouillant de nouveau devant sa sœur qui, succombant enfin à la secousse, était tombée sur une chaise et tenait sa tête entre ses mains.

— Tant mieux! ce sera une douleur de moins pour celle que vous ne verrez plus.

Puis, se tordant les mains avec un geste désespéré :

— Mon Dieu! mon Dieu! les avoir tant aimés tous deux, et être forcée de les haïr!

— Non, tu ne me haïras pas, Bertha; ta douleur, tes larmes me font plus de mal que ta colère. Pardonne-moi! Oh! mon Dieu! que dis-je là? Tu vas me croire coupable, parce que j'embrasse tes genoux, parce que je te demande pardon. Je ne le suis pas, je te le jure! Je te dirai... mais je ne veux pas que tu souffres; je ne veux pas que tu pleures. Monsieur de La Logerie, continua Mary en tournant vers Michel son visage que les larmes inondaient, monsieur de La Logerie, tout le passé n'est qu'un rêve; le jour est venu, partez, éloignez-vous, oubliez-moi; partez, partez sur-le-champ.

— Mais, encore une fois, tu n'y songes pas, Mary, dit Bertha, qui avait laissé sa sœur prendre sa main que celle-ci couvrait de baisers et de larmes; mais c'est impossible!

— Si, si, c'est possible, Bertha, fit Mary en adressant à sa sœur un sourire déchirant. Bertha, toutes deux nous prendrons un époux dont le nom défiera toutes les calomnies du monde et des méchants.

— Lequel, pauvre enfant?

Mary leva sa main étendue vers le ciel.

— Dieu! dit-elle.

Bertha ne put répondre, la douleur la suffoquait; mais elle pressa fortement

Mary contre son cœur, tandis que Michel, accablé, s'était jeté sur un escabeau dans un angle de la pièce.

— Mais pardonne-nous, murmura Mary à l'oreille de sa sœur; ne l'accuse pas. Mon Dieu! est-ce sa faute si son éducation l'avait fait si irrésolu, si timide, qu'il n'a pas eu le courage de parler, alors que c'était pour lui un devoir de le faire? Il y a longtemps qu'il a voulu t'avertir, moi seule je l'en ai empêché. J'espérais arriver à l'oublier un jour. Hélas! hélas! Dieu nous fait bien faibles contre notre cœur! Mais va, nous ne nous quitterons plus, chère sœur. Montre-moi tes yeux, que je les baise. Il n'y aura plus personne entre nous; jamais personne qui vienne jeter le trouble et la discorde entre deux sœurs. Allons donc! les étrangers, ce n'est bon qu'à cela. Non, non, nous serons seules, seules à nous aimer, seules avec Dieu, auquel nous serons consacrées. Oh! va, il y aura encore du bonheur dans notre retraite. Nous en trouverons, nous prierons pour lui, nous prierons pour lui.

Mary prononça ces dernières paroles avec un accent déchirant. Michel, bouleversé, était venu s'agenouiller à côté devant Bertha, qui, tout occupée de sa sœur, ne l'avait pas repoussé.

En ce moment, sur le seuil de la porte que Bertha avait laissée toute grande ouverte, parurent des soldats, et l'officier, que nous avons vu à l'auberge de Saint-Philibert, s'avança au milieu de la chambre, et posant la main sur l'épaule de Michel:

— Vous êtes monsieur Michel de La Logerie? lui dit-il.

— Oui, Monsieur.

— Alors, au nom de la loi, je vous arrête.

— Grand Dieu! s'écria Bertha qui revenait à elle; grand Dieu! j'avais oublié! Ah! c'est moi qui le tue! Et là-bas, là-bas! que se passe-t-il?

— Michel! Michel! dit Mary qui, à l'aspect du danger que courait le jeune homme, oubliait tout; Michel, si tu meurs, je mourrai avec toi...

— Non, non, il ne mourra pas, je te le jure, sœur, et vous serez heureux. Place, Monsieur! place! continua-t-elle en s'adressant à l'officier.

— Mademoiselle, répliqua celui-ci avec une douloureuse politesse, comme vous, je ne sais pas transiger avec mes devoirs. A Saint-Philibert, vous n'étiez pour moi qu'une inconnue suspecte; mais je ne suis pas commissaire de police, et je n'avais rien à vous dire. Ici, je vous trouve en rébellion flagrante avec la loi, et je vous arrête.

— M'arrêter! m'arrêter en ce moment? vous me tuerez, Monsieur, vous ne m'aurez pas vivante.

Et avant que l'officier fût revenu de sa surprise, Bertha escalada la fenêtre, sauta dans la cour et courut vers la porte.

Elle était gardée par des soldats.

En promenant ses regards autour d'elle, la jeune fille aperçut le cheval de Michel qui, épouvanté par l'apparition des soldats et par le bruit, courait çà et là dans la cour.

Profitant de la confiance que le lieutenant avait dans les mesures qu'il avait prises pour entourer la maison et qui l'empêchaient d'user de violence pour saisir une femme, elle alla droit à l'animal, d'un bond s'assit sur la selle, et, passant comme une tempête devant l'officier stupéfait, elle arriva à un endroit où le mur d'enceinte était légèrement écrété, et enleva si vigoureusement l'animal, qui était un excellent cheval anglais, de la bride et du talon, qu'elle lui fit franchir l'obstacle, qui avait encore près de cinq pieds et le lança dans la plaine.

— Ne tirez pas, ne tirez pas sur cette femme ! cria l'officier qui ne regardait pas la prise comme assez importante pour que, ne pouvant l'avoir vivante, il se décidât à l'arrêter morte.

Mais les soldats, qui formaient un cordon autour du mur extérieur, n'entendirent pas ou ne comprirent pas cet ordre, et une grêle de balles siffla autour de Bertha, que les bonds puissants du vigoureux cheval anglais portaient rapidement du côté de Nantes.

LXXX

LA PLAQUE DE CHEMINÉE.

Voyons maintenant ce qui se passait à Nantes, dans cette nuit que nous avons vue s'ouvrir par la mort de Joseph Picaut et se continuer par l'arrestation de M. Michel de La Logerie.

Vers neuf heures du soir, un homme aux vêtements trempés d'eau et souillés de boue s'était présenté chez le préfet et, sur le refus de l'huissier de l'introduire auprès de ce magistrat, lui avait fait porter une carte toute-puissante à ce qu'il paraît, car immédiatement le préfet avait quitté ses occupations pour recevoir cet homme, qui n'était autre que M. Hyacinthe.

Deux minutes après cette entrevue, une forte escouade de gendarmes et d'agents de police se dirigeait vers la maison que maître Pascal habitait rue du Marché, et se présentait à la porte située sur cette rue.

Nulle précaution n'était prise pour amoindrir le bruit des pas de cette colonne, pour donner le change sur ses intentions, si bien que maître Pascal, qui les avait vus venir, put à loisir s'assurer que la porte de la ruelle n'était pas gardée, et sortir par celle-là avant que les agents de l'autorité eussent achevé d'enfoncer celle de la rue du Marché, que l'on refusait de leur ouvrir.

Il se dirigea vers la rue du Château et entra au numéro 3.

M. Hyacinthe, qu'il n'avait pas aperçu, caché qu'il était dans l'ombre d'une borne, le suivit avec toutes les précautions dont se sert le chasseur pour la proie qu'il convoite.

Pendant cette opération préliminaire, du succès de laquelle M. Hyacinthe avait probablement pris de fortes dispositions militaires, et aussitôt qu'il eut rendu compte au préfet de ce qu'il avait vu, douze cents hommes mis sur pied se dirigèrent vers la maison dans laquelle l'espion avait vu disparaître maître Pascal.

Les douze cents hommes étaient divisés en trois colonnes : la première descendit le Cours, laissant des sentinelles jalonnées le long du mur du jardin de l'évêché et des maisons contiguës, longea les fossés du château et se trouva en face du numéro 3, où elle se déploya.

La seconde, se dirigeant par la rue de l'Évêché, traversa la place Saint-Pierre, descendit la grande rue, et vint rejoindre la première par la rue Basse-du-Château.

La troisième vint rejoindre les deux autres par la rue Haute-du-Château, en laissant, comme celles-ci, un long cordon de baïonnettes derrière elle.

L'investissement était complet, tout le pâté de maisons dans lequel se trouvait le numéro 3 était cerné.

Les soldats entrèrent au rez-de-chaussée précédés de commissaires de police qui marchaient le pistolet au poing; la troupe se répandit dans la maison, fut placée à toutes les issues; sa mission était accomplie, celle des policiers commençait.

Quatre dames étaient en apparence les seules habitantes de la maison; ces dames, appartenant à la haute aristocratie nantaise, respectables autant par leur honorabilité que par leur position sociale, furent mises en état d'arrestation.

Au dehors, le peuple s'amassait et formait une seconde enceinte autour des soldats. La ville tout entière était descendue dans les rues et dans les places. Cependant aucun signe royaliste ne se manifestait; c'était une curiosité grave, et voilà tout.

Les perquisitions étaient commencées à l'intérieur, et le premier résultat des recherches confirma l'autorité dans la conviction que madame la duchesse de Berri était dans la maison. Une lettre à l'adresse de Son Altesse Royale fut trouvée tout ouverte sur une table. La disparition de maître Pascal, que l'on avait vu entrer et que l'on ne retrouvait plus, prouvait qu'il y avait une cachette. Le tout était de la trouver.

Les meubles furent ouverts lorsque les clefs s'y trouvaient, défoncées lorsqu'elles manquaient; les sapeurs et les maçons sondaient les planchers et les murs à grands coups de marteau. Des architectes, amenés dans chaque chambre, déclaraient qu'il était impossible, d'après leur conformation intérieure comparée à leur conformation extérieure, qu'elles renfermassent une cachette, ou bien trouvaient les cachettes qu'elles renfermaient.

Dans une de celles-ci, on mit la main sur divers objets, entre autres des imprimés, des bijoux et de l'argenterie appartenant au propriétaire de la maison, qui, dans ce moment, ajoutèrent à la certitude du séjour de la princesse dans la maison.

Arrivés aux mansardes, les architectes déclarèrent que là, moins que partout ailleurs, il pouvait y avoir une retraite.

Alors on passa aux maisons voisines, où les recherches continuèrent. On sondait les gros murs avec une telle force, que des morceaux de maçonnerie tout entiers se détachèrent, et qu'un moment il y eut crainte que ces murs tout entiers ne s'écroulassent.

Pendant que ces choses se passaient en haut, les dames que l'on avait arrêtées avaient montré un grand sang-froid, et, quoique gardées à vue par les soldats, elles s'étaient mises à table.

Deux autres femmes, et l'histoire devra aller chercher les noms de celles-là dans leur obscurité pour les conserver à la postérité, deux autres femmes encore étaient de la part de la police l'objet d'une surveillance toute spéciale; ces femmes, les servantes de la maison, nommées Charlotte Moreau et Marie Boni, furent conduites au château et de là à la caserne de gendarmerie. Voyant qu'elles résistaient à toutes les menaces, on tenta de les corrompre ; des sommes toujours plus fortes leur furent offertes et étalées successivement devant leurs yeux, mais elles répondirent constamment qu'elles ignoraient où était madame la duchesse de Berri.

Après des recherches infructueuses, les perquisitions se ralentirent ; le préfet donna le signal de la retraite, laissant par précaution un nombre d'hommes suffisant pour occuper toutes les pièces de la maison, ainsi que des commissaires de police qui s'installèrent au rez-de-chaussée. La circonvallation fut continuée, et la garde nationale vint en partie relever la troupe de ligne qui alla prendre un peu de repos.

Par la distribution des sentinelles, deux gendarmes se trouvaient dans une des deux mansardes que l'on venait d'explorer. Le froid était si vif que ces gendarmes n'y purent résister ; l'un d'eux descendit et remonta avec des mottes à brûler. Dix minutes après, un feu magnifique s'allumait dans la cheminée, et au bout d'un quart d'heure la plaque devint rouge ; presque en même temps, et quoiqu'il ne fît point encore jour, les travaux des ouvriers perquisiteurs recommencèrent. Les barres de fer et les madriers frappaient à coups redoublés sur le mur de la mansarde et l'ébranlaient. Malgré ce vacarme effroyable, l'un des gendarmes s'était endormi ; son compagnon, réchauffé momentanément, avait cessé d'entretenir le feu. Enfin les ouvriers abandonnèrent cette partie de la maison que, par instinct d'envahisseurs, ils avaient si minutieusement explorée. Le gendarme qui veillait, profitant du moment de silence qui venait de succéder au fracas et au mouvement diaboliques qui se faisaient depuis la veille, secoua son camarade afin de dormir à son tour ; l'autre s'était refroidi dans son sommeil et se réveilla tout gelé.

A peine eut-il les yeux ouverts qu'il s'occupa de se réchauffer ; il ralluma en conséquence le feu, puis, comme les mottes ne brûlaient pas assez vivement, il profita d'une énorme quantité de paquets de *Quotidiennes* qui se trouvaient dans la chambre, jetées sous une table, pour le ranimer.

Ce feu, produit par les journaux, donna une fumée plus épaisse que les mottes ne l'avaient fait la première fois.

Le gendarme, enchanté, se délassait de son ennui en lisant des *Quotidiennes*, lorsque tout à coup son édifice pyrotechnique s'écroula, et les mottes qu'il avait appuyées contre la plaque roulèrent au milieu de la mansarde. En même temps il entendit derrière cette plaque un bruit qui fit naître en lui une singulière idée ; il se figura qu'il y avait des rats dans la cheminée, que la chaleur allait les forcer à déloger. Il réveilla son camarade, et tous deux se mirent en devoir de leur donner la chasse avec leurs sabres.

Pendant qu'ils concentraient toute leur attention dans cet affût d'un nouveau genre, l'un d'eux s'aperçut que la plaque avait fait un mouvement.

Il s'écria :

— Qui est là ?

Une voix de femme lui répondit :

— Nous nous rendons ; nous allons ouvrir ; éteignez le feu !

Les deux gendarmes s'élancèrent aussitôt sur le feu qu'ils dispersèrent à coups de pieds. La plaque joua sur ses gonds, démasqua une ouverture béante, et une femme, le visage pâle, la tête nue, les cheveux hérissés sur le front comme ceux d'un homme, vêtue d'une robe de « napolitaine » simple, de couleur brune, sillonnée de larges brûlures, sortit de cette ouverture en posant ses pieds et ses mains sur le foyer brûlant.

C'était Son Altesse Royale madame la duchesse de Berri.

Ses compagnons la suivirent. Il y avait seize heures qu'ils étaient renfermés dans cette cachette sans aucune nourriture.

Le trou qui leur avait donné asile avait été pratiqué entre le tuyau de la cheminée et le mur de la maison voisine, sous le toit, dont les chevrons lui servaient de couverture.

Au moment où les troupes s'ébranlaient pour cerner la maison, Son Altesse Royale était occupée d'écouter maître Pascal qui lui faisait, en riant, le récit de l'alerte qui venait de le chasser de sa maison. A travers les fenêtres de l'appartement où elle se trouvait, la duchesse voyait, sur un ciel calme, la lune se lever, et, sur sa lumière, se découper comme une silhouette brune les tours massives, immobiles et silencieuses du vieux château.

Il y a des moments où la nature nous semble si douce et si amie, que l'on ne peut croire qu'au milieu de ce calme un danger veille et nous menace. Lorsque, tout à coup maître Pascal, en s'approchant de la fenêtre, vit reluire les baïonnettes, à l'instant même il se rejeta en arrière en criant :

— Sauvez-vous ! Madame, sauvez-vous !

Madame s'était précipitée aussitôt sur l'escalier, et chacun l'avait suivie.

Arrivée à la cachette, elle appela ses compagnons. Comme il avait été reconnu que l'on ne pouvait y tenir que par rang de taille, les hommes qui accompagnaient Son Altesse Royale y étaient entrés les premiers; puis, comme la demoiselle qui était venue retrouver Madame ne voulait point passer avant elle.

— En bonne stratégie, lui dit la duchesse en riant, lorsqu'on opère une retraite, le commandant doit marcher le dernier.

Les soldats ouvraient la porte de la rue lorsque celle de la cachette se refermait. Nous avons vu avec quel soin minutieux les perquisitions avaient été opérées. Chaque coup frappé contre la muraille retentissait dans l'asile où se trouvaient la duchesse de Berri et ses compagnons; sous les marteaux, sous les barres de fer, sous les madriers, les briques se détachaient, le plâtre tombait en poussière, et les prisonniers étaient menacés d'être ensevelis sous les décombres.

Lorsque les gendarmes firent du feu, la plaque et le cœur de la cheminée, en s'échauffant, communiquaient à la petite retraite une chaleur qui allait toujours en augmentant. L'air de la cachette devenait de moins en moins respirable; ceux qu'elle renfermait étaient obligés d'appliquer leur bouche contre les ardoises, afin d'échanger contre l'air extérieur leur haleine de feu. La duchesse était celle qui souffrait le plus; car, entrée la dernière, elle se trouvait appuyée contre la plaque; chacun de ses compagnons lui avait offert, à plusieurs reprises, d'échanger sa place avec elle; mais jamais elle n'y avait voulu consentir.

Au danger d'être asphyxiés, était venu pour les prisonniers s'en joindre un nouveau : celui d'être brûlés vifs. La plaque était rouge, et le bas des vêtements des femmes menaçait de s'enflammer. Deux fois déjà le feu avait pris à la robe de Madame, et elle l'avait étouffé à pleines mains aux dépens de deux brûlures dont elle conserva longtemps les marques. Chaque minute raréfiait encore l'air intérieur, l'air extérieur fourni par les trous du toit entrait en trop petite quantité pour le renouveler. La poitrine des prisonniers devenait de plus en plus haletante ; rester dix minutes de plus dans cette fournaise, c'était compromettre les jours de la duchesse. Chacun l'avait suppliée de sortir elle seule; elle ne le voulut pas. Ses yeux laissaient échapper de grosses larmes de colère qu'un souffle ardent séchait sur ses joues.

Le feu avait pris encore une fois à sa robe, elle l'avait éteint; mais, dans le mouvement qu'elle fit en se relevant, elle avait soulevé la gâchette de la plaque, qui s'était entr'ouverte et avait ainsi attiré l'attention des gendarmes.

Supposant que cet accident avait suffisamment dénoncé sa retraite, prenant en pitié les souffrances de ses compagnons, Madame avait alors consenti à se rendre, et était sortie de la cheminée ainsi que nous l'avons raconté précédemment.

Ses premières paroles furent pour demander le général.

Un des gendarmes descendit le chercher au rez-de-chaussée, qu'il n'avait point voulu quitter.

Aussitôt qu'on lui eut annoncé son arrivée, elle s'avança précipitamment vers lui.

— Général, dit-elle vivement, je me rends à vous et me remets à votre loyauté.

— Madame, lui répondit-il, Votre Altesse Royale est sous la sauvegarde de l'honneur français.

Il la conduisit alors vers une chaise, et, en s'asseyant, elle lui dit encore en lui serrant fortement le bras :

— Général, je n'ai rien à me reprocher; j'ai rempli les devoirs d'une mère pour reconquérir l'héritage d'un fils.

Sa voix était brève et accentuée.

Madame paraissait très-altérée, et, quoique pâle, elle était animée comme si elle avait eu la fièvre. Le général lui fit apporter un verre d'eau dans lequel elle trempa ses doigts; la fraîcheur la calma un peu.

Pendant ce temps, le préfet et le commandant de la division avaient été prévenus de ce qui venait de se passer. Le préfet arriva le premier et demanda à la duchesse ses papiers.

Madame dit de chercher dans la cachette, et qu'on y trouverait un portefeuille blanc qui y était resté. Le préfet alla prendre ce portefeuille et le rapporta.

— Monsieur, dit-elle en le lui ouvrant, les choses renfermées dans ce portefeuille sont de peu d'importance ; mais je tiens à vous les donner moi-même, afin que je vous désigne leur destination.

Et elle lui remit l'une après l'autre chacune des choses que contenait ce portefeuille.

— Monsieur, il doit y avoir dans la cachette environ trente-six mille francs, dont douze mille appartiennent aux personnes que je désignerai.

Le général s'approcha alors de Madame, et lui dit que, si elle se trouvait un peu mieux, il serait temps qu'elle quittât la maison.

— Pour aller où ? dit-elle en le regardant fixement.

— Au château, Madame.

— Ah! bien ; et de là à Blaye sans doute?

— Général, dit alors un des compagnons de Madame, Son Altesse Royale ne peut aller à pied; cela ne serait pas convenable.

— Monsieur, répliqua-t-il, une voiture ne ferait que nous encombrer. Madame peut y aller à pied, en jetant un manteau sur ses épaules et un chapeau sur sa tête.

Alors le secrétaire du général et le préfet, qui se piqua de galanterie cette fois, descendirent au second et en rapportèrent trois chapeaux.

La princesse en choisit un qui était noir, parce que sa couleur, dit-elle, était analogue à la circonstance.

Après ces mots elle prit le bras du général, et, lorsqu'elle passa devant la mansarde, jetant un dernier regard sur la plaque de la cheminée qui était restée ouverte:

— Ah! général, dit-elle en riant, si vous ne m'aviez pas fait une guerre à la saint Laurent, ce qui, par parenthèse, est au-dessous de la générosité militaire, vous ne me tiendriez pas sous votre bras à l'heure qu'il est. Allons! mes amis, dit-elle en s'adressant à ses compagnons.

La princesse descendit l'escalier; au moment où elle parut sur le seuil de la maison, elle entendit un grand bruit dans la foule qui s'entassait derrière les soldats, formant une ligne dix fois plus épaisse que les rangs de ceux-ci.

Madame put croire que ces cris s'adressaient à elle; mais elle ne donna pas d'autre signe de crainte que de presser plus fortement le bras du général.

Quand la princesse s'avança entre la ligne de soldats et de gardes nationaux qui faisaient la haie depuis la maison jusqu'au château, les cris, les murmures qu'elle avait entendus recommencèrent plus violents qu'ils ne l'avaient été d'abord.

Le général jeta les yeux du côté où venait le tumulte. Il aperçut une jeune fille vêtue en paysanne qui essayait de se frayer un passage à travers les rangs des militaires, qui, frappés de sa beauté et du désespoir empreint sur sa figure, lui opposaient leur consigne, mais sans avoir recours à la violence pour la repousser.

Le général reconnut Bertha, et du doigt la désigna à la princesse.

Celle-ci poussa un cri.

— Général, lui dit-elle vivement, vous m'avez promis que vous ne me sépareriez d'aucun de mes amis; laissez venir à moi cette jeune fille.

Sur un signe du général les rangs s'ouvrirent, et Bertha put arriver jusqu'à Madame.

— Grâce, Madame, grâce pour une malheureuse qui pouvait vous sauver et qui ne l'a point fait! Je veux mourir en maudissant ce fatal amour qui a fait de moi la complice involontaire des traîtres qui ont vendu Votre Altesse Royale.

— Je ne sais ce que vous voulez dire, Bertha, dit la princesse en la relevant et en lui donnant celui de ses bras qui était libre. Ce que vous faites en ce moment prouve que, quoi qu'il soit arrivé, je n'ai point à accuser un dévouement dont jamais je ne perdrai le souvenir. Mais j'avais à vous entretenir d'autre chose, mon enfant. J'avais à vous demander pardon d'avoir contribué à une erreur qui, peut-être, a fait votre malheur. J'avais à vous dire...

— Je sais tout, Madame, dit Bertha en relevant vers la princesse ses yeux rougis par les larmes.

— Pauvre enfant! répliqua la duchesse en étreignant la main de la jeune fille. Eh bien! suivez-moi alors ; le temps et mon affection pour vous calmeront cette douleur que je conçois, que je respecte.

— Je demande pardon à Votre Altesse Royale de ne pouvoir lui obéir, mais j'ai fait un vœu et je dois l'accomplir. Dieu est le seul que le devoir place pour moi au-dessus de mes princes.

— Allez donc, chère enfant, allez, dit Madame, qui pressentait le projet de la jeune fille ; et que ce Dieu dont vous parlez soit avec vous. Lorsque vous l'invoquerez, n'oubliez pas Petit-Pierre. Dieu accueille les prières des cœurs brisés.

On était arrivé aux portes du donjon. La princesse leva les yeux sur ses murs noircis, puis elle tendit sa main à Bertha, qui, s'agenouillant, déposa un baiser sur cette main en murmurant encore une fois le mot pardon ; et la princesse, après un moment d'hésitation, franchit la poterne en envoyant encore un dernier signe d'adieu, un dernier sourire à Bertha.

Le général quitta le bras de la duchesse pour la laisser passer. Il se retourna du côté de la jeune fille.

— Et votre père ? dit-il.

— Il est à Nantes.

— Dites-lui qu'il retourne dans son château, qu'il s'y tienne tranquille, il ne sera pas inquiété. Je briserais mon épée plutôt que de le laisser arrêter, mon vieil ennemi.

— Merci pour lui, général.

— Bien ; et vous, si vous avez besoin de moi, disposez-en, Mademoiselle.

— Je voudrais un passe-port pour Paris.

— Où vous l'envoyer ?

— Au pont Rousseau, à l'auberge du *Point-du-Jour*.

— Dans une heure vous l'aurez, Mademoiselle.

Et, faisant un signe d'adieu à la jeune fille, le général à son tour s'enfonça sous la voûte sombre.

Bertha fendit les rangs pressés de la foule, s'arrêta à la première église qu'elle rencontra sur son chemin, et resta longtemps agenouillée sur les dalles froides du parvis.

Lorsqu'elle se releva, ces dalles étaient tout humides de ses larmes. Elle traversa la ville et gagna le pont Rousseau ; en s'approchant de l'auberge du *Point-du-Jour*, elle aperçut son père assis sur le seuil de la porte.

En quelques heures, le marquis de Souday avait vieilli de dix années ; son œil avait perdu cette expression goguenarde qui lui donnait tant de vivacité ; il portait la tête basse comme un homme qu'un fardeau trop lourd accable.

Averti par le curé qui avait reçu les dernières confidences de maître Jacques et qui était venu prévenir le marquis dans sa retraite, le vieillard s'était mis en route pour Nantes.

A une demi-lieue du pont Rousseau, il avait rencontré Bertha, dont le cheval venait de s'abattre et de se briser un tendon dans la course furieuse qu'elle lui avait fait prendre.

La jeune fille avoua à son père ce qui s'était passé. Le vieillard ne lui avait point adressé un reproche, seulement il avait brisé contre le pavé de la route le bâton qu'il tenait à la main.

En arrivant au pont Rousseau, et bien qu'il ne fût encore que sept heures du matin, la rumeur publique lui avait appris l'arrestation de la princesse, arrestation qui n'était pas encore consommée, cependant.

Bertha, sans oser lever les yeux sur son père, avait couru vers Nantes. Le vieillard s'était assis sur la borne où nous le retrouvons encore quatre heures après.

Cette douleur était la seule contre laquelle sa philosophie épicurienne et égoïste fût impuissante. Il eût pardonné à sa fille bien des fautes, il ne pouvait songer sans désespoir qu'elle avait enveloppé son nom dans ce crime de lèse-chevalerie, et que le Souday, à son dernier jour, avait aidé à précipiter la royauté dans le gouffre.

Lorsque Bertha s'approcha de lui, il lui tendit silencieusement un papier plié qu'un gendarme venait de lui remettre.

— Ne me pardonnez-vous pas comme elle m'a pardonné, père? lui dit-elle d'un ton doux et humble qui contrastait bien singulièrement avec ses manières dégagées d'autrefois.

Le vieux gentilhomme secoua tristement la tête.

— Où retrouverai-je mon pauvre Jean Oullier? dit-il. Puisque Dieu me l'a conservé, je veux le voir; je veux qu'il me suive loin de ce pays.

— Vous quitterez Souday, mon père?

— Oui.

— Et où irez-vous?

— Où je pourrai cacher mon nom.

— Et la pauvre Mary qui est innocente, elle?

— Non, Mary sera la femme de celui qui est aussi la cause que cet exécrable forfait s'est accompli; non, je ne reverrai pas Mary.

— Vous serez seul?

— Non pas, j'aurai Jean Oullier.

Bertha baissa la tête; elle rentra dans l'auberge, où elle échangea ses vêtements de paysanne contre des habits de deuil qu'elle venait d'acheter.

Lorsqu'elle ressortit, elle ne trouva plus le vieillard où elle l'avait laissé. Elle l'aperçut sur la route les mains croisées derrière le dos, la tête penchée sur la poitrine, cheminant tristement dans la direction de Saint-Philibert.

Bertha poussa un sanglot; puis elle jeta un dernier regard sur la plaine verdoyante du pays de Retz que l'on apercevait dans le lointain, sur les horizons bleuâtres de la forêt de Machecoul.

Et s'écriant:

— Adieu, tout ce que j'aime ici-bas!

Elle rentra dans la ville de Nantes.

LXXXI

LE BOURREAU DE DIEU.

Pendant les trois heures que Courtin passa, toujours garrotté des pieds à la tête, étendu sur le sol dans les ruines de Saint-Philibert, côte à côte avec le cadavre de Joseph Picaut, son cœur passa par toutes les angoisses qui peuvent tordre et déchirer un cœur humain.

Il sentait toujours sous lui la précieuse ceinture sur laquelle il avait eu la précaution de se coucher ; car cet or lui-même ajoutait de nouvelles douleurs à ses douleurs, de nouvelles terreurs aux terreurs qui venaient assaillir son cerveau.

Cet or, qui était pour lui plus que la vie, n'allait-il pas lui échapper ? Quel était cet inconnu dont il avait entendu maître Jacques parler à la veuve ? Quelle était cette vengeance mystérieuse qu'il avait à craindre ? Le maire de la Logerie repassait dans sa tête tous ceux à qui, dans le cours de sa vie, il avait fait du mal, et la liste en était longue, et leurs figures menaçantes peuplaient l'obscurité de la tour.

Parfois, cependant, un rayon d'espérance traversait ses sinistres pensées ; de vague et d'indécis qu'il était d'abord, il prenait peu à peu une forme. Est-ce qu'un homme possédant de si beaux louis pouvait mourir ? Si la vengeance se dressait devant lui, n'avait-il pas de l'or à lui jeter pour lui imposer silence ? Alors son imagination comptait et recomptait la somme qui lui appartenait, qui était bien à lui, qu'il sentait avec délice meurtrir sa chair, entrer dans ses reins, comme si cet or arrivait à faire corps avec sa personne ; puis il songeait, s'il parvenait à s'échapper, aux cinquante mille francs qu'il allait ajouter aux cinquante mille francs qu'il avait déjà, et, tout lié, tout garrotté qu'il était, victime dévouée à la mort, n'attendant que cette épée de Damoclès suspendue sur sa tête, et qui d'une minute à l'autre, en tombant, pouvait dénouer sa vie, son cœur se fondait dans un bonheur qui prenait les proportions de l'ivresse. Mais bientôt ses idées changeaient de cours : il se demandait si son complice, dans lequel il n'avait qu'une confiance de complice, ne profiterait pas de son absence pour le frustrer de cette part qui lui était réservée ; il le voyait fuyant, écrasé sous le poids de la somme qu'il emportait, et refusant le partage à celui qui, cependant, avait tout fait dans la trahison. Alors il prépara, pour cette circonstance, des prières qui arrivassent à son cœur, des menaces qui l'épouvantassent, des reproches qui l'attendrissent ; et, lorsqu'il réfléchissait que M. Hyacinthe aimait l'or autant qu'il l'aimait lui-même, ce qui était au moins probable puisqu'il était juif ; lorsqu'il mesurait son associé à sa mesure, lorsqu'il sondait dans son âme l'immensité du sacrifice qu'il allait demander à son associé, qu'il se disait qu'il était bien possible que larmes, prières, reproches, menaces, fussent inutiles, alors il tombait dans des accès de rage, il poussait des rugissements qui ébranlaient la voûte de l'édifice féodal, il se tordait dans ses liens, il les mordait, il essayait de les déchirer avec ses dents; mais ces cordes minces, fines, déliées, semblaient s'animer, devenir vivantes sous ses efforts; il croyait les sentir lutter avec lui, redoubler leurs enlacements, leurs tresses; leurs nœuds dénoués semblaient se reformer d'eux-mêmes, non plus simples comme auparavant, mais doubles, quadruples, et en même temps, comme pour le punir de ses vaines tentatives, elles pénétraient dans sa chair mutilée, elles y traçaient des sillons brûlants. Tout rêve d'espérance, toute préoccupation de richesse et de bonheur s'évanouissaient alors comme un nuage au souffle de la tempête; les fantômes de ceux qu'il avait persécutés reparaissaient terribles; tout, dans l'ombre, pierres, poutres, morceaux de bois effondrés, corniches pantelantes, tout prenait une forme, et toutes ces formes menaçantes le regardaient avec des yeux qui brillaient dans l'obscurité comme des milliers d'étincelles qui eussent couru sur un linceul noir. Sa tête alors s'égarait; fou de terreur et de désespoir, il s'adressait au cadavre de Joseph Picaut, dont il apercevait à quatre pas de lui la silhouette roidie : il lui offrait le quart, le tiers, la moitié de son or, s'il voulait détacher ses liens; mais l'écho seul de ces voûtes lui répondait avec sa voix funèbre, et, brisé par l'émotion, il retombait dans une insensibilité momentanée.

Il était dans un de ces moments de torpeur, lorsqu'un bruit venu du dehors le fit tressaillir : on marchait dans la cour intérieure du château, et bientôt il entendit le gémissement que produisait une main en ébranlant les verrous du vieux fruitier.

Le cœur de Courtin battit à lui briser la poitrine ; il haletait de crainte ; il suffoquait d'angoisses ; car il prévoyait que celui qui allait entrer c'était le vengeur qu'avait annoncé maître Jacques.

La porte s'ouvrit ; la flamme sanglante de la torche éclaira la voûte de ses reflets. Courtin eut un moment d'espérance ; car ce fut la veuve qui portait cette torche qu'il aperçut la première, et il crut d'abord qu'elle était seule; mais, lorsqu'elle eut fait deux pas dans la tour, un homme qui était derrière elle se démasqua.

Les cheveux du métayer se dressèrent sur sa tête ; il ne se sentit pas le courage d'envisager cet homme ; il ferma les yeux et demeura muet.

L'homme et la veuve s'avancèrent.

La veuve donna la torche à son compagnon, et, lui désignant du doigt maître Courtin, et insoucieuse sans doute de ce qui allait se passer, elle alla s'agenouiller aux pieds du cadavre de Joseph Picaut, où elle se mit en prières.

Quant à l'homme, il continua de s'approcher de maître Courtin, et, sans doute pour s'assurer que c'était bien lui, promena sur son visage la flamme de sa torche.

— Dormirait-il? se demanda-t-il à demi-voix. Oh! non, il est trop lâche pour dormir; non, sa figure est trop pâle, il ne dort pas.

Alors il ficha sa torche dans une fente de la muraille, s'assit sur une énorme pierre de la voûte qui avait roulé jusqu'au milieu de la tour, et s'adressant à Courtin :

— Allons ! ouvrez les yeux, monsieur le maire, lui dit-il, nous avons à causer ensemble, et j'aime à voir le regard de ceux qui me parlent.

— Jean Oullier ! s'écria Courtin, devenant livide de pâle qu'il était, et faisant un haut-de-corps désespéré pour rompre ses liens et s'enfuir, Jean Oullier !

— Quand ce ne serait que son fantôme, il me semble, monsieur Courtin, qu'il suffirait encore pour vous épouvanter, car vous auriez un rude compte à lui rendre.

— Oh ! mon Dieu ! mon Dieu ! fit Courtin en se laissant retomber sur le sol avec accablement, et comme un homme qui se résigne à sa destinée.

— Notre haine date de loin, n'est-ce pas? reprit Jean Oullier, et elle ne nous trompait pas dans ses instincts ; elle vous a fait vous acharner contre moi, et aujourd'hui, tout moribond que je suis, elle me ramène à vous.

— Je ne vous ai jamais haï, moi, dit Courtin, qui, du moment où Jean Oullier ne le tuait pas tout de suite, sentait l'espoir renaître dans son cœur et entrevoyait la possibilité de tirer sa vie dans la discussion ; je ne vous ai jamais haï, au contraire, et si ma balle vous a frappé, ce n'est point à vous qu'elle était destinée ; j'ignorais que vous fussiez dans le buisson.

— Oh ! mes griefs contre vous datent de plus loin que cela, monsieur Courtin.

— De plus loin que cela? répliqua Courtin qui, peu à peu, recouvrait quelque énergie, mais je vous jure qu'avant cet accident, que je déplore, jamais je ne vous ai mis en péril, jamais je ne vous causai de dommage.

— Vous avez la mémoire courte, et les offenses pèsent davantage au cœur de l'offensé, à ce qu'il paraît ; car moi je me souviens.

— De quoi? Voyons, de quoi vous souvenez-vous? Parlez, monsieur Jean Oullier ; convient-il de condamner quelqu'un sans l'entendre, de tuer un malheureux sans lui permettre un mot pour sa défense?

— Et qui donc vous dit que je veux vous tuer, dit Jean Oullier avec ce même calme glacial qui ne l'avait pas quitté un seul instant, votre conscience, sans doute?

— Oh ! parlez, parlez, monsieur Jean ; dites de quoi vous m'accusez en dehors de ce malheureux coup de fusil, et je suis certain de sortir de là blanc comme neige. Oui ; oh ! oui, je vous prouverai que personne n'a aimé plus que moi les habitants du château de Souday ; que nul autant que moi ne les a vénérés, ne s'est réjoui de ce mariage qui rapprochait de vous la famille de mes maîtres.

— Monsieur Courtin, dit Jean Oullier qui avait laissé un libre cours à ce flux de paroles, il est juste que l'accusé se défende ; défendez-vous donc si vous pouvez. Écoutez bien, je commence.

— Oh ! vous pouvez dire ; je ne crains rien, dit Courtin.

— C'est ce que nous allons voir : qui m'a livré aux gendarmes, à la foire de Montaigu, pour arriver plus surement aux hôtes de mon maître que vous supposiez bien que je défendrais? Qui, ayant fait cela, s'est lâchement embusqué derrière la haie du dernier jardin de Montaigu, et, ayant emprunté un fusil au maître de ce courtil, s'en est servi pour tirer sur mon chien et tuer mon pauvre compagnon? Qui, si ce n'est vous? Répondez, monsieur Courtin.

— Qui oserait dire qu'il m'a vu faire ce coup? s'écria le métayer.

— Trois personnes qui en ont rendu témoignage, et parmi elles celui-là même auquel appartenait l'arme dont vous vous êtes servi.

— Pouvais-je savoir que ce chien vous appartenait? Non, monsieur Jean, sur l'honneur! je l'ignorais.

Jean Oullier fit un geste de dédain.

— Qui, continua-t-il de la même voix calme, mais accentuée, qui, s'étant glissé dans la maison de Pascal Picaut, a vendu aux bleus le secret de la sainte hospitalité de ce foyer, secret qu'il avait surpris?

— J'atteste, dit d'une voix sourde la voix de la veuve Pascal, sortant de son silence et de son immobilité.

Le métayer tressaillit et n'osa se disculper.

— Depuis quatre mois, dit Jean Oullier, qui ai-je constamment rencontré sur mon passage, traînant dans l'ombre de honteuses machinations, dressant ses filets en se couvrant du nom de son maître, en affichant le dévouement, la fidélité, l'attachement, en souillant ces vertus au contact de ses criminelles intentions? Qui ai-je entendu, dans la lande de Bouaimé, discuter le prix du sang, peser l'or qu'on lui offrait pour la plus lâche et la plus odieuse des trahisons? Qui, encore, si ce n'est vous?

— Mais je vous le jure sur tout ce qu'il y a de plus saint parmi les hommes, dit Courtin, qui se figurait toujours que le principal grief de Jean Oullier était la blessure qu'il lui avait faite, je vous le jure, j'ignorais que ce fût vous qui étiez dans ce malheureux buisson.

— Mais quand je vous dis que ceci je ne vous le reproche pas ; je ne vous en ai pas même parlé, je ne vous en parlerai pas ; la liste de vos crimes est assez longue sans cela.

— Vous parlez de mes crimes, Jean Oullier, et vous oubliez que mon jeune maître, qui bientôt va devenir le vôtre, me doit la vie ; que, si j'avais été un traître comme vous le dites, je l'eusse livré aux soldats, qui, chaque jour, passaient et repassaient devant le seuil de ma maison ; vous oubliez tout cela, tandis que, au contraire, vous vous faites armes des circonstances les plus insignifiantes pour m'accabler.

— Si tu as sauvé ton maître, reprit Jean Oullier du même ton irrévocable, c'est que cette feinte générosité était utile à tes desseins, et mieux eût valu pour lui, mieux eût valu pour les deux pauvres filles, les laisser tous finir honorablement, glorieusement leur vie, que de les mêler à ces honteuses brigues ; et c'est ce que je te reproche, Courtin ; c'est cette pensée qui redouble ma haine contre toi.

— La preuve que je ne vous en veux pas, Jean Oullier, répondit Courtin, c'est que si j'eusse voulu, il y a bien longtemps que vous ne seriez plus de ce monde.

— Que veux-tu dire?

— Lorsque le père de M. Michel fut tué, fut assassiné, monsieur Jean, disons le mot, il y avait un traqueur qui n'était plus qu'à dix pas de lui, et ce traqueur on l'appelait Courtin.

Jean Oullier se dressa de toute sa hauteur.

— Oui, dit-il, et ce traqueur a vu que c'était la balle de Jean Oullier qui a couché le traître sur l'herbe.

— Et si le traqueur le raconte, dit Jean Oullier, il dira vrai, car cela, ce n'était pas un crime, c'était une expiation, et je suis fier d'avoir été celui que la Providence avait choisi pour frapper l'infâme.

— Dieu seul peut frapper, Dieu seul peut maudire, monsieur Oullier.

— Non ; oh ! je ne m'y trompe pas, c'est lui qui m'avait mis au cœur cette haine profonde du forfait, ce souvenir ineffaçable de la trahison ; c'était son doigt qui touchait mon cœur lorsque ce cœur frissonnait chaque fois que j'entendais prononcer le nom du Judas ; lorsque je l'ai frappé, j'ai senti le souffle de la justice divine qui passait sur mon visage et qui le rafraîchissait, et à partir de ce moment j'ai trouvé le calme et le repos qui me fuyaient depuis que je voyais le crime impuni prospérer sous mes yeux. Tu vois bien que Dieu était avec moi !

— Dieu ne peut être avec le meurtrier.

— Dieu est toujours avec le bourreau qui lève l'épée de sa justice ; les hommes ont le leur, mais Dieu a le sien ; ce jour-là, j'étais l'épée de Dieu comme je la suis aujourd'hui.

— Mais vous allez donc m'assassiner comme vous avez assassiné le baron Michel?

— Je vais punir celui qui a vendu Petit-Pierre, comme j'ai puni celui qui avait vendu Charrette ; je vais le punir sans crainte, sans soucis, sans remords.

— Prenez garde, ces remords pourront vous venir, lorsque votre futur maître vous demandera compte de la mort de son père.

— Le jeune homme est juste et loyal, et s'il est appelé à me juger, je lui raconterai ce que j'ai vu dans le bois de la Chabotterie, et il jugera.

— Qui témoignera que vous dites la vérité ? Un seul homme, et cet homme, c'est moi. Laissez-moi vivre, Jean, et, comme cette femme tout à l'heure, quand il le faudra, je me lèverai pour dire : « J'atteste. »

— La peur te fait déraisonner, Courtin. M. Michel n'invoquera aucun témoignage quand Jean Oullier lui dira : « Voilà la vérité ; » lorsque Jean Oullier, découvrant sa poitrine, lui dira : « Si vous voulez venger votre père, frappez ! » lorsqu'il s'agenouillera en face de lui et qu'il demandera à Dieu de lui envoyer l'expiation, si Dieu juge que cet acte doive être expié. Non, non ; et dans la terreur qui te glace, tu as eu tort d'évoquer à mes yeux ce sanglant souvenir. Toi, maître Courtin, tu as fait pis encore que n'avait fait Michel, car le sang que tu as vendu est plus noble encore que celui qu'il avait livré ; la tête que tu as livrée au bourreau est plus sainte. Je n'ai point épargné Michel, et je t'épargnerais, toi ? Non ! jamais, jamais !

— Petit Jean Oullier, ne me tuez pas, dit le misérable en sanglotant.

— Implore ces pierres, demande-leur de la compassion, peut-être te comprendront-elles ; mais rien n'ébranlera ma résolution et ma volonté. Courtin, tu mourras.

— Ah ! mon Dieu ! mon Dieu ! s'écria Courtin, personne ne viendra-t-il donc à mon aide ? Veuve Picaut ! veuve Picaut ! à mon secours ! me laisserez-vous égorger ainsi ? Défendez-moi, je vous en conjure ; si vous voulez de l'or, je vous en donnerai ; j'en ai, de l'or ; mais non, non, je délire, je n'en ai pas ! je n'en ai pas ! dit le misérable qui craignait d'aiguillonner la fièvre du meurtre qu'il voyait luire dans les yeux de son ennemi; non, je n'en ai pas, mais j'ai des terres, je vous les donnerai, je vous ferai riches tous les deux. Grâce, Jean Oullier! veuve Picaut, défendez-moi!

La veuve ne bougea point; sans le mouvement de ses lèvres, à la voir pâle comme un marbre, immobile et muette en face de ce cadavre, on aurait pu la prendre, sous ses vêtements de deuil, pour une de ces statues que l'on voit agenouillées aux pieds des anciens tombeaux.

— Quoi! vous allez me tuer, continua Courtin, me tuer sans combat, sans danger, sans que je puisse lever un pied pour fuir, une main pour me défendre, m'égorger dans mes liens comme un animal qu'on traîne à l'abattoir! Oh! Jean Oullier, ce n'est plus d'un soldat, ceci, c'est d'un boucher.

— Et qui te dit que cela va se passer ainsi? Non, non, maître Courtin; regarde la blessure que tu as faite à ma poitrine, elle saigne encore, je suis encore faible, chancelant, débile, je suis proscrit, ma tête est mise à prix; eh bien! avec tout cela, je suis si certain de la justice de ma cause, que je n'hésite pas à en appeler au jugement de Dieu. Courtin, je te rends libre.

— Vous me rendez libre?

— Oui, je te rends libre; oh! ne me remercie pas; ce que je fais, c'est pour moi et non pour toi, c'est afin qu'il ne soit pas dit que Jean Oullier a frappé un homme à terre et désarmé; mais, sois tranquille, va, cette vie que je te laisse, je compte bien te la reprendre.

— Mon Dieu!

— Maître Courtin, tu vas sortir d'ici sans liens et sans entraves; mais je t'en préviens, garde-toi; aussitôt que tu auras passé le seuil de ces ruines, je serai sur ta trace, et cette trace je ne l'abandonnerai plus que lorsque je t'aurai frappé à mon tour, que lorsque de ton corps j'aurai fait un cadavre; garde-toi, maître Courtin, garde-toi.

Et, en achevant ces mots, Jean Oullier prit son couteau et coupa les cordes qui attachaient les pieds et les mains du métayer.

Courtin eut un mouvement de joie frénétique; mais ce mouvement de joie il le réprima aussitôt; en se relevant, il avait senti sa ceinture, elle s'était en quelque sorte rappelée à lui. Avec l'espérance, Jean Oullier venait de lui rendre la vie, mais qu'était la vie sans son or?

Il se recoucha aussi vite qu'il s'était levé.

Jean Oullier, pendant le mouvement du métayer, si rapide qu'il fût, avait entrevu le cuir gonflé de la ceinture et deviné ce qui se passait dans le cœur du métayer.

— Qu'attends-tu donc pour partir? lui dit-il. Oui, je comprends, tu crains qu'en te voyant libre comme moi, plus fort que moi, ma colère ne se réveille; tu crains que je ne te jette un second couteau, et qu'armé de celui-ci je ne dise: « Défends-toi, maître Courtin. » Non; Jean Oullier n'a qu'une parole; hâte-toi, fuis: si Dieu est pour toi, il te dérobera à mes coups; s'il t'a condamné, que m'importe l'avance que te je donne. Prends ton or maudit, et va-t'en.

Maître Courtin ne répondit pas; il se leva chancelant comme un homme ivre; il essaya d'attacher sa ceinture autour de sa taille, mais il ne put y parvenir, ses doigts tremblaient comme s'ils eussent été agités par la fièvre.

Avant de partir il se retourna du côté de Jean Oullier avec terreur, le traître craignant une trahison; il ne pouvait croire que la générosité de son ennemi ne cachât point un piége.

Jean Oullier, du doigt, lui montra la porte. Courtin se précipita dans la cour; mais au moment où il franchissait le seuil de cette porte, il entendit la voix du Vendéen qui, sonore comme un clairon de bataille, lui criait :

— Garde-toi, Courtin, garde-toi!

Maître Courtin, tout libre qu'il fût, frémit, et en ce moment de trouble son pied heurta une pierre, il trébucha et tomba à la renverse.

Il poussa un cri d'angoisse; il lui semblait que le Vendéen allait se précipiter sur lui, il croyait sentir le froid de la lame de son poignard pénétrer dans son dos.

Ce n'était qu'un mauvais présage; Courtin se releva, et une minute après il avait dépassé la poterne et s'élançait dans la campagne, qu'il avait si bien cru ne plus jamais revoir. Lorsqu'il eut disparu, la veuve vint à Jean Oullier et lui tendit la main.

— Jean, lui dit-elle, en vous écoutant, je songeais combien mon pauvre Pascal avait raison lorsqu'il me disait qu'il y avait de braves gens sous tous les drapeaux.

Jean Oullier serra cette main que lui tendait celle qui lui avait sauvé la vie.

— Comment vous trouvez-vous maintenant? lui demanda-t-elle.

— Mieux; on trouve toujours de la force dans la lutte.

— Et où allez-vous aller maintenant?

— A Nantes; d'après ce que m'a raconté votre mère, Bertha n'y est point allée, elle, et je crains bien qu'un malheur ne soit arrivé là-bas.

— Bien, mais au moins prenez un bateau, cela évitera à vos jambes la fatigue de la moitié du chemin.

— Soit, répondit Jean Oullier.

Et il suivit la veuve jusqu'à l'endroit du lac où les barques des pêcheurs étaient tirées sur le sable.

LXXXII

QUI DÉMONTRE QU'UN HOMME QUI A CINQUANTE MILLE FRANCS SUR LUI PEUT QUELQUEFOIS ÊTRE TRÈS-GÊNÉ.

Aussitôt que maître Courtin eut franchi le pont-levis du château de Saint-Philibert, il se mit à courir comme un insensé. Sa terreur lui prêtait des ailes. Il marchait sans se demander où ses pas le conduisaient. Il fuyait pour fuir; si ses forces n'avaient trahi ses terreurs, il eût mis le monde entre lui et les menaces du Vendéen; menaces qu'il entendait toujours résonner à ses oreilles comme un glas funèbre.

Mais lorsqu'il eut fait une demi-lieue dans la direction de Machecoul, épuisé, haletant, suffoqué par la rapidité de sa course, il tomba plutôt qu'il ne s'arrêta, et peu à peu il revint à lui et réfléchit à ce qu'il allait faire.

Son premier projet fut de gagner immédiatement sa maison, mais il l'abandonna sur-le-champ. Dans la campagne, et quelque soin que prît l'autorité prévenue pour garantir la vie du maire de la Logerie, Jean Oullier avait ses intelligences avec les paysans; avec sa connaissance si parfaite de tous les chemins, de toutes les forêts, de tous les champs de genêts, secondé et par la sympathie que chacun avait pour lui et par la haine que l'on portait à Courtin, Jean Oullier aurait trop beau jeu.

C'était dans Nantes qu'il devait se cacher, dans Nantes, où une police habile et nombreuse sauvegarderait sa vie jusqu'à ce que l'on fût arrivé à arrêter Jean Oullier, résultat que Courtin se flattait d'obtenir très-prochainement à l'aide des indications qu'il pourrait fournir sur les asiles ordinaires des condamnés et des insoumis.

En ce moment sa main se porta à sa ceinture pour la soulever, car le poids énorme de la masse d'or qu'il y portait l'étouffait et n'avait pas peu contribué à l'accablement qui avait arrêté sa course.

Ce geste décida de sa destinée.

Ne devait-il pas retrouver à Nantes M. Hyacinthe? Recevoir de lui, si leur complot avait réussi, et il n'en doutait pas, une somme égale à celle dont la possession lui faisait oublier les terribles épreuves qu'il venait de subir, remplissait son cœur d'une joie qui le mettait bien au-dessus de toutes les tribulations par lesquelles il venait de passer.

Il n'hésita pas une seconde de plus, et sur-le-champ il revint sur ses pas dans la direction de la ville.

D'abord, maître Courtin voulut y arriver à vol d'oiseau, en marchant à travers champs. Sur une route, il risquait d'être épié; le hasard seul pouvait faire que Jean Oullier retrouvât sa trace dans la plaine. Mais son imagination, échauffée par les péripéties de la soirée, fut plus puissante que sa raison.

Il avait beau se glisser le long des haies, restant dans l'ombre, étouffant le bruit de ses pas, n'entrant dans une pièce qu'après s'être assuré qu'elle était déserte, à chaque instant il était pris de terreurs paniques.

Dans les arbres à tête émondée qui se dressaient sur les haies, il croyait voir des assassins qui guettaient son passage; dans les branches noueuses qui s'étendaient au-dessus de sa tête, des bras menaçants armés de poignards et prêts à le frapper.

Alors, il s'arrêtait glacé d'épouvante, ses jambes se refusaient à le porter plus loin, comme si elles eussent pris racine dans la terre; une sueur glacée inondait tout son corps; ses dents s'entre-choquaient convulsivement, ses mains crispées serraient son or, et il lui fallait longtemps pour se remettre de son épouvante.

Il gagna la route.

Sur la route il lui semblait que la peur serait moins vive. Il rencontrerait des passants, qui pouvaient sans doute être des ennemis, mais qui aussi pouvaient le secourir si on l'attaquait, et sous l'impression de l'épouvante qui l'accablait, il croyait qu'un être vivant, quel qu'il fût, lui paraîtrait moins redoutable que les spectres noirs, menaçants, implacables dans leur immobilité, que, dans sa terreur, à chaque pas, il rencontrait dans les champs.

D'ailleurs, sur la route, il pouvait trouver une voiture se rendant à Nantes, y demander une place, et abréger de moitié la longueur du chemin.

Lorsqu'il eut fait cinq cents pas, il se trouva sur la chaussée qui suit pendant un quart de lieue les rives du lac de Grandlieu, auquel elle sert de digue en même temps qu'elle sert de chemin.

Courtin s'arrêtait de minute en minute pour prêter l'oreille, et en ce moment il crut distinguer le pas d'un cheval sur le pavé.

Il se jeta dans les roseaux qui bordent la route du côté du lac et s'y tapit, subissant encore une fois toutes les angoisses que nous avons décrites tout à l'heure.

Alors, il entendit à sa gauche un bruit d'avirons qui frappaient doucement les eaux du lac.

Il se glissa entre les joncs, regarda du côté d'où venait ce bruit, et aperçut dans l'ombre une barque qui glissait lentement le long du bord.

C'était sans doute un pêcheur qui allait retirer avant le jour les filets qu'il avait placés la veille.

Le cheval approchait; le fracas de ses pas sur le pavé épouvantait Courtin. Là, il voyait le danger; il ne songeait qu'à le fuir.

Il siffla doucement pour attirer l'attention du pêcheur. Celui-ci suspendit le mouvement de ses avirons et écouta.

— Ici! ici! s'écria Courtin.

Il n'avait pas fini de parler qu'un vigoureux coup d'aviron fit avancer la barque jusqu'à quatre pieds du métayer.

— Pouvez-vous me faire traverser le lac, me conduire jusqu'à la hauteur du port Saint-Martin? demanda Courtin; il y a un franc pour vous.

Le pêcheur, enveloppé dans une espèce de vareuse dont le capuchon lui couvrait le visage, ne répondit que par une inclination de tête; mais il fit mieux que de répondre : d'un coup de gaffe, il fit entrer son bachot au milieu des joncs, qui se courbèrent en frémissant sous son aviron, et au moment où le cheval, qui avait si fort excité l'inquiétude de maître Courtin, arrivait à la hauteur de l'endroit où il se trouvait, en deux enjambées il rejoignit la barque dans laquelle il sauta.

Le pêcheur, comme s'il eût partagé les appréhensions du métayer, poussa au large avec empressement, et celui-ci respira.

Au bout de dix minutes, la chaussée et les arbres n'apparaissaient plus que comme une ligne sombre à l'horizon.

Courtin ne se sentait pas de joie. Cette barque qui s'était trouvée là si à point comblait tous ses vœux, dépassait toutes ses espérances. Une fois au port Saint-Martin, il n'avait plus qu'une lieue pour gagner Nantes, une lieue sur une route fréquentée à quelque heure de la nuit que ce fût, et une fois à Nantes, il était sauvé.

La joie de Courtin était si grande que, malgré lui et par l'effet de la réaction des terreurs qu'il avait éprouvées, il se laissait aller à la manifester tout haut. Assis à l'arrière du bachot, il regardait avec ivresse le pêcheur qui, se courbant sur ses rames, l'éloignait à chaque effort de son bras de la rive où était le danger; ces coups d'aviron, il les comptait, puis il priait sourdement, il palpait sa ceinture, il faisait glisser l'or entre ses plis. Ce n'était pas du bonheur, c'était de l'ivresse.

Cependant, il commença de trouver que le pêcheur l'avait suffisamment éloigné de la rive, et qu'il était temps de mettre le cap sur le port Saint-Martin, qu'en suivant la direction imprimée au bateau ils devaient infailliblement laisser à droite.

Pendant quelques instants, il attendit, croyant que c'était là une manœuvre de pêcheur, que celui-ci cherchait quelque courant qui facilitât sa tâche.

Mais le pêcheur ramait toujours, et ramait toujours dans la direction du large.

— Hé gars! dit enfin le métayer, vous aurez mal entendu, ce n'est point au port Saint-Pierre que je vous ai dit que je voulais aller, c'est au port Saint-Martin. Dirigez-vous donc de ce côté, vous aurez plus tôt gagné votre argent.

Le pêcheur demeura silencieux.

— M'avez-vous entendu? voyons, reprit Courtin impatienté. Le port Saint-Martin, bonhomme! c'est à droite qu'il vous faut prendre. Que nous ne longions pas la chaussée de trop près, c'est bien; que nous restions hors de la portée des balles que l'on pourrait nous envoyer de la rive, ça me va encore; mais nageons de ce côté, s'il vous plaît.

L'injonction de maître Courtin ne parut pas avoir été entendue du rameur.

— Ah çà! n'entendez-vous pas? Êtes-vous sourd? s'écria le métayer commençant à se fâcher.

Le pêcheur ne répondit que par un nouveau coup d'aviron qui fit voler la barque à dix pas plus loin sur la surface du lac.

Courtin, hors de lui, se précipita à l'avant, rabattit le capuchon qui dissimulait dans son ombre le visage du pêcheur, approcha sa tête de la sienne, et, poussant un cri étouffé, tomba à genoux au milieu de la barque.

L'homme abandonna les rames, et sans se lever :

— Décidément, maître Courtin, dit-il, Dieu a prononcé contre vous; je ne vous cherchais pas, et il vous envoie à moi; je vous oubliais pour un temps, et il vous met là sur mon passage. Dieu veut que vous mouriez, maître Courtin.

— Non, non; vous ne me tuerez pas, Jean Oullier, s'écria celui-ci retombant dans ses premières terreurs.

— Je vous tuerai, aussi vrai que voilà au ciel les étoiles que le Seigneur y a placées de ses mains. Ainsi donc, si vous avez une âme, songez-y. Repentez-vous, et priez pour que le jugement ne soit pas trop sévère.

— Oh! vous ne ferez pas cela, Jean Oullier, vous ne ferez pas cela! Songez que vous allez tuer une créature de ce bon Dieu dont vous prononcez le nom! Mon Dieu! ne pas revoir la terre qui est si belle lorsque le soleil l'éclaire. Dormir dans un cercueil glacé, loin de tous ceux que l'on aime! Oh! non, c'est impossible.

— Si tu étais père, si tu avais une femme, une mère, une sœur qui attendissent ton retour, tes prières pourraient me toucher; mais, non, inutile aux hommes, tu n'as vécu que pour te servir d'eux et leur rendre le mal pour le bien; tu blasphèmes encore dans ton mensonge, car tu n'as aimé personne, personne ne t'a aimé ici-bas, et, en fouillant ta poitrine, ce n'est que ton cœur que mon poignard percera. Maître Courtin, tu vas paraître devant ton juge; encore une fois recommande-lui ton âme.

— Et quelques minutes me suffisent-elles pour cela! A un coupable comme moi il faut des années pour que le repentir soit à la hauteur du péché. Vous qui êtes si pieux, Jean Oullier, vous me laisserez la vie pour que je l'emploie à pleurer mes fautes.

— Non, non; la vie ne te servirait qu'à en commettre de nouvelles; la mort, ce sera l'expiation. Tu la redoutes? Mets tes angoisses aux pieds du Seigneur, et il te recevra dans sa miséricorde. Maître Courtin, le temps passe, et, aussi vrai qu'il trône au-dessus de ces astres, dans dix minutes tu seras devant lui.

— Dix minutes, mon Dieu! dix minutes! Oh! pitié! pitié!

— Le temps que tu emploies en prières inutiles est perdu pour ton âme; songes-y, Courtin, songes-y.

Courtin ne répondit pas; sa main s'était posée sur une rame, et une lueur d'espoir venait de traverser son cerveau.

Il saisit doucement l'aviron; puis, se relevant brusquement, il en porta un coup terrible au Vendéen. Celui-ci rejeta sa tête à droite et l'esquiva; la rame tomba sur le bordage de l'avant, se brisa en mille éclats, et ne laissa qu'un tronçon dans la main du métayer.

Prompt comme la foudre, Jean Oullier sauta à la gorge de maître Courtin qui, pour la seconde fois, tomba à genoux.

Le misérable, paralysé par la peur, roula au fond de la barque; sa voix étranglée murmurait à peine le cri de:

— Grâce! grâce!

— Ah! la peur de la mort a éveillé chez toi un peu de courage, s'écria Jean Oullier; ah! tu as trouvé une arme! Eh bien! tant mieux, tant mieux; défends-toi, Courtin, et, si celle que tu tiens à la main ne te convient pas, prends la mienne! s'écria Oullier en jetant son poignard aux pieds du métayer.

Mais celui-ci était incapable d'un geste; tout mouvement lui était devenu impossible; il balbutiait des paroles incohérentes et sans suite; tout son corps tremblait comme s'il eût été secoué par la fièvre; un bourdonnement confus bruissait à son oreille, et, comme il avait perdu la voix, tous les sens s'étaient éteints dans les affres de la mort.

— Mon Dieu! s'écria Jean Oullier en poussant du pied la masse inerte qu'il avait à ses pieds, mon Dieu! je ne puis pourtant porter le couteau sur ce cadavre.

Alors le Vendéen promena ses regards autour de lui comme s'il cherchait quelque chose.

La nature était calme, la nuit silencieuse; à peine si une légère brise irisait la surface du lac; à peine si les ondulations de ses eaux hérissaient le long du bateau; on n'entendait que le cri de la sauvagine qui s'envolait devant la barque, et dont le corps tachait de noir la bande empourprée de l'aurore qui commençait d'apparaître à l'orient.

Jean Oullier se tourna brusquement vers Courtin, et le secoua en le tenant par le bras.

— Maître Courtin, je ne te tuerai pas sans avoir ma part du danger, lui dit-il; maître Courtin, je te forcerai à te défendre, si ce n'est contre moi, au moins contre la mort! Elle vient, elle s'approche, maître Courtin, défends-toi.

Le métayer ne répondit que par un gémissement; il roulait des yeux hagards autour de lui ; mais il était facile de voir que son regard ne distinguait aucun des objets qui l'entouraient. La mort terrible, hideuse, menaçante, les effaçait tous.

Au même instant, Jean Oullier donna un vigoureux coup de talon dans le bordage.

Les ais, à moitié pourris, cédèrent, et l'eau entra en tourbillonnant dans le bateau.

Maître Courtin se réveilla en sentant la fraîcheur de l'eau gagner ses pieds. Il poussa un cri horrible, un cri qui n'avait rien d'humain.

— Je suis perdu ! dit-il.

— C'est le jugement de Dieu ! s'écria Jean Oullier en étendant son bras vers le ciel ; une première fois je ne t'ai point frappé parce que tu étais garrotté, cette fois encore ma main t'épargnera, maître Courtin ; si ton bon ange veut de toi, qu'il te sauve ; ta vie est dans ses mains ; moi je n'aurai pas trempé les miennes dans ton sang.

Courtin s'était levé pendant que Jean Oullier prononçait ces paroles ; et, en faisant jaillir l'eau autour de lui, il allait çà et là dans la barque.

Jean Oullier, calme, impassible, s'était agenouillé sur l'avant. Il priait.

L'eau montait toujours.

— Oh ! qui me sauvera ! qui me sauvera ! criait Courtin devenu livide en contemplant avec effroi les six pouces de bois qui restaient à peine hors de la surface du lac.

— Dieu, s'il le veut ! Ta vie, comme la mienne, est dans ses mains ; qu'il prenne l'une ou l'autre, la tienne ou la mienne, ou qu'il nous sauve ou nous condamne tous les deux ; nous sommes dans sa droite. Encore une fois, maître Courtin, accepte son jugement.

Comme Jean Oullier achevait ces paroles, le bateau craqua dans toutes ses membrures ; l'eau était arrivée à la hauteur du dernier bordage ; la barque pivota une fois sur elle-même, se soutint une seconde encore à la surface de l'eau, puis elle manqua sous les pieds des deux hommes, et s'engouffra dans les profondeurs du lac en faisant entendre un sombre murmure.

Courtin fut entraîné dans les remous de la barque ; mais il revint à la surface de l'eau, et ses doigts saisirent le second aviron qui flottait auprès de lui. Ce morceau de bois, sec et léger, le soutint assez longtemps pour qu'il pût adresser une dernière prière à Jean Oullier.

Celui-ci ne lui répondit pas ; il s'était mis à la nage, et il avançait doucement dans la direction où on voyait le jour se lever.

— A moi ! à moi ! criait le malheureux Courtin ; aide-moi à gagner la rive, Jean Oullier, et je t'abandonne tout l'or que j'ai sur moi.

— Jette cet or impur au fond du lac, dit le Vendéen qui avait aperçu le métayer accroché à son épave ; c'est la seule chance qui te reste pour préserver ta vie, et ce conseil est la seule chose que je veuille faire pour toi.

Courtin porta la main à sa ceinture ; mais il la retira comme si elle eût été brûlée au contact de cet or, comme si le Vendéen lui eût commandé de s'ouvrir les entrailles, de sacrifier sa chair et son sang.

— Non, non, murmura-t-il, je le sauverai et moi avec lui.

Alors il essaya de nager.

Mais il n'avait ni la force ni l'habileté de Jean Oullier dans cet exercice ; d'ail-

MORT DE COURTIN.

LES LOUVES DE MACHECOUL.

TYP. J. CLAYE.

leurs, le poids qu'il portait était trop lourd, et, à chaque brassée, il enfonçait dans l'eau qui, malgré lui, pénétrait dans sa gorge.

Il appela encore Jean Oullier; mais Jean Oullier était à cent brasses.

Dans une de ces immersions, plus longue que les autres, saisi de vertige, par un mouvement prompt et subit, il détacha sa ceinture; puis, avant de lancer son or dans le gouffre, il voulut le sentir encore une fois, il le serra et le palpa entre ses doigts crispés.

Cette dernière communication avec le métal, qui était pour lui plus que la vie, décida de son sort; il ne put se résoudre à s'en détacher; il le pressa contre sa poitrine, fit encore un mouvement avec son poids pour s'élancer hors de l'eau; mais le poids de la partie inférieure de son torse entraîna les extrémités; il plongea, et après quelques secondes passées sous l'eau, Courtin, à demi asphyxié, reparut encore, jeta une suprême imprécation au ciel qu'il voyait pour la dernière fois, puis redescendit dans les profondeurs du lac, entraîné par son or comme par un démon.

Jean Oullier, qui se retournait en ce moment, aperçut quelques cercles qui rayaient la surface de l'eau; c'était le dernier témoignage que le maire de la Logerie donnait de son existence; c'était le dernier mouvement qui se devait faire autour et au-dessus de lui sur le monde des vivants.

Le Vendéen leva les yeux vers le ciel et adora Dieu dans la justice de ses décrets.

Jean Oullier nageait bien, mais sa blessure récente, les fatigues et les émotions de cette nuit terrible l'avaient épuisé. Lorsqu'il fut à cent pas de la rive, il sentit que ses forces allaient trahir son courage; mais calme, résolu en ce moment suprême comme il l'avait été pendant toute son existence, il se décida à lutter jusqu'au bout.

Il nagea.

Bientôt il sentit une espèce de défaillance; ses membres s'engourdissaient; il lui semblait que mille piqûres d'épingles déchiraient sa peau; ses muscles devenaient douloureux, en même temps le sang montait avec impétuosité au cerveau, et un bourdonnement confus, comme celui de la mer qui bat les rochers, bruissait dans ses oreilles; des nuages noirs et chargés d'étincelles phosphorescentes papillotaient devant ses yeux; il sentait qu'il allait mourir, et cependant ses membres, obéissants dans leur impuissance, essayaient encore les mouvements que leur imprimait sa volonté.

Il nageait toujours.

Ses yeux se fermaient malgré lui; ses membres se roidirent tout à fait; il donna une dernière pensée à ceux avec lesquels il avait traversé la vie, aux enfants, à la femme, aux vieillards qui avaient embelli sa jeunesse, aux deux jeunes filles qui avaient remplacé ceux qu'il avait aimés; il voulait que sa dernière prière fût pour eux comme sa dernière pensée.

Mais en ce moment, et malgré lui, une idée soudaine traversa son cerveau; un fantôme passa devant ses yeux. Il vit Michel, le père, baigné dans son sang et gisant sur la mousse de la forêt, et, élevant ses bras hors de l'eau, il s'écria:

— Mon Dieu! si je m'étais trompé! si c'était un crime! Pardonnez-le-moi, non pas dans ce monde, mais dans l'autre.

Puis, comme si cette suprême invocation eût épuisé ses dernières forces, l'âme sembla abandonner ce corps qui flottait inerte entre deux eaux, au moment où le soleil, sortant de derrière les montagnes de l'horizon, dorait de ses premiers feux la surface du lac...

Au moment où Courtin, coulé dans la vase du lac, rendait le dernier soupir,..

Au moment où l'on arrêtait Petit-Pierre !...

Cependant Michel, conduit par les soldats, était dirigé sur Nantes.

Au bout d'une demi-heure de marche, le lieutenant qui commandait la petite troupe s'était approché de lui.

— Monsieur, lui avait-il dit, vous avez l'air d'un gentilhomme ; j'ai l'honneur de l'être, et cela me fait souffrir de vous voir les menottes aux mains. Voulez-vous que nous les échangions contre une parole ?

— Volontiers, répondit Michel; et je vous remercie, Monsieur, en vous jurant que, de quelque part que le secours me vienne, je ne quitterai point vos côtés sans votre permission.

Et la route s'était continuée bras dessus bras dessous, si bien que, pour qui les eût rencontrés, il eût été difficile de décider lequel des deux était le prisonnier.

La nuit était belle; le lever du soleil fort splendide. Toutes les branches, toutes les fleurs, humides de rosée, semblaient étincelantes de diamants ; l'air se chargeait des plus douces senteurs, les petits oiseaux chantaient dans les branches. Cette course était une vraie promenade.

Arrivé à l'extrémité du lac de Grandlieu, le lieutenant arrêta son prisonnier, avec lequel il avait dépassé d'un bon quart de lieue le reste de la colonne, et lui montrant une masse noirâtre qui flottait à la surface du lac, à cinquante pas du bord environ :

— Qu'est-ce que cela ? lui dit-il.

— On dirait le corps d'un homme, dit Michel.

— Savez-vous nager?

— Un peu.

— Ah ! si je savais nager, j'y serais déjà, dit en soupirant l'officier, qui en même temps se retourna avec inquiétude du côté de la route pour appeler ses hommes à l'aide.

Michel n'en écouta pas davantage; il descendit la berge, et en un tour de main se déshabilla et se précipita dans le lac.

Quelques instants après, il ramenait à la rive un corps qui semblait inanimé et qu'il venait de reconnaître pour celui de Jean Oullier.

Pendant ce temps, les soldats étaient arrivés et s'empressaient autour du noyé.

L'un d'eux détacha sa gourde, et, desserrant les dents du Vendéen, il lui introduisit quelques gouttes d'eau-de-vie dans la bouche.

Jean Oullier ouvrit les yeux.

Son premier regard se porta sur Michel qui soutenait sa tête, et il y eut une telle expression d'angoisse dans ce regard, que le lieutenant s'y trompa.

— Voilà votre sauveur, mon ami, dit-il en désignant Michel au Vendéen.

— Mon sauveur ! son fils ! s'écria Jean Oullier. Ah ! merci, mon Dieu ! vous êtes aussi grand dans vos miséricordes que terrible dans vos justices.

LXXXIII

ÉPILOGUE.

Un soir de l'année 1843, vers sept heures du soir, une lourde voiture s'arrêta à la porte du couvent des carmélites de Chartres.

Cette voiture contenait cinq personnes, deux enfants de huit à neuf ans, un homme et une femme de trente à trente-cinq ans, et un paysan cassé par l'âge, mais encore vert malgré ses cheveux blancs. En dépit de l'humilité de son costume, ce paysan occupait, aux côtés de la dame, le fond de la voiture : un des enfants jouait sur ses genoux avec les anneaux d'une grosse chaîne d'acier qui attachait sa montre à la boutonnière de son gilet, tandis que lui, passait sa main noire et ridée dans la chevelure soyeuse de l'enfant.

A la secousse qu'éprouva la voiture en cessant de rouler sur le pavé, la dame passa sa tête par la portière, et la retira avec une expression douloureuse lorsqu'elle eut aperçu les murs sombres qui entouraient le couvent et le porche noir qui lui donnait entrée.

Le postillon, qui était descendu de cheval, s'approcha de la portière et dit :
— C'est ici.

La dame serra la main de son mari qui était placé en face d'elle, et deux grosses larmes roulèrent le long de ses joues.

— Allez, Mary, du courage, lui dit le jeune homme, dans lequel nos lecteurs reconnaissent le baron Michel de La Logerie, allez ; je regrette que la règle du couvent m'interdise de partager avec vous ce triste devoir ; depuis dix ans, c'est la première fois que nous souffrirons loin l'un de l'autre, n'est-ce pas, Mary ?

— Vous lui parlerez de moi, n'est-ce pas, dit le vieux paysan.

— Oui, mon Jean, répondit Mary.

La jeune femme descendit le marchepied, sauta en bas de la voiture, frappa à la porte.

Le bruit du marteau rendit un son funèbre en se répercutant sous la voûte.

A ce bruit une sœur tourière vint ouvrir.

— La sœur Sainte-Marthe ? dit la dame.

— Vous êtes la personne que notre mère attend ? demanda la carmélite.

— Oui, ma sœur.

— Alors, venez, vous allez la voir ; mais rappelez-vous que la règle veut que, toute supérieure qu'elle est, vous ne l'entreteniez qu'en présence d'une de ses sœurs; qu'elle défend surtout que vous lui parliez, même en ce moment, des choses mondaines qu'elle a laissées en arrière.

Mary inclina la tête.

La tourière marcha la première et conduisit la baronne de La Logerie à travers un corridor sombre et humide sur lequel s'ouvraient une douzaine de portes; elle poussa une de ces portes et se rangea de côté pour laisser passer Mary.

Celle-ci hésita un moment, elle suffoquait d'émotion; puis elle recueillit ses forces, franchit le seuil et se trouva dans une cellule de huit pieds carrés à peu près.

Dans cette cellule, il n'y avait pour tous meubles qu'un lit, qu'une chaise et qu'un prie-Dieu; pour tous ornements que quelques images de sainteté collées aux murailles nues, qu'un crucifix d'ébène et de cuivre qui étendait ses bras au-dessus du prie-Dieu.

Mary ne vit rien de tout cela.

Sur le lit, il y avait une femme dont le visage avait pris la couleur et la transparence de la cire, dont les lèvres décolorées semblaient prêtes à exhaler leur dernier soupir.

Cette femme c'était, ou plutôt cela avait été Bertha.

Maintenant ce n'était plus que la sœur Sainte-Marthe, supérieure du couvent des Carmélites; bientôt ce ne serait plus qu'un cadavre.

En voyant entrer l'étrangère, la mourante avait ouvert ses bras, et Mary s'y était précipitée.

Longtemps elles se tinrent étroitement embrassées toutes les deux, Mary trempant de larmes le visage de sa sœur, Bertha, haletante, car dans ses yeux, creusés par la rigueur du cloître, il semblait qu'il n'y avait plus de larmes.

La tourière, qui s'était assise sur la chaise et qui lisait son bréviaire, n'était pas tellement occupée de ses prières qu'elle ne remarquât ce qui se passait autour d'elle.

Elle trouva sans doute que ces embrassements se prolongeaient au delà des règles permises, car elle toussa pour avertir les deux sœurs.

La mère Sainte-Marthe repoussa doucement Mary, mais sans lâcher sa main qu'elle serrait dans la sienne.

— Sœur! sœur! cria celle-ci, qui eût dit jamais que nous nous retrouverions ainsi?

— C'est la volonté de Dieu, il faut s'y conformer, répondit la carmélite.

— Cette volonté est quelquefois bien sévère, soupira Mary.

— Que dites-vous, ma sœur? Cette volonté est douce et miséricordieuse pour moi, au contraire; Dieu, qui pouvait me laisser pendant de longues années sur la terre, daigne me rappeler à lui.

— Vous retrouverez notre père là-haut, dit Mary.

— Et qui laisserai-je sur la terre?

— Notre bon ami Jean Oullier, qui vit et qui vous aime toujours, Bertha.

— Merci, et qui encore?

— Mon mari et deux enfants, qui s'appellent, le garçon Pierre et la fille Bertha, et que j'ai appris à vous bénir.

Une légère rougeur passa sur les joues de l'agonisante.

— Chers enfants! murmura-t-elle, si Dieu m'accorde une place à ses côtés, je vous promets de le prier pour eux là-haut.

Et la mourante commença sur la terre la prière qu'elle devait achever au ciel.

Au milieu de cette prière et dans le silence que faisaient les assistants, on entendit la vibration d'une cloche, puis bientôt après le tintement d'une sonnette, puis enfin, dans le corridor, des pas qui se rapprochaient de la cellule.

C'était le viatique qui s'approchait.

Mary tomba à genoux à la tête du lit de Bertha.

Le prêtre entra tenant le saint ciboire de la main gauche, de la droite l'hostie consacrée.

En ce moment, Mary sentit la main de Bertha qui cherchait la sienne ; la jeune femme crut que c'était pour la lui serrer seulement.

Elle se trompait.

Bertha lui glissait dans la main un objet qu'elle reconnut pour un médaillon.

Elle voulut le regarder.

— Non, non, dit Bertha, quand je serai morte seulement.

Mary fit signe qu'elle se conformerait à la prescription, et baissa la tête sur ses mains jointes.

La cellule s'était emplie de religieuses, qui s'étaient mises à genoux, et, aussi loin que le regard pouvait plonger dans le corridor, on en voyait d'autres agenouillées et priant dans leur costume sombre.

La mourante parut reprendre quelque force pour aller au-devant de son Créateur. Elle se souleva en murmurant :

— Me voilà, mon Dieu !

Le prêtre posa l'hostie sur ses lèvres. La mourante retomba les yeux fermés et les mains jointes.

Si l'on n'eût pas vu le mouvement de ses lèvres, on eût pu croire qu'elle était morte, tant son visage était pâle, tant le souffle qui sortait de sa poitrine était faible.

Le prêtre acheva les autres cérémonies de l'extrême-onction sans que la mourante rouvrît les yeux.

Puis il sortit, et les assistantes le suivirent.

La tourière s'approcha alors de Mary demeurée à genoux, et lui toucha légèrement l'épaule.

— Ma sœur, dit-elle, la règle de notre ordre s'oppose à ce que vous restiez plus longtemps dans cette cellule.

— Bertha ! Bertha ! dit Mary en sanglotant, entends-tu ce que l'on me dit ? Mon Dieu ! avoir vécu vingt ans sans nous quitter un jour, onze ans séparées, et ne pouvoir rester deux heures ensemble au moment de se quitter pour jamais.

— Vous pouvez rester dans la maison jusqu'au moment de ma mort, ma sœur, et je serai heureuse de mourir vous sachant près de moi et priant pour moi.

Mary voulut s'incliner pour embrasser une dernière fois la mourante, mais la religieuse présente à l'entrevue l'arrêta en disant

— Ma sœur, ne détournez point par des souvenirs terrestres notre sainte mère de la voie céleste où elle marche en ce moment.

— Oh! je ne la quitterai cependant pas ainsi, s'écria Mary en se jetant sur le lit de Bertha et en appuyant ses lèvres sur les siennes.

Les lèvres de Bertha répondirent à ce baiser par un faible frémissement; puis elle-même repoussa doucement sa sœur de la main.

Mais la main qui avait fait ce geste n'eut plus la force de rejoindre l'autre. Elle retomba inerte sur le lit.

La religieuse s'approcha, et, sans une larme, sans un soupir, sans que son visage trahît la moindre trace d'émotion, elle prit les deux mains de la mourante, les rapprocha l'une de l'autre, et les posa jointes sur sa poitrine.

Puis elle poussa doucement Mary vers la porte.

— Oh! Bertha! Bertha! s'écria celle-ci en éclatant en sanglots.

Il lui sembla qu'à ce sanglot répondait comme un murmure, et que dans ce murmure elle pouvait distinguer le nom de Mary.

Elle était dans le corridor, la porte de la cellule se referma derrière elle.

— Oh! que je la revoie, dit Mary, une fois, une seule fois encore.

Mais la religieuse étendit les bras, lui barra le chemin.

— C'est bien, dit Mary, que les larmes aveuglaient, conduisez-moi, ma sœur.

La religieuse conduisit la jeune femme dans une cellule vide; celle qui l'habitait était morte la veille.

Mary, à travers ses larmes, entrevit un prie-Dieu surmonté d'un crucifix; elle alla s'agenouiller en trébuchant.

Pendant une heure, elle resta abîmée dans la prière.

Au bout d'une heure, la religieuse rentra, et de la même voix froide et impassible :

— Mère Sainte-Marthe vient de mourir, dit-elle.

— Puis-je la revoir? demanda Mary.

— La règle de notre ordre le défend, répondit la religieuse.

Mary laissa retomber sa tête sur ses mains avec un soupir.

Dans une de ses mains était renfermé l'objet que Bertha lui avait remis au moment de recevoir pour la dernière fois son divin Créateur.

Mère Sainte-Marthe était morte, Mary pouvait donc voir quel était cet objet.

Comme elle l'avait deviné à la forme, c'était un médaillon. Mary ouvrit le médaillon, il contenait des cheveux et un papier.

Les cheveux étaient de la même couleur que ceux de Michel.

Le papier renfermait ces mots :

« Coupés pendant son sommeil, pendant la nuit du 5 juin 1832. »

— Oh! mon Dieu! mon Dieu! murmura Mary en levant ses yeux sur le crucifix. Oh! mon Dieu! recevez-la dans votre miséricorde!

Puis, mettant le médaillon sur son cœur, Mary descendit l'escalier froid et humide du couvent.

La voiture et ceux qu'elle avait amenés attendaient toujours à la porte.

— Eh bien? demanda Michel en ouvrant la portière et en faisant un pas au-devant de Mary.

— Hélas ! tout est fini, dit-elle en se jetant dans ses bras, elle est morte en promettant de prier pour nous là-haut.

— Heureux enfants, dit Jean Oullier en posant ses deux mains, l'une sur la tête du petit garçon, l'autre sur celle de la petite fille ; heureux enfants, marchez hardiment dans la vie, une martyre veille sur vous du haut des cieux.

FIN DES LOUVES DE MACHECOUL.

TABLE

DES

CHAPITRES CONTENUS DANS LES LOUVES.

	Pages.
I. L'aide de camp de Charrette	1
II. La reconnaissance des rois	6
III. Les deux jumelles	12
IV. Comment, en venant pour une heure chez le marquis, Jean Oullier y serait encore si lui et le marquis n'étaient pas morts depuis dix ans	17
V. Une portée de louvards	22
VI. Un lièvre blessé	26
VII. Monsieur Michel	32
VIII. La baronne de La Logerie	37
IX. Galon d'or et Allégro	42
X. Où les choses ne se passent pas tout à fait comme les avait rêvées le baron Michel	48
XI. Noblesse oblige	60
XII. La cousine de cinquante lieues	65
XIII. Petit-Pierre	70
XIV. La diplomatie de Courtin	82
XV. Le cabaret d'Alain Courtejoie	86
XVI. L'homme de la Logerie	91
XVII. La foire de Montaigu	96
XVIII. L'émeute	100
XIX. Les ressources de Jean Oullier	106
XX. Apporte, Pataud, apporte	112
XXI. A qui appartenait la chaumière	116
XXII. Comment Marianne Picaut pleura son mari	120
XXIII. Où l'amour prête des opinions politiques à ceux qui n'en ont pas	123
XXIV. Le Saut-de-Baugé	127
XXV. Où M. le marquis de Souday ne se donne pas la peine de dissimuler sa colère	134
XXVI. Où le marquis de Souday est désespéré que Petit-Pierre ne soit pas gentilhomme	138
XXVII. Les Vendéens	142
XXVIII. L'alarme	145
XXIX. Mon compère Loriot	148
XXX. Où le général mange un dîner qui n'a pas été préparé pour lui	153
XXXI. Qui ne finit point comme Mary et Michel l'avaient présumé	156
XXXII. Suite du précédent	159

TABLE DES MATIÈRES.

		Pages.
XXXIII.	Qui finit tout autrement que ne s'y attendait Mary	163
XXXIV.	Les lutins du général	169
XXXV.	Qui prouve que ce n'est point pour les mouches seules que les toiles d'araignées sont perfides.	174
XXXVI.	Où le pied le plus mignon de France et de Navarre regrette amèrement de ne pas être chaussé de bottes de sept lieues.	180
XXXVII.	Où Petit-Pierre fait le meilleur repas qu'il ait fait de sa vie.	184
XXXVIII.	L'égalité devant les morts.	192
XXXIX.	Suite du précédent	198
XL.	Où Jean Oullier dit ce qu'il pense du jeune baron Michel	203
XLI.	Où le jeune baron Michel devient l'aide de camp de Bertha	210
XLII.	Les lapins de maître Jacques	213
XLIII.	Le danger qu'il peut y avoir à se trouver dans les bois en mauvaise compagnie.	221
XLIV.	Où maître Jacques tient le serment qu'il a fait à Alain Courtejoie.	227
XLV.	Où il est démontré que tous les Juifs ne sont pas de Jérusalem et tous les Turcs de Tunis	229
XLVI.	De quelle façon on voyageait dans le département de la Loire-Inférieure vers le milieu du mois de mai 1832.	236
XLII.	Suite du précédent.	238
XLVIII.	Un peu d'histoire ne gâte rien	243
XLIX.	Où Petit-Pierre se décide à faire contre fortune bon cœur	248
L.	Comment Jean Oullier prouva que, lorsque le vin est tiré, il n'y a rien de mieux à faire que de le boire.	252
LI.	Où il est expliqué comment et pourquoi le baron Michel avait pris le parti d'aller à Nantes	257
LII.	Où la brebis, croyant rentrer au bercail, tombe dans une chausse-trape	262
LIII.	Où Trigaud montre que, s'il eût été à la place d'Hercule, il eût probablement accompli vingt-quatre travaux au lieu de douze.	267
LIV.	Un rêve près de devenir une réalité.	275
LV.	Où les choses ne se passent pas absolument comme on pourrait le supposer.	283
LVI.	Où le baron Michel trouve, pour s'appuyer, un chêne au lieu d'un roseau.	288
LVII.	Des derniers chevaliers de la royauté.	292
VIII.	Où Jean Oullier ment pour le bien de la cause	296
LIX.	Où le geôlier et le prisonnier se sauvent ensemble.	299
LX.	Le champ de bataille	304
LXI.	Après le combat.	308
LXII.	Ce qui restait du château de la Pénissière	310
LXIII.	La lande de Bouaimé.	316
LXIV.	Où la maison Alain Courtejoie et compagnie fait honneur à sa raison sociale.	322
LXV.	Où les secours arrivent d'où on ne les attend guère.	328
LXVI.	A Nantes.	334
LXVII.	Où l'on retrouve notre vieille connaissance Jean Oullier.	342
LXVIII.	Où madame la baronne de La Logerie, en croyant faire les affaires de son fils, fait celles de Petit-Pierre	350
LXIX.	Marches et contre-marches	359
LXX.	Où les amours de Michel semblent commencer à prendre une meilleure tournure.	364
LXXI.	Où Courtin jette l'épervier, mais ne ramène que des pierres	372
LXXII.	Où l'on retrouve le général et où l'on voit qu'il n'était pas changé	381
LXXIII.	Où Courtin est encore une fois désappointé	385
LXXIV.	Où le marquis de Souday drague des huîtres et pêche Picaut.	390
LXXV.	Ce qui se passait dans deux maisons inhabitées.	397
LXXVI.	Où Courtin touche enfin du bout du doigt à ses cinquante mille francs	404

TABLE DES MATIÈRES.

		Pages.
LXXVII.	Les deux Judas	409
LXXVIII.	Œil pour œil, dent pour dent	419
LXXIX.	Les louves	427
LXXX.	La plaque de cheminée	437
LXXXI.	Le bourreau de Dieu	445
LXXXII.	Qui démontre qu'un homme qui a cinquante mille francs sur lui peut quelquefois être très-gêné	451
LXXXIII.	Épilogue	459

FIN DE LA TABLE.

LAGNY. — Typographie de A. VARIGAULT et Cie

CLASSEMENT DES GRAVURES

1. Bertha et Mary de Souday. . . . . En regard du titre
2. Jean Oullier 16
3. Un lièvre blessé 27
4. Petit-Pierre et Rameau-d'Or 73
5. L'homme de la Logerie. 92
6. Apporte, Pataud. 113
7. La tourelle. 165
8. L'égalité devant les morts. 199
9. Le marquis de Souday. 203
10. Alain Courtejoie et Trigaud la Vermine. 214
11. Le moulin 297
12. Le combat 325
13. La fuite 369
14. La veuve. 419
15. Mort de Courtin. 457

OUVRAGES NOUVELLEMENT TERMINÉS :

JOSEPH BALSAMO
4 demi-volumes illustrés de 64 gravures. — Prix : **20 fr.**

LE COLLIER DE LA REINE
2 demi-volumes ornés de 40 gravures. — Prix : **12 fr.**

ANGE PITOU
2 demi-volumes avec 27 gravures. — Prix : **9 fr.**

LA COMTESSE DE CHARNY
4 demi-volumes ornés de 64 gravures. — Prix : **20 fr.**

EL SALTEADOR
1 volume, 5 gravures, 8 livraisons. — Prix : **2 fr.**

MAITRE ADAM LE CALABRAIS
1 volume, 3 gravures, 4 livraisons. — Prix : **1 fr.**

LES AVENTURES DE JOHN DAVYS
1 volume, 9 gravures, 16 livraisons. — Prix : **4 fr.**

LES MOHICANS DE PARIS
4 volumes, 52 gravures, 100 livraisons. — Complet : **25 fr.**

LE PAGE DU DUC DE SAVOIE
(ÉPISODE DES GUERRES DU XVIᵉ SIÈCLE)
1 volume, 13 gravures, 24 livraisons. — Prix : **6 fr.**

JOURNAL DE MADAME GIOVANNI
1 volume, 8 gravures, 14 livraisons. — Prix : **3 fr. 50 c.**

LES COMPAGNONS DE JEHU
1 volume, 9 gravures, 18 livraisons. — Prix : **4 fr. 50 c.**

BLACK
1 volume, 7 gravures, 14 livraisons. — Prix : **3 fr. 50 c.**

LE CAPITAINE RICHARD
1 volume, 4 gravures, 9 livraisons. — Prix : **2 fr. 25 c.**

LES LOUVES DE MACHECOUL
1 volume, 15 gravures, 30 livraisons. — Prix : **7 fr. 50 c.**

Lagny. — Typographie de A. Varigault et Cie.

www.ingramcontent.com/pod-product-compliance
Lightning Source LLC
Chambersburg PA
CBHW071709230426

43670CB00008B/957